한 권으로 고득점 합격을 위한 내공 훈련 시스템

일본어 능력 시험 N1

탄탄 내공 훈련

강성광 저

본책 문제 유형 파악,
탄탄 내공 쌓기,
공략법 제시

사람in
saram
in.com

머리말

이 책은 매년 7월과 12월에 시행되는 신 일본어능력시험 수험 대비서로, 출제경향을 한눈에 파악하고 실전에 적응할 수 있도록 유형별로 공략법과 그에 따라 꼭 알아둘 내용과 예상문제를 한 권으로 구성하였다.

신 시험에서는 지금까지와는 달리 전년에 실시한 시험 문제를 공개하지 않는다. 다만 새로운 일본어능력시험 문제 예집을 통해 출제 경향을 소개하고 있다. 실제 시험 문제가 전혀 공개되지 않아 수험생 입장에서는 출제 경향을 파악하는 데 어려움을 겪을 수 있다. 이 책은 이 일본어능력시험 문제 예집과 지금까지 시행된 신 일본어능력시험을 면밀히 분석하여 학습자들이 헤매지 않고 단시간에 집중적으로 공부하여 한번에 합격할 수 있도록 하였다.

또한 실제 시험의 흐름을 수험생에게 생생하게 알려주고자 필자가 시험을 통해서 본 신 시험 출제 경향은 다음과 같다.
문자 어휘와 문법은 내용면으로 볼 때 기존 시험과 큰 변화가 없어 새로운 문제 유형이라고 할지라도 평소에 꾸준히 일본어를 공부한 학습자라면 별 어려움 없이 풀 수 있는 수준이다. 다만 독해 지문유형이 길어지고 다양해져서 단계적인 독해력 향상을 위한 공부가 필요하다. 청해 역시 전체적으로 쉬워졌지만 실전문제 풀이에서는 순발력이 요구된다. 즉, 직청직해 능력이 필요하다.

신 일본어능력시험은 전반적으로 단시간에 단어와 출제 기준에 있는 문법 문형만을 암기하던 예전 시험 공부 방법으로는 통하지 않는다. 문자 어휘와 문법은 기본적인 실력을 밑거름으로 기초 실력을 쌓기 위해 꾸준히 공부해 두자. 또한, 독해는 글을 읽고 이해하는 능력을 기를 필요가 있다. 일본 원서나 신문, 잡지 등을 얼마나 꾸준하게 읽고 있는지를 점검해 봐야 한다. 청해 역시 드라마나 뉴스를 통해서 듣기 실력을 꾸준히 키워가야 한다.

시험 합격을 목표로 하는 수험자라면 끝까지 자기 관리를 해야 할 것이다. 마라톤 경주처럼 시험 대비도 같은 자세가 필요하다. 처음의 마음가짐과 열정도 중요하지만, 자신의 페이스를 유지하는 꾸준한 노력이 요구된다. 즉 시험에서는 반짝하는 단 시간의 노력보다는 완주가 중요하다.

마지막을 잘 장식한 사람에게는 다음과 같은 약속의 말씀이 있다.

"네가 자기 사업에 근실한 사람을 보았느냐. 이러한 사람은 왕 앞에 설 것이요, 천한 자 앞에 서지 아니하리라."(잠언 22:29)

영광스러운 합격증을 손에 쥐고 끝까지 노력한 보람을 만끽하게 될 것이다.
저자 강성광

일본어능력시험 개요

1 일본어능력시험에 대해

세계 각지에서 일본어(日本語)를 배우는 학습자 수가 급속히 증가하고 있고 더욱이 해외에 있는 일본어 학습자가 그 어학력을 실제로 활용할 수 있는 기회가 점점 늘어나고 있다. 또한 습득한 일본어능력(日本語能力)을 객관적으로 측정하여 공식적으로 인정받는 제도를 요청하는 목소리가 일본어 학습자들 사이에 높아져 왔다. 국제교류기금(國際交流基金) 및 일본국제교육지원협회(日本國際敎育支援協會)는 이러한 요망에 부응하기 위하여 1984년부터 일본 국내 및 해외에서 일본어를 모국어로 하지 않는 사람을 대상으로 일본어능력을 측정하고 인정함을 목적으로 하는 일본어능력시험을 실시하고 있다. 다양화된 수험자와 수험목적의 변화에 발맞춰 2005년 '일본어능력시험 개선에 관한 검토회'를 설치하고 많은 전문가의 협력을 얻어 2010년 새로운 〈일본어능력시험〉을 실시하게 되었다.

실시횟수: 매년 7월 첫 번째 일요일과 12월 첫 번째 일요일 2회 실시한다.

2 개정 포인트

(1) 과제 수행을 위한 언어 소통 능력을 측정한다.

일본어에 관한 지식과 함께 실제 운용 가능한 일본어 능력을 중시한다. 따라서 문자·어휘·문법 등의 언어지식과 그 언어지식을 이용한 소통상의 과제를 수행하는 능력을 측정한다.
※해답은 현행 시험과 마찬가지로 선택지에 의한 마크시트 방식으로 이루어진다. 또한 말하기, 쓰기 능력을 직접 측정하는 시험 과목은 없다.

(2) 레벨을 4단계에서 5단계로 늘렸다.

N1	구 시험 1급보다 다소 높은 레벨까지 측정한다. 합격선은 현행 시험과 거의 같다.
N2	구 시험 2급과 거의 같은 레벨이다.
N3	구 시험 2급과 3급 사이에 해당하는 레벨이다. (신설)
N4	구 시험 3급과 거의 같은 레벨이다.
N5	구 시험 4급과 거의 같은 레벨이다.

(3) 득점을 상대평가 방식으로 변경하였다.

서로 다른 시기에 실시되는 시험에서는 출제되는 문제가 다르므로 아무리 신중하게 출제를 해도 매회 시험의 난이도가 다소 변동할 수밖에 없다. 따라서 새로운 시험에서는 '등화(等化)'라는 상대평가를 통해 시험 득점이 난이도의 영향을 받는 일이 없도록 형평성을 유지할 수 있게 한다.

(4) '일본어능력시험 Can-do 리스트' (가칭)를 제공한다.

각 레벨의 합격자가 일본어를 사용하여 실제로 어떠한 일이 가능하다고 생각하는지를 조사한 '일본어능력시험 Can-do 리스트'(가칭)를 제공하는데 현재 작성 중이다.
예) 듣기 – 학교나 직장 공공장소에서 안내방송을 듣고 대략의 내용을 이해할 수 있다.

3 인정 기준

레벨	인정 기준
N1	**폭넓은 장면에서 사용되는 일본어를 이해할 수 있다.** **[읽기]** • 폭넓은 화제에 대해 쓰인 신문 논설, 평론 등, 논리적으로 다소 복잡한 문장과 추상도 높은 문장 등을 읽고 문장 구성과 내용을 이해할 수 있다. • 다양한 화제 내용에 깊이 있는 글을 읽고 이야기 흐름과 상세한 의도를 이해할 수 있다. **[듣기]** • 폭넓은 장면에서 자연스러운 속도의 체계적 내용의 회화, 뉴스, 강의를 듣고 이야기 흐름과 등장인물의 관계, 내용의 논리구성 등을 상세하게 이해하고 요지를 파악할 수 있다.
N2	**일상적인 장면에서 사용되는 일본어 이해와 더불어 보다 폭넓은 장면에서 사용되는 일본어를 어느 정도 이해할 수 있다.** **[읽기]** • 폭넓은 화제에 대해 쓰인 신문이나 잡지 기사·해설, 평이한 평론 등, 논지가 명쾌한 문장을 읽고 문장 내용을 이해할 수 있다. • 일반적인 화제에 관한 글을 읽고 이야기 흐름과 표현의도를 이해할 수 있다. **[듣기]** • 일상적인 장면과 더불어 폭넓은 장면에서 자연스러운 속도의 체계적 내용의 회화, 뉴스를 듣고 이야기 흐름과 등장인물의 관계를 이해하고 요지를 파악할 수 있다.
N3	**일상적인 장면에서 사용되는 일본어를 어느 정도 이해할 수 있다.** **[읽기]** • 일상적인 화제에 대해 쓰인 구체적인 내용을 나타낸 문장을 읽고 이해할 수 있다. • 신문 기사 제목 등을 통해 정보의 개요를 파악할 수 있다. • 일상적인 장면에서 접하는 범위의 난이도가 다소 높은 문장은 유의 표현이 제시되면 요지를 이해할 수 있다. **[듣기]** • 일상적인 장면에서 다소 자연스러운 속도에 가까운 체계적 내용의 회화를 듣고 이야기의 구체적인 내용을 등장인물의 관계 등과 더불어 거의 이해할 수 있다.
N4	**기본적인 일본어를 이해할 수 있다.** **[읽기]** • 기본적인 어휘나 한자로 쓰인 일상생활 속에서도 가까운 화제에 대한 글을 읽고 이해할 수 있다. **[듣기]** • 일상적인 장면에서 조금 느린 속도의 회화라면 내용을 거의 이해할 수 있다.
N5	**기본적인 일본어를 어느 정도 이해할 수 있다.** **[읽기]** • 히라가나, 가타카나, 일상생활에서 사용되는 기본적인 한자로 쓰인 정형적인 어구, 문장, 글을 읽고 이해할 수 있다. **[듣기]** • 교실이나 주변 등 일상생활 속에서도 자주 접하는 장면에서 느리고 짧은 회화로 부터 필요한 정보를 얻어낼 수 있다.

4 시험 결과

(1) 시험 결과의 표시

레벨	득점 구분	득점 범위
N1	**언어지식(문자·어휘, 문법)**	**0~60**
	독해	**0~60**
	청해	**0~60**
	종합 득점	**0~180**
N2	언어지식(문자·어휘, 문법)	0~60
	독해	0~60
	청해	0~60
	종합 득점	0~180
N3	언어지식(문자·어휘, 문법)	0~60
	독해	0~60
	청해	0~60
	종합 득점	0~180
N4	언어지식(문자·어휘, 문법)·독해	0~120
	청해	0~60
	종합 득점	0~180
N5	언어지식(문자·어휘, 문법)·독해	0~120
	청해	0~60
	종합 득점	0~180

(2) 합격/불합격 판정

종합 득점과 각 득점 구분의 기준점, 이 두 가지로 합격/불합격 판정을 내린다. 기준점이란 각 득점 구분에서 '적어도 이 이상은 필요한' 득점을 말한다. 득점 구분의 득점이 하나라도 기준점에 달하지 못한 경우는 종합 득점이 아무리 높아도 불합격으로 처리된다. 각 득점 구분에 기준점을 설정한 것은 학습자의 일본어능력을 종합적으로 평가하기 위해서이다.

(3) 시험 결과의 통지

다음 예와 같이 ①'득점 구분별 득점'과 득점 구분별 득점을 합계한 ②'종합 득점', 앞으로의 일본어 학습을 위한 ③'참고 정보'를 통지한다. ③'참고 정보'는 합격/불합격 판정 대상이 아니다.

예: N2을 수험한 Y씨의 '합격/불합격 통지서'의 일부 (실제 서식은 변경될 수 있다.)

	①득점 구분별 점수			②종합 득점
언어지식(문자·어휘, 문법)	독해		청해	
50/60	**30**/60		**40**/60	**120**/180

③참고 정보※	
문자 어휘	문법
A	C

A 매우 잘했음 (정답률 67% 이상)
B 잘했음 (정답률 34%이상 67% 미만)
C 그다지 잘하지 못했음 (정답률 34% 미만)

※ '언어지식(문자·어휘·문법)에 대한 참고 정보를 살펴 보면 '문자·어휘'는 A(정답률 67% 이상)이므로 '매우 잘했음', '문법'은 C로(정답률 34% 미만)으로 '그다지 잘하지 못했음'임을 알 수 있다.

N1의 출제경향과 대처법

문자 · 어휘

신 일본어능력시험에서 문자 · 어휘 출제 문항 수는 구 시험에 비해 대폭 축소되었다. 문항 수는 줄어들었지만 출제 비중을 떠나 독해나 청해를 학습하는 데 기본 바탕이 되는 것이 어휘이므로 기본적으로 반드시 공부해 두어야 하는 파트이다.

문제 유형은 단어의 기본적인 의미를 아는 것은 물론, 문장 내용에 따른 뉘앙스 구별이 필요한 까다로운 문제가 다수 출제된다. 그래서 이 책에서는 필요한 경우 반대말, 유의어 등의 관련 어휘를 제시하였고 특히 예문을 통해 단어의 정확한 뉘앙스를 보여주었다.

어휘 하나만 무턱대고 암기할 것이 아니라, 관련된 어휘를 포괄하여 함께 공부하는 것이 어휘력의 폭을 넓혀주고 나아가서는 독해력을 강화시키는 학습 방법이다.

문법

신 시험에서는 '출제 기준' 즉, '문법 항목 리스트'를 별도로 규정하여 제시하지 않았다.
그 이유에 대해 주관 기관이 밝힌 내용은 다음과 같다.

일본어 학습의 최종 목표는 문법 항목의 암기가 아니고, 그것들을 커뮤니케이션의 수단으로서 실제로 이용할 수 있게 하기 위한 것이라는 인식 하에, 신 시험에서는 '문자 · 어휘 · 문법이라는 언어 지식'과 함께, '그 언어지식을 이용하고, 커뮤니케이션상의 과제를 수행하는 능력'을 측정하는 수단으로 문법을 보기 때문에 어휘나 한자, 문법 항목의 리스트가 게재된 출제 기준은 적절하지 않다.

이것은 N1의 문법 출제 범위의 폭이 넓어진 것을 의미한다. 하지만 신(新)시험 N1은 구 시험 1급과 유사한 레벨로, 구 시험 문제나 출제 기준도 단서가 된다고 하였으므로 자주 출제된 내용을 중심으로 정리해 두면 변화에 빨리 적응할 수 있을 것이다.

독해

신 시험은 단순한 문법 지식이나, 문어체의 난해한 독해 지문에서 탈피하여 <u>실생활에 유용한 어휘와 실용적인 문장을 출제하는 방향으로 바뀌었다.</u> 또 주어진 문장을 통해 필요한 정보를 구성하거나 내용 파악 유무를 묻는 문제가 주로 출제된다.

이는 곧 글의 전개 순서대로 하던 나열식 독해 즉, 번역 연습 수준이나 우리말 대입식의 공부가 더 이상 통용되지 않는다. <u>이제는 시험에 대비하여 실제적인 독해 실력을 쌓아야 한다는 것이다.</u> 즉, 문장에 대한 이해 능력을 중시하는 뜻으로, 신 일본어능력시험 출제경향의 변화에서 가장 두드러진 부분이다.

청해

새로운 능력시험은 커뮤니케이션 능력의 극대화를 목표로 출제된다. 현장감이 느껴지는 상황별 배경음이 깔린 상태에서 이루어지는 대화는 기존의 밋밋한 대화나 아나운서 방식과는 사뭇 다르게 전개된다.
실전에 대비하여 다음 사항 정도는 유념하고 시작하는 것이 좋다.

1. 실전 청해의 문제 유형을 익혀라!

역시 문제를 들려주는 방식에서는 듣고 무엇을 골라야 할 것인가에 대한 질문은 본문 전후로 2번 들려주는 형식, 본문을 중심으로 질문이 뒤에 나오는 경우, 즉시 응답이 필요한 경우 등이 있다.

2. 직청직해 능력은 스크립트를 소리내어 읽는 것으로 향상된다.

기존의 그림을 제시하는 형식의 문제는 출제 문항이 아예 없거나 대폭 줄고 대신 문자로 제시되는 문제의 비중이 커졌다. 그만큼 청해에 있어서도 속청 능력이 요구됨을 의미한다. 선택지가 문자로 제시된 문제의 정답 도출 방식은 거의 JPT 회화문 출제의 경우와 유사하다. 질문에서 요구하는 대화의 주체를 염두에 두고, 그의 생각과, 행동 순서, 그리고 본문에서 말한 내용과 의미가 같은 다른 표현으로 이루어진 선택지를 연계하여 빨리 답을 찾아내는 것 등은 문제풀이의 순발력 훈련을 필요로 한다.

3. 실전연습에서 무엇을 중점에 두고 공부해야 하나? 들으면서 간단 메모한다.

새 일본어능력시험 가이드북 해석은 폭넓게 하여 출제 경향에 근접한 문제를 집중 연습해야 한다. 모든 일본어 시험에서 보편적으로 다뤄지는 질문의 방식을 기본으로 하여 형식적인 면 즉 다양한 문제 형태를 검토하여 만든 문제이므로 유형설명의 기본문제와 어구에 충실하도록 한다. 답이 도출되는 어구는 문장 내에서 반복 기억해야 효과가 배가 된다.

4. 실전 예상 문제를 통해 합격 도달 가능성을 알 수 있다. 오답이 많은 유형을 집중공략하라.

본서의 각 분야별로 사용된 어휘는 기존 1급 시험에서 제시한 출제기준을 근간으로 삼아 각각 상향 조정하여 수록하였다. 앞으로는 과거 시험보다 한 단계 높은 상위레벨의 파생 단어도 얼마든지 출제 범위에 들어 있는 만큼 이를 소홀히 하지 말아야 한다. 그런 차원에서 파트별로 공부한 내용을 응용한 문제를 제시하여 반복 연습이 되도록 하였다. 현재 학습 정도를 가늠해 볼 수 있는 예상 문제를 풀어 봄으로 해서 실전능력이 배가되도록 배려하였다. 실전 문제를 풀고 난 후에는 반드시 〈스크립트〉로 오답정리를 하는 습관을 기르자. 또한 스크립트를 소리 내어 읽고 반복하여 어느 부분에서 판단 착오가 있었는지 확인하는 과정을 거쳐, 읽기와 동시에 자각하는 훈련을 하여 감을 익힌다. 오답정리가 된 스크립트는 적어도 6번 읽어야 효과를 볼 수 있다.

N1 출제 유형 한눈에 보기

시험 과목 (시험 시간)			문제의 구성				실전대책 적정풀이 시간
			큰 항목	문항 수	배점	문제내용	
1교시 언어 지식 · 독해 (110분) / 95분	문 자 · 어 휘	문제1	한자 읽기	6	1	한자 읽기 문제	45문항 / 25분
		문제2	문맥 규정	7	1	문자의 문맥에 맞게 빈칸에 들어갈 가장 알맞은 어휘를 고르는 문제	
		문제3	유의어(대체)	6	1	출제된 말이나 표현과 의미상 가까운 말이 나 표현을 고르는 문제	
		문제4	용법	6	2	제시된 어휘가 문장에서 가장 알맞게 쓰인 문 장을 찾는 문제	
	문 법	문제5	문법 형식의 판단	10	1	괄호 안에 들어갈 가장 알맞은 문법 기능어를 찾아 문장을 완성하는 문제	
		문제6	문의 완성	5	1	나열된 단어를 의미에 맞게 조합하는 문제	
		문제7	글의 문법	5	2	문맥에 맞는 내용을 고르는 문제	
	독 해	문제8	내용 이해(단문)	4	2	200자 정도의 생활, 일 등 여러 화제를 포 함한 설명문이나 지시문을 읽고 내용을 이 해했는지를 묻는 문제	26문항 / 70분
		문제9	내용 이해(중문)	9	2	500자 정도의 평론, 해설, 에세이 등을 읽고, 인 과관계나 이유, 개요, 필자의 생각을 묻는 문제	
		문제10	내용 이해(장문)	4	3	1000자 정도의 장문을 읽고 문장을 이해했 는지를 묻는 문제	
		문제11	종합 이해	3	2	두 가지 이상의 글을 읽고 비교 통합이 가 능한지를 묻는 문제	
		문제12	주장 이해	4	3	1000자 정도의 논평 등 장문의 평론이나 시사성 있는 지문을 읽고, 저자가 의도하는 내용이나 주장, 의견 등을 파악하는 문제	
		문제13	정보 검색	2	2	700자 정도의 광고, 팸플릿, 정보지, 비즈 니스 문서 등의 글에서 필요한 정보를 찾 아내는 문제	
2교시 청해 (60분) / 50분		문제1	과제 이해	6	2	구체적인 과제 해결에 필요한 정보를 듣고 내용을 이해했는지를 묻는 문제	37문항 / 50분
		문제2	포인트 이해	7	1	내용을 듣고 포인트를 파악하는 문제	
		문제3	개요 이해	6	2	내용을 듣고 화자의 의도나 주장 등을 이 해하는지를 묻는 문제	
		문제4	즉시 응답	14	1	질문 등의 짧은 발화를 듣고 적절한 응답 을 선택할 수 있는지를 묻는 문제	
		문제5	종합 이해	4	3	장문의 내용을 듣고 복수의 정보를 비교 종합하여 내용을 이해하는지를 묻는 문제	

※시험 시간은 변경될 수도 있다. 또한 '청해'는 시험 문제의 녹음 시간 길이에 따라 시험 시간이 다소 변경된다.

만점을 위한 준비

1. 시험 일주일 전 체크할 것들

 그동안 공부했던 기출문제 및 예상 문제를 복습하며 틀렸던 문제를 다시 체크하고 가능하면 전년도 기출문제를 실제 시험과 동일하게 시간을 정해 놓고 문제를 풀어 시간 배분에 대한 점검을 한다.

2. 정답 기입 연습

 언어지식과 독해의 정답 마킹은 ①②③④ 중에서 맞는 번호 하나에만 칠한다.
새로운 일본어 능력시험에서는 종래의 시험과 달리 청해도 언어지식과 독해처럼 정답에만 마킹을 하는 방식이다. 방법이 간단해졌지만 시간 내에 정확히 마킹할 수 있어야 한다. 청해는 시험지에서 충분히 답을 도출한 다음 바로 마킹하고 다음 문제를 기다리는 방법으로 풀이해 간다. 청해 종료후에는 별도의 마킹시간이 없다.

3. 시험 준비물 챙기기

1. 수험표/ 2B연필 3-4개/ 지우개/ 신분증/ 시계
2. 평소대로 일찍 자고 늦어도 11시 전에는 잠자리에 든다.
3. 아침 6시에 일어나 정비하고 여유 있게 출발!!
기타, 시험장 위치 및 시험장까지의 소요 시간 파악하는 일과, 여유 있는 출발, 그리고 중간 쉬는 시간에 필요할지도 모르는 물이나 음료수 등이다.

4. 오답노트처럼 시험후기를 써보자!

바둑의 고수가 대국을 한 뒤 자기가 놓은 의미 있는 한수, 한수를 되짚어 보기를 하듯, 시험 본 뒤에 시험을 본 소감을 구체적 내용을 담아 꼭 되새김질 해두는 습관을 들이자. 대범하지 못하게 지나간 것에 대해 생각하는 것이 부질없는 짓이라거나, 이제 와서 틀린 문제를 생각한들 마음만 괴롭다는 것은 지속적 공부와 다음 시험을 위한 도약을 포기하는 어리석은 행위다. 진정한 고수는 자신을 직시할 줄 아는 사람이다. 대충의 감이나 느낌이 아니라 시험 후기를 통해 나의 약점이 무엇이고 앞으로 더 힘써야 할 부분이 무엇인지를 똑바로 봐야 한다.

5. 휴대폰 등 시험에 방해가 될만한 물품은 철저히 관리할것!

시험 도중 휴대폰이 울려 0점 처리된 사례도 있다.

이 책의 구성과 특징

이 책은 새로운 능력시험에 쉽고 빠르게 적용하도록 각 파트별 유형 설명과 구체적인 공략 방법을 상세히 소개하였다. 또한 실전과 같은 환경에서 문제풀이 적응력을 기르도록 모의고사를 3회 수록하였다.

문제 유형 파악

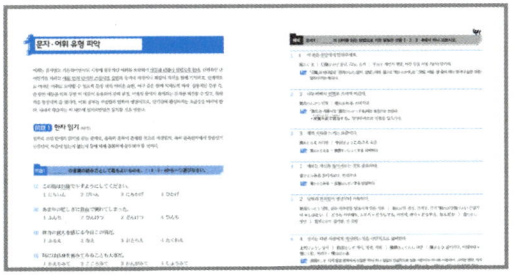

문제 유형별로 예제를 수록하였다. 실전 모의고사를 풀기 전 어떤 유형의 문제가 나오는지, 워밍업 정도로 생각하고 가벼운 마음으로 문제를 풀어보자

탄탄 내공 쌓기

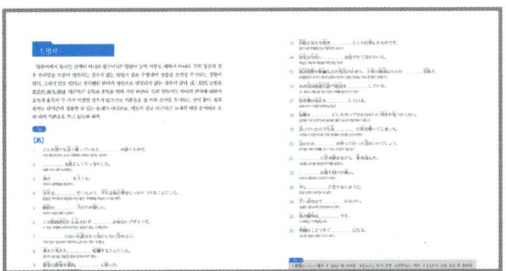

시험에 대비하여 많은 문제를 풀어보는 것도 중요하지만, 문제를 풀기 위한 토대가 되는 기초를 쌓는 것이 중요하다. 꼭 알아둘 문자어휘를 품사별로 정리했고, 자주 출제되는 문형문법은 내용에 따라 나누어 정리했다.

공략법 제시

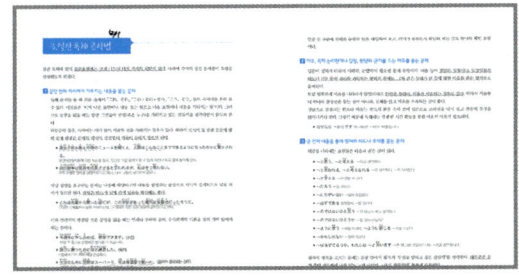

청해나 독해는 특히 시험에서 차지하는 비중이 커진만큼 철저히 준비할 필요가 있기에, 시험 내용이 어떻게 달라졌는지, 또 그에 대비한 전략이나 공략법은 무엇인지를 꼼꼼하게 설명하였다.

실전 모의고사

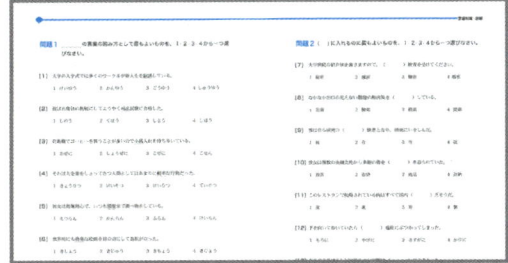

실전과 똑같은 유형의 문제를 3회 수록하였다. 실전처럼 시간을 재면서 문제를 풀어보자.

상세한 해설

정답이 될 수 없는 이유를 상세히 설명하고, 본책에서 다루지 않았지만, 같이 알아두면 도움이 되는 학습 내용을 추가하여 혼자서 공부하는 학습자를 배려하였다.

차례

일본어능력시험 개요 **6**

N1의 출제경향과 대처법 **9**

N1 출제 유형 한눈에 보기 **11**

만점을 위한 준비 **12**

이 책의 구성과 특징 **13**

Part1 1교시 언어지식 유형별 공략법

1. 문자 · 어휘 유형 파악

問題1 한자 읽기 **18**

問題2 문맥 규정 **20**

問題3 유의어 **22**

問題4 용법 **24**

[탄탄 내공 쌓기1. 꼭 알아둘 문자 · 어휘]

1. 명사 **30**

2. 동사 **70**

3. い형용사 **81**

4. な형용사 **87**

2. 문법 유형 파악

問題5 문법 형식의 판단 **92**

問題6 문의 완성 **96**

問題7 글의 문법 **99**

[탄탄 내공 쌓기2. 자주 출제되는 문형 · 문법]

1. 때(경우 · 상황) **106**

2. 원인 · 이유 · 결과 **109**

3. 주제 · 발탁 **113**

4. 강조 **115**

5. 역접 **121**

6. 조건 **125**

7. 대상 **133**

8. 병렬 **134**

9. 결정 요인 **136**

10. 양자(두 가지)의 관계 **137**

11. 판단 · 평가 **140**

12. 대체 설명 **142**

13. 전문 **144**

14. 문어적 표현 **144**

15. 문말(文末) 표현 **151**

16. 강조 **159**

17. 복합어 · 접미어 **161**

18. 경어 **166**

Part2 1교시 독해 유형별 공략법

[독해 만점을 위한 학습요령과 실전대책]

1. NEW 독해 무엇이 달라졌나? **171**

2. 독해 만점 전략 **172**

3. 실전 독해 공략법 **182**

[독해 유형 파악]

問題8 내용 이해(단문) **186**

問題9 내용 이해(중문) **193**

問題10 내용 이해(장문) **202**

問題11 종합 이해 **208**

問題12 주장 이해(장문) **212**

問題13 정보 검색 **217**

Part3 2교시 청해 유형별 공략법

[청해 만점을 위한 학습요령과 실전대책]

1. NEW 청해 무엇이 달라졌나? **223**

2. 청해 만점 전략 **224**

3. 실전 청해 공략법 **239**

[청해 유형 파악]

問題1 과제 이해　◉_T001~006 **243**

問題2 포인트 이해　◉_T007~013 **257**

問題3 개요 이해　◉_T014~019 **270**

問題4 즉시 응답　◉_T020~033 **278**

問題5 종합 이해　◉_T034~036 **286**

[청해를 위한 부사]
294

Part 1
1교시 언어지식 유형별 공략법

시험 과목&시간	
1교시	2교시
언어지식(문자・어휘, 문법) 독해 (110분)	청해 (60분)

문자·어휘 유형 파악

어휘는 품사별로 기본적이면서도 시험에 필수적인 어휘를 요약하여 예문과 더불어 익히도록 한다. 단편적인 단어암기를 피하고 예문 안의 단어의 쓰임새를 살핌과 동시에 파생어나 복합어 지식을 함께 기억하고, 단계적으로 어려운 어휘로 도약할 수 있도록 문장 내의 어려운 표현, 어구 등은 함께 익히도록 하자. 실용적인 문장 즉, 쓸 만한 예문을 익혀 두면 이 예문이 응용되어 문맥 규정, 어형성 등에서 출제되는 문제를 해결할 수 있고, 독해력을 향상시켜 줄 것이다. 어휘 공부는 꾸준함과 반복이 생명이므로, 단기간에 완성하려는 조급증을 버려야 한다. 따라서 학습자는 이 파트에 있어서만큼은 통독할 것을 권한다.

問題 1 한자 읽기 (6문항)

한자로 쓰인 단어의 읽기를 묻는 문제로, 음독과 훈독이 출제될 것으로 예상된다. 특히 음독한자에서 장음인지 단음인지, 탁음이 있는지 없는지 등에 대해 꼼꼼하게 공부해야 할 것이다.

問題1 _____ の言葉の読み方として最もよいものを、1・2・3・4から一つ選びなさい。

01 この服は日陰で干すようにしてください。
　　1 にちいん　　　2 びいん　　　3 にちかげ　　　4 ひかげ

02 あまりの忙しさに貧血で倒れてしまった。
　　1 ふんち　　　2 ひんけつ　　　3 どんけつ　　　4 ひんち

03 体力の衰えを感じる今日この頃だ。
　　1 ふるえ　　　2 なえ　　　3 おとろえ　　　4 たくわえ

04 時には自身を省みてみることも大事だ。
　　1 かえりみて　　2 こころみて　　3 かんがみて　　4 しょうみて

05 納豆の粘りがどうも昔から苦手だ。
　　1 しこり　　　2 ねばり　　　3 のこり　　　4 おとり

06 上司は人に指図されることを極端に嫌う。
　　1 さしと　　　2 しど　　　3 ゆびず　　　4 さしず

1　**4**　이 옷은 응달에서 말려주세요.

服ふく 옷 │ 日陰ひかげ 응달, 그늘, 음지 │ 干ほす 자연적 햇볕, 바람 등을 이용 (넣어) 말리다

> **Tip** 「日陰」의 반대말은 「日向ひなた(양지, 양달)」이다. 참고로 「乾かわかす」는 '(햇빛, 바람, 불 등에 쬐어 젖거나 습한 것을) 말리다'라는 뜻이다.

2　**2**　너무 바빠서 빈혈로 쓰러져 버렸다.

貧血ひんけつ 빈혈 │ 倒たおれる 쓰러지다

> **Tip** 「貧血」는 자동사로 「貧血ひんけつする」라는 표현으로 쓰인다.
> • 栄養不足で貧血する。 영양부족으로 빈혈을 일으키다.

3　**3**　체력 저하를 느끼는 요즘이다.

衰おとろえ 쇠약함 │ 今日きょうこのごろ 요즘

> **Tip** 衰おとろえる = 衰弱すいじゃくする 쇠약하다

4　**1**　때로는 자신을 돌이켜보는 것도 중요하다.

省かえりみる 돌이켜보다, 반성하다

> **Tip** 省かえりみる = 反省はんせいする 반성하다

5　**2**　낫토의 끈적임이 옛날부터 거북하다.

納豆なっとう 낫토, 삶은 메주콩을 발효시켜 만든 식품 │ 粘ねばり 점성, 끈적임, 끈기 *粘ねばり強づよい 끈질기다 ＝しぶとい │ どうも 아무래도, 도무지 ＝ どうしても, 어쩐지, 왠지 ＝ どうやら, なんだか │ 昔むかし 옛날 │ 苦手にがて 싫어함, 잘 못함

6　**4**　상사는 다른 사람에게 지시받는 것을 극단적으로 싫어한다.

上司じょうし 상사 │ 指図さしず 지시, 명령, 지휘 │ 極端きょくたん 극단 │ 嫌きらう 싫어하다, 미워하다 ＝ 憎にくむ, 꺼리다 ＝ 憚はばかる

> **Tip** 指図さしず 지시 용법 문제에서 이말은 '하나 하나 일일이 간섭적으로 일을 시킨다'는 의미로 사용되며, 그러한 명령, 지시 행위 자체를 의미하기도 한다. = 指示しじ、命令めいれい、指揮しき │ 嫌きらう ↔ 好すく、好このむ 호감을 갖다

전후 문맥을 통해 공란에 들어갈 알맞은 어휘를 고르는 문제로, 명사·동사·형용사·부사 등의 주요 품사와 외래어·접미어·접두어·관용표현 등에 폭넓게 출제된다. 어휘의 폭을 넓히려면 관용어구, 호응관계에 있는 어구를 암기하고, 질적인 면에서는 정확한 어의(語義)를 파악하고 혼동되는 유사어구와의 구별, 일본어 표현의 독특함을 정리할 필요가 있다.

問題2 （　　　）に入れるのに最もよいものを、1・2・3・4から一つ選びなさい。

07　彼は友人にそそのかされて（　　　　　）に走った。
　　1 非難　　　　　2 非常　　　　　3 非行　　　　　4 是非

08　世界的なこの（　　　　　）、いつ終わるのだろうか。
　　1 実況　　　　　2 不況　　　　　3 近況　　　　　4 盛況

09　世界でも名高い教授に認められるとは（　　　　　）なことだ。
　　1 名誉　　　　　2 声誉　　　　　3 名予　　　　　4 名代

10　彼女は学校とバイトを（　　　　　）させていて感心だ。
　　1 両立　　　　　2 両方　　　　　3 独立　　　　　4 成立

11　彼の話はいつも（　　　　　）的だが少々冷たい。
　　1 概論　　　　　2 論理　　　　　3 定理　　　　　4 世論

12　大事な（　　　　　）通帳を無くしてしまった。
　　1 万金　　　　　2 献金　　　　　3 純金　　　　　4 預金

13　何の（　　　　　）もないうわさは気にしないほうがいい。
　　1 根本　　　　　2 準拠　　　　　3 占拠　　　　　4 根拠

7   3   그는 친구에게 꼬드김을 당해 비행으로 들어섰다.

唆そそのかす 부추기다, 사주하다, 꼬드기다 = けしかける、たきつける、あおる

Tip 非行ひこうに走はしる 비행의 길로 들어서다

---

8   2   세계적인 이 불황, 언제 끝나려는지.

不況ふきょう 불황 = 不景気ふけいき 불경기 ↔ 好況こうきょう 호황

---

9   1   세계적으로 유명한 교수에게 인정받다니 명예로운 일이다.

名高なだかい 유명하다, 저명하다 ┃ 教授きょうじゅ 교수 ┃ 認みとめる 인정하다 ┃ 名誉めいよ 명예, 영예

---

10   1   그녀는 학교와 아르바이트를 양립하고 있어서 기특하다.

感心かんしん [동] 감동, 감탄, 탄복 [형] 기특함, 신통함 = ＝舌(した)を巻(ま)く 혀를 내두르다

Tip 「両立りょうりつする(양립하다)」의 사역 형태로 사용되었다.

---

11   2   그의 이야기는 언제나 논리적이지만 다소 차갑다.

論理ろんり 논리 ┃ 少々しょうしょう 좀, 조금, 다소, 약간 = 多少たしょう ┃ 冷つめたい 차갑다, 냉정하다 ┃ 概論がいろん 개론 ┃ 定理ていり 정리 ┃ 世論よろん 여론

---

12   4   중요한 예금 통장을 잃어버리고 말았다.

大事だいじ 소중함, 중요함 ┃ 預金よきん 예금 ┃ 通帳つうちょう 통장 ┃ 無なくす 잃어버리다

---

13   4 아무 근거도 없는 소문은 신경 쓰지 않는 편이 좋다.

根拠こんきょ 근거 ┃ 気きにする 신경 쓰다

Tip 根(ね)も葉(は)もない 아무런 근거 없다, 밑도 끝도 없다.

같은 의미의 다른 표현, 즉 유의어를 고르는 문제에서는 제시된 어휘나 표현과 의미상 가장 가까운 표현이 무엇 인지를 묻는다. 모든 품사에서 골고루 출제되지만 특히 관용어구, 상투어구와 동사, 형용사가 많이 나올 것으로 예상한다. 평소 공부할 때 모르는 어휘가 나오면 그 어휘뿐만 아니라 그와 연계된 파생어구, 비슷한 의미의 어 휘도 함께 공부하는 것이 좋다. 단, 실전에서 주의할 점은 정답을 밑줄에만 의존하여 찾을 것이 아니라 문장 문 맥 속에서 의미가 통하는 말을 대입해 가면서 판단한다.

問題3 ＿＿＿＿＿ の言葉に意味が最も近いものを、1・2・3・4から一つ選びなさい。

14 彼のネクタイはいつもゆがんでいる。
　　1 汚れて　　　　2 曲がって　　　　3 すさんで　　　　4 隠れて

15 久しぶりの雨で草木がよみがえった。
　　1 生き返る　　　2 ふり返る　　　　3 反り返る　　　　4 ひるがえる

16 親とはぐれてしまった子供がデパートをさまよっていた。
　　1 きょろきょろする　　2 うろうろする　　3 せかせかする　　4 ざわざわする

17 かねてから付き合っていた彼と結婚することになった。
　　1 自分と　　　　2 後ろから　　　　3 前から　　　　4 じきに

18 色々な会社の面接を受けたがことごとく落ちてしまった。
　　1 あらかじめ　　2 さっさと　　　3 さすがに　　　4 すべて

19 彼女の一途に仕事に取り組む姿勢は本当に素晴らしい。
　　1 さっそうと　　2 いやに　　　　3 ひたすら　　　　4 一気に

14　2　그의 넥타이는 항상 <u>비뚤어져</u> 있다.

汚よごれる 더러워지다, 때가 묻다 ｜ すさむ 거칠어지다, 무절제해지다 ｜ 隠かくれる 숨다, 가려지다

Tip 「歪ゆがむ = 歪ひずむ ①(물건이 휘어지다, 뒤틀리다, 일그러지다) ②정신, 성질 등이 비뚤어지다.」와 유사한 단어는 「曲まがる(굽다, 기울다, 비뚤어지다)」이다.

15　1　오래간만의 비로 초목이 <u>되살아났다</u>.

久ひさしぶり 오랜만, 오래간만 = 久々ひさびさ ｜ 草木そうもく·くさき 초목

Tip 「蘇よみがえる, 甦よみがえる(소생하다, 되돌아오다) = 蘇生そせいする」와 유사한 단어는 「生いき返かえる(되살아나다)」이다.
振ふり返かえる 뒤돌아보다 = 振ふり向むく 돌아보다, 돌이켜보다 = 顧かえりみる、回顧かいこする
反そり返かえる ①많이 휘다, 뒤다 ②몸을 뒤로 젖히다, 거들먹거리다
翻ひるがえる 뒤십히다, 바람에 날리다

16　2　부모를 놓쳐버린 아이가 백화점을 <u>헤매고</u> 있었다.

はぐれる 일행과 떨어지다 ｜ きょろきょろ 두리번두리번 = 見回みまわす ｜ せかせか 허둥지둥, 헐레벌떡 ｜ ざわざわ 웅성웅성, 시끌시끌

Tip 「さまよう(헤매다, 방황하다)」와 유사한 단어로는 「うろうろ(우왕좌왕함), まごまご, うろちょろ」 등이 있다.

17　3　<u>전부터</u> 사귀던 남자친구와 결혼하게 되었다.

付つき合あう 사귀다, 의리상 같이하다 ｜ 直じきに 곧, 금방, 머지않아 = まもなく、もうすぐ

Tip かねて 전부터, 옛날부터, 미리 = かねがね、前まえもって、予あらかじめ、前まえから

18　4　여러 회사의 면접을 봤지만 <u>전부</u> 떨어져 버렸다.

色々いろいろ 여러 가지, 각종, 다양 = あれこれ、種々しゅじゅ、多様たよう ｜ 面接めんせつを受うける 면접을 보다 ｜ ことごとく 모두, 남김없이, 몽땅, 죄다 ｜ 落おちる 떨어지다 ｜ さっさと 척척, 재빨리 ｜ さすがに 역시, 과연, 아니나 다를까 = やはり

19　3　그녀의 한결같이 일에 몰두하는 자세는 정말로 훌륭하다.

一途いちず 외곬, 외길, 한결같음 = ひたむき、一筋ひとすじ、ひとえ、ひたすら ｜ 取とり組くむ 맞붙다, 애쓰다, 일하다 ｜ 姿勢しせい 자세 ｜ 素晴すばらしい 뛰어나다, 멋지다, 장하다 = 見事みごとだ、立派りっぱだ、素敵すてきだ ｜ さっそうと 씩씩하게 ｜ いやに 이상하게, 유달리, 유난히 = 奇妙きみょうに、やけに ｜ 一気いっきに 한꺼번에, 단숨에, 일거에 = 一息ひといきに、いっぺんに、一挙いっきょに

問題 4 용법 (6문항)

용법에 관한 문제에서는 단어가 문장 속에서 어떻게 사용되는지를 묻는 형식이다. 품사별 의미 차이 혹은 어떤 단어는 어떤 단어와 잘 어울리는가 등의 호응관계를 묻는다. 의미와 접속관계에서 흠이 없는 가장 완벽한 문장을 골라야 하며, 어려워하는 부분인 만큼 배점도 높다.

問題4　次の言葉の使い方として最もよいものを、1・2・3・4から一つ選びなさい。

20　びっしり
1　人気俳優の登場にファンたちはびっしりとした表情で見入っていた。
2　祖父母は静かな田舎でびっしりと暮らしている。
3　彼女の手帳には予定がびっしりと書き込まれていた。
4　このイスなら5人はびっしり座れるだろう。

21　くれぐれ
1　少し休んだらくれぐれも疲れは取れたのでもう大丈夫です。
2　お父様にはくれぐれもよろしくお伝えくださいね。
3　緊張してしまい面接ではくれぐれとしてしまった。
4　貧血気味でくれぐれとするので少し休ませてください。

22　配慮
1　他人に対する配慮が全然足りない。
2　後ろから誰かに見られているような配慮を感じた。
3　友人は宅配便を配慮する仕事をしている。
4　彼女は配慮なくうちに上がりこんできた。

23　浅はか
1　そんなに浅はかな態度を取る人だとは思わなかった。
2　この海は浅はかなので幼い子供も楽しむことが出来ます。
3　事故で負った傷は浅はかなものなので心配しないでください。
4　経験の浅はかな新人に任せるわけにはいかない。

24 一概に

1 パソコンに関しては一概に何も分からない。

2 彼が犯人だと一概に決め付けるのは良くない。

3 帰宅すると疲れが一概に出たのかすぐに眠ってしまった。

4 生きている間に一概には富士山に登ってみたい。

25 還暦

1 彼女は飛行機事故から奇跡の還暦を遂げた。

2 昨年の悔しさをバネに選手権の王座を還暦した。

3 もう還暦の上では日本は冬を迎えました。

4 父は来年の5月でめでたく還暦を迎えます。

20　3

빼곡하게
1) 인기 배우의 등장에 팬들은 빼곡한 표정으로 주시하고 있었다.
2) 조부모님은 조용한 시골에서 빼곡하게 살고 계신다.
3) 그녀의 수첩에는 예정이 빼곡하게 기입되어 있었다.
4) 이 의자라면 다섯 명은 빼곡하게 앉을 수 있을 것이다.

俳優はいゆう 배우 ｜ 登場とうじょう 등장 ｜ 表情ひょうじょう 표정 ｜ 見入みいる 지켜보다, 주시하다 ｜ 祖父母そふぼ 조부모 ｜ 田舎いなか 시골, 고향 ｜ 暮くらす 지내다 ｜ 手帳てちょう 수첩 ｜ 予定よてい 예정 ｜ 書かき込こむ 써넣다, 기입하다

Tip びっしり(と) 1.빽빽히, 촘촘히 = ぎっしり 2. 일, 운동 따위를 충분히, 알차게 = みっちり
문제는 '빈틈이 없을 정도로 꽉 찬 모양'을 의미하는 문장을 찾는다.

21　2

부디
1) 조금 쉬었더니 부디 피곤이 풀려서 이제 괜찮습니다.
2) 아버님께는 부디 안부 전해 주십시오.
3) 긴장해서 면접에서 부디해 버렸다.
4) 빈혈기가 있어서 부디하기 때문에 조금 쉬게 해 주세요.

疲つかれが取とれる 피로가 풀리다 ｜ よろしく伝つたえる 안부를 전하다 ｜ 緊張きんちょう 긴장 ｜ 面接めんせつ 면접 ｜ 貧血気味ひんけつぎみ 빈혈 기미

Tip くれぐれも의 꼴로 '부디, 아무쪼록.' 동의어로는 よくよく、かさねがさね 등이 있다. 문제는 '몇 번이고 간곡하게 부탁하거나 충고하는 모습'을 의미하는 문장을 찾는다.

22　1

배려
1) 타인에 대한 배려가 매우 부족하다.
2) 뒤에서 누군가가 보고 있는 듯한 배려를 느꼈다.
3) 친구는 택배를 배려하는 일을 하고 있다.
4) 그녀는 배려 없이 우리 집에 마음대로 들어왔다.

他人たにん 타인 ｜ 全然ぜんぜん 전연, 전혀, 조금도 ｜ 足たりる 충분하다, 족하다 ｜ 宅配便たくはいびん 택배 편, 택배 ｜ 上あがり込こむ 남의 집에 제멋대로 들어가 앉다, 들어가다

Tip 配慮はいりょ 배려, 마음씀씀이 = 心配しんぱい、こころづかい、気配きくばり
문제는 '신중히 생각하여 마음을 쓰는 것'을 의미하는 문장을 찾는다.

23 1

어리석음

1) 그렇게 <u>어리석</u>은 태도를 취하는 사람이라고는 생각 안 했다.

2) 이 바다는 <u>어리석</u>기 때문에 어린 아이도 놀 수 있습니다.

3) 사고로 생긴 상처는 <u>어리석</u>은 것이니까 걱정하지 마세요.

4) 경험이 <u>어리석</u>은 신입사원에게 맡길 수는 없다.

態度たいどを取とる 태도를 취하다 | 幼おさない 나이가[생각이] 어리다, 유치하다 | 楽たのしむ 즐기다, 기대하다, 바라다 | 事故じこ 사고 | 負おう ①등에 지다, 짊어지다 = 背負せおう、担かつぐ、担になう ②피해, 상처 등을 입다 = こうむる | 傷きず 몸이나 마음의 상처 | 経験けいけん 경험 | 新人しんじん 신입사원 | 任まかせる 맡기다, 의뢰하다, 위탁하다 | ～わけにはいかない 아무래도 ～수는 없다

> **Tip** 浅あさはか 생각이 모자람, 경박함 = 軽薄けいはく
> 문제는 '사려나 배려가 부족함, 생각이 모자람'을 의미하는 문장을 찾는다.
> 「浅あさい (얕다, 옅다, 양이 적다)」와 혼동하지 않도록 한다.

24 2

일률적으로, 무조건

1) 컴퓨터에 관해서는 <u>무조건</u> 아무것도 모른다.

2) 그가 범인이라고 <u>무조건</u> 단정하는 것은 좋지 않다.

3) 집에 돌아오니 피곤함이 <u>무조건</u> 몰려온 것인지 금세 잠들어 버렸다.

4) 살아있는 동안 <u>무조건</u>은 후지산에 올라가 보고 싶다.

犯人はんにん 범인 | 決きめ付つける 일방적으로 단정하다, 몰아세우다 | 帰宅きたく 귀가 | 疲つかれが出でる 피로가 몰려오다 | 眠ねむる 자다, 잠들다 = 寝ねる、まどろむ、生いきる 살다 | 登のぼる (높은 곳에) 오르다

> **Tip** 一概いちがいに 일률적으로, 뭉뚱그려, 통틀어서 = ひっくるめて
> 문제는 '세세한 차이를 무시하고 판단하는 모양'을 의미하는 문장을 찾는다.

25 4

환갑

1) 그녀는 비행기 사고로부터 기적의 <u>환갑</u>을 이뤘다.

2) 작년의 분함을 계기로 선수권 왕좌를 <u>환갑</u>했다.

3) 벌써 <u>환갑</u> 위에서는 일본은 겨울을 맞이했습니다.

4) 아버지는 내년 5월에 경사스럽게 <u>환갑</u>을 맞이하십니다.

奇跡きせき 기적 | 遂とげる 이루다 | 昨年さくねん 작년 | 悔くやしさ 분함, 억울함 | バネ 용수철, 계기 | 選手権せんしゅけん 선수권 | 王座おうざ 왕좌 | 迎むかえる 맞이하다, 영접하다, 영합하다

> **Tip** 還暦かんれき 환갑
> 문제는 '햇수로 61세를 맞이한 것' 즉, 만 60세가 된 것을 축하하는 의미이다.

탄탄 내공 쌓기1
꼭 알아둘 문자 · 어휘

"필자는 자타가 공인하는 '어휘의 달인' '걸어다니는 사전'이다. 수많은 어휘 중에서 무엇을 외울 것 인가? 여기서는 다 나온다."

신 시험에서는 현행 시험과 같은 어휘나 한자 항목의 출제기준은 공개하지 않는다. 그 이유에 대해 주관처는 '일본어 학습의 최종 목표는 어휘나 한자 항목의 임기가 아니고, 커뮤니케이션의 수단으로 어휘나 한자를 실제로 이용할 수 있게 하기 위한 것'이라고 밝히고 있다.

그러나 수험자의 입장에서는 커뮤니케이션상의 과제를 수행하는 능력을 키우기 위해 '문자 · 어휘 · 문법이라는 언어지식' 중에서 <u>어떤 언어지식을 우선 순위로 효과적으로 이용해야 하는지가</u> 궁금해진다. 주관처에서는 신 시험의 레벨은 구 시험의 급에 대응되어 구 시험의 문제나 출제기준도 단서가 된다고 했으므로 이를 근거로 점차 문자, 어휘력을 확대 · 발전시켜 나가면 될 것이다.

1. 명사

일본어에서 한자는 선택이 아니라 필수이다!! 일본어 능력 시험도 예외가 아니다. 특히 장음의 경우 우리말은 모음이 연속되는 경우가 없는 탓인지 많은 수험생이 장음을 은연중 무시하는 경향이 있다. 그래서 알고 있다고 생각했던 단어가 정답으로 연결되지 않는 경우가 많다. 장·단의 구별을 확실히 해야 한다. 차근차근 음독과 훈독을 익혀 가길 바란다. 특히 일본어는 하나의 한자에 대하여 음독과 훈독이 두 가지 이상인 경우가 많으므로 기본음을 잘 익혀 감각을 유지하는 것이 좋다. 절대 한자는 단기간에 정복할 수 있는 문제가 아니므로, 서둘지 말고 차근차근 교재의 배열 순서대로 소리 내어 기본음을 쓰고 읽도록 하자.

1일

[あ]

1 どんな物でも長く使っていると＿＿＿＿＿＿が湧くものだ。
어떤 물건이라도 오래 사용하면 애착이 생기는 법이다.

2 ＿＿＿＿＿＿を落としてすっきりした。
때를 씻어 내어 상쾌했다.

3 身の＿＿＿＿＿＿を立てる。
자신의 결백함을 증명하다.

4 先月は＿＿＿＿＿＿だったので、今月は家計簿をしっかりつけることにした。
전달은 적자였기 때문에, 이번 달은 가계부를 확실히 쓰기로 했다.

5 値段の＿＿＿＿＿＿下がりが激しい。
가격의 오르내림이 심하다.

6 この服は流行に左右されず＿＿＿＿＿＿が来ないデザインだ。
이 옷은 유행에 좌우되지 않고 질리지 않는 디자인이다.

7 ＿＿＿＿＿＿のない冗談だから気にしない方がよい。
악의 없는 농담이기 때문에 신경 쓰지 않는 게 좋다.

8 考えに考えた＿＿＿＿＿＿、転職することにした。
생각에 생각을 거듭한 끝에 전직하기로 했다.

9 借金に借金を重ね、＿＿＿＿＿＿に陥った。
빚에 빚이 겹쳐 악순환에 빠졌다.

10 これくらいのこと、私には＿＿＿＿＿＿です。
이 정도 일, 나에게는 누워서 떡 먹기입니다.

11 彼は生まれつき顔に＿＿＿＿＿＿がある。
그는 선천적으로 얼굴에 반점이 있다.

12 彼は食べ物の＿＿＿＿＿＿にうるさい。
그는 음식의 맛에 까다롭다.

13 　赤飯とはもち米を＿＿＿＿＿＿＿＿＿＿ とともに蒸したものです。
　　찰밥이란 찹쌀을 팥과 함께 찐 것이다.

14 　野党は与党に＿＿＿＿＿＿＿＿＿＿ を浴びせてばかりいる。
　　야당은 여당에 악담을 퍼붓고만 있다.

15 　経済発展や株価などの成長が止まり、日本の経済はもはや＿＿＿＿＿＿＿＿＿＿ 状態だ。
　　경제발전이나 주가 등의 성장이 멈추어 일본 경제는 이미 한계점 상태이다.

16 　あの国は秘密兵器で他国を＿＿＿＿＿＿＿＿＿＿ している。
　　그 나라는 비밀 병기로 다른 나라를 압도하고 있다.

17 　教育費が家計を＿＿＿＿＿＿＿＿＿＿ している。
　　교육비가 가계를 압박하고 있다.

18 　結婚を＿＿＿＿＿＿＿＿＿＿ にしたせいでなかなかいい相手が見つからない。
　　결혼을 뒤로 미룬 탓에 좀처럼 좋은 상대가 발견되지 않는다.

19 　急いでいたので左右＿＿＿＿＿＿＿＿＿＿ に靴を履いてしまった。
　　서두르고 있었으므로 좌우 반대로 신발을 신어 버렸다.

20 　念のため＿＿＿＿＿＿＿＿＿＿ を持って行った方がいいでしょう。
　　만약을 위해 우비를 갖고 가는 게 좋지 않아요?

21 　＿＿＿＿＿＿＿＿＿＿ の音を聞きながら、本を読んだ。
　　낙숫물 소리를 들으면서 책을 읽었다.

22 　＿＿＿＿＿＿＿＿＿＿ の建て付けが悪い。
　　덧문의 여닫히는 상태가 나쁘다.

23 　少し＿＿＿＿＿＿＿＿＿＿ が足りないようだ。
　　조금 단맛이 부족한 것 같다.

24 　古い家なので＿＿＿＿＿＿＿＿＿＿ がひどい。
　　오래된 집이어서 심하게 비가 샌다.

25 　私の趣味は＿＿＿＿＿＿＿＿＿＿ です。
　　내 취미는 뜨개질입니다.

26 　些細なことですぐ＿＿＿＿＿＿＿＿＿＿ になる。
　　사소한 일로 금방 다투게 된다.

27 昨年春に行った＿＿＿＿＿＿結果を発表した。

작년 봄에 실시한 앙케트 결과를 발표했다.

28 彼女は＿＿＿＿＿にかかりやすい。

그녀는 최면에 걸리기 쉽다.

29 医者から絶対＿＿＿＿＿にするように言われている。

의사에게 절대 안정을 취하라는 말을 들었다.

30 外務省には家族や友人の＿＿＿＿＿を尋ねる電話が寄せられている。

외무성에는 가족이나 친구의 안부를 묻는 전화가 밀려오고 있다.

31 ＿＿＿＿＿の了解で彼はトップに伸し上った。

암묵적인 승인으로 그는 최고에 올랐다.

32 ＿＿＿＿＿に反した発言をしてしまった。

생각에 반하는 발언을 하고 말았다.

33 あれこれ＿＿＿＿＿をつけるのはよしてくれ。

이것저것 트집 잡는 것은 그만둬.

34 傷つきたくないから＿＿＿＿＿になって何でも相手に同意する。

상처받고 싶지 않기 때문에 착한 아이가 되어 무엇이라도 상대에게 동의하다.

35 彼は彼女に＿＿＿＿＿になってばかりいる。

그는 그녀에게 하라는 대로 하라고만 한다.

36 ＿＿＿＿＿は聞きたくない。

변명은 듣고 싶지 않아.

37 多数の死傷者が出たことに＿＿＿＿＿の意を表明した。

다수의 사상자가 나온 것에 유감의 뜻을 표명했다.

38 年のせいかちょっと階段を上がっただけで＿＿＿＿＿がする。

나이 탓인지 조금 계단을 올랐을 뿐인데 숨이 차다.

39 いくら彼が悪いからといって、そこまで言うのは＿＿＿＿＿だ。

아무리 그가 나쁘다고 해서 그렇게까지 말하는 건 도를 넘은 거야.

40 タッチの差で＿＿＿＿＿になってしまったようだ。

간발의 차로 엇갈려 버린 것 같다.

41 彼は財産の＿＿＿＿＿かを寄付した。

그는 재산의 일부분을 기부했다.

42 例の件は先方の＿＿＿＿＿を受けることにした。

예의 건은 상대편의 의향을 받아들이기로 했다.

43 自分の部屋はやはり＿＿＿＿＿がいい。

자신의 방은 역시 마음이 편하다.

44 ＿＿＿＿＿の相続争いが続いている。

유산상속 다툼이 계속되고 있다.

45 そんなに＿＿＿＿＿にならないで。

그렇게 고집 부리지 마라.

46 　車は便利だが、＿＿＿＿＿費がかかるから嫌だ。
くるま べんり　　　　　　　　　　　　　　　　ひ　　　　　　　　　　いや
자동차는 편리하지만 유지비가 들기 때문에 싫다.

47 　老後はカナダにでも＿＿＿＿＿してのんびり暮らそうかと思っている。
ろうご　　　　　　　　　　　　　　　　　　　　　　　　　　　く　　　　　　　おも
노후에는 캐나다에라도 이주해서 한가로이 지낼까 생각하고 있다.

48 　今まさに政治体制を＿＿＿＿＿する時期に来ている。
いま　　　せいじたいせい　　　　　　　　　　じき　き
지금이 바로 정치체제를 혁신할 시기에 와 있다.

49 　＿＿＿＿＿の保護に力を注いでいる。
ほご　ちから　そそ
유적 보호에 힘을 쏟고 있다.

50 　＿＿＿＿＿を葬る。
ほうむ
시체를 묻다.

51 　悪いが、この勝負は＿＿＿＿＿だな。
わる　　　　　　　しょうぶ
미안하지만, 이 승부는 이긴 거야.

52 　＿＿＿＿＿の説を唱える。
せつ　とな
이단의 주장을 외치다.

53 　蚤の＿＿＿＿＿で掘り出し物を買った。
のみ　　　　　　　　　　ほ　だ　もの　か
벼룩시장에서 우연히 진귀한 물건을 샀다.

54 　水害は九州＿＿＿＿＿に及んだ。
すいがい　きゅうしゅう　　　　　　　およ
수해는 九州지역 일대에 이른다.

55 　やっと仕事が＿＿＿＿＿した。
しごと
일이 겨우 일단락되었다.

56 　＿＿＿＿＿の職人になるには何年もかかるそうだ。
しょくにん　　　　　なんねん
제몫을 하는 장인이 되기 위해서는 몇 년씩이나 걸린다고 한다.

57 　物事の＿＿＿＿＿だけを見てはいけない。
ものごと　　　　　　　　　　み
사물의 일면만을 봐서는 안 된다.

　　窓を開けると外は＿＿＿＿＿の銀世界だった。
まど　あ　　　　　そと　　　　　　　　　　ぎんせかい
창문을 열자 밖은 온통 은빛 세상이었다.

58 _____ だにしない。

한번 슬쩍 보기조차 안 한다.

59 ご_____ 様^{さま}がフロントにいらっしゃいました。

(손님)일행이 프론트에 오셨습니다.

60 日本^{にほん}の漫画^{まんが}を読^よむことは好^すきだし、勉強^{べんきょう}にもなるから_____ だ。

일본 만화를 읽는 것은 좋아하고 공부도 되니까 일석이조이다.

61 宝^{たから}くじで_____ が当^あたった夢^{ゆめ}を見^みた。

복권에 일등으로 당첨된 꿈을 꿨다.

62 _____ に大^{おお}きいほど値段^{ねだん}が高^{たか}いので、栄養価^{えいようか}も高^{たか}いと考^{かんが}えがちだが、実際^{じっさい}はそうとも言^いえない。

일반적으로 클수록 가격이 비싸기 때문에 영양가도 높다고 생각하지만, 실제로는 그렇다고도 할 수 없다.

63 世界^{せかい}に誇^{ほこ}るライフスタイルかどうかは人^{ひと}によって判断^{はんだん}が異^{こと}なるかもしれないが、確^{たし}かに生活^{せいかつ}を_____ させたものたちが並^{なら}ぶ。

세계에 자랑할 만한 생활양식인지 어떤지는 사람에 따라 판단이 다를지 모르지만, 분명 생활을 변화시킨 것들이 진열되었다.

64 父親^{ちちおや}の酒癖^{さけぐせ}の悪^{わる}いところまで_____ してしまった。

아버지의 나쁜 술버릇까지 유전되고 말았다.

65 まず身近^{みぢか}な問題^{もんだい}から話^{はな}し合^あい、私^{わたし}たち自身^{じしん}で解決^{かいけつ}の_____ を見^みつけてみませんか。

우선 가까운 문제부터 서로 대화를 나누고, 우리 스스로 해결의 실마리를 찾아보지 않겠습니까?

66 状況^{じょうきょう}はどうあれ公約^{こうやく}_____ の消費税^{しょうひぜい}は撤廃^{てっぱい}されるべきだ。

상황은 어떻든 간에 공약위반인 소비세는 철폐되어야 마땅하다.

67 交通事故^{こうつうじこ}の原因^{げんいん}にもなるので_____ 駐車^{ちゅうしゃ}を厳^{きび}しく取^とり締^しまるべきだ。

교통사고의 원인도 되기 때문에 위법 주차를 엄격하게 단속해야만 한다.

68 明治以降^{めいじいこう}_____ する人^{ひと}も多^{おお}かった。

명치유신 이후 이민한 사람이 많았다.

69 発展途上国^{はってんとじょうこく}では_____ が不足^{ふそく}している。

개발도상국에서는 의약품이 부족하다.

70 先日^{せんじつ}、上司^{じょうし}に_____ を言^いわれた。

일전에 상사로부터 비아냥거리는 소리를 들었다.

71 卒業^{そつぎょう}_____ 10年^{ねん}ぶりの再会^{さいかい}だった。

졸업 이후로 10년만의 재회였다.

昨年^{さくねん}の9月^{がつ}11日^{にち}_____ 、日本^{にほん}のメディアは中東情勢一色^{ちゅうとうじょうせいいっしょく}になってしまった。

작년 9월 11일 이래, 일본의 매스컴은 중동 정세에 관한 것들로만 가득했다.

72 _____ 技術^{ぎじゅつ}が発達^{はったつ}したおかげで寿命^{じゅみょう}が延^のびた。

의료 기술이 발전한 덕분에 수명이 늘었다.

73 金^{かね}の_____ はすごい。

돈의 위력은 대단하다.

74 _____ の手入^{てい}れは面倒^{めんどう}くさい。

의치의 손질은 매우 귀찮다.

75 ここに＿＿＿＿＿＿を押_おしてください。

여기에 인감을 찍어 주십시오.

76 恐_{おそ}れ入_いりますが、あちらの機械_{きかい}で収入_{しゅうにゅう}＿＿＿＿＿＿をお買_かい求_{もと}めください。

죄송합니다만, 저쪽의 기계에서 수입인지를 구매하십시오.

77 彼女_{かのじょ}は第一_{だいいち}＿＿＿＿＿＿がとても良_よかった。

그녀는 첫인상이 무척 좋았다.

78 韓国_{かんこく}は＿＿＿＿＿＿が多_{おお}い。

한국은 음식점이 많다.

79 地球_{ちきゅう}の＿＿＿＿＿＿は地球_{ちきゅう}の中心_{ちゅうしん}から発生_{はっせい}している。

지구의 인력은 지구의 중심에서 발생하고 있다.

80 私_{わたし}は典型的_{てんけいてき}な＿＿＿＿＿＿座_ざのＢ型_{がた}です。

저는 전형적인 물고기좌의 B형입니다.

81 不採算部門_{ふさいさんぶもん}は欧州系企業_{おうしゅうけいきぎょう}が＿＿＿＿＿＿になって、事業_{じぎょう}を継続_{けいぞく}することになりました。

적자 부문은 유럽계 기업이 떠맡아 사업을 계속하게 되었습니다.

82 子供_{こども}の頃_{ころ}、海_{うみ}で＿＿＿＿＿＿に巻_まき込_こまれそうになったことがある。

어릴 적에 바다에서 소용돌이에 말려들 뻔한 적이 있다.

83 人_{ひと}の注意_{ちゅうい}や興味_{きょうみ}を引_ひくために長所_{ちょうしょ}、効果_{こうか}などを強調_{きょうちょう}した言葉_{ことば}を＿＿＿＿＿＿と言_いう。

사람의 주의나 흥미를 끌기 위해서 장점, 효과 등을 강조한 말을 표어라고 한다.

84 ＿＿＿＿＿＿を掛_かけられている。

혐의를 받고 있다.

強盗事件_{ごうとうじけん}に関_{かか}わっている＿＿＿＿＿＿が出_でてきた。

강도 사건에 관련이 되어 있다는 혐의가 드러났다.

85 政局_{せいきょく}の＿＿＿＿＿＿を見守_{みまも}る。

정국의 추이를 지켜보다.

86 どんな謙虚_{けんきょ}な男_{おとこ}にも少_{すこ}しぐらいは＿＿＿＿＿＿があるものです。

어떤 겸허한 남자에라도 조금은 자부심이 있는 법입니다.

87 　窓から見える＿＿＿＿＿の風景を描いた。
　　창문으로 보이는 바닷가의 풍경을 그렸다.

88 　＿＿＿＿＿は危険だから一人で歩くのはよしなさい。
　　뒷골목은 위험하니까 혼자서 걷는 건 그만두세요.

89 　＿＿＿＿＿が足りなくて、猫の手も借りたいぐらいだ。
　　일할 사람이 부족해서 고양이 손이라도 빌리고 싶을 정도다. (대단히 바쁜 상태)

90 　＿＿＿＿＿には触らないで下さい。
　　팔 물건에는 손대지 마세요.

91 　昨日彼女に＿＿＿＿＿の現場を見られてしまった。
　　어제 그녀에게 바람피우는 현장을 들켜 버렸다.

92 　＿＿＿＿＿は立派でも、中身がなければしようがない。
　　겉모양이 근사해도 속 내용이 없으면 어찌할 도리가 없다.

93 　彼は仕事の傍ら、日本語の会を＿＿＿＿＿している。
　　그는 일하는 한편, 일본어 모임을 운영하고 있다.

94 　スエズ＿＿＿＿＿は1956年にエジプトが国有化しました。
　　수에즈운하는 1956년에 이집트가 국유화했습니다.

95 　台風のため、新幹線が＿＿＿＿＿しました。
　　태풍 때문에 신칸센이 운행을 쉬고 있습니다.

96 　ダイヤどおりに＿＿＿＿＿しています。
　　'다이어그램'대로 운행하고 있습니다.

97 　＿＿＿＿＿表をお確かめください。
　　운임표를 확인해 주십시오.

98 　船で食料を＿＿＿＿＿する。
　　배로 식료를 운반한다.

99 　明日も平常通り午前10時から午後7時まで＿＿＿＿＿いたします。
　　내일도 평상대로 오전 10시부터 오후 7시까지 영업하겠습니다.

100 この映画は＿＿＿＿＿がとてもきれいだ。
　　이 영화는 영상이 아주 깨끗하다.

101 ほっぺたの＿＿＿＿＿がチャームポイントです。
　　뺨의 보조개가 매력 포인트입니다.

102 しまった。猫に＿＿＿＿＿をやるのを忘れた。
　　아차! 고양이에게 먹이 주는 걸 깜빡했다!

103 この技を＿＿＿＿＿するのには時間がかかるだろう。
　　이 기술을 터득하는 데에는 시간이 걸릴 것이다.

104 これは水彩＿＿＿＿＿で描いた絵です。
　　이것은 수채화 물감으로 그린 그림입니다.

105 今日は寒いので＿＿＿＿＿をして行きなさい。
　　오늘은 추우니까 목도리를 하고 가세요.

106 ＿＿＿＿＿＿ 恋愛は根気が必要だ。
れんあい　こんき　ひつよう

원거리 연애는 끈기가 필요하다.

107 私の趣味は＿＿＿＿＿ です。
わたし　しゅみ

제 취미는 원예입니다.

108 運動会の予行＿＿＿＿＿ が行われた。
うんどうかい　よこう　　　　おこな

운동회의 예행연습이 실시되었다.

109 テーブルの＿＿＿＿＿ は何センチだろう。
なん

테이블의 둘레는 몇 센티일까?

110 やっと息子の＿＿＿＿＿ がまとまりそうです。
むすこ

가까스로 딸의 혼담이 결말이 날 것 같습니다.

111 空飛ぶ＿＿＿＿＿ を目撃した。
そら と　　　　　　　もくげき

하늘을 나는 원반을 목격했다.

112 ＿＿＿＿＿ は控え目にした方がよい。
ひか め　　　　ほう

염분은 좀 적은 게 좋다.

113 夫婦＿＿＿＿＿ の秘訣は何ですか。
ふうふ　　　　　ひけつ　なん

부부 관계가 원만한 비결은 무엇입니까?

114 ＿＿＿＿＿ やアジア先進国の中で日本の移植医療は遅れているといわれています。
せんしんこく　なか　にほん　いしょくいりょう　おく

구미나 아시아 선진국 가운데, 일본의 이식 의료 기술은 뒤쳐져 있다고 합니다.

115 10年後にはこの辺りも再開発され、＿＿＿＿＿ ショッピングセンターや映画館ができると言われている。
ねん ご　　　　あた　　さいかいはつ　　　　　　　　　　　　　　　　　　　　えい が かん　　　　　　　い

10년 후에는 이 주변도 대형 쇼핑센터나 영화관이 생긴다고 한다.

116 ビルの骨組みは＿＿＿＿＿ 完成した。
ほね ぐ　　　　　　　かんせい

빌딩의 뼈대는 대부분 완성되었다.

117 ＿＿＿＿＿ は財政・通貨・金融に関する事務をつかさどる重要な行政機関です。
ざいせい　つうか　きんゆう　かん　じ む　　　　　　　じゅうよう　ぎょうせい き かん

(일본)대장성은 재정, 통과, 금융에 관한 사무를 담당하는 중요한 행정기관입니다.

118 あの子はいつも＿＿＿＿＿ に話すから、真に受けない方がいいよ。
こ　　　　　　　　　　はな　　　　ま　　う　　　　ほう

그 아이는 언제나 과장되게 말하니까 사실로 받아들이지 않는 편이 좋아.

119 調査結果は＿＿＿＿＿ 企業など112社の回答によるものだ。
ちょうさ けっか　　　　　き ぎょう　　　　しゃ　かいとう

조사 결과는 대기업 등 112사의 회답에 의한 것이다.

120 彼女は先生の＿＿＿＿＿＿の学生だ。
かのじょ　せんせい　　　　　　　　　がくせい

그녀는 선생님이 마음에 들어 하는 학생이다.

121 ＿＿＿＿＿＿でできるスポーツが好きです。
す

실내에서 할 수 있는 스포츠를 좋아합니다.

122 ＿＿＿＿＿＿に水を溜める。
みず　た

통에 물을 가득 담다.

123 ＿＿＿＿＿＿頂きありがとうございます。
いただ

찾아 주셔서 감사합니다.

皆様の＿＿＿＿＿＿を心よりお待ちしております。
みなさま　　　　　　　　　こころ　　　　ま

여러분께서 왕림하시기를 진심으로 기다리고 있습니다.

参加希望の方は直接会場へ＿＿＿＿＿＿ください。
さんか きぼう かた ちょくせつかいじょう

참가를 희망하시는 분은 직접 회의장으로 오십시오.

124 台風が上陸する＿＿＿＿＿＿がある。
たいふう　じょうりく

태풍이 상륙할 우려가 있다.

125 彼はその場の＿＿＿＿＿＿で物を言う悪い癖がある。
かれ　　　ば　　　　　　　　　もの　い　わる　くせ

그는 그 때 그 때 생각나는 대로 말하는 나쁜 버릇이 있다.

126 夏に風鈴の音を聞くと何とも言えない＿＿＿＿＿＿がある。
なつ ふうりん おと き なん い

여름에 풍경 소리를 들으면 뭐라 말할 수 없는 정취가 있다.

127 昔は親を困らせてばかりいる＿＿＿＿＿＿者でした。
むかし おや こま もの

예전에는 부모님을 어렵게만 하던 불효자였습니다.

128 雨が降りそうだから、＿＿＿＿＿＿の傘を持って行った方が良い。
あめ ふ かさ も い ほう よ

비가 올 것 같으니까 접이식 우산을 갖고 가는 게 좋아.

129 彼は＿＿＿＿＿＿にこだわりがあって、音質の優れたスピーカーを買った。
かれ おんしつ すぐ か

그는 음향에 까다로운 데가 있어서 음질이 뛰어난 스피커를 샀다.

130 私は人々の＿＿＿＿＿＿をうけてここまで生きて来られました。
わたし ひとびと い こ

나는 사람들의 은혜를 입어 여태껏 살아올 수 있었습니다.
★恵めぐむ 은혜를 베풀다, 인정을 베풀다, 구제하다 / 恵めぐまれる 혜택·축복을 받다, 많다, 풍족하다, 행복하다, 좋다

131 僕にとって彼女はまぎれもなく人生の＿＿＿＿＿＿なのです。
ぼく かのじょ じんせい

내게 있어서 그녀는 틀림없이 인생의 은인입니다.

132 ＿＿＿＿＿＿のない映像だけの戦艦ポチョムキンという映画を見た。
えいぞう せんかん えいが み

음성이 없는 영상만의 전함 포템킨이라는 영화를 봤다.

[か]

133 彼女は霊感が強いので数々の＿＿＿＿＿＿現象を目撃している。
かのじょ れいかん つよ かずかず げんしょう もくげき

그녀는 영감이 강하기 때문에 수많은 기괴한 현상을 목격하고 있다.

134 病人を＿＿＿＿＿＿する家族の苦労は計り知れない。
びょうにん かぞく くろう はか し

환자를 간호하는 가족의 고생은 헤아릴 수 없다.

135 次<ruby>次<rt>つぎ</rt></ruby>のオリンピックの＿＿＿＿＿地<ruby>地<rt>ち</rt></ruby>はどこですか。
다음 올림픽 개최지는 어디입니까?

136 彼<ruby>彼<rt>かれ</rt></ruby>は暇<ruby>暇<rt>ひま</rt></ruby>さえあれば＿＿＿＿＿を乗<ruby>乗<rt>の</rt></ruby>り回<ruby>回<rt>まわ</rt></ruby>している。
그는 여유만 있으면 외제 자동차를 몰고 다닌다.

137 ペットボトルの＿＿＿＿＿にご協力<ruby>協力<rt>きょうりょく</rt></ruby>ください。
페트병 회수에 협력해 주십시오.

138 幼少<ruby>幼少<rt>ようしょう</rt></ruby>の頃<ruby>頃<rt>ころ</rt></ruby>、＿＿＿＿＿映画<ruby>映画<rt>えいが</rt></ruby>をよく見<ruby>見<rt>み</rt></ruby>たものだ。
어릴 때 괴수 영화를 많이 보았다.

139 記者<ruby>記者<rt>きしゃ</rt></ruby>＿＿＿＿＿は午後<ruby>午後<rt>ごご</rt></ruby>6時<ruby>時<rt>じ</rt></ruby>から始<ruby>始<rt>はじ</rt></ruby>まります。
기자 회견은 오후 6시부터 시작됩니다.

140 ＿＿＿＿＿中<ruby>中<rt>ちゅう</rt></ruby>につき、休業致<ruby>休業致<rt>きゅうぎょういた</rt></ruby>します。
수리 중인 관계로 휴업하겠습니다.

141 今回<ruby>今回<rt>こんかい</rt></ruby>の＿＿＿＿＿は難航<ruby>難航<rt>なんこう</rt></ruby>すると見<ruby>見<rt>み</rt></ruby>られる。
이번 회담은 난항을 겪으리라고 보인다.

142 教科書<ruby>教科書<rt>きょうかしょ</rt></ruby>に不備<ruby>不備<rt>ふび</rt></ruby>な点<ruby>点<rt>てん</rt></ruby>があって＿＿＿＿＿されることになった。
교과서에 미비한 점이 있어 개정되게 되었다.

143 彼<ruby>彼<rt>かれ</rt></ruby>は出世<ruby>出世<rt>しゅっせ</rt></ruby>＿＿＿＿＿をひたすら走<ruby>走<rt>はし</rt></ruby>り続<ruby>続<rt>つづ</rt></ruby>けている。
그는 오로지 출세가도를 달리고 있다.

144 日本<ruby>日本<rt>にほん</rt></ruby>では、東京湾<ruby>東京湾<rt>とうきょうわん</rt></ruby>の平均海面<ruby>平均海面<rt>へいきんかいめん</rt></ruby>を＿＿＿＿＿0メートルとする。
일본에서는 동경만의 평균해면을 해발 0미터로 한다.

145 酔<ruby>酔<rt>よ</rt></ruby>っ払<ruby>払<rt>ばら</rt></ruby>ったら、ちゃんと＿＿＿＿＿してあげるから、いくら飲<ruby>飲<rt>の</rt></ruby>んでもいいよ。
술에 취하면 책임질 테니 얼마든지 마셔도 좋아.

146 ＿＿＿＿＿は平静<ruby>平静<rt>へいせい</rt></ruby>をよそおっているが、実際<ruby>実際<rt>じっさい</rt></ruby>はかなり焦<ruby>焦<rt>あせ</rt></ruby>っている。
겉으로는 평온한 척 하고 있지만, 실제는 상당히 불안해 하고 있다.

147 事件<ruby>事件<rt>じけん</rt></ruby>の＿＿＿＿＿を報告<ruby>報告<rt>ほうこく</rt></ruby>する。
사건의 개요를 보고하다.

148 ＿＿＿＿＿を追求<ruby>追求<rt>ついきゅう</rt></ruby>している限<ruby>限<rt>かぎ</rt></ruby>り、人<ruby>人<rt>ひと</rt></ruby>は健康<ruby>健康<rt>けんこう</rt></ruby>でいられるものだと信<ruby>信<rt>しん</rt></ruby>じたい。
쾌락을 추구하는 한, 사람은 건강하게 있을 수 있다고 믿고 싶다.

정답

120 お気きに入いり 마음에 듦, 좋아함 121 屋内おくない 옥내 122 桶おけ 통, 나무통 123 お越こし 왕림하심, 오심 *越こす 오시다 '行いく, 来くる'의 존경어 124 おそれ 걱정, 염려, 위험 *〜おそれがある(무엇인가 일어날 것 같은) 〜할 우려, 염려가 있다 125 思おもい付つき 착상, 고안, 변덕 126 趣おもむき 정취, 취향 127 親不孝おやふこう 불효 128 折おり畳たたみ 접어 작게 함 129 音響おんきょう 음향 130 恩恵おんけい 은혜 ☆知恵ちえ지혜 131 恩人おんじん 은인 132 音声おんせい 음성 133 怪奇かいき 괴기 134 介護かいご 간호, 병구완 135 開催かいさい 개최 136 外車がいしゃ 외국제 자동차 137 回收かいしゅう 회수 138 怪獣かいじゅう 괴수 139 会見かいけん 회견 140 改装かいそう 개장, 수리, 바꿈 141 会談かいだん 회담 142 改訂かいてい 개정 *문서, 서적 등의 잘못되거나 부족한 곳을 고침 143 街道かいどう 길거리 144 海抜かいばつ 해발 145 介抱かいほう ①간호, 병구완 ②돌봄, 보호 146 外面がいめん 외면, 겉, 외모 147 概要がいよう 개요 148 快楽かいらく 쾌락

149 一体彼の思考＿＿＿＿＿＿ はどうなっているんだ。
도대체 그의 사고 회로는 어떻게 되어 있는 거야.

150 プロ＿＿＿＿＿＿ の料理の腕を見せる。
프로 뺨칠 정도의 요리 실력을 보이다.

151 その時、私は彼の無実を＿＿＿＿＿＿ しました。
그때 나는 그의 무고함을 확신했습니다.

152 ＿＿＿＿＿＿ の待遇を受ける。
각별한 대우를 받다.

＿＿＿＿＿＿ 変わったこともない。
별로 달라진 일도 없다.

今年の暑さは＿＿＿＿＿＿ だ。
금년 더위는 유별나다.

153 必要な資材を＿＿＿＿＿＿ するのが先決だ。
필요한 재료를 확보하는 것이 선결되어야 한다.

154 ＿＿＿＿＿＿ によって多くの血が流された。
혁명에 의해 많은 피가 흘렀다.

155 ＿＿＿＿＿＿ 乗車はおやめください。
차가 출발하기 직전에 급히 승차하는 일은 삼갑시다.

156 野菜畑に＿＿＿＿＿＿ をした。
야채 밭에 울타리를 쳤다.

157 営業成績が＿＿＿＿＿＿ する。
영업 성적이 하강하다.

158 炭素と空気中の酸素が＿＿＿＿＿＿ して、二酸化炭素になる。
탄소와 공기 중의 산소가 화합하여 이산화탄소가 된다.

159 最近、＿＿＿＿＿＿ 酒の人気が高まっている。
최근 과실음료의 인기가 높아지고 있다.

160 おかしいな。椅子の＿＿＿＿＿＿ が合わない。
이상하네. 의자 수가 맞질 않아.

161 ＿＿＿＿＿＿ をたてて、物事を検証する。
가설을 세워 사물을 검증한다.

162 このテレビは鮮明な＿＿＿＿＿＿ を映し出す。
이 텔레비전은 선명한 화상을 내보낸다.

163 仕事にも＿＿＿＿＿＿ がつき、普段より多くこなせるようになった。
일에도 가속도가 붙어서 보통 때보다 많이 소화할 수 있게 되었다.

164 湖の＿＿＿＿＿＿ に野営した。
호수 곁에서 야영했다.

165 学校の校庭に＿＿＿＿＿＿ がある。
학교 정원에 화단이 있다.

166 彼は＿＿＿＿＿＿で著名な人である。
かれ ちょめい ひと
그는 학계에서 저명한 사람이다.

167 A銀行とB銀行が＿＿＿＿＿＿してAB銀行になった。
ぎんこう ぎんこう ぎんこう
A은행과 B은행이 합병하여 AB은행이 되었다.

168 本格的に＿＿＿＿＿＿を開始しました。
ほんかくてき かいし
본격적으로 가동을 개시했습니다.

169 組合に＿＿＿＿＿＿しなければならない。
くみあい
조합에 가입하지 않으면 안 된다.

170 これだけ働いても給料は＿＿＿＿＿＿ほどだ。
はたら きゅうりょう
이만큼 일해도 급여는 불과 얼마 안 된다.

171 ＿＿＿＿＿＿に配当金が渡された。
はいとうきん わた
주주에게 배당금이 넘겨졌다.

172 あの身のこなしは＿＿＿＿＿＿としか思えない。
み おも
저 몸동작은 신의 솜씨라고 밖에는 생각할 수 없다.

173 最近、懐かしい＿＿＿＿＿＿がリバイバルされている。
さいきん なつ
최근 그리운 가요 곡이 되살아나고 있다.

174 古い＿＿＿＿＿＿を破って、新しく生まれ変わる。
ふる やぶ あたら う か
오랜 껍질을 깨고 새롭게 다시 태어나다.

175 お互いが相手の意見を聞こうとしないため、議論が＿＿＿＿＿＿するばかりだ。
たが あいて いけん き ぎろん
서로가 상대의 의견을 들으려고 안 하기 때문에, 논쟁이 겉돌 뿐이다.

176 ＿＿＿＿＿＿を欠くというのはまさにこのことだ。
か
가장 중요한 끝마무리를 빠뜨린다는 것은 정말 이런 것이다.

177 願書は＿＿＿＿＿＿書留で送ってください。
がんしょ かきとめ おく
원서는 간이 등기 우편으로 보내 주세요.

178 ＿＿＿＿＿＿は世界全体で考えなければならない問題だと言えるだろう。
せ かいぜんたい かんが もんだい い
환경오염은 세계 전체가 생각하지 않으면 안 되는 문제라고 말 할 수 있을 것이다.

179 差益＿＿＿＿＿＿を望む消費者の声に応えて、価格の引き下げを行ってきた。
さえき のぞ しょうひしゃ こえ こた かかく ひ さ おこな
차익 환원을 바라는 소비자의 요구에 응해서 가격 인하를 실시해 왔다.

정답

149 回路かいろ 회로 **150** 顔負かおまけ 상대의 역량 등에 압도됨, 무색해짐 **151** 確信かくしん 확신 **152** 格別かくべつ 각별, 유별남, 특별함 **153** 確保かくほ 확보 **154** 革命かくめい 혁명 **155** 駆けけ込こみ 뛰어듦 **156** 囲かこい 울타리, 담 **157** 下降かこう 하강 ↔ 上昇じょうしょう 상승 **158** 化合かごう 화합 **159** 果実かじつ 과실, 과일 **160** 数かず 수 **161** 仮説かせつ 가설 **162** 画像がぞう 화상 *텔레비전 등에 비친 영상이나 사람의 초상 **163** 加速度かそくど 가속도 **164** 傍かたわら 옆, 곁 **165** 花壇かだん 화단 **166** 学界がっかい 학계 **167** 合併がっぺい 합병 **168** 稼働かどう 가동 **169** 加入かにゅう 가입 **170** 蚊かの涙なみだ 쥐꼬리 만한, 불과 얼마 안 된다는 의미 = 雀すずめの涙なみだ **171** 株主かぶぬし 주주 **172** 神業かみわざ 신의 조화솜씨 **173** 歌謡曲かようきょく 가요곡 **174** 殻から 껍질 **175** 空回からまわり 공전, 겉돎 = 空転くうてん 공전 *らちが明あかない 결말이 안 나다 **176** 画竜点睛がりょうてんせい 화룡점정, 가장 중요한 끝마무리 **177** 簡易かんい 간이 **178** 環境汚染かんきょうおせん 환경오염 **179** 還元かんげん 환원

180 連載ドラマが全6話で＿＿＿＿＿＿した。
れんさい　　　　　　　　ぜん　わ
연재 드라마가 전 6화로 완결되었다.

181 ＿＿＿＿＿＿を破るわけにはいかない。
　　　　　　　　　　　　やぶ
관행을 깰 수는 없다.

182 彼女はなかなか＿＿＿＿＿＿が鋭い。
かのじょ　　　　　　　　　　　すると
그녀는 상당히 감수성이 예민하다.

183 一人っ子だからと言って、＿＿＿＿＿＿し過ぎるのもよくない。
ひとり　こ　　　　　　　　　　　　　　　　　す
독자라고 해서 지나치게 간섭하는 것도 좋지 않다.

184 直子ちゃん、3年ぶりに会ったら、すっかりきれいになっていて＿＿＿＿＿＿したわ。
なおこ　　　　　ねん　　　　あ
나오코, 3년 만에 만났더니 너무 예뻐져서 감탄했어.

185 ゴールを決めた瞬間、＿＿＿＿＿＿があがった。
　　　　　　き　　しゅんかん
목표를 정한 순간 환성이 터졌다.

186 日本付近にはこの冬一番の＿＿＿＿＿＿が襲来した。
に ほん ふ きん　　　　　ふゆいちばん　　　　　　　　しゅうらい
일본 부근에는 이번 겨울 최고의 한파가 덮쳤다.

187 この件に関しては一切＿＿＿＿＿＿していない。
けん　かん　　　　　いっさい
이 건에 관해서는 일절 관여하고 있지 않다.

188 世間の＿＿＿＿＿＿に従って生きてきた。
せ けん　　　　　　　　　したが　い
사회의 습관에 따라서 살아 왔다.

189 彼は＿＿＿＿＿＿出身の大臣として知られている。
かれ　　　　　　しゅっしん　だいじん　　　し
그는 관료 출신의 장관으로 알려져 있다.

190 ＿＿＿＿＿＿な地方で育ったので寒さには強い。
　　　　　　　　ち ほう　そだ　　　　さむ　　　つよ
한랭한 지방에서 자랐기 때문에 추위에 강하다.

191 父は今年＿＿＿＿＿＿を迎え、定年退職した。
ちち　ことし　　　　　　　　むか　　ていねんたいしょく
아버지는 올해 환갑을 맞아 정년퇴직했다.

192 徹夜してやっとの思いで新製品を＿＿＿＿＿＿した。
てつや　　　　　　　　おも　　しんせいひん
철야해서 겨우 생각한 끝에 신제품을 기획했다.

193 これは日本人の＿＿＿＿＿＿を探る絶好のチャンスだ。
に ほんじん　　　　　　　さく　ぜっこう
이것은 일본인의 기원을 찾을 절호의 찬스다.

194 マラソン大会が行われるため、交通＿＿＿＿＿＿されている。
たいかい　おこな　　　　　　こうつう
마라톤 대회가 실행될 수 있도록 교통이 규제되고 있다.

195 会社の＿＿＿＿＿＿に即して退職金が支払われる。
かいしゃ　　　　　　　　　そく　たいしょくきん　し はら
회사 규정에 따라 퇴직금이 지불된다.

196 ＿＿＿＿＿＿とは定年前に本人の希望で退職することで、通常、退職金の割り増しなどの特典がつく。
　　　　　　　　　ていねんまえ　ほんにん　き ぼう　たいしょく　　　　　つうじょう　たいしょくきん　わ　ま　　　　　とくてん
희망퇴직이란 정년 전에 본인의 희망으로 퇴직하는 것으로 보통 퇴직금에 여분의 가산금이 더해지는 등의 특전이 있다.

197 原産地表示が＿＿＿＿＿＿づけられる。
げんさん ち ひょうじ
원산지 표시가 의무화된다.

198 _____ が増えたこと、航空運賃が安くなったことから、海外旅行ブームは続いている。

휴가가 늘어난 것, 항공 요금이 싸졌다는 것 등을 이유로 해외여행 붐은 계속되고 있다.

199 急な病気や負傷の手当をするところを_____病院という。

급한 병이나 부상을 치료하는 곳을 응급병원이라고 한다.

200 金持ちになって_____の贅沢をしてみたい。

부자가 되어 궁극적으로 사치스럽게 살고 싶다.

201 学校_____は栄養のバランスが整っている。

학교 급식은 영양 밸런스가 갖추어져 있다.

202 午後入って病状が_____した。

오후에 들어 병세가 급변했다.

203 マリリン・モンローは不幸な_____に育った。

마릴린 먼로는 불행한 환경에서 자랐다.

204 悪天候の中で運動会を_____した。

악천후 속에서 운동회를 강행했다.

205 彼はすばらしい_____をあげ、ノーベル賞を獲得した。

그는 훌륭한 업적을 올려서 노벨상을 획득했다.

206 無我の_____

무아의 경지

新しい_____を求める。

새로운 환경을 요구하다.

困難な_____にある。

곤란한 처지에 있다.

今の_____を話せば

지금의 심정을 말하면

独自の_____を開く。

독자적인 경지를 개척하다.

207 _____と時間に応じて料金が決まる。

거리와 시간에 따라 요금이 정해진다.

208 いくら不満ばかり言っても_____がない。

아무리 불만만 늘어놓아도 끝이 없다.

209 あの事件は犯人が見つからず、＿＿＿＿＿＿＿＿ に包まれたままだ。
じけん　はんにん　み　　　　　　　　　　　　　　　　　　　　　つつ
저 사건은 범인이 발견되지 않고 의혹에 싸여 있는 상태이다.

210 ここにある商品は全て100円＿＿＿＿＿＿＿＿ です。
しょうひん　すべ　　　えん
여기에 있는 상품은 모두 100엔으로 균일합니다.

211 ＿＿＿＿＿＿＿＿ の時こそ冷静に行動すべきだ。
とき　れいせい　こうどう
긴급한 때야말로 냉정하게 행동해야 한다.

212 彼女は東京＿＿＿＿＿＿＿＿ の住宅地に住んでいる。
かのじょ　とうきょう　　　　　　　　　じゅうたくち　す
그녀는 동경 근교의 주택지에 살고 있다.

213 ＿＿＿＿＿＿＿＿ を保つのが至難の技だ。
たも　　　しなん　わざ
균형을 유지하는 것이 지극히 어려운 기술이다.

214 自宅でしばらく＿＿＿＿＿＿＿＿ することになった。
じたく
자택에서 얼마 동안 근신하게 되었다.

215 人前に出ると＿＿＿＿＿＿＿＿ してすぐ顔が赤くなる。
ひとまえ　で　　　　　　　　　　　　　　かお　あか
사람 앞에 서면 긴장해서 곧 얼굴이 붉어진다.

216 プリントに＿＿＿＿＿＿＿＿ のところに名前を書いてください。
なまえ　か
프린트의 공백 부분에 이름을 적어 주세요.

217 ＿＿＿＿＿＿＿＿ の時にお酒を飲むのはよくない。
とき　さけ　の
공복 때에 술 마시는 것은 좋지 않다.

218 ＿＿＿＿＿＿＿＿ ばかり言ってないで実際に行動しなさい。
い　　　　　　　　じっさい　こうどう
(탁상)공론만 하지 말고 실제로 행동하시오.

219 ＿＿＿＿＿＿＿＿ を言ったものの何も改善されなかった。
い　　　　　　　　なに　かいぜん
불만을 제기 했으나 아무 것도 개선되지 않았다.

220 ＿＿＿＿＿＿＿＿ を抜いた成績を取る。
ぬ　　せいせき　と
발군의 성적을 거두다.

コンピューター市場における我が社のシェアは＿＿＿＿＿＿＿＿ を抜いている。
しじょう　　　　わ　しゃ　　　　　　　　　　　　　　ぬ
컴퓨터 시장에서의 우리 회사의 점유율은 발군이다.

221 五年の＿＿＿＿＿＿＿＿ に処す。
ごねん　　　　　　　　　しょ
5년형에 처하다.

222 ＿＿＿＿＿＿＿＿ の内容についてはこちらをご覧ください。
ないよう　　　　　　　　　　　　らん
계약 내용에 대해서는 이쪽을 보십시오.

223 猿に＿＿＿＿＿＿＿＿ を仕込む。
さる　　　　　　　　　　　しこ
원숭이에게 기예를 훈련시키다.

224 こうした＿＿＿＿＿＿＿＿ を受けて男性向けの秘書検定講座を開設する専門学校も登場している。
う　　だんせいむ　ひしょけんていこうざ　かいせつ　せんもんがっこう　とうじょう
이런 경향을 받아 남성을 대상으로 하는 비서 검정 강좌를 개설하는 전문학교도 등장하고 있다.

225 携帯電話のiモードなどを利用したネット通信が＿＿＿＿＿＿＿＿ している。
けいたいでんわ　　　　　　　　　りよう　　　　　つうしん
휴대폰의 i모드 등을 이용한 넷 통신이 급증하고 있다.

226 ワインは人と自然が創り出した最高の＿＿＿＿だ。
와인은 사람과 자연이 만들어 낸 최고의 걸작이다.

227 どんなに身の＿＿＿＿を主張してもわかってもらえなかった。
아무리 자신의 결백을 주장해도 이해해 주지 않았다.

228 同盟諸国から＿＿＿＿の声が出ている。
동맹 국가들로부터 우려의 소리가 나오고 있다.

将来が＿＿＿＿される。
장래가 걱정되다.

入学試験の結果を＿＿＿＿する。
입학시험 결과를 염려하다.

229 この作品は川端康成の＿＿＿＿を映画化したものだ。
이 작품은 '가와바타 야스나리'의 원작을 영화화한 것이다.

230 私の撮った写真が新聞に＿＿＿＿された。
내가 찍은 사진이 신문에 게재되었다.

231 彼は雨具をいつも＿＿＿＿している。
그는 우비를 항상 휴대하고 있다.

232 自主性の＿＿＿＿。 자주성의 결여.

能力の＿＿＿＿。 능력의 결여.

233 論文を＿＿＿＿で読む。
논문을 원서로 읽다.

234 席を譲る親切な若者の＿＿＿＿を見て感心した。
자리를 양보하는 친절한 젊은이의 행동을 보고 감동했다.

235 このオーケストラはソウルでも＿＿＿＿する予定だ。
이 오케스트라는 서울에서도 공연할 예정이다.

236 ＿＿＿＿先に立たず。
후회막급이다. (몹시 후회가 된다.)

237 工場の近くに住む住民は＿＿＿＿に悩まされている。
공장 가까이에 살고 있는 주민들은 공해에 시달리고 있다.

정답

209 疑惑ぎわく 의혹　**210** 均一きんいつ 균일　**211** 緊急きんきゅう 긴급　**212** 近郊きんこう 근교　**213** 均衡きんこう 균형　**214** 謹慎きんしん 근신, 삼가고 조심함　**215** 緊張きんちょう 긴장　**216** 空白くうはく 공백　**217** 空腹くうふく 공복　**218** 空論くうろん 공론　**219** 苦情くじょう 괴로운 사정, 고충, 불평, 불만　**220** 群ぐん 군, 무리 *群ぐんを抜ぬく 발군이다　**221** 刑けい 형　**222** 契約けいやく 계약　**223** 芸げい 기예　**224** 傾向けいこう 경향　**225** 激増げきぞう 격증, 급증 ＝ 激減げきげん 격감　**226** 傑作けっさく 걸작　**227** 潔白けっぱく 결백　**228** 懸念けねん 근심, 걱정　**229** 原作げんさく 원작　**230** 掲載けいさい 게재　**231** 携帯けいたい 휴대　**232** 欠如けつじょ 결여　**233** 原書げんしょ 원서　**234** 行爲こうい 행위　**235** 公演こうえん 공연　**236** 後悔こうかい 후회　**237** 公害こうがい 공해 ☆公おおやけ 정부 국가 공공　公おおやけに 공공연하게　公演こうえん 공연 / 公開こうかい 공개 / 公式こうしき 공식 / 公衆こうしゅう 공중 / 公正こうせい 공정 / 公認こうにん 공인 / 公判こうはん 공판 / 公表こうひょう 공표 / 公平こうへい 공평 / 公明こうめい 공명 / 公立こうりつ 공립 / 公債こうさい 채권 / 公然こうぜん 공연

238 監督はサッカーの判定に＿＿＿＿＿＿した。
감독은 축구 판정에 항의했다.

239 ＿＿＿＿＿＿のしたい時分に親はなしということわざがある。
효도하고 싶은 때에 부모님은 안 계시다라는 속담이 있다.

240 首脳会談で＿＿＿＿＿＿が暗礁に乗り上げた。
수뇌 회담에서 교섭이 암초에 부딪혔다.

241 漁業協定が＿＿＿＿＿＿されることになった。
어업 협정이 갱신되게 되었다.

242 選手＿＿＿＿＿＿。
선수 교체.

243 あの宝石店は昨日＿＿＿＿＿＿に入られた。
그 보석점은 어제 강도가 들었다.

244 TIMEを＿＿＿＿＿＿している。
TIME을 구독하고 있다.

245 大勢で＿＿＿＿＿＿すると安くなる。
많은 사람이 구입하면 싸진다.

246 冷たい雨に打たれて＿＿＿＿＿＿を出した。
차가운 비에 맞아 고열이 났다.

247 ＿＿＿＿＿＿を得る。 호평을 얻다.

＿＿＿＿＿＿を博する。 호평을 받다.

248 抵抗をやめて＿＿＿＿＿＿した方がよい。
저항을 멈추고 항복하는 게 좋다.

249 彼の名が＿＿＿＿＿＿に上がったのは意外だった。
그의 이름이 후보에 오른 것은 의외였다.

250 ＿＿＿＿＿＿アップのため、残業を減らす方向に向かっている。
효율을 향상시키기 위해 잔업을 줄이는 방향으로 나가고 있다.

251 ＿＿＿＿＿＿を招く発言は避けるように。
오해를 부를 발언은 피하도록 해.

252 インターネットが利用できる携帯電話も登場したこともあり、日本では＿＿＿＿＿＿で急激にインターネット利用者が増えました。
인터넷을 이용할 수 있는 휴대폰도 등장한 때문에, 일본에서는 요 몇 년 동안 인터넷 이용자가 급격히 늘었습니다.

253 少しの＿＿＿＿＿＿なら構わない。
약간의 오차라면 상관없다.

254 ＿＿＿＿＿＿の人の生活を想像する。
고대 사람의 생활을 상상하다.

255 今日は私が＿＿＿＿＿＿しましょう。
오늘은 제가 한턱내겠습니다.

256 語学が上達する＿＿＿＿＿＿ がありますか。
어학이 향상되는 요령이 있습니까?

257 ＿＿＿＿＿＿ にかかわりなく、暮らしに根ざした関心事を通して、人とのつきあいを広げられる国民

がたくさんうまれること。それが、国全体の国際化を本物にしてゆく。
국경에 관계없이, 생활에 근거를 둔 관심사를 통해서, 사람과의 사귐을 넓힐 수 있는 국민이 많이 생겨나는 것. 그것이, 나라 전체의 국제화를 실제화
해 간다.

258 男女＿＿＿＿＿＿ 機会均等法は1985年に制定された。
남녀 고용 기회 균등 법은 1985년에 제정되었다.

259 一人だけ＿＿＿＿＿＿ した状態になった。
한 사람만 고립된 상태가 되었다.

260 何の＿＿＿＿＿＿ もないくせに大きな口を叩く。
아무런 근거도 없는 주제에 억지를 부리다.

[さ]

261 ＿＿＿＿＿＿ は忘れた頃にやって来る。
재해는 잃어버린 무렵에 찾아온다.

262 この陶磁器は手のこんだ＿＿＿＿＿＿ が施してある。
이 도자기는 정교한 세공이 가해져 있다.

263 ＿＿＿＿＿＿ を抱えて路頭に迷うわけにはいかない。
처자를 거느리고 길거리에서 헤맬 수는 없다.

264 環境保護のため＿＿＿＿＿＿ を利用している。
환경 보호를 위해 재생지를 사용하고 있다.

265 ＿＿＿＿＿＿ 問題ぬきの解決策はない。
재정 문제를 뺀 해결책은 없다.

266 ＿＿＿＿＿＿ の努力をいたす所存であります。
최선의 노력을 다할 생각입니다.

267 ＿＿＿＿＿＿ の努力を払ったが駄目だった。
최대한 노력을 다했지만 가망이 없었다.

268 顕微鏡で＿＿＿＿分裂を観察する。
현미경으로 세포 분열을 관찰하다.

269 競争率百倍の難関を突破して＿＿＿＿試験に見事合格した。
경쟁률 백 대 일의 난관을 돌파하여 채용시험에 멋지게 합격했다.

270 そんな考えは時代＿＿＿＿だ。
그런 생각은 시대착오다.

271 ＿＿＿＿を綿密に立てて試合に臨んだ。
작전을 면밀히 세워서 시합에 임했다.

272 まんまと敵の＿＿＿＿に引っ掛かってしまった。
감쪽같이 적의 책략에 속고 말았다.

273 ＿＿＿＿すれば国際問題になりかねない。
좌시하면 국제문제가 될지 모른다.

274 部下を＿＿＿＿して準備した。
부하를 지시하여 준비했다.

275 ＿＿＿＿なければお名前を教えていただけますか。
지장이 없다면 이름을 가르쳐 주실 수 있습니까?

276 ＿＿＿＿千円の損をした。
공제하여 천 엔의 손해를 봤다.

277 彼女はアイロンがけが早いが＿＿＿＿である。
그녀는 다림질이 빠르지만 엉성하다.

278 ＿＿＿＿をして気分もすっきりした。
이발을 해서 기분도 상쾌했다.

279 ＿＿＿＿の確立は人間にとって必須な条件だ。
자아 확립은 인간에게 있어서 필수 조건이다.

280 議員の＿＿＿＿を失ってしまう。
의원 자격을 잃고 말다.

281 調査への参加を＿＿＿＿した。
조사 참가를 지원했다.

282 着物の美しい＿＿＿＿に心を奪われてしまった。
기모노의 아름다운 색채에 마음을 뺏기고 말았다.

283 留学＿＿＿＿を稼ぐために一生懸命アルバイトした。
유학 자금을 벌기 위해서 열심히 아르바이트했다.

284 柔軟な＿＿＿＿を身に付けるには、子供の頃から囲碁を打つのがよい。
유연한 사고를 갖추는 데에는 아이 때부터 바둑을 두는 것이 좋다.

285 一度だけの＿＿＿＿ではわからない。
한 번만의 시행으로는 모른다.

＿＿＿＿錯誤を繰り返す。
시행착오를 되풀이하다.

286 子や孫に_____残す。

아들이나 손자에게 자산을 남기다.

287 いつも彼は自分の彼女について_____顔で話す。

그는 항상 자기 여자 친구에 관해 자신만만한 얼굴로 말한다.

288 _____をきいてみないと分からない。

사정을 들어보지 않으면 모른다.

289 _____の厳しい家庭に育った。

가정 교육이 엄격한 가정에서 자랐다.

290 この_____では、わたしが期待していたようなデータは得られなかった。

이 실험에서는 내가 기대한 것 같은 데이터는 얻을 수 없었다.

291 言葉の勉強は、ただ覚えれば上手になるというものではない。覚えたことを_____に使ってみることが必要である。

언어 공부는 단지 외우면 능숙해 지는 것이 아니다. 외운 것을 실제로 사용해 보는 것이 필요하다.

292 彼のＣＤの_____価値は年々高まっている。

그의 CD의 시장가격은 매년 올라가고 있나.

293 来月までの達成は_____の業だ。

다음 달까지의 달성은 아주 어려운 일이다.

294 何しろ習うそばから忘れる_____だ。

보다시피 배우기가 무섭게 잊어버리는 형편이다.

295 広い_____で物事を判断した方がよい。

넓은 시야로 사물을 판단하는 편이 좋다.

296 _____の意を表明する。

사죄의 뜻을 표명하다.

297 せっかく面会に行ったのに_____された。

모처럼 면회에 갔음에도 불구하고 사절 당했다.

298 彼は1000万円からある_____を3年で返した。

그는 1000만 엔이나 되는 빚을 3년에 갚았다.

299 _____には責任が伴うものだ。

자유에는 책임이 동반되는 법이다.

300 あのジャーナリストは世界を股にかけ、＿＿＿＿＿＿の活躍を続けている。
저 저널리스트는 세계 각 국에서 종횡무진 활약을 계속하고 있다.

301 ＿＿＿＿＿＿量によって価格が左右される。
수확량에 따라 가격이 좌우된다.

302 彼は今回の選挙で＿＿＿＿＿＿議員に立候補した。
그는 이번 선거에서 중의원 의원에 입후보했다.

303 ＿＿＿＿＿＿別のクラス編成には批判もある。
학습 성취도별 학급 편성에는 비판도 있다.

304 定年退職後は＿＿＿＿＿＿した日々を送りたい。
정년퇴직 후에는 충실한 하루하루를 보내고 싶다.

305 片足で＿＿＿＿＿＿を保つのは難しい。
한쪽 발로 중심을 유지하는 것은 어렵다.

306 台風で壊れた屋根を＿＿＿＿＿＿した。
태풍으로 무너진 지붕을 수선했다.

307 車の数が増えた都会では、交通＿＿＿＿＿＿が至る所で起きています。
차량 수가 늘어난 도심에서는 교통 정체가 도처에서 발생하고 있습니다.

308 ここは閑静な＿＿＿＿＿＿街である。
이곳은 한가하고 고요한 주택가이다.

309 人生の＿＿＿＿＿＿はどこだろう。
인생의 종착역은 어디일까?

310 当店では20日より25日まで8階催し場におきまして開店5＿＿＿＿＿＿記念大バザールを開催いたします。
당 점은 20일부터 25일까지 8층 행사장에서 개점 5주년 기념 대바자회를 개최합니다.

311 被災者を病院に＿＿＿＿＿＿する。
이재민을 병원에 수용하다.

312 ＿＿＿＿＿＿の経営スタイルのままでは駄目だ。
종래의 경영 스타일대로는 부적합하다.

＿＿＿＿＿＿の問題点は未解決のままだった。
종래의 문제점은 미해결 된 채로 남아있었다.

313 不景気のため事業を＿＿＿＿＿＿せざるを得なかった。
불경기이기 때문에 사업을 축소할 수 밖에 없었다.

314 では、＿＿＿＿＿＿をとります。
그럼 출석을 부르겠습니다.

315 ＿＿＿＿＿＿するとすぐにコーヒーを飲みながら新聞を読むのが日課だ。
출근하면 곧 커피를 마시며 신문을 보는 것이 일과다.

316 水力による発電は、日本の電力の＿＿＿＿＿＿の6分の1を供給しているに過ぎない。
수력에 의한 발전은 일본의 전력 수요의 6분의 1을 공급하고 있는 것에 불과하다.

317 ゴミの＿＿＿＿＿によって捨てるところが違います。
쓰레기 종류에 따라 버리는 곳이 다릅니다.

318 警官が町を＿＿＿＿＿する。
경관이 거리를 순찰하다.

319 弟に負けて悔しくて＿＿＿＿＿がない。
동생에게 져서 억울해서 견딜 수가 없다.

320 季節ものを除くと、気軽にできて、お金のかからない運動が＿＿＿＿＿に並ぶ。
계절 스포츠를 제외하면, 손쉽게 할 수 있고 돈이 들지 않는 스포츠가 상위를 차지한다.

321 25歳という短い＿＿＿＿＿をとじた。
25세라는 짧은 생애를 마감했다.

322 ＿＿＿＿＿に関してはお手元の資料をご覧いただきます。
상세한 것에 대해서는 바로 옆에 있는 자료를 보십시오.

323 ＿＿＿＿＿の小言を聞かされるのはもううんざりだ。
상사의 잔소리를 듣는 건 이제 지긋지긋하다.

きのう＿＿＿＿＿から手紙をいただいた。
어제 상사로부터 편지를 받았다.

324 念願の研究が＿＿＿＿＿した。
염원하던 연구가 성취되었다.

325 消費者物価が＿＿＿＿＿する。
소비자 물가가 상승하다.

326 インフルエンザの流行が＿＿＿＿＿した。
인플루엔자의 유행이 종식되었다.

327 両親の＿＿＿＿＿を得る必要がある。
부모님의 승낙을 얻을 필요가 있다.

328 ＿＿＿＿＿の上でやったことだ。
동의하에 한 일이다.

断られることは＿＿＿＿＿の上だったがどうしてもあきらめ切れない。
거절당할 것은 알았지만 도저히 포기할 수 없다.

---

329 私はじっとしていられない＿＿＿＿＿＿ です。
わたし

나는 잠자코 있지 못하는 성격입니다.

330 ９月７日から９月20日までの空の便の空席＿＿＿＿＿＿ をお伝えいたします。
く がつ なのか　　く がつ はつか　　　　　　そら　びん　くうせき　　　　　　　　　　　つた

9월 7일부터 9월20일까지의 항공편 공석 정보를 전해 드리겠습니다.

331 ＿＿＿＿＿＿ のために貯蓄しようと思ったんです。
ちょちく　　　　　おも

장래를 위해 저축하려고 마음먹었어요.

332 幾日も漂流して無人島に＿＿＿＿＿＿ した。
いくにち　ひょうりゅう　む じんとう

며칠이나 표류하여 무인도에 상륙했다.

333 彼女は＿＿＿＿＿＿ が細い。
かのじょ　　　　　　ほそ

그녀는 식사량이 적다.

334 ＿＿＿＿＿＿ の考えを聞かせてくれたまえ。
かんが　き

제군의 생각을 듣게 해 주게.

335 ＿＿＿＿＿＿ は良かったが読んでみるとたいしたことなかった。
よ

서평은 좋았지만 읽어보니 대단한 것은 없었다.

336 秘密＿＿＿＿＿＿ を焼却処分した。
ひ みつ　　　　　　しょうきゃくしょぶん

비밀 서류를 소각 처분했다.

337 ＿＿＿＿＿＿ に調子が出てくる。
ちょう し　で

갈수록 상태가 좋아지다.

＿＿＿＿＿＿ に成績が伸びる。
せいせき　の

갈수록 성적이 올라가다.

338 大学卒業後親もとを離れて＿＿＿＿＿＿ している。
だいがくそつぎょう ご おや　　　　　はな

대학 졸업 후 부모 슬하를 떠나서 자립했다.

339 あの店は常連ばかりで＿＿＿＿＿＿ に客がなかなか入らない。
みせ　じょうれん　　　　　　　　　　　きゃく　　　　　　　はい

저 가게는 단골손님만 들어오고 신규로 손님이 좀처럼 들어오지 않는다.

340 彼は司会の＿＿＿＿＿＿ がうまい。
かれ　し かい

그는 사회 진행이 능숙하다.

341 都心部の＿＿＿＿＿＿ は増加する一方である。
と しん ぶ　　　　　　　　　ぞう か　　いっぽう

도심부의 인구는 증가하고만 있다.

342 確定＿＿＿＿＿＿ をしたら税金が戻ってきた。
かくてい　　　　　　ぜいきん　もど

확정 신고를 했더니 세금이 되돌아왔다.

343 応募作品を厳しく＿＿＿＿＿＿ して入賞作品を決める。
おう ぼ さくひん　きび　　　　　　　　にゅうしょうさくひん　き

응모 작품을 엄격히 심사하여 입상 작품을 정한다.

344 日本企業の海外＿＿＿＿＿＿ には目覚ましいものがある。
に ほん き ぎょう　かいがい　　　　　　　め ざ

일본 기업의 해외 진출에는 눈부신 면이 있다.

345 先ず事件の＿＿＿＿＿＿ を究明するのが先決だ。
ま　じ けん　　　　　　　きゅうめい　　　　　せんけつ

먼저 사건의 진상을 규명하는 것이 선결되어야 한다.

346 中学生にまでも携帯電話が＿＿＿＿＿ しつつある。

중학생에게까지 휴대 전화가 침투하고 있다.

347 ＿＿＿＿＿ の強い人。

신념이 강한 사람.

必勝の＿＿＿＿＿ 。

필승의 신념.

＿＿＿＿＿ を貫く。

신념을 관철하다.

348 ブラックホールは宇宙の＿＿＿＿＿ だ。

블랙홀은 우주의 신비다.

349 ＿＿＿＿＿ 時間は何時から何時までですか。

진료 시간은 몇 시부터 몇 시까지입니까?

350 ＿＿＿＿＿ は苦手です。

수영은 잘하지 못합니다.

351 緑化を＿＿＿＿＿ する。

녹화를 추진하다.

352 納得のいく＿＿＿＿＿ を収めることができた。

납득이 갈만한 성과를 얻을 수 있었다.

353 飛行機のチケットを＿＿＿＿＿ の料金で買います。

비행기 티켓을 정규 요금으로 삽니다.

354 ＿＿＿＿＿ したままの状態だった。

정지한 그대로의 상태였다.

転がってきたボールが＿＿＿＿＿ した。

굴러온 공이 정지했다.

355 文筆で＿＿＿＿＿ を立てるのは難しい。

문필로 생계를 유지하는 것은 어렵다.

356 ＿＿＿＿＿ な森の中から突然けたたましい笑いが聞こえた。

고요한 숲 안에서 돌연 요란한 웃음이 들렸다.

357 体は＿＿＿＿＿ しても心は未成熟なままだ。

몸은 성숙했어도 생각은 미성숙한 상태이다.

358 祖父が＿＿＿＿＿＿よく言っていた言葉がある。
할아버지가 생전에 잘 말하시던 말이 있다.

359 長年の間、＿＿＿＿＿＿な嫌がらせを受けた。
오랜 세월 동안 성적인 괴롭힘을 당했다.

360 待ちに待った＿＿＿＿＿＿だ。
기다리고 기다리던 맑은 날씨이다.

361 隣国を＿＿＿＿＿＿する。
이웃나라를 정복하다.

362 徹夜で勉強しても60点を取るのが＿＿＿＿＿＿だ。
철야를 하면 공부를 해도 60점을 따는 것이 고작이다.

363 彼とはあまり＿＿＿＿＿＿する機会がない。
그와는 그다지 접촉할 기회가 없다.

364 ＿＿＿＿＿＿多難な人生を歩む。
전도 다난한 인생을 걷다.

365 ついに両親からの＿＿＿＿＿＿が途絶えてしまった。
마침내 부모님으로 송금이 끊어져 버렸다.

366 記憶＿＿＿＿＿＿。
기억상실.

自信＿＿＿＿＿＿。
자신을 잃음.

367 ＿＿＿＿＿＿の疑いで辞任を余儀なくされた。
뇌물 수수 혐의로 사임이 불가피 해졌다.

368 人間は＿＿＿＿＿＿する動物である。
인간은 창조된 동물이다.

369 アルプスで＿＿＿＿＿＿する。
알프스에서 조난당하다.

370 仕事に＿＿＿＿＿＿がない。
일에 실수가 없다.

371 子供の担任に＿＿＿＿＿＿を送る父兄がいる。
아이 담임에게 뇌물을 보내는 학부형이 있다.

372 ＿＿＿＿＿＿はあるテレビタレントが始めたものだが、今では誰も彼もやっている。
처음에는 어느 TV탤런트가 시작한 것이지만 지금은 누구나 하고 있다.

[た]

373 あの歌手は人気に＿＿＿＿＿＿する実力がない。
그 가수는 인기에 대응할 실력이 없다.

374 ＿＿＿＿＿＿を叩いて買ったのにそれほどでもなかった。

많은 돈을 털어서 샀는데 별로 신통치 않았다.

375 ＿＿＿＿＿＿談を聞かせてください。

체험담을 들려주십시오.

376 困難な事態に＿＿＿＿＿＿する。

곤란한 사태에 대처하다.

377 20才以上の各世代男女2000人を＿＿＿＿＿＿に聞いた結果だ。

20세 이상의 각 세대 남녀 2000명을 대상으로 조사한 결과이다.

378 試験は万全の＿＿＿＿＿＿で臨むつもりです。

시험은 만전의 태세로 임할 작정입니다.

379 ＿＿＿＿＿＿を胸に留学先であるイギリスに発った。

큰 꿈을 가슴에 품고 유학할 영국으로 출발했다.

380 課長の鈴木の＿＿＿＿＿＿で参りました。

과장인 스즈키 씨의 대리로 왔습니다.

381 社長は＿＿＿＿＿＿を許さない性格だ。

사장은 타협을 허용하지 않는 성격이다.

382 彼女の別れ話に＿＿＿＿＿＿を受けた。

그녀의 이별 얘기에 타격을 입었다.

383 日本家屋には＿＿＿＿＿＿を避ける工夫がしてある。

일본 가옥은 다습을 피하도록 고안되어 있다.

384 あんな大事故だったのに＿＿＿＿＿＿のかすり傷で済んだのが不思議なくらいだ。

그런 큰 사고였는데도 예사로운 찰과상으로 끝난 것이 불가사의할 정도다.

385 今月の売上目標を＿＿＿＿＿＿した。

이번 달의 매출 목표를 달성했다.

386 今回の＿＿＿＿＿＿は企業ぐるみの犯罪のようだ。

이번 탈세는 모든 기업이 한통속이 되어 저지른 범죄이다.

387 彼女は＿＿＿＿＿＿な字を書く。

그녀는 글씨를 잘 쓴다.

388 ＿＿＿＿＿＿に言ったことに向きになる。

장난으로 말한 것에 정색을 하고 대들다.

정답

358 生前せいぜん 생전　**359** 性的せいてき 성적　**360** 晴天せいてん 맑게 갠 날씨　**361** 征服せいふく 정복　**362** 関せきの山やま 기껏, 고작해야, 최대한도　**363** 接触せっしょく 접촉　**364** 前途ぜんと 전도, 앞날　**365** 送金そうきん 송금　**366** 喪失そうしつ 상실　**367** 贈収賄そうしゅうわい 증수회, 뇌물 수수　**368** 創造そうぞう 창조　**369** 遭難そうなん 조난　**370** そつ 부주의한 점, 실수, 불충한 점 * そつがない = そつない 빈틈없다, 틀림없다　**371** 袖そでの下した 뇌물　**372** そもそも 애초　**373** 対応たいおう 대응　**374** 大金たいきん 많은 돈　**375** 体験たいけん 체험　**376** 対処たいしょ 대처　**377** 対象たいしょう 대상　**378** 態勢たいせい 태세　**379** 大望たいぼう 대망, 큰 꿈　**380** 代理だいり 대리　**381** 妥協だきょう 타협　**382** 打撃だげき 타격　**383** 多湿たしつ 다습 *습기가 많음　**384** ただ 보통, 예사　**385** 達成たっせい 달성　**386** 脱税だつぜい 탈세　**387** 達筆たっぴつ 달필　**388** 戯たわむれ 희롱, 장난

389 将来、＿＿＿＿＿家になりたい。
장래 탐험가가 되고 싶다.

390 犯人は彼ではないと＿＿＿＿＿してもよい。
범인은 그가 아니라고 단언해도 좋다.

391 教室に＿＿＿＿＿がなくて、学生たちが寒がっています。
교실에 난방이 없어서 학생들이 추워하고 있습니다.

392 失業率が＿＿＿＿＿ごとに異なる。
실업률이 지역마다 다르다.

393 ヘリコプターが無事＿＿＿＿＿した。
헬리콥터가 무사히 착륙했다.

394 ホームページの掲示板に＿＿＿＿＿を書き込むのはやめて欲しい。
홈페이지 게시판에 중상(모략)을 써넣는 것은 그만두었으면 좋겠다.

395 都市の＿＿＿＿＿機能を担っている。
도시의 중추 기능을 떠맡고 있다.

396 続けて出るつもりはないけれど、この授業を＿＿＿＿＿してみたい。
계속해서 나갈 생각은 없지만, 이 수업을 청강해 보고 싶다.

397 各界の＿＿＿＿＿な人たちが集まった。
각계의 저명한 사람들이 모였다.

398 彼女はスタイルもいいし、みんなの＿＿＿＿＿の的だ。
그녀는 스타일도 좋아서 모두의 주목의 대상이다.

399 ＿＿＿＿＿は早ければ早いほど効果がある。
치료는 빠르면 빠를수록 효과가 있다.

400 会社の方針としては飽くまで利潤を＿＿＿＿＿する。
회사의 방침으로서는 어디까지나 이윤을 추구하는 것이다.

401 紙にはそれぞれ＿＿＿＿＿がある。
종이에는 각기 용도가 있다.

402 迷惑をかけた人に＿＿＿＿＿をするのは当然だ。
폐를 끼친 사람에게 속죄하는 것은 당연하다.

罪の＿＿＿＿＿に出家する。
속죄를 위해 중이 되다.

403 その＿＿＿＿＿切符を買うのは面倒だから回数券にした。
그때마다 표를 사는 것은 귀찮아서 회수권으로 했다.

404 現在世界的に深刻化している環境問題について考える区民の＿＿＿＿＿を開くことになりました。
현재 세계적으로 심각해지고 있는 환경 문제에 대해 생각하는 구민 모임을 개최하게 되었습니다.

405 今回の地震による＿＿＿＿＿の心配はない。
이번 지진에 의한 해일은 걱정 없다.

地震による＿＿＿＿＿で大きな被害が出た。
지진에 의한 해일로 큰 피해가 생겼다.

406 猿に＿＿＿＿＿の芸を教える。
원숭이에게 줄타기 곡예를 가르치다.

407 社長の＿＿＿＿＿でこのプロジェクトが決まった。
사장의 위엄 있는 한 마디 발언으로 이 프로젝트가 정해졌다.

408 私は焼肉＿＿＿＿＿にします。
나는 불고기 정식으로 할 겁니다.

409 ピタゴラスの＿＿＿＿＿。
피타고라스의 정리.

410 今度来た新人は＿＿＿＿＿が悪い。
이번에 온 신입은 일 처리가 서투르다.

411 交渉は＿＿＿＿＿の状態だ。
교섭은 이러지도 저러지도 못하는 상태이다.

412 お車の＿＿＿＿＿ができました。
자동차가 마련되었습니다.

413 若い選手が台頭し、ベテランの＿＿＿＿＿はほとんどない。
젊은 선수가 대두해, 베테랑 선수가 활약할 기회는 거의 없다.

414 お＿＿＿＿＿の資料をご参照ください。
곁에 있는 자료를 참조로 하세요.

415 金は＿＿＿＿＿の回り持ち。
돈은 돌고 도는 것.

416 激しい論争を＿＿＿＿＿した。
격렬한 논쟁을 전개했다.

417 この度大阪支社に＿＿＿＿＿することになりました。
이번에 오사카 지사로 전근이 결정되었습니다.

418 山田さんに＿＿＿＿＿お願いします。
야마다 씨에게 말씀 좀 전해 주세요.

419 命令を＿＿＿＿＿するのが遅れた。
명령을 전달하는 것이 늦었다.

420 　＿＿＿＿＿＿＿が弱くて携帯電話がうまくつながらない。
전파가 약해서 휴대 전화가 잘 걸리지 않는다.

421 　会議で部長の意見に皆＿＿＿＿＿＿＿した。
회의에서 부장님의 의견에 모두 동의했다.

422 　仲のいい＿＿＿＿＿＿＿生と一緒に遊びに行った。
사이가 좋은 동급생과 함께 놀러 갔다.

423 　不況のためセカンドスクールに通ったりするなど自己＿＿＿＿＿＿＿する人が増えている。
불황 때문에 부업 학교에 다니는 등의 자기 투자를 하는 사람이 늘고 있다.

424 　お待たせいたしました。日本航空977便をご利用のお客様は、5番ゲートよりご＿＿＿＿＿＿＿ください。
오래 기다리셨습니다. 일본 항공 977편을 이용하시는 손님께서는 5번 게이트에서 탑승해 주십시오.

425 　＿＿＿＿＿＿＿を禁じえない。
동정을 금할 길이 없다.

426 　現金輸送車を襲った強盗グループの一人は今だ＿＿＿＿＿＿＿中です。
현금 수송차를 습격한 강도 그룹의 한사람은 아직 도주 중입니다.

427 　堂堂巡りしたあげく結論に＿＿＿＿＿＿＿できなかった。
겉돌기만 할 뿐 진전이 없던 끝에 결론에 도달하지 못했다.

428 　話し合いは＿＿＿＿＿＿＿をするばかりで、いつまで経っても結論に達しなかった。
대화는 제자리걸음을 할 뿐이고, 언제까지 지나도 결론에 도달할 수 없었다

429 　その知らせに彼の心は＿＿＿＿＿＿＿した。
그 통지에 그의 마음이 동요했다.

430 　水車は水の＿＿＿＿＿＿＿で動く。
수차는 물의 동력으로 움직인다.

431 　外国人＿＿＿＿＿＿＿証をなくしてしまった。
외국인 등록증을 잃어버렸다.

432 　少子化の問題について＿＿＿＿＿＿＿する。
저출산 문제에 대해 토론한다.

433 　全てを＿＿＿＿＿＿＿で決めるワンマン社長の下では働きたくない。
모든 것을 독단으로 결정하는 독재적인 사장 밑에서는 일하고 싶지 않다.

434 　＿＿＿＿＿＿＿は何かと忙しくなる。
연말에는 여러모로 바빠진다.

435 　会社の＿＿＿＿＿＿＿をつくった。
회사의 토대를 만들었다.

436 　＿＿＿＿＿＿＿に新しい人が引っ越してきた。
이웃집에 새로운 사람이 이사해 왔다.

437 　突然指名されて＿＿＿＿＿＿＿を感じた。
갑자기 지명을 받아 당황했다.

438 今は＿＿＿＿＿＿のある家は少ない。
지금은 토방이 있는 집은 적다.

439 大統領と晩餐を＿＿＿＿＿＿にすることにした。
대통령과 만찬을 함께 하기로 했다.

旧友と＿＿＿＿＿＿に学んだ日々を思い出す。
옛 친구와 함께 배웠던 나날들을 생각해 내다.

440 インターネット上で起こる犯罪の＿＿＿＿＿＿は難しい。
인터넷상에서 일어나는 범죄 단속은 어렵다.

441 警官の＿＿＿＿＿＿を受ける。
경관의 조사를 받다.

被疑者として＿＿＿＿＿＿を受ける。
피의자[용의자]로서 문초를 받다.

442 携帯電話を使って手軽に株を＿＿＿＿＿＿することが可能になった。
휴대 전화를 사용하여 간단하게 주식을 거래하는 것이 가능해졌다.

443 ＿＿＿＿＿＿に出世する。
척척 출세하다.

[な]

444 同じ課の＿＿＿＿＿＿だからこそ、かれの過ちを許すわけにはいかないのです。
같은 과 동료이기 때문에 더욱더 그의 실수를 용서할 수 없는 것입니다.

445 彼の話し方には人を＿＿＿＿＿＿させるものがある。
그의 말투에는 사람을 납득시키는 점이 있다.

446 この＿＿＿＿＿＿の家は全部社宅になっている。
여기에 늘어서 있는 집은 전부 사택이 되어 있다.

447 品質は申し分ないが値段が高いのが＿＿＿＿＿＿だ。
품질은 나무랄 데가 없지만 가격이 높은 것이 곤란한 점이다.

448 日直になった人は必ず＿＿＿＿＿＿を付けなければならない。
일직을 하는 사람은 반드시 일지를 쓰지 않으면 안 된다.

정답

420 電波でんぱ 전파 **421** 同意どうい 동의 **422** 同級どうきゅう 동급 **423** 投資とうし 투자 **424** 搭乗とうじょう 탑승 **425** 同情どうじょう 동정 **426** 逃走とうそう 도주 **427** 到達とうたつ 도달 **428** 堂々巡どうどうめぐり 생각이나 토론이 제자리걸음을 함, 개미 쳇 바퀴 돌듯 진전이 없음 = 水掛みずかけ論ろん、空回からまわり 겉돎, 공전 **429** 動搖どうよう 동요 **430** 動力どうりょく 동력 **431** 登録とうろく 등록 **432** 討論とうろん 토론 **433** 独断どくだん 독단 **434** 年としの瀬せ 연말 **435** 土台どだい 토대 **436** 隣となり 이웃집 **437** 戸惑とまどい 수단이나 방법을 몰라서 갈피를 잡지 못함, 사정을 몰라 망설임 **438** 土間どま 토방 **439** 共とも 함께, 같이, 동시에 *〜とともに 〜와 함께, 더불어 / 〜を共ともにする 〜을 함께 하다 **440** 取とり締しまり 단속 **441** 取とり調しらべ 조사, 문초 **442** 取引とりひき 거래 **443** トントン拍子びょうし 척척, 순조로움, 순풍에 돛단 격 **444** 仲間なかま 한패, 동아리, 동료 **445** 納得なっとく 납득, 이해 **446** 並ならび 늘어선 모양, 도로의 같은 쪽 편 **447** 難点なんてん 난점, 어려운 점 **448** 日誌にっし 일지

449 　得意先（とくいさき）から＿＿＿＿＿＿＿ があった。
단골손님으로부터 입금이 있었다.

450 　極秘情報（ごくひじょうほう）を＿＿＿＿＿＿ した。
비밀 정보를 입수했다.

451 　金（きん）メダルでなくとも＿＿＿＿＿＿ でいい。
금메달이 아니라도 입상하는 것으로 충분하다.

452 　初（はじ）めてのデートなので＿＿＿＿＿＿ に化粧（けしょう）をして出掛（でか）けた。
최초의 데이트여서 정성을 들여 화장하고 나갔다.

453 　今年（ことし）は＿＿＿＿＿＿ が例年（れいねん）より早（はや）かった。
올해는 장마가 예년보다 빨랐다.

454 　虫（むし）の＿＿＿＿＿＿ を聞（き）くと気持（きも）ちが安（やす）らぐ。
벌레 소리를 들으면 기분이 편안해진다.

455 　赤（あか）ちゃんが＿＿＿＿＿＿ を立（た）てて気持（きも）ちよさそうに寝（ね）ている。
아기가 숨소리를 내면서 기분 좋은 듯이 자고 있다.

456 　北海道（ほっかいどう）で＿＿＿＿＿＿ の植物（しょくぶつ）が育（そだ）つわけがない。
홋카이도에서 열대 식물이 자랄 리가 없다.

457 　いつの間（ま）にか彼（かれ）に対（たい）して憎悪（ぞうお）の＿＿＿＿＿＿ を抱（いだ）くようになった。
어느 사이에 그에 대해 증오의 마음을 갖게 되었다.

458 　＿＿＿＿＿＿ による制限（せいげん）はありません。
연령에 따른 제한은 없습니다.

[は]

459 　課長（かちょう）からして事態（じたい）を＿＿＿＿＿＿ していないのだからヒラの社員（しゃいん）によくわからないのも無理（むり）はない。
과장부터가 사태를 파악 못하고 있으니 평사원에게 잘 이해가 안 되는 것도 무리는 아니다.

460 　美（うつく）しい景色（けしき）を＿＿＿＿＿＿ に写真（しゃしん）を撮（と）る。
아름다운 풍경을 배경으로 사진을 찍다.

461 　障害（しょうがい）を＿＿＿＿＿＿ する。
장애를 배제하다.

462 　＿＿＿＿＿＿ 者（しゃ）にだけはなりたくない。
패배자만은 되고 싶지 않다.

463 　他人（たにん）への＿＿＿＿＿＿ を忘（わす）れてはいけない。
타인에 대한 배려를 잊어서는 안 된다.

464 　森（もり）の伐採（ばっさい）が進（すす）み、どんどん自然（しぜん）が＿＿＿＿＿＿ されていく。
숲의 벌채가 진행되어 자꾸 자연이 파괴되어 간다.

465 　事件（じけん）の黒幕（くろまく）が自（みずか）ら＿＿＿＿＿＿ をあらわした。
사건의 흑막이 스스로 마각을 드러내었다.

466 異教徒を＿＿＿＿＿＿する。
いきょうと
이교도를 박해하다.

467 全て＿＿＿＿＿＿すれば楽になるぞ。
すべ　　　　　　　　　　　らく
모두 자백하면 편해질 거야.

468 法案の賛否をめぐって、反対運動が＿＿＿＿＿＿化した。
ほうあん　さんぴ　　　　　　　はんたいうんどう　　　　　　　か
법안의 찬반을 둘러싸고 반대운동이 격화되었다.

469 ガスに点火したとたんに＿＿＿＿＿＿した。
てんか
가스에 점화하자마자 폭발했다.

470 ＿＿＿＿＿＿社員として働いているので肩身が狭い。
しゃいん　　　　　　　　はたら　　　　　　　かたみ　せま
파견 사원으로 일하고 있기 때문에 떳떳하지 못하다.

471 大学時代の親友が、取り引きの＿＿＿＿＿＿をしてくれた。
だいがくじだい　しんゆう　　と　ひ
대학시절 친구가 거래의 다리 역할을 해 주었다.

472 美術館を＿＿＿＿＿＿、いろいろな文化施設がつくられた。
びじゅつかん　　　　　　　　　　　　ぶんかしせつ
미술관을 비롯하여 여러 문화 시설이 만들어졌다.

473 『The Emperor's New Clothes』の邦題は『＿＿＿＿＿＿の王様』である。
ほうだい　　　　　　　　　　　おうさま
『The Emperor's New Clothes』의 우리나라 제목은 『벌거벗은 임금님』이다.

474 部下が上司に自由に＿＿＿＿＿＿できる会社に入りたい。
ぶか　じょうし　じゆう　　　　　　　　　かいしゃ　はい
부하가 상사에게 자유롭게 발언할 수 있는 회사에 들어가고 싶다.

475 ここが事件の＿＿＿＿＿＿現場です。
じけん　　　　　　　げんば
이곳이 사건 발생 현장입니다.

476 チューリップの＿＿＿＿＿＿は全部で何枚ですか。
ぜんぶ　なんまい
튤립 꽃잎은 모두 해서 몇 장입니까?

477 とんだ厄介者を引き受ける＿＿＿＿＿＿になった。
やっかいもの　ひ　う
생각지도 않은 애물을 떠맡는 처지가 되었다.

478 部長に怒られた＿＿＿＿＿＿に部下に八つ当たりする。
ぶちょう　おこ　　　　　　　　　ぶか　や　あ
부장에게 꾸중들은 화풀이로 부하에게 마구 화를 낸다.

479 裁判官は被告に懲役２年の＿＿＿＿＿＿を言い渡した。
さいばんかん　ひこく　ちょうえき　ねん　　　　　　　い　わた
재판관은 피고에게 징역 2년의 판결을 선고했다.

---

480 駅前の店はどこも＿＿＿＿＿＿している。
역 앞 가게는 어디나 번창하고 있다.

481 この件にかぎって法律上の＿＿＿＿＿＿を急ぐべきではない。
이 건에 한해 법률상의 판단을 서둘러서는 안 된다.

482 ＿＿＿＿＿＿な気持ちは捨ててもっと真剣にやるべきだ。
어중간한 기분은 버리고 좀 더 진지하게 해야만 한다.

483 ＿＿＿＿＿＿の打ち所がない演奏に、拍手が鳴り止まなかった。
완전무결한 연주에 박수소리가 끊이지 않았다.

484 ＿＿＿＿＿＿で乾かす。
응달에서 말리다.

485 寂しさの余り＿＿＿＿＿＿に走ってしまった。
쓸쓸한 나머지 비행에 치닫고 말았다.

486 私は社長＿＿＿＿＿＿をしています。
저는 사장님의 비서를 하고 있습니다.

487 雨にもかかわらず、デパートの中にはセール期間中のためか、すごい＿＿＿＿＿＿だった。
비가 오는데도 불구하고 백화점 안은 세일 기간 중인 까닭인지 엄청난 인파로 붐볐다.

488 銀行が倒産するなんて、＿＿＿＿＿＿だったら考えられない。
은행이 도산하다니, 옛날이었다면 생각할 수조차 없다.

489 やっと親から離れて＿＿＿＿＿＿できた。
겨우 부모로부터 떨어져서 자립할 수 있었다.

490 娘や息子から見放された＿＿＿＿＿＿の老人が増えているそうだ。
딸과 아들로부터 버림받은 외톨이 노인이 늘고 있다고 한다.

491 彼だけ＿＿＿＿＿＿されるのはおかしい。
그만 비난받는 것은 이해가 안 된다.

492 学校で＿＿＿＿＿＿訓練が行われた。
학교에서 피난 훈련이 실행되었다.

493 若者もおじさんもやっている大股開きは＿＿＿＿＿＿が悪い。
젊은이, 아저씨들 할 것 없이 양다리를 벌려 앉는 것은 평판이 나쁘다.

494 両チームの得点の＿＿＿＿＿＿が大きい。
양 팀의 득점의 격차가 크다.

495 ＿＿＿＿＿＿回復にはたっぷりと睡眠をとるのが一番だ。
피로 회복에는 충분히 수면을 취하는 것이 최고다.

496 結婚を＿＿＿＿＿＿する。 결혼을 피로하다.

開店＿＿＿＿＿＿ 개점 피로

＿＿＿＿＿＿宴 피로연

497 ＿＿＿＿＿＿で倒_{たお}れる。 빈혈로 쓰러지다.

＿＿＿＿＿＿を起_おこす。 빈혈을 일으키다.

498 彼_{かれ}はたくさんの＿＿＿＿＿＿を従_{したが}えている。

그는 많은 부하를 거느리고 있다.

499 ＿＿＿＿＿＿の波_{なみ}をかぶって会社_{かいしゃ}が倒産_{とうさん}してしまった。

불황의 여파를 입어서 파도를 뒤집어써서 회사가 도산하고 말았다.

この＿＿＿＿＿＿において、好きな仕事_{しごと}を選_{えら}ぶなどというのはぜいたくである。

이런 불황에서 좋아하는 일을 고른다는 것은 사치이다.

500 社会_{しゃかい}＿＿＿＿＿＿の充実_{じゅうじつ}した国_{くに}を目指_{めざ}す。

사회복지에 충실한 나라를 지향한다.

501 こうなったら犯人_{はんにん}は＿＿＿＿＿＿の鼠_{ねずみ}も同然_{どうぜん}だ。

이렇게 되면 범인은 독 안에 든 쥐나 마찬가지다.

502 ＿＿＿＿＿＿な天候_{てんこう}が続_{つづ}いたせいで、洗濯物_{せんたくもの}が溜_たまってしまった。

순탄치 않은 날씨가 계속된 탓에 세탁물이 쌓이고 말았다.

503 ＿＿＿＿＿＿の目処_{めど}はまだ付_ついていない。

복구의 전망은 아직 서 있지 않다.

504 医者_{いしゃ}から再起_{さいき}＿＿＿＿＿＿と言_いわれていたが、リハビリによって奇跡的_{きせきてき}に回復_{かいふく}した。

의사에게 재기가 불가능하다고 들었지만 사회 복귀 훈련으로 기적적으로 회복했다.

505 政治_{せいじ}の＿＿＿＿＿＿をなげいても始_{はじ}まらない。

정치의 부패를 한탄해 봤자 소용이 없다.

506 ＿＿＿＿＿＿の真理_{しんり}を追究_{ついきゅう}する。

불변의 진리를 추구하다.

507 最近_{さいきん}、いい＿＿＿＿＿＿の喫茶店_{きっさてん}を発見_{はっけん}した。

최근 분위기 좋은 찻집을 발견했다.

508 赤_{あか}ん坊_{ぼう}の泣_なき声_{ごえ}に＿＿＿＿＿＿した。

아기의 울음 소리에 질렸다.

509 工場_{こうじょう}を＿＿＿＿＿＿した。

공장을 폐쇄했다.

정답 ●

480 繁盛はんじょう 번성, 번창 **481** 判断はんだん 판단 **482** 半端はんぱ 부족함, 이도 저도 아님 **483** 非ひ ①비난함, 비방함 ②잘못, 결점 **484** 日陰ひかげ 응달, 음지 **485** 非行ひこう 비행 **486** 秘書ひしょ 비서 **487** 人込ひとごみ 붐빔, 북적임 **488** 一昔前ひとむかしまえ 돌이켜보아 옛날로 느껴질 만한 과거의 한 시기, 보통 10년 쯤 전을 말함 **489** 独ひとり立だち 자립, 독립 = 自立じりつ **490** 独ひとりぼっち 외톨이 **491** 非難ひなん 비난 **492** 避難ひなん 피난 **493** 評判ひょうばん 평판 **494** 開ひらき 격차 **495** 疲労ひろう 피로 **496** 披露ひろう 피로, 공표 **497** 貧血ひんけつ 빈혈 **498** 部下ぶか 부하 **499** 不況ふきょう 불황 **500** 福祉ふくし 복지 **501** 袋ふくろ 주머니, 봉지 *袋ふくろの鼠ねずみ 독 안에 든 쥐, 도망갈 데가 없는 상태의 비유 **502** 不順ふじゅん 불순 **503** 復日ふっきゅう 복구 **504** 不能ふのう 불가능 **505** 腐敗ふはい 부패 **506** 不変ふへん 불변 **507** 雰囲気ふんいき 분위기 **508** 閉口へいこう 질림, 손듦, 난처함 **509** 閉鎖へいさ 폐쇄

510 ＿＿＿＿＿＿どおり営業を行います。
평소대로 영업합니다.

511 ＿＿＿＿＿＿生活
별거 생활

512 それとこれとは全く＿＿＿＿＿＿のものだ。
이것과 그것은 완전히 별개의 것이다.

513 ＿＿＿＿＿＿の余地はない。
변명의 여지는 없다.

514 借金を＿＿＿＿＿＿する。
빚을 갚다.

515 人種的＿＿＿＿＿＿はなかなかなくならない。
인종적 편견은 좀처럼 없어지지 않는다.

516 日本航空より、出発時間の＿＿＿＿＿＿をお知らせいたします。
일본 항공에서 출발 시간 변경을 알려 드리겠습니다.

517 マンションと車のローンの＿＿＿＿＿＿がまだ残っている。
맨션과 자동차의 대부금 반환이 아직 남아 있다.

518 世の中が大きく＿＿＿＿＿＿している。
세상이 크게 변동하고 있다.

519 ＿＿＿＿＿＿の自由は憲法により保障されている。
보도의 자유는 헌법으로부터 보장되고 있다.

520 先輩に＿＿＿＿＿＿を頼む。
선배에게 도움을 부탁하다.

会議で質問に答えられなくて困っていたら、課長が＿＿＿＿＿＿してくれた。
회의에서 질문에 대답을 못해서 난처했었는데, 과장님이 거들어 주었다.

記者が紛争の顛末を＿＿＿＿＿＿した。
기자가 분쟁의 전말을 추적했다.

521 どんなことがあっても＿＿＿＿＿＿に訴えてはいけません。
어떤 일이 있어도 폭력에 호소해서는 안 됩니다.

522 18歳未満は＿＿＿＿＿＿者の同意が必要です。
18세미만은 보호자의 동의가 필요합니다.

523 社内懸賞論文を＿＿＿＿＿＿します。テーマは自由です。
사내 현상 논문을 모집합니다. 테마는 자유입니다.

524 加害者側が被害者の今後の生活を＿＿＿＿＿＿することで、両者は意見の一致をみた。
가해자 측이 피해자의 앞으로의 생활을 보상하는 것으로 양자의 의견의 일치를 보았다.

525 先生にゲーム機を＿＿＿＿＿＿された。
선생님에게 게임기를 몰수당했다.

526 この団体は先月＿＿＿＿＿＿したばかりです。
이 단체는 지난달 막 발족했습니다.

[ま]

527 さて、＿＿＿＿＿はこれくらいにして、そろそろ本題に入るとしよう。
자, 서론은 이 정도로 하고 슬슬 주제로 들어갑시다.

528 大学に＿＿＿＿＿で合格した。
대학에 운 좋게 합격했다.

529 足の向く＿＿＿＿＿に歩いた。
발길 닿는 대로 걸었다.

請求される＿＿＿＿＿に金を払った。
청구된 그대로 돈을 지불했다.

530 海外旅行に行って、久しぶりの休暇を＿＿＿＿＿した。
해외여행을 가서 오랜만의 휴가를 만끽했다.

531 ＿＿＿＿＿になる。만성이 되다.

＿＿＿＿＿的な病状。만성적인 병상.

＿＿＿＿＿病。만성 질환.

532 人は＿＿＿＿＿によらないものだ。
사람은 겉으로 봐서는 모르는 법이다.

533 議会の承認を得ないまま＿＿＿＿＿する。
의회의 승인을 충분히 얻지 못한 상태에서 추진하다.

534 夫婦＿＿＿＿＿で温泉旅行に行く。
부부끼리만 온천여행에 가다.

535 この地区は古い住宅が＿＿＿＿＿している。
이 지역은 오래된 주택이 밀집되어있다.

536 ＿＿＿＿＿がなさそうなので見限る。
가망이 없을 것 같아서 단념하다.

回復の＿＿＿＿＿があります。
회복할 가능성이 있습니다.

2000年の6月末には人口の6分の一に当たる2000万人を突破する＿＿＿＿＿だそうです。
2,000년 6월말에는 인구의 6분의 1에 해당하는 2,000만 명을 돌파할 전망이라고 합니다.

537 あの子は＿＿＿＿＿＿＿のきく子だから心配ない。
저 아이는 전망이 밝은 아이이기 때문에 걱정 없어.

538 年取ったら＿＿＿＿＿＿＿の世話を誰がしてくれるのだろう。
나이가 들면 누가 신변을 돌보아 줄까?

539 うちの猫は魚がきらいで、さしみをやっても＿＿＿＿＿＿もしない。
우리 집 고양이는 생선을 싫어해서 회를 줘도 쳐다보지도 않는다.

540 まだ、別れた彼女に＿＿＿＿＿＿がある。
아직 헤어진 그녀에게 미련이 있다.

541 彼の＿＿＿＿＿＿の言葉に深く傷ついた。
그의 무정한 말에 깊이 상처받았다.

542 バラ色の結婚生活を＿＿＿＿＿＿していたが、現実は灰色だった。
장밋빛의 결혼 생활을 꿈꾸고 있었지만 현실은 잿빛이었다.

543 ＿＿＿＿＿＿もせずせっせとお金を貯めたのに、結婚詐欺にひっかかってすっからかんになってしまった。
낭비도 하지 않고 부지런히 돈을 모았음에도 불구하고 결혼사기에 걸려 빈털터리가 되고 말았다

544 保険金を＿＿＿＿＿＿に夫など二人を殺害した。
보험금을 노리고 남편 등 두 명을 살해했다.

545 総理大臣から＿＿＿＿＿＿ある賞をいただいた。
총리대신으로부터 명예로운 상을 받았다.

勲章なんかもらっても、嬉しくもなければ、＿＿＿＿＿＿だとも思わない。
훈장을 받아도 기쁘지도 않거니와 명예라고도 생각하지 않는다.

546 ＿＿＿＿＿＿な勢いでホームベースに滑り込んだ。
맹렬한 기세로 홈베이스에 슬라이딩했다.

547 ＿＿＿＿＿＿の言い分も聞こう。
상대편의 해명도 들어보자.

548 一日でこれを仕上げるなんて＿＿＿＿＿＿ですよ。
하루 만에 이것을 완성하다니 말이 되지 않습니다.

549 春から夏にかけてイベントが＿＿＿＿＿＿だ。
봄부터 여름에 걸쳐 이벤트가 가득 차 있다.

露店が＿＿＿＿＿＿に並んでいる。
노점이 한곳에 많이 늘어서 있다.

話題作が＿＿＿＿＿＿の正月映画が楽しみだ。
화제작이 가득한 설날 영화가 기다려진다.

550 ＿＿＿＿＿＿に服する。
상을 당하다.

＿＿＿＿＿＿が明ける。
탈상하다.

——————を発する。

상을 공표하다.

——————を秘する。

상을 공표하지 않다. 一

551 この——————飛行機は実物の72分の１の大きさで本物そっくりにできている。

이 모형비행기는 실물의 ⁷²분의 1의 크기로 진짜와 똑같이 만들어져 있다.

552 新しい研究分野で暗中——————している。

새로운 연구 분야에서 암중모색하고 있다.

553 彼のうわさで——————だ。

온통 그에 관한 소문뿐이다.

どこへ行ってもあのうわさで——————だ。

어딜 가나 그 소문으로 자자했다.

事件の話で——————だった。

사건 이야기로 자자했다.

554 ——————を着る。

상복을 입다.

555 彼は何かにつけ——————を付ける。

그는 무언가에 관해 불평을 한다.

決まってから、いくら——————を言ってもしょうがない。

결정되고 나서 아무리 불평을 말해 봤자 소용없다.

[や]

556 ——————継ぎ早に質問を浴びせられた。

쉴 새 없이 질문이 쏟아졌다.

借金を返せと——————の催促をされている。

빚을 갚으라는 성화같은 독촉을 받고 있다.

557 ——————というのは、法務省などの役所に勤めている人のことです。

공무원이라는 것은 법무성 등의 관공서에서 근무하고 있는 사람을 말합니다.

558 この不況で——————がぐらついている会社が多い。

이번 불황으로 기반이 흔들리고 있는 회사가 많다.

정답 ●

537 見通みとおし 전망 **538** 身みの回まわり 신변 **539** 見向みむき 그 쪽으로 돌아다봄 **540** 未練みれん 미련 **541** 無情むじょう 무정 **542** 夢想むそう 몽상 **543** 無駄遣むだづかい 낭비 **544** 目当めあて 목표물, 목적 **545** 名誉めいよ 명예 **546** 猛烈もうれつ 맹렬 **547** 向むこう 상대편 **548** 無茶むちゃ 사리에 맞지 않음, 터무니없음 **549** 目白押めじろおし 目白는 동박새로 나뭇가지에 떼 지어 앉듯이 많은 물건이나 사람이 한곳에 모여 혼잡을 이루듯이 많은 물건, 사람이 한곳에 모여 혼잡을 이룸 **550** 喪も 상, 복 **551** 模型もけい 모형 **552** 模索もさく 모색 **553** もちきり 소문이나 화제가 계속 하나에만 집중됨, 오직 그것으로 자자함, 떠들썩함 **554** 喪服もふく 상복 **555** 文句もんく 불평, 불만 **556** 矢や 화살 *矢やの催促さいそく 연달아 심하게 요구하거나 재촉함, 성화같은 독촉 **557** 役人やくにん 관리, 공무원 **558** 屋台骨やたいぼね 기반

559 今まで＿＿＿＿＿＿負け越しているのが今日の対戦相手だ。
지금까지 유일하게 이긴 것보다 진 횟수가 많은 것이 오늘 대전하는 상대이다.

560 現状では、彼が必ず＿＿＿＿＿＿するとは限らない。
현 상황에서는 그가 반드시 우승한다고는 할 수 없다.

561 この席は体の不自由な方の＿＿＿＿＿＿席です。
이 자리는 몸이 부자유한 분의 우선석입니다.

562 ＿＿＿＿＿＿の仕度をする。
저녁밥 준비를 하다.

563 ＿＿＿＿＿＿が春の訪れを知らせてくれる。
쌓인 눈이 녹아서 봄의 방문을 알려준다.

564 ＿＿＿＿＿＿向けの製品はサイズが少し大きくなっている。
수출용 제품은 사이즈가 좀 크게 되어 있다.

565 早速＿＿＿＿＿＿に入らせていただきます。
즉시 용건에 들어가겠습니다.

566 盗みの＿＿＿＿＿＿で捕まる。
절도 혐의로 붙잡히다.

567 ＿＿＿＿＿＿通帳を紛失した。
예금통장을 분실했다.

568 相場は＿＿＿＿＿＿状態だ。
시세는 보합 상태이다.

569 優勝して大関から＿＿＿＿＿＿に格上げした。
우승하여 오오제키에서 요코즈나로 격상했다.

570 手術を受けた＿＿＿＿＿＿は安静にするように。
수술을 받은 다음날은 안정을 취하도록 하세요.

571 彼女の潔白は明らかで疑いをさしはさむ＿＿＿＿＿＿もない。
그녀의 결백은 분명해서 의심을 품을 여지도 없다.

572 来年は海外に移り住む＿＿＿＿＿＿です。
내년은 해외에 이주해 살 예정입니다.

573 ＿＿＿＿＿＿が大差で圧勝した。
여당이 큰 차로 압승했다.

574 ＿＿＿＿＿＿寝ないで看病する。
밤새도록 자지 않고 간병하다.

575 ＿＿＿＿＿＿遅く寝ると体に悪いですよ。
밤늦게 잠에 들면 몸에 나쁩니다.

[ら]

576 紙の＿＿＿＿＿＿という考え方は、最近生まれたものではありません。
종이의 재활용이라는 생각은 최근에 생겨난 것은 아닙니다.

577 ＿＿＿＿＿＿に終わらないように、最後まで全力を尽くします。
용두사미로 끝나지 않도록 마지막까지 전력을 다하겠습니다.

578 大学の＿＿＿＿＿＿は安いことは安いが狭くて汚いのが玉に瑕だ。
대학교 기숙사는 저렴하기는 저렴하지만 좁고 지저분한 것이 옥에 티이다.

579 彼は＿＿＿＿＿＿ある人だ。
그는 양식이 있는 사람이다.

580 社長の＿＿＿＿＿＿を得ない限り何とも言えません。
사장님의 승낙을 얻지 않는 한 뭐라고도 말할 수가 없습니다.

581 アルバイトと勉強を＿＿＿＿＿＿させるのは大変です。
아르바이트와 공부를 양립하는 것은 힘듭니다.

582 彼の話は＿＿＿＿＿＿的だが、情に欠ける。
그의 말은 논리적이지만 정이 부족하다.

[わ]

583 ＿＿＿＿＿＿で、申し訳ないことをしました。
젊은 혈기의 소치로 죄송한 일을 했습니다.

584 心からお＿＿＿＿＿＿申し上げます。
진심으로 사과드립니다.

585 ＿＿＿＿＿＿があってしたわけではないようだから今回は大目に見よう。
악의가 있어서 할 까닭은 없을 것 같기 때문에 이번은 너그럽게 봐 주자.

2. 동사

21일

[あ]

1 _____勝利を目前にしている。
<small>しょう り　もくぜん</small>
잇따른 승리를 눈앞에 두고 있다.

2 有名なピアノの先生の指導を_____が芽が出なかったのでやめてしまった。
<small>ゆうめい　　　　　　せんせい　し どう　　　　　　　　　　　　め　　で</small>
유명한 피아노 선생님의 지도를 구했지만 잘 할 조짐이 보이지 않았기에 그만두고 말았다.

3 道具はこちらでお貸しします。ただしその場合はデポジットで1000円をお_____します。
<small>どう ぐ　　　　　　　　　　か　　　　　　　　　　　　　　ば あい</small>
도구는 여기서 빌려 드립니다. 다만 그 경우에는 보증금으로 1000엔을 보관하겠습니다.

4 彼の活躍ぶりは賞賛に_____。
<small>かれ　かつやく　　　　しょうさん</small>
그의 활약 방식은 칭찬할 가치가 있다.

5 チケットが3枚_____しまった。
<small>まい</small>
티켓이 3장 남고 말았다.

6 彼は生涯不運な人生を_____。
<small>かれ　しょうがい ふ うん　じんせい</small>
그는 생애가 불운한 인생을 걸었다.

7 語学の才能を_____スチュワーデスになるつもりだ。
<small>ご がく　さいのう</small>
어학의 재능을 살려 스튜어디스가 될 생각이다.

8 父は会社をやめて事業を_____いる。
<small>ちち　かいしゃ　　　　　　じ ぎょう</small>
아버지는 회사를 그만두고 사업을 경영하고 있다.

9 ハードな練習を続けたせいで足首を_____しまった。
<small>れんしゅう　つづ　　　　　　あしくび</small>
심한 연습을 계속한 탓에 발목을 다치고 말았다.

10 彼女は彼の冷たい言葉に心を_____。
<small>かのじょ　かれ　つめ　　ことば　こころ</small>
그녀는 그의 차가운 말에 마음에 상처를 입었다.

11 絶対合格してみせると試験に_____が駄目だった。
<small>ぜったいごうかく　　　　　　　　し けん　　　　　　　　　　だ め</small>
반드시 합격해 보이겠다고 시험에 도전했지만 떨어졌다.

12 時間が経つにつれて心の傷も_____はずです。
<small>じ かん　た　　　　　　　こころ　きず</small>
시간이 경과함에 따라 마음의 상처도 가실 것입니다.

13 先生にお会いしたく_____ます。
<small>せんせい　あ</small>
선생님을 만나 뵈러 찾아가겠습니다.

14 難関のオーディションに_____のは奇跡に近い。
<small>なんかん　　　　　　　　　　　　　　　　　きせき　ちか</small>
어려운 오디션에 합격한 것은 기적에 가까웠다.

15 この国は昔から貿易によって_____きた。
<small>くに　むかし　ぼうえき</small>
이 나라는 옛날부터 무역에 의해 윤택해졌다.

16 コンサート会場は予想を＿＿＿＿＿人で埋め尽くした。
   콘서트 장은 예상을 웃도는 사람들로 꽉 채워졌다.

17 彼女はロミオとジュリエットのジュリエットを堂々と＿＿＿＿＿。
   그녀는 로미오와 줄리엣의 줄리엣을 당당히 연기했다.

18 女性である以上＿＿＿＿＿美しくいたいと思うものである。
   여성인 이상 나이가 들어도 아름답게 있고 싶다고 생각하는 법이다.

19 今回の昇進は妻の心強い励ましに＿＿＿＿＿ところが大きい。
   이번 승진은 부인의 든든한 격려에 힘입은 바가 크다.

20 物価の上昇に＿＿＿＿＿給料も上げてもらいたい。
   물가 상승에 따라 급료도 올랐으면 한다.

21 ① 彼は毎日勉強を＿＿＿＿＿まじめな生徒だ。
   　그는 매일 공부를 게을리 하지 않는 성실한 학생이다.

   ② 仕事 / 練習を＿＿＿＿＿。
   　일 / 연습을 게을리 하다.

   　注意/義務/準備を＿＿＿＿＿。
   　주의/의무/준비를 소홀히 하다.

22 今日は給料日なので私が＿＿＿＿＿ます。
   오늘은 월급날이어서 제가 한턱내겠습니다.

23 布団が大きすぎて押し入れに＿＿＿＿＿ない。
   이불이 너무 커서 서랍에 들어가지 않는다.

24 彼と別れたとたん悲しみが＿＿＿＿＿きた。
   그와 헤어지자마자 슬픔이 밀려왔다.

25 本日はお忙しいところ、わざわざお越しいただきまして、＿＿＿＿＿ます。
   오늘은 바쁘신데 일부러 와 주셔서 송구스럽습니다.

정답

1 相次あいつぐ 잇따르다　2 仰あおいだ → 仰あおぐ 원조·지시를 구하다　3 預あずかり → 預あずかる 맡다, 남의 것을 보관하다　4 値あたいする 값어치·가치가 있다　5 余あまって → 余あまる 남다　6 歩あゆんだ → 歩あゆむ 걷다, 걸어 나아가다　7 生いかして → 生いかす 살리다, 활용하다　8 営いとなんで → 営いとなむ 영위하다, 경영하다　9 傷いためて → 傷いためる 몸을 상하다, 손상하다　10 痛いためた → 痛いためる 고민하다, 괴로워하다　11 挑いどんだ → 挑いどむ 도전하다　12 癒いやされる → 癒いやす 상처·병 따위를 고치다, 고민 따위를 풀다　13 伺うかがい → 伺うかがう ㉑찾다·방문하다의 겸양어 ㉕윗사람의 의견·지시를 받으려고 물어보다, 듣다　14 受うかった → 受うかる 시험에 합격하다　15 潤うるおって → 潤うるおう 여유가 있다, 윤택하다, 넉넉하다　16 上回うわまわる 상회하다, 웃돌다　17 演えんじた → 演えんじる・演えんずる 연기하다　18 老おいても → 老おいる 늙다　19 負おう 힘입다　20 応おうじて → 応おうじる・応おうずる 여러 가지 상태나 변화에 걸맞게 응하다, 따르다, 대응하다 ☆応援おうえん 응원 / 応接おうせつ 응접 / 応用おうよう 응용 / 反応はんのう 반응　21 ①怠おこたらず ②怠おこたる → 怠おこたる 게으름을 피우다, 게을리 하다, 태만히 하다, 소홀히 하다　22 奢おごり → 奢おごる 한턱내다　23 収おさまら → 収おさまる 해결되다, 처리되다　24 押おし寄よせて → 押おし寄よせる 밀려오다　25 恐おそれ入いり → 恐おそれ入いる 죄송하다, 송구스럽다, 황송하다

26 ＿＿＿＿＿＿時はとことん飲むに限る。

기운이 없을 때는 끝까지 마시는 게 최고다.

27 彼女のことを思うにつけ、その時のことが＿＿＿＿＿＿。

그녀를 생각할 적마다, 그 때 일이 생각난다.

[か]

28 空気と水は私たちが生きる上で＿＿＿＿＿＿ことができない物だ。

공기와 물은 우리들이 사는 이상에는 없어서는 안 되는 것이다.

29 しっかり文法の基礎を＿＿＿＿＿＿から次のステップに進もう。

확실히 문법의 기초를 다지고 나서 다음 스텝으로 나아가자.

30 結婚相手としては条件に＿＿＿＿＿＿いるが、どうもぱっとしない。

결혼 상대로서는 조건에 맞지만 아무리 해도 시원치 않다.

31 日本へは仕事を＿＿＿＿＿＿旅行しに行くつもりです。

일본에는 일을 겸해 여행하기 위해 갈 생각입니다.

32 道路に飛び出した子供を＿＿＿＿＿＿犬が車に引かれてしまった。

도로에 뛰어나온 아이를 비호하고 개가 차에 치이고 말았다.

33 技を＿＿＿＿＿＿。

재주를 겨루다.

34 あの人は社長でもないのに、会社を＿＿＿＿＿＿。

저 사람은 사장도 아닌데도 회사를 쥐고 흔든다.

35 ビルが完成し、作業員が足場を＿＿＿＿＿＿。

빌딩이 완성되어, 작업원이 작업용 발판을 허물었다.

千円札を百円玉に＿＿＿＿＿＿。

천 엔짜리 지폐를 백 원짜리 동전으로 바꿨다.

36 品質が同じなら、安いに＿＿＿＿＿＿ことはない。

품질이 같다면 싼 것이 제일이다.

37 私は彼の意見とはちょっと＿＿＿＿＿＿ます。

저는 그의 의견과는 조금 다릅니다.

38 ① ＿＿＿＿＿＿ずに挑戦する。

질리지도 않고 도전하다.

② 去年の失敗に＿＿＿＿＿＿。

작년의 실패에 질리다.

39 開発のために古いビルが次々と＿＿＿＿＿＿いる。

개발을 위해 오래된 빌딩이 차례대로 허물어지고 있다.

[さ]

40 投票に＿＿＿＿＿＿の注意事項をご案内申し上げます。
とうひょう　　　　　　　　　ちゅう い じ こう　　あんないもう　あ

투표에 즈음해서의 주의 사항을 말씀드리겠습니다.

41 西日を＿＿＿＿＿＿ために木を植えた。
にし び　　　　　　　　　　　き　う

석양을 차단하기 위해서 나무를 심었습니다.

42 映画の公開に＿＿＿＿＿＿試写会が行われる。
えい が　　こうかい　　　　　　し しゃかい　おこな

영화의 공개에 앞서 시사회가 열린다.

43 目標が＿＿＿＿＿＿ないまま、留学しても何にもならない。
もくひょう　　　　　　　　　　りゅうがく　　　なん

목표가 결정되지 않은 채 유학한다면 아무것도 안 된다.

44 政府が＿＿＿＿＿＿教育プログラムで授業を行う。
せい ふ　　　　　　　　　きょういく　　　　　じゅぎょう　おこな

정부가 결정한 교육 프로그램으로 수업을 행하다.

45 市長の再選を＿＿＿＿＿＿ない。
し ちょう　さいせん

시장의 재선도 무방하다.

46 吹雪の中を＿＿＿＿＿＿。
ふ ぶき　なか

눈보라 속을 헤매다.

生死の境を＿＿＿＿＿＿。
せい し　さかい

생사의 갈림길을 헤매다.

47 日本では血液型がよく話題にのぼります。アメリカ人やイギリス人はA型、O型が全体のほとんどを
に ほん　　けつえきがた　　　わ だい　　　　　　　　　　　じん　　　　　　じん　がた　　がた　ぜんたい
＿＿＿＿＿＿、韓国人はA型、O型、B型がほぼ同じぐらいになっています。
　　　　　かんこくじん　がた　　がた　　がた　　　おな

일본에서는 혈액형이 자주 화제에 오릅니다. 미국인이나 영국인은 A형, O형이 전체의 대부분을 차지하고, 한국인은 A형, O형, B형이 거의 같은 수준입니다.

48 事情を＿＿＿＿＿＿。
じ じょう

사정을 속속들이 알다.

49 予定が1日＿＿＿＿＿＿いる。
よ てい　　いちにち

예정이 하루 늦어졌다.

50 ご希望に＿＿＿＿＿＿＿＿＿ようにがんばります。
희망에 부합할 수 있도록 노력하겠습니다.

51 最近東京港に＿＿＿＿＿＿＿ウォーターフロントの開発が盛んになっている。そうした地域はかつて造船所

や製鉄所のあった所だが、その需要が減って、今、ビル用地として再利用され始めたからだ。
최근 도쿄 항을 따라 항구 지역의 개발이 번성하고 있다. 그런 지역은 이전에 조선소나 제철소가 있었던 곳이지만, 그 수요가 줄어, 지금, 빌딩 용지로써 재이용되기 시작했기 때문이다.

52 自社の商品に＿＿＿＿＿＿＿戦略を練らなければならない。
자사 상품에 들어맞는 전략을 세우지 않으면 안 된다.

53 彼女にはどんな人とでもうまく付き合える能力が＿＿＿＿＿＿＿いる。
그녀에게는 어떤 사람과도 능숙하게 친해지는 능력이 갖춰져 있다.

[た]

54 痛みに＿＿＿＿＿＿＿最後までがんばろう。
고통을 참고 끝까지 힘껏 노력하자.

55 旅行の費用を＿＿＿＿＿＿＿。
여행비용을 저축하다.

学力を＿＿＿＿＿＿＿。
학력을 쌓다.

56 発生からすでに一週間が＿＿＿＿＿＿＿いるので生存者がいるとは考えにくい。
발생으로부터 이미 1주일이 지났기 때문에 생존자가 있다고는 생각하기 어렵다.

57 人の金を＿＿＿＿＿＿＿。
남의 돈을 속여 빼앗다.

58 そんな不公平な扱いには＿＿＿＿＿＿＿いるわけにはいかない。
그런 불공평한 대우에는 잠자코 있을 수가 없다.

59 予算の規模が年々＿＿＿＿＿＿＿。
예산 규모가 매년 줄어들다.

60 朝から晩まで語り合っていたので、とうとう話が＿＿＿＿＿＿＿しまった。
아침부터 밤까지 서로 이야기를 나누었으므로 마침내 이야기가 떨어지고 말았다.

61 心を＿＿＿＿＿＿＿彼に接したが、最後まで心を開いてくれなかった。
마음을 다해 그에게 다가갔지만 끝까지 마음을 열지 않았다.

62 周辺住民の不安が＿＿＿＿＿＿＿。
주변 주민의 불안이 가중되었다.

他の部から出席者を＿＿＿＿＿＿＿ところ、山本さんの友だちが二人出席してくれることになりました。
다른 부의 참석자를 모집한 결과 야마모토 씨의 친구 2명이 참석해 주기로 했습니다.

63 ①ブルドーザーが古くなった家を＿＿＿＿＿＿＿。
불도저가 오래된 집을 부쉈다.

友人を待ちながらカフェーで時間を＿＿＿＿＿＿。

친구를 기다리면서 카페에서 시간을 때웠다.

②大豆を＿＿＿＿＿＿粉にした。

콩을 으깨어 가루로 만들었다.

突然の大雨が、野外コンサートを＿＿＿＿＿＿しまった。

갑작스런 많은 비로 야외 콘서트를 망쳐버렸다.

畑を＿＿＿＿＿＿宅地にした。

밭을 밀어 택지로 만들었다.

64 母はまったく困ったものだとため息混じりに＿＿＿＿＿＿。

어머니는 정말 곤란하다라고 한숨을 내쉬며 중얼거렸다.

65 見物人が続々と＿＿＿＿＿＿。

구경꾼이 속속 몰려들었다.

66 罪に＿＿＿＿＿＿結果となった。

고소를 당하는 결과가 되었다.

67 携帯電話はすばらしい進化を＿＿＿＿＿＿、今やカメラの機能も付いている。

휴대 전화는 대단한 진화를 이뤄 지금은 이미 카메라 기능도 더해져 있다.

68 服装を＿＿＿＿＿＿。

복장을 단정히 하다.

コンディションを＿＿＿＿＿＿。

컨디션을 조절하다.

夕食を＿＿＿＿＿＿。

저녁 식사를 준비하다.

69 事件の渦中に＿＿＿＿＿＿。

사건의 소용돌이 속에 뛰어들다.

70 ①中東地域の安定に＿＿＿＿＿＿。

중동 지역의 안정에 힘쓰다.

②政府は公害問題に＿＿＿＿＿＿いるといわれているが、効果はあまり期待できない。

정부는 공해 문제에 몰두하고 있다고 하지만, 효과는 별로 기대할 수 없다.

71 　容疑者を夜通し＿＿＿＿＿＿＿が、結局白状しなかった。

용의자를 밤새도록 자세히 조사했지만 결국 자백하지 않았다.

[な]

72 　この職場にもかなり＿＿＿＿＿きた。

이 직장에도 꽤 정이 들었다.

73 　＿＿＿＿＿ように子供には厳しい態度で接する。

얕보이지 않도록 아이에게는 엄한 태도로 다가간다.

74 　100円の商品だけを売って果たして経営が＿＿＿＿＿だろうか。

100엔 상품만을 팔아서 과연 경영이 이루어질까?

75 　教室に着くと同時にチャイムが＿＿＿＿＿。

교실에 도착하자마자 종이 울렸다.

76 　休みの前の日の夜は、どこのレストランも＿＿＿＿＿。

휴일 전날 밤은 어느 레스토랑이나 붐빈다.

77 　あの子は一人っ子なので両親の大きな期待を＿＿＿＿＿いる。

그 아이는 독자이기 때문에 부모님의 큰 기대를 짊어지고 있다.

78 　2001年には輸出が輸入を＿＿＿＿＿。

2001년에는 수출이 수입을 앞질렀다.

79 　注意! ペンキ＿＿＿＿＿たて。

주의! 페인트 갓 칠함.

80 　専務は虎視眈々と次の社長の座を＿＿＿＿＿いる。

전무는 호시탐탐 차기 사장의 자리를 노리고 있다.

81 　役員が集まり経営戦略を＿＿＿＿＿。

임원들이 모여서 경영전략을 가다듬었다.

82 　原則に＿＿＿＿＿。

원칙에 따르다.

83 　強制捜査に＿＿＿＿＿方針です。

강제수사에 착수할 방침입니다.

[は]

84 　水を指で＿＿＿＿＿とぴちゃぴちゃ音を立てる。

물을 손가락으로 튀기면 찰싹찰싹 소리를 낸다.

85 　渡辺さんが昨日、車に＿＿＿＿＿そうです。

와타나베 씨가 어제 차에 받혔답니다.

86 　あの兄弟はいつも互いに＿＿＿＿＿いる。

그 형제는 언제나 서로 경쟁하고 있다.

87 夕べ思いっきり泣いたせいで、今朝起きると目が＿＿＿＿＿＿いた。

저녁때 실컷 운 탓에 오늘 아침에 일어나니 눈이 부어 있었다.

88 暖房のない部屋にいたので、体が＿＿＿＿＿＿しまった。

난방이 안 된 방에 있었더니 몸이 꽁꽁 얼어 버렸다.

89 開発部は来月商品の納期を＿＿＿＿＿＿いる。

개발부는 다음 달 상품의 납기를 앞두고 있다.

90 ＿＿＿＿＿＿からには、期日までに仕上げますよ。

맡은 이상은 기일까지 끝내겠습니다.

91 彼と大きなけんかをして、逆に友情が＿＿＿＿＿＿。

그 사람과 큰 싸움을 해서 오히려 우정이 깊어졌다.

92 駅の再開発工事に＿＿＿＿＿＿。

역의 재개발 공사를 단행하다.

93 いろいろなつらい経験を＿＿＿＿＿＿、ここまで来ました。

여러 쓰라린 경험을 거쳐 여기까지 왔습니다.

この飛行機は日本を＿＿＿＿＿＿、ヨーロッパへ向かう予定です。

이 비행기는 일본을 거쳐 유럽으로 향할 예정입니다.

94 話しても分からないからといって暴力を＿＿＿＿＿＿はいけない。

말해도 알아주지 않는다고 해서 폭력을 휘둘러서는 안 된다.

95 ①国家が＿＿＿＿＿＿。

국가가 멸망하다.

②＿＿＿＿＿＿大自然。

스러져 가는 대자연.

[ま]

96 　種を＿＿＿＿＿＿後、如雨露で水をやった。
씨를 부린 뒤 물뿌리개로 물을 주었다.

97 　騒動に＿＿＿＿＿＿。
소동에 말려들다.

98 　他の人を＿＿＿＿＿＿ないで久しぶりに夫婦水入らずで食事をした。
다른 사람을 초청하지 않고 오랜만에 부부끼리만 식사를 했다.

99 　明け方とはちょうど夜と朝が＿＿＿＿＿＿時のことだ。
새벽녘이란 정확히 밤과 아침이 교차하는 때를 말한다.

100 　急ぐ時は速度を＿＿＿＿＿＿てもかまわない。
급할 때는 속도를 더 내도 상관없다.

101 　無理な工事が災難を＿＿＿＿＿＿と言える。
무리한 공사가 재난을 초래했다고 말할 수 있다.

102 　台風のため新幹線の運転を＿＿＿＿＿＿いる。
태풍으로 인해 신칸센 운전을 보류하고 있다.

103 　かならずや解決策を＿＿＿＿＿＿べきだ。
반드시 해결책을 찾아내야만 한다.

104 　ああ怠けては、わたしも＿＿＿＿＿＿ほかない。
저렇게 나태해서는 나도 단념할 수밖에 없다.

105 　進学率は4割に＿＿＿＿＿＿ない。
진학률은 40%가 되지 않는다.

106 　テレビの修理費を＿＿＿＿＿＿もらったら、意外と高かったので新しいのを買うことにした。
TV수리비의 견적을 뽑아 보았더니 의외로 비싸서 새 제품을 사기로 했다.

107 　あの先生は授業中発言をしないと欠席と＿＿＿＿＿＿。
그 선생님은 수업 중에 발언을 하지 않으면 결석으로 간주한다.

108 　申し訳ありませんが、今回は＿＿＿＿＿＿ください。
죄송합니다만, 이번에는 보류시켜 주십시오.

109 　ほんの出来心でしたことなので＿＿＿＿＿＿ください。
정말 우발적인 충동이었으므로 너그럽게 봐 주십시오.

110 　復旧の甲斐もなく、またもや水害に＿＿＿＿＿＿。
복구의 보람도 없이 다시 수해를 당했다.

111 　展望台から＿＿＿＿＿＿景色はこの世のものとは思えないくらい美しかった。
전망대에서 보이는 경치는 이 세상의 것이라고는 생각할 수 없을 만큼 아름다웠다.

112 　関連施設を一緒に＿＿＿＿＿＿。
관련 시설을 함께 돌아보다.

113 相手のからくりを的確に＿＿＿＿＿＿。
상대의 계략을 정확하게 간파했다.

114 サービス競争の時代を＿＿＿＿＿＿ました。
서비스 경쟁 시대를 맞이했습니다.

115 ①資源に＿＿＿＿＿＿。
자원이 풍부하다.

②東京の生活のいい点は、コンサートホールや美術館があって文化的な環境に＿＿＿＿＿＿いることだ。
도쿄 생활의 좋은 점은 콘서트홀이나 미술관이 있어서 문화적인 환경이 풍족하다는 것이다.

116 イラク戦争を＿＿＿＿＿＿生じた対立を修復する。
이라크 전쟁을 둘러싸고 발생한 대립을 회복하다.

117 カレンダーを＿＿＿＿＿＿たびに年月の早さに驚かされる。
캘린더를 넘길 때마다 세월의 속도에 놀란다.

118 裁判所の判決に異議を＿＿＿＿＿＿。
재판소 판결에 이의를 제기하다.

119 彼女の笑顔はいつも幸福を＿＿＿＿＿＿くれる。
그녀의 웃는 얼굴은 언제나 행복을 가져다준다.

120 景気が＿＿＿＿＿＿可能性は充分である。
경기가 회복될 가능성은 충분하다.

121 村人は遠来の客を手厚く＿＿＿＿＿＿。
마을 사람들은 멀리서 온 손님을 극진히 대접했다.

122 その件は社員の意見に＿＿＿＿＿＿善処します。
그 건은 사원의 의견에 의거하여 선처하겠습니다.

정답

96 蒔まいた → 蒔まく 뿌리다 **97** 巻まき込こまれる → 巻まき込こむ (나쁜 일에) 끌어 넣다 **98** 交まじえ → 交まじえる 섞다, 끼게 하다 **99** 交まじわる 교차하다 **100** 増ました → 増ます 늘리다, 불리다, 더하다 ↔ 減へらす 줄이다 **101** 招まねいた → 招まねく 초래하다, 가져오다 ⊕来きたす **102** 見合みあわせて → 見合みあわせる 보류하다 **103** 見出みいだす 찾아내다, 발견하다, 발굴하다 = 発見はっけんする **104** 見切みきる 단념하다, 포기하다, 손을 떼다 = 見限みかぎる **105** 満みた → 満みつ 차다 *~に満みたない ~에 미치지 않는다, ~가 되지 않는다 **106** 見積みつもって → 見積みつもる 견적을 뽑다 **107** 見做みなす 간주하다 **108** 見送みおくらせて → 見送みおくる 보류하다, 관망하다 **109** 見逃みのがして → 見逃みのがす 간과하다, 보고도 못 본 체하다 **110** 見舞みまわれた → 見舞みまう ⊕재난・타격을 주다, 피해를 주다 **111** 見渡みわたす 멀리 바라다보다, 전망하다 **112** 見回みまわる 순찰이나 구경을 하기 위해 돌아보다 **113** 見破みやぶった → 見破みやぶる 간파하다, 알아차리다, 꿰뚫어보다 = 看破かんぱする、見抜みぬく、見通みとおす **114** 迎むかえ → 迎むかえる 사람・때를 맞다, 마중하다, 맞이하다 **115** ①恵めぐまれる ②恵めぐまれて → 恵めぐむ 은혜를 베풀다 *~に恵めぐまれている ~이 풍부하다, ~의 축복을 받다, ~이 운 좋게 주어지다 **116** 巡めぐって → 巡めぐる 둘러싸다, 에워싸다 **117** 捲めくる 넘기다, 젖히다 **118** 申もうし立たてる 의견이나 희망 등을 주장하다, 건의하다, 내세우다 **119** もたらして → もたらす 가져오다, 초래하다 **120** 持もち直なおす 원상태로 회복되다 **121** もてなした → もてなす 대접하다 **122** 基もとづいて → 基もとづく 기초를 두다, 의거하다, 기인하다 *~に基もとづいて ~에 근거에 의거하여, ~에 바탕을 두고, ~을 기초로 해서 ⊕~を基本きほんにして ~을 기본으로 하여

123 若者が自信を持って社会へ出て行けるような教育体系が＿＿＿＿＿＿ います。

젊은이가 자신을 가지고 사회에 나갈 수 있는 교육체계가 요구되고 있습니다.

[や]

124 不当な差別は＿＿＿＿＿＿ べきだ。

부당한 차별은 중지해야 한다.

125 20年前、一人前の菓子職人を＿＿＿＿＿＿、上京してきました。

20년 전, 어엿한 제과 전문가를 꿈꾸며 상경했습니다.

126 犬が苦しそうだったので首輪を少し＿＿＿＿＿＿ やった。

개가 괴로워하는 것 같아서 목줄을 조금 느슨하게 해 주었다.

127 大衆に募金を＿＿＿＿＿＿ が反応がない。

대중에게 모금을 호소했으나 반응이 없다.

128 横断歩道を渡った時、ふと交通事故の嫌な記憶が＿＿＿＿＿＿。

횡단보도를 건널 때 문득 교통사고의 괴로운 기억이 되살아났다.

[わ]

129 祖父は胸を＿＿＿＿＿＿、長いこと郊外の病院に入院している。

할아버지는 폐결핵에 걸려, 오래 동안 교외 병원에 입원하고 있다.

3. い형용사

[あ]

1　今_{いま}の生活_{せいかつ}に＿＿＿＿＿＿。
지금 생활에 만족할 수 없다.

2　＿＿＿＿＿＿やり方_{かた}でお金_{かね}を儲_{もう}けるなんて絶對_{ぜったい}よくないに決_きまっている。
악랄한 방법으로 돈을 벌다니 결코 좋지 않게 되기 마련이다.

3　先生_{せんせい}の前_{まえ}であんな態度_{たいど}を取_とるなんて＿＿＿＿＿＿。
선생님 앞에서 그런 태도를 취하다니 뻔뻔스럽다.

4　今_{いま}のままだと命_{いのち}が＿＿＿＿＿＿。
지금 대로라면 생명이 위험하다.

5　彼_{かれ}は＿＿＿＿＿＿言葉使_{ことばづか}いだが心_{こころ}はやさしい。
그는 말투가 거칠지만 마음은 부드럽다.

6　目_めの＿＿＿＿＿＿笊_{ざる}で野菜_{やさい}の水気_{みずけ}を切_きる。
눈이 성긴 소쿠리로 야채의 물기를 없앤다.

7　社長_{しゃちょう}は今回_{こんかい}の不祥事_{ふしょうじ}の責任_{せきにん}を取_とって＿＿＿＿＿＿辞職_{じしょく}するべきだ。
사장은 이번 불상사의 책임을 지고 깨끗이 사직해야만 한다.

　　間違_{まちが}ったことをしたと思_{おも}うなら＿＿＿＿＿＿謝_{あやま}った方_{ほう}がいい。
잘못된 일을 했을 때는 깨끗하게 사과하는 것이 좋다.

8　彼_{かれ}は大勢_{おおぜい}の敵軍_{てきぐん}に＿＿＿＿＿＿立_たち向_むかった。
그는 많은 적군에게 용감하게 맞섰다.

9　戦争_{せんそう}の＿＿＿＿＿＿場面_{ばめん}を見_みるのは本当_{ほんとう}につらいことだ。
전쟁의 애처로운 장면을 보는 것은 정말로 괴로운 일이다.

10　若者_{わかもの}たちのファッションの変化_{へんか}は＿＿＿＿＿＿。
젊은이의 패션 변화는 두드러진다.

11　我_わが子_こを＿＿＿＿＿＿思_{おも}わない親_{おや}はいないはずだ。
자기 자식을 사랑스럽게 생각하지 않는 부모는 없을 것이다.

12　このところ雨続_{あめつづ}きで＿＿＿＿＿＿ですね。
요즈음 계속된 비로 날씨가 음울하군요.

---

13 _____ 数の艦隊が攻めてきた。
<ruby>数<rt>かず</rt></ruby> <ruby>艦隊<rt>かんたい</rt></ruby> <ruby>攻<rt>せ</rt></ruby>

아주 많은 수의 함대가 공격해 왔다.

14 判事は_____口調で判決を言い渡した。
<ruby>判事<rt>はんじ</rt></ruby> <ruby>口調<rt>くちょう</rt></ruby> <ruby>判決<rt>はんけつ</rt></ruby> <ruby>言<rt>い</rt></ruby> <ruby>渡<rt>わた</rt></ruby>

판사는 엄숙한 말투로 판결을 선고했다.

15 父の病状が_____ないので心配だ。
<ruby>父<rt>ちち</rt></ruby> <ruby>病状<rt>びょうじょう</rt></ruby> <ruby>心配<rt>しんぱい</rt></ruby>

아버지의 병세가 좋지 않아 걱정이다.

16 彼は_____人だ。
<ruby>彼<rt>かれ</rt></ruby> <ruby>人<rt>ひと</rt></ruby>

그는 예의바른 사람이다.

[か]

17 彼は生涯_____人生を送った。
<ruby>彼<rt>かれ</rt></ruby> <ruby>生涯<rt>しょうがい</rt></ruby> <ruby>人生<rt>じんせい</rt></ruby> <ruby>送<rt>おく</rt></ruby>

그는 평생 빛나는 인생을 살았다.

18 _____話は置いといて、気楽に話しましょう。
<ruby>話<rt>はなし</rt></ruby> <ruby>置<rt>お</rt></ruby> <ruby>気楽<rt>きらく</rt></ruby> <ruby>話<rt>はな</rt></ruby>

딱딱한 이야기는 제쳐놓고 마음 편히 이야기합시다.

19 _____女性に暴力を振うなんて最低だ。
<ruby>女性<rt>じょせい</rt></ruby> <ruby>暴力<rt>ぼうりょく</rt></ruby> <ruby>振<rt>ふる</rt></ruby> <ruby>最低<rt>さいてい</rt></ruby>

가냘픈 여성에게 폭력을 휘두르다니 저질이다.

20 プロのモデルなのにどことなく歩き方が_____。
<ruby>歩<rt>ある</rt></ruby> <ruby>方<rt>かた</rt></ruby>

프로 모델이면서도 어딘지 모르게 걸음걸이가 어색하다.

21 しんとした教室に遅刻して入るのは_____。
<ruby>教室<rt>きょうしつ</rt></ruby> <ruby>遅刻<rt>ちこく</rt></ruby> <ruby>入<rt>はい</rt></ruby>

조용해진 교실에 지각해서 들어가는 것은 멋쩍었다.

22 父は昔_____人だったが今は年を取って丸くなった。
<ruby>父<rt>ちち</rt></ruby> <ruby>昔<rt>むかし</rt></ruby> <ruby>人<rt>ひと</rt></ruby> <ruby>今<rt>いま</rt></ruby> <ruby>年<rt>とし</rt></ruby> <ruby>取<rt>と</rt></ruby> <ruby>丸<rt>まる</rt></ruby>

아버지는 옛날에는 까다로운 사람이었지만 지금은 나이가 들어 원만해졌다.

23 心の_____女性が好きです。
<ruby>心<rt>こころ</rt></ruby> <ruby>女性<rt>じょせい</rt></ruby> <ruby>好<rt>す</rt></ruby>

마음이 깨끗한 여성을 좋아합니다.

24 これ以上褒めると_____なるのでこの辺でやめておきますね。
<ruby>以上<rt>いじょう</rt></ruby> <ruby>褒<rt>ほ</rt></ruby> <ruby>辺<rt>へん</rt></ruby>

이 이상 칭찬하면 장황해지기 때문에 이쯤에서 그만두겠습니다.

25 事務室は煙草の煙で_____。
<ruby>事務室<rt>じむしつ</rt></ruby> <ruby>煙草<rt>たばこ</rt></ruby> <ruby>煙<rt>けむり</rt></ruby>

사무실은 담배 연기로 매웠다.

26 あの先輩はみんなに_____がられているのを知らない。
<ruby>先輩<rt>せんぱい</rt></ruby> <ruby>知<rt>し</rt></ruby>

저 선배는 모두가 (자기를) 어려워하는 것을 모른다.

27 田舎で暮らしている父と母が_____。
<ruby>田舎<rt>いなか</rt></ruby> <ruby>暮<rt>く</rt></ruby> <ruby>父<rt>ちち</rt></ruby> <ruby>母<rt>はは</rt></ruby>

시골에 살고 있는 아버지와 어머니가 그립다.

28 豆を炒った_____香が部屋中に充満した。
<ruby>豆<rt>まめ</rt></ruby> <ruby>炒<rt>い</rt></ruby> <ruby>香<rt>かおり</rt></ruby> <ruby>部屋<rt>へや</rt></ruby> <ruby>中<rt>じゅう</rt></ruby> <ruby>充満<rt>じゅうまん</rt></ruby>

콩을 볶은 고소한 냄새가 방 전체에 가득했다.

29 一人では_____ので一緒に行こう。
<ruby>一人<rt>ひとり</rt></ruby> <ruby>一緒<rt>いっしょ</rt></ruby> <ruby>行<rt>い</rt></ruby>

혼자서는 불안하니까 같이 가자.

30 　彼は生徒の気持ちを第一に考える＿＿＿＿＿先生だ。
かれ せいと きも だいいち かんが せんせい

그는 학생들의 기분을 최우선으로 생각하는 바람직한 선생님이다.

[さ]

31 　山の頂上に登ると＿＿＿＿＿気分になる。
やま ちょうじょう のぼ きぶん

산 정상에 오르면 상쾌한 기분이 든다.

32 　＿＿＿＿＿叫び声が外から聞こえてきた。
さけ ごえ そと き

무시무시한 비명이 밖에서 들려 왔다.

33 　＿＿＿＿＿応急手当のおかげで大事に至らなかった。
おうきゅう て あて だい じ いた

민첩한 응급 처치 덕에 큰 일로 번지지 않았다.

34 　東京は＿＿＿＿＿。
とうきょう

도쿄는 살아가기 힘들다.

35 　もう夏が終わってしまうと思うと＿＿＿＿＿気持ちになった。
なつ お おも きも

이제 여름이 끝난다고 생각하니 안타까운 심정이 되었다.

36 　看護婦が＿＿＿＿＿態度で検温してくれた。
かんごふ たいど けんおん

간호사가 쌀쌀맞은 태도로 온도를 재어 주었다.

37 　ラジオの音が＿＿＿＿＿勉強ができません。
おと べんきょう

라디오 소리가 시끄러워 공부를 할 수 없습니다.

38 　彼女は見かけによらず＿＿＿＿＿。
かのじょ み

그녀는 보기와는 달리 덜렁거린다.

[た]

39 　彼女の好みのタイプは＿＿＿＿＿男らしい人です。
かのじょ この おとこ ひと

그녀가 좋아하는 타입은 늠름하고 남자다운 사람입니다.

40 ＿＿＿＿＿＿＿見えるが、案外難しい。

간단하게 보이지만 의외로 어렵다.

41 ＿＿＿＿＿＿＿彼の言葉を聞いてもっと心配になった。

미덥지 못한 그의 말을 듣고 더욱 더 걱정이 되었다.

42 彼はお金に関して＿＿＿＿＿＿ところがある。

그는 돈에 관해서 깔끔하지 않은 면이 있다.

43 一日中頭が重くて＿＿＿＿＿＿。

하루 종일 머리가 무겁고 나른하다.

44 彼は実際できるはずもないのに＿＿＿＿＿ことばかり言う。

그는 실제로 할 수 없으면서도 큰 소리만 친다.

[な]

45 ＿＿＿＿＿＿＿気持ちでホストファミリーに別れを告げた。

아쉬운 마음으로 홈스테이 가정에 이별을 고했다.

46 彼は困っている人を見捨てることができない＿＿＿＿＿人だ。

그는 곤경에 처해 있는 사람을 지나치지 못하는 인정 많은 사람이다.

47 あの先生は教え方がうまいことで＿＿＿＿＿＿。

그 선생님은 가르치는 방식이 훌륭한 것으로 유명하다.

48 そんな＿＿＿＿＿態度では子供に舐められてしまいますよ。

그런 미지근한 태도로는 아이들에게 우습게 보여져요.

49 彼は誰にでも＿＿＿＿＿態度を取る。

그는 누구에게도 아주 친숙한 태도를 취한다.

50 どんなにつらくても最後まで＿＿＿＿＿がんばって。

아무리 괴로워도 마지막까지 끈질기게 노력해라.

[は]

51 花の命は＿＿＿＿＿ものである。

꽃의 생명은 덧없는 것이다.

52 どうしてあげることもできず＿＿＿＿＿ばかりだ。

어떻게 말씀드리지도 못하겠고 속이 타고 답답할 뿐이다.

53 口の中に食べ物を入れたまましゃべるなんて＿＿＿＿＿真似はやめなさい。

입안에 음식을 넣은 채 지껄이다니 천박스러운 짓은 그만 두시오.

54 ＿＿＿＿＿＿宇宙を旅してみたい。

끝이 없는 우주를 여행해 보고 싶다.

55 彼女は自分をきれいだと思っているらしいが、勘違いも＿＿＿＿＿。

그녀는 자신을 예쁘다고 생각하는 것 같지만 착각도 대단하다.

56 彼女は＿＿＿＿＿＿デビューしたが、今はあまりぱっとしない。

그녀는 눈부시게 데뷔했지만 지금은 그다지 눈에 띄지 않는다.

57 ピアノは＿＿＿＿＿＿弾いていない。

피아노는 오래도록 치지 않고 있다.

58 彼が結婚相手に＿＿＿＿＿＿かどうかはまだ分からない。

그가 결혼상대로 적당한지 어떤지는 아직 알 수 없다.

[ま]

59 日本語には＿＿＿＿＿＿言葉がたくさんある。

일본어에는 혼동하기 쉬운 단어가 많다.

60 卒業旅行がとても＿＿＿＿＿＿です。

졸업 여행이 몹시 기다려져요.

61 お＿＿＿＿＿＿ところをお見せしてすみませんでした。

꼴사나운 데를 보여 드려서 죄송했습니다.

62 お礼をいうなんて＿＿＿＿＿＿。

사례의 말을 하다니 서먹서먹하다.

63 ＿＿＿＿＿＿家なので恥ずかしくて人も呼べない。

초라한 집이기 때문에 부끄러워서 다른 사람도 부를 수 없다.

64 彼女の肌は＿＿＿＿＿＿美しい。

그녀의 피부는 윤이 나고 싱싱해서 아름답다.

65 彼女の前では＿＿＿＿＿＿ところは見られたくない。

그녀 앞에선 꼴불견인 점은 보이고 싶지 않다.

66 一向に事態は良くならず＿＿＿＿＿＿時間だけが過ぎていった。

조금도 사태는 좋아지지 않고 덧없이 시간만 지나고 있었다.

67 近年、世界中でNGOの活躍が＿＿＿＿＿＿。

근래 온 세계에서 NGO의 활약이 눈부시다.

---

68 彼はいつも＿＿＿＿＿話をするが大抵は作り話である。

그는 언제나 그럴 듯한 이야기를 하지만 대부분은 꾸며낸 이야기이다.

69 たくさん食べたのになんか＿＿＿＿＿感じがする。

많이 먹었는데도 뭔가 부족한 느낌이 든다.

70 空港は＿＿＿＿＿警戒ぶりだった。

공항은 삼엄하게 경비하고 있었다.

[や]

71 ＿＿＿＿＿計算は苦手だ。

복잡한 계산은 질색이다.

72 いくらなんでも一日でこの翻訳は＿＿＿＿＿。

아무리 뭐라고 해도 하루 만에 이 번역은 다 해낼 수 없습니다.

73 こう見えても＿＿＿＿＿方です。

이렇게 보여도 신중한 편입니다.

[わ]

74 ＿＿＿＿＿性格はなかなか直らない。

잘 잊어버리는 성격은 좀처럼 고쳐지지 않는다.

75 ＿＿＿＿＿手続きにうんざりする。

번거로운 절차에 진절머리가 난다.

やっと＿＿＿＿＿作業から解放された。

겨우 성가신 작업에서 해방되었다.

4. な형용사

[あ]

1 そんな＿＿＿＿考えをしていると後で失敗するぞ。
그런 천박한 생각을 하고 있으면 나중에 실패하게 돼.

2 このテレビは＿＿＿＿画像が売りです。
이 TV는 뚜렷한 화상이 판매의 포인트입니다.

3 いつも＿＿＿＿ことを言って同僚を笑わせている。
항상 바보 같은 말을 해서 동료를 웃게 만든다.

4 真実を知りたかったのに話を＿＿＿＿されてしまった。
진실을 알고 싶었지만 말을 모호하게 해주었다.

5 そんな＿＿＿＿顔で私を見ないで下さい。
그런 불쌍한 얼굴로 저를 보지 말아 주세요.

6 ＿＿＿＿していることが一番の薬です。
안정하고 있는 것이 가장 좋은 약입니다.

7 ①こんな＿＿＿＿企画書では相手にしてくれるところはないだろう。
이럼 어설픈 기획서로는 상대를 해 줄 곳이 없을 것이다.

②＿＿＿＿宿題くらいしなさい。
적당히 숙제 정도라도 해라.

8 ＿＿＿＿真似をするな。
속이는 짓을 하지 마라.

9 あの映画の＿＿＿＿ストーリーは知っています。
그 영화의 스토리는 대충 알고 있습니다.

10 先生ともあろう人がそんな＿＿＿＿ことをするなんて信じられない。
선생님이기도 한 사람이 그런 어리석은 짓을 하다니 믿을 수 없다.

11 世話になった人を裏切るなんて＿＿＿＿奴だ。
도움을 준 사람을 배반하다니 배은망덕한 놈이다.

정답 ●

1 浅あさはかな → 浅あさはか 천박함, 소견이 얕음 2 鮮あざやかな → 鮮あざやか 아름답고 선명함, 뚜렷함 3 阿呆あほ・あほうな → 阿呆あほ・あほう 바보 4 あやふやに → あやふや 불확실한 모양, 모호함 5 哀あわれな → 哀あわれ 불쌍함, 가련함 = 哀あわれみ 6 安静あんせいに → 安静あんせい 안정 7 ①いい加減かげんな ②いい加減かげんに → いい加減かげん 8 いんちきな → いんちき 협잡, 속임 9 大おおまかな → 大おおまか 대략적임, 대충 10 愚おろかな → 愚おろか 어리석음 11 恩知おんしらずな → 恩知おんしらず 배은망덕, 은혜를 모름

[か]

12 安い物は壊れやすい＿＿＿＿＿品が多い。
값싼 물건은 깨지기 쉬운 하등품이 많다.

13 彼女は少し自意識＿＿＿＿＿ところがある。
그녀는 조금 자의식 과잉 하는 편이 있다.

14 あのホテルのバルコニーから見えるオーシャン・ビューは＿＿＿＿＿。
저 호텔 발코니에서 보이는 바닷가 풍경은 각별하다.

15 幼い頃は＿＿＿＿＿女の子でした。
어릴 적에는 활발한 여자 아이였습니다.

16 日本語で＿＿＿＿＿挨拶ができるようになりました。
일본어로 간단한 인사를 할 수 있게 되었습니다.

17 地震にもびくともしない＿＿＿＿＿家を建てた。
지진에도 꼼짝하지 않는 튼튼한 집을 지었다.

18 何事もあきらめが＿＿＿＿＿だと考えることにした。
모든 것을 포기하는 것이 가장 중요하다고 생각하기로 했다.

19 授賞式なのに、＿＿＿＿＿の本人がまだ来ていない。
수상식인데 정작 중요한 본인은 아직 오지 않았다.

20 昔は＿＿＿＿＿性格だったが今はずぼらな性格になってしまった。
옛날에는 꼼꼼한 성격이었지만 지금은 흐리터분한 성격이 되어 버렸다.

21 ＿＿＿＿＿デザインの服を上品に着こなしている。
기발한 디자인의 옷을 점잖게 소화해내고 있다.

22 彼女は見かけは鈍そうだがなかなか＿＿＿＿＿動きをする。
그녀는 겉보기는 둔해 보이지만 매우 기민하게 움직인다.

23 登るほど道が＿＿＿＿＿なる。
올라갈수록 길이 가팔라진다.

24 それはもう時代遅れの＿＿＿＿＿考え方だよ。
그건 이제 시대에 뒤떨어진 구식 사고방식이다.

25 彼は＿＿＿＿＿考え方をする人だ。
그는 거시적인 사고방식을 갖고 있는 사람이다.

26 ただ今、全商品＿＿＿＿＿千円にてご奉仕中です。
지금 전 상품 천 엔 균일하게 봉사 중입니다.

27 ＿＿＿＿＿生きることを誓った。
금욕적으로 살 것을 맹세했다.

28 ＿＿＿＿＿言動は慎むように。
경솔한 언행은 삼가도록.

29 　汚れた世界から足を洗って＿＿＿＿＿生きるべきだ。
　더러운 세상에서 손을 씻고 견실히 살아야 한다.

30 　もっと＿＿＿＿＿方法はないものか。
　더 현명한 방법은 없는 걸까?

31 　彼女の＿＿＿＿＿心遣いに心を打たれてしまった。
　그녀의 자상한 배려에 감동을 받고 말았다.

[さ]

32 　この学校はスポーツが＿＿＿＿＿だ。
　이 학교는 스포츠가 활발하다.

33 　生徒たちは＿＿＿＿＿教室の掃除をした。
　학생들은 자발적으로 교실 청소를 했다.

34 　どんなに＿＿＿＿＿ことでも疑って見る必要がある。
　아무리 자명한 것이라도 의심해 볼 필요가 있다.

35 　＿＿＿＿＿乙女の心を傷つけてしまった。
　순진한 소녀의 마음을 상하게 하고 말았다.

36 　＿＿＿＿＿国民の皆様
　친애하는 국민 여러분.

37 　教会のような＿＿＿＿＿場所では自然と心が落ち着く。
　교회와 같은 신성한 장소에서는 자연히 마음이 안정된다.

38 　見るからに＿＿＿＿＿おいしそうなお刺身ですね。
　보기에도 신선하고 맛있을 것 같은 회군요.

39 　＿＿＿＿＿退出して下さい。
　신속히 물러나십시오.

40 社長は彼の＿＿＿＿＿＿人柄を買って営業部長に任命した。

사장은 그의 성실한 인품을 높이 사서 영업 부장에 임명했다.

41 ＿＿＿＿＿＿加工技術を誇らしく思っている。

정밀한 가공기술을 자랑스럽게 생각한다.

42 キャラクターの＿＿＿＿＿＿心理描写が目立つ作品だった。

등장인물의 섬세한 심리묘사가 두드러진 작품이었다.

43 お客様に向かってそんな＿＿＿＿＿＿口をきくとは何事だ。

손님을 향해 그런 난폭한 말을 하다니 어찌된 일이냐?

[た]

44 飼い主に＿＿＿＿＿＿犬についての映画忠犬ハチ公をご存知ですか。

주인에게 충실한 개에 대한 영화충견 하치코를 알고 계십니까?

45 田中さんは何をやらせても＿＿＿＿＿＿。

다나카 씨는 무엇을 시켜도 흐지부지하게 하는 사람이다.

46 パーティーは各界の＿＿＿＿＿＿人々が集まり盛大に行われた。

파티는 각계의 저명한 사람들이 모여 성대히 행해졌다.

47 ＿＿＿＿＿＿週刊誌はあまり読みません。

통속적인 주간지는 그다지 읽지 않습니다.

48 ＿＿＿＿＿＿一撃を食らった。

통렬한 일격을 맞았다.

49 警備に＿＿＿＿＿＿ところがないか調べた。

경비에 허술한 점이 없는지 살펴봤다.

50 朝食はパンとコーヒーなど＿＿＿＿＿＿済ませることが多い。

조식은 빵과 커피 등 간단히 때울 수 있는 것이 많다.

51 ＿＿＿＿＿＿値段。

적당한 값

＿＿＿＿＿＿家を借りる。

적당한 집을 빌리다.

[な]

52 理科系は＿＿＿＿＿＿という日本人は多いのではないだろうか。

이과계는 약하다는 일본인이 많은 건 아닐까?

[は]

53 ＿＿＿＿＿＿生活から脱出するため必死に働いた。

가난한 생활에서 탈출하기 위해 필사적으로 일했다.

54 彼女は結婚もしないで＿＿＿＿＿＿母親の面倒を見ているそうだ。

그녀는 결혼도 하지 않고 병약한 어머니를 돌보고 있다고 한다.

55 結婚の＿＿＿＿＿＿條件は何ですか。

결혼의 불가결한 조건은 무엇입니까?

56 何か＿＿＿＿＿＿ことがあればすぐにご連絡ください。

뭔가 곤란한 일이 있으면 곧바로 연락 주십시오.

[ま]

57 あの頃は家族のため＿＿＿＿＿＿なって働いたものだ。

그 때에는 가족을 위해 (열중해) 아무 생각 없이 일했었지.

58 受験生がいるのに＿＿＿＿＿＿にも大きな声で落ちると言ってしまった。

수험생이 있는데도 생각 없이 커다란 소리로 떨어진다고 하고 말해 버렸다.

59 彼の発言で会議が＿＿＿＿＿＿になった。

그의 발언으로 회의가 엉망진창이 되었다.

60 ビジネスを始めるに当たっては＿＿＿＿＿＿計画を立てる必要があります。

비즈니스를 시작함에 있어서는 면밀한 계획을 세울 필요가 있습니다.

정답

40 誠実せいじつな → 誠実せいじつ 성실 **41** 精密せいみつな → 精密せいみつ 정밀 **42** 繊細せんさいな → 繊細せんさい 섬세함 **43** ぞんざいな → ぞんざい 말투 등이 난폭함 **44** 忠実ちゅうじつな → 忠実ちゅうじつ 충실 **45** 中途半端ちゅうとはんばだ → 中途半端ちゅうとはんば 어중간함, 흐지부지함 **46** 著名ちょめいな → 著名ちょめい 저명함 **47** 通俗的つうぞくてきな → 通俗的つうぞくてき 통속적 **48** 痛烈つうれつな → 痛烈つうれつ 통렬 **49** 手薄てうすな → 手薄てうす ①일손이 적음, 허술함 ②불충분함 = 不十分ふじゅうぶん **50** 手軽てがるに → 手軽てがる 간단함, 간편함 **51** 手頃てごろな → 手頃てごろ 알맞음, 적당함 **52** 苦手にがて ①다루기 벅찬 상대, 대하기 싫은 상대 ②서투름, 잘하지 못함 **53** 貧乏びんぼうな → 貧乏びんぼう 가난함 **54** 病弱びょうじゃくな → 病弱びょうじゃく 병약 **55** 不可欠ふかけつな → 不可欠ふかけつ 불가결 **56** 不都合ふつごうな → 不都合ふつごう 사정이 좋지 않음, 곤란함 **57** 無心むしんに → 無心むしん 무심 **58** 無神経むしんけい 무신경 **59** 無茶苦茶むちゃくちゃ 엉터리임, 엉망진창임, 당치 않음 **60** 綿密めんみつな → 綿密めんみつ 면밀

문법 유형 파악

신 일본어 능력시험의 '언어 지식(문법)'에서는 문법 지식을 크게 둘로 나눠 문법 형식과 그 의미 용법에 관한 지식과, 문장을 완성하는 연결 고리 역할로서의 문법 지식이라는 두 가지 점을 중시한다. 문제에 자주 나오는 어구 및 문형을 요약 정리하고 특히 고득점을 목표로 하는 수험자는 N1에 출제되는 문법 문제 유형을 분석하여 공통적으로 자주 출제되는 핵심 사항을 체계적으로 학습해야 하며 최소 1개월 전에 핵심 문법을 완전히 마스터해야 한다.

問題5 문법 형식의 판단 (10문항)

문법 형식과 그 의미 용법에 관한 지식은 단어와 단어를 연결하여 의미가 통하는 문장으로 만들기 위해 어떻게 하면 좋을지를 묻는 문제이다. 이는 '문장 내용에 일치하는 문법 형식인가를 판단하는 능력'을 묻는 문제로, 전후 문맥을 보고 가장 적절한 의미나 문법적 연결이 타당한 것을 고르는 공란 메우기 형식을 취하고 있다.

問題5　次の文の(　　　)に入れるのに最もよいものを、1・2・3・4から一つ選びなさい。

26　親（　　　　　　）いくつになっても子供は可愛いものだ。
　　1 にしてみれば　　2 よりほか　　　3 にたえない　　　4 にかけて

27　夫は帰宅する（　　　　　　）ベッドに倒れこんだ。
　　1 までも　　　　2 まじき　　　　3 がために　　　4 やいなや

28　高校卒業後は大学（　　　　　）進学すら考えていない。
　　1 ともなく　　　2 のごとく　　　3 はもとより　　　4 をものともせず

29　立ち上がった（　　　　　）めまいがした。
　　1 に即して　　　2 限りに　　　　3 のみならず　　　4 とたんに

30 芸能人が来る（　　　　　　）今年の祭りはあまり盛り上がっていない。
　　1 と相まって　　　2 わりに　　　　　3 からしたら　　　4 に応じて

31 社会人（　　　　　　）遅刻なんて絶対に許されない。
　　1 ともなれば　　　2 をよそに　　　　3 に関わらず　　　4 のわりに

32 彼の言い方（　　　　　　）体調は思わしくないようだ。
　　1 であれば　　　　2 からして　　　　3 には　　　　　　4 にしろ

33 この車は小さい（　　　　　　）最新技術を搭載している。
　　1 につけて　　　　2 次第で　　　　　3 ながらも　　　　4 いかんで

34 彼女（　　　　　　）このプロジェクトの成功は考えられない。
　　1 なくして　　　　2 でも　　　　　　3 であれば　　　　4 にかけて

35 いずれ（　　　　　　）もう少しよく考えたほうがいいと思う。
　　1 に関して　　　　2 にせよ　　　　　3 といい　　　　　4 もがな

26 1   부모한테는 몇 살이 되어도 자식이 귀여운 법이다.

可愛かわいい 귀엽다, 예쁘다, 사랑스럽다

Tip ～にしてみれば(～의 입장으로는)
유사 표현으로 ～にしたら, ～にすれば 등이 있다. 원래 '～にして(～이 돼서야)'의 형태로 '～정도까지 도달해야만 비로소 가능하다' 혹은 '어느 정도까지 도달한 ～조차도 불가능하다'라는 의미를 나타낸다.

27 4   남편은 귀가하기가 무섭게 침대에 쓰러졌다.

夫おっと 남편 │ 帰宅きたく 귀가 │ 倒たおれこむ 넘어지다, 쓰러지다, 무너지다

Tip ～やいなや(～하자마자)
동사 원형에 붙는 형태이다. 유사표현으로 ～なり, ～が早(はや)いか 등이 있다.

28 3   고등학교 졸업 후 대학은 물론 진학조차 생각하지 않고 있다.

卒業そつぎょう 졸업 │ 進学しんがく 진학

Tip ～はもとより(～은 물론)
～은 당연한 것으로, 그보다 정도가 가볍거나 무거운 것도 추가된다'는 의미를 나타낸다. 유사표현으로 ～はもちろんが 있다.

29 4   일어선 순간 현기증이 났다.

立たち上あがる 일어서다 │ めまいがする 현기증이 나다

Tip ～(た)とたんに(～하자마자 한순간)
과거형에 접속한다.
彼かれの顔かおを見みたとたん、安心あんしんして涙なみだがあふれた。
그의 얼굴을 본 순간, 안심해서 눈물이 흘렀다.
실전합격코드브레이크에서는 이런 표현 앞의 동사의 형태가 원형과 과거형 중 어느 쪽에 연결되는가를 구별하는 것이 핵심 포인트!!

30 2   연예인이 오는 데 비해 금년 축제는 별로 고조되지 않았다.

芸能人げいのうじん 연예인 │ 盛もり上あがる 분위기가 살다, 고조되다

Tip ～割わりに(～에 비해)
의미와 용법이 비슷한 표현으로 '～にしては(～치고는)'가 있으나, 割わりに는 뒤에 전혀 어울리지 않는다는 어감이 강한 표현이다.
この子こは小学生しょうがくせいにしてはずいぶんしっかりしている。
이 아이는 초등학생 치고는 꽤 똑똑하다.

31　**1**　사회인이 되면 지각 같은 것은 절대 용서받지 못한다.

遅刻ちこく 지각　│　許ゆるす 용서하다

> **Tip** ～ともなれば(～라도 되면)
> 유사 표현으로 '～ともなると(～이 되면, ～정도가 되면)'가 있다.

32　**2**　그의 말투로 보아 컨디션이 좋지 않는 모양이다.

体調たいちょう 몸 상태, 컨디션　│　思おもわしい 바람직하다 (주로 부정 표현과 어울려 사용함)

> **Tip** ～からして(우선～부터가, ～로 보아)
> 마이너스적인 평가가 이어진다.

33　**3**　이 자동차는 작지만 최신 기술을 탑재하고 있다.

技術ぎじゅつ 기술　│　搭載とうさい 탑재

> **Tip** ～ながらも(～이지만, ～인데도)
> 의미는 '～임에도 불구하고, ～이면서도'로 역접표현이디.

34　**1**　그녀 없이는 이 프로젝트의 성공은 생각할 수 없다.

プロジェクト 프로젝트, 기획, 연구 계획, 사업 계발 계획

> **Tip** ～なくして(～없이, ～없이는)
> 유사 표현으로 ～なしに가 있다.

35　**2**　어쨌든 좀 더 생각하는 게 좋을 것 같다.

いずれ 어느 것, 어느 쪽 🈩①머지않아, 근간 = そのうちに ②어차피, 결국 = どうせ, どっちみち

> **Tip** いずれにせよ(어쨌든, 여하튼, 하여튼)
> 유사 표현으로 どちらにしても, どっちにしても, いずれにしても가 있다.

단어와 단어를 연결하여 의미가 통하는 문장을 만들기 위해서는 문법형식을 알고 있을 뿐만 아니라, 문맥을 통틀어 바르고 의미가 통하는 문장을 만들 수 있어야 한다. 즉, 문제6은 제시된 단어를 바르게 나열하여 의미가 통하도록 구성하고 ★에 해당하는 단어를 찾으면 된다. <u>신속한 풀이를 원한다면 주어진 문항 중에 숨어 있는 최소 1~2개의 문형어구를 알고 있어야 한다.</u> 그래야 문장 연결이 훨씬 쉽고 완벽해 진다.

問題6 次の文の＿＿＿★＿＿＿ に入る最も良いものを、1・2・3・4から一つ選びなさい。

（問題例）

　　彼女の ＿＿＿＿＿＿ ＿＿＿＿＿＿ ＿＿★＿＿ ＿＿＿＿＿＿ にはいられなかった。

　　1　聞いたとき　　　2　悲しい　　　　3　泣かず　　　　4　話を

（解答の仕方）

1. 正しい文はこうです。

彼女の ＿＿＿＿＿＿ ＿＿＿＿＿＿ ＿＿★＿＿ ＿＿＿＿＿＿ にはいられなかった。
2　悲しい　　　4　話を　　1　聞いたとき　　3　泣かず

2. ＿＿＿★＿＿＿ に入る番号を解答用紙にマークします。

　　　　（解答用紙）　| （例） | ● | ② | ③ | ④ |

36 先日宿泊したホテルは＿＿★＿＿ ＿＿＿＿＿ ＿＿＿＿＿ ＿＿＿＿＿やすかった。
　　1 女性目線の　　　2 とても過ごし　　3 細かな心使いが　4 随所に見られ

37 昨夜の＿＿＿＿＿ ＿＿★＿＿ ＿＿＿＿＿ ＿＿＿＿＿出て来た。
　　1 がけ崩れの　　　2 裏山は　　　　　3 危険性が　　　　　4 大雨で

38 昔から介護の仕事に＿＿＿＿＿ ＿＿＿＿＿ ＿＿★＿＿ ＿＿＿＿＿ことにした。
　　1 福祉を専攻する　　　　　　2 就きたいと言っていた
　　3 大学では　　　　　　　　　4 彼は

39 そもそも私が水泳を始めようと思った＿＿＿＿＿ ＿＿★＿＿ ＿＿＿＿＿ ＿＿＿＿＿ことだ。
　　1 北島選手の活躍を　　　　　2 オリンピックでの
　　3 目の当たりにした　　　　　4 きっかけは

40 夫を＿＿★＿＿ ＿＿＿＿＿ ＿＿＿＿＿ ＿＿＿＿＿きた。
　　1 駅まで　　　　　　　　　　2 買い物も済ませて
　　3 送っていく　　　　　　　　4 ついでに

36   1   지난번에 숙박했던 호텔은 여성의 눈높이에서 세세한 배려가 여기저기 보여서 굉장히 지내기 편했다.

宿泊しゅくはく 숙박 ｜ 目線めせん 눈높이, 시선, 눈길 ｜ 細こまやか 상대를 생각하는 마음이 구석구석까지 세심한 데까지 배려함 ｜ 心使こころづかい 배려 = 配慮はいりょ ｜ 隨所ずいしょ 도처, 여러 곳 = 各所かくしょ, ほうぼう

37   2   어젯밤의 큰비로 뒷산은 붕괴의 위험성이 생겼다.

昨夜さくや 어젯밤(=夕ゆうべ, 昨晩さくばん) ｜ 裏山うらやま 뒷산 ｜ がけ崩くずれ 사태, 벼랑이 무너짐 ｜ 危険性きけんせい 위험성

Tip 大雨おおあめで에서 で는 '이유, 원인'을 나타낸다.

38   3   옛날부터 병구완 일을 하고 싶다던 그는 대학에서는 복지를 전공하기로 했다.

昔むかし 옛날 ｜ 介護かいご 병구완, 환자나 노인을 보살핌 ｜ 就つく (어떤 일을) 맡다, 종사하다

39   2   애초에 내가 수영을 시작하려고 생각한 계기는 올림픽에서의 기타지마 선수의 활약을 눈앞에서 생생하게 보았던 것이다.

そもそも 처음, 당초, 애당초 = はじめ, 最初さいしょ ｜ きっかけ 계기, 실마리 = 糸口いとぐち, 契機けいき, 発端ほったん ｜ 目まの当あたりにする 제 눈으로 직접보다, 목격하다

40   1   남편을 역까지 바래다주는 김에 장보기까지 하고 왔다.

夫おっと 남편 ｜ 済すませる 끝내다, 마치다, 때우다, 해결하다 (=済すます 廻済すむ 완료되다, 해결되다)

Tip 「～ついでに(~하는 김에, ~하는 차에)」는 '주가 되는 행동을 할 기회를 이용해서 부대 행위를 한다'는 표현이다.

글과 글을 연결하여 하나의 완성된 글을 얻기 위해 '글의 흐름에 적합한지 여부를 판단하는 능력'을 묻는 문제로 기존 시험에서는 한 번도 출제된 적이 없는 문제 형식이다. '글의 완성을 위한 문법 적용' 문제라고 할 수 있다. 역시 문법 문제 유형과 마찬가지로 문법의 구조를 통달하고 <u>문맥이 통하는 적절한 대입어를 찾아내기 위해서는 평소의 문법기본이 중요하다고 할 수 있다</u>.

問題7 次の文章を読んで、 41 から 45 の中に入る最もよいものを、1・2・3・4から一つ選びなさい。

　外科医を一時休んで、2003年に船医になったとき、アメリカの精神科医キューブラー・ロスが書いた本に出会いました。そこに、死にひんしたとき、鎮痛剤や輸血よりも、一杯のブドウ酒や家でつくったスープのほうがはるかにうれしいだろうという一説がありました。

　外科医として感じていたむなしさが何か、はっきりしました。 41 、死にゆく患者さんに蘇生のための心臓マッサージや人工呼吸をしていました。医師がやることはやったと 42 、患者さんのためではなかったのです。

　帰国後、勤めた一般病院で呼びかけ、末期がんの患者さんの延命や告知について考えるターミナルケア研究会を開き、看護婦や医師、遺族も参加するようになりました。患者さんが主役という意識は 43 、一般病院で理想を実現することは難しく、ホスピスで働くことを決めました。

　ホスピスという言葉は、中世ヨーロッパで、聖地を目指す途中、疲れたり病気になったりした旅人に修道女が宿を提供したり、看病したりしたところから来ていると 44 。

　私がホスピス医を始めた01年の時点では、国が認める緩和ケア病棟は国内に５ヶ所ぐらいでした。今は90ヵ所近くまで増えました。緩和ケア病棟は、主にがん末期の患者さんが過ごします。一般にホスピスと呼ばれていますが、医療と看護を 45 、本当のホスピスとは言えません。

　私たちのホスピスでは、普通の病院のように患者さんを管理するのではなく、家にいるような生活の場を提供します。起床時間や消灯時間はありません。病室に家族が泊まり、仕事に出かけることもできる。酒やたばこを楽しむのも自由です。

1 これから   2 それまで
3 どうしても   4 たとえ

1 納得したので   2 納得しようが
3 納得するなら   4 納得するためで

1 広がっていけば   2 広がりましたが
3 広がっているので   4 広がりは

1 言ったかもしれない   2 言えばいいだろう
3 言われています   4 言えるのだろうか

1 提供していれば   2 提供されたので
3 提供するだけでは   4 提供するならば

외과 의사를 잠시 쉬고 2003년에 선의가 되었을 때 미국의 정신과 의사 큐블러 로스가 쓴 책을 만났습니다. 거기에 죽음이 임박했을 때 진통제나 수혈보다도 한 잔의 포도주나 집에서 만든 스프가 훨씬 기쁠 것이다라는 글이 있었습니다.

외과 의사로서 느끼고 있었던 덧없음이 무엇인지 명확해졌습니다. 41 죽어가는 환자에게 소생을 위한 심장 마사지나 인공호흡을 하고 있었습니다. 의사가 할 수 있는 것은 다했다고 42 환자를 위한 것은 아니었던 것입니다.

귀국 후, 근무했던 일반 병원을 설득하여 말기 암 환자의 연명이나 통지에 대해 생각하는 터미널 케어 연구회를 열어 간호사와 의사, 유족도 참가하게 되었습니다. 환자가 주역이라는 의식은 43 일반 병원에서 이상을 현실화하는 일은 어려워서 호스피스에서 일하기로 했습니다.

호스피스라는 말은 중세 유럽에서 성지를 향해 가는 도중에 지치거나 병에 걸린 여행자에게 수녀가 숙소를 제공하고 간병을 한 것으로부터 왔다고 44 .

내가 호스피스 의사를 시작한 01년 시점에서는 나라가 인정하는 완화 케어 병동은 국내에 5곳 정도였습니다. 지금은 90곳 가까이로 늘었습니다. 완화 케어 병동에서는 주로 말기 암 환자가 지냅니다. 일반적으로 호스피스라고 불리지만 의료와 간호를 45 진정한 호스피스라고는 할 수 없습니다.

저희 호스피스에서는 보통의 병원 같이 환자를 관리하는 것이 아니라 집에 있는 것 같은 생활의 장을 제공합니다. 기상 시간이나 소등 시간은 없습니다. 병실에 가족이 묵거나 일하러 가는 일도 가능합니다. 술이나 담배를 즐기는 것도 자유입니다.

外科医げかい 외과의사 | **一時**いちじ 일시, 한때 | **船医**せんい 선의 *항해중인 배를 타고 근무하는 의사 | **ひんする** (어떤 중대한 사태가) 임박하다, 닥치다 | **鎮痛剤**ちんつうざい 진통제 | **輸血**ゆけつ 수혈 | **蘇生**そせい 소생, 되살아남 | **心臓**しんぞう 심장 | **人工呼吸**じんこうこきゅう 인공호흡 | **末期**まっき 말기 | **遺族**いぞく 유족 | **患者**かんじゃ 환자 | **実現**じつげん 실현 | **延命**えんめい 연명 | **聖地**せいち 성지 | **目指**めざす 목표로 하다, 노리다 | **旅人**たびびと 여행자, 나그네 | **修道女**しゅうどうじょ 수녀 | **宿**やど 거처, 숙소 | **病棟**びょうとう 병동 | **一般**いっぱんに 일반적으로 | **起床**きしょう 기상 | **消灯**しょうとう 소등

41 2

1 앞으로   2 지금까지
3 무슨 일이 있어도   4 설령

Tip 병원에서의 통상적인 임종 치료보다는 정성이 깃들고 가정의 정취가 느껴지는 정성 어린 음식이 말기 환자에게 훨씬 위로가 된다고 전제한 다음, 그는 외과 의사로서 느꼈던 허무함의 실체는 자신이 지금까지 말기 환자들에게 해 온 일들이 사실은 앞에 언급한 내용과 별 차이 없는 조치를 해 온 것을 깨달았기 때문이다.

---

42 4

1 납득했기 때문에   2 납득하더라도
3 납득한다면   4 납득하기 위해서이고

Tip 소생을 위한 치료는 엄밀히 의사로서 최선을 다 했다는 자기만족을 위한 것이지 환자를 위한 것이 아니음을 고백하고 있다. '할 도리는 다 했다'는 심정을 「納得なっとくする(납득하다, 이해하다)」로 표현하였다. 목적을 나타내는 「~ためです(~하기 위함입니다)」는 중지법 ためで, ~의 전개를 했다. 이런 설명을 하는 이유는 일반적으로 목적을 나타내는 경우 ~ため(に)라는 표현은 있으나 ためで라는 표현은 잘못된 표현이다. 여기서는 중지법으로 쓰인 경우라는 것을 알고 잘못 적용하지 않도록 하자.

---

43 2

1 널리 퍼져 간다면   2 널리 퍼져 갔지만
3 널리 퍼져 가고 있기 때문에   4 널리 퍼지는 것은

Tip 부지런히 임종을 위한 환자의 입장에서의 조치들의 중요성을 호소해 왔지만 일반 병원에서 그 이상을 실현하는 것은 어렵다고 판단했다. 그래서 본인이 직접 호스피스가 되려고 결심하였다. 마음의 갈등은 그런 상황이 되었지만 그에 따르는 기대에 못 미치는 결과가 올 때이다. 따라서 이 사람이 이런 결정을 내린 이면에는 어느 정도 '환자가 주역'이라는 사실이 널리 퍼져 있음에도 현실적인 조처가 뒤따르지 못함을 안타까워한 것이다.

---

44 3

1 말할지도 모릅니다   2 말하면 되잖아
3 말해지고 있습니다   4 말할 수 있는 것일까

Tip 새로운 개념이나 사실에 대한 인용은 보통 「~と言いわれている(~라고 한다)」의 꼴을 취한다. 이때 言いわれる는 주체가 뚜렷하지 않으나 불특정의 대다수에 의해 그렇게 인식된다는 의미로 문법적으로는 '일반수동'에 해당한다.

---

45 3

1 제공하고 있으면   2 제공되었기 때문에
3 제공하는 것만으로는   4 제공한다면

Tip 필자는 앞서 제시한 사례들이 호스피스에 대한 인식이 많이 발전하였으나 아직도 덜 되었다는 전제 아래 문장을 전개하고 '의료와 간호만을 제공해서는 호스피스의 역할을 다 했다라고 할 수 없다'고 전제하고 그 이상의 것이 있어야 함을 역설한다. 그러면서 자신이 운영하는 호스피스를 예로 들어 진정으로 환자를 편하게 해주는 심리적인 안정감과 가정 같은 따뜻함을 줘야 한다고 끝을 맺고 있다.

탄탄 내공 쌓기2
자주 출제되는 문형 · 문법

N1 문법에서 요구하는 것은 문의 올바른 사용과 이해이다.

N1의 문법은 문의 내용에 적합한 문법형식인지 문의 구성이 올바르게 되어 있는지 문장의 흐름에 적합한 문법인지를 묻는 문제들이 출제되고, 주로 문형이나 조사, 활용형 등이 올바른지 묻는다. 문형관련 문제에서는 밑줄부분이나 공란의 전후파악이 중요하기 때문에 의미를 이해하는 것이 중요하다. 혹 의미가 비슷하더라도 문장에 적합한 조사인지, 올바른 활용형인지를 주의해야한다. 즉 문법문제는 단순 문법이 아니라 의미의 파악과 그에 따른 품사와 활용형을 종합적으로 요구한다.

학습자들에게 요구되는 것은 문형 및 문법의 빈틈없는 공부이다. 여러 권의 책을 들쳐보는 것 보다는 한 권의 기본서로 기본문형과 문법을 빈틈없이 익히고 반복 연습을 한다면 확실한 득점방법이 될 것이다.

 3회 이상 출제된 N1의 핵심어구

 최근 실시한 N1 문법의 기출 문제

[1] 때 · 경우 · 상황

1) ~하자마자, ~하자 곧

① ~(た)とたんに 　`기출`

・立ち上がったとたんに頭をぶつけた。 일어선 순간 머리를 부딪쳤다.

② ~(た)かと思うと / ~かと思ったら / ~と思うと / ~と思ったら

・帰って来たかと思うとまた出かける。
　돌아왔는가 싶으면 곧 또 나간다.

③ ~や / ~や否や

・起きるや否や飛び出した。 일어나자마자 뛰어나갔다.

④ ~が早いか

・聞くが早いか、飛び出した。 듣기가 바쁘게 뛰어나갔다.

⑤ ~か~ないかのうちに

・試合が始まるか始まらないかのうちに雨が降り出した。
　시합이 시작되자마자 비가 내리기 시작했다.

⑥ ~なり

・私の料理を一口食べるなり、父は変な顔をして席をたってしまった。
　내 요리를 한입 먹자마자, 아버지는 이상한 얼굴을 하고 자리를 뜨고 말았다.

⑦ ~そばから 　`빈출`

・かたづけるそばから子供がおもちゃを散らかすので、いやになってしまう。
　정리하자마자 아이가 장난감을 어지르기 때문에, 짜증이 나고 만다.

같이 알아둬!

접속 ① 동사た+とたんに 　② 동사た+かと思うと 　③ 동사 원형+や否や
　　④ 동사 원형+が早いが 　⑤ 동사 기본형+か+동사+ないかのうちに
　　⑥ 동사 원형+なり 　⑦ 동사 기본형+そばから
해설 ⑦은 「AそばからB」로 A, B 행위주체가 다른 경우에 사용한다.

---

2) ~한 끝에 / ~에 이르러서는

① ~あげく(に) 　`빈출`

・さんざん言い合ったあげくけんかをしてしまった。
　격심한 말다툼 끝에 싸움을 해 버렸다.

・ああした方がいい、こうした方がいいと大騒ぎしたあげく、この始末だ。
　그렇게 하는 편이 낫다, 이렇게 하는 편이 낫다고 대소동을 벌인 끝에 이 모양이다.

② ～の末に / ～た末に / ～た末の

・議論の末 논의한 결과

・さんざん考えた末に 머리를 짜고 짠 끝에, 생각하다 못해

・よく考えた末の決定 잘 생각한 끝의 결정

・何もおっしゃらないでください。私なりによく考えた末に出した結論なのです。
아무 말씀도 하지 말아 주세요. 제 나름대로 충분히 생각한 끝에 낸 결론입니다.

③ ～に至って(は/も)

・ことここに至っては、家庭裁判所に仲裁を頼むしかないのではないだろうか。
일이 이쯤에 이르러서는 가정 재판소에 중재를 부탁할 수밖에 없지 않겠는가.

・大学を卒業するに至っても、まだ自分の将来の目的があやふやな若者が大勢いる。
대학을 졸업할 때에 이르러서도 아직 자신의 장래 목적이 분명하지 않은 젊은이가 많이 있다.

같이 알아둬!

접속 ① 동사た+あげく ② 명사+の末に / 동사た+末に、末の
　　 ③ 동사 기본형·명사+に至って(は/も)

해설 ①은 나쁜 결과의 경우에 많이 쓰인다.

---

3) ～하는 김에, ～겸 / ～하면서(한편으로)

① ～ついで(に)　기출

・買い物に出たついでに郵便局に寄る。
장보러 나온 김에 우체국에 들르다.

② ～がてら

・散歩がてら、山田さんをたずねた。
산책도 할 겸 야마다 씨를 방문했다.

③ ～かたがた

・お礼かたがた、おうかがいします。
인사도 드릴 겸 찾아뵙겠습니다.

・先日お世話になったお礼かたがた、部長のお宅にお寄りました。
요전에 신세졌던 답례 겸, 부장님 댁에 들렀습니다.

④ ～かたわら

・仕事のかたわら、勉強する。 일하는 한편 공부한다.

4) ～에 즈음하여 / ～에 앞서서

① ～にあたって / ～にあたり 기출

・出発にあたって、いくつか注意しておくことがある。
  출발에 앞서 몇 가지 주의해 둘 것이 있다.

② ～に際して / ～に際しての / ～に際し

・ワールドカップに際して、新しい競技場が建設された。
  월드컵에 즈음하여 새로운 경기장이 건설되었다.

・会長選出に際し不正が行われたとのうわさがある。
  회장 선출할 때에 부정이 행해졌다는 소문이 있다.

5) ～하고 있다 / ～하면서 / ～을 시작으로 (일의 계속) / ～하고 나서

① ～つつある

・世界は食料品の不足になやみつつある。 세계는 식료품 부족으로 고민하고 있다.

② ～つ ～つ

・差しつ差されつ酒を飲む。 주거니 받거니 하며 술을 마신다.

・事実を言おうか言うまいかと、廊下を行きつ戻りつ考えた。
  사실을 말할까 말하지 말까를, 복도를 왔다 갔다 하며 생각했다.

③ ～てからというもの

・彼は、その人に出会ってからというもの、人が変わったようにまじめになった。
  그는 그 사람을 만나면서(계기로) 사람이 달라진 듯 성실해졌다.

・将棋のおもしろさを知ってからというもの、彼は暇さえあれば将棋の本ばかり読んでいる。
  장기의 즐거움을 알고 나서, 그는 틈만 있으면 장기 책만 읽고 있다.

④ 〜を皮切(かわき)りに / 〜を皮切(かわき)りにして / 〜を皮切(かわき)りとして

・ 太鼓(たいこ)の合図(あいず)を皮切(かわき)りに、祭(まつ)りの行列(ぎょうれつ)が繰(く)り出(だ)した。
북의 신호를 시작으로 축제 행렬이 몰려나왔다.

・ 来月市民(らいげつしみん)ホールが完成(かんせい)する。3日(みっか)の記念講演(きねんこうえん)を皮切(かわき)りに、コンサートや発表会(はっぴょうかい)などが連日予定(れんじつよてい)されている。
다음 달 시민회관이 완성된다. 3일의 기념공연을 시작으로, 콘서트나 발표회 등이 연일 예정되어 있다.

・ 彼女(かのじょ)は、店長(てんちょう)としての成功(せいこう)を皮切(かわき)りにして、どんどん事業(じぎょう)を広(ひろ)げ、大実業家(だいじつぎょうか)になった。
그녀는 점장으로서의 성공을 시작으로 점점 사업을 넓혀 대 실업가가 되었다.

🔵 같이 알아둬!

접속 ① 동사ます형+つつある ② 동사ます형+つ+동사ます형+つ ③ 동사て형+てからというもの
④ 명사+を皮切(かわき)りに、を皮切(かわき)りとして

해설 「〜つつある」는 「〜ている(하고 있다)」의 뜻이고, 「〜つ〜つ」는 「〜たり〜たり(〜하거나 〜하거나)」의 의미로 쓰이는 문어체적 표현이다.
「〜てからというもの」는 '〜을 계기로, 〜하면서'의 뜻이고, 「〜を皮切(かわき)りに」는 '〜을 시작으로(시초로)'의 뜻이다.

---

[2] 원인 · 이유 · 결과

1) 〜한 이상에는, 〜이니까 당연히

① 〜からには / 〜からは `기출`

・ やるからには、りっぱにやれ。
하는 이상 멋있게 해라.

・ こうなったからには、私(わたし)がやるよりほかない。
이렇게 된 바에는 내가 하는 수밖에 없다.

② 〜以上(いじょう)(は) / 〜上(うえ)(は) `기출`

・ 絶対(ぜったい)にできると言(い)ってしまった以上(いじょう)、どんな失敗(しっぱい)も許(ゆる)されない。
절대로 할 수 있다고 말해 버린 이상, 어떤 실패도 용납되지 않는다.

🔵 같이 알아둬!

접속 ① 동사 기본형(원형) · 동사た+からには、からは ② 동사 보통형＋형용사 / 명사である)+以上(いじょう)(は)、上(うえ)(は)

해설 「〜からには」는 '어느 상황이 된 이상'이라는 뜻이며, 마지막까지 관철하겠다는 표현이 이어진다. 의뢰 · 명령 · 의지 · 당연성 등에 쓰인다.
「〜以上(いじょう)」는 '〜이기 때문에, 당연히〜'라는 뜻으로, 말하는 사람의 각오 · 결의 · 권고 · 의무 등을 나타낸다.

2) ～이기 때문에, ～이어서

① ～とあって [빈출]

· めったに聞けない彼の生演奏とあって、狭いクラブは満員になった。
좀처럼 들을 수 없는 그의 라이브 연주이어서, 좁은 클럽은 만원이 되었다.

· 今日から三連休とあって、全国の行楽地は家族連れの観光客で賑わいました。
오늘부터 사흘 연휴인 관계로, 전국의 행락지는 가족을 동반한 관광객으로 붐볐습니다.

· 無料で映画が見られるとあって、入り口の前には1時間も前から行列ができた。
무료로 영화를 볼 수 있다고 해서, 출입구 앞에는 1시간이나 전부터 행렬이 생겼다.

 같이 알아둬!

접속　동사·명사·い형용사의 기본형+とあって
해설　「～という状況なので(～라는 상황이어서, 그런 이유로)」의 뜻이다. 앞의 상황으로 당연히 일어날 일이
나 해야 할 행동을 나타내는 문어체 표현이며, 뉴스 등에서 쓰인다.

3) ～이므로, ～인 까닭에 (이유, 근거)

① ～こととて

· 慣れぬこととてよろしくお願いします。 익숙하지 못하므로 잘 부탁합니다.

· なにぶんにも年寄りのこととて、そそうがあったらお許しください。
부디 노인이니까, 실수가 있었다면 용서해 주세요.

② ～として [기출]

· 問題が多いとして退けられた。 문제가 많다고 하여 퇴짜를 맞았다.

· A社の元社員が11日、突然の解雇を不当として、解雇取り消しを同社に求める訴えを起こした。
A사 전직사원이 11일, 갑작스런 해고를 부당하다고 하여, 해고 취소를 해당회사에 요구하는 소송을 제기했다.

같이 알아둬!

접속　① 동사 보통형+こととて / 명사의+こととて　② 동사·형용사 보통형 / 명사+として
해설　「～こととて」는 「AなのでB(A이기 때문에 B)」 혹은 「Aという事情があってB(A라는 사정이 있어서
B)」의 뜻으로, A에는 사죄나 이유를 설명하고, B에는 사죄나 용서를 구하는 말을 동반한다. 다소 딱딱하
고 고어체적이지만, 자주 쓰이는 표현이다. 「～として」는 '～라는 이유로, ～라는 명목으로'의 뜻으로,
주로 「AをBとして」의 형태로 자격·입장·명목 등을 나타낸다.

③ ～ことだから

・山田さんはもともと世話好きで、だれに対しても親切だ。そんな彼女のことだから、困っている
友達をほうっておけなかったのだろう。

야마다 씨는 원래 남을 돌봐주길 좋아해서 누구를 대하더라도 친절하다. 그런 그녀니까, 곤란한 친구를 내버려 둘 수 없었을 것이다.

④ ～だけに / ～だけあって

・普段健康なだけに、入院が必要だと言われたときはショックだった。
평소 건강했던 만큼 입원이 필요하다는 말을 들었을 때는 충격이었다.

・このレストランは主人が魚屋も経営するだけあって魚料理がおいしいと評判だ。
이 레스토랑은 주인이 생선가게도 경영하는 만큼 생선요리가 맛있다고 소문이 자자하다.

・期待されていただけあって目覚ましい活躍を見せた。
기대되었던 만큼 눈부신 활약을 보였다.

・生き字引と言うだけあって何でも知っている。
살아 있는 사전이라 불리는 만큼 무엇이든 알고 있다.

같이 알아둬!

접속 ③ 명사の+ことだから　④ 동사 기본형 / い형용사 · な형용사 연체형 / 명사+だけに、だけあって

해설 「～ことだから」는 '다름 아닌 ～이니까(이니 만큼), ～이기 때문에'라는 뜻으로, 서로 알고 있는 것이라 판단하여 추측한 것을 말한다. 앞 문장에서는 말하는 사람의 판단의 근거가 제시되고, 이어지는 뒤 문장에서는 추측한 것을 말하는 형식이다.

「AだけにB」는 'A에서 사실을 제시하고 B에서는 그 사실을 바탕으로 하여 발생할 수 있는 결과'가 이어진다. 「AだけあってB」는 'B에서 사실을 밝히고, 그 사실이 당연히 발생할 수 있는 이유가 A에 올 경우'에 사용한다. 이 말은 'A이기 때문에 역시(당연히) 그에 걸맞는 B가 와야 한다고 생각했는데 역시 그와 같은 결과로 나타났다'는 의미이다. 보통 A에는 긍정적인 사항이 오고 그로 인해 예측할 수 있는 내용이 올 경우에 쓴다.

---

⑤ ～故に　빈출

・急なこと故にたいした準備もできず、申しわけないことをしてしまった。
급한 까닭에 별다른 준비도 못해서 죄송하게 되어 버렸다.

・貧しいが故に十分な教育を受けられない人々がいる。
가난하기 때문에 충분한 교육을 받지 못하는 사람들이 있다.

⑥ ～ばかりに

・経験がないばかりに苦労した。　경험이 없기 때문에 고생했다.

・あの魚を食べたばかりにひどい目にあった。　그 생선을 먹은 탓에 아주 혼났다.

・注意を怠ったばかりに、とんでもないことになった。　주의를 태만히 한 탓에 엉뚱한 사태가 되었다.

・知らせたばかりに余計に心配をかけた。　알린 탓에 오히려 걱정을 끼쳤다.

・申し訳ない。僕がミスをした**ばかりに**君まで残業してもらうことになってしまって。
　미안하다. 내가 실수를 해서 너까지 잔업을 하게 되어 버려서.

> ### 🔵 같이 알아둬!
>
> **접속** ⑤ 명사·활용어의 연체형+故に
> 　　⑥ 동사た형·い형용사 기본형·な형용사 어간·명사である+ばかりに
> **해설** 「～故に」는 「～のため」, 「～なので」와 같은 원인·이유를 나타낸다. 「～ばかりに」는 '～해서, ～한
> 탓으로, ～한만큼'이라는 뜻으로, 부정적인 결과를 가져오는 원인이나 이유를 나타낸다.

4) ～에 미치다, 달하다 (결과)

① ～に至る

・やがて大蔵大臣になる**に至った**。 드디어 재무부 장관이 되기에 이르렀다.

② ～に至って

・卒業する**に至って**、やっと大学に入った目的が少し見えてきたような気がする。
　졸업할 때가 되어 겨우 대학에 들이 온 목적이 조금씩 보이는 듯한 기분이 든다.

③ ～に至っては

・ことここ**に至っては**、素人にはどうすることもできない。
　이러한 상황이 되어서는 아마추어에게는 어떻게 할 수도 없다.

> ### 🔵 같이 알아둬!
>
> **접속** 동사 원형·명사+に至る
> **해설** ①은 뭔가에 '도달하다'라는 의미이다.
> 　※ ～に至るまで(～에 이르기까지) : 「～まで」와 거의 같은 의미이지만, 좀 더 세세한 부분까지의 범
> 위를 말하며, 「から」와 함께 쓰이는 일이 많다.
>
> > ・部長クラスから新入社員**に至るまで**、すべての社員に特別手当てが至急された。
> > 　부장급에서부터 신입사원에 이르기까지, 모든 사원에게 특별 수당이 지급되었다.
>
> ②는 '어떤 극단적인 단계에 도달할 때가 되어서'의 뉘앙스로, 뒤에 보통 「ようやく(겨우, 가까스로),
> やっと(겨우, 간신히), 初めて(처음으로, 비로소)와 같은 표현을 수반한다.

5) ～하지 않고 말았다 (결과)

～ずじまい

・有名な観光地の近くまで行ったのに、忙しくてどこへも寄ら**ずじまい**だった。
　유명한 관광지의 근처까지 갔었는데도, 바빠서 어디에도 들르지 않고 말았다.

 **같이 알아둬!**

접속 동사 (ない형)+ずじまい *しない → せずじまい

해설 「〜しないで終わってしまう(〜하지 않고 끝나 버리다)」의 뜻을 나타낸다.

6) 〜인 것이다 (추정에 따른 당연한 결과)

① 〜はず [기출]

・今日は月曜日だから、銀行は開いているはずだよ。
오늘은 월요일이니까, 은행은 열려 있을 거야.

・隣のうちの娘さんはおととし高校を卒業したから、今年20歳のはずです。
옆집 딸은 재작년 고등학교를 졸업했기 때문에 금년 20살일 겁니다.

・イギリスで育ったのか。どうりで英語がうまいはずだ。
영국에서 자랐는가? 그러면 그렇지 영어를 잘할 수밖에.

② 〜わけ

・これでどうやら一段落というわけです。 이것으로 그럭저럭 일단락 지은 셈입니다.

・ポケットにあながあいていたから落したわけだ。 주머니에 구멍이 뚫려 있으니까 잃어버릴 만하다.

같이 알아둬!

해설 ① 〜はず : 기정사실로써 예정되어 필연적인 결과를 나타낸다.
② 〜わけ :「〜わけだ(です)」의 꼴로 '〜인 셈이다, 〜할 만하다, 〜하는 것이다'라는 뜻이다. '당연히 이렇게 된다'는 설명으로 앞에 서술한 내용이 당연한 결과임을 나타낸다.

[3] 주제 · 발탁

1) 〜란, 〜라면 (그것에 관해서는)

① 〜といったらありはしない [빈출]

・この年になってから一人暮しを始める心細さといったらありはしない。
이 나이가 되어 독신 생활을 시작하는 쓸쓸함이란 말할 수 없을 정도이다.

② 〜ときたら [빈출]

・あそこの家の中ときたら、散らかし放題で足の踏み場もない。
저 집 안은 잔뜩 어질러져 있어서 발 디딜 틈도 없다.

2) ~이라면

① ~というと

- スペインというと、すぐフラメンコが心に浮かぶ。스페인하면 바로 플라멩코가 떠오른다.

- NGOというと、民間の援助団体のことですか。NGO라면 민간 원조 단체를 말합니까?

② ~といえば

- 川口さんといえば、どこへ行ったのか、姿が見えませんね。
가와구치 씨라면 어디에 갔는지 모습이 보이지 않네요.

3) ~(로서)는, ~(로서)도

① ~にしたら / ~にすれば

- 私にしたら親切のつもりだったのですが、言い方がきつかったのか彼はすっかり怒ってしまいました。나로서는 친절하게 할 셈이었는데 말투가 과격했었는지 그는 아주 화가 나고 말았습니다.

② ~にしても 　기출

- 彼にしても、こんな騒ぎになるとは思ってもいなかったでしょう。
그로서도 이런 소동이 되리라고는 생각지도 못했을 거예요.

③ ~にしたって

- 社長にしたって成功の見通しがあって言っていることではない。
사장님으로서도 성공 전망이 있어서 말하는 것은 아니다.

- 結婚式にしたってあんなに派手にやる必要はなかったんだ。
결혼식이라고 해도 그렇게 화려하게 할 필요는 없었다.

접속 명사+にしたら、にしても、にしたって

해설 모두 '그 사람의 입장이나 경우에 서면'이라는 의미를 나타낸다. 즉 타인의 입장에 서서 그 사람의 생각 등을 추측할 때 쓰인다. 단, 「～にしたって」는 사람뿐만 아니라, 사건이나 사물도 주어가 될 수 있으며, 이 경우 '～라고 해도'의 뜻으로 쓰인다.

4) ～라도 되면

① ～ともなると

・いつもは早起きの息子だが、日曜日ともなると、昼頃まで寝ている。
평상시에는 일찍 일어나는 아들이지만, 일요일(만큼)은 낮까지 잔다.

② ～ともなれば

・主婦ともなれば朝寝坊してはいられない。
주부는 아침 늦잠을 자고 있을 수 없다.

접속 ① 명사+ともなると ② 명사+ともなれば

해설 시간・나이・역할・사건 등의 명사나 동사를 받아서 '상황이 이러한 것에 다다른 경우에는'이라는 의미를 갖는다. 뒤에는 상황이 변하면 그에 응해서 당연히 그렇게 될 것이라는 판단을 나타내는 표현이 온다.
※ ～となれば、～とする場合は (～가 되면, ～하는 경우에는)
・いざ留学するとなれば、いろいろと準備しなければならないことがある。
막상 유학하는 경우에는 여러 가지 준비를 하지 않으면 안 되는 점이 있다.

[4] 강조

(A) 한정에 의한 강조

1) ～만의, ～가 아니고서는 할 수 없는

① ～ならではの [기출]

・親友ならではの細かい心遣いがうれしかった。 친구만의 세심한 배려가 기뻤다.

・アルバイト先の仲間はみんなが年が近いこともあって、同世代ならではの話でいつも盛り上がっています。
아르바이트하는 곳의 동료는 모두가 나이가 가까운 것도 있어서, 같은 세대에서만 할 수 있는 이야기로 늘 분위기가 고조되어 있습니다.

・この間の会議で田中さんは独創的な企画を出した。ベテラン技師ならではの素晴らしいアイディアである。
지난번 회의에서 다나카 씨는 독창적인 계획을 내놓았다. 베테랑 기사가 아니고서는 할 수 없는 멋진 아이디어다.

② ～ならでは

・あの役者ならでは演じられないすばらしい演技だった。 저 배우가 아니고는 연기할 수 없는 훌륭한 연기였다.

 같이 알아둬!

접속 ① 명사+ならではの+명사 ② 명사+ならでは～ない

해설 인물이나 조직 등의 명사에 쓰이며, '～이니까 이 정도로 훌륭하다, ～이외에는 할 수 없다, ～가 아니면 있을 수 없다'라는 의미를 갖는다. 주어에 대한 높은 평가를 나타내며, 가게나 회사 등의 광고 · 선전에서 잘 쓰인다.

2) ～나름대로

～なりに / ～なりの [빈출]

・私なりに頑張ってみたが、うまくいかなかった。 내 나름대로 열심히 해보았지만 잘 되지 않았다.

・子どもにだって、子どもなりに悩みがあるはずだ。
어린아이에게도 어린이 나름대로의 고민이 있는 것이다.

・調子が悪くても、悪いなりに結果を出すのがプロスポーツ選手だ。
컨디션이 좋지 않아도, 좋지 않은 대로 결과를 내는 것이 프로스포츠 선수다.

 같이 알아둬!

접속 명사+なりに、なりの / ナ형용사 어간 · い형용사 · 동사원형+なりに

해설 '～에 어울리는 정도'의 의미이며, 결점이나 한계를 인정하고 거기에서 할 수 있는 일이나 평가할 수 있는 점을 찾았을 때 쓰인다.

3) ～로써, ～에(대부분 가능 · 불가능이 뒤에 옴)

～にして

・1日にしてはできない。 하루로는 할 수 없다.

 같이 알아둬!

접속 명사+にして

해설 「～にして」는 명사 접속으로 한정을 나타내지만 그밖에도 다른 의미로 쓰이고 있다.

① ～이 되어서, ～에 이르러 (단계)
・この歳にして初めて親の苦労がわかった。 이 나이가 되어서야 비로소 부모님의 노고를 알았다.

② ～이기에, ～이라도
・この問題を解くのに、優秀な高橋君にして3時間もかかった。
이 문제를 푸는 데 우수한 다카하시군조차 3시간이나 걸렸다.

③ ～이고(병립)
・彼は科学者にして優秀な政治家でもある。 그는 과학자이며 우수한 정치가이기도 하다.

116

4) 〜이외에, 〜를 제외하고

〜をおいて

- 彼をおいて適任者はいない。 그를 제외하고 적임자는 없다.

- もし万一母が倒れたら、何をおいてもすぐに病院にかけつけなければならない。
  만일 엄마가 쓰러진다면, 무엇보다도 바로 병원으로 급히 달려가지 않으면 안 된다.

 **같이 알아둬!**

접속   명사+をおいて
해설   「〜を別にして、〜を除いて」라는 뜻으로, 문말에는 항상 「ない」가 온다.
      ※「何をおいても」는 관용구로, 「どんな状況でも(어떤 상황이더라도)」의 뜻으로 쓰인다.

5) 〜이(가) 있기 때문에

〜あっての [빈출]

- 私を見捨てないでください。あなたあっての私なんですから。
  나를 버리지 마세요. 당신이 있기 때문에 나도 있는 것이니까요.

- 学生あっての大学だ。学生が来なければ、いくらカリキュラムが素晴らしくても意味がない。
  학생이 있기 때문에 대학이다. 학생이 오지 않으면 아무리 커리큘럼이 훌륭해도 의미가 없다.

같이 알아둬!

접속   명사(A)+あっての+명사(B)
해설   'A가 있기 때문에 B도 이루어진다'는 의미로 쓰인다. 즉, 「〜がある(あった)からこそ(〜이 있기 때문이
      야말로)」의 뜻이다.

6) 〜 때문에, 〜 로 인하여 / 〜을 비롯하여, 〜부터가

〜からして   기출

- あの態度からして、彼女は引き下がる気はまったくないようだ。
  저 태도로 봐서 그녀는 물러날 기색은 전혀 없는 것 같다.

- 君の言い方からして、外国人に対する偏見が感じられる。
  자네의 말투에서 외국인에 대한 편견이 느껴진다.

- リーダーからしてやる気がないのだから、ほかの人たちがやるはずがない。
  리더조차 의욕이 없는데, 다른 사람들이 할 리가 없다.

- そもそもこの情報が責任者である彼に伝わっていないことからしておかしいと思う。
  애당초 이 정보가 책임자인 그에게 전달되지 않은 것부터가 이상하다고 생각한다.

접속 명사+からして

해설 극단적이거나 전형적인 예를 들며 '그것조차 그러한데'라는 표현을 나타내어, 마이너스적인 평가를 내리는 경우가 많다. 그밖에 판단의 근거를 나타내는 「〜からして(〜로 보아)」도 있다.

(B) 문장의 강조

1) 〜란, 〜라는 것은, 〜라고는(어떤 명사의 의미, 정의에 대해 말할 때)

〜とは

・私にとって家族<u>とは</u>一体何なのだろうか。
나에게 있어서 가족이란 대체 무엇인가?

・21世紀の日本で求められる福祉の形態<u>とは</u>どのようなものだろうか。
21세기의 일본에서 추구되는 복지 형태란 어떠한 것일까?

・部下からそんなことを言われる<u>とは</u>、さぞ不愉快だっただろう。
부하로부터 그런 말을 듣는 것은, 틀림없이 불쾌했을 것이다.

 같이 알아둬!

접속 모든 품사 보통형+とは ＝ということは

해설 「〜とは〜ものだ、ことだ、意味だ」의 형태로 쓰이며, 「驚いた、信じられない」 등과 같은 감정을 강조하는 표현이다.

(C) 소량의 강조

1) 〜이라도, 비록 〜일지라도

〜たりとも 빈출

・猫の子一匹<u>たりとも</u>、ここを通らせないぞ。
고양이 새끼 한 마리일지라도, 여길 통과시킬 수 없어.

・一刻<u>たりとも</u>油断ができない。 잠시라도 방심할 수 없다.

・試験まであと一ヶ月しかない。一日<u>たりとも</u>無駄にはできない。
시험까지 앞으로 한 달 밖에 없다. 하루라도 헛되게 할 수 없다.

・どんな相手でも、試合が終わるまでは一瞬<u>たりとも</u>油断はできない。
어떤 상대라도 시합이 끝날 때까지는 한순간이라도 방심할 수 없다.

접속 　주로「一」가 붙는 조수사(一円、一分、一瞬 등)가 와야 함

해설 　「～なりとも ～ない」의 형태로 '최소의 수, 양도 허용하지 않는다'는 의미로, 회의나 연설 등에 쓰이며, 문어체이다.

(D) 2자 이상의 제시에 의한 강조

1)～은커녕, ～은 고사하고, ～은 물론

～はおろか 〔빈출〕

· 人はおろか、ねずみ一匹もいない。
사람은커녕 쥐 한 마리도 없다.

· 海外旅行はおろか国内旅行さえ、ほとんど行ったことがない。
해외여행은커녕 국내 여행조차 거의 간 적이 없다.

· もうすぐ海外旅行に行くというのに切符の手配はおろか、パスポートも用意していない。
머지않아 해외여행을 간다고 하는데도 표 준비는커녕, 여권도 준비하지 않고 있다.

접속 　명사+はおろか

해설 　「～はもちろん～も、 ～さえ～ない(~은 물론 ~도, ~조차 ~않다)」의 뜻으로 쓰인다. 회화체에서는 「～どころか」를 사용한다.

2) ～은 물론, ～은 말할 것도 없고

～はもとより

· 出席はもとよりの事だ。 출석해야 함은 물론이다.

· ワープロはもとより、タイプライターすら使ったことがない。
워드프로세서는 물론 타자기조차 사용한 적이 없다.

· 結果はもとよりその過程も大切だ。 결과는 물론 그 과정도 중요하다.

접속 　명사+はもとより ＝～どろこか

해설 　당연하다고 생각되는 것을 들어서 '그것뿐 아니라 더 ～한 것'이라는 뜻으로 쓰인다.

3) ～는커녕, ～는 고사하고

～どころか

· ① 病気どころか、ぴんぴんしている。 아프기는커녕 팔팔하다.

- 彼女は静かなどころか、すごいおしゃべりだ。
  그녀는 조용하기는커녕 굉장한 수다쟁이다.

- ②彼女の家まで行ったが、話をするどころか姿も見せてくれなかった。
  그녀의 집까지 갔었는데 이야기를 하기는커녕 모습도 보여주지 않았다.

같이 알아둬!

접속 명사/동사・형용사의 연체형 / な형용사 어간+どころか ＊な형용사의 경우「な」생략 가능
해설 ①은 앞 내용과 정반대인 사실이나 예상, 기대의 내용이 뒤 문장에 이어지고, ②는 뒤 문장에 「～さえ・～も・～だって～ない」와 같은 부정 표현이 오게 된다. 단, 과거형에는 사용하지 않는다.

4) ～에 비하면

～にひきかえ [빈출]

- 努力家の姉にひきかえ、弟は怠け者だ。
  노력파인 언니에 비해 남동생은 게으름뱅이다.

- 昨日の晴天にひきかえ、今日は大雨だ。
  어제의 맑게 갠 날씨와는 반대로 오늘은 호우다.

- 彼の給料は一カ月40万円だ。それにひきかえ私の給料はなんと安いことか。
  그의 월급은 한 달에 40만 엔이다. 거기에 반해서 내 월급은 어쩌면 이렇게 낮은 것인가.

같이 알아둬!

접속 명사+にひきかえ
해설 '～에 반하여'라는 뜻으로, 대조적인 두 개의 것을 비교할 때 사용하며, 회화체에서는 「～に比べて」를 쓴다.

5) ～에 한하지 않고

～に限らず

- だれに限らず、収入は多い方がいい。 누구를 막론하고 수입은 많은 게 좋다.

같이 알아둬!

접속 명사+に限らず
해설 「～だけでなく～も(～뿐만 아니라～도)」의 의미로 쓰인다.

[5] 역접

(A) 「けれど、しかし」의 의미

1) ~하면서, ~에도 불구하고

~つつ

- その言い訳はうそと知りつつ、わたしは彼にお金を貸した。
  그 변명은 거짓임을 알면서도, 나는 그에게 돈을 빌려주었다.

- 早くたばこをやめなければいけないと思いつつ、いまだに禁煙に成功していない。
  빨리 담배를 끊지 않으면 안 된다고 생각하고 있었지만, 아직도 금연에 성공하지 못했다.

- 彼は、歯痛に悩まされつつも、走り続けた。 그는 치통에 시달리면서도, 계속 달렸다.

> ### 🔵 같이 알아둬!
>
> **접속** 동사 ます형 l つつ
> **해설** 역접을 나타내는 「Aのに(ながら)B(A인데[이면서] B)」의 뜻과 동작의 동시진행을 나타내는 「～ながら」의 뜻이 있다.
>
> > - その選手はけがした足をかばいつつ、最後まで完走した。
> >   그 선수는 다친 다리를 감싸면서 끝까지 완주했다.

2) ~하면서, ~하면서도

~ながら / ~ながらも(に) [빈출]

- このバイクは小型ながら馬力がある。 이 오토바이는 소형이지만 마력이 있다.
- 残念ながら、結婚式に出席できません。 유감스럽지만, 결혼식에 참석할 수 없습니다.
- 何もかも知っていながら教えてくれない。 모든 것을 알고 있으면서도 가르쳐 주지 않는다.
- 狭いながらもようやく自分の持ち家を手に入れることができた。
  좁지만 간신히 자기 집을 손에 넣을 수 있었다.
- 国は早く対策をたててほしいと、被害者たちは涙ながらに訴えた。
  나라는 빨리 대책을 세우기 비란다고, 피해자들은 눈물을 흘리며 호소했다.

> ### 🔵 같이 알아둬!
>
> **접속** 명사・い형용사 기본형・な형용사 어간・동사 ます형・부사+ながら、ながらも(に)
> **해설** 「～ながら(～이지만, ～인데)」라는 뜻으로 역접을 나타낸다.
>
> > ※ 그밖에 「ながら」
> > ① 동시 진행
> >
> > > - その辺でお茶でも飲みながら話しましょう。
> > >   그 근처에서 차라도 마시면서 이야기하지요.

② 양태의 「ながら」

관용적으로 쓰이는 경우가 많다.

・生まれながらのすぐれた才能に恵まれている。
태어날 때부터 뛰어난 재능을 타고났다.

3) ～하기는 하였지만, 그렇지만, 그래도

～ものの

・やってみたものの、さっぱりおもしろくない。
해보기는 했으나 통 재미가 없다.

・今日中にこの仕事をやりますと言ったものの、とてもできそうにない。
오늘 중으로 이 일을 하겠다고 말했지만, 도저히 할 수 있을 것 같지 않다.

・新しい登山靴を買ったものの、忙しくてまだ一度も山へ行っていない。
새 등산화를 샀지만, 바빠서 아직 한 번도 산에 가지 못했다.

같이 알아둬!

접속 활용어의 연체형+ものの(な형용사 な·어간 / 명사の·な+ものの)

해설 과거의 일과 현재 상황을 비교하여, '그렇지만'이라는 「しかし」의 문장을 만들어 내게 된다. 흔히 뒤에는 마이너스 평가가 이어진다.

4) ～라 생각했더니 뜻밖에도, ～하려는 순간(찰나)

～と思いきや [빈출]

・今年の夏は猛暑が続くと思いきや、連日の雨で冷害の心配さえでてきた。
금년 여름은 혹서가 계속되는가 했는데, 연일 비가 내려 냉해 걱정까지 생겼다.

・もうとても追いつけないだろうと思いきや、驚くほどの速さで彼は一気に先頭に走り出た。
이제 도저히 따라잡을 수 없겠다는 순간, 놀랄 정도의 속도로 그는 단번에 선두로 달리기 시작했다.

・海辺の町で育ったと聞いていたので、さぞかし泳ぎがうまいだろうと思いきや水に浮くこともできないらしい。
해변의 마을에서 자랐다고 들었기 때문에, 틀림없이 수영을 잘 할 것이라 생각했으나 뜻밖에도 물에 뜨는 것도 못하는 것 같다.

같이 알아둬!

접속 명사/동사·형용사 기본형+と思いきや (단, な형용사의 「だ」는 생략 가능)

해설 '～라고 생각했으나 뜻밖에도'라는 뜻으로, 예상외의 결과를 나타낸다.

5) ~했더니

~たところ(が)

・教室に行ってみたところ、学生は一人も来ていなかった。
교실에 가 보았더니, 학생은 한 사람도 와 있지 않았다.

・高いお金を出して買ったところが、すぐ壊れてしまった。
비싼 돈을 내고 샀더니, 금방 고장 나 버렸다.

> **같이 알아둬!**
>
> **접속** 동사 た+ところ(が)
>
> **해설** 기대와 다른 결과를 나타낸다.
>
> ※ 순접의 의미로 쓰일 때도 있는데, 이 경우 뒤에 계속되는 일의 성립이나 발견의 계기를 나타낸다.
>
> ・先生にお願いしたところ、早速承諾のお返事をいただいた。
> 선생님에게 부탁드렸더니, 즉시 승낙의 답을 받았다.

(B) 「のに」의 의미

1) ~이면서도, ~인 주제에

~くせに / ~くせして

・女のくせに料理も出来ないのか。여자이면서 요리도 못 한단 말야?

・何もわからないくせに、いつも知ったふりをする。
아무것도 모르는 주제에 언제나 아는 체 한다.

・彼は、自分ではできないくせに、いつも人のやり方にもんくを言う。
그는 스스로는 할 수 없는 주제에 언제나 남이 하는 방법에 불평을 한다.

・好きなくせに、嫌いだと言いはっている。좋아하는 주제에 싫다고 우겨대고 있다.

・子供のくせしておとなびたものの言い方をする子だな。
어린아이이면서 어른스러운 말투를 하는 아이네.

> **같이 알아둬!**
>
> **접속** 모든 품사 보통형(な형용사な / 명사の)+くせに、くせして
>
> **해설** '그런데도, ~이면서도, ~인 주제에, ~임에도 불구하고'의 뜻으로, 흔히 뒤의 문장에는 비난하는 내용의 문장이 이어진다.
>
> ※ 전후 문장의 주어가 다른 경우에는 「くせ」를 쓸 수 없다.
>
> ・犬は散歩に行きたがっているくせに、彼はつれて行ってやらなかった。(×)
> 개는 산책 가고 싶어 하고 있는데 그는 데려가 주지 않았다.

2) ~(인) 것을, ~인데

~ものを

- 一言謝ればいいものを意地を張っている。
  한 마디 사과하면 좋을 것을 고집을 피우고 있다.

- 黙っていればわからないものを、彼はつい白状してしまった。
  침묵하고 있으면 모를 것을, 그는 그만 자백해 버렸다.

- 有給休暇をとればよかったものを。
  유급 휴가를 얻었으면 좋았을 것을(얻지 못해서 유감이다).

> **같이 알아둬!**
>
> **접속** 동사·형용사 기본형·な형용사な+ものを
> **해설** 「~ばよかったものを(~하면 좋았을 것을 [그렇지 못해 유감이다])」라는 뜻으로, 「~のに」와 거의 같은 의미이지만, 좋지 않은 결과에 대한 불만을 나타내는 경우가 많다. 종조사로서의 「~もの」는 불평, 불만의 뜻을 담아 '~한걸'이라는 반박이나 호소의 뜻으로 쓰인다.

3) ~인데도 불구하고

~にもかかわらず

- あれだけ努力したにもかかわらず、すべて失敗に終わってしまった。
  그만큼 노력했는데도 불구하고, 모두 실패로 끝나 버렸다.

- 悪条件にもかかわらず、無事登頂に成功した。
  악조건에도 불구하고 무사히 등정에 성공했다.

- 参議院選挙は、自民党が大勝したにもかかわらず、株価は次の日大きく下げた。
  참의원 선거에서 자민당이 대승했음에도 불구하고, 주가는 다음 날 크게 떨어졌다.

> **같이 알아둬!**
>
> **접속** 동사·형용사·명사 기본형 / な형용사 어간/ 명사
> **해설** '그러한 사태인데도'라는 의미를 나타낸다.
>   ※ 접속사적으로도 쓰인다.
>   - 雨があがった。にもかかわらず彼は傘をさしている。
>   비가 그쳤다. 그런데도 그는 우산을 쓰고 있다.

(C) 「~ても」의 의미

4) ~라고 해도

~からといって

- いくらおふくろだからといって、僕の日記を読むなんて許せない。
  아무리 어머니라 해도, 내 일기를 읽다니 용서할 수 없다.

・手紙がしばらく来ないからといって、病気だとは限らないよ。
편지가 한동안 오지 않는다고 해서 병이 났다고는 할 수 없어.

・日本人だからといって、日本文化についてよく知っているとは限りません。
일본인이라고 해서 일본 문화에 대해서 잘 알고 있다고는 할 수 없습니다.

같이 알아둬!

접속 모든 품사+からといって

해설 '단지 그것뿐인 이유로', 즉 「Aだけの理由で、Bという結論を出すことはできない(A만의 이유로 B라는 결론을 낼 수는 없다)」라는 뜻으로, 뒤에는 부제적 표현을 동반한다.

관용표현으로 「～からといって ～とは限らない (～라고 해서 ～인 것은 아니다)」가 있다.

※ 그밖에 다른 사람이 말한 이유를 인용하는데도 쓰인다.

・用事があるからといって、彼女は途中で帰った。
용무가 있다고 해서 그녀는 도중에 돌아갔다.

---

[6] 조건

(A) 순접조건

1) ～라고 (가정)하면

～としたら / ～とすれば

・いらっしゃるとしたら何時ごろになりますか。 오신다면 몇 시경이 되겠습니까?

・責任があるとしたら、私ではなくあなたの方です。 책임이 있다고 하면, 내가 아니고 당신 쪽입니다.

・台風は上陸するとすれば、明日の夜になるでしょう。 태풍이 상륙한다면, 내일 밤이 되겠지요.

같이 알아둬!

접속 동사 · 형용사 · 명사 기본형+としたら、とすれば

해설 '그것이 사실이라고 생각할 경우', '실현 혹은 존재한다고 생각할 경우', '이와 같은 사실 · 현상을 고려할 때'와 같은 의미를 갖는다.

---

2) ～한 후가 아니면, ～한 다음이 아니면

～てからでないと / ～てからでなければ / ～てからでなかったら

・① わが社では、社長の許可をもらってからでなければ何もできない。
우리 회사에서는 사장님의 허가를 받은 후가 아니면 아무것도 할 수 없다.

ボタンを押してからでなければ、レバーは動きません。
단추를 누른 후가 아니면 레버는 움직이지 않습니다.

・② きちんと確かめてからでないと失敗するよ。 빈틈없이 확인한 후가 아니면, 실패할 거야.

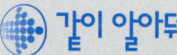

3) ～이라면, ～하다면

～とあれば

・この病気が治るとあればなんでもやってみようと思います。
이 병이 낫는다면 무엇이든지 해 보려고 합니다.

4) ～없이는

① ～なくしては / ～なくして [빈출]

・ⓐ親の援助なくしては、とても一人で生活できない。
부모님의 원조 없이는 도저히 혼자서 생활할 수 없다.

・ⓑ愛なくして何の人生か。 사랑 없이 인생에 무슨 의미가 있느냐.

② ～なしに(は)

・この部屋は、許可なしに入ってはいけない。
이 방은 허가없이 들어가서는 안된다.

・自分自身で考えることなしには、本当の実力は身につかない。
스스로 생각하는 일 없이는 진정한 실력을 갖출 수 없다.

5) 일단 ~했다 하면, ~하는 것을 마지막으로

~が最後 [빈출]

- 学校内でタバコを吸っているのを見つかったが最後、停学は免れないだろう。
  교내에서 담배 피는 것을 한번 들키기만 하면, 정학은 면하지 못할 것이다.

- ここで会ったが最後、謝ってもらうまでは逃がしはしない。
  여기서 만난 이상 사과할 때까지는 놓아주지 않겠다.

- それを言ったが最後、君たち二人の友情は完全にこわれてしまうよ。
  그걸 말했다가는 너희들 둘의 우정은 완전히 깨지고 말 거야.

> **(아이콘) 같이 알아둬!**
>
> **접속** 動詞 た(だ)＋が最後
> **해설** '(일단) ~하기만 하면', '어떤 일이 생기면 반드시'라는 뜻으로, 뒤 문장에는 말하는 사람의 의지나 필연적 상황이 온다.

6) ~할 경우에는, ~하는 날에는 / ~할 바에는

① ~ものなら

- あの人に発言させようものなら、一人で何時間でもしゃべっているだろう。
  저 사람에게 발언시키는 경우에는 혼자서 몇 시간이나 말할 것이다.

- 末っ子の弟は甘やかされて育ったから、兄弟の中で一番わがままだ。気に入らないことをちょっとでもされようものなら、すぐに大声で泣き叫ぶ。
  막내 동생은 응석받이로 자랐기 때문에, 형제들 중에서 가장 버릇이 없다. 마음에 들지 않는 일을 조금이라도 하게 될 것 같으면 바로 대성통곡을 한다.

② ~くらい(ぐらい)なら

- あんな大学に行くくらいなら就職する方がよほどいい。
  그런 대학에 갈 정도라면 취직하는 편이 훨씬 낫다.

> **(아이콘) 같이 알아둬!**
>
> **접속** ① 動詞 의지형(う、よう)＋ものなら ② 動詞 원형＋くらい(ぐらい)なら
> **해설** ①은 '만약에 ~하면(하게 되면), 불이익이나 부정적 상황이 초래될 것'이란 어감을 나타내는 표현이다. ②는 「~くらいなら~のほうがいい、~くらいなら(いっそ)~のほうがましだ(~할 정도라면 차라리 ~하는 게 낫다)」는 의미로, 「~くらい(ぐらい)」 앞의 내용에 대해 싫어하고 기피하는 기분을 나타내는 말이다.

(B) 역접 조건(~ても、でも)

1) 설령 ~해도

たとえ(たとい) ~ても(でも) [빈출]

- たとえ子どもでも、やったことの責任はとらなくてはいけない。
  설령 아이라도 한 일의 책임은 지지 않으면 안 된다.

- たとえどんなところに住もうとも、家族がいればいい。
  설령 어떤 곳에 살더라도 가족이 있으면 된다.

> 🔵 **같이 알아둬!**
>
> **접속** 모든 품사+ても(でも)
> **해설** 「もし~としても」의 의미로, 「たとえ」 뒤에는 「~ても、~とも、~たところで、~としても」 등의 표현이 오게 된다.

2) ~해도, ~이라도

~た(だ)ところで [빈출]

- ① 到着がすこしぐらい遅れたところで、問題はない。
  도착이 조금 늦더라도 문제는 없다.

  いくら頼んだところで、あの人は引き受けてはくれないだろう。
  아무리 부탁해도, 저 사람은 맡아 주지 않을 것이다.

- ② 経済大国日本にしたところで、援助できることは限られている。
  경제 대국 일본이라도 원조할 수 있는 데에는 한계가 있다.

> 🔵 **같이 알아둬!**
>
> **접속** 동사 た형+た(だ)ところで
> **해설** ①은 기대할 만한 결과를 얻을 수 없음을 나타내는 용법으로, 「ない、無駄だ、無意味だ」와 같은 부정적 표현을 동반한다.
> ②는 앞의 일이 발생해도 뒤의 사태에 영향을 미치지 않는다는 긍정적 용법이다.
> ※ 그 밖에 다음에 이어지는 사항의 동기나 계기 등, 일이 매듭지어지는 상황을 나타낸다.
> - 論文の最後の一行を書いたところで、突然気を失った。
>   논문의 마지막 한 줄을 쓰고 나서, 갑자기 정신을 잃었다.

3) ~라고, ~라 해도

① ~としても

- 留学するとしても、来年以降です。
  유학 간다고 해도, 내년 이후입니다.

- 渋滞でバスが遅れたとしても、電話ぐらいしてくるはずだ。
  정체로 버스가 늦어졌다고 해도, 전화 정도는 해 줄 것이다.

- 今からタクシーに乗ったとしても、時間には間に合いそうもない。
  지금부터 택시를 탔다고 해도, 시간에는 맞추지 못 할 것 같다.

② ～にしても

- 今度の事件で山田氏の政治的影響力は完全に失われることはないにしても弱まることは間違いないだろう。
  이번 사건으로 야마다 씨의 정치적 영향력은 완전히 잃어버리는 일은 없다고 하더라도, 약화되는 것은 틀림없을 것이다.

🔵 **같이 알아둬!**

접속 ① 모든 품사+としても ② 체언・な형용사 어간・동사, い형용사의 기본형+にしても

해설 ①은 '만일 ～라 해도 ～하지 않는다', ②는 '가령 그렇다 하더라도'의 뜻이다.

---

4) 비록 ～했다 하더라도

～とて [빈출]

- たとえ病気とて試合は休むわけにはいくまい。
  비록 병이 났다고 해도 시합은 쉴 수는 없을 것이다.

- 負けたとて悲しむに値しない。
  비록 졌다고 하더라도 슬퍼할 만한 일이 아니다.

- 泣いたとて同情はされない。
  운다고 해서 동정은 받지 못한다.

🔵 **같이 알아둬!**

접속 동사 た(だ) / 명사+とて

해설 「～ても、～としても、～としたって、～たところで」 등의 문어체 표현이며, 「いくら、どんなに、たとえ」 등을 동반하는 경우가 많다.

 ※ 명사 접속의 경우에는 '～도 역시, ～라도'의 뜻으로 쓰인다.

 ・この事故に関しては、部下の彼とて責任はまぬかれない。
  이 사고에 관해서는 비록 부하인 그라도 책임은 면하지 못한다.

---

5) ～하든 / ～해도 하지 않아도

① ～ようと(も)

- 何をしようと私の自由でしょう。
  무엇을 하든 내 자유지요.

・どれほど人々に批判されようとも彼は意見を変えなかった。
아무리 사람들에게 비난받든 그는 의견을 바꾸지 않았다.

・どんな困難に直面しようとも必ず夢を実現するつもりだ。
어떤 곤란에 직면하든 반드시 꿈을 실현할 생각이다.

② ～ようと～まいと

・行こうと行くまいとあなたの自由だ。
가든 안 가든 당신의 자유다.

③ ～ようが

・どこでなにをしようが私の勝手でしょう。
어디에서 무엇을 하든 내 마음대로지요.

④ ～ようが～まいが

・勉強をやろうがやるまいが私の勝手でしょう。
공부를 하든 하지 않든 내 마음입니다.

같이 알아둬!

접속 ① 동사 의지형+ようと ② 동사 의지형+ようと+동사 원형+まいと ③ 동사 의지형+ようが
④ 동사 의지형+ようが+동사 원형+まいが

해설 ①③은 앞 내용에 구속되지 않고 결과가 이루어짐을 나타내며, 후반부에「勝手だ、自由だ、関係ない」
등의 표현이 온다. ②④는「してもしなくても(해도 하지 않아도)」의 뜻이다.

---

6) ～한다 해도, 하든 말든

～にしろ / ～にせよ

・どちらの案を採用するにしろ、メンバーには十分な説明をする必要がある。
어느 쪽 안을 채용하든, 멤버에게는 충분한 설명을 할 필요가 있다.

・いずれにせよもう一度検査をしなければならない。
어떻든 다시 한 번 검사를 해야 한다.

같이 알아둬!

접속 명사·동사 원형·동사 た형+にしろ、にせよ

해설 「～にしても」의 문어체 표현으로, 예외로써 그것만을 들 이유가 없음을 나타낸다. 참고로「～にしろ～
にしろ」는「～でも～でも」의 뜻으로 쓰인다.

・妻にしろ子供たちにしろ、彼の気持ちを理解しようとするものはいなかった。
아내든 아이들이든 그의 기분을 이해하려고 하는 사람은 없었다.

・来るにせよ来ないにせよ、連絡ぐらいはしてほしい。
오든 안 오든 연락 정도는 해주었으면 한다.

7) 비록 ～일지라도 / ～라 해도 / ～(이)든, ～이건

～であれ / ～であれ～であれ

・予習<small>よしゅう</small>であれ、復習<small>ふくしゅう</small>であれ、一度<small>いちど</small>もやったことがない。
예습이든 복습이든 한 번도 한 적이 없다.

・貧乏<small>びんぼう</small>であれ、金持<small>かねも</small>ちであれ、彼<small>かれ</small>に対<small>たい</small>する気持<small>きも</small>ちは変<small>か</small>わらない。
가난하든 부자이든 그 사람에 대한 마음은 변하지 않는다.

・アジアであれ、ヨーロッパであれ、戦争<small>せんそう</small>を憎<small>にく</small>む気持<small>きも</small>ちは同<small>おな</small>じはずだ。
아시아든 유럽이든 전쟁을 미워하는 마음은 같을 것이다.

같이 알아둬!

접속 명사+であれ、～であれ～であれ
해설 '어느 쪽의 경우라도'라는 뜻으로, 「～であろう～であろう」혹은「～であっても」로 바꿔 쓸 수 있다.
형용사이 경우에는「暑<small>あつ</small>かれ寒<small>さむ</small>かれ(덥든 춥든)」처럼「～かれ～かれ」의 형태가 된다.

8) ～라고 하지만, 그렇다 하더라도, 그렇지만

～とはいえ [빈출]

・仕事<small>しごと</small>が山<small>やま</small>のようにあって、日曜日<small>にちようび</small>とはいえ、出社<small>しゅっしゃ</small>しなければならない。
일이 산더미처럼 있어서, 일요일이라고는 해도 출근하지 않으면 안 된다.

・国際化<small>こくさいか</small>が進<small>すす</small>んだとはいえ、やはり日本社会<small>にほんしゃかい</small>には外国人<small>がいこくじん</small>を特別視<small>とくべつし</small>するという態度<small>たいど</small>が残<small>のこ</small>っている。
국제화가 진행되었다고는 하나, 역시 일본사회에는 외국인을 특별시하는 태도가 남아 있다.

・A社<small>しゃ</small>とB社<small>しゃ</small>は合併<small>がっぺい</small>することになったらしい。C社<small>しゃ</small>に対抗<small>たいこう</small>するためとはいえ、思<small>おも</small>い切<small>き</small>った決断<small>けつだん</small>をしたものである。
A사와 B사는 합병하기로 한 것 같다. C사에 대항하기 위해서라고 하지만, 과감한 결단을 한 것이다.

같이 알아둬!

접속 모든 품사+とはいえ
해설 '그건 그렇지만, 그러나'라는 뜻이며, 결과가 기대와 다를 때 사용한다.「～だけれども」의 의미로, 접속
사로도 쓰인다.
・病状<small>びょうじょう</small>は危険<small>きけん</small>な状態<small>じょうたい</small>を脱<small>だっ</small>して、回復<small>かいふく</small>に向<small>む</small>かっている。とはいえ、まだ完全<small>かんぜん</small>に安心<small>あんしん</small>するわけにはいかない。
병세는 위험한 상태를 벗어나 회복되고 있다. 하지만 아직 완전히 안심할 수 있는 것은 아니다.

9) ~라 할지라도, ~라 하더라도 / ~조차도

~といえども

- 冬山はベテランの登山家といえども、遭難する危険がある。
  겨울 산은 베테랑 등산가라 할지라도 조난될 위험이 있다.

- 親は子供がまんがを読むのを快く思わない。 しかし、まんがといえども立派な文化の産物である。
  부모는 아이가 만화를 읽는 것을 달갑게 생각하지 않는다. 그러나 만화라 하더라도 훌륭한 문화의 산물이다.

- スポーツマンの家田さんといえども、風邪には勝てなかったらしい。
  스포츠맨인 이에다 씨라 해도, 감기에는 이길 수 없었던 것 같다.

같이 알아둬!

접속 명사+といえども ＝ ~とはいえ

해설 자격이나 능력으로 당연히 할 수 있으리라는 예상에 반대되는 결과의 성립을 표현한다. 「でも」로 바꿔
쓸 수 있다.

---

10) ~라 해도, ~하는가 하면, ~인가 하지만

① ~と言っても

- 風邪を引いたと言っても、そんなに熱はない。
  감기에 걸렸다 해도, 그렇게 열은 없다.

- 山登りが趣味だと言っても、そんなに経験があるわけではありません。
  등산이 취미라고는 해도, 그렇게 경험이 있는 것은 아닙니다.

- 料理ができると言っても、たまごやきぐらいです。
  요리를 할 수 있다고 해도 달걀부침 정도입니다.

② ~かというと / ~かといえば [빈출]

- おばさんはしょっちゅう具合が悪いとこぼしるが、病気なのかというとそうでもないらしい。
  숙모는 늘 몸 상태가 안 좋다고 푸념하는데 병인가 하면 그렇지도 않은 것 같다.

- 「3歳までの育児は母親がすべきだ」と言う入がいるが、子育てするのが母親でなくてはならない
  かというと、必ずしもそうではないと思う。
  '3살까지의 육아는 엄마가 해야 한다'고 말하는 사람이 있으나, 아이를 키우는 것이 엄마가 아니면 안 되는가 하면, 반드시 그렇지
  만은 않다고 생각한다.

- 犬は好きだが、飼いたいかといえばそうでもない。
  개는 좋아하지만 키우고 싶은가 하면 그렇지도 않다.

접속 ①모든 품사+といって　②동사 보통형・い형용사+(の)/명사・ナ형용사+(なの)かというと、
かといえば

해설 ①은「だが、しかし」의 뜻으로, 앞의 내용이 실제로는 그 정도로 비중 있는 것은 아님을 나타낼 때 쓰인다.
②는「〜ど思われるが、実は(〜라고 여겨지지만, 사실은…)」의 뜻으로, 당연히 여겨질 것 같은 내용이 사실은 아니다는 부정적 표현에 쓰인다.

[7] 대상

1) 〜정도이다

〜といったところだ

・料理をするといっても、彼女が作れるのはせいぜいサラダや ゆで卵といったところだ。
요리를 한다고 해도, 그녀가 만들 수 있는 것은 기껏해야 샐러드나 삶은 달걀 정도이다.

・毎日の睡眠時間ですか。だいたい5、6時間といったところです。
매일의 수면시간 말인가요? 대략 5, 6시간 정도입니다.

접속 명사+といったところだ

해설 「〜が今の段階だ(〜이 지금의 단계이다)」의 뜻으로, 많지 않은 수량이나「せいぜい(기껏해야)」와 같은 단어에 연결된다.

2) 〜을 둘러싸고, 〜을 둘러싼

〜をめぐって / 〜をめぐる　[기출]

・彼の自殺をめぐって様々なうわさや憶測が乱れとんだ。
그의 자살을 둘러싸고 온갖 소문이나 억측이 난무했다.

・人事をめぐって、社内は険悪な雰囲気となった。
인사를 둘러싸고 사내는 험악한 분위기가 되었다.

・政治献金をめぐる疑惑がマスコミに大きくとりあげられている。
정치헌금을 둘러싼 의혹이 매스컴에 크게 문제되고 있다.

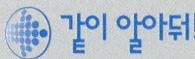

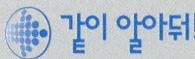 같이 알아둬!

접속　명사+をめぐって、をめぐる

해설　문제가 되고 있는 점을 드는 표현으로, 뒤에 오는 동사는 「議論する(의논하다)」, 「議論を戦わす(논쟁을
　　　벌이다)」, 「うわさが流れる(소문이 퍼지다)」, 「紛糾する(시끄럽게 되다)」 등으로 한정된다.

3) ～에 관하여, ～에 있어서

～にかけて(は)

・話術にかけては彼の右に出る者はいない。
　화술에 관해서는 그를 따를 사람이 없다.

・忍耐力にかけては人より優れているという自信がある。
　인내력에 있어서는 남보다 뛰어나다는 자신이 있다.

 같이 알아둬!

접속　명사+にかけて

해설　'그 일에 관해서는'이라는 뜻으로, 후문에는 기술이나 능력에 대한 평가의 표현이 이어진다. 명사를 수식
　　　할 때는 「명사+にかけての+명사」가 된다.

　　　※ 그밖에 다른 표현

　　　・面子にかけても約束は守る。

　　　　체면을 걸고라도 약속은 지킨다.

　　　・今月から来月にかけて休暇をとるつもりだ。

　　　　이달부터 다음 달에 걸쳐 휴가를 얻을 생각이다.

[8] 병렬

(A) ～나 ～나

1) ～나 ～나 (～에 관련하여, ～이 있으면 그것과 함께)

～につけ / ～につけて / ～につけても 　기출

・① いいにつけ悪いにつけ、あの人達の協力を仰ぐしかない。
　좋든 싫든 저 사람들에게 협력을 청할 수밖에 없다.

・② 何事につけ我慢が肝心だ。
　어떤 경우든 참고 견디는 것이 중요하다.

・③ 彼はなにかにつけ私のことを目のかたきにする。
　그는 무엇이든 내 일에 대해서는 눈엣가시로 여긴다.

・④ その曲を聞くにつけ、苦しかったあの時代のことが思い出される。
　　그 곡을 들을 때면 힘들었던 그 시절의 일이 떠오른다.

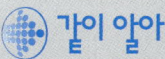 **같이 알아둬!**

접속　명사·형용사 원형·동사 원형+につけ、につけて、につけても
해설　「Aに関連して、AでもBでも(A에 관련해서, A라도 B라도)」의 뜻이다. 관용적으로 고정된 표현으로,
　　①은 두 개의 대비적인 내용을 나타내어 「よくても悪くても(좋든 싫든 어느 쪽의 경우라도)」의 뜻이
　　고, ②는 「どんな場合でも(어떤 경우라도)」, ③은 「何にでも(뭔가 기회가 있을 때마다)」라는 뜻이다.
　　④는 뒤의 문장에 추억이나 후회 등의 감정과 사고에 관한 내용이 이어진다.

2) ～이든 ～이든

～といい～といい [빈출]

・娘といい、息子といい、遊んでばかりで、全然勉強しようとしない。
　　딸이든 아들이든 놀기만 하고 전혀 공부하려고 하지 않는다.

・玄関の絵といい、この部屋の絵といい、時価一千万を越えるものばかりだ。
　　현관의 그림이나 이 방의 그림이나, 시가 천만을 넘는 것뿐이다.

 **같이 알아둬!**

접속　명사+といい+명사+といい
해설　「AもBも(A도 B도)」의 뜻으로, 두 개의 것을 예로 들면서 다른 것도 그렇다는 의미를 포함하게 된다.

3) ～니 어쩌니, 이러쿵저러쿵

～のなんの

・まずいのなんのと文句を言う。　맛있느니 어쩌니 불평을 한다.

・テレビに出るのなんのと騒いでいる。　텔레비전에 나오느니 안 나오느니 떠들고 있다.

・彼は足は痛いのなんのと理由をつけては、サッカーの練習をさぼっている。
　　그는 발이 아프다니 어쩌니 이유를 들어서, 축구 연습을 농땡이 부리고 있다.

같이 알아둬!

접속　동사 원형·형용사 원형+のなんの
해설　비슷한 내용의 표현이 이후에도 여러 가지 나오는 경우나 잔소리처럼 이어지는 느낌을 나타낸다. 비슷
　　한 표현으로 「～のなんぞ(と)」가 있다.

4) ~도 ~하고, ~도

~も~ば、~も / ~も~なら、~も

- 車に乗っていると、便利な時もあれば、不便な時もある。
  차를 타고 있으면 편리할 때도 있는가 하면 불편할 때도 있다.

- 彼は器用な男で料理もできれば裁縫もできる。
  그는 재주가 있는 남자로 요리도 할 수 있는가 하면 재봉도 잘한다.

- 勲章なんかもらっても、うれしくもなければ、名誉だとも思わない。
  훈장 따위 받아도 기쁘지도 않거니와, 명예라고도 생각하지 않는다.

같이 알아둬!

접속 명사+も+동사·い형용사 가정형(ば)+명사+も / 명사+も+な형용사 가정형(なら)+명사+も

해설 「AもBも両方とも(A도 B도 양쪽 모두)」의 뜻으로, 유사한 표현을 병렬적으로 나열하여 강조할 때, 혹은 대조적인 것을 나열할 때 사용한다.

---

[9] 결정 요인

(A) ~에 의해서 (결정되다)

1) ~할 뻔했다, ~할 것을

~ところだった / ~ところを

- ①考え事をしながら歩いていたので、横道から出てきた自転車にもう少しでぶつかるところだった。
  생각을 하면서 걷고 있다가, 샛길에서 나온 자전거에 자칫하면 부딪칠 뻔 했다.

- ②目撃者が証言してくれなかったら、痴漢の犯人にされるところだった。
  목격자가 증언해 주지 않았다면, 치한인 범인으로 될 뻔 했다.

- ③お忙しいところをわざわざお越しくださってありがとうございます。
  바쁘신 중에 일부러 와 주셔서 감사합니다.

같이 알아둬!

접속 ①②동사 원형·ない형+ところだった
　　　③お+い형용사 원형+ところを / ご·お+な형용사+なところを / 명사+のところを

해설 ①②나쁜 일이 발생 직전에 피할 수 있었음을 의미하며, 어울리는 표현으로는 「もう少しで、危なく、うっかり、すんでのことで」 등이 있다. ③'~라는 상태, 상황인데'의 뜻으로, 인사 등에서 배려의 뜻으로 쓰인다.

---

2) ~에 따라

~いかんだ / ~いかんで / ~いかんによっては

- これは成功するかどうかはみんなの努力いかんだ。
  이것이 성공할지 어떨지는 모두의 노력 여하에 달렸다.

・あの人いかんで予算は<ruby>何<rt>なん</rt></ruby>とでもなる。
그 사람 생각 여하에 따라 예산은 좌우된다.

 **같이 알아둬!**

접속　명사＋いかんだ、いかんで、いかんによっては
해설　그 내용이나 상태에 따라 일이 실현될지 어떨지를 나타내는 표현이다. 「次第で」의 의미이다.

3) ～여부에 관계하지 않고, ～여하에 관계없이

① ～いかんによらず
・<ruby>出席欠席<rt>しゅっせきけっせき</rt></ruby>のいかんによらず、<ruby>同封<rt>どうふう</rt></ruby>した<ruby>葉書<rt>は がき</rt></ruby>にてお<ruby>返事<rt>へん じ</rt></ruby>くださるようお<ruby>願<rt>ねが</rt></ruby>いいたします。
출결석 여하에 관계없이, 동봉한 엽서에 답장해 주시기 바랍니다.

・<ruby>成<rt>な</rt></ruby>り<ruby>行<rt>ゆ</rt></ruby>きいかんによらず<ruby>連絡<rt>れんらく</rt></ruby>をすべきだ。
결과에 관계없이 연락을 해야 한다.

② ～いかんにかかわらず
・<ruby>理由<rt>り ゆう</rt></ruby>のいかんにかかわらず<ruby>例外<rt>れいがい</rt></ruby>は<ruby>認<rt>みと</rt></ruby>めない。
이유 여하에 관계없이 예외는 인정하지 않는다.

 같이 알아둬!

접속　① 명사(の)＋いかんによらず　② 명사(の)＋いかんにかかわらず
해설　「～に<ruby>関係<rt>かんけい</rt></ruby>なく（～에 관계없이）」의 뜻이다.

[10] 양자(두 가지)의 관계

(A) 관계없음

1) ～에 관계하지 않고(관계없이)

～にかかわらず / ～にかかわりなく / ～にはかかわりなく
・<ruby>試合<rt>し あい</rt></ruby>は<ruby>晴雨<rt>せいう</rt></ruby>にかかわらず<ruby>決行<rt>けっこう</rt></ruby>する。
시합은 날씨에 관계하지 않고 결행한다.

・<ruby>性別<rt>せいべつ</rt></ruby>にかかわらず<ruby>優<rt>すぐ</rt></ruby>れた<ruby>人材<rt>じんざい</rt></ruby>を<ruby>確保<rt>かく ほ</rt></ruby>したい。
성별에 관계없이 뛰어난 인재를 확보하고 싶다.

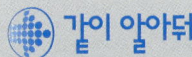 **같이 알아둬!**

접속　명사＋にかかわらず、にかかわりなく、にはかかわりなく
해설　'그 차이에 관계없이', 혹은 '그 차이를 문제 삼지 않고'라는 뜻이다.

2) ～을 무시하고(신경 쓰지 않고)

～をよそに [빈출]

・弟は親の心配をよそに毎晩遅くまで遊んでいる。
   남동생은 부모님의 걱정은 안중에도 없이 매일 밤늦게까지 놀고 있다.

・密室政治という悪評をよそにまた密室での決定がなされた。
   밀실정치라는 악평에 관계없이 또 다시 밀실에서의 결정이 이루어졌다.

・住民の反対運動が盛り上がるのをよそに、高層ホテルの建設工事はどんどん進められた。
   주민의 반대운동이 고조되는 것과는 관계없이, 고층 호텔의 건설공사는 척척 진행되었다.

 같이 알아둬!

접속　명사+をよそに

해설　'～와는 관계없이, ～을 상관하지 않고' 라는 뜻으로, 걱정·소문·비난·비판·기대 등의 감정이나 평
　　　가를 나타내는 명사를 사용하여 '그것을 무시하고 신경 쓰지 않는다'는 의미를 나타낸다.

3) ～은 빼고, ～은 제외하고

～抜きで / ～抜きに / ～抜きの / ～は抜きにして

・この集まりでは、形式張ったこと抜きで気楽にやりましょう。
   이 모임에서는 격식을 차리지 말고 마음 편히 합시다.

・前置きは抜きで、さっそく本論に入りましょう。
   서론은 빼고 즉시 본론으로 들어갑시다.

・わさび抜きの寿司はおいしくない。
   고추냉이가 없는 초밥은 맛이 없다.

・冗談は抜きにして、内容の討議に入りましょう。
   농담은 빼고 내용 검토로 들어갑시다.

 같이 알아둬!

접속　명사+抜きで、抜きに、抜きの、は抜きにして

해설　「～なしで、～を除いて」의 뜻이다.

(B) 관계있음

1) ～한 것만으로 다행이다

～だけましだ

・このホテルは古くて、狭いけれど、清潔なだけましだよ。
   이 호텔은 낡고 좁지만, 청결한 것만으로도 다행이다.

・雨がふったけど、こんなにさむいのに雪にならなかっただけましだね。
비가 내렸지만, 이렇게 추운데 눈이 되지 않은 것만해도 다행이다.

 같이 알아둬!

접속　동사・형용사의 명사수식형(연체형) / 명사+なだけましだ
해설　'나쁜 상황에서만 적어도 ~이니까, 최악의 상황보다 낫다'는 의미를 나타낸다.

2) ~에 관련되다, ~에 관련된, ~에 연관된

~に関わる [빈출]

・人の命に関わる仕事をするには、それなりの覚悟が要る。
사람의 생명에 관련된 일을 하려면 그 나름대로의 각오가 필요하다.

・命に関わる病気ではないので心配いりません。
생명에 관련된 병은 아니기 때문에 걱정할 필요는 없습니다.

・こんなひどい商品を売ったら店の評判に関わる。
이런 형편없는 상품을 팔면 가게의 평판에 영향을 미친다.

 같이 알아둬!

접속　명사+に関わる
해설　'~에 관계되다(영향이 있다)'라는 뜻으로, 주로 중대한 사항을 다룰 때 쓴다.

3) ~와 더불어, 함께

~と相まって [빈출]

・彼の現代的な建築は背景のすばらしい自然と相まって、シンプルでやすらぎのある空間を生み出している。
그의 현대적인 건축은 훌륭한 자연 배경과 더불어 심플하고 평온함이 있는 공간을 창출해내고 있다.

・好天気と相まってこの日曜は人出が多かった。
좋은 날씨와 더불어 이번 일요일은 인파가 많았다.

 같이 알아둬!

접속　명사+と相まって
해설　'A와 B 두 가지 일이 겹쳐서 C라는 좋은 결과가 되다'라는 뜻이다.

[11] 판단 · 평가

(A) 판단 기준을 나타냄

1) ～에 비해서는, 비교적

～割に(は)

· あのレストランは値段の割においしい料理を出す。
　저 레스토랑은 가격에 비해 맛있는 요리를 내놓는다.

· 心配した割にはいい結果が出た。
　걱정한 것에 비해서는 좋은 결과가 나왔다.

· このいすは値段が高い割には、すわりにくい。
　이 의자는 가격이 비싼 것에 비하면, 앉기 불편하다.

· ほかの従業員の倍の仕事をさせられている割には、給料が低い。
　다른 종업원의 배의 일하는 것에 비해서는, 월급이 적다.

· あまり勉強しなかった割にはこの前のテストの成績はまあまあだった。
　그다지 공부하지 않은 것에 비해서는 지난 테스트 성적은 보통이었다.

 같이 알아둬!

접속 　동사 원형 · 동사 た · 동사 ない · い형용사 기본형 · な형용사 어간 · 명사の+割に(は)
해설 　'～에 비해서는'의 뜻으로, 상식적으로 예상되는 기준과 비교했을 때 기준대로가 아닐 경우에 사용한다.

2) ～치고는, ～라는 것을 고려한다면

～にしては

· 子供にしてはむずかしい言葉をよく知っている。
　어린아이치고는 어려운 말을 잘 알고 있다.

· このアパートは都心にしては家賃が安い。
　이 아파트는 도심치고는 집세가 싸다.

· 貧乏人にしてはずいぶん立派なところに住んでいる。
　가난한 사람치고는 상당히 멋진 곳에 살고 있다.

 같이 알아둬!

접속 　명사 · 동사 원형 · 동사 た · な형용사 어간+にしては
해설 　「わりには」,「その割に」의 뜻이며, 예상과는 반대되는 현상을 표현한다.

(B) 판단 재료를 나타냄

1) ~로 보아, ~로 판단했을 때

~からすると / ~からすれば / ~からしたら　기출

・あの言い方からすると、私はあの人にきらわれているようだ。
　그 말투로 보아 나는 저 사람에게 미움 받고 있는 것 같다.

・あの人の性格からすると、そんなことで納得するはずがない。
　그 사람의 성격으로 보아 그런 일로 납득할 리가 없다.

・あの口ぶりからすると、彼はもうその話を知っているようだな。
　그 말투로 보아 그는 벌써 그 이야기를 알고 있는 것 같은데.

・新校舎の完成は大幅に遅れているらしい。現状からするとあと1か月はかかりそうだ。
　신교사의 완성은 대폭으로 늦어지고 있는 것 같다. 현재 상황으로 보아 앞으로 한 달은 걸릴 것 같다.

🔵 같이 알아둬!

접속 명사+からすると、からすれば、からしたら

해설 '~에서 생각하면, ~에서 판단해 볼 때'의 뜻으로, 판단의 근거를 나타낸다. 「~からして、~からみて、~からいって」 등으로도 표현한다.

(C) 정도의 높이를 판단함

1) ~까지는 아니어도

~ないまでも　[빈출]

・毎日とは言わないまでも、週に2、3度は掃除をしようと思う。
　매일까지는 아니지만 일주일에 2, 3번은 청소를 하려고 한다.

・予習はしないまでも、せめて授業には出て来なさい。
　예습까지는 하지 않아도, 적어도 수업에는 나오세요.

・絶対とは言えないまでも、成功する確率はかなり高いと思います。
　절대라고까지는 말할 수 없어도, 성공할 확률은 꽤 높다고 생각합니다.

🔵 같이 알아둬!

접속 동사 (ない형)+ないまでも

해설 앞 문장은 중요도가 높은데 비해, 뒤 문장은 그것보다 낮은 정도를 표현한다. 「そこまでの程度でなくても、せめてこのぐらいは(그 정도까지는 아니어도, 적어도 이 정도는)」의 뜻으로 쓰인다.

[12] 대체 설명

(A) 상황을 자세히 설명함

1) ~에 맞추어, ~에 따라, ~에 응하여

～に応じて / ～に応じ / ～に応じた

・物価の変動に応じて給料を上げる。 물가 변동에 맞추어 급료를 올리다.

・状況に応じて戦法を変える。 상황에 따라 전법을 바꾸다.

・状況に応じた戦法をとる。 상황에 따른 전법을 쓰다.

> 🔵 **같이 알아둬!**
>
> **접속** 명사+に応じて、に応じ、に応じた
>
> **해설** '그 상황의 변화나 다양성에 맞추어서'라는 뜻으로, 명사가 이어질 때는 「명사+に応じた+명사」의 꼴로 쓰인다.

2) ~에 의거하여, ~에 입각하여, ~을 근거로

① ～に即して / ～に即した [빈출]

・町の再開発をいっきょに進めるのには無理がある。実状に即して計画を練らなければならない。
시내의 재개발을 단숨에 진행하는 데는 무리가 있다. 실정에 입각하여 계획을 다듬지 않으면 안 된다.

・事実に即して想像をまじえないで事件について話してください。
사실에 입각하여 상상을 끼워 넣지 말고 사건에 대해 말해 주세요.

・この問題は私的な感情ではなく、法に即して解釈しなければならない。
이 문제는 사적인 감정이 아니라, 법에 입각하여 해석하지 않으면 안 된다.

② ～を踏まえて

・今年度の反省を踏まえて来年度の計画を立てなければならない。
금년도의 반성을 발판으로 내년도의 계획을 세우지 않으면 안 된다.

> 🔵 **같이 알아둬!**
>
> **접속** 명사+に即して、に即した ＝～を踏まえて
>
> **해설** 사실·체험·규범 등의 명사에 접속되어 「それにそって、それに従って(그것에 따라)」, 「それを基準として(그것을 기준으로 하여)」의 뜻을 나타낸다. 기준에 따르는 의미의 경우에는 「則」를 사용한다.
>
> ・規定に則しても、君のほうが間違っている。
> 규정에 따라도 자네가 틀렸다.

3) ～로써, ～으로, ～을 써서

～をもって 【빈출】

- ① このレポートをもって、結果報告とする。 이 리포트로 결과보고 한다.

- ② この書類をもって、証明書とみなす。 이 서류로써 증명서로 간주한다.

- ③ これをもって、挨拶とさせていただきます。 이것으로써 인사를 대신하겠습니다.

- ④ 書面をもって返事します。 서면으로 답변하겠습니다.

- ⑤ 結果をもって良しとする。 결과를 토대로 좋다고 판단하다.

- ⑥ 山下博士が画期的な理論を打ち立てたと新聞に出ていた。博士の頭脳と実力をもってすれば、それは意外なことではない。
  야마시타 박사가 획기적인 이론을 세웠다고 신문에 실려 있다. 박사의 두뇌와 실력으로 생각한다면, 그것은 의외의 일이 아니다.

> ### 같이 알아둬!
>
> **접속** 명사+をもって
>
> **해설** 「～をもって」는 문장체에서 조사와 같은 역할을 하며, 도구나 수단·기한·근거·판정이나 인정의 대상을 나타낸다.
> ①~⑤는「～によって、～で」의 뜻으로, 기일(期日)·수단·상태나 의회 등의 공식 석상에서 쓰인다.
> ⑥은「～をもってすれば(～으로 미루어 볼 때)」라는 형태로「～があれば、困難なことが表現できる」라는 것을 나타내는 경우도 있다.
>
> - 彼の誠実さをもってすれば、わかってもらえるだろう。
>   그의 성실함을 생각해보면 이해해 줄 수 있을 것이다.

4) ～을 마지막으로, 끝으로

～を限りに

- 今日を限りに今までのことはきれいさっぱり忘れよう。
  오늘을 마지막으로 이제까지의 일은 깨끗이 잊겠다.

- 明日の大晦日を限りにこの店は閉店する。
  내일 섣달 그믐날을 마지막으로 이 가게는 폐점한다.

- みんなは声を限りに叫んだが、何の返事も返ってこなかった。
  모두는 가능한 한 큰소리를 내서 외쳤지만 아무런 대답도 돌아오지 않았다.

> ### 같이 알아둬!
>
> **접속** 명사+を限りに
>
> **해설** 「今日、今回」등 때를 나타내는 말에 붙어, '그 때를 마지막으로 하여'라는 의미로 쓰인다. 「声をかぎりに」는 관용 표현으로 '가능한 한 큰 소리를 내서'라는 뜻이다.

5) 우연히(무심코) ~하다, ~랄 것도 없이

~ともなく / ~ともなしに 기출

- どこを眺めるともなく、ぼんやり遠くを見つめている。
  특별히 어디를 바라보는 것도 아니고, 멍하니 먼 곳을 응시하고 있다.

- 老人は誰に言うともなく「もう秋か」とつぶやいた。
  노인은 혼잣말처럼 '벌써 가을인가'라며 중얼거렸다.

같이 알아둬!

접속 동사 원형+ともなく、ともなしに

해설 「見る、話す、言う、考える」등과 같은 의지적인 행위의 동사를 받아서, 그 동작이 분명한 의도나 목적 없이 이루어지고 있는 모습을 나타낸다. 의문사를 흔히 동반하여 '어느 부분인지는 꼭 집을 수 없지만'이라는 뜻으로 쓰인다. 비슷한 표현으로 「なにげなく(무심코, 아무런 생각 없이)」가 있다.

---

[13] 전문

(A) 들은 것을 전함

1) ~라던가, ~라는

~とか(いう)

- 山田さんとかいう人が訪ねてきていますよ。
  야마다 씨라고 하는 사람이 찾아 왔어요.

- 田中さんは今日は風邪で休むとか。
  다나카 씨는 오늘은 감기로 쉰다고 한다.

- 天気予報によると台風が近づいているとかいう話です。
  일기예보에 의하면 태풍이 다가오고 있다고 합니다.

같이 알아둬!

접속 명사 · 인용절+とか = (문말에서) ~ということだ、~とのことだ

해설 들은 내용을 타인에게 전할 경우에 사용한다. 문말에 올 때는 「言っている、言った」가 생략되기도 하며, 내용이 불확실함을 나타낸다.

---

[14] 문어적 표현

1) ~일지라도

~たりとも 기출

- 試験まであと十日、一分一秒たりともおろそかにはできない。
  시험까지 앞으로 10일, 1분 1초라도 소홀히 할 수 없다.

- ゴールキーパーは試合中、一瞬たりとも、集中力を切らしてはいけない。
  골키퍼는 시합 중에 한 순간도 집중력을 놓쳐서는 안 된다.

접속　명사+たりとも

해설　「～たとえ ～であっても（～ない）（설령 ～일지라도）는 「～でも」의 뜻이다. 「何人たりとも」는 관용 표현으로 「だれであっても（누구라도）」의 뜻이 된다.

2) ～뿐 아니라

(ただ)～のみならず　`기출`

・若い人のみならず老人や子供達にも人気がある。
　젊은 사람뿐 아니라 노인이나 아이들에게도 인기가 있다.

・戦火で家を焼かれたのみならず、家族も失った。
　전화로 집이 타 버렸을 뿐 아니라 가족도 잃었다.

・彼の鮮やかなプレ　には、だれもが目をうばわれた。そして、味方の応援団からのみならず、相手チームの人々からも拍手がわいた。
　그의 멋진 플레이에는 누구나가 넋을 잃었다. 그리고 우리 편 응원단뿐만 아니라 상대팀 사람들로부터도 박수가 터졌다.

접속　모든 품사+のみならず

해설　「～のみならず」는 「～だけでなく（～뿐 아니라）」의 문어체 표현이다.
　　　※「だけならず」라는 말은 사용하지 않는다.

3) ～해서는 안 된다

① ～べからず

・落書きするべからず。낙서하지 말 것.

・芝生に入るべからず。잔디에 들어가지 말 것.

② ～べからざる

・川端康成は日本の文学史上、欠くべからざる作家だ。
　가와바타 야스나리는 일본 문학사상, 빠트릴 수 없는 작가다.

접속　① 동사 원형+べからず　② 동사 원형+べからざる

해설　「べし」는 문어(文語) 조동사로, '상대방에게 응당 그렇게 해야 함, 당연함, 응당 그렇게 해야 할 것'을 나타내는 것으로, '～하는 것이 마땅하다, ～임에 틀림없다' 등의 뜻을 갖고 있다.
　　　①의 「べからず」는 「べし」의 부정형으로, 「～てはいけない（～해서는 안 된다）」라는 강한 금지의 뜻이다.
　　　②의 「べからざる」는 뒤에 명사가 오며, 「～ことができない（～할 수 없다） / ～てはいけない（～해서는 안 된다）」라는 뜻을 가진다.

4) ~하도록, ~위해서

~べく / ~べき

- ①大学に進むべく上京した。 대학에 진학하기 위해 상경했다.

- ①速やかに解決すべく努力いたします。 신속히 해결할 수 있도록 노력하겠습니다.

- ②学生は勉強すべきだ。 학생은 공부해야 한다.

- ②エイズは恐るべき速さで世界中に広がっている。
  에이즈는 가공할 만한 속도로 전 세계에 번지고 있다.

같이 알아둬!

접속 동사 원형+べし(き)、べき

해설 ① 「べく」는 「べし」의 연용형으로, 「~ために(을 하기 위해)」, 「~ように(할 수 있도록)」의 의미를 갖는다. 「する」의 경우에는 주로 「すべく」라고 한다.
② 「べき」는 「べし」의 연체형으로, '당연하다, ~해야 한다'라는 뜻이다. 「べき」의 부정형은 「べきではない」이며, '해서는 안 된다, ~하는 것은 좋지 않다'라는 뜻이다.

- 優勝は望むべくもない。 우승은 기대할 수도 없다.

  ＝望むことはできない。 바랄 수가 없다.

---

5) ~하지 않을 것이다(부정추측)

① ~まい 기출

- 酒はもう二度と飲むまい。 술은 이제 두 번 다시 마시지 않겠다.

- 二度と同じ間違いはするまい。 두 번 다시 같은 실수는 하지 않겠다.

- この嬉しさは他人にはわかるまい。 이 기쁨은 다른 사람은 모를 것이다.

같이 알아둬!

접속 5단 동사 원형+まい / 1단 동사・くる・する 원형 및 ない형+まい

　　단, する는 「するまい、しまい、すまい」, くる는 「くるまい、こまい」의 형태로 접속

해설 부정 의지・부정 추측을 나타내는 조동사이다.
① 부정 의지: 「二度と~まい(ものか)」는 '두 번 다시 ~지 않겠다(할까보냐)'라는 뜻이다.
② 부정 추측: 「~ないだろう」와 같은 뜻이다.
※ 부정추측의 부정
　・동사+ない → あるまい
　・명사・な형용사+ではない → ではあるまい
　・い형용사+くない → くあるまい

146

② 〜でもあるまいし [빈출]

・役者<ruby>役者<rt>やくしゃ</rt></ruby>でもあるまいし、こんなに腹<ruby>腹<rt>はら</rt></ruby>を立<ruby>立<rt>た</rt></ruby>てているのにニコニコなんかしていられるものですか。
배우도 아니고 말이야, 이렇게 화를 내고 있는데도 싱글벙글 하고 있을 수 있는 것입니까?

・学生<ruby>学生<rt>がくせい</rt></ruby>でもあるまいし、アルバイトはやめて、きちんと勤<ruby>勤<rt>つと</rt></ruby>めなさい。
학생도 아니고, 아르바이트는 그만두고 제대로 취직하세요.

・子供<ruby>子供<rt>こども</rt></ruby>でもあるまいし、自分<ruby>自分<rt>じぶん</rt></ruby>のことは自分<ruby>自分<rt>じぶん</rt></ruby>でしなさい。
어린애도 아니고, 자신의 일은 스스로 하세요.

・お客<ruby>客<rt>きゃく</rt></ruby>さんにきちんとあいさつするくらい、子供<ruby>子供<rt>こども</rt></ruby>じゃあるまいし、言<ruby>言<rt>い</rt></ruby>われなくてもやりなさい。
손님에게 제대로 인사하는 것 정도, 어린애도 아니고 말하지 않아도 해라.

③ 〜ではあるまい

・帰国<ruby>帰国<rt>きこく</rt></ruby>したのではあるまい。귀국한 것은 아닐 것이다.

・分別<ruby>分別<rt>ふんべつ</rt></ruby>ある大人<ruby>大人<rt>おとな</rt></ruby>が知<ruby>知<rt>し</rt></ruby>らなかったではあるまい。
분별 있는 어른이 몰랐다고는 하지 않을 것이다.

④ 〜ではあるまいか [기출]

・私<ruby>私<rt>わたし</rt></ruby>がビジネスでこれまでに訪<ruby>訪<rt>おとず</rt></ruby>れたことのある国<ruby>国<rt>くに</rt></ruby>は、すでに50をこえているのではあるまいか。
내가 비즈니스로 지금까지 방문해 온 나라는 벌써 50을 넘고 있는 게 아닌가.

🔵 같이 알아둬!

접속　명사・동사 원형 / 동사 た+の / ん+ではあるまいし、ではあるまい、ではあるまいか
해설　②의 「명사+でもあるまいし」는 「〜+ではないのだから(ではないはずだから)〜しなさい(しては
いけない)(〜은 아닐 테니까 〜하세요[〜해서는 안 된다])」라는 비난의 의미를 담고 있다.
③의 「〜ではあるまい(〜하지 않을 것이다)」는 문말에 사용하여 부정 추량을 나타낸다.
④의 「〜ではあるまいか(〜한 게 아닌가)」는 「〜じゃないだろうか」의 뜻으로, 화자의 온건한 주장을
담은 문장체적 표현이다.
・みんなで相談<ruby>相談<rt>そうだん</rt></ruby>すれば、何<ruby>何<rt>なに</rt></ruby>かいい方法<ruby>方法<rt>ほうほう</rt></ruby>が考<ruby>考<rt>かんが</rt></ruby>えられるのではないか。
모두 함께 의논하면 뭔가 좋은 방법을 생각할 수 있지 않겠는가?

6) 〜같은, 〜처럼

〜ごとき / 〜のごとし / 〜ごとく [기출]

・山田<ruby>山田<rt>やまだ</rt></ruby>ごときに負<ruby>負<rt>ま</rt></ruby>けるものか。야마다처럼 패배할 리가 있겠느냐.

・光陰<ruby>光陰<rt>こういん</rt></ruby>矢<ruby>矢<rt>や</rt></ruby>のごとし。광음은 화살 같다(세월은 화살같이 빠르다).

・時間<ruby>時間<rt>じかん</rt></ruby>というものは、矢<ruby>矢<rt>や</rt></ruby>のごとく速<ruby>速<rt>はや</rt></ruby>くすぎさっていくものだ。
시간이란 것은 화살처럼 빨리 지나가는 것이다.

・彼<ruby>彼<rt>かれ</rt></ruby>は、事件<ruby>事件<rt>じけん</rt></ruby>には関係<ruby>関係<rt>かんけい</rt></ruby>していないかのごとく、知<ruby>知<rt>し</rt></ruby>らぬふりをしていた。
그는 사건에는 관계하고 있지 않다는 것처럼, 모르는 척을 하고 있었다.

 같이 알아둬!

접속 명사+ごとき → 명사+のような (예시로서 멸시의 느낌을 포함)
　　　 명사+の+ごとし → ような (양태와 예시)
　　　 명사・동사 た형+の+ごとく → ように (양태와 예시)

7) ~인(된)

~たる　[빈출]

・警官<ruby>警官<rt>けいかん</rt></ruby>たる<ruby>者<rt>もの</rt></ruby>、そのような<ruby>犯罪<rt>はんざい</rt></ruby>にかかわってはいけない。
　　경찰관인 사람, 그런 범죄에 연관되어서는 안 된다.

・<ruby>国家<rt>こっか</rt></ruby>の<ruby>指導者<rt>しどうしゃ</rt></ruby>たる<ruby>者<rt>もの</rt></ruby>は<ruby>緊急<rt>きんきゅう</rt></ruby>の<ruby>際<rt>さい</rt></ruby>にすばやい<ruby>判断<rt>はんだん</rt></ruby>ができなければならない。
　　국가의 지도자인 사람은 긴급할 때에 민첩한 판단을 할 수 있어야 한다.

・<ruby>国会議員<rt>こっかいぎいん</rt></ruby>たる<ruby>者<rt>もの</rt></ruby>は<ruby>身辺潔白<rt>しんぺんけっぱく</rt></ruby>でなければならないはずである。
　　국회의원된 사람은 신변이 결백하지 않으면 안 될 것이다.

 같이 알아둬!

접속 명사+たる+명사
해설 '~인, ~된'이라는 자격을 나타내는 말이다. 「~たる<ruby>者<rt>もの</rt></ruby>(~인 사람)」의 꼴로 장중한 인상과 과장된 어조로 연설이나 형식적인 말에 쓰인다.

8) ~(상황, 경우)에서

~にあって

・<ruby>異国<rt>いこく</rt></ruby>の<ruby>地<rt>ち</rt></ruby>にあって、<ruby>仕事<rt>しごと</rt></ruby>を<ruby>探<rt>さが</rt></ruby>すこともままならない。
　　이국 땅에서 일을 찾는 것도 뜻대로 안 된다.

・<ruby>大臣<rt>だいじん</rt></ruby>という<ruby>職<rt>しょく</rt></ruby>にあって、<ruby>不正<rt>ふせい</rt></ruby>を<ruby>働<rt>はたら</rt></ruby>いていたとは<ruby>許<rt>ゆる</rt></ruby>せない。
　　대신(장관)이라는 자리에서 부정을 저지르고 있었다니 용서할 수 없다.

・<ruby>母<rt>はは</rt></ruby>は<ruby>病床<rt>びょうしょう</rt></ruby>にあって、なおも<ruby>子供達<rt>こどもたち</rt></ruby>のことを<ruby>気<rt>き</rt></ruby>にかけている。
　　엄마는 병상에서 더욱더 아이들 일을 염려하고 있다.

 같이 알아둬!

접속 명사+にあって
해설 '(그 상황 하)에서'라는 뜻이다. ① '그 상황에 있으면서' ② '~에 있음에도 불구하고'라는 두 가지 의미로 쓰인다.

9) ~할 만할, ~하기에 합당한

～に足る [빈출]

・相手を十分納得させるに足るデータを示す必要がある。
상대를 충분히 납득시킬 만한 데이터를 보일 필요가 있다.

・一生のうちに語るに足る冒険などそうあるものではない。
일생동안 말할 만한 모험 등이 그렇게 있는 것은 아니다.

・学校で子供たちが信頼するに足る教師に出会えるかどうかが問題だ。
학교에서 아이들이 신뢰할 만할 교사를 만날 수 있을지 어떨지가 문제다.

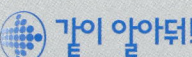 **같이 알아둬!**

접속 　동사 원형+に足る

해설 　「尊敬する・信頼する」등의 단어와 같이 쓰여서 '그렇게 할 가치가 충분히 있다, 그렇게 하기에 합당하다, 충분히 ～할 수 있다'라는 뜻으로 쓰이는 문어체 표현이다.

10) 상당히 ~하다

～の至り

・このような後援会を開いてくださいまして、感激の至りです。
이러한 후원회를 열어주셔서 정말로 감격스럽습니다.

・お二人の晴れやかな門出をお祝いできて、ご同慶の至りです。
두 사람의 밝은 출발을 축하할 수 있어서 경하스럽기 한량없습니다.

같이 알아둬!

접속 　명사+の至り

해설 　최고의 상태라는 뜻으로, '상당히 ～하다', 즉 「とても、非常に」라는 의미의 문어체 표현이다.

11) ~할 것이 아니다, 해서는 안 된다 (부정적 당연함)

～まじき

・酒を飲んで車を運転するなど警察官にあるまじき行為だ。
술을 마시고 운전하는 일은 경찰관에게 있어서는 안 될 행위다.

・患者のプライバシーをほかの人に漏らすなんて、医者としてあるまじきことだ。
환자의 프라이버시를 다른 사람에게 누설하다니, 의사로서 해서는 안 되는 일이다.

같이 알아둬!

접속 　동사 원형+まじき

해설 　「まじき」는 「まじ」의 연체형으로, '～해서는 안 된다' 및 부정 추측의 의미로 쓰인다. 구어체로는 「～に あってはならないものである(～에 있어서는 안 될 일이다)」를 쓴다.

12) ~을 아랑곳하지 않고, ~을 문제 삼지 않고

~をものともせずに

・嵐をものともせずに、荒波を渡り切った。
폭풍을 아랑곳하지 않고 거친 파도를 건너갔다.

・周囲の反対をものともせず、兄はいつも自分の意志を通してきた。
주위의 반대를 개의치 않고, 형은 항상 자신의 의지를 끝까지 밀고 나갔다.

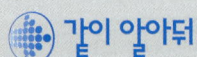 같이 알아둬!

접속　명사+をものともせずに
해설　'~을 개의치 않고, 혹독한 조건을 염려하지 않고 헤쳐 나가서'라는 의미의 문어체 표현이다.

13) ~을 위해, ~을 목적으로 해서

~んがため(に) / ~んがための 〔빈출〕

・生きんがための仕事。
살기 위한 일.

・子供を救わんがため命を落とした。
아이를 구하기 위해 목숨을 버렸다.

・真実を明らかにせんがため、あらゆる手を尽くす。
진실을 밝히기 위해 온갖 수단을 다하다.

같이 알아둬!

접속　동사 (ない형)+んがため(に)、んがための
해설　「~ん」은「동사 ない」의「ない」를「ん」으로 바꾼 것이다. 단,「する」는「せんがため」의 꼴이 된다.

14) ~도 말할 것 없지만, ~도 물론이거니와, ~도 무시할 수 없지만

~もさることながら 〔빈출〕

・両親は、息子に病院の跡を継いで医者になってほしいと思っているようだ。だが、親の希望もさることながら、やはり本人の気持ちが第一だろう。
부모는 아들에게 병원의 대를 이어 의사가 되길 바라고 있는 것 같다. 그러나 부모의 희망도 무시할 수 없지만, 결국 본인의 마음이 제일일 것이다.

・雪で一週間山小屋に閉じ込められた。空腹や寒さもさることながら、話せる相手のいないことが最もつらいことだった。
눈 때문에 일주일간 산 속 오두막에 갇혔다. 공복이랑 추위는 물론이거니와, 말할 수 있는 상대가 없는 것이 가장 괴로운 일이었다.

같이 알아둬!

접속 명사+もさることながら

해설 「〜も無視できないが」라는 뜻으로, '〜도 무시할 수 없지만, 뒤의 내용이 더 비중이 크다'는 의도로 말할 때 사용한다.

15) 〜하면 좋겠구나, 〜하고 싶구나

〜(ず)もがな

・あんまり腹が立ったので、つい言わずもがなのことを言ってしまった。
너무 화가 났기 때문에, 무심코 말하지 않으면 좋겠구나 라는 것을 말하고 말았다.

같이 알아둬!

접속 동사 ない형+ずもがな

해설 「がな」는 문어체 종조사로 「〜もがな」의 형태로 많이 사용된다. 「〜といいなあ(〜하면 좋겠구나)」의 의미로, 감정을 드러내는 바람이나 희망의 뜻을 나타내며, 현대어에서는 「言わずもがな」와 같은 관용 표현으로 쓰인다.

[15] 문말(文末) 표현

1) 〜한 경향이 있다

〜きらいがある [빈출]

・彼はなんでもおおげさに言うきらいがある。
그는 뭐든지 과장되게 말하는 경향이 있다.

같이 알아둬!

접속 동사 원형+きらいがある

해설 '좋지 않은 경향이 있다'는 뜻이다.

2) 〜할 우려(염려)가 있다

〜恐れがある

・津波の恐れがあるので、厳重に注意してください。
해일의 우려가 있으니까, 엄중히 주의해 주세요.

같이 알아둬!

접속 동사 원형+恐(おそ)れがある / 명사+の+恐(おそ)れがある

해설 바람직하지 않은 일이 발생할 가능성이 있음을 나타낸다. 「危険(きけん)がある(위험이 있다)」, 「不安(ふあん)がある(불안이 있다)」 등의 문어체 표현이다.

(A) 강제, 자발

1) ～하지 않을 수 없다

～ざるを得(え)ない

・先生(せんせい)に言(い)われたことだからせざるを得(え)ない。
선생님이 말씀하신 일이라서 하지 않을 수 없다.

・あんな話(はなし)を信(しん)じてしまうとは、我(われ)ながらうかつだったと言(い)わざるを得(え)ない。
그런 이야기를 믿어버리다니, 나 스스로도 멍청했었다고 말하지 않을 수 없다.

 같이 알아둬!

접속 동사 ない형+ざるを得(え)ない(する는 せざるを得(え)ない)

해설 「～するほかない(～할 수밖에 없다)」의 문어체 표현이다.

2) ～하지 않을 수 없다

～ずには済(す)まない / ～ないでは済(す)まない

・あいつはこの頃(ごろ)怠(なま)けてばかりだ。一言(ひとこと)言(い)わずには済(す)まない。
저 녀석은 요즘 게으름만 피운다. 한마디 말하지 않을 수 없다.

・こんなひどいことをしたんでは、お母(かあ)さんにしかられないでは済(す)まないよ。
이런 심한 짓을 했으니, 어머니에게 야단맞지 않을 수 없다.

・あの社員(しゃいん)は客(きゃく)の金(かね)を使(つか)ったのだから処罰(しょばつ)されずには済(す)まないだろう。
저 사원은 손님의 돈을 사용했기 때문에 처벌받지 않을 수 없을 것이다.

 같이 알아둬!

접속 동사 ない형(する는 せ)+ずには済(す)まない、ないでは済(す)まない

해설 '～하지 않을 수 없다, ～하지 않으면 일이 해결되지 않는다'의 뜻으로 쓰인다.

3) 할 수 없이 ～하다

～を余儀(よぎ)なくされる / ～を余儀(よぎ)なくさせる [빈출]

・火事(かじ)で住(す)まいが焼(や)けたため、家探(いえさが)しを余儀(よぎ)なくされた。
화재로 거주지가 타버렸기 때문에, 어쩔 수 없이 집 찾는 일을 하게 되었다.

・台風の襲来が登山計画の変更を余儀なくさせた。
태풍의 내습으로 부득이하게 등산계획을 변경했다.

 같이 알아둬!

접속 　명사+を余儀なくされる、を余儀なくさせる

해설 　「余儀ない」는 '어쩔 수 없다, 부득이하다'라는 뜻의 い형용사다. '어쩔수 없이, 그렇게 하지 않으면 안되는 상황이 되다', 「余儀なくさせる」는 '그렇게 하지 않을 수 없는 상황이 되다'의 뜻으로, 둘 다 '할 수 없이 ～하다'의 의미로 해석된다.

4) ～하지 않고는 못 배기다

① ～ずにはいられない / ～ないではいられない

・この本を読むと、だれでも感動せずにはいられないだろう。
이 책을 읽으면 누구라도 감동하지 않을 수 없다.

・子供のことでは、日々悩まされないではいられない。
아이의 일로 날마다 시달리지 않을 수 없다.

・電車にお年寄りが乗ってきたら、席を譲らないではいられない。
전철에 노인이 타면 자리를 양보하지 않고는 못 배긴다.

・とても嬉しくて、この喜びをだれかに話さずにはいられなかった。
너무 기뻐서, 이 기쁨을 누군가에게 말하지 않을 수 없었다.

같이 알아둬!

접속 　동사 ない형(する는 せ)+ずにはいられない

해설 　'의지적으로 할 수 있는 것이 아니라 자연히 그렇게 되어 버리다'라는 뜻이며, 「泣く、思う、感動する」등 행위나 감정의 움직임을 나타내는 동사에 주로 쓰인다.

② ～ずにはおかない / ～ないではおかない

・彼の言動は皆を怒らせずにはおかない。 그의 언동은 모두를 화나게 만든다.

・彼女とのこと、白状させないではおかないぞ。
그녀와의 일을 자백하지 않고는 못 넘어갈 줄 알아.

・新企画の中止が決まろうとしているが、担当した者たちは反対せずにはおかないだろう。
신 기획의 중지가 결정되려고 하고 있지만, 담당했던 사람들은 반대하지 않고서는 있을 수 없다.

같이 알아둬!

접속 　타동사 ない형・자동사의 사역 부정형(する는 せ)+ずにはおかない、ないではおかない

해설 　'본인의 의지와 상관없이 그러한 상태나 행동이 야기되다, 발생되다'라는 뜻이다.

5) ~을 금할 길이(누를 길이) 없다

～を禁じ得ない [빈출]

- この不公平な判決には怒りを禁じ得ない。
  이 불공평한 판결에는 분노를 금하지 않을 수 없다.

- 彼の仕事ぶりには失望の念を禁じ得ない。
  그의 일하는 모습에는 실망의 마음을 금할 수 없다.

- 思いがけない事故で家族を失った方々には同情を禁じ得ません。
  뜻하지 않는 사고로 가족을 잃은 분들에게는 동정을 금할 길이 없습니다.

같이 알아둬!

접속 감정을 나타내는 명사+を禁じ得ない

해설 「怒り、驚き」 등을 받아 '분노나 동정 등의 감정을 느끼지 않을 수 없다'는 뜻을 나타낸다.

(B) 당연히 ～ 하지 않다

1) ~할 것까지는 없다 / ~할 필요는 없다

～にはあたらない

- 弁解するにはあたらない。 변명할 것까지는 없다.

- 悪いのは相手なんだから、こちらが謝るにはあたらない。
  나쁜 것은 상대이니까, 이쪽이 사과할 필요는 없다.

- 一人だけ仲間を置いて下山したからといって、非難するにはあたらない。
  혼자만 동료를 놓고 하산했다고 해서 비난할 것까지는 없다.

같이 알아둬!

접속 동사 원형+にはあたらない

해설 「驚く、非難する」 등의 동사와 같이 쓰여 '그렇게 하는 것은 적당하지 않다'라는 의미로 쓰인다. 비슷한 표현으로 「～に及ばない(~할 필요가 없다, ~할 것까지는 없다)」가 있다.

- そんなに悩むには及ばない。 그렇게 고민할 것까지는 없다.

---

2) ~할 것까지도 없다

～までもない / ～までもなく [빈출]

- その程度の用事ならわざわざ出向くまでもない。電話で十分だ。
  그 정도의 용무라면 일부러 나갈 것까지도 없다. 전화로 충분하다.

- 田中先生はご専門の物理学は言うまでもなく、平和運動の推進者としてたいへん有名であります。
  다나카 선생님은 전문인 물리학은 말할 것도 없이 평화운동 추진자로서 대단히 유명합니다.

3) ~할 필요 없다

~ことはない

・一度や二度の失敗でそんなに落ち込むことはない。
한 두 번의 실패로 그렇게 낙담할 필요는 없다.

・風邪気味なのだから、パーティーに無理に行くことはない。
감기기운이 있으니까 파티에 무리해서 갈 필요는 없다고 생각해.

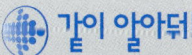
4) ~할 수 밖에 없다

~ほか(は)ない / ~よりほか(は)ない / ~ほかしかたがない

・気は進まないが、上司の命令であるので従うほかはない。
마음은 내키지 않지만, 상사의 명령이기 때문에 따를 수밖에 없다.

・入学試験も目前にせまった。ここまでくれば、がんばるよりほかはない。
입학시험도 목전에 다가왔다. 여기까지 오면 분발할 수밖에 없다.

・体力も気力も限界だ。この勝負はあきらめるほかしかたがない。
체력도 기력도 한계다. 이 승부는 포기할 수밖에 방법이 없다.

5) ~임에 틀림없다, 바로 ~이기 때문이다

① ~にほかならない

・今回の優勝は彼の努力のたまものにほかならない。
이번 우승은 그의 노력의 결과임에 틀림없다.

- よっぱらい運転は殺人行爲にほかならない。
  음주운전은 살인행위임에 틀림없다.

② ～から / ためにほかならない
- 父が肺癌になったのは、あの工場で長年働いたためにほかならない。
  아버지가 폐암에 걸린 것은 저 공장에서 오랫동안 일을 했기 때문임에 틀림없다.

 같이 알아둬!

접속　①명사+にほかならない　②～から・～ため+にほかならない

해설　①은 '그 이외에는 없다, 사실은 ～다'라는 뜻이고, ②는 '이유나 원인이 틀림없이 그 때문이다'라는 뜻이다.

---

6) ～(하)면 그것으로 끝이다

～ばそれまでだ
- 人間、死んでしまえばそれまでだ。
  인간은 죽어 버리면 그것으로 끝이다.

- チョコレートなんか食べてしまえばそれまでだ。なにか記念に残るものがいい。
  초콜릿 따위는 먹어버리면 끝이다. 뭔가 기념으로 남을 것이 좋다.

 같이 알아둬!

접속　동사 가정형(ば)+ばそれまでだ

해설　'～면 의미가 없어진다, 이제 그 이상은 없다'라는 뜻이다.

---

7) ～할 따름(뿐)이다

～までだ / ～までのことだ 【빈출】
- 父があくまで反対するなら、家を出るまでのことだ。
  아버지가 끝까지 반대한다면, 집을 나올 일 뿐이다.

- 試験に失敗しても、私はあきらめない。もう一年がんばるまでのことだ。
  시험에 실패해도 나는 포기하지 않는다. 일년 더 열심히 할 뿐이다.

 같이 알아둬!

접속　동사 원형+までだ、までのことだ

해설　다른 방법을 취한다는 강한 결의를 나타낸다.

　　　※「동사 た+までだ」는 「だけ」의 의미로 쓰인다.

　　　・そんなに怒ることはない。本当のことを言ったまでだ。
　　　　그렇게 화낼 것은 없다. 진실을 말했을 뿐이다.

8) ~이다(~이 아니고 무엇이랴)

~でなくてなんだろう

・彼女のためなら死んでもいいとまで思う。これが愛でなくてなんだろう。
　그녀를 위해서라면 죽어도 좋다고까지 생각한다. 이것이 바로 사랑인 것이다.

같이 알아둬!

접속 명사+でなくてなんだろう

해설 '~이다'라는 뜻으로,「だ、である」의 의미를 강조하고 있다. 주로「愛・宿命・運命・真実」등의 단어에 접속한다.

---

9) ~임에 틀림없다

~に相違ない

・犯人はあの男に相違ない。
　범인은 저 남자임에 틀림없다.

・これを知ったら、彼はきっと烈火のごとく怒り出すに相違ない。
　이것을 안다면, 그는 필시 열화와 같이 화를 낼 것임에 틀림없다.

같이 알아둬!

접속 모든 품사+に相違ない

해설 「~にちがいない、きっと~だろう、間違いなくそうである」의 의미로, '~임에 틀림없다, 꼭 그럴 것이다'라는 말하는 사람의 강한 확신을 나타낸다.

---

10) ~할 리가 없다

~っこない

・いくら彼に聞いても、本当のことなんか言いっこないよ。
　아무리 그에게 물어도 사실을 말할 리가 없다.

・山口さんなんか、頼んだってやってくれっこないよ。
　야마구치 씨 같은 사람이 부탁한다고 해 줄 리가 없다.

같이 알아둬!

접속 동사 ます형+っこない

해설 「ぜったい~しない、~するはずがない、~するわけがない」의 의미로, 어떤 일이 일어날 가능성을 단정적으로 강하게 부정하는 표현이다.

11) ① ~할까 보냐 ② ~인걸

① ~ものか / ~もんか [기출]

- そんなことがあるものか。 그런 일이 있을 리가 있나?

- もうあんなやつと口^{くち}をきくものか。 이제 그런 녀석하고 얘기를 하나 봐라.

- あんなことを信^{しん}じるもんですか。 그런 것을 믿을 수 있습니까?

- あんな店^{みせ}には二度^{にど}と行^いくもんか。 그런 가게에는 두 번 다시 가지 않을 거야!

- もう二度^{にど}と恋^{こい}などするものかと固^{かた}く心^{こころ}に誓^{ちか}ったはずだったが、知^しらず知^しらずのうちに彼女^{かのじょ}のことが好^すきになっていた。
  이제 두 번 다시 사랑을 할까보냐고 마음속으로 단단히 맹세했지만, 자신도 모르는 사이에 그녀를 좋아하고 있었다.

② ~もの / ~もん

- だって、ぼくは何^{なん}にも知^しらなかったんだもの。 하지만 나는 아무것도 모르고 있었는걸.

- もうダイエットは止^やめたんだもん。 이제 다이어트는 그만뒀는걸.

> #### 같이 알아둬!
> 접속 ① 동사 원형+ものか ② 동사・い형용사 기본형+もの / 명사・な형용사 어간+もの
> 해설 ①은 부정이나 의문 표현을 동반하여 강한 부정이나 반문을 나타내고, ②는 감탄이나 「~から」, 「~ので」보다 더 확실히 이유를 강조해서 나타내는 표현이다. 둘 다 회화체에서는 「~もん」이라고도 한다.

(C) 설명, 결과

1) ~이기에 더욱

~ばこそ / ~からこそ [빈출]

- あなたの将来^{しょうらい}を考^{かんが}えればこそ、厳^{きび}しく注意^{ちゅうい}するのです。
  당신의 장래를 생각하니까 더욱 엄하게 충고하는 것입니다.

- このパズルは難^{むずか}しいからこそ、おもしろいのだ。
  이 퍼즐은 어렵기 때문에 더욱 재미있는 것이다.

> #### 같이 알아둬!
> 접속 동사 가정형+ばこそ / 동사・형용사・명사 기본형+からこそ
> 해설 「~だから」의 뜻으로 쓰이며, 상태를 나타내는 표현이 많이 오고, 문말은 「~のだ」로 끝나는 경우가 많다.

2) ～인 지경이다, ～인 형편이다

～しまつだ

· 彼女(かのじょ)は夫(おっと)の欠点(けってん)を延々(えんえん)と並(なら)べ上(あ)げ、あげくの果(は)てには離婚(りこん)すると言(い)って泣(な)き出(だ)す<u>しまつだった</u>。
　그녀는 남편의 결점을 끝없이 늘어놓기만 한 끝에, 결국은 이혼하겠다고 말하며 울기 시작해 버렸다.

같이 알아둬!

접속 　동사 원형+しまつだ
해설 　'전반에서 그러한 상황의 발생으로 결국은 ～라는 (좋지 않은) 결과가 되어 버렸다'라는 뜻이다.

[16] 강조

1) 정말로 ～라 하지 않을 수 없다

～といったらない / ～といったらありはしない / ～といったらありゃしない [빈출]

· ① 彼(かれ)は会議中(かいぎちゅう)にまじめな顔(かお)をして冗談(じょうだん)を言(い)うんだから、おかしい<u>といったらない</u>よ。
　그는 회의 중에 엄숙한 표정을 짓고 농담을 하기 때문에 정말로 우스꽝스럽다.

· ② この年(とし)になってから一人暮(ひとりぐ)らしを始(はじ)める心細(こころぼそ)さ<u>といったらありはしない</u>。
　이 나이가 되어서 혼자 생활을 시작하는 불안함은 말로 할 수 없을 정도다.

· ③ このごろあちこちで地震(じしん)があるでしょう？おそろしい<u>といったらありゃしない</u>。
　요즘 여기저기에서 지진이 있지요? 정말로 무서운 일이다.

같이 알아둬!

접속 　명사·형용사 어간+といったらない、といったらありはしない、といったらありゃしない
해설 　①은 '도저히 말로 표현할 수 없을 정도로 ～하다'라는 뜻으로, 그 정도가 극단적인 것을 강조하는데 사용된다. ②③은 마이너스 평가를 말할 때 사용되며, ③은 허물없는 회화체 말투이다.

2) 극히 ～하다, ～하기 짝이 없다

～極(きわ)まる / ～極(きわ)まりない / ～の極(きわ)み [빈출]

· その探検旅行(たんけんりょこう)は危険(きけん)極(きわ)まるものと言(い)えた。　그 탐험여행은 지극히 위험한 것이라 말할 수 있었다.

· あの人(ひと)の言(い)うことは不愉快(ふゆかい)極(きわ)まりない。　저 사람이 하는 말은 불쾌하기 짝이 없다.

· たばこを吸(す)ったり酒(さけ)を飲(の)んだり、不健康(ふけんこう)極(きわ)まりない生活(せいかつ)だ。
　담배를 피우고 술을 마시며 몹시 건강하지 못한 생활이다.

· 間違(まちが)い電話(でんわ)をかけてきて謝(あやま)りもしないとは、失礼(しつれい)極(きわ)まりない。
　전화를 잘못 걸어놓고 사과도 안하는 것은 대단히 실례되는 일이다.

· 資産家(しさんか)の一人息子(ひとりむすこ)として、贅沢(ぜいたく)の極(きわ)みを尽(つ)くしていた。
　자본가의 외아들로서 극도의 사치를 다하고 있었다.

접속 な형용사 어간・명사+極まる、極まりない、の極み

해설 '그 이상은 없을 정도의 지점까지 달했다'라는 극단적인 상태를 나타낸다.

3) ~해서 못 견디겠다, 참을 수 없다

~てしようがない / ～てたまらない / ～てならない

・赤ちゃんが朝から泣いてしようがない。 아기가 아침부터 울어서 못 견디겠다.

・今日は暑くてたまらない。 오늘은 더워서 못 견디겠다.

・卒業できるかどうか、心配でならない。 졸업할 수 있을지 어떨지 걱정이 되어 못 견디겠다.

접속 동사 て형・い형용사 て형・な형용사 어간+てしようがない、てたまらない、てならない

※「たまらない」는 동사 접속은 안 된다.

해설 억제할 수 없는 상태를 나타내며, 감정이나 감각 혹은 욕구를 나타내는 단어에 쓰인다. 「～てしようがない」는 직접적인 감정이나 감각이 아니더라도 화자 자신이 억제할 수 없는 상태 등에 사용할 수 있지만, 「～てならない」는 자연스럽게 우러나는 감정이나 감각 외에는 쓰지 않는다. 「～てたまらない」는 정도가 격렬한 표현이다.

4) ~해 마지않다, 너무나 ~하다

~てやまない 빈출

・結婚する二人の今後の幸せを願ってやまない。
결혼하는 둘의 앞으로의 행복을 바라 마지않는다.

・愛してやまないアルプスの山々は今日もきれいだ。
너무나 사랑하는 알프스의 산들은 오늘도 아름답다.

・今井さんは一生そのことを後悔してやまなかった。
이마이 씨는 일생 그 일을 후회해 마지않았다.

・田中君は就職も決まり、もうすぐ卒業だ。今後の活躍を心より願ってやまない。
다나카 군은 취직도 결정되고, 곧 졸업이다. 금후의 활약을 진심으로 바라마지않는다.

접속 동사 て형+てやまない

해설 '～해 마지않는다, 어디까지나 ~하다'라는 강한 감정의 표현으로, 부정적인 감정에도 쓰인다.

5) ~하기에 어렵지 않다

~にかたくない

- 計画の失敗は想像にかたくない。 계획의 실패는 상상하기 어렵지 않다.

- なぜ彼があのような行動に走ったのか、事件の前後の事情をよく聞いてみれば理解にかたくない。
왜 그 사람이 그와 같은 행동에 뛰어들었는지, 사건의 전후 사정을 잘 들어 보면 이해하기 어렵지 않다.

> **같이 알아둬!**
>
> **접속** 명사·동사 원형+にかたくない
> **해설** 추측을 나타내는 명사(동사)를 받아, '간단히 미루어 짐작할 수 있다'는 의미를 나타낸다.

6) ~해 마지않다, 차마 ~할 수 없다

~にたえない

- 幼い子供が朝から晩まで通りで物乞いをしている姿は見るにたえない。
어린 아이가 아침부터 밤까지 거리에서 구걸을 하고 있는 모습은 차마 볼 수 없다.

- このようなお言葉をいただき、感謝の念にたえません。
이러한 말씀을 듣고 감사해 마지않는 마음입니다.

> **같이 알아둬!**
>
> **접속** 동사 원형·명사·な형용사 어간+にたえない
> **해설** 동사 접속의 경우 '~할 수 없을 정도로 심하다'는 뜻으로, 너무나 심한 상태에서 보고 듣는 것이 괴롭다는 의미를 나타낸다. 「見る、読む、正視する」등의 제한된 단어에 쓰인다.
> 명사·な형용사 접속의 경우 '매우 ~하다'라는 뜻으로, 감사·감격 등의 제한된 단어에 쓰여, 의미를 강조한다.

[17] 복합어, 접미어

(A) 가능, 가능성

1) ~할 수 있다

~得る = ~得る

- 未来には人が月で生活することもあり得るかもしれない。
미래에는 사람이 달에서 생활하는 일도 있을 수 있을 지도 모른다.

접속 동사 ます형+得る

해설 기본형은 「得る、得る」 두 가지를 다 취할 수 있으나, 부정은 반드시 「〜得ない」, 과거형은 반드시 「得た」의 꼴이 된다. 가능의 의미로 쓰이는 문어체 표현이지만, 「あり得ない(있을 수 없다)」는 보통 회화에서 쓰인다.

2) 〜할지도 모른다, 〜않는다고 말할 수 없다

〜かねない

・風邪だからといってほうっておくと、大きい病気になりかねない。
감기라고해서 방치해 두면 큰 병이 될지도 모른다.

・あいつならやりかねないと思う。 그 녀석이라면 할지도 모른다고 생각한다.

접속 동사 ます형+かねない

해설 '〜할 가능성, 위험성이 있다'는 뜻으로, 마이너스 평가를 주는 것에만 사용된다.
비슷한 표현으로 「〜かもしれない、〜ないとは言えない」 등이 있다.

3) 〜하기 어렵다

〜かねる

・そのご意見には賛成しかねます。
그 의견에는 찬성하기 어렵습니다.

・残念ながら、そのご提案はお受けいたしかねます。
유감이지만, 그 제안은 받아들이기 어렵습니다.

접속 동사 ます형+かねる

해설 '〜하는 것이 곤란하다, 불가능하다'라는 뜻이며, 관용표현으로 「決めるに決めかねる(차마 결정하기 어렵다)」, 「見るに見かねて(차마 볼 수 없어서)」가 있다.

4) 〜하기 어렵다

〜がたい　기출

・信じがたいことだが本当なのだ。
믿을 수 없는 일이지만, 사실인 것이다.

・あいつの言うことは何の根拠もないし、常識はずれで、とうてい理解しがたい。
그 녀석이 하는 말은 아무런 근거도 없고 상식을 벗어나서, 도저히 이해할 수 없다.

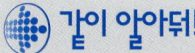 **같이 알아둬!**

접속 동사 ます형+がたい

해설 '〜하기 어렵다, 〜할 수 없다'라는 뜻이며, 관용표현으로「動かしがたい事実(움직일 수 없는 사실)」등이 있다.

(B) 완료

1) 완전히(끝까지) 〜해내다

〜ぬく

· 苦しかったが最後まで走り抜いた。 괴로웠었지만 마지막까지 완주했다.

· 一度始めたからには、あきらめずに最後までやりぬこう。
한번 시작한 이상에는 포기하지 말고 마지막까지 해내자.

 **같이 알아둬!**

접속 동사 ます형+ぬく

해설 '끝까지 〜해내다'라는 뜻으로, '고통을 이겨내고 이루어내다'라는 의미가 강하다.

2) 끝까지 〜하다, 끝내다

〜きる / 〜きれる / 〜きれない

· お金を使いきってしまった。 돈을 다 써 버렸다.

· 山道を登りきったところに小屋があった。 산길을 다 오른 지점에 오두막이 있었다.

· それはいくら悔やんでも悔やみきれないことだった。 그것은 아무리 후회해도 소용없는 일이었다.

같이 알아둬!

접속 동사 ます형+きる、きれる、きれない

해설「きる」는 '마지막까지 〜하다(끝내다)'라는 뜻이고,「きれない」는 '완전히(충분히) 〜할 수 없다'라는 뜻이다.

(C) 미완료

1) 〜하다 말다

〜かけた / 〜かけの / 〜かける

· 仕事をやりかけたままにしておく。
일을 하다 만 채로 두다.

- やり<ruby>かけ<rt></rt></ruby>の<ruby>仕事<rt>し ごと</rt></ruby>が<ruby>残<rt>のこ</rt></ruby>っていたので、<ruby>会社<rt>かいしゃ</rt></ruby>に<ruby>戻<rt>もど</rt></ruby>った。
  하다 만 일이 남아있었기 때문에 회사로 돌아갔다.

- <ruby>彼女<rt>かのじょ</rt></ruby>の<ruby>部屋<rt>へ や</rt></ruby>には<ruby>編<rt>あ</rt></ruby>み<ruby>かけ<rt></rt></ruby>のセーターが<ruby>置<rt>お</rt></ruby>いてあった。
  그녀의 방에는 뜨개질하다 만 스웨터가 놓여 있었다.

같이 알아둬!

접속 동사 ます형+かけた、かけの、かける
해설 '~하다말다, 도중까지 ~하다'라는 뜻으로, 동작의 일시 중단 상태를 나타낸다.

(D) 많은 양의 강조

1) ~투성이

~まみれ

- <ruby>子供<rt>こ ども</rt></ruby>たちは<ruby>汗<rt>あせ</rt></ruby>まみれになっても<ruby>気<rt>き</rt></ruby>にせずに<ruby>遊<rt>あそ</rt></ruby>んでいる。
  어린아이들은 땀투성이가 되어도 신경 쓰지 않고 놀고 있다.

- <ruby>犯行現場<rt>はんこうげんば</rt></ruby>には<ruby>血<rt>ち</rt></ruby>まみれのナイフが<ruby>残<rt>のこ</rt></ruby>されていた。
  범행 현장에는 피투성이의 나이프가 남겨져 있었다.

같이 알아둬!

접속 명사+まみれ
해설 더러운 것이 붙어 있는 상태를 표현하며, 「<ruby>汗<rt>あせ</rt></ruby>、ほこり、<ruby>血<rt>ち</rt></ruby>、<ruby>泥<rt>どろ</rt></ruby>」 등의 제한된 단어에 주로 쓰인다. 비슷한 뜻으로 「~だらけ」가 있다.

---

2) ~뿐, ~투성이

~ずくめ

- <ruby>彼女<rt>かのじょ</rt></ruby>はいつも<ruby>黒<rt>くろ</rt></ruby>ずくめの<ruby>格好<rt>かっこう</rt></ruby>をしている。
  그녀는 언제나 검정 일색의 옷차림을 하고 있다.

- この<ruby>頃<rt>ごろ</rt></ruby>なぜかいいことずくめだ。 요즘 왠지 좋은 일뿐이다.

- <ruby>毎日毎日残業<rt>まいにちまいにちざんぎょう</rt></ruby>ずくめだ。 매일매일 잔업뿐이다.

같이 알아둬!

접속 명사+ずくめ
해설 온통 그것뿐임을 나타내며, 비슷한 뜻으로 「~ばかり」가 있다.
관용 표현으로 「<ruby>黒<rt>くろ</rt></ruby>ずくめ(검정 일색)」, 「いいことずくめ(좋은 일뿐)」, 「ごちそうずくめ(온통 맛있는 음식)」 등이 있으며, 「<ruby>赤<rt>あか</rt></ruby>ずくめ」, 「<ruby>本<rt>ほん</rt></ruby>ずくめ」 등의 표현은 쓰이지 않는다.

(E) 모양

1) ~다워지다

~めく

・少しずつ春めいてきた。 조금씩 봄다워지고 있다.

・彼は、皮肉めいた言い方をする。 그는 비아냥거리는 말투를 한다.

・どことなく謎めいた女性がホールの入り口に立っていた。
어딘지 모르게 수수께끼 같은 여성이 홀 입구에 서 있었다.

🔵 같이 알아둬!

접속 명사+めく

해설 '~다워지다, ~경향을 띠다'라는 뜻으로, 명사에 연결되어 5단 동사를 만든다. 명사 수식은 「명사+めいた+명사」의 형태가 된다.

---

2) ~한 듯함

~げ

・その人は退屈げに雑誌のページをめくっていた。
그 사람은 지루한 듯이 잡지의 페이지를 넘기고 있었다.

・彼女の笑顔にはどこか寂しげなところがあった。
그녀의 웃는 얼굴에는 어딘가 쓸쓸해 보이는 곳이 있었다.

🔵 같이 알아둬!

접속 형용사 어간·동사 ます형+げ

해설 형용사·동사와 결합해 な형용사화되어 '그러한 모양, 있는 모습'을 나타내며, 양태의 「そうだ」와 바꿔 쓸 수 있다. 관용표현으로 「ありげな様子(있음직한 모습)」가 있다.

---

3) 기운, 기색 / ~같은 경향이 있다

~気味

・風邪気味なので、早退させてください。
감기 기운이니 조퇴하게 해 주세요.

・疲れ気味で、体中がだるい。
피곤한 기색으로 온몸이 나른하다.

・なんだか最近太り気味なのよ。エアロビクスでも始めようかしら。
왠지 최근에 살이 찌는 것 같다. 에어로빅이라도 시작할까?

[18] 경어

1) 존경표현

- お預(あず)けになる荷物(にもつ)はありますか。 맡기실 짐은 있습니까?

- お宅(たく)でお使(つか)いになりますか。 댁에서 사용하실 겁니까?

- あの喫茶店(きっさてん)ならゆっくりお話(はな)しになれますよ。
  저 커피숍이라면 느긋하게 대화할 수 있습니다.

- 今日(きょう)の会議(かいぎ)に社長(しゃちょう)はご欠席(けっせき)になります。
  오늘 회의에 사장님은 결석하십니다.

- ご試着(しちゃく)になりますか。 입어 보시겠습니까?

- お名前(なまえ)を忘(わす)れずにお書(か)きください。
  성함을 잊지 말고 써 주십시오.

- コピー機(き)はあちらにございますので、お使(つか)いください。
  복사기는 저쪽에 있으니, 사용하십시오.

- ご指導(しどう)ください。 지도해 주십시오.

- 自由(じゆう)にご覧(らん)ください。 자유롭게 보십시오.

- よいお年(とし)をお迎(むか)えください。 좋은 한 해 맞으세요.

- 何番(なんばん)におかけですか。 몇 번에 거셨습니까?

- 今(いま)、どちらにお勤(つと)めですか。 지금 어디에 근무하십니까?

- 先生(せんせい)は最近(さいきん)どんな問題(もんだい)をご研究(けんきゅう)ですか。
  선생님은 최근 어떤 문제를 연구하십니까?

2) 겸양표현 [기출]

- 航空券とパスポートを<ruby>お願<rt>ねが</rt></ruby>いします。 항공권과 여권을 부탁드립니다.

- 創立記念パーティーに<ruby>お招<rt>まね</rt></ruby>きします。 창립 기념 파티에 초대합니다.

- 明日<ruby>お届<rt>とど</rt></ruby>けできます。 내일 보내드릴 수 있습니다.

- 近いうちに、改めてご連絡いたします。 가까운 시일 내에 다시 연락드리겠습니다.

- お願い申し上げます。 부탁드리겠습니다.

- ご報告申し上げます。 보고 드리겠습니다.

- お招きいただく。 초대받다.

- ご説明いただく。 설명해 주시다.

- ご利用いただく。 이용해 주시다.

- お調べ願いたいのですが。 조사를 부탁드리고 싶습니다만.

- ご検討願えませんか。 검토를 부탁드릴 수 없겠습니까?

⊕ 같이 알아둬!

해설 경의를 표시할 사람에 대하여 나 혹은 내 쪽의 사람이 하는 것을 낮춤으로서 상대방에 대한 경의를 나타낸다. 즉, 동작하는 사람의 입장을 낮추어 그 동작이 향하는 사람에게 존경을 표현하는 말이다.

① お/ご+동사의 ます형+する/いたす　〜(해) 드리다
② お/ご+동사의 ます형+もうしあげる　〜(해) 드리다
③ お/ご+동사의 ます형+いただく　〜(해) 주시다
④ お/ご+동사의 ます형+願う　〜를 부탁드리다

N1

part 2
1교시 독해 유형별 공략법

시험 과목&시간	
1교시	2교시
언어지식(문자·어휘·문법) 독해 (110분)	청해 (60분)

독해
만점을
위한
학습요령과
실전대책

1 독해란?

독해란, 문장을 읽는 목적이나 과제에 맞춰 언어지식이나 줄거리 내용에 관한 지식과 그것들을 이용하는 능력을 함께 사용하여, 텍스트에 쓰인 정보를 처리하고 이해해가는 과정이다. 즉 독해 능력은 어휘력, 문장 이해 능력, 배경지식, 글 이해 능력 등이 상호작용하여 향상된다. 따라서 독해의 방법을 설명해 놓은 이론서를 뗐다고 어느 날 갑자기 독해력이 향상되지 않는다는 것을 알아야 한다. 평소 다양한 화제와 내용에 깊이가 있는 읽을거리를 읽고, 이야기의 흐름이나 상세한 표현 의도를 이해할 수 있어야 한다.

N1 독해에 출제되는 지문은 광범위하다. 독해력을 향상시키기 위해서는 폭넓은 화제를 기록한 신문의 논설, 평론 등, 논리적으로 약간 복잡한 문장이나 추상도가 높은 문장 등을 꾸준히 그리고 많이 읽어야 한다. 왜냐하면 독해력 측정 문제는 궁극적으로 문장의 구성이나 내용을 이해할 수 있는 수준이 되었는지를 묻기 때문이다.

I. NEW 독해 무엇이 달라졌나?

새로운 일본어능력시험은…

일본어능력시험의 급수 취득 시 인정되는 사항을 살펴보면 '여러 방면에서 사용되는 일본어를 이해하고 사용할 수 있다'고 되어 있다. '여러 방면'이 의미하는 것이 무엇일까? 한마디로 우리의 일상생활 전반에서 접할 수 있는 모든 상황에서 접하는 내용이 문제화될 수 있다는 것이다. 신 일본어능력시험은 실질적인 일본어 사용능력의 유무를 측정하는 시험으로 완전히 확 바뀌었다.

언어지식과 독해풀이에는 N1은 110분의 시간이 주어진다. 문제를 너무 꼼꼼하게 읽다 보면 시간이 부족할 수도 있다. 먼저 무엇을 묻는 문제인지 파악한 후에 어느 부분에 주의해서 읽어야 할지를 생각해 두는 것이 현명한 방법이다.

유형별 문제풀이 시간

출제 유형별 문제풀이 시간은 문자·어휘 15분/ 문법 15분/ 독해 70분 정도의 스피드로 문제를 풀고 나머지 10분 정도는 문제를 재검하는 데 할애하는 여유를 가져야 한다. 중요한 것은 실전에서는 문제 풀이 과정에서 복잡한 변수가 많아 정신을 집중하지 않으면 자칫 의외의 문제로 많은 시간을 빼앗길 수 있다. 집중력을 유지하며 단숨에 문제를 해결하는 훈련이 필요하다.

언어지식은 독해의 밑거름

언어지식과 문법은 과거의 능시에 비해 비중도 줄었고, 문제 유형 면에서도 그렇게 어렵지는 않다. 모든 외국어 공부가 그렇듯이 단어로 시작하여 단어로 끝나는 것이 어학 공부이므로 시험에서의 비중이 높고 낮음에 상관없이 언어지식 영역은 피할 수 없는 길이다.

또한 평소에 한자, 어휘 공부를 밥 먹듯이 매일 꾸준히 하고 이를 토대로 어휘를 정확하게 나열하는 방법인 문법에 맞게 말을 만들어 보고 글을 써보자. 문제를 풀어보고 자신의 오류를 확인하는 과정도 필요하다. 또한 의미, 뉘앙스 문제는 흔히 쓰이는 어휘라고 지나치지 말고 미묘한 차이점을 예문을 통해 정확히 익혀둘 필요가 있다.

2. 독해만점 전략

 평소에 글을 집중해 한 번만 읽고 답하는 연습을 하도록 한다.

독해문은 속독 속해의 능력이 관건이다. 독해 문제를 푸는 데 중요한 것은 얼마나 빨리, 정확하게 글의 내용을 파악할 수 있느냐인 것이다. 실전독해는 유형에 따라 〈핵심어〉를 찾고 그에 따른 〈동의어〉〈대립어〉 등을 체크하고 필자가 말하고자 하는 〈요지〉를 찾는 것이 중요하다. 이때 〈역접〉〈단서제시〉〈요약〉 등에 관한 접속사에 주의한다.

 글 안에 있는 복수의 숨은 뜻을 이해하고 질문의 의도에 맞는 답을 문맥으로 판단할 수 있는 훈련을 해야 한다.

출제되는 대부분의 지문은 수필, 신문, 잡지 기사와 같은 일상생활에서 접할 수 있는 모든 내용들이다. 일본어 실력에 더하여 독해력 증진을 위한 이해력, 순발력이 필요하다. 그러므로 평소 교재 공부만으로는 충분하지 않다. 다양한 장르의 글에 대한 꾸준한 숙독과 정리가 당장 필요하다. 이제 능시를 대비한 평소 독해 공부는 번역 수준에 머물러서는 안 된다.

 강성광式 본격 독해문법의 필요성이 대두되었다.

독해를 통해 내용 이해와 더불어 일본어의 기본적인 구조에 깊게 관련되는 문법 항목들, 예를 들어 '자동사, 타동사, 경어, 조건 표현, 시간 표현, 지시사, 문말 표현, 조사' 등에 대해서 단계적으로 짚고 넘어가야 한다. 초급 단계에서 대략적으로 배운 사항을 중상급 단계에서는 학습자가 직접 자기만의 독해노트를 작성하여 본인의 것으로 소화하며 학습하는 것이 좋다. 밑줄과 항목에 대한 번호를 쓰는 것은 기본이며, 접속사 등에는 동그라미 등의 부호를 표시하여 평이한 문장을 도식화 하는 작업이 효과적이다. 나의 경우 독해노트를 마련하여 좌우를 구별하여 위쪽에는 일본어 원문, 오른쪽은 원문을 분석한 우리말 주석을 나름대로 정리했다.

전략4 전후의 문장을 잘 읽고, 그 관계를 이해하는 것이 중요하다.

긴 문장의 경우에도 접속사를 통해 앞뒤 문장의 관계를 파악할 수 있다. 즉 뒷 문장이 앞 문장의 이유를 말하고 있는지, 반대 내용을 말하고 있는지, 비슷한 것을 부연 설명하고 있는지 접속사로 유추할 수 있으므로 역할 그룹별로 나누어 정리해 두면 독해실력이 훨씬 향상될 것이다.

1) 역접
앞말에 이어서 뒷말이 반대가 되는 관계로 앞 문장과 반대 내용을 말하는 경우

- **～ても** ~해도
  このところ不景気で就職難だ。大学を出ても就職口がない。
  최근 불경기로 취직난이다. 대학을 나와도 취직자리가 없다.

- **～のに** ~인데
  大変な事態なのによく酒なんか飲んでいられるね。
  심각한 사태인데 잘도 술같은 걸 마시고 있을 수 있구나.

- **～たって・～だって** ~해도
  どんなに急いだって間に合わなかっただろう。
  아무리 서둘러도 제 시간에 못 갔을 것이다.

- **～が** ~지만
  確かにわたしの国にも消費税はあるが日本ほど高くない。
  분명히 우리나라에도 소비세는 있으나 일본만큼 비싸지 않다.

- **～にしても・～としても** ~라 해도
  いくら彼の口には合わないにしても一口ぐらいは食べてほしかった。
  아무리 그의 입에는 맞지 않는다 하더라도 한입 정도는 먹어주길 바랐다.
  事前に面接の内容をわかっていたとしても合格は難しい。
  사전에 면접 내용을 알고 있었다 하더라도 합격은 어렵다.

- **～は(なら)ともかく** ~은 어쨌든, ~은 차치하고
  説得の効果はともかく、こちらの考えは示しておきましょう。
  설득의 효과는 차치하고, 이쪽의 생각은 나타내둡시다.

- **しかし** 그러나 = **しかしながら**
  お腹がすいた。しかしお金がない。
  배가 고프다. 그러나 돈이 없다.

- **けれど(も)** 그러나
  彼と約束をした。けれども行けなかった。
  그와 약속을 했다. 그러나 가지 못했다.

- **でも** 그렇지만

  あの人に何度も手紙を出した。**でも**一度も返事はなかった。

  그 사람에게 몇 번이나 편지를 보냈다. 그렇지만 한 번도 답장은 없었다.

- **ところが** 그렇지만, 그런데, 하지만 = **予想に反して**

  예상 밖이라는 의미로 대화 당사자의 예상과 관계없는 사항이 전개될 경우에도 사용할 수 있는 말이다.

  きのうデパートへ行きました。**ところが**、休みでした。

  어제 백화점에 갔습니다. 그러나 백화점은 휴일이었습니다.

  手紙で合否を知らせるということだった。**ところが**、一向に通知が来ない。

  편지로 합격 여부를 알려준다고 하였다. 그러나 전혀 통지가 안 온다.

  大多数が日米同盟関係の重要さを言うが、同時に、経済的にも政治的にも安定した中国との関係を考えなければならないという意識も広がっている。**ところが**、文面からはそんな生き生きした感覚が伝わらない。

  대다수가 일미동맹관계의 중요함을 말하나, 동시에 경제적으로도 정치적으로도 안정된 중국과의 관계를 생각하지 않으면 안 된다는 의식도 퍼지고 있다. 그러나 문장에서는 그런 생생한 감각이 전해지지 않는다.

- **が・だが** 그러나

  あの人は頭はいい。**だが**利己的な人だ。

  저 사람은 머리는 좋다. 그러나 이기적인 사람이다.

  「文化と社会」をお求めになりたい由ですが、ただ今在庫が一冊もありませんので、少しまっていただけますでしょうか。

  「문화와 사회」를 구입하시고 싶어 하신다고 들었습니다만, 지금 재고가 한 권도 없으므로, 좀 더 기다려주실 수 있겠습니까?

- **それなのに** 그런데, 그럼에도 불구하고 = **～にもかかわらず**

  앞에서 말한 사항에도 불구하고 그에 반하는 결과가 발생하는 등 내용상의 모순, 비난이나 놀라움을 나타내는 문장이 뒤에 이어진다.

  一生懸命勉強した。**それなのに**成績が落ちた。

  열심히 공부했다. 그런데도 성적이 떨어졌다.

  半年も勉強すれば少しは日本語が話せるようになると思っていた。**それなのに**さっぱり上達しない。

  반년이나 공부하면 조금은 일본어를 말할 수 있게 될 거라고 생각했었다. 그런데 도무지 향상되지 않는다.

- **それにしても** 그건 그렇고, 그건 그렇다 하더라도

  今年は猛暑だということだけど、**それにしても**今日は暑いね。

  올해는 지독한 더위라고 하지만, 그렇다고 해도 오늘은 덥군.

  彼は時々遅れて来ることがある。**それにしても**今日は遅すぎる。

  그는 때때로 늦게 오는 경우가 있다. 그렇다 하더라도 오늘은 너무 늦는다.

- **それにしては** 그에 비해서는, 그런 것치고는

  アメリカに３年いたそうだが、**それにしては**英語が下手だ。

  미국에 3년 있었다던데, 그에 비해서는 영어가 서툴다.

  準備期間があまりなかったと聞いていますが、**それにしては**よくできていると思います。

  준비 기간이 별로 없었다고 들었습니다만, 그런 것치고는 잘 되었다고 생각합니다.

2) 첨가
앞말의 내용에 뒷말의 내용을 더하거나 앞 문장과 비슷한 내용을 말하는 경우

- **なお** 게다가, 또한

  弁当と**なお**間食も持っていく。

  도시락과 게다가 간식도 가지고 간다.

  ９時出発の予定です。**なお**、雨天の場合は翌翌日に延期となります。

  9시에 출발할 예정입니다. 또한 비가 올 때에는 다음 다음날로 연기됩니다.

- **おまけに** 게다가

  勉強もできるし、**おまけに**運動もできる。

  공부도 잘하고 게다가 운동도 잘한다.

  売上は伸びず、**おまけに**社長まで倒れてしまい、経営は完全に行き詰まってしまいました。

  매출은 늘지 않고 게다가 사장까지 쓰러져버려, 경영은 완전히 벽에 부딪쳐 버렸습니다.

- **それから** 그리고 나서

  デパートで買い物をし、**それから**映画を見て家へ帰った。

  백화점에서 쇼핑하고, 그리고 나서 영화를 보고 집에 돌아갔다.

- **そして** 그리고

  日本語に英語、**そして**韓国語まで読める。

  일본어에 영어, 그리고 한국어까지 읽을 수 있다.

- **そのうえ** 게다가, 그밖에도

  あの人は頭もいいし、心も親切だ。**そのうえ**顔も美しい。

  그 사람은 머리도 좋고 마음씨도 친절하다. 게다가 얼굴도 아름답다.

- **しかも** 게다가

  彼は金持ちだ。**しかも**若い。

  그는 부자다. 게다가 젊다.

  雨が降り、**しかも**雷も鳴りはじめた。

  비가 오고, 게다가 천둥까지 치기 시작했다.

- **それに** 게다가, 더욱이

  頭も痛いし、**それに**かぜ気味だ。

  머리도 아프고, 게다가 감기 기운도 있다.

  このノートパソコンは軽いです。**それに**値段も安いです。

  이 노트북은 가볍습니다. 게다가 가격도 쌉니다.

- **かつ** 또한

  このマンションは便利で**かつ**静かな所にあるので、人気が高いです。

  이 맨션은 편리하고 또한 조용한 곳에 있어서 인기가 높습니다.

- **ちなみに** 덧붙여서 말하면, 그와 관련하여 = ついでに言えば

「ちなみに言えば～ (덧붙여서 말하면)」「ちなみに申し上げますと～ (덧붙여서 말씀드리면)」

ちなみに、二人は高校の同級生だった。
덧붙여서 말하면 두 사람은 고등학교 동창생이었다.

ちなみに今回の合格はこれまでの受験者の中で最年少に当たる。
덧붙여서 말하면 이번 합격은 지금까지의 수험자 중에서 최연소에 해당한다.

- **それどころか** 그렇기는커녕

昇給は難しいでしょう。それどころか首だって危ないかもしれません。
급료가 오르기는 어려울 겁니다. 그렇기는커녕 해고될지도 모릅니다.

3) 병렬

문절끼리 대등한 관계로 이어지게 하는 역할을 한다. 앞말의 내용에 이어 뒷말의 내용을 낱낱이 들거나 앞 문장과 비슷한 내용을 말하는 경우

- **および** 또한, 및

自転車および自動車の通行を禁止します。
자전거 및 자동차의 통행을 금지합니다.

- **ならびに** 및, 더불어

名前、職業、並びに生年月日を書きなさい。
이름, 직업 및 생년월일을 쓰시오.

- **また** 또

あの人は医者であり、また大学の先生でもある。
저 사람은 의사이고, 또 대학교 선생님이기도 하다.

4) 전환

화제를 바꾸거나 앞 문장과 반대되는 내용을 말하는 경우

- **さて** 그런데, 자, 한편, 다름이 아니오라

さて今日は何を話しましょうか。
자, 오늘은 무엇을 이야기할까요?

さて、早速でございますが、…。
다름이 아니오라 바로 용건을 말씀드리면, ….

- **では** 그러면 = じゃ

では、始めましょう。
그럼 시작합시다.

- **次いで** 뒤이어, 계속하여 = 引き続いて

開会式が終わった。次いで競技に移る。
개회식이 끝났다. 뒤이어 경기로 이어진다.

- **ところで** 그런데, 그건 그렇고

  ところで、お父さんはお元気ですか。

  그런데 아버님은 건강하세요?

  ところでこの間はお国のめずらしいお土産をわざわざ持ってきてくださってありがとうございました。

  그건 그렇고 요전에는 고향의 귀한 특산물을 특별히 가져와 주셔서 감사했습니다.

5) 순접

앞말의 내용에 이어 뒷말의 내용이 순리적으로 이어지게 하며, 앞에 이유를 말하고 뒤에 결과를 말하는 경우

- **～と・～ば・～たら・～なら・～くて**

  トンネル内で事故が起こると、人は先へ避けようとする。

  터널 안에서 사고가 발생하면, 사람은 앞쪽으로 피하려고 한다.

  寒ければ、ストーブをつけてください。

  추우면 스토브를 켜세요.

  夫が帰って来たら、相談してみます。

  남편이 돌아오면 의논해 보겠습니다.

  あなたは嘘の吐けない人ですね。そういうあなたなら信用します。

  당신은 거짓말을 못하는 사람이군요. 그런 당신이라면 신용하겠습니다.

  今はだいぶよくなりましたが、まだ鼻水が止まらなくて苦労しています。

  지금은 많이 좋아졌지만, 아직 콧물이 안 멎어서 고생하고 있어요.

- **そこで** 그래서

  앞 문장에 이어지는 자연스러운 흐름을 받는 말로 그에 상응하는 행동을 기대할 때 쓰는 말이다.

  雨が晴れ出した。そこで出発することにした。

  비가 개기 시작했다. 그래서 출발하기로 했다.

  バスがない。そこで歩いて行くことにした。

  버스가 없다. 그래서 걸어가기로 했다.

- **それで** 그래서, 그러므로

  お金がない。それで旅行に行けない。

  돈이 없다. 그래서 여행을 못 간다.

- **だから** 그래서 = ですから

  頭がいたい。だから欠席する。

  머리가 아프다. 그래서 결석한다.

- **ゆえに** 그러므로

  夏はあつい。ゆえに汗が出る。

  여름은 덥다. 그러므로 땀이 난다.

- **すると** 그러니까, 그러면 = **そうすると**

  上の子が泣きました。**すると**下の子も泣き出しました。

  큰 아이가 울었습니다. 그러자 작은 아이도 울기 시작했습니다.

- **したがって** 따라서

  これはいい品物だ。**したがって**高い。

  이것은 좋은 물건이다. 따라서 비싸다.

- **つきましては** 그런고로

  つきましては、お言葉に甘え、ぜひ貴社へのご紹介をお願いさせてください。

  그런고로 염치 불구하고 꼭 귀사에 소개를 부탁드리겠습니다.

6) 선택

- **もしくは** 혹은, 아니면 ㉟ 어쩌면, 혹시 = **もしかする**

  月曜日、**もしくは**火曜日にそちらにうかがおうと思います。

  월요일, 혹은 화요일에 그곳에 가려고 합니다.

- **あるいは** 혹은, 또는

  宅配で送るか、**あるいは**バイク便で送ってもいいかもしれませんね。

  택배로 보낼지, 혹은 오토바이 편으로 보내도 좋을지도 모르겠네요.

- **ないしは** 내지는 (의문문에는 어울리지 않음)

  両親**ないしは**保証人の許しが必要です。

  부모 내지는 보증인의 허가가 필요합니다.

7) 단서, 조건

- **ただ、ただし** 단, 다만, 그렇지만

  앞에 나온 내용에 대하여 보충적인 설명, 예외, 보류, 조건, 주석을 첨가하는 말이다.

  あの店はうまい物を食わせる。**ただ**料金が高い。

  저 음식점의 음식 맛은 좋다. 단지 값이 비싸다.

  道具はこちらでお貸しします。**ただし**その場合はデポジットで1000円をお預かりします。

  도구는 여기서 빌려 드립니다. 다만 그 경우에는 보증금으로 1000엔을 받습니다.

- **もっとも** 다만, 단지

  運動は健康のために必要だ。**もっとも**、やりすぎるのも問題があるようだ。

  운동은 건강을 위해 필요하다. 하지만 지나치게 하는 것도 문제가 있는 것 같다.

8) 설명

  앞말의 내용에 대해 자세히 설명하거나, 앞 문장을 반복해 말하는 경우

- ## 一方[いっぽう] 한편
  7割[わり]の人[ひと]がインターネット通販[つうはん]を利用[りよう]したいと考[かんが]える一方[いっぽう]、9割[わり]の人[ひと]が不安[ふあん]を感[かん]じている。

  70%의 사람들이 인터넷 통신판매를 이용하고 싶다고 생각하는 한편, 90%의 사람들이 불안을 느끼고 있다.

- ## おまけに 게다가, 거기에다, 더욱이 = そのうえ
  彼女[かのじょ]は顔[かお]は悪[わる]いし、おまけに性格[せいかく]まで悪[わる]い。

  그녀는 얼굴은 못 생겼고 게다가 성격까지 나쁘다.

  売上[うりあげ]は伸[の]びず、おまけに社長[しゃちょう]まで倒[たお]れてしまい、経営[けいえい]は完全[かんぜん]に行[ゆ]き詰[づ]まってしまいました。

  매출은 늘지 않고 게다가 사장까지 쓰러져 버려, 경영은 완전히 벽에 부딪혀 버렸습니다.

- ## 且[か]つ 게다가, 그 위에
  忘年会[ぼうねんかい]は大[おお]いに飲[の]み、且[か]つ歌[うた]った。

  송년회는 많이 마셨고 게다가 노래도 불렀다.

- ## さて 자, 그런데, 한편, 다름이 아니오라 (화제 전환)
  さて、早速[さっそく]でございますが、

  다름이 아니오라, 바로 용건을 말씀드리면…

- ## そもそも 도대체, 대관절 = 一体[いったい]
  そもそも私[わたし]の存在[そんざい]は彼[かれ]にとっての何[なん]なんだろう。

  도대체 내 존재는 그에게 있어 무엇이란 말인가

- ## それから 그리고
  앞의 사항에 이어 뒤의 사항이 일어날 때 「それから(그리고)」를 쓴다. 「その後 (あと) (그뒤)」의 뜻이다.

  新宿[しんじゅく]で買[か]い物[もの]をしました。それから渋谷[しぶや]で映画[えいが]を見[み]ました。

  신주쿠에서 쇼핑을 했습니다. 그리고 시부야에서 영화를 보았습니다.

- ## それどころか 그러기는커녕, 오히려
  彼女[かのじょ]は私[わたし]と会[あ]っても挨拶[あいさつ]もしない。それどころかどこかで私[わたし]の陰口[かげぐち]を言[い]っているらしい。

  그녀는 나와 만나도 인사도 하지 않는다. 오히려 어딘가에서 내 험담을 하는 것 같다.

- ## それとはいえ 그렇다고는 하나
  전반부에는 부정적(마이너스적)인 상황이 전제되고, 그 이후에 이어지는 후반부 내용이 앞 선 상황보다 오히려 더 부정적(마이너스적)인 결과가 초래되었음을 말할 때 사용한다. 즉 이전에 말했던 사실은 인정하지만, 거기에는 문제가 있다는 의미이다.

  雪[ゆき]で電車[でんしゃ]が遅[おく]れているのは分[わ]かりますが、それとはいえ彼[かれ]は遅[おそ]すぎます。

  눈으로 전차가 늦는 것은 이해가 되지만, 그렇다고 해도 그는 너무 늦습니다.

- ## それとも 아니면
  どうする、昼食[ちゅうしょく]は和食[わしょく]にしようか、それとも中華料理[ちゅうかりょうり]がいい?

  어떡하지, 점심은 일식으로 할까? 아니면 중국요리가 좋아?

- **それにしては** 그렇다고는 하나, ~치고는

  アメリカに3年いたそうだが、**それにしては**英語が下手だ。

  미국에 3년 있었다던데 그에 비해서는 영어가 서툴다.

- **それにしても** 그렇다손 치더라도

  主力が抜けていたのは分かるが、**それにしても**5対0はひどすぎるなあ。

  주력이 빠진 것은 이해하지만, 그렇다 치더라도 5대0은 너무하다.

- **因に** 이와 관련하여, 덧붙여서 말하면

  記念日の話が出ましたが、**因に**今日は私たちの結婚記念日です。

  기념일 이야기가 나왔는데, 덧붙여서 말하자면 오늘은 우리의 결혼기념일입니다.

- **次いで** 이어서, 계속하여

  会社の説明を終え、**次いで**個人面接が始まった。

  회사에 대한 설명을 마치고, 이어서 개인 면접이 시작되었다.

- **ないしは** 내지는, 혹은 (의문문에는 어울리지 않음)

  明日**ないしは**明後日までにお返事を下さい。

  내일 혹은 모레까지 답을 주십시오.

  両親**ないしは**保証人の許しが必要です。

  부모 내지는 보증인의 허가가 필요합니다.

- **なお** 또, 또한

  なお、当日は鈴木かずお先生を招きし、専門的な立場からのご意見もうかがうことになっています。

  또한 당일은 스즈키 가즈오 선생님을 초청하여, 전문적인 입장에서의 의견을 듣게 되어 있습니다.

- **並びに** 및

  学校の成績証明書、**並びに**卒業証明書の原本を一部ずつ持って来てください。

  학교 성적 증명서 및 졸업증명서 원본을 한 부씩 갖고 오십시오.

- **若しくは** 혹은, 아니면

  フロントの者、**若しくは**総務の者に書類をお渡しください。

  프론트의 담당자, 혹은 총무에게 서류를 내 주십시오.

- **以て** 게다가, 더욱이

  彼はハンサムで**以て**スポーツマンときているので女の子たちにかなりもてる。

  그는 잘 생기고 게다가 스포츠맨이어서 여자들에게 매우 인기가 있다.

- **故に** 그러므로, 따라서

  彼女は美人だ。**故に**引く手数多で困っている。

  그녀는 미인이다. 그러므로 구혼자가 많아서 어려움을 겪고 있다.

- **すなわち** 즉

  この文献リストは署名の五十音順である。**すなわち**「あいうえお」順で作られている。

  이 문헌 리스트는 책이름의 50음도순이다. 즉, '아이우에오' 순으로 만들어져 있다.

- **つまり** 즉

  これはあなたの不注意で起きたことだ。**つまり**あなたの責任だ。

  이것은 당신의 부주의로 일어난 일이다. 즉, 당신의 책임이다.

※참고

품사상 접속사로 볼 수 없지만 접속사 기능을 하는 말들은 다음과 같다.

- そういうわけで 그러한 까닭으로
- そうはいっても 그렇게 말은 해도
- 要するに 요컨대
- 言いかえれば 바꾸어 말하면
- ～というのは ～라고 하는 것은
- それだから 그러기에
- それにもかかわらず 그럼에도 불구하고
- そういえば 그러면
- そうだとすると 그렇다면

3. 실전 독해 공략법

실전 독해에 있어 질문유형에는 크게 나누어 다섯 가지의 패턴이 있다. 아래에 각각의 실전 문제풀이 요령을 설명하도록 하겠다.

1 문장 안의 지시어가 가르키는 내용을 묻는 문제

독해 문제를 풀 때 본문 속에서「これ、それ」「この / その + 명사」「こう、そう」 등의 지시어를 흔히 볼 수 있다. 이것들은 '이미 나온 표현이나 내용, 또는 앞으로 나올 표현이나 내용을 가리키는 말'이다. 그러므로 문장을 읽을 때는 항상 그것들이 무엇(혹은 누구)을 가리키고 있는 것인지를 생각하면서 읽도록 한다.

대부분의 경우, 지시어는 이미 앞서 서술한 것을 가리키는 경우가 많다. 따라서 지시어 및 밑줄 부분에 대한 문제 해결은 문제의 지시어 직전부터 거슬러 올라가 찾으면 된다.

> ▶ 遺伝子組み換え作物のニュースを聞くと、人間はこんなことまでできるようになったのかと驚かされる。
> 유전자변형작물에 대한 뉴스를 듣고, 인간은 이런 일까지 할 수 있게 되었나 하고 깜짝 놀라게 된다.
> ▶ 自由競争は経済を成長させると言われるが、私はそう思わない。
> 자유 경쟁은 경제를 성장시킨다고 하나, 나는 그렇게 생각하지 않는다.

개념 설명을 요구하는 문제는 나중에 해당어구의 내용을 설명하는 문장으로 이어서 전개되므로 답을 뒤에서 찾으면 된다. 설명은 반드시 뒤에 쓰여 있음을 확신해도 좋다.

> ▶ これは先輩から聞いた話だが、この学校があった場所は昔墓地だったそうだ。
> 이것은 선배로부터 들은 이야기인데, 이 학교가 있던 곳은 옛날에 묘지였다고 한다.

이와 연관지어 명심할 것은 문장을 읽을 때는 언제나 주어와 술어, 수식관계의 기본을 살펴 가며 읽어야 하는 점이다.

> ▶ 今週中に申し込めば、参加できます。〈조건〉
> 이번 주 중으로 신청하면 참가할 수 있습니다.
> ▶ 試合に勝つために毎日練習した。〈목적〉
> 시합에 이기기 위해 매일 연습했다.
> ▶ 生活のために昼間はスーパーで、夜は居酒屋で働いた。〈술어가 공유되는 경우〉
> 생활을 위해 낮에는 슈퍼에서, 밤에는 주점에서 일했다.
> ▶ 家の鍵を開け、中に入り、電気をつけた。そのとき家の中がめちゃくちゃなのに気づいた。
> 〈연속하는 동작이나 사건의 나열〉
> 집 열쇠를 열고 안에 들어가 불을 켰다. 그때 집안이 엉망진창인 것을 알았다.

나름 목적하는 의도 아래 쓰인 문장은 예외 없이 어떤 주제에 대해 같은 의미의 말이 반복되기도 하고 강한 말투로 명확하게 내용을 요약하는 경우도 있다. 지시어와 관련해서 실전시험에서 정답을 고를 때는 밑줄 친 부분에 선택한 문항의 답을 대입하여 보고, 의미가 통하는지 확인해 보는 것도 하나의 확인 요령이다.

2 이유, 특히 논리전개나 감정, 판단의 근거를 드는 이유를 묻는 문제

일본어 실력에 더하여 이해력, 순발력이 필요한 문제 유형이다. 예를 들어 장면의 상황이나, 등장인물의 태도나 기분 등의 심리를 파악하는 형태의 문제로, 그와 같은 상태가 된 것에 대한 이유를 묻는 형식으로 출제된다.

또한 명확하게 이유를 나타내지 않았더라도 단락을 통하여, 이유가 서술되는 경우도 있다. 따라서 처음부터 하나의 문장만을 찾는 것이 아니라, 전체를 읽고 이유를 추측하는 것이 좋다.

정답으로 연결되는 힌트나 이유는 반드시 본문 속에 쓰여 있으므로 조바심을 내지 말고 찬찬히 문장을 읽어나가야 한다. 그렇기 때문에 독해에는 충분한 시간 확보를 통한 마음의 여유가 필요하다.

▶ なぜなら 〜からです 왜냐하면 〜이기 때문입니다

3 글 전체 내용을 통해 필자의 의도나 주제를 묻는 문제

의견을 나타내는 표현들은 다음과 같은 것이 있다.

▶ 〜と思う, 〜と考える 〜라고 생각한다

▶ 〜と思われる, 〜と考えられる 〜라 생각된다, 〜라 여겨진다

▶ 〜と言える 〜라 말할 수 있다

▶ 〜だろう 〜일 것이다

▶ 〜にちがいない 〜임에 틀림없다

▶ 〜はずである 틀림없이 〜일 것이다

▶ 〜のではないかと思う 〜가 아닌가 하고 생각한다

▶ 〜のではないだろうか 〜인 것이 아닐까?

▶ 〜ように思う 〜처럼 여기다, 〜ように感じる 〜처럼 느낀다

▶ 〜かもしれない 〜일지 모른다

▶ 〜はなぜだろうか。わたしは 〜と思います 〜은 왜 그런 것일까? 나는 〜라고 생각합니다

필자의 생각을 고르는 문제는 문장 안에서 필자가 '무엇을 말하고 싶은 것인가'를 생각한다. 대부분은 문장 후반 매듭부에 나와 있는 '〜가 아닐까, 〜라고 생각한다' 부분에 주목한다.

▶ 今後、東アジア各国での離婚率はさらに増加すると思われる。
　앞으로 동아시아 각국에서의 이혼율은 더욱 증가할 것으로 여겨진다.
▶ 安定した経済成長のためには、道路や空港などの整備を進めたほうがよいのではないか。
　안정된 경제성장을 위해서는 도로나 공항 등의 정비를 추진하는 것이 좋지 않겠는가?

단, 문장 말미의 표현에 따라 처음과는 달리 의미가 변하는 경우가 있으므로 주의해야 한다.

▶ 彼女は周りの友人を傷つけつづけた。しかし、実は、友人を傷つけることで、自分自身をも傷つけていたのだ。

그녀는 주위 친구를 계속 상처 주었다. 하지만, 실은 친구에게 상처를 입힌 일로 자기 자신도 상처를 받고 있었던 것이다.

또한 글속에는 글의 내용, 또는 필자의 의견이 명확하게 쓰여 있는 '핵심 문장'이 몇 개 정도는 존재하기 마련이므로, 그것들을 찾아내고 대입해보고 음미하는 일도 평소 독해 훈련에서는 적극 권장한다. 다만, 논리전개나 이야기의 흐름에 주의해야 하는 문제로 사실과 필자의 의견을 구별하도록 한다.

① 적극적 의견, 주관성이 강하다.

▶ わたしは政府の増税政策はまちがっていると思う。

나는 정부의 증세 정책이 잘못되었다고 생각한다.

② 논리에 근거하여 나온 의견임을 부각시키는 경우, 객관성이 강하다.

▶ 運転手の呼気からアルコールが検出されている。事故の原因は、運転手の飲酒にあると思われる。

운전수의 내쉬는 숨에서 알코올이 검출되었다. 사고의 원인은 운전수의 음주에 있다고 여겨진다.

③ '자연스럽게 그런 생각이 든다'는 어감이 강한 말로 개인적 느낌을 말할 때 사용한다.

▶ 今の仕事は忙しくて大変だが、やりがいがあるので、前の仕事よりもよいと思える。

지금 일은 바쁘고 힘들지만, 보람이 있기 때문에 전의 일보다도 좋다고 생각된다.

논리전개의 흔한 방법에는 전제를 내세우고 그것을 인정할 수밖에 없는 경우를 예로 드는 방법이 있는가 하면, 구체적 사례를 열거하고 보편적 결론을 이끌어내는 방법이 있다. 이 때 개별적인 단어에 얽매이거나 주눅이 들지 않도록 하자. 특별히 어려운 단어는 주석을 달아 내용 이해를 돕고 있으므로 본문을 제대로 파악하면 본문 내에 답이 노출되어 있는 경우가 많다.

4 주어를 묻는 문제, 특히 단문 독해에서 필자의 생각, 이유, 지시내용을 파악하는 형태로 출제된다.

주어는 멀리 떨어져 있는 문말의 술어에 연결된다.

▶ 日本は・日本人が思っているほど・狭い国ではない。

일본은 일본인이 생각하는 만큼 좁은 나라가 아니다.

주어를 찾았다면 그 주어에 대해 서술된 이후 문장의 끝을 한 눈에 파악하는 것이 문장을 요약할 수 있는 방법이다. 경우에 따라 문장에 주어가 나타나 있지 않은 경우도 있다.

▶ ~点は ~ことだ　~인 점은 ~(인) 것이다

문장 내용과 일치하는 문항을 고르는 문제는 문장 전후 관계를 잘 비교하여 생각한다. 대부분 주장을 뒷받침하는 내용을 사례별로 열거하거나 또는 비유로 들거나 대비되는 내용을 제시하는 경우가 대부분이다.

〔의문에 대한 대답을 서술하는 경우〕

- ▶ なぜ〜だろうか　왜 〜인 것일까?
- ▶ 〜とは何だろうか　〜란 무엇일까?

〔무엇에 대해 이어 서술하는 경우〕

- ▶ 〜について考えてみたい　〜에 대해 생각해보려 한다
- ▶ 以下、〜について述べる　이하 〜에 대하여 말한다

〔이어지는 내용이 여러 개 있는 경우〕

- ▶ 問題点は以下の3点にまとめられる。まず〜、次に〜、さらに〜
  문제점은 이하 3가지로 정리할 수 있다. 우선〜, 다음으로〜, 나아가〜

5 안내문과 같은 실용문의 특징을 묻는 문제

안내문, 진단지를 보고 답하는 문세는 큰 세목과 _기에 따른 구제석 설녕을 대소하여 읽고 분제에 해당하는 답을 고르는 문제가 출제된다. 이런 유형의 독해는 처음부터 너무 세부적인 내용 파악에 매달리지 말고, ① 눈에 띄는 큰 제목을 통해 글을 쓴 대강의 목적 및 의도를 파악하는 것이 중요하다. 이것은 내용을 한마디로 압축해 놓은 것으로 이후 전개되는 개별 내용에 대한 파악이 쉽고 문장의 흐름이 보여 해당 질문의 답을 찾아낼 수 있는 경우가 대부분이므로 문장의 도입 부분에 유의한다.

② 정보를 검색하는 문제의 경우에는 문제를 먼저 읽고 정답을 이끄는 조건을 세어보자. 그리고 제시된 문장의 맨 위 항목에 해당하는 사항을 우선적으로 대조 점검하며 일치·불일치를 판단, 하나씩 소거해 나가는 방식으로 문제를 해결한다.

독해 유형 파악

問題8 내용 이해[단문] (4문항)

① 문제의 질문의도를 파악한다. 무엇을 묻는지를 정확히 알고 지문에 들어가야한다.

② 문(文)에 쓰인 사실 관계를 이해할 수 있는가, 이유와 원인을 파악할 수 있는가, 그 문맥은 어떠한 의미인가 등을 이해하고 있는지 묻는다.

③ 문장 내용을 정확하게 이해하고 있는지를 묻는 문제이다. 독해 시 문장 안의 내용의 정밀한 부분은 이해하는 데, 문장의 대강의 내용 즉, 무엇이 쓰여 있는가를 모르는 경우가 자주 있다. 따라서 글의 전체를 정확하게 파악하거나 주제를 찾아내어 어떠한 논리로 전개되는가를 알아내야 한다.

問題8 次の(1)から(4)の文章を読んで、後の問いに対する答えとして最もよいものを、1・2・3・4から一つ選びなさい。

（1）

卒業式で君が代が斉唱される約１分間の不起立を理由に今春、一人の都立校教師が学校から追われようとしている。卒業・入学式で国旗掲揚・国歌斉唱を実施するようにとの指導が強まり、反対してきた教師が次々に起立・斉唱に転ずるなか、この教師は、自らの良心に従って不起立を貫いてきた。その姿は、周囲をうかがい迎合するのではなく、勇気を持って行動することの大切さを教えているようにも見える。この静かな不服従に都教育委員会が免職や停職処分で臨むことは、はたして適切な教育行政なのだろうか。

(注１) 君が代：日本の国歌
(注２) 掲揚：たかくかかげること
(注３) 迎合：他人の意向をむかえてこれに合うようにすること

46　ここで筆者の言いたいこととして合っているものはどれか。

1　卒業式における君が代の斉唱は必要ないと思う。

2　都では卒業、入学式での国旗掲揚・国家斉唱を実施しないべきである。

3　教師は周囲をうかがい迎合する姿を子どもたちに教えていくべきである。

4　教師は勇気のある行動をした面もあるので停職は望ましくない。

（2）

知事は本来、事をつかさどること。また、その職を意味する。中国では宋代以降、地方の府、州、県の長官職名に用いられた。中央政府に属して管内を統括し、中央の官職を持たない無力な県長の県令とは区別される。日本では明治時代、天皇に任命され、内務大臣に指揮、監督される官選知事が誕生した。戦後派は公選制が導入され、自治体の最高責任者として、大きな権限を持つようになる。大統領型の権力の座は、政治家にとって魅力的なポストとなった。こうした歴史の中で大阪は時の知事を次々と生み出してきた。71年には革新知事の時代を築き、95年にはタレント知事が登場して無党派ブームを巻き起こた。後を継いで、全国初の女性知事が誕生し、そして、38歳と現職では全国最年少知事が就任した。

（注１）公選制（こうせんせい）：公共の職務に就く者を広く一般の国民の投票によって選挙を行う制度のこと
（注２）ポスト：職、または地位。

47　明治時代、日本ではどのような知事が誕生したのか

　1　中央政府に即属して管内を統括し、中央の官職を持たない無力な知事
　2　天皇に任命され、内務大臣に指揮・監督される官選知事
　3　これまでの日本の歴史上初めてとなる女性知事
　4　38歳という現職では最年少の知事

（3）

新聞記事は、簡潔で分かりやすい文章が求められるが、記事以上に簡潔・明快さを要するのが見出しである。

例えば、ある組織がある問題に対応することを決めた場合、対応がこれから始まるのであれば、見出しは「対応を検討」「対応方針固める」などになるが、さらに短縮して対応へとする場合もある。へが付けば対応が始まる前、外せば対応が始まったことになる。本文と見出しを比べ、本文で対応が始まっていないのに見出しにへがなければ、見出しを付けた整理記者に誤解の恐れを指摘する。

見出しにおける短縮の重要性は尊重しつつも、例えば〇〇も視野とあったら見過ごせない。この視野は視野に入れるから来ているので〇〇も視野にと一文字加えたい。

見出しには本来省略の美学があるが、校閲記者は、省略が過ぎて見出しに盛り込むべきテーマが欠けたり、本来の言い回しを損ねたりしないよう点検してきた。記事本文の文字が巨大化し、字数減少で説明不足にならぬよう配慮するのと並行し、より厳密な見出しを巡る社内の議論は、今後も続く。

（注1）見出し： 新聞、雑誌などの記事の標題
（注2）校閲： 文書・原稿などに目を通して正誤・適否を確かめること

48 校閲記者はどのような点検をしてきたと言っているか。

1 見出しには本来省略の美学があるが、本来の言い回しを損ねないよう点検してきた。

2 多少省略が過ぎて見出しに盛り込むべきテーマが欠けても、どれだけ短く出来るかを点検してきた。

3 見出しにおける短縮の重要性について新聞購読者にもきちんと伝わっているかどうか点検してきた。

4 見出しの文字をどこまで巨大化させていいものかということを点検してきた。

（4）

私たちの社会は、最近、人を許すことが苦手になっている。かつて甘やかされた子供た
ちが社会のルールを守れない大人になっている、として、体罰やスパルタ教育の復活を望
む声もある。成果主義の名のもと、期待したような結果を出せなかったのでと切り捨て
られる社員もいる。裁判でも、厳罰化の動きが止まらない。

もちろん私たちは、こうして厳しい態度を取り合うことで、社会を悪くしようと思って
いるわけではない。日本をより良い方向に導くためには、甘やかすことやすぐに許すこ
とをちょっと控えたほうがよい、と思っているのだ。

（注1）スパルタ教育：厳しい規律・鍛錬を重視する厳格な教育方法
（注2）成果主義：従業員の報酬や昇進を、年功でなく仕事の成果を基準に決める考え方

49　成果主義の名のもとに社員たちの、切り捨てられる理由とは何か。

1　期待したような成果が出せない。

2　いい大人でありながら社会のルールが守れない。

3　仕事に対して考えが甘すぎる。

4　日本をよい方向に持っていこうという意識が足りない。

문제8 │ 다음 (1)에서 (4)의 글을 읽고, 뒤의 문제에 대한 대답으로 가장 알맞은 것을 1·2·3·4에서 하나 고르시오.

(1)

> 졸업식에서 기미가요가 제창되는 약 1분간 기립하지 않은 것을 이유로 올봄 한명의 도립교 교사가 학교에서 쫓겨날 처지에 있다. 졸업·입학식에서 국기 게양·국가 제창을 실행하라는 지시가 강화되어 반대해 온 교사들이 차례차례 기립·제창을 하는 가운데 이 교사는 스스로의 양심에 따라 불(不)기립으로 일관해 왔다. 그 모습은 주위의 눈치를 보며 비위를 맞추는 것이 아니라 용기를 가지고 행동하는 것의 중요함을 가르치고 있는 듯도 보인다. 이 조용한 불복종에 도교육위원회가 면직이나 정직 처분을 하는 것은 과연 적절한 교육 행정인 것일까?

君きみが代よ 일본 국가(国歌)의 제목 | 斉唱せいしょう 제창 ↔ 獨唱どくしょう 독창 | 起立きりつ 기립 | 今春こんしゅん 올봄 | 国旗こっき 국기 | 掲揚けいよう 게양 | 国歌こっか 국가 | 自みずから 스스로 | 貫つらぬく 관철하다, 일관하다 = 果はたす | 周囲しゅうい 주위 | うかがう 엿보다, 살피다, 기회를 노리다 | 迎合げいごう 영합 | 不服従ふふくじゅう 불복종 | 免職めんしょく 면직 | 停職ていしょく 정직 | 処分しょぶん 처분 | 臨のぞむ 중요한 장면에 임하다 | 適切てきせつ 적절함 | 行政ぎょうせい 행정

46 여기서 필자가 말하려고 하는 것으로 맞는 것은 어느 것인가?

1 졸업식에서 기미가요 제창은 필요 없다고 생각한다.
2 도에서는 졸업, 입학식에서의 국기 게양·국가 제창을 실행하지 않아야 한다.
3 교사는 주위의 눈치를 보며 비위를 맞추는 모습을 아이들에게 가르쳐야 한다.
4 교사는 용기 있는 행동을 한 면도 있으므로 정직은 바람직하지 않다.

> **Tip** 필자의 의견이나 생각을 묻는 경우, 감정 이입이나 의도가 잘 드러난 표현을 문장 속에서 포착하는 것도 단문 독해의 요령이다. 문말의 「~にも見える(~인 것처럼 보인다), 果はたして(과연, 도대체)」는 '아래에 의문이나 가정을 나타내는 표현을 수반하여 판단을 내리기 어렵거나, 어떤 사항에 대해 우려하는 기분'을 나타낸다. 따라서 그 안에 있는 내용 즉 '당사자 교원을 정직 처분하는 것이 과연 적절한 행정 조치인가?'는 필자가 '자신은 그렇게 여기지 않는다. 오히려 소신을 갖고 하는 용기 있는 행동으로 보인다.'는 것을 강조하여 한 말이라고 보면 된다.

정답 4

(2)

> 지사는 본래 일을 관리하는 것, 또 그 직무를 의미한다. 중국에서는 송나라 때 이후 지방의 부, 주, 현의 장관직명에 사용되었다. 중앙정부에 소속되어 관내를 통괄하고 중앙 관직을 갖지 않는 무능한 현장인 현령과는 구별된다.
>
> 일본에서는 메이지시대에 천황에게 임명되어 내무대신에 의해 지휘·감독받는 관선 지사가 탄생했다. 전후파는 공선제가 도입되어 지자체의 최고 책임자로서 큰 권한을 가지게 된다. 대통령제의 권력의 자리는 정치가에게 있어 매력적인 지위가 되었다. 이러한 역사 속에서 오사카는 당대의 지사를 차례차례로 탄생시켰다. 71년에는 혁신 지사의 시대를 구축하고, 95년에 탤런트 지사가 등장하여 무당파(무소속) 붐을 일으켰다. 뒤를 이어 전국 최초의 여성지사가 탄생하고, 그리고 38세로 현직에서는 전국 최연소 지사가 취임했다.

知事ちじ 지사 | つかさどる 관리하다, 감독하다 | 長官ちょうかん 장관 | 統括とうかつ 통괄 | 内務大臣

ないむだいじん 내무대신 ｜ 公選こうせん 공선 ｜ 時ときの (뒤에 오는 말을 화제로 삼거나, 그 시대의 뜻을 나타내는 말) 그 당시의, 당대의

47 메이지 시대에 일본에서는 어떤 지사가 탄생했나?

1 중앙정부에 소속되어 관내를 통괄하고 중앙 관직을 갖지 않는 무능한 지사.
2 천황에게 임명되어 내무대신에 의해 지휘 · 감독받는 관선 지사.
3 지금까지의 일본 역사상 최초가 되는 여성 지사.
4 38세라는 현직에서는 최연소의 지사.

> **Tip** 사실 관계를 묻는 비교적 쉬운 유형의 문제로, 가장 먼저 질문에 나온 관련어를 본문에서 찾는 것이 문제해결의 빠른 방법이다. 이 문제의 경우 明治時代めいじじだい가 언급된 본문 내의 연결 문장이 정답이고, 실전에서는 관련 내용을 문제 문항과 대조하면서 찾으면 되고, 일부 다른 표현으로 변형했더라도 의미가 같은 문항을 고르면 된다.

> **정답** 2

（３）

> 　신문 기사는 간결하고 알기 쉬운 문장이 요구되지만, 기사 이상으로 간결 · 명쾌함이 요구되는 것이 표제어이다.
> 　예를 들어, 어떤 조직이 어떤 문제에 대응하기로 정한 경우. 대응이 앞으로 시작되는 것이라면 표제어는 '대응을 검토', '대응방침 굳히다' 등이 되지만, 더 단축해서 '대응하기' 로 하는 경우도 있다. '~하기로' 를 붙이면 대응이 시작되기 전, 떼면 대응이 시작된 것이 된다. 본문과 표제어를 비교해서 본문에 대응이 시작되지 않았는데 표제어에 '~하기로' 가 없으면 표제어를 붙인 정리 기자에게 오해의 우려를 지적한다.
> 　표제어에 있어서의 단축의 중요성을 존중하면서도 예를 들어, 'ＯＯ도 시야' 라고 되어 있으면 그냥 지나칠 수 없다. 이 시야는 '시야에 넣다' 로부터 왔기 때문에 'ＯＯ도 시야에'라고 한 글자 더했으면 한다.
> 　표제어에는 본래 생략의 미학이 있지만, 교열 기자는 지나친 생략으로 표제어에 담아야 할 주제가 빠진다든지 본래 말하고자하는 것을 망치지 않기 위해서 점검해왔다. 기사 본문의 글자가 거대화하고, 글자 수 감소로 설명 부족이 되지 않도록 배려하는 것과 병행하여 보다 엄밀한 표제어를 둘러싼 사내의 논의는 앞으로도 계속될 것이다.

簡潔かんけつ 간결 ｜ 明快めいかい 명쾌 ｜ 見出みだし 표제, 표제어 ｜ 短縮たんしゅく 단축 ｜ 省略しょうりゃく 생략 ｜ 校閲こうえつ 교열 ｜ テーマ 주제, 제목, 중심 과제 ｜ 言いい回まわし 말로 나타내는 법, 표현 방법

48 교열 기자는 어떤 점검을 해왔다고 하고 있는가?

1 표제어에는 본래 생략의 미학이 있는데 본래의 표현을 망치지 않도록 점검해 왔다.
2 다소 지나친 생략으로 표제어에 담아야 할 주제가 빠지더라도 얼마나 짧게 할 수 있는지를 점검해왔다.
3 표제어에 있어서의 단축의 중요성에 대해 신문 구독자에게도 확실하게 전달되고 있는지 아닌지를 점검해 왔다.
4 표제어의 글자를 어디까지 거대화시켜도 되는지를 점검해 왔다.

> **Tip** 내용 일치를 묻는 유형의 문제이다. 교열기자의 역할을 물었는데 본문 후반부에 '교열 기자는 ~해왔다' 라고 되어 있다. Aは _____ である의 주어가 이어지는 서술과 떨어져 있는 경우에 해당한다. 그 외 기본 독해에서 질문에 부합하

는 문장 내의 주어를 찾는 것은 대단히 중요하다. 주어의 제시 형태에 따라 아래의 어떤 경우에 해당되는지 문맥을 크게 살펴볼 필요가 있다.

1) 주어가 나타나 있지 않는 경우로 A는 _____。의 형태이다. 보통 A는 나 자신이나 필자인 경우가 많다.
2) 한 문장 안에 복수의 인물이 등장하는 경우로 A는 _____。B는 _____。처럼 각자의 입장에서 서술하는 인물의 관계나 시간의 추이에 주의하면서 공통점과 상이점을 대비하여 볼 수 있어야 한다.

정답 1

（4）

> 우리들의 사회는 최근에 사람을 잘 용서하지 못하게 되었다. 어려서부터 응석받이로 자란 아이들이 사회의 규율을 지키지 못하는 어른이 되었다며 체벌이나 스파르타식 교육의 부활을 원하는 목소리도 있다. 성과주의의 이름 아래 기대했던 결과를 내지 못했기 때문이라며 잘리는 사원도 있다. 재판도 점점 엄벌에 처하는 움직임이 수그러들지 않는다.
>
> 물론 우리는 이런 엄격한 태도를 취하는 것으로 사회를 나쁘게 만들자고 하는 것이 아니다. 일본을 보다 좋은 방향으로 이끌기 위해서는 응석을 받아주는 것이나 금방 용서하는 것을 조금 절제하는 것이 좋다고 생각하고 있는 것이다.

体罰たいばつ 체벌 │ 成果主義せいかしゅぎ 성과주의 │ 切きり捨すてる 잘라서 버리다 │ 厳罰げんばつ 엄벌 │ 動うごき 움직임, 변화, 동향, 동태

49 성과주의의 아름 아래 사원들이 잘리는 이유는 무엇입니까?
1 기대했던 것 같은 성과를 내지 못한다.
2 충분히 어른이면서 사회의 룰을 지키지 못한다.
3 일을 만만하게 본다.
4 일본을 좀 더 좋은 방향으로 이끌려는 의식이 부족하다.

Tip 이유를 묻는 문제이다. 실전에서 문장내의 이유를 찾는 방법에 대해 단문과 장문의 경우로 나누어 살펴보자. 먼저 단문의 경우에는 질문 관련 주어를 찾고 그 문장 안에 이유를 나타내는 근거가 되는 말들이 있는지를 살피면 간단히 해결된다. 예를 들어 이유를 나타내는 조사 から, ので 등이 제시되어 있을 것이다. 문제도 해고되는 사원이 있는 이유에 대해 期待したような結果を出せなかったので라고 하였다.

장문의 경우에도 답이 되는 이유는 당연히 본문 속에 있다. 특히 명확하게 이유나 원인이라고 적시한 문장이 없다하더라도 단락을 통해 이유가 드러나는 경우가 있다. 따라서 처음부터 하나의 문에만 집착할 것이 아니라 빠른 속도로 단락별 문맥을 찾는 것이 핵심이다. 전체를 읽고 이유에 해당하는 문단을 뽑아내면 정답이 될 것이다.

정답 1

문맥 안의 밑줄 친 의미를 정확하게 이해하는지를 묻는 문제로, 언어 지식을 이용하여 제시문의 <u>세세한 부분을 주의 깊게 읽고 정확하게 이해할 수 있는가 여부를 중시하는 유형이다.</u> 읽기에 있어서는 '부분을 주의 깊게 읽는' 훈련을 필요로 하며 독해의 모든 레벨에서 공통적으로 출제된다. <u>밑줄의 해답은 전후 한줄을 벗어나지 않음을 명심하고</u> 문항의 내용을 요약 또는 풀어서 설명한 부분을 찾아내도록 한다.

問題9 次の文章を読んで、後の問いに対する答えとして、最もよいものを1・2・3・4から一つ選びなさい。

（1）

いつ頃からだろう。ひとがこんなにも勢いよくティッシュペーパーを使うようになったのは。わたしが子供だった時分には、ティッシュペーパーなんてやわらかい紙はなかった。ごわごわするちり紙が主流だった。母が外出のときハンドバックにしのばせる、よそいきのちり紙は、もう少し繊維の立った薄紙になる。わたしたち子どもは、①それをうらやましく眺め、大人の目を盗んでは鼻に近づける。よそいきのちり紙は、いい匂いがしたのである。

手洗いにトイレットペーパーが登場したのも、私がもの心ついてからのことで、その後もしばらくは、うんとごわごわして黒っぽいちり紙を、落とし紙として使った。重なって置いてあるちり紙を、一枚ずつつまみとる仕草を、②今も忘れてはいない。

ちり紙、落とし紙、清め紙。そんな言葉が使われていた時代が過ぎ、ティッシュペーパー登場後、たちまち、使う頻度、使う枚数がふえたのではないか。

食卓で、ティッシュペーパーを使うなんて、とんでもないような気がする。食卓に落ちた汁を拭く。口元や指を拭う。③そういう場合は、台布巾や手布巾にたのみましょうよ、と思う。ティッシュペーパーの使いすぎ、無駄づかいはもとより、食べている手元に、まるまったティッシュペーパーが置かれる食卓の風景がいやだ。

(注1)落し紙：トイレで使う紙の古い呼称
(注2)清め紙：落し紙と同じ

50 ①それとあるが何か。

　　1 筆者が子供だった時分に主流だった、ごわごわするちり紙

　　2 普段からよく使っているティッシュペーパー

　　3 母が外出ドバックにしのばせる、よそいきのちり紙

　　4 大人が勢いよくティッシュペーパーを使うこと

51 ②今も忘れてはいないこととはなにか。

　　1 大人の目を盗んでは鼻に近づけ、よそいきのちり紙の匂いをかいでいたこと

　　2 手洗いで重なって置いてあるちり紙を、一枚ずつつまみとる仕草

　　3 ちり紙、落とし紙、清め紙、そんな言葉が使われていた時代

　　4 食卓でティッシュペーパーを使うなんて、とんでもない時代

52 ③そういう場合とはどういう場合のことか。

　　1 母親がよそいきの格好をして出かける場合

　　2 ティッシュペーパーを何枚も頻繁に使う場合

　　3 手洗いでトイレットペーパーを使う場合

　　4 食卓に落ちた汁を拭いたり、口元や指を拭う場合

（2）

地震が起きたら、家具などが倒れて込んでこない場所に潜り込むことが基本だ。居間ならテーブル、子ども部屋なら勉強机の下など、周囲に危険物がない場所に逃げ込むようにする。震度5弱を超えると、固定していない家具は倒れる可能性が高い。しかし、震度6弱までは歩くことが可能なレベルの搖れと考えられる。地盤などの條件によって異なるが、建物が倒壊する恐れはまだ低い。東京大防災研究センターのセンター長は自力で逃げられるのに、重い家具の下敷きになる事態は避けなければならないと指摘する。①<u>震度6強を超えると</u>、転倒防止器具を付けていても、家具が倒れる恐れがある。歩いて逃げるのは不可能となり、安全な場所に滑り込むのが精いっぱいの状況となる。だが、壁ごと倒れてくるような大災害では、家具を固定しても意味がないと考えるのは誤りだ。センター長は一瞬にして家具が倒れるのを防ぐこと、倒れるまで数秒を稼ぐことができるかどうかが、②<u>身を守れるかどうかを大きく左右する</u>と強調する。

53　地震を感じた場合、まずどうしなければならないか。

　　1　居間と子供部屋の入り口のドアを開けること
　　2　家具などが倒れて込んでこない場所に潜り込むこと
　　3　固定していなかった家具がなかったか確認すること
　　4　素早く外に出て、自力で逃げられる所まで走ること

54　①<u>震度6強を超えた</u>場合の状況はどのようなものであるか。

　　1　安全な場所に滑り込むのが精いっぱいの状況
　　2　なんとか歩くことだけは可能な状況
　　3　壁ごと倒れてくるような極めて危険な状況
　　4　身を守る行動も取れないような状況

55　ここで②<u>身を守れるかどうかを大きく左右する</u>とは何をさしているか。

　　1　自力で逃げられるような体力を日頃からつけているかどうかということ
　　2　どれだけ素早く安全な場所に滑り込むことが出来るかどうかということ
　　3　家具が倒れるのを防ぎ、また倒れるまで数秒を稼ぐことができるかということ
　　4　家にある家具の全てに普段から転倒防止器具が付けてあるかどうかということ

（3）

　今春は高校、大学の受験生2人の父親という立場になり、久しぶりに合格発表に気をもんだ。と同時に、発表方法の様変わりに①少々戸惑った。

　多くの大学がインターネットのホームページに合格者の受験番号を表示する。構内掲示と並び、合否を知る最も早い方法だろう。ところが、その②構内掲示をやめる大学が増えているという。ネットの普及もあり、費用や手間を考えれば、掲示の必要は薄れつつあるとの判断のようだ。

　居ながらにして結果が分かるうえ、わざわざ学校まで足を運ばなくていいから、交通費もかからない。ネット発表に利点が多いことは間違いないが、何だか味気ないとも思う。

　発表を見るため、高校や大学へと向かう道すがら、不安と期待に胸を締め付けられた経験を思い出す。③それは、自分の気持ちと向き合う時間だった。合否がどうあれ、合格発表は、自分の努力の結果を直視する儀式の場だったように思う。その機会が減りつつあるのなら、寂しい気もする。

（注1）気をもむ：あれこれ心配して悩む
（注2）味気ない：面白くない、つまらない

56　①少々戸惑ったとあるが、筆者は何に戸惑ったのか。

1　今春は一気に受験生2人を持つ父親、という立場になってしまったこと
2　自分が学生だった時の合格発表と今の合格発表の方法が、様変わりしていたから
3　インターネットのホームページの合格者欄に子供の受験番号がなかったこと
4　子供の受験した大学まで合格発表を見に行くのには手間も費用もかかること

57　合格発表②構内掲示をやめる大学が増えている理由とは何か。

1　受験生の中から合格者発表の構内掲示をやめて欲しいという声が多かったから
2　ネットが広がり、費用や手間を考えるうえで掲示の必要性が薄れているから
3　構内掲示の必要性は感じない、という大学職員の意見が大半を占めているから
4　構内掲示の合格者発表を見に来る受験生の数が年々減少傾向にあるから

58 ③それとは何を指しているか。

1 不安と期待に胸を締め付けられながら、発表を見るために向かう高校や大学までの時間

2 自分は将来何をするためにどこの高校、どこの大学に入ればいいのだろうかと考える時間

3 自分は高校、大学の受験に対してどれだけ努力してきたかということを改めて見つめなおす時間

4 ネットで高校、大学の合格者の受験番号が発表されるのを今か、今かと待つ時間

（1）

언제부터일까? 사람들이 이렇게 마음껏 티슈를 사용하게 된 것은. 내가 어렸을 당시에는 티슈 같은 부드러운 종이는 없었다. 뻣뻣한 휴지가 주류였다. 어머니가 외출할 때 핸드백에 살짝 넣고 가는 나들이용 휴지는 좀 더 섬유가 좋은 얇은 휴지가 된다. 우리들은 ①그것을 부러운 눈으로 쳐다보고, 어른들이 안 볼 때를 노려 코에 가져다 댔다. 나들이용 휴지는 좋은 냄새가 났던 것이다.

화장실에 두루마리 휴지가 등장한 것도 내가 사춘기에 접어들 때쯤으로 그 뒤에도 한동안은 아주 뻣뻣한 거무스레한 종이를 휴지로 사용했다. 포개어져 있는 휴지를 한 장씩 집는 모습을 ②지금도 잊지 않고 있다.

휴지, 화장실 휴지, 화장지. 그런 단어가 사용되던 시대가 지나 티슈의 등장 후 갑자기 사용하는 빈도, 사용하는 장수가 늘어난 것은 아닐까.

식탁에서 티슈페이퍼를 사용하다니 당치도 않다는 생각이 든다. 식탁에 떨어진 국물을 닦는다. 입주변이나 손가락을 닦는다. ③그럴 때는 물수건이나 손수건을 쓰지~ 하고 생각한다. 티슈페이퍼의 과다한 사용, 낭비는 말할 것도 없고 먹고 있는 바로 옆에 뭉쳐진 티슈가 놓이는 식탁 풍경이 싫다.

時分じぶん 때, 쯤, 무렵, 당시 │ ごわごわ 뻣뻣한 모양 │ 主流しゅりゅう 주류 │ しのぶ 남의 눈에 띄지 않게 행동하다 │ 仕草しぐさ 행위, (하는) 짓 │ 頻度ひんど 빈도 │ 台布巾だいふきん 행주, 물수건 │ 手布巾てふきん 손수건

50 여기서 가리키는 ①그것은 무엇인가?
1 필자가 어렸을 때 주류였던 뻣뻣한 휴지
2 평소에 자주 사용하고 있는 티슈페이퍼
3 어머니가 외출할 때 핸드백에 넣고 가는 나들이용 휴지
4 어른이 당당하게 티슈를 사용하는 것

Tip 독해의 대원칙 하나. 밑줄 친 부분 특히 지시어에 대한 정답은 언제나 바로 앞에 존재한다는 사실이다. 문제는 부러운 듯이 바라본 대상물이 무엇인지를 물었으므로 よそいきのちり紙가 정답이다. 독해에서 출제되는 それ, これ, その＋명사, この＋명사 등의 지시대명사 문제에 대한 대비는, 평소 문장을 읽을 때에 항상 그것들이 무엇(혹은 누구)을 가리키고 있는 것인지를 생각하면서 흐름을 놓치지 않고 읽는 것이 중요하다. 우리글을 읽을 때도 이런 부분을 점검해 보면 훨씬 문장 이해가 쉬워질 것이다.

정답 3

51 ②지금도 잊지 않고 있는 것은 무엇인가?
1 어른들이 안 볼 때를 노려 코를 갖다 대고 나들이용 휴지의 냄새를 맡았던 일
2 화장실에 포개어 놓은 휴지를 한 장씩 집는 모습
3 휴지, 화장실 휴지, 화장지. 그런 단어가 사용되던 시대
4 식탁에서 티슈페이퍼를 사용하다니 당치도 않은 시대

Tip 바로 앞에 있는 '종이를 한 장씩 집어 쓰던 동작'을 가리킨다.

정답 2

52 ③그럴 때는 어떤 때를 말하는가?

1 어머니가 나들이 차림을 하고 외출하는 경우
2 티슈페이퍼를 몇 장이나 빈번하게 사용하는 경우
3 화장실에서 두루마리 휴지를 사용하는 경우
4 식탁에 떨어진 국물을 닦는다든지 입이나 손가락을 닦는 경우

> **Tip** 바로 앞에 있는 '식탁에 떨어진 국물을 닦거나 입이나 손가락을 닦는 것'을 가리킨다. 실전에서는 이렇게 전부 제시하지 않고 부분적으로만 제시할 수도 있다. 그런 경우에도 항목별로 일치만 한다면 정답으로 보아야 한다.

> **정답** 4

(2)

> 지진이 일어나면 가구 등이 쓰러져 덮치지 않는 장소에 숨는 것이 기본이다. 거실이면 테이블, 아이 방이면 책상 아래 등 주위에 위험물이 없는 장소로 도망가 숨도록 한다. 진도 5약을 넘으면 고정되지 않은 가구는 쓰러질 가능성이 높다. 하지만 진도 6약까지는 걸을 수 있는 수준의 흔들림으로 생각할 수 있다. 지반 등의 조건에 따라 다르지만 건물이 붕괴할 우려는 낮다. 도쿄대 방재연구센터의 센터장은 자력으로 도망칠 수 있는데, 무거운 가구에 깔리는 사태는 피해야 한다고 지적한다. ①진도 6강을 넘으면 쓰러짐 방지 기구를 달아 놓아도 가구가 쓰러질 위험성이 있다. 걸어서 도망치는 것은 불가능해지고 안전한 장소로 들어가는 것이 고작인 상황이 된다. 그러나 벽이 통째로 쓰러지는 대재해의 경우, 가구를 고정해도 의미가 없다고 생각하는 것은 잘못이다. 센터장은 순식간에 가구가 쓰러지는 것을 막는 것, 쓰러지기 전의 몇 초를 벌수 있는가가 ②자신을 보호할 수 있는가 없는가를 크게 좌우한다고 강조한다.

地震じしん 지진 | 潜もぐり込こむ 기어들어가다, 잠입하다 | 居間いま 거실 | 逃にげ込こむ 도망쳐 안전한 곳으로 들어가다 | 震度しんど진도 | 地盤じばん 지반 | 異ことなる 다르다, 틀리다 | 倒壊とうかい 도괴, 무너짐 | 下敷したじき 물건 밑에 깔림 | 器具きぐ 기구 *간단한 기계나 도구류를 의미 | 滑すべり込こむ 미끄러져 들어가다 | 一瞬いっしゅんにして 일순간에 | 稼かせぐ 돈, 시간 등을 벌다

53 지진을 느꼈을 때 먼저 무엇을 해야 하는가?

1 거실과 아이 방 문을 열 것
2 가구 등이 쓰러지지 않는 장소에 숨을 것
3 고정하지 않은 가구가 없는지를 확인할 것
4 재빨리 밖으로 나가 자력으로 도망칠 수 있는 곳까지 달릴 것.

> **Tip** 내용파악문제이다. 표현을 달리 했을 뿐 의미가 같은 문장을 골라내는 유형으로 문제의 '지진 발생 시 최초의 대처법'을 묻고 있으므로 맨 첫 문장 상황을 가정하고 결론짓는 地震が起きたら、~基本だ의 내용을 정리하면 되겠다.

> **정답** 2

54 ①진도 6강을 넘었을 경우의 상황은 어떠한 상황인가?

1 겨우 겨우 안전한 장소에 기어 들어가는 상황
2 어떻게든 걸을 수는 있는 상황
3 벽이 통째로 쓰러지는 극도로 위험한 상황
4 자신을 보호하는 행동도 할 수 없는 상황

> **Tip** 진도의 강도에 따른 숫자가 나오므로 해당되는 내용을 혼동하지 않도록 문제지에 숫자와 더불어 핵심 구절을 표시해 두는 것도 하나의 실전 풀이 요령이다. 문제는 진도 6강을 넘는 상황을 물었으므로 '걸어 다니기가 힘들고, 겨우 겨우 안전

한 곳으로 몸을 피하는 상황'이다.

정답 1

55 여기서 ②몸을 보호할 수 있는가 없는가를 크게 좌우한다는 무엇을 말하는 것인가?
1 자력으로 도망칠 수 있는 체력을 평상시에 가지고 있는가 없는가 하는 것
2 얼마나 재빨리 안전한 장소로 피할 수 있는가 없는가 하는 것
3 가구가 쓰러지는 것을 막고, 또 쓰러지기 전의 몇 초를 벌 수 있는가 하는 것
4 집에 있는 모든 가구에 평소부터 쓰러짐 방지 기구를 달았나 안 달았나 하는 것

Tip ~かどうか로 열거된 전후 문장은 그 앞에 서술한 서로 대비되는 내용과 일치한다. 즉 '몸을 지킬 수 있는가의 여부는 앞서 가구가 쓰러지거나, 넘어지는 것을 순간적으로라도 막아낼 수 있는가'에 달려있다. 전체 문맥은 ~かどうかが、~かどうかを左右する이다.

정답 3

(3)

> 올봄에 고등학교, 대학교 수험생 둘의 아빠라는 입장이 되어 오랜만에 합격 발표에 마음을 졸였다. 그것과 동시에 발표 방법의 변화에 ①다소 당황했다.
> 많은 대학이 인터넷 홈페이지에 합격자의 수험 번호를 올린다. 교내 게시와 함께 합격 여부를 아는 가장 빠른 방법일 것이다. 그러나 그 ②교내 게시를 하지 않는 대학이 늘고 있다고 한다. 인터넷이 보급된 것도 있고, 비용이나 수고를 생각하면 게시의 필요성은 적어지고 있다고 판단한 듯하다.
> 있는 그 자리에서 결과를 알 수 있는 데다가 일부러 학교까지 가지 않아도 되니까 교통비도 들지 않는다. 인터넷 발표의 이점이 많은 것은 분명하지만 어쩐지 기분이 안 난다는 생각이 든다.
> 발표를 보기 위해 고등학교나 대학교로 향하면서 불안과 기대로 마음 졸이던 경험을 떠올려본다. ③그것은 자신의 기분과 대면하는 시간이었다. 합격 여부가 어떻든 간에 합격 발표는 자신의 노력의 결과를 직시하는 의식의 기회였다는 생각이 든다. 그 기회가 점점 줄어들고 있는 거라면 섭섭한 생각이 든다.

様変さまがわり 모양이 바뀜, 거래소에서 시세 동향이 급변함 | 気きをもむ 마음을 졸이다, 애태우다 | 戸惑とまどう 망설이다, 당혹해하다, 당황하다, 난처하다 = まごつく | 合否ごうひ 합격 여부 | 構内こうない 구내 *건물, 시설 등의 부지 안 | 掲示けいじ 게시 | 普及ふきゅう 보급 | 居いながらにして 있는 그 자리에서, 즉석에서, 실시간으로 | 味気あじけない 재미없다, 무미건조하다, 시시하다 | 道みちすがら 길을 가면서, 가는 도중에 | 締しめ付つける 단단히 죄다, 조르다 | 直視ちょくし 직시 | 儀式ぎしき 의식 | 寂さびしい 쓸쓸하다, 적적하다, 섭섭하다

56 ①다소 당황했다고 했는데, 필자는 무엇에 당황했나?
1 올봄에 한 번에 수험생 둘을 가진 아빠의 입장이 된 것
2 자신이 학생이었던 때의 합격 발표와 지금의 합격 발표 방법이 바뀌었기 때문에
3 인터넷 홈페이지의 합격자란에 아이의 수험번호가 없었던 것
4 아이가 수험한 대학까지 합격 발표를 보러 가려면 수고와 비용이 드는 것

Tip 당황한 구체적인 내용은 밑줄 바로 앞의 내용 発表方法の様変わり에 있다.

정답 2

57 합격발표 ②교내 게시를 하지 않는 학교가 늘어나고 있는 이유는 무엇인가?

1 합격자 발표의 교내 게시를 하지 않았으면 좋겠다는 수험생이 많았기 때문에
2 인터넷이 널리 퍼지고, 비용이나 수고를 생각하면 게시의 필요성이 적어졌기 때문에
3 교내 게시의 필요성을 못 느낀다는 의견의 대학 직원이 대부분이었기 때문에
4 교내에 게시된 합격자 발표를 보러 오는 수험생 수가 매년 감소 경향을 보이기 때문에

> **Tip** 밑줄 바로 뒤의 내용 「ネットの普及もあり、費用や手間を考えれば、掲示の必要は薄れつつあるとの判断のようだ。」이 그런 결정이 내려진 이유를 설명하고 있다.

> **정답** 2

58 ③그것은 무엇을 가리키는가?

1 불안과 기대로 마음 졸이면서 발표를 보기 위해 고등학교나 대학까지 가는 시간
2 자신은 장래에 무엇을 하기 위해 어느 고등학교, 어느 대학교에 들어가면 좋을까 하고 생각하는 시간
3 자신은 고등학교, 대학교 수험을 위해 얼마나 노력해왔는가 하는 것을 다시 한 번 돌아보는 시간
4 인터넷으로 고등학교, 대학교의 합격자의 수험번호가 발표되는 것을 조마조마해가며 기다리는 시간

> **Tip** 지시어 문제로 그것은 '마음을 졸이며 발표를 보러 가는 길에 경험한 불안과 기대감'을 나타낸다.
> 지시어 これ, それ에 해당하는 내용은 대부분의 경우 바로 앞에 있다! 물론 바로 앞이라고 해두 정확하게 지적하는 내용에 해당하는 일정 부분을 뽑아낼 수 있어야 한다. 지시어를 중심으로 한 전후 문맥이 통하는지를 살피면 쉽게 정답을 알 수 있다.

> **정답** 1

問題10 내용 이해[장문] (4문항)

사설, 평론 등 추상적이고 논리성이 있는 1000자 정도의 글을 읽고, 요점을 파악하는 문제이다. 요점이란 문장을 통해 전달하려는 설명, 주장, 의견들 중에서 가장 핵심이 되는 부분을 말한다.

장문을 통해 요점을 파악하는 방법은 무엇에 대해 쓰였는지를 아는 것이다. 즉 화제(話題)를 파악하고, 필자가 그것에 대해 자신의 의견을 어떤 식으로 전개 서술하는지를 아는 것이 중요하다. 아무리 긴 문장이라도 크게 본 줄거리와 설명의 두 부분으로 나눌 수 있다.

세부적으로는 본 줄거리와 예로 제시한 부분을 구분하고 단락을 지어 각각의 단락에서 아래와 같은 점들을 염두에 두고 독해를 한다.

① 주요 어구: 그 단락에서 반복되거나 혹은 같은 의미인데 표현만 바꿔 자주 사용 되는 것이 주요 내용 및 핵심 문절이다.

② 중심이 되는 문장: 예를 든 문장은 필자의 생각을 뒷받침하기 위한 수단이므로 예를 든 전후의 주장을 종합한 문장이 글의 중심, 즉 필자가 하고 싶은 말이라고 보면 된다. 이런 필자의 생각이 담겨 있는 것이 '중심 단락'이 되며 이런 내용은 평론의 경우 보통 두괄식 혹은 미괄식 전개 즉, 처음 단락이나 마지막 단락에 제시되는 경우가 대부분이다.

③ 단락끼리의 상호 관계: 단락끼리 상호 비교하여 본 줄거리에 해당하는 단락이 어느 것인지 파악하도록 한다. 문장의 기둥과 같아서 독해의 방향을 잃어버릴 염려가 없다.

④ 중심 되는 단락: 이런 단락을 파악하면서 문장을 요약하는 연습을 해 보자. 즉 짧은 한 줄로 '무엇이 ~하다' 혹은 '무엇은 ~하다'는 식으로 필자의 생각을 요약해 보는 것이다.

医師に向けて作られた①DVDを見た。主にがんの治療に携わる医師が、患者さんとのコミュニケーションを学ぶためのものだ。

印象的だったのは患者さんが十分に感情を表出できるようにするという部分。がんの告知をすると、中にはショックで泣き出したり怒り出したりする人がいる。その場面に遭遇するのはつらいので、医師もつい、事実を告げたら、あとは受付に行って入院の予約をしてきてなどと言ってしまうことがある。相手が感情的になるのを見ないようにしてしまうのだ。しかしそのDVDでは、むしろ患者さんがその場で十分、自分の感情を表現できるように、ゆっくり時間を取るべきだ、としている。

②これは私にもおおいに参考になった。私の場合、病名を告げて患者さんが感情的になりそうなときはいや、大丈夫ですよ。うつ病といっても軽いものです。まあ、インフルエンザにかかちゃった、くらいに思ってくれれば。そうそう、このあいだもこんなことがありましたよなどとやけに饒舌になる傾向にある。そうやってなんとなく煙に巻き、相手が感情を表出するのを阻止してしまうのだ。

もっと言えば、病名や病状を告げて、相手が泣き出したり怒り出すまでの沈黙に耐えられないのかもしれない。しかし、そこでペラペラしゃべってその場はなんとなくごまかせたとしても、患者さんは診察室を出たあとは自分の重い感情と向き合わなければならないことにはかわりない。これからはきちんと沈黙に耐え、相手の感情を受け止められるよう、心がけよう。

それからそのDVDでもっと気になったのは、さかんに医師の身だしなみについて注意している点だった。白衣の前ボタンをあけていたり、ネクタイがゆるんだりしているのは、③患者さんに不快感を与える。いつもきちんとした服装でにこやかに……と、何度も繰り返されているのだ。

私はネクタイこそしていないが、いつも簡単なTシャツの上に白衣をはおり、ときにはボタンを開けることもある。下は必ずジーンズに運動靴だ。カジュアルなのが私と思い込んでいたが、やはりこんなトシになってTシャツでは、患者さんにこの人、何なの？と不信感を抱かせるんだろうか。かといって、ネクタイにワイシャツとはいかない女性医師の場合、白衣の下の正装っていったい何なのだろう。コミュニケーションのDVDを見ながら、服装について悩んでしまう私。なんでも見た目からのこの性格こそ、④いちばん

問題なのかもしれない。

(注1) 遭遇 (そうぐう)：思わぬ場面でであうこと
(注2) うつ病 (びょう)：抑鬱気分・不安・焦燥・苦悶感などがあり、体調がすぐれず、精神活動が抑制され、しばしば自殺企図・心気妄想を抱くなどの症状を呈する精神の病気
(注3) 饒舌 (じょうぜつ)：口数が多いこと、またはおしゃべりなこと
(注4) 煙に巻く (けむ・ま)：相手をとまどわせて、自分の意見やペースにうまく乗せること
(注5) カジュアル：日常的かつ実用的で気軽なさま

59 この①DVDは何のために作られたものか。

1 入院を余儀なくされた患者が受付に行って入院の予約をする時の予約の方法を学ぶためのもの

2 主にがんの治療に携わる医師が、患者さんとのコミュニケーションを学ぶためのもの

3 うつ病患者の診療を行う際の患者の感情表出をどのように受け止めるかを学ぶためのもの

4 女性医師の場合の白衣の下の正しい服装について学ぶためのもの

60 ②これとは何か。

1 病名の告知後は、患者さんがその場で十分自分の感情を表現できるように、ゆっくり時間を取るべきだということ

2 病名告知の場面に遭遇するのはつらいので、告知後すぐに患者を受付に行かせる方法

3 ショックで泣き出したり、怒り出したりさせないようながん告知の仕方

4 感情的になられると手間がかかるので、患者さんが感情をあまり表出させないようにする方法

61 ③患者さんに不快感を与えるものとしてここで指しているものは何か。

1 患者が感情的になりそうなときには、医師の判断で本来の病状よりも診断結果を軽くして告知すること

2 ボタンをあけていたり、ネクタイがゆるんだりしているなどきちんとしていない医師の服装

3 病名や病状を告げた後に、その場をなんとなくごまかすためにペラペラしゃべり続けること

4 前ボタンを開けたり、簡単なTシャツの上に白衣をはおったりして身だしなみに注意しないので

62 ④いちばん問題なのかもしれないとあるが何が問題なのか。

1 相手が感情的になるのを見ないようにしてしまうこと
2 患者さんの顔色ばかりうかがってしまう、気の小さい自分の性格
3 白衣の下の正装っていったい何なのだろうかと悩んでしまう自分
4 DVDを見ても服装について悩むなんでも見た目からという自分の性格

해제　문제10 | 다음 문장을 읽고 뒤의 문제에 대한 대답으로 가장 알맞은 것을 1·2·3·4에서 하나 고르시오.

의사를 위해 만들어진 ①DVD를 봤다. 주로 암 치료에 종사하는 의사가 환자와의 커뮤니케이션을 배우기 위한 것이다.

인상적이었던 것은 환자가 충분히 감정을 표출할 수 있도록 한다는 부분. 암을 선고하면, 그 중에는 충격으로 울거나 화내는 사람이 있다. 이런 일을 겪는 것은 괴롭기 때문에 의사도 그만 사실을 알리고 나서는 그럼 접수처에 가서 입원 예약을 하고 오라는 등의 말을 해버리는 경우가 있다. 상대가 감정적이 되는 것을 보지 않기 위해서 이렇게 해버리는 것이다. 그러나 그 DVD에서는 오히려 환자가 그 자리에서 충분히 자신의 감정을 표현할 수 있도록 천천히 시간을 가지게 해야 한다고 하고 있다.

②이것은 나에게도 많은 참고가 되었다. 나의 경우 병명을 알려주고 환자가 감정적이 될 것 같은 때에는 괜찮아요. 우울증이라고는 해도 가벼운 정도예요. 뭐, 감기 걸린 정도로 생각하시면 돼요. 맞다, 맞다, 얼마 전에도 이런 일이 있었어요. 라는 등 지나치게 수다스러워지는 경향이 있다. 그렇게 해서 무심결에 얼떨떨하게 하여 상대가 감정을 표출하는 것을 저지해 버리는 것이다.

더 이야기하자면 병명이나 병세를 알리고, 상대가 울거나 화내기 전까지의 침묵을 견딜 수 없는 것인지도 모른다. 그러나 거기서 수다를 떨어 그 상황은 어떻게든 넘겼다고 해도 환자는 진찰실을 나간 후에 자신의 무거운 감정과 대면하지 않으면 안 된다는 것에는 변함이 없다. 앞으로는 침묵을 잘 견디고 상대의 감정을 받아들일 수 있도록 주의해야겠다.

그리고 그 DVD에서 더 관심이 간 것은 계속적으로 의사의 몸가짐에 대해서 주의를 주고 있는 점이었다. 의사가운의 단추를 열고 있다든지 넥타이가 느슨해져 있어서는 ③환자에게 불쾌감을 준다. 항상 단정한 복장으로 상냥하게……라고 몇 번이나 반복되고 있는 것이다.

나는 넥타이는 하지 않지만 언제나 간소한 티셔츠 위에 가운을 걸치고, 때로는 단추를 열고 있을 때도 있다. 아래는 반드시 청바지에 운동화다. 캐주얼한 것이 나라고 생각하고 있었지만, 역시 이 나이에 티셔츠를 입고 있어서는, 환자분에게 이 사람 뭐야? 하는 불신감을 갖게 하는 걸까? 그렇다고 해서 넥타이에 와이셔츠를 입을 수는 없는 여의사의 경우 가운 밑에 입는 정장이란 과연 무엇일까? 커뮤니케이션에 대한 DVD를 보면서 복장을 고민하게 되어 버리는 나. 뭐든지 겉모습이 중요하다는 이 성격이야말로 ④가장 큰 문제인지도 모른다.

携たずさわる (어떤 일에) 관계하다, 종사하다　|　遭遇そうぐう 조우, 우연히 만남　|　告つげる 고하다, 알리다 ｜　饒舌じょうぜつ 요설, 다변　|　煙けむりに巻まく 기염을 토하여 상대를 얼떨떨하게 하다, 어리둥절하게 하다, 남을 현혹시키다　|　阻止そし 저지　|　病状びょうじょう 병상, 병세　|　沈黙ちんもく 침묵　|　身みだしなみ 차림새, 몸가짐　|　にこやか 상냥한 모양, 생글생글하는 모양, 맘속으로부터 기뻐하는 모양　|　不信感ふしんかん 불신감　|　何なんでも ①무엇이든지, 모두 ②기어코, 어떻든지, 여하튼 ③확실히는 모르나, 어쩌면　|　見みた目め 눈에 보이는 모습[모양], 겉보기

59　이 ①DVD는 무엇을 위해 만들어진 것인가?

1 입원하게 된 환자가 접수처에 가서 입원 예약을 할 때 예약하는 방법을 배우기 위해
2 주로 암 치료에 종사하는 의사가 환자와의 커뮤니케이션을 배우기 위해
3 우울증 환자를 치료할 때 환자의 감정 표출을 어떻게 받아들일까를 배우기 위해
4 여의사의 경우 가운 아래 입는 올바른 복장을 배우기 위해

　Tip　문장 서두에 나오는 어떤 생소한 개념이나 어휘에 대한 설명은 반드시 바로 이어 풀이가 되어 있다 . 문제에서도 「主にが

んの治療に携わる医師が、患者さんとのコミュニケーションを学ぶためのものだ。」라고 나와 있다. ものは DVD 를 가리킨다.

정답 2

---

60 ②이것이란 무엇인가?

1 병명을 선고한 후에는 환자가 그 자리에서 충분히 자신의 감정을 표현할 수 있도록 천천히 시간을 가지게 해야 한다는 것

2 병명을 알리는 것은 괴로우므로, 선고하고서 곧바로 환자를 접수처에 보내는 방법

3 쇼크로 울거나 화내거나 하지 않도록 하는 암 선고 방법

4 감정적이 되면 고생하니까 환자가 감정을 별로 표출하지 않도록 하는 방법

Tip 지시어가 가리키는 것은 넓은 범위에서는 앞 단락 전체를 의미한다. 그러나 좀 세부적인 부분을 말한다면 역시 바로 앞에 제시된 내용 즉 しかしそのDVDでは、むしろ患者さんがその場で十分、自分の感情を表現できるように、ゆっくり時間を取るべきだ、としている。이다.

정답 1

---

61 ③환자에게 불쾌감을 주는 것으로서 여기서 가리키고 있는 것은 무엇인가?

1 흰자가 깅징직이 뷜 섯 같을 때에는 의사의 판단으로 본래의 병세 보다 진단결과를 가볍게 선고하는 것

2 단추를 열고 있다든지 넥타이가 느슨해져 있는 등의 단정하지 못한 의사의 복장

3 병명이나 병세를 알린 후, 그 상황을 얼렁뚱땅 넘기기 위해 계속해서 수다를 떠는것

4 앞 단추를 열거나, 간단한 티셔츠 위에 가운을 걸치고 몸가짐에 주의하지 않으므로

Tip 환자에게 불쾌감을 주는 것은 의사의 복장을 비롯한 몸가짐의 문제로 「白衣の前ボタンをあけていたり、ネクタイがゆるんだりしているのは」이다. 평소 캐주얼한 복장을 자신의 개성으로 삼고 있는 필자도 DVD를 보며 이 부분을 지적한 것에 가장 걱정이 된다고 하였다. 4번은 사실(事実)이 아니라 DVD를 보고난 뒤 자신의 복장도 잘못된 것이 아닐까 유추하는 적용(適用)에 해당하므로 질문에 직접적인 답이 되지 못한다.

정답 2

---

62 ④제일 문제일지도 모른다고 되어 있는데 무엇이 문제인가?

1 상대가 감정적이 되는 것을 못 본 척해버리는 것

2 환자의 눈치만 보는 소심한 자신의 성격

3 가운 안에 입는 정장이란 과연 무엇일까라고 고민해버리는 자신

4 DVD를 봐도 복장에 대해 고민하는, 뭐든지 겉모습을 중시하는 자신의 성격

Tip 문제와 같이 밑줄 친 부분에 걸리는 항목이 포괄적인 내용부터 구체적으로 적용되는 세부 내용까지 다양한 경우가 있는 경우에도 '가장 문제로 삼는' 것에 대한 정답은 바로 앞의 내용이다. 특히 강조점을 둔 こそ와 같은 부조사가 걸려 있으므로 더욱 확실하게 정답으로 인식할 수 있다.

정답 4

서로 관련이 있는 복수의 문장을 비교하거나 종합하는 문제 형태로, 기존 시험에서는 한 번도 출제된 적이 없는 문제형식이다. 하나의 문장을 읽어나가면서, 내용적으로 관련이 있는 다른 텍스트와 관련 지어 공통점과 서로 다른 점을 비교해야 한다. 복수의 문장 내용을 종합하고 이해하는 능력을 키우는 것을 목적으로 한 독해 문제 유형으로 전체를 신속하게 읽거나 부분을 주의 깊게 읽는 법을 집중 연습해야 한다. 질문의 핵심은 같은 화제(話題)에 대하여 각기 다른 입장에서 쓴 두 문장을 읽고 두 문장의 다른 점과 같은 점을 파악하는 것이다. 대부분의 A, B 문장은 상반된 주장을 하면서도 공통적으로 언급하는 부분이 있어, 이를 표시하면 A)①–② / B)②–③의 형태를 취한다.

> **問題11** 次のAとBはそれぞれ別の新聞記事である。 AとBの両方を読んで、後の問いに対する答えとして、最もよいものを1・2・3・4から一つ選びなさい。

A

全国に不登校の児童生徒は約12万人おり、横ばいの状態が続いている。最近は原因が多様化し、対応に苦慮するケースが増えている。こうした現状に対し、学校現場の対応も多様化しており、別室登校や放課後登校による受け入れも増えている。個々のニーズを見極め、それに応じた教育を施すことも大切だ。一方で、①そういった手法には甘いという批判もあると聞くが、家でひきこもっていた子どもたちにとって、学校の正門をくぐることは大きな一歩であり、個々の状態に応じた支援が求められている。

国や自治体の支援は着実に充実している。だが、首都圏と地方では教育支援センターやスクールカウンセラーの配置に大きな差があり、地域間格差の解消が課題でもある。

不登校の兆候を見抜くのは非常に難しい。大切なのは一人の子に複数の教師の目を向けること。教師は一人で抱え込まずに情報を共有し、ＳＯＳのサインを見過ごさないようにすべきだ。

B

不登校の児童生徒を対象にする新しいタイプの学校は、02年の構造改革特別区域法施行によって、設置できるようになった。既存の学校に通えなくなった子どものために、まったく違う学びの場所が必要という現場の要望が多かったためだ。

学校設置者は学校の敷地や校舎を所有しなくてはいけないという規定があったが、規制緩和で撤廃された。学校を作ろうとする自治体や学校法人、NPO法人は文部科学省の申請書を提出。認められれば構造改革特区で指定を受ける。

学年を超えて習熟度別授業をしたり、コミュニケーションタイムを設けて友達と話し合う時間を作る学校もあり、それぞれ独自のカリキュラムには学力や生きる力をつけるための工夫が施されている。

　　文科省は、不登校の子どもが通う民間のフリースクールでの出席数を、小中学校での出席数として認めたり、スクールカウンセラーを増員するなどの対策を講じている。今後は社会福祉の知識を持つスクールソーシャルワーカーの配置に向け調査を進め、効果的な学習カリキュラムの開発をＮＰＯ法人に委託するなど対策を強化する。

63　AとBのどちらの記事にも触れられている内容はどれか。

　1　不登校の児童生徒の数が増加傾向にあること
　2　不登校の児童生徒のニーズに合わせた教育の必要性
　3　教師一人が不登校の生徒の問題を抱え込んでしまうこと
　4　スクールソーシャルワーカーの配置を国が検討していること

64　Aの筆者とBの筆者それぞれの意見について、正しく述べられているのはどれか。

　1　Aは最近の不登校の児童生徒の不登校の原因はほぼ同じであると述べ、Bは不登校の児童生徒のための学校の設置には敷地や校舎の所有がいまだに義務付けられていると述べている。
　2　Aは不登校の児童生徒個々のニーズに合わせた教育を施すことは甘いと述べ、Bは不登校の児童生徒が通う新しいタイプの学校における習熟度別の授業は好ましくないと述べている。
　3　Aは教育支援センターやスクールカウンセラーの配置における地域間格差の解消が課題であり、Bは不登校の児童生徒を対象にする学校の設置理由について述べている。
　4　AもBも児童生徒の不登校の兆候を見抜くのは非常に難しく、教師も一人で悩みを抱えがちであると述べている。

65　①そういった手法とあるが、何を指しているか。

　1　別室登校や放課後登校を断固として認めないこと
　2　不登校の児童生徒、個々のニーズを見極め、それに応じた教育を施すこと
　3　家に引きこもる子どもたちを学校に何とか連れ出してくること
　4　スクールカウンセラーに頼らず教師が不登校の児童生徒の問題を解決すること

문제11 | 다음 A와 B는 각각 다른 신문기사이다. A와 B 양쪽을 읽고 뒤의 문제에 대한 대답으로 가장 알맞은 것을 1·2·3·4에서 하나 고르시오.

A

전국의 등교 거부 아동 학생은 약 12만 명으로 보합 상태가 계속되고 있다. 최근에는 원인이 다양화되어 대응에 어려움을 겪는 케이스도 늘고 있다. 이런 현 상황에 대해 학교 현장의 대응도 다양화되어 별도 교실로 등교하거나 방과 후 등교를 하는 식의 허용도 늘고 있다. 각각의 요구를 확인하고 거기에 맞는 교육을 하는 것도 중요하다. 한편으로 ①그런 방법으로는 무르다라는 비판도 있다고 하지만 집에 틀어박혀 있었던 아이들에게 있어서 학교 정문을 통과하는 것은 큰 한걸음이며 개개의 상태에 맞는 지원이 요구되고 있다.

국가나 지자체의 지원은 착실하고 충실하다. 그러나 수도권과 지방은 교육 지원 센터나 상담 교사 배치에 큰 차이가 있어 지역 간 격차의 해소가 과제이기도 하다.

등교 거부의 조짐을 알아차리는 것은 상당히 어렵다. 중요한 것은 한 아이에게 여러 교사가 관심을 갖는 것이다. 교사는 혼자서 떠안지 말고 정보를 공유하고, SOS 사인을 그냥 지나치지 않도록 해야 한다.

B

등교 거부 아동 학생을 대상으로 하는 새로운 타입의 학교는 2002년의 구조 개혁 특별 구역법 시행에 따라 만들 수 있게 되었다. 기존의 학교에 다닐 수 없게 된 아이들을 위해서 전혀 다른 배움터가 필요하다는 현장의 요구가 많았기 때문이다.

학교 설립자는 학교 부지나 교사를 소유하지 않으면 안 된다는 규정이 있었지만 규제 완화로 철폐되었다. 학교를 만들려는 지자체나 학교법인, NPO 법인은 문부과학성에 신청서를 제출하고, 인정되면 구조 개혁 특구로 지정을 받게 된다.

학년을 넘어서 수준별 수업을 한다든지 커뮤니케이션 타임을 마련해 친구와 이야기하는 시간을 만드는 학교도 있는데, 각각의 독자적인 커리큘럼에는 학력이나 살아가는 힘을 기르기 위한 노력이 담겨 있다.

문부과학성은 등교 거부 아동이 다니는 민간 대안 학교에서의 출석 횟수를 초·중학교에서의 출석 횟수로 인정한다든지 상담 교사를 증원하는 등의 대책을 강구하고 있다. 앞으로는 사회복지 지식을 가진 학교 사회복지사의 배치를 위해 조사를 진행하고, 효과적인 학습 커리큘럼 개발을 NPO 법인에 위탁하는 등 대책을 강화한다.

横よこばい 보합 시세, 시세가 별로 변동이 없음 | 苦慮くりょ 고심함 | 現状げんじょう 현상 | 多様化たようか 다양화 | 受うけ入いれ 받아들임, 들어줌, 승낙 | 見極みきわめる 확인하다, 진위를 판별하다 | ~に応おうじた ~에 따른, ~에 맞춘 | 施ほどこす 시행하다 | 解消かいしょう 해소 | 兆候ちょうこう 조짐 | 設置せっち 설치 = 設もうける | 既存きそん 기존 | 要望ようぼう 요망 = 要求ようきゅう、要請ようせい | 敷地しきち 부지 | 撤廃てっぱい 철폐 | 委託いたく 위탁 | スクールソーシャルワーカー 학교 사회복지사

63 A와 B의 기사 모두에 들어 있는 내용은 무엇입니까?

1 등교 거부 아동학생의 수가 증가 추세인 것
2 등교 거부 아동학생의 요구에 맞는 교육의 필요성
3 교사 한명이 등교거부 학생의 문제를 떠안아버리는 것
4 스쿨 소셜 워커의 배치를 나라가 검토하고 있는 것

두 문장에서 공통적으로 언급한 사실은 A의 「個々のニーズを見極め、それに応じた教育を施すことも大切だ。」, B의 「既存の学校に通えなくなった子どものために、まったく違う学びの場所が必要という現場の要望が多かったためだ。」를 보면 알 수 있다.

정답 ② 2

---

64 A의 필자와 B의 필자 각각의 의견에 대해 바르게 이야기하고 있는 것은 어느 것인가?

1 A는 최근의 등교 거부 아동 학생의 등교 거부의 원인은 거의 같은 것이라고 말하고, B는 등교 거부 아동 학생을 위한 학교의 설치에는 부지나 교사의 소유가 아직까지 의무화되어 있다고 말하고 있다.

2 A는 등교 거부 아동 학생 개개인의 요구에 맞는 교육을 실시하는 것은 무르다고 말하고 있고, B는 등교 거부 아동 학생이 다니는 새로운 타입의 학교에 있어서의 수준별 수업은 바람직하지 않다고 말하고 있다.

3 A는 교육 지원 센터나 상담 교사의 배치에 있어서의 지역간 격차의 해소가 과제라고 말하고 있고, B는 등교 거부 아동 학생을 대상으로 하는 학교의 설치 이유에 대해 말하고 있다.

4 A와 B 둘 다 아동학생의 등교 거부의 징후를 알아채는 것은 상당히 어려우며 교사도 혼자서 고민을 떠안기 마련이라고 말하고 있다.

Tip 각각의 문장에서 필자의 주장을 골라내는 문제이다. 사실과 의견이 혼합된 문장에서

A는 たが 앞의 내용이 사실, 그 이후 「首都圏と地方では教育支援センターやスクールカウンセラーの配置に大きな差があり、地域間格差の解消が課題でもある。」기 필자의 의견에 해당한나.

B 는 사실을 전제하고 이어서 필자의 의견을 담은 이유를 설명하고 있다 . 「～ 施行によって、設置できるようになった。」가 사실을 , 「既存の学校に通えなくなった子どものために、まったく違う学びの場所が必要という現場の要望が多かったためだ。」가 설치 이유에 해당한다 .

정답 ③ 3

---

65 ①그런 방법이라고 되어 있는데, 이것은 무엇을 가리키고 있나?

1 별도 교실 등교나 방과 후 등교를 단호하게 인정하지 않는 것

2 등교를 거부하는 학생 개개인의 요구를 확인하고 그에 맞는 교육을 하는 것

3 집에 틀어박힌 아이들을 학교에 어떻게든 오게 하는 것

4 상감 교사에 의지하지 않고 교사가 등교 거부 아동 학생의 문제를 해결하는 것

Tip 一方では 대비되는 관계를 나타내는 접속사적 용법으로 전후 문맥이 대비되는 방식으로 의견이 전개된다. 앞서 말한 내용에 대한 비판적 견해가 뒤에 이어지고 있으며 지시어 '그런 방법'이 지칭하는 것은 비판의 대상이 된 앞 문장 「個々のニーズを見極め、それに応じた教育を施すこと」로 봐야 한다.

정답 ② 2

주장 이해[장문] (4문항)

서론, 본론, 결론으로 이루어진 논설문 등에서는 필자가 무엇을 전하기 위해 이 글을 썼는지 필자의 집필 의도를 이해하는 것이 가장 핵심이다.

장문의 형식을 취하더라도 '무엇이 무엇이다.'라는 논리 전개의 형태를 띠므로 요지 파악과 같은 문제도 당연히 비중 있게 물어볼 것이다. N1과 N2에서는 주장 이해라는 이름으로 문장 전체에 걸쳐 일관되게 전달되는 주장이나 의견이 무엇인지를 묻는다.

평소 문제 풀이 과정에서의 학습 요령은 먼저 무엇에 대한 이야기인지를 파악하고, 전체를 읽고 난 후에는 대강의 줄거리를 요약할 수 있어야 하며, 세부적으로는 논리 전개에 사용된 사실과 이유, 혹은 필자의 의견 부분을 이해하고 마지막으로 문말(文末) 표현에 주의해야 한다. 특히 앞서 전개한 내용을 바꿔 말한 부분이 있는지에 주의해야 한다. 왜냐하면 앞의 문장은 단편적인 내용을 전하는 하나의 문장(간단 문장)으로 끝나는 것이 아니라 상대를 설득하기 위한 수단, 즉 뒤의 주장이나 근거를 이끄는 단서라고 볼 수 있기 때문이다. 넓은 시야를 가지고 문맥의 흐름을 살펴야 한다.

問題11 次の文章を読んで、後の問いに対する答えとして、最もよいものを1・2・3・4から一つ選びなさい。

　二酸化炭素など温室効果ガスを削減する手法の一つに排出量取引がある。二酸化炭素などを国や企業が排出できる枠をあらかじめ割り当て、過不足分をやり取りする方法だ。日本の産業界は、企業に枠を割り当てる国内排出量取引制度に反対してきた。それが、①ここへきて風向きが変わりつつある。

　政府は首相官邸に懇談会を設けて検討するほか、経済産業省も研究会を設置する。日本経団連も検討を表明している。

　背景には、すでに制度を取り入れてる欧州連合(EU)だけでなく、米国もこの制度を導入する公算が大きくなってきたことがある。京都議定書以降(ポスト京都)の枠組み作りの中でも、当然、検討課題となるだろう。

　このまま反対しているだけでは、日本抜きで国際的な制度設計が進んでしまう恐れがある。温暖化対策が主要課題となる今夏の北海道洞爺湖サミットでリーダーシップを発揮する支障にもなりかねない。

　拒否しているだけでは制度を吟味することも難しく、産業界の心変わりは歓迎したい。

排出量取引そのものは、京都議定書にもとづき、国同士での実施が決まっている。国内排出量取引制度は、②これとは別に、温室効果ガスを取引する国内市場を構築するものだ。政府など公的機関が排出枠を割り当て、削減を義務付ける方法を想定している。

　この制度に産業界が反対してきたひとつの理由は、強制的に枠を設定されることで、競争力をそがれるという点だ。公平な枠の割り当てが難しいとの指摘もある。日本の産業界はすでに十分に省エネを実施してきたので、さらなる削減が難しいという声も強い。

　代わりに、自主的に削減目標を設定する自主行動計画を策定し、京都議定書の第1約束期間を乗り切ろうとしている。

　産業界の懸念は無視できない。ただ、枠の割り当て方にはさまざまな方法がある。EUが実施しているのは無償で上から枠を割り当てる手法だが、それとは別にオークションで枠そのものを買い取る手法の導入も決めた。枠をどこに割り当てるかについても、化石燃料の輸入や生産の段階なのか、消費段階なのかといった複数の考え方がある。

　ポスト京都の枠組み作りを念頭に置きながら、割り当て方などを整理し、公平性の高い制度を検討しておくことは欠かせない。後手に回れば日本にとって不利な制度ができかねない。

　それにしても、排出量取引は一般の人にはわかりにくい。同じ言葉が複数の制度を示すなど、言葉の使い方も混乱を招きやすい。多くの人が議論に参加し、よりよい方向性を見いだすためには、概念と言葉の整理も必要だ。

(注1) 温室効果ガス：赤外線を吸収する物質が存在することによって、気温が上昇する原因をもたらす気体のこと。二酸化炭素や水蒸気メタン窒素酸化物・オゾン・フロンなどが挙げられる。
(注2) 懇談会：互いにうちとけて話し合う会
(注3) 京都議定書：気候変動に関する国際連合枠組み條約の京都議定書の略。温室効果ガスの排出削減の目標や方式など、地球温暖化防止のための各国の合意事項をまとめた文書のこと
(注4) 吟味：物事を詳しく調べて選ぶこと
(注5) 省エネ：省エネルギーの略称。エネルギー資源の枯渇を防ぐため、電力・石油・ガスなどの消費の節約を図ること。
(注6) 化石燃料：石炭・石油・天然ガスなど、太古の動植物の死骸が地下で変化して生成され、埋蔵されている燃料の総称。

66 国内排出量取引制度に反対してきた日本が、①ここへきて風向きが変わりつつあるとあるのはなぜか。

　1 二酸化炭素など温室効果ガスを削減する手法の開発競争に日本が乗り遅れてしまうから

　2 すでに制度を取り入れてる欧州連合(EU)にこれまでの姿勢を改めるように促されたから

　3 今のような姿勢では、温暖化対策が主要課題となる今夏の北海道洞爺湖サミットでリーダーシップを米国に奪われそうだから

　4 このまま反対しているだけでは、日本抜きで国際的な制度設計が進んでしまう恐れがあるから

67 ②これとあるが、何をさしているか。

　1 日本経団連が国内排出量取引制度に対して検討を表明していること

　2 京都議定書にもとづき、国同士での実施が決まっている排出量取引

　3 日本の産業界がすでに十分に行ってきた省エネの実施

　4 排出量取引については一般の人には非情にわかりにくいということ

68 既に十分に省エネを実施してきた日本の産業界はさらなる温室効果ガスの削減が難しいとして、違う策を考えているがそれは何か。

　1 今夏の北海道の国際会議でこれ以上の削減は難しいことを国際的にアピールすること

　2 温室効果ガス排出枠を産業界自身で割り当てるという策

　3 自主的に削減目標を設定する自主行動計画を策定すること

　4 多くの国民にも参加してもらい、温室効果削減の方法について議論する場を持つこと

69 国内排出量取引制度について多くの人が議論に参加し、よりよい方向性を見いだすために必要なこととはなにか。

　1 二酸化炭素などを国や企業が排出できる枠をあらかじめ割り当て、過不足分をやり取りする方法を法制化していくこと

　2 この制度に反対してきた産業界が率先して国民に国内排出量取引制度について説明を行っていくこと

　3 排出量取引は一般の人にはわかりにくく、同じ言葉が複数の制度を示すなど、言葉の使い方も混乱を招きやすいため、多くの概念と言葉の整理が必要である。

　4 政府など公的機関が企業それぞれの排出枠を割り当て、削減を義務付ける方法を想定しているという考えを広く知ってもらう努力

이산화탄소 등 온실효과가스를 삭감하는 방법의 하나로 배출량 거래가 있다. 이산화탄소 등을 나라나 기업이 배출할 수 있는 범위를 미리 할당해서 넘치거나 부족한 분량을 주고받는 방법이다. 일본 산업계는 기업에 범위를 할당하는 국내 배출량 거래 제도에 반대해 왔다. 그러던 것이 ①최근에 와서 형세가 바뀌고 있다.

정부는 수상 관저에서 간담회를 열어 검토하는 외에 경제산업성도 연구회를 설치한다. 일본 경제 단체 연합회도 검토를 표명하고 있다.

배경에는 이미 제도를 도입한 유럽연합(EU)뿐만 아니라 미국도 이 제도를 도입할 가능성이 커진 점이 있다. 교토의정서 이후(포스트 교토)의 기틀 마련에도 당연히 검토 과제가 될 것이다.

이대로 반대만 해서는 일본을 빼고 국제적인 제도 설계가 진행되어 버릴 우려가 있다. 온난화 대책이 주요 과제가 되는 올 여름의 홋카이도 도야코 회담에서 리더십을 발휘하는데 지장이 될 수도 있다.

거부만 하고 있어서는 제도를 조사하는 것도 곤란하므로, 산업계의 변심은 환영하고 싶다.

배출량 거래 그 자체는 교토의정서의 의거에 나라끼리 실시하기로 정해져 있다. 국내 배출량 거래 제도는 ②이것과는 별도로 온실효과가스를 거래하는 국내 시장을 구축하는 것이다. 정부 등의 공저 기관이 배출 범위를 할딩해 식감을 의무화하는 방법을 상정하고 있다.

이 제도에 산업계가 반대해 온 하나의 이유는 강제적으로 범위를 설정하는 것으로 경쟁력을 약화시킨다는 점이다. 공평한 범위의 할당이 어렵다는 지적도 있다. 일본의 산업계는 이미 충분히 에너지 절약을 실시해 왔기 때문에 이 이상의 삭감은 어렵다는 목소리도 높다.

대신 자주적으로 삭감 목표를 설정하는 자주 행동 계획을 책정해서 교토의정서의 제1약속 기간을 극복하려고 하고 있다.

산업계의 걱정도 무시할 수 없다. 다만 틀을 정해 주는 방법에는 여러 가지 방법이 있다. EU가 실시하고 있는 것은 무상으로 위에서부터 범위를 할당하는 방법인데 그것과는 별도로 옥션에서 범위 그 자체를 매입하는 수법의 도입도 결정했다. 범위를 무엇에 할당할 것인가에 대해서도 화석 연료 수입이나 생산 단계에 할 것인가, 소비 단계에 할 것인가 등 여러 가지 견해가 있다.

교토협약 이후의 기틀 마련을 염두에 두면서 할당법 등을 정리해 공평성 높은 제도를 검토해 두는 것은 빠뜨릴 수 없다. 뒤 순위로 밀리면 일본에 있어서 불리한 제도가 된다.

그렇다 치더라도 배출량 거래는 일반인은 알기 어렵다. 같은 단어가 복수의 제도를 나타내는 등 단어의 사용 방법도 혼란을 불러오기 쉽다. 많은 사람이 논의에 참가해, 보다 좋은 방향성을 찾아내기 위해서는 개념과 단어의 정리도 필요하다.

過不足かふそく 과부족 | 割わり当あてる 할당하다, 분배하다 | 風向かざむき 형세 | 官邸かんてい 관저 | 日本経団連にほんけいだんれん 일본 경제 단체 연합회 | 懇談会こんだんかい 간담회 | 公算こうさん 공산, 확률, 가망성 | 枠組わくぐみ 틀을 짬, 테두리 | 支障ししょう 지장 | 吟味ぎんみ 음미, (내용 · 품질) 등을 꼼꼼히 조사하는 것 | 削減さくげん 삭감 | 策定さくてい 책정 | 無償むしょう 무상 | ポスト(post) (다른 말 위에 붙어) ~이후, ~다음 | 念頭ねんとうに置おく 염두에 두다 | 公平こうへい 공평 | 後手あとてに回まわる 뒤 순위로 미루다

66 국내 배출량 거래제도에 반대해온 일본이 ①최근에 와서 형세가 바뀌고 있는 것은 왜인가?

1 이산화탄소 등 온실효과가스를 삭감하는 방법의 개발 경쟁에 일본이 뒤떨어지게 되기 때문에
2 이미 제도를 도입하고 있는 유럽연합(EU)이 지금까지의 자세를 개선하도록 촉구하였기 때문에
3 지금과 같은 자세로는 온난화 대책이 주요과제가 되는 올 여름의 홋카이도 도야코 회담에서 리더십을 미국에 빼앗길 것 같기 때문에
4 이대로 반대만 해서는 일본을 제외하고 국제적인 제도 설계가 진행되어버릴 우려가 있기 때문에

> **Tip** 서론에 이어 상황이 바뀐 이유를 설명하는 가운데 큰 틀의 변화를 「背景には〜ことがある」부분에서 설명하고 , 이는 결국 「このまま反対しているだけでは、日本抜きで国際的な制度設計が進んでしまう恐れがある。」로 이어질 것을 지적하는 내용이다 .

> **정답** 4

67 ②이것은 무엇을 가리키고 있나?

1 일본 경제 단체 연합회가 국내 배출량 거래 제도에 대해 검토를 표명하고 있는 것
2 교토의정서에 의거해 나라끼리 실시하기로 정해져 있는 배출량 거래
3 일본 산업계가 이미 충분히 시행해 온 에너지 절약 실시
4 배출량 거래에 대해서 일반인은 상당히 알기 어렵다고 하는 것

> **Tip** 지시어가 가리키는 것은 앞서 언급한 '배출량 거래 그 자체' 이고 그 내용은 「京都議定書にもとづき、国同士での実施が決まっている。」이다 .

> **정답** 2

68 이미 충분한 에너지 절약을 실시해 온 일본의 산업계는 이 이상의 온실효과가스의 삭감이 어렵다며 다른 계획을 생각하고 있는데 그것은 무엇인가?

1 올 여름 홋카이도 국제회의에서 이 이상의 삭감은 어렵다는 것을 국제적으로 어필하는 것
2 온실효과 가스 배출 범위를 산업계 자체적으로 할당하는 계획
3 자주적으로 삭감 목표를 설정하는 자주 행동 계획을 책정하는 것
4 많은 국민도 참가하게 해서 온실효과가스 삭감 방법에 대해 논의하는 자리를 마련하는 것

> **Tip** 省エネ에 대한 관련어를 잡는 것이 빠른 길이다. 문장 중간 아래쪽에 질문의 내용이 언급되어 있고, 이어 그에 대한 대안으로 제시한 것이 自主行動計画이다.

> **정답** 3

69 국내 배출량 거래제도에 대해 많은 사람들이 논의에 참가해 보다 좋은 방향성을 찾아내기 위해서 필요한 것은 무엇입니까?

1 이산화탄소 등을 나라나 기업이 배출할 수 있는 범위를 미리 할당해서 과부족분을 주고받는 방법을 법제화해 가는 것
2 이 제도에 반대해 온 산업계가 솔선해서 국민들에게 국내 배출량 거래제도에 대해 설명해 가는 것
3 배출량 거래는 일반인은 알기 어렵고, 같은 단어가 복수의 제도를 나타내는 등 단어의 사용 방법도 혼란을 불러오기 쉽기 때문에 많은 개념과 단어의 정리가 필요하다.
4 정부 등의 공적기관이 배출 범위를 할당해 삭감을 의무화하는 방법을 상정하고 있다는 생각을 널리 알리는 노력

> **Tip** 교토협약 이후의 공평성 높은 제도를 검토해야 하는 당위성을 전제하고 그를 위해 보다 많은 사람들이 논의에 참가할 필요성이 있음을 제시한 것이 それにしても 이후에 나온 「排出量取引は一般の人にはわかりにくい。同じ言葉が複数の制度を示すなど、言葉の使い方も混乱を招きやすい。よりよい方向性を見いだすためには、概念と言葉の整理も必要だ。」내용이다 .

> **정답** 3

問題13 정보 검색 (2문항)

N1에서 처음 출제되는 새로운 형태의 문제이다. 안내, 팸플릿 등으로부터 필요한 정보를 검색하는 문제로 전체 내용을 정확하게 이해하는 것보다는 목적이나 과제에 맞추어 필요한 정보를 찾아내는 것에 중점을 둔다. 예를 들면 아르바이트의 모집 광고를 보고 조건 등의 필요한 정보를 찾아내거나, 자신의 형편에 비추어 관계가 있는 부분을 찾아내거나, 자신의 조건과 비교하거나 할 수 있는지의 여부를 판단하는 식의 질문을 생각해 볼 수 있다.

정보 검색에 관한 문장은 전체 혹은 부분을 신속하게 읽는 독해력이 필요한 문제 형태로, 모든 레벨에 걸쳐 출제할 정도로 레벨을 불문하고 필요한 실용 독해 능력이다.

> **問題13** 次はある宅配業者の沖縄から全国各地に荷物を送った場合の料金表である。下の問いに対する答えとして、最もよいものを1・2・3・4から一つ選びなさい。

沖縄からの配達料金マップ

配達料金がひと目で分かる！サイズ製料金表

各サイズとも(高さ+たて+よこ)の合計です。
例)60サイズ：高さ(15cm) + たて(25cm) + よこ(20cm) = 60cm

サイズ	県内	九州	中国	関東東海 近畿四国	北海道 東北 北陸
60	600	900	1100	1200	1300
80	800	1100	1300	1400	1500
100	1000	1300	1500	1600	1700
120	1200	1500	1700	1800	1900
140	1400	1700	1900	2000	2100
160	1600	1900	2100	2200	2300
170	1700	2100	2300	2400	2500

70　沖縄から京都に80サイズの荷物を送るにはいくら送料がかかりますか。

　　1　1100円

　　2　1300円

　　3　1400円

　　4　1500円

71　沖縄から2000円以内で送ろうとしたとき、次のうちどれが可能ですか。

　　1　沖縄から140サイズで広島県に送る場合

　　2　沖縄から160サイズで三重県に送る場合

　　3　沖縄から170サイズで鹿兒島県に送る場合

　　4　沖縄から140サイズで長野県に送る場合

70 오키나와에서 교토로 80사이즈의 소포를 보내는 데 얼마의 운송료가 듭니까?

1 1100엔
2 1300엔
3 <u>1400엔</u>
4 1500엔

Tip 정보 검색에 관한 독해 지문은 가장 먼저 큰 제목을 파악하는 것이 중요하다. 무엇을 말하고 있는 걸까? 문제는 오키나와에서의 배달 요금표를 제시한 것이다. 다음 해결책은 빠르게 세부 항복을 대입하여 필요한 정보를 찾는다. '물건의 크기'와 '지역'이 문제인데 크기 80에 시선을 고정하고 京都きょうと가 속한 近畿きんき 지역을 지목하면 정답이다. 답을 표와 대조하여 보고 일치하였는지 확인해 보자.

정답 3

71 오키나와에서 2000엔 이내로 보내려고 할 때 다음 중 어떤 것이 가능합니까?

1 <u>오기나와에서 140사이즈로 히로시미현에 보내는 경우</u>
2 오키나와에서 160사이즈로 미에 현에보내는 경우
3 오키나와에서 170사이즈로 가고시마현에 보내는 경우
4 오키나와에서 140사이즈로 나가노현에 보내는 경우

Tip 배달요금 2000엔에 시선을 고정하고 왼쪽 상단과 하단으로 좁혀 가면서 개별 문항을 대조하면 된다. 즉 일단 3가지 경우로 좁혀지는데, 해당되는 크기와 지역을 살펴보면 140사이즈와 中国ちゅうごく 지역 160사이즈에 九州きゅうしゅう 그리고 170사이즈에 国内こくない가 어떤 경우에도 2000엔을 초과하지 않는 경우이다. 역시 정보검색이므로 이 범위를 벗어나는 것은 빨리 읽으면서 버린다. 문제의 정답 1은 140사이즈에서 広島ひろしま에 보내는 경우인데, 広島ひろしま는 中国ちゅうごく에 포함되므로 크기별 요금표의 '1900엔'에 해당하여 정답이다.

정답 1

Part 3

2교시 청해 유형별 공략법

시험 과목&시간	
1교시	2교시
언어지식(문자·어휘·문법) 독해 (110분)	청해 (60분)

청해
만점을
위한
학습요령과
실전대책

청해 실력은 표현에 얼마나 익숙해져 있는가, 얼마나 다양한 어휘력을 갖추고 있느냐에 달려 있다. 이를 위해서는 매일 꾸준히 CD나 뉴스 등을 들으면서 자연스러운 속도의 음성에 노출되어야만 한다. 모르는 말이 나와도 바로 사전을 찾지 않고, 우선 추측해 본 후 단어의 의미와 읽는 법을 확인하고 외워야 한다. 한자의 경우 반드시 읽는 법과 음의 변화, 유사표현 등을 익혀두어서 어떤 발음이라도 이해할 수 있도록 하자.

[문제1]의 과제 이해는 구체적인 과제 해결에 필요한 정보를 듣고 다음에 무엇을 하는 것이 적당한지를 고르는 문제로, 사전에 질문이 나오므로 질문을 잘 이해하고 포인트를 놓치지 않으면 된다.

[문제2]의 포인트 이해는 질문의 요지를 잘 기억해야만 정답을 고를 수 있다. 선택지가 제시되어 있어서 내용 예측이 가능하지만, 대화를 듣다 보면 질문의 요점을 놓쳐버리기 쉽다.

[문제3]의 개요 이해는 화자의 의도나 주장을 이해하는지 묻는 문제로 키워드가 되는 단어가 힌트가 되기도 한다.

[문제4]는 발화문을 놓치지 않도록 집중해서 들어야 한다. 발화문은 짧은 대화문이지만 한 번 밖에 읽지 않기 때문에 집중하지 않으면 흘려 버리게 된다. 또한 14문제나 되기 때문에 앞의 문제를 실수했다고 해도 틀린 것에 연연해 하지 말고 바로 다음 문제로 넘어가자.

[문제5] 통합 이해는 앞서 나온 문제 1, 2, 3유형이 종합적으로 출제된다. 각각의 유형에서 복수의 정보에 대한 비교가 출제되므로 각각의 내용에 대한 간단한 메모를 꼭 해야 한다.

I. NEW 청해 무엇이 달라졌나?

새로운 일본어능력시험은…

신일본어능력시험 청해의 특징은 [문제4]의 즉시 응답과 [문제5]의 종합 이해가 새롭게 채택되었다는 점이다. 즉시 응답은 모두 14문제이며, 상황 설명이나 질문이 없다는 것이 특징이다. 문제의 형식은 짧은 발화문을 듣고 3개의 선택문 중에서 적절한 답을 선택할 수 있어야 한다. 내용은 일상회화에서 자주 쓰는 표현이나 문형이 나오므로 평소 회화 공부를 해 두면 도움이 된다.

[문제5]의 통합 이해는 상당히 긴 내용의 문장을 들으면서 복수의 정보를 비교, 통합한 후, 이해하는지를 묻고 문제용지에 선택지가 없는 것과 있는 것이 혼합되어 있다. 어려운 문제에 해당되므로 평소 꾸준한 훈련을 해 둘 필요가 있다. 뉴스나 토크쇼 등을 들으며, 길고 복잡한 내용의 전개를 파악하는 연습을 해 두면, 수월하게 문제를 풀 수 있다.

유형별 문제풀이 시간

청해에 주어진 시간은 총 60분이며, 문제풀이 시간이 55분 정도이고, 나머지 5분은 체크하는 시간이다. 유형별 문제풀이 시간은 과제 이해-6문제 9분 / 포인트 이해-7문제 13분 / 개요 이해-6문제 10분 / 즉시 응답-14문제 7분 / 통합 이해-4문제 8분으로 구성되어 있다.

들려주는 내용이 순식간에 지나가는데 앞 문제를 이해 못해서 놓치는 경우가 발생하면 당황하지 말고 지나간 문제는 과감히 버리고 현재의 문제에 집중해야만 실점하지 않는다는 점을 명심해야 한다. 문제지에 선택지가 있거나 사전에 제시되는 경우, 간단한 상황 설명이 있는 경우는 내용 예측이 가능하지만, 반드시 질문의 요지를 잘 기억해 두어야 한다.

2. 청해 만점 전략

전략1 청해 문장에서 잘 인용되는 핵심어구를 반드시 암기하자.

- **一概に〜ない** 일률적으로, 무조건 〜없다

  給料が上ったからといって一概に喜べない。
  급료가 올랐다고 해서 무조건 기뻐할 수는 없다.

  学歴の高い人は能力も高いと一概に決めることはできない。
  학력이 높은 사람은 능력도 높다고 일률적으로 단정할 수 없다.

- **一番売れている** 가장 잘 팔리고 있다

  洗練されたデザインなので、今一番売れている電子辞書です。
  세련된 디자인이므로 지금 가장 잘 팔리는 전자사전입니다.

- **一方だ** (오로지) 〜할 뿐이다

  道は広くならないのに、自動車の数は増える一方です。
  길은 넓어지지 않는데 자동차 수는 증가 일로입니다.

  遊ぶ一方の学生は大学に入ることができない。
  놀기만 하는 학생은 대학에 들어갈 수 없다.

- **いわば** 말하자면, 이를테면

  酒はいわば人間にとって潤滑油のようなものだ。
  술은 말하자면 인간에게 있어 윤활유와 같은 것이다.

- **〜うか〜まいか** 〜할지 〜하지 말지

  子犬が死んだことを子どもに言おうか言うまいか迷っている。
  강아지가 죽은 사실을 아이에게 말해야 할지 하지 말하야 할지 망설이고 있다.

  父の言葉に従おうか従うまいか、決心がつかない。
  아버지의 말을 따를지, 안 따를지 결심이 안 선다.

- **〜うが 〜まいが（〜うと 〜まいと）** 〜하든 〜하지 않든

  君が死のうが死ぬまいが、ぼくには関係のないことだよ。
  자네가 죽든 말든 나에게는 관계없는 일이야.

  泣こうと泣くまいと勝手だけど、仕事だけはきちんとしなさい。
  울든 말든 자유지만 일만큼은 정확히 하세요.

- **おきに・ごとに**

  1. **おきに** : 같은 동작이나 상태가 반복되는 경우에 그 숫자를 나타내는 말에 접속하여 그 간격을 나타냄.

  この薬は3時間おきに飲んでください。
  이 약은 3시간 걸러 드세요.

首脳会談は3年おきに開かれます。

정상회담은 3년 걸러 열립니다.

2. ごとに : 단순히 매번 반복되는 횟수나 내용을 나타냄.

オリンピックは4年ごとに開かれます。

올림픽은 4년마다 열립니다.

彼は3日ごとにここに来ます。

그는 3일마다 여기에 옵니다.

- **〜とは限らない** 〜라고는 할 수 없다

好きだからといって、上手だとは限らないでしょう。

좋아한다고 해서 잘한다고는 할 수 없겠죠.

やせている人が体が弱いとは限りません。

마른 사람이 몸이 약하다고는 할 수 없습니다.

- **〜かもしれない** 〜일지도 모른다

ストレスの原因は人間関係がうまくいっていないことにあるかもしれない。

스트레스의 원인은 인간관계가 잘 되지 않는 데에 있을지도 모른다.

- **〜があげられる** 〜를 (예로) 들 수 있다

肥満の原因として外食が多いことがあげられます。

비만의 원인으로서 외식이 많은 점을 예로 들 수 있습니다.

- **〜極まりない** 〜하기 짝이 없다, 〜의 극치다

君の態度は失礼極まりない。

자네의 태도는 무례하기 짝이 없다.

感極まって泣き出す者もいた。

감정이 복받쳐 울음을 터뜨리는 사람도 있었다.

- **〜如き** 〜같은

かくの如き振舞いは断じて許しません。

이와 같은 행위는 결코 용서할 수 없습니다.

- **〜ざるを得ない** 〜하지 않을 수 없다

私としては、その場合そうせざるを得なかったのです。

저로서는 그 경우 그렇게 하지 않을 수 없었던 것입니다.

言うことを聞かないので、叱らざるを得ません。

말을 듣지 않기 때문에 혼내지 않을 수 없습니다.

- **〜し、〜し、〜も優れている** 〜하고, 〜하고 〜도 뛰어나다

これは性能がいいし、操作が簡単だし、デザインも優れています。

이것은 성능이 좋고, 조작이 간단하고 디자인도 뛰어납니다.

- **〜ずにはいられない** 〜하지 않을 수 없다
  悲(かな)しくて泣(な)かずにはいられなかった。
  슬퍼서 울 수밖에 없었다.

  嬉(うれ)しくて君(きみ)に電話(でんわ)をかけずにはいられなかったんだよ。
  기뻐서 너에게 전화를 걸지 않을 수 없었어.

- **〜せいで** 〜탓에
  物事(ものごと)に集中(しゅうちゅう)できないせいで、仕事(しごと)や勉強(べんきょう)がはかどらないようです。
  매사에 집중하지 못하는 탓에 일이나 공부가 진척되지 않는 것 같습니다.

- **〜っぱなしだ** 〜한 채이다
  きのうは電気(でんき)をつけっぱなしで寝(ね)てしまった。
  어제는 전기를 켠 채로 자 버렸다.

  今日(きょう)は一日中(いちにちじゅう)立(た)ちっぱなしで疲(つか)れた。
  오늘은 하루 종일 계속 서 있어서 피곤했다.

- **〜て(で)たまらない** 〜해서 참을 수가 없다
  部屋(へや)にはストーブがないから、寒(さむ)くてたまらない。
  방에는 스토브가 없기 때문에 추워서 못 참겠다.

  みんなの前(まえ)で歌(うた)を歌(うた)うのが、いやでたまらない。
  모두의 앞에서 노래를 부르는 것이 아주 싫다.

- **〜て(で)ならない** 〜해서 참을 수가 없다
  大学(だいがく)に入学(にゅうがく)できたので、うれしくてなりません。
  대학에 입학할 수 있었기 때문에 매우 기쁩니다.

  おかしい感(かん)じがしてなりません。
  이상한 느낌이 드는 걸 감출 수 없습니다.

- **〜て(は)かなわない** 〜해서 견딜 수 없다
  仲間(なかま)が急(きゅう)にやめたので、わたし一人(ひとり)で忙(いそが)しくてかなわない。
  동료가 갑자기 그만둬서 나 혼자 바빠서 못 견디겠다.

  夏(なつ)は好(す)きだけれども、こう毎日(まいにち)暑(あつ)くてはかなわない。
  여름은 좋아하지만 이렇게 매일 더워서는 못 살겠다.

- **〜て(で)やまない** 〜해 마지않다
  世界平和(せかいへいわ)を願(ねが)ってやまない。
  세계평화를 바라 마지않다.

  わたしは田中(たなか)さんを信(しん)じてやみません。
  저는 다나카 씨를 믿어마지 않습니다.

- **〜といえども** 〜라 하더라도
  コンピューターといえども万能(ばんのう)ではない。
  컴퓨터라 하더라도 만능은 아니다.

年をとったといえども、まだまだ若い者には負けません。
나이를 먹었다 하더라도 아직 젊은이에게는 지지 않습니다.

- **～と思いきや** ～라고 생각했더니
負けると思いきや、勝ちましたね。
질 거라 생각했는데 이겼군요.

- **～としたところで・～にしたって** ～라고 한들
私としたところで、よいアイデアがあるわけではない。
나라고 해서 좋은 아이디어가 있는 것은 아니다.

彼にしたって、離婚までする気はないでしょう。
그도 이혼까지 할 생각은 없겠죠.

- **～ないまでも** ～는 아닐지라도
全部と言わないまでも、半分ぐらいはくれるだろう。
전부는 아닐지라도 절반쯤은 주겠지.

大金持とは言わないまでも、金に困る立場でないことは確かだ。
큰 부자까지는 아닐지라도 돈에 구애받는 입장이 아닌 것은 확실하다.

- **～ならまだしも** ～라면 모르지만
1000円ならまだしも、2000円は高い。
천 엔이면 모르지만 2천 엔은 비싸다.

ミスしておいて、謝るならまだしも、部下に罪を着せるなんて。
실수해 놓고 사과하면 몰라도 부하에게 죄를 덮어씌우다니.

- **～に限って** ～에 한해
彼はいつも家にいるのに、今日に限って留守でした。
그는 언제나 집에 있는데 오늘따라 부재중이었습니다.

あの人に限ってそんなひどいことはしないと信じている。
저 사람만은 그런 심한 일은 하지 않을 거라고 믿고 있다.

- **～にしては** ～치고는
このごろは、冬にしては暖かい日々が続いている。
요즘은 겨울치고는 따뜻한 나날이 계속되고 있다.

留学までしたにしては、知識がおそまつだ。
유학까지 한 것치고는 지식이 변변치 못하다.

- **～にしてみれば** ～입장에서 보면
地震を知らぬ彼にしてみれば、あれくらいでも恐ろしかっただろう。
지진을 모르는 그의 입장에서 보면 그 정도라도 무서웠을 것이다.

妻にしてみれば、夫が急に会社を辞めるなんてショックに違いない。
부인 입장에서는 남편이 갑자기 회사를 그만둔다는 것은 충격임에 틀림없다.

- **～にしても** ～라고 해도

  アメリカにしても、ロシアにしても、戦争はしたくないでしょう。
  미국도 러시아도 전쟁은 하고 싶지 않겠죠.

  梅雨時はちょっと出かけるにしても、傘を持って行ったほうがいい。
  장마 때에는 잠시 외출하더라도 우산을 가지고 가는 편이 좋다.

- **～にすぎない** ～에 지나지 않는다, ～에 불과하다

  日本語ができるといっても、日常のやさしい会話ができるにすぎない。
  일본어를 할 수 있다고 해도 일상적인 쉬운 회화가 가능한 것에 불과하다.

  今の話は、ただ私の希望にすぎません。
  오늘 얘기는 다만 제 희망에 지나지 않습니다.

- **～にせよ** ～라고 하더라도, ～라 해도

  勉強はおもしろくないにせよ、大学には行ったほうがいい。
  공부는 재미없다고 해도 대학에는 가는 편이 낫다.

- **～に耐えない** ～하는 것을 참을 수 없다, 차마 ～할 수 없다

  彼女の歌は聞くに耐えない。
  그녀의 노래는 차마 들어줄 수 없다.

  あの映画は見るに耐えないほどおもしろくないものだった。
  그 영화는 차마 볼 수 없을 정도로 재미없는 것이었다.

- **～にたりない** ～할 가치가 없다

  彼は相手にするにたりない。
  그는 상대할 가치가 없다.

  田中さんは頼むにたりない人だ。
  다나카 씨는 부탁할 가치가 없는 사람이다.

- **～に違いない** ～임에 틀림없다

  それはあなたの言うとおりに違いないでしょう。
  그것은 당신이 말한 대로임에 틀림없겠죠.

  あのお寺は静かに違いない。
  저 절은 틀림없이 조용할 것이다.

- **～には及ばない** ～할 필요가 없다

  お礼には及びません。当然のことをしただけですから。
  고마워할 필요는 없습니다. 당연한 일을 한 것뿐이니까요.

  ご心配には及びません。わたし一人で大丈夫です。
  걱정할 필요는 없습니다. 저 혼자로 충분합니다.

- **～にほかならない** ～임에 틀림없다

  彼の成功は努力の結果にほかならない。
  그의 성공은 노력의 결과임에 틀림없다.

ほかならぬ君の頼みだから、引き受けることにしよう。
다름 아닌 자네의 부탁이니까, 받아들이기로 하지.

- **～(よ)うにも～ない**
家のかぎを忘れて、中に入ろうにも入れなかった。
집 열쇠를 잃어버려 안에 들어 가려고 해도 들어갈 수 없었다.

倒れた木に妨害されて、車は通ろうにも通れない状態だ。
쓰러진 나무가 방해되어서 자동차는 지나가려 해도 지나갈 수 없는 상태이다.

- **～にもほどがある** ～에도 정도가 있다
物を知らないにもほどがある。
사리를 몰라도 정도가 있다.

うそをつくにもほどがある。 お父さんが死んだなんて。
거짓말을 해도 유분수지. 아버지가 죽었다니.

- **～のは避けてください** ～하는 것은 피해 주세요
急ブレーキをかけるのは避けてください。
급브레이크를 밟는 것은 피해 주세요.

- **～のみならず** ～뿐만 아니라
人間のみならず動物もストレスを感じるのだという。
인간뿐만 아니라 동물도 스트레스를 느낀다고 한다.

君のみならず、 ぼくもそうだ。
자네뿐만 아니라 나도 그렇다.

- **～は言うに及ばず** ～은 말할 것도 없고
姉の結婚は、父は言うに及ばず、母も大反対だった。
누나의 결혼은 아버지는 물론이고 어머니도 아주 반대였다.

わたしの身長は成人としては言うに及ばず、中学生としても低いほうだ。
내 키는 성인으로서는 물론이고 중학생이라 해도 작은 편이다.

- **～はおろか** ～은 고사하고
漢字はおろか、 ひらがなも知りません。
한자는 고사하고 히라가나도 모릅니다.

1万円はおろか、100円さえ持っていません。
만 엔은 고사하고 백 엔조차 갖고 있지 않습니다.

- **～はともあれ** ～은 어떻든, ～은 어찌되었든
何はともあれ、二人の結婚を祝って乾杯しましょう。
어찌되었든 두 사람의 결혼을 축하하며 건배합시다.

結果はともあれ、試験が終わってほっとしたよ。
결과야 어찌되었든 시험이 끝나 한시름 놓았어.

- **～はもとより** ～은 물론이고

  わたしは子供はもとより結婚すら考えていません。

  저는 아이는 물론이고 결혼조차 생각하고 있지 않습니다.

  出席はもとよりのことだ。

  출석은 두말할 것 없는 일이다.

- **～まで(のこと)だ** ～그만이다, ～뿐이다

  いやなら行かないまでのことだ。

  싫으면 안 가면 그만이다.

  彼が来いと言ったから来たまでのこと、来たくて来たわけじゃない。

  그가 오라고 말해서 왔을 뿐, 오고 싶어 온 것은 아니다.

- **～もそこそこに** ～도 (하는) 둥 마는 둥

  彼は朝ご飯もそこそこに、出かけた。

  그는 아침밥도 먹는 둥 마는 둥 나섰다.

  寝坊したわたしは化粧もそこそこに、家を飛び出した。

  늦잠을 잔 나는 화장도 하는 둥 마는 둥 집을 뛰쳐나섰다.

- **～やいなや** ～하자마자

  ドアを開けるやいなや、風が吹き込んできた。

  문을 열기가 무섭게 바람이 불어 닥쳤다.

  発売されるやいなや、その雑誌はすべて売り切れた。

  발매되자마자 그 잡지는 모두 팔려 버렸다.

- **～ように気をつけてください** ～하도록 주의하세요

  バランスを崩さないように気をつけてください。

  균형을 잃지 않도록 주의하세요.

- **～ようにすれば** ～하도록 하면

  小さいことにこだわらないようにすれば、ストレスはたまらないんじゃないでしょうか。

  작은 일에 얽매이지 않도록 하면 스트레스는 안 쌓이지 않을까요?

- **～よりしかたない** ～할 수 밖에 없다

  今となっては運を天にまかせるよりしかたない。

  지금에 와서는 운을 하늘에 맡길 수밖에 없다.

- **～よりましだ** ～보다 낫다

  わたしのアパートは狭いけれど、寮よりはましです。

  내 아파트는 좁지만 기숙사보다는 낫습니다.

- **～を禁じえない** ～함을 금치 못하다

  彼の死の知らせを聞き、涙を禁じえなかった。

  그의 사망 소식을 듣고 눈물을 금할 길이 없었다.

彼女のことを聞き、同情を禁じえなかった。

그녀에 대한 일을 듣고 동정을 금할 길이 없었다.

- **〜を問わず** 〜을 불문하고

収入の多少を問わず、誰でもこの施設を利用できる。

수입의 많고 적음에 관계없이 누구라도 이 시설을 이용할 수 있다.

この島では四季を問わず、いろいろな種類の花が咲きます。

이 섬에서는 사계절을 불문하고 여러 종류의 꽃이 핍니다.

- **〜を余儀なくされる(させる)** 어쩔 수 없이 〜하게 되다

欠席を余儀なくされる。

부득이하게 결석할 수 밖에 없다.

 **전략2** 부정, 수정, 제안, 역반응이나 다른 의견에 대한 인용, 불만 사항 등을 유도하는 표현을 기억하라!

- **〜が = けれども**

  音が出ることは出るんですが、大きくならないんです。
  소리가 나긴 나지만, 크지 않습니다.

  この花はきれいですが、なんという名前でしょうか。
  이 꽃은 예쁜데, 이름이 뭔가요?

  すみませんが、ちょっとお待ちください。
  죄송합니다만 조금 기다려 주십시오.

  落としてしまったんですが。
  잃어버렸습니다만.

  忘れ物をしたんですが。
  물건을 잃어버렸는데요.

- **〜けれども =〜けれど, 〜けど, 〜けども**

  手紙は書きません。電話ではよく話しますけど。
  편지는 쓰지 않습니다. 전화로는 자주 이야기합니다만.

  あの人は頭がいいかもしれないけど、よく勉強するから成績がいいんだよ。
  저 사람은 머리가 좋을지도 모르지만, 열심히 공부하니까 성적이 좋은 거야.

  今日は日曜日だけれども、学校へ行かなければならない。
  오늘은 일요일이지만 학교에 가지 않으면 안 된다.

- **でも =しかし, けれども, が**

  ゆうべは頭が痛くて早く寝てしまった。でも、宿題はやった。
  어제 저녁은 머리가 아파서 일찍 자 버렸다. 하지만 숙제는 했다.

  うん、でもね。天井のほうも濡れてたから窓じゃないと思う。
  응, 하지만 말이지. 천장도 젖어 있었기 때문에 창문이 아니라고 생각해.

- **だけど**

  だけど、極端な制裁を与えすぎて逆に嫌われたら…。
  하지만 극단적인 제재를 지나치게 줘서 반대로 미움을 사게 된다면….

  だけど課長、こっちだとジュースを飲んでるみたいですね。
  하지만 과장님, 이쪽은 주스를 마시는 것 같은데요.

- **〜ものか(もんか)**

  君のようなうそつきの言うことなど信用するものか。
  자네 같은 거짓말쟁이의 말 따위 신용할까 보냐.

  いくら君がこいと言ったって、行くものか。
  아무리 자네가 오라고 해도 갈까 보냐.

232

- **～のに**

  今日は日曜日なのに 学校へ行きますか。
  오늘은 일요일인데 학교에 갑니까?

  呼んでいるのに返事もしない。
  부르고 있는데 대답도 하지 않는다.

- **～よりしかたがない / ～よりほかにない**

  バスもタクシーもない所だから歩いて行くよりしかたがない。
  버스도 택시도 없는 곳이어서 걸어서 갈 수밖에 방법이 없다.

  この道よりほかには駅へ行く道はない。
  이 길밖에는 역으로 가는 길은 없다.

- **～はずはない / ～はずがない**

  彼女は入社したばかりだから分かるはずがない。
  그녀는 갓 입사했으므로 알리가 없다.

  ちょっとおかしいね。こんなはずがないのに。
  좀 이상하군. 이럴 리가 없는데.

- **「そうだ」의 부정**

  ① 동사의 부정형

  雨が降りそうだ。비가 내릴 것 같다. → 雨が降りそうにない。(○) 비가 내릴 것 같지 않다.

  　　　　　　　　　　　　　　　　　雨が降りそうもない。(○)

  　　　　　　　　　　　　　　　　　雨が降りそうにもない。(○)

  　　　　　　　　　　　　　　　　　雨が降りそうではない。(×)

  ② 형용사의 부정형

  先生の研究室は静かそうだ。선생님 연구실은 조용한 것 같다.

  → 先生の研究室は静かそうで(は)ない。선생님 연구실은 조용한 것 같지(는) 않다.

  ほんとうに寂しそうだ。정말로 쓸쓸한 것 같다.

  → あまり寂しそうで(は)ない。그다지 쓸쓸한 것 같지(는) 않다.

  この映画はおもしろそうだ。이 영화는 재미있을 것 같다.

  この映画はあまりおもしろそうではありません。이 영화는 그다지 재미있을 것 같지는 않습니다.

- **역접 접속사**

  ① **ところが** 그러나 (의외성 강조)

  日本語が上手になれば仕事があると信じていた。ところが、簡単に見つからなかった。
  일본어를 잘하게 되면 일이 있을 거라고 믿었다. 그러나 간단히 찾을 수 없었다.

② **しかし, けれども, けど, が, でも, だって, それでも** 그러나, 그렇지만, 그래도

今日は日曜日だけれども、学校へ行かなければならない。

오늘은 일요일이지만 학교에 가지 않으면 안 된다.

③ **だが ＝ しかしながら** 그렇지만, 그렇기는 하지만

必ず来ると約束をした。だが、来なかった。

반드시 온다고 약속을 했다. 하지만 오지 않았다.

④ **それなのに** 그런데도 (그럼에도 불구하고)

何度も謝った。それなのに、許してくれなかった。

몇 번이나 사죄했다. 그런데도 용서해 주지 않았다.

⑤ **それにしては** 그에 비해서는 (앞의 내용과 걸맞지 않은 경우)

試験勉強ができなかった。それにしてはよい出来だ。

시험공부를 하지 못했다. 그에 비해서는 좋은 성적이다.

- **부사**

① **必ずしも ＝ あながち** 반드시

必ずしも成功するとはかぎらない。반드시 성공한다고는 할 수 없다.

② **とうてい** 도저히

わたしにはとうてい無理です。저에게는 도저히 무리입니다.

③ **まさか** 설마

その報告はまさかうそではないだろう。그 보고는 설마 거짓은 아닐 것이다.

④ **まったく** 전혀, 완전히

そんなことはまったく考えていなかった。그런 일은 전혀 생각하고 있지 않았다.

 지시어와 연계하라!

지시어와 연계하여 앞서 내용을 선택하게 하는 <u>감정 이입된 표현들과 문제점을 지적하는 것</u>에 반응하라!

- **지시어와 연계하여 앞서 내용을 선택하게 하는 말**

    ① **もちろん** 물론

      わたしはもちろん賛成だ。 나는 물론 찬성이다.

    ② **必ず** 반드시

      今週末までは必ずできる。 이번주 말까지는 반드시 완성한다.

    ③ **きっと** 꼭

      彼はあした、きっと帰ってくる。 그는 내일 반드시 돌아온다.

    ④ **さすが** 과연

      さすがに立派な人だね。 과연 훌륭한 사람이군.

    ⑤ **やはり / やっぱり** 과연, 역시

      彼女は今でもやはり美しい。 그녀는 지금도 여전히 아름답다.

- **일단 인정한 다음 문제점을 제시할 때 표현**

    ① **～ほどではない / ただ** ～정도는 아니다 / 다만, 단지

    ② **～たら / ～ば** ～하면 / ～한다면

    ③ **～が / ～けど** ～이지만 / ~인데

      AもBもCも好きですが、Dほどではありません。
      A도 B도 C도 좋아합니다만, D정도는 아닙니다.

      Aもいいね。 Bもさっきのよりはいいけど。ただ、Cがちょっとねえ。
      A도 괜찮군. B도 아까 것보다는 괜찮은데. 다만 C가 좀…

      右はいいけど、ただ左がちょっと合わないみたいだな。
      오른쪽은 좋지만, 다만 왼쪽이 약간 맞지 않는 것 같아.

      駅からも近いし、家賃さえもう少し安ければ、最高なのに。
      역에서도 가깝고, 집세만 좀 더 싸면 더할 나위 없을 텐데.

- **이해를 돕는 배경이나 계기를 설명**

    医者になりたいと思ったのは、子どものとき、大病をして、すばらしいお医者さんに命を助けてもらったからです。
    의사가 되고 싶다고 생각한 것은 어렸을 때 큰 병을 앓았는데, 훌륭한 의사를 만나 목숨을 건졌기 때문입니다.

    自分の絵によって子どもたちが感動してくれたら、どんなにすばらしいことだろうと思って漫画家を目指しました。
    자신의 그림에 의해 아이들이 감동받는다면 얼마나 멋진 일일까 라고 생각하여 만화가를 목표로 했습니다.

- 인과관계(因果関係)를 설명하는 경우

最近、夜寝つきが悪くて、朝起きたとき、まだ疲れが残っているような気がするんです。満員電車に乗るのが
とても苦痛なんです。

요즘 밤에 잠이 잘 안 와서, 아침에 일어났을 때 여전히 피곤이 남아있는 듯한 느낌이 듭니다. 그래서 만원전철을 타는 것이 매우 고통입니다.

전략특4 축약 표현에 익숙해져라!

실용 일본어 특징 중의 하나가 축약 표현이 자주 쓰인다는 것이다. 新 일본어능력시험이 현장 일본어를 지향하는 만큼 청해에서도 가능한 한 짧게 줄여서 말하는 축약 표현을 사용한다. 따라서 교실에서나 사용할 법한 정확한 발음에만 익숙해져 있으면 알고 보면 의외로 쉬운 문장인데도 의미 파악이 어려워 실전청해에서 여지없이 당황하게 된다. 그러므로 다음과 같은 축약 표현에 익숙해져 있으면 일본어능력시험 실전 청해나 비즈니스 현장에서 일본인과 대화할 때 도움이 될 것이다.

- **～て いたから = ～てたから**
  曇っていたから = 曇ってたから 흐렸기 때문에

- **～て います = ～てます**
  書いています = 書いてます 쓰고 있습니다
  弟は休みの日はゲームばかりしてます。
  남동생은 휴일은 게임만 하고 있습니다.

- **～て おきます = ～ときます**
  買っておきます= 買っときます 사 둡니다
  会議の資料を人数分コピーしときました。
  = 会議の資料を人数分コピーしておきました。
  회의 자료를 인원수만큼 복사해 두었습니다.

- **～で おきます = ～どきます**
  読んでおきます= 読んどきます 읽어 둡니다

- **～て (で)しまいます = ～ちゃ(ぢゃ)います**
  食べてしまいます = 食べちゃいます 먹어 버립니다
  読んでしまいました = 読んじゃいました 읽어 버렸습니다.

- **～ては = ～ちゃ**
  使ってはいけません = 使っちゃいけません 사용하면 안 됩니다
  電車内で携帯を使っちゃいけない。
  전철 안에서 휴대전화를 사용해서는 안 된다.

- **～では = ～じゃ**
  学生ではありません = 学生じゃありません 학생이 아닙니다

- **～と いう = ～って**
  山本さんという人を知っていますか。
  = 山本さんって知っていますか。
  야마모토 씨라고 하는 사람을 알고 있습니까?

あの選手はオリンピックに出たこともあるという話です。

= あの選手はオリンピックに出たこともあるんですって。

그 선수는 올림픽에도 나간 적이 있답니다.

- ### 〜なければ = 〜なきゃ

  飲まなければ = 飲まなきゃ(飲まなけりゃ) 마시지 않으면

  食べなければ = 食べなきゃ(食べなけりゃ) 먹지 않으면

  今日中にレポートを完成しなきゃならない。

  오늘 중으로 리포트를 완성하지 않으면 안 된다.

- ### 〜のです = 〜んです

  寒いのです = 寒いんです 춥습니다

  メガネがないとよく見えないんです。

  안경이 없으면 잘 안 보입니다.

3. 실전 청해 공략법

다음은 문제 유형을 심층 분석하고 이에 따른 실전 대비를 위한 지침을 제시한 것이다. 우선 복잡한 유형을 종합하여, 2가지로 압축하고 문제공략에 필요한 핵심 내용을 제시하도록 하겠다.

1 문항이 시험지에 제시되는 문제

과제 이해나 종합 이해 일부에 해당하는 문제 유형으로, 지시문을 듣고 대화의 내용에 맞게 재현되었는 가를 묻는 문제가 여기에 속한다.

① 속독이 중요. 각 보기의 차이점을 재빨리 파악하여 문제를 예상한다.

지시문에 의한 정보완성, 논리적 판단을 재현해내는 문제로, 청취력과 순간적인 판단력을 측정한다. 일단 문제지를 받으면 신속하게 각 보기의 차이점 및 특징을 파악하는 것이 무엇보다 중요하다.

- ▶ …の変化を示したものです。 …의 변화를 나타낸 것입니다.
- ▶ 徐々に伸びてきており、 …서서히 늘고 있고,…
- ▶ わずか…にすぎません。 불과 …에 지나지 않습니다.
- ▶ …ほとんど増えていないにもかかわらず… …거의 늘고 있지 않음에도 불구하고…
- ▶ 最近交通事故が急増したのは、車の数が増えたためです。
  최근 교통사고가 급증한 것은 자동차 수가 늘었기 때문입니다.
- ▶ 文部省の発表では、来年度新しく５つの大学が作られるという。
  문부성 발표에 의하면, 내년도 새롭게 5개의 대학이 만들어진다고 한다.

② 질문의 내용과 일치하지 않은 문항을 제거한다.

4지 선다형이므로 정답을 고르기 위해서는 일단 대화와 일치하지 않은 보기를 포착, 전반에 오답이 뚜렷한 2개의 문항을 제외시켜 정답 도출 범위를 축소하는 것이 중요하다.

- ▶ …と …について …와 …에 대하여
- ▶ …と …の相違 …와 …의 차이
- ▶ …の異同をめぐって …의 차이를 둘러싸고
- ▶ …と …の問題点 …와 …의 문제점

2 문항이 시험지에 제시되지 않는 문제

지시문 제시에 따른 의도를 파악하거나 적절한 응대를 찾는 문제로, 질문과 답이 문자로 제시되지 않기 때문에 간단 메모와 더불어 문제 유형에 대한 연습이 특히 많이 필요하다.

① 필히 메모를 하며 질문에 맞는 키포인트를 찾고 문항에 대비한다.

의사소통 능력을 평가하는 타입의 문제로, 본문의 내용은 주로 설명문이나 대화문으로 이루어져 있다. 대화를 듣고 재빠르게 <u>대화 속의 상황을 파악하여 정답을 찾는 문제</u>와 대화의 이면에 숨겨져 있는 의미를 이해하고 이를 토대로 정답을 유추하는 문제가 있다.

전자의 경우는 대화를 들으면서 <u>질문에 근거하여 주안점을 둘 부분에만 집중하면 된다.</u> 즉 요구하는 규칙, 법칙에 주의를 기울여 들려주는 내용을 근거로 제시된 문제를 해결하는 방법 등을 찾아내는 것이다.

그러나 후자의 경우는 대화 내용의 도입 부분을 듣고 무엇을 해결해야 하는지, 문제가 무엇을 요구하는지 문제의 질문 핵심을 파악한 후 나머지 내용을 미루어 답을 유추해야 하므로 <u>대화 상대의 반응에 집중하는 것이 바람직하다.</u> 다만 이 경우에 대화 내용에서는 이 해결 방법에 대한 직접적이고 노골적인 방법은 제시되지 않는 것이 일반적이다.

▶ 私は…本当に驚きました。 それはあまりにも…だったからです。
나는 …정말 놀랐습니다. 그것은 너무나도 … 이었기 때문입니다.

▶ ありがとう。しばらくは… 고마워. 당분간은…

▶ これからは …と思います。 앞으로는 …하려고 합니다.

▶ それより …でしょう。 그보다 …이잖아요?

▶ それもそうですね。 まず、…ましょう。 그도 그렇군요. 우선, …합시다.

② 문제 내의 포인트를 파악하여 무엇을 주의해서 들을지를 예상한다.

의문사 등 질문의 포인트가 되는「どうして」「なぜ」「何」「いつ」「どこ」등을 유의하여 듣고, <u>대화 전개에서 변화를 주는 반론 및 최고와 최저 등 차이를 비교하는 것</u>이 중요하다. 즉 막연히 듣지 말고 무엇을 말하는지 구체적으로 들어야 한다는 것이다.

▶ 2003年から2004年にかけて一度たいへん低くなっていますが、…そこです。その部分を見てください。
2003년부터 2004년에 걸쳐 한번 대단히 낮은 상태입니다만,…거기입니다. 그 부분을 봐 주세요.

세부적으로 복잡한 비교치는 다루지 않으므로, 큰 줄거리를 잡았다면 당황하지 않아도 된다. 다만 증가와 감소, 양적 이동, 변화를 나타내는 어휘를 꼭 숙지해야 한다.

▶ 今年の冬も灯油の値段が上がりそうですが、昨年の2倍にはならないそうです。
금년 겨울도 등유가격이 올라갈 것 같습니다만, 작년의 2배는 되지 않는다고 합니다.

*최고점을 나타내는 표현

· なんといっても 뭐니 뭐니 해도
· なんてったって 뭐라고 해도
· なにより 무엇보다
· 最大の 최대의
· 最も 가장 / 一番 가장 / 最高の 최고의
· 非常に 대단히, 몹시
· 極めて 극히, 더없이, 지극히
· あいかわらず一番多いのは〜で、 여전히, 가장 많은 것은 〜로,

종종 〈순서〉를 묻는 문제도 출제하는데 이때는 순서를 정하는 〈때〉와 〈시간〉을 주의 깊게 듣고, 정답을 도출하는 중요한 정보에는 반드시 반복적인 코멘트를 하므로 정보를 놓쳤다고 쉽게 포기하지 않도록 한다.

▶ 黒板に向かって右の列から… 칠판을 향해 오른쪽 줄부터…

▶ 前から後ろに番号の若い順に… 앞에서부터 뒤로 번호가 작은 순서대로…

▶ 英語を習いに行ったの…。二回目は… 영어를 배우러 갔어. …두 번째는…

▶ その前にちょっといい？ 会社に電話しなくちゃ… 그 전에 잠깐 괜찮아? 회사에 전화를 해야 하니까…

③ 전체 속에서 대화의 포인트를 문제와 관련하여 재확인한다.

이때 상대가 제시한 내용 및 요구에 대한 또 다른 상대방이 역으로 제시하는 〈부정〉〈역반응〉이나 〈다른 의견에 대한 인용〉〈불만 사항〉 등을 놓치지 말아야 한다. 왜냐하면 상대의 의견이나 질문에 대한 이런 반응은 대체로 이 말들의 뒤에 이어지는 내용이 질문이 요구하는 답을 제시하는 포인트가 되는 경우가 많기 때문이다. 구체적으로 일단 다른 사람의 의견을 인정한 다음에 자신의 의견이 상대의 말에 대한 전면적인 부정은 아니라는 점을 내세운다.

〈대화〉의 패턴에서 출제되는, 남의 의견을 인정하면서 자기 의견을 말하는 표현으로는 다음과 같은 것을 들 수 있다.

▶ うん、まあ、そういうふうに考えるとちょっと何だけどさ。でも…
  음, 뭐, 그런 식으로 생각하면 좀 뭐하지만, 하지만…

▶ そうかもしれないけど、やっぱり…がいいんじゃないか。
  그럴지도 모르지만 역시…가 좋지 않을까?

▶ さようでございますか。そうしますと、これなんかいかがでしょうか。
  그러십니까? 그러면 이런 것은 어떠십니까?

▶ まあ、でも、出来る限り…ないように気をつけた方がいいよね。
  뭐 그래도 가능한 한 …하지 않도록 주의하는 것이 좋지요.

▶ 確かにそうですが、私は… 확실히 그렇지만 전…

▶ それもあるかもしれないけど、でも… 그런 점도 있을지 모르지만, 그래도…

〈설명문〉의 패턴에서 출제되는, 남의 의견이나 기존 상황을 확인한 다음에 자기 의견이나 새로운 상황을 말하는 표현으로는 다음과 같은 것을 들 수 있다.

▶ ただし、…ではなく…がいいでしょう。 다만, …은 아니고 …가 좋겠지요.

▶ …のですが、結局…まま …입니다만, 결국 …인 채

▶ しかし、つい …てしまいがちです。
  그러나, 자기도 모르는 사이에 …하기 쉽습니다.

▶ でも、それだと、…なきゃいけないから、こっちのにするわ。
  하지만 그러면 …지 않으면 안 되니까, 이쪽으로 할래요.

▶ 確かに便利なんです。ただ昼間でも電気をつけなきゃならないのが…
  확실히 편리합니다. 다만 낮에도 전기를 켜야 하는 것이…

▶ それでも…ましたけど、最近は… 하지만 …했습니다만, 최근에는…

▶ 今までは…でした。しかし、これからは…でしょう。
  지금까지는 …이었습니다. 하지만 앞으로는 …일 겁니다.

▶ 一般には…と考えられていますね。でも、やはり…と思うんですけど。
  일반적으로는 …라고 여기지요. 하지만 역시 …라고 생각합니다만.

이처럼 한 말이 나중에 부정되거나 바뀌는 경우에 유의해야 한다. 끝으로 문제 자체가 부정형의 형태로 나오기도 하므로 주의하여 들어야 한다.

▸ 男の人が女の人に会えなくなった理由は何ですか。
　남자가 여자를 만날 수 없게 된 이유는 무엇입니까?

▸ 大会に参加しないのはだれですか。
　대회에 참가하지 않는 것은 누구입니까?

④ 본문의 내용을 비슷한 다른 말로 바꿔 제시하거나, 감정이 이입된 표현에도 주의한다.

「さすが」「やはり・やっぱり」 등은 이러한 단어들 앞에 제시된 내용을 인정하거나 그 내용으로 되돌아간다는 의미이므로, 직전에 나온 내용을 간단하게 메모해 두는 것이 좋다. 대화문에서 들리는 음성 외에도 등장인물의 의견에 대한 상호간의 공통점과 차이점, 상황과 장소별 맞장구 표현과 인정하고 칭찬한 다음의 문제점을 지적하는 언어 습관, 또는 그들의 습관적인 대화법을 유념하고 전체의 의견을 종합해 보는 연습을 집중적으로 하는 것이 실전에 도움이 된다.

▸ 家賃は…たいの。やっぱり最初のを見てみるわ。　집세는…하고 싶어. 역시 맨 처음 것을 봐 볼래.

▸ あのう、今年はせっかくですから参加しますけど、うん、もう私は別の会社の人間ですしね。
　そちらが大変ですよ。まあ、来年からは。
　저, 올해는 모처럼 만이니까 참가하겠지만, 음-, 이제 나는 다른 회사에 다니는 몸이니까. 그 쪽이 부담스러울 것 같아. 뭐 내년부터는 말이지.
　(→ 올해는 어쩔수 없더라도 내년부터는 참가하지 않겠다는 말을 실제로 할때)

▸ でも、これより短いとちょっと…。　하지만 이보다 짧으면 좀….

▸ わかりました。じゃ、なんとか …てみます。　알겠습니다. 그럼, 어떻게든 …해 보겠습니다.

▸ …たらなんとかなるけど。　…라면 어떻게 해 보겠는데.

청해 유형 파악

問題 1 **과제 이해** (6문항)

과제 이해는 어떤 장면에서 구체적인 문제 해결에 필요한 정보를 듣고, 적절한 행위를 선택할 수 있는가 없는가를 묻는 문제로 지시 또는 조언을 하고 있는 <u>회화문을 들은 후 다음 행동으로 적절한 것을 선택하는</u> 형태이다. 대화문은 실제 커뮤니케이션 장면에 근접한 형태로 출제되고, 선택지는 문자나 삽화로 제시된다.
문제의 전개는 ①〈상황설명, 질문〉 − ②〈대화〉 − ③〈질문〉의 순으로 되어있다.

もんだい
問題 1 (1–6)

| 例題 | 問題 1 では、まず質問を聞いてください。それから話を聞いて、問題用紙の 1 から 4 の中から、最もよいものを一つ選んでください。 |

ばん
1番

_T001

1 今年の年賀状に載せるイラストを考える。

2 家族写真を撮ってもらうために写真館に予約を入れる。

3 年賀状用にどの家族写真を載せるか選別する。

4 今年送る年賀状の表書きの作業をする。

2<ruby>番<rt>ばん</rt></ruby>

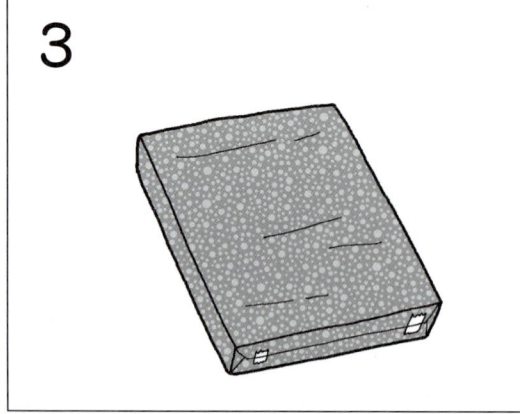

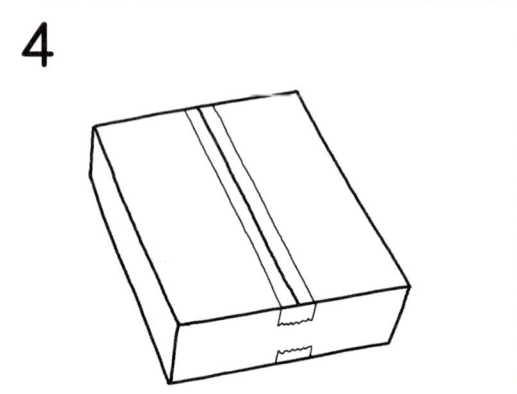

3番
ばん

●_T003

1　バイト先での出会い

2　財布の紛失

3　無駄遣い

4　飲み会での失敗

4番

ばん

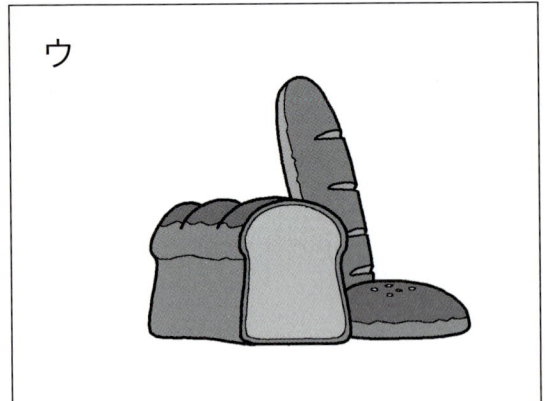

1 イ→エ→ア→ウ

2 ア→エ→ウ→イ

3 ア→ウ→イ→エ

4 ウ→イ→エ→ア

5番

1 憧れている中学校時代の先生がいるから

2 教師になることを父親に強くすすめられたから

3 不景気の今、とりあえず公務員になりたいから

4 留学経験を生かして英語の先生になりたいから

6番

1 自分でホテルまで取りに行くことにした。

2 妻に取りに行ってもらうことにした。

3 今度仕事で近くへ行く時に取りに行くことにした。

4 郵送でホテルから送ってもらうことにした。

1番

1 올해 연하장에 쓸 일러스트를 생각한다.
2 가족사진을 찍기 위해 사진관을 예약한다.
3 연하장용으로 어떤 가족사진을 쓸까 선별한다.
4 올해 보낼 연하장에 주소를 쓰는 작업을 한다.

_T001

1番 男性と女性が今年の年賀状について話をしています。女性がこの後しようとしていることは何ですか。

M 今年もそろそろ年賀状の準備をしないといけない時期になってきたね。

F そうね、ついこの間したような気がしたけど、もうあれから一年も経ってるのよね。一年って本当にあっという間ね。

M そうだね。そうそう、で、今年の年賀状なんだけど、デザインはどうしようか？去年はうさぎ年で、君が可愛いイラストを書いてくれたけど、今年も書くの？

F そうね…そうしたいところだけど、今年は子供も生まれたし、せっかくだから家族写真を撮ってもらって、それを年賀状に貼るのはどうかしら？

M ええ、自分の写真が載った年賀状？そんなの恥ずかしすぎるよ。せめて写真にするなら子供だけにしてくれよ。

F まあまあ、そんなこと言わないで。子供が赤ちゃんの時期って言うのもあっという間に終わっちゃうんだし、思い出になるわよ、きっと。

M そうだね…君にそこまで言われちゃうと、何とも言えなくなっちゃうな。じゃあ、今年の年賀状は家族写真にするか。

F うん、そうしましょ。じゃあ、年賀状にする写真は今週末、写真館に撮りに行きましょう。後で予約入れておくわ。

M 会社も休みだし、ちょうどいいね。表書きだけど、今年も僕がパソコンで全部やっちゃっていいの？

F ええ、そうしてくれると助かるわ。

女性がこの後しようとしていることは何ですか。

남자와 여자가 올해의 연하장에 대해 이야기하고 있습니다. 여자가 이후에 하려고 하는 일은 무엇입니까?

M 올해도 슬슬 연하장을 준비해야 할 시기가 됐네.

F 그러네, 얼마 전에 한 것 같은데 벌써 일 년이나 됐네. 1년은 정말 눈 깜짝할 사이네.

M 맞아. 아 참, 그래서 올해 연하장 말인데 디자인 어떻게 할까? 작년은 토끼해라서 당신이 귀여운 일러스트를 그려줬었는데 올해도 그릴 거야?

F 글쎄… 그렇게 하고 싶긴 한데 올해는 아이도 태어났고, 모처럼인데 가족사진을 찍어서 그걸 연하장에 붙이는 건 어떨까?

M 뭐, 자기 사진이 들어간 연하장? 그런 건 너무 부끄럽다. 사진으로 한다면 그냥 아기 사진으로 하자.

F 그런 소리 말구. 아이가 갓난아기인 시기도 눈 깜짝할 사이에 끝나버리잖아. 이것도 분명 추억이 될 거야.

M 하긴… 당신이 그렇게까지 말하면 할 말이 없네. 그럼 올해 연하장은 가족사진으로 할까?

F 응 그러자. 그럼 연하장에 쓸 사진은 이번 주말 사진관에 찍으러 가자. 나중에 예약해 놓을게.

M 회사도 휴일이고 딱 좋네. 주소 쓰는 거 말인데 올해도 내가 컴퓨터로 전부 해버려도 돼?

F 응, 그렇게 해주면 고맙지.

여자가 이후에 하려고 하는 일은 무엇입니까?

年賀状ねんがじょう 연하장 | 貼はる 붙이다 | 表書おもてがき 편지 겉봉에 주소나 이름을 씀

Tip これから, 今いまから, この後あとで 대표되는 동작, 행위의 순서를 묻는 문제이다. 어떤 유형의 문제든 이런 부류의 문제의 정답은 마지막 대화에서 결정된다. 왜냐하면 마지막 대화를 끝으로 더 이상의 동의나 반전이 있을 수 없으므로 여기서 매듭지어지거나 결정적 반전을 나타내는 뚜렷한 의사 표현이 없으면 마지막 대화 내용이 정답으로 귀결된다. 문제는 여자의 이후의 동작을 물었으므로 여자의 마지막 의사 표현은 '주말에 가족사진을 찍기 위해 예약을 해놓겠다고 했으므로' 이를 요약한 2번이 정답이다.

정답 2

2番

2番 男子学生と女子学生が話をしています。女子学生が以前ネットで頼んだ書籍はどのような状態でしたか。

F 授業でイギリス文学を勉強してるんだけど、今度の授業から入る作品の原書が欲しいの。なかなか普通の書店にはなくて困ってるの。

M それなら、インターネットで探せばいいと思うよ。ネットで販売してるところには、日本のものから外国のものまで結構幅広く扱ってるところも多いからね。

F でも私、前にネットで外国の書籍を買った時、表紙が破れていてがっかりしたことがあって。

M まあ、ネットは商品が直接見れないからそういうことはあるよね。僕も前に買った時、表紙が汚れていて取り替えてもらったことがあるんだ。

F ああ、やっぱりそういうこともあるのね。まあ、中身に変わりはないから、いいことはいいんだけど。

M まあ、僕もそういうことは一回きりだったし、普通はきちんとダンボールに入ってくるのに、わざわざ包装して送ってくるよ。

F そうよね。このあたりの書店にはないから注文するしかないわね。ネットは注文したら大体次の日には届くから便利なのよね。

M そうそう、そこがすごく便利で僕もよく利用するんだ。

F じゃあ、この後帰ったらすぐ注文するわ。

女子学生が以前ネットで頼んだ書籍はどのような状態でしたか。

남학생과 여학생이 이야기하고 있습니다. 여학생이 이전에 인터넷에서 주문한 서적은 어떤 상태였습니까?

F 수업에서 영국 문학을 공부하고 있는데 이번 수업부터 들어가는 작품의 원서가 갖고 싶은데 일반 서점에는 좀처럼 없어서 난처한 상황이야.

M 그러면 인터넷에서 찾으면 되잖아. 인터넷에서 판매하는 곳은 일본 것부터 외국 것까지 꽤 폭넓게 취급하는 곳도 많으니까.

F 하지만 나, 전에 인터넷에서 외국 서적을 샀는데 표지가 찢어져 있어 실망한 일이 있어서.

M 음, 인터넷 상품은 직접 볼 수 없으니까 그런 일도 있지. 나도 전에 샀을 때 표지가 더러워서 바꾼 적이 있어.

F 아, 역시 그런 일도 있구나. 뭐 속 내용이 다른 건 아니니까 괜찮기는 한데.

M 나도 그런 일은 딱 한번 있었고 보통은 박스에 잘 담아 오는데도 일부러 포장해서 보내줘.

F 그렇지? 이 주변 서점에는 없으니까 주문하는 수밖에 없겠지? 인터넷은 주문하면 대체로 다음날에는 도착하니까 편리하지.

M 맞아. 맞아. 그게 너무 편리해서 나도 자주 이용해.

F 그럼 집에 돌아가면 바로 주문할래.

여학생이 이전에 인터넷에서 주문한 서적은 어떤 상태였습니까?

書籍しょせき 서적 ｜ 包装ほうそう 포장

Tip 여학생은 이전에 구입한 책의 상태가 '표지가 찢어져 있어서' 실망했으므로 정답은 1번이다.

정답 1

3番

1 아르바이트하던 곳에서의 만남
2 지갑 분실
3 낭비
4 술 모임에서의 실수

 _T003

> **3番** 男性と女性が占いについて話をしています。女性が読んでいる占いに載っていた今月気をつけなければいけないことは何ですか。
>
> F 今日雑誌を買ったんだけど、最後のページに載ってた占いがあんまり良くなくて…。
>
> M それでそんな暗い顔してるの？あんなのただの占いなんだからそんな真に受けるなよ。参考程度に読めばそれでいいじゃないか。
>
> F 前は私もそう思ってたんだけど、結構この占い当たるからバカに出来なくって。今月は積極的に人が多いところに行けば素敵な出会いがあるらしいの。
>
> M そうなんだ。じゃあ、今度バイト先の人たちと飲み会があるんだけど、友達も連れてきていいって言ってたし、行ってみる？
>
> F ええ、本当に？行って、いいの？どんな出会いが待ってるのかしら、今から楽しみだわ。
>
> M 他にはどんなことが書いてあったの？
>
> F そうね、今月は無駄使いが多くなりそうな予感、財布の紐をきつくするようにってあったわ。
>
> M なんか、どこの占いにも書いてありそうな内容だな。
>
> F いいの、いいの、私はこの占いを信じてるんだから。
>
> 女性が読んでいる占いに載っていた今月気をつけなければいけないことは何ですか。

남자와 여자가 점(운세)에 대해 이야기하고 있습니다. 여자가 읽고 있는 잡지에 쓰인 이번 달에 주의해야 할 일은 무엇입니까?

F 오늘 잡지를 샀는데, 마지막 페이지에 나온 운세가 별로 안 좋아…….

M 그래서 그렇게 어두운 얼굴을 하고 있는 거야? 그런 건 그냥 점일 뿐이니까 곧이 듣지마. 그냥 참고 정도로 읽으면 되잖아.

F 전에는 나도 그렇게 생각했었는데, 이 운세가 꽤 잘 맞아서 무시할 수가 없어. 이번 달은 적극적으로 사람이 많은 곳에 가면 멋진 만남이 있을 거래.

M 그렇구나. 그럼 이번에 아르바이트 하는 사람들이랑 같이 술 마시러 가기로 했는데, 친구도 데려와도 된다고 했었는데 가볼래?

F 아, 진짜? 가도 돼? 어떤 만남이 기다리고 있을지 벌써부터 기대된다.

M 다른 건 어떤 얘기가 있었어?

F '이번 달은 낭비가 많아 질 것 같은 예감, 지갑 끈을 꽉 조이도록'이라고 되어 있었어.

M 왠지 어느 운세에나 있을 것 같은 내용이네.

F 뭐, 상관없어. 나는 이 운세를 믿고 있으니까.

여자가 읽고 있는 잡지에 쓰인 이번 달에 주의해야 할 일은 무엇입니까?

無駄使むだづかい 낭비 | 紐ひも 끈

Tip 주의해야 하는 운세가 '이번 달은 낭비가 많아질 것 같은 예감, 지갑 끈을 꽉 조이도록'이라고 되어 있으므로 정답은 3번이다.

정답 3

4番

1 고등학교 교사 → 미용사 → 택시 운전사 → 빵
2 택시 운전사 → 미용사 → 빵 → 고등학교 교사
3 택시 운전사 → 빵 → 고등학교 교사 → 미용사
4 빵 → 고등학교 교사 → 미용사 → 택시 운전사

● _T004

4番 新聞社で働く男性と女性が話をしています。男性はどの順番で取材に行きますか。

M 今日は取材で色んな職業の人にインタビューしに行かなきゃ行けないんだよね。

F 今日は結構暑いから、外に出てあちこちするのは大変そうね。そのインタビューって、この前言ってたパン職人さん？

M その人のところにも行くんだけど、まずはタクシー会社に行って運転手にインタビュー。不景気でなかなかタクシー運転手も大変みたいだよ。

F そうね、この間テレビでも大変そうな様子は見たわ。

M 次は、美容師ね。美容室もお客さんの確保とか、店の存続競争やらで試行錯誤してるみたいだよ。

F 美容師も自営業だから、ずっと働きっぱなしで大体のところは月曜日しか休みがないから体力もいるし大変よね。

M　そうだね。僕の友達も美容師で働いてるけど、あう度に痩せていってるような気がする。それだけ大変なんだろうね。そこが終わったらパン職人の店に行くよ。

F　それで、最後は？

M　最後は教師。高校の先生に取材に行くんだ。

F　先生って教えるだけじゃなくて、そのほかにも色々と見えない部分でしてる仕事がたくさんありそうだから、面白そうね。

男性はどの順番で取材に行きますか。

신문사에서 일하는 남자와 여자가 이야기하고 있습니다. 남자는 취재하러 어떤 순서로 갑니까?

M　나 오늘 취재로 여러 직업인과 인터뷰하러 가야 해.

F　오늘 꽤 더우니까 밖에서 여기저기 돌아다니는 거 힘들 것 같다. 그 인터뷰란 거, 전에 말했던 제빵 장인 말이야?

M　그 분 한데도 가는네 먼서 택시 회사에 가서 운전사 인터뷰. 불경기라서 택시 운전사도 꽤 힘든 모양이야.

F　그렇겠다. 전에 텔레비전에서도 힘들어 보이는 모습은 봤어.

M　다음은 미용사. 미용실도 고객 확보라든지 가게의 존속 경쟁 같은 걸로 시행착오를 겪고 있나봐.

F　미용사도 자영업이니까 계속 일만하고 대부분은 월요일 밖에 휴무가 없으니까 체력도 필요하고 힘들겠어.

M　그렇지. 내 친구도 미용사로 일하는데 만날 때마다 말라 가는 것 같아. 그만큼 힘든 거겠지. 거기가 끝나면 제빵 장인의 가게로 갈 거야.

F　그래서, 마지막은?

M　마지막은 교사. 고등학교 선생님을 취재하러 가.

F　선생님은 가르치는 것뿐만 아니라 그 외에 여러 가지 보이지 않는 부분에서 하는 일이 많을 것 같으니까 재밌겠다.

남자는 취재하러 어떤 순서로 갑니까?

職人しょくにん 직인, 장인, 기술자 ｜ 存続そんぞく 존속 ｜ 試行錯誤しこうさくご 시행착오 ｜ 自営業じえいぎょう 자영업

Tip　순서를 나타내는 문제 유형으로 차례를 나타내는 힌트가 되는 단어 「まず, 次は, そこが終わったら, 最後は」에 주목해야 한다. 따라서 정답은 2번이다.

정답　2

5番

1 동경하고 있는 중학교 시절의 선생님이 있기 때문에
2 교사가 될 것을 부모님이 강하게 추천했기 때문에
3 불경기인 지금 일단 공무원이 되고 싶어서
4 유학경험을 살려서 영어 선생님이 되고 싶어서

● _T005

5番 男子学生と女子学生が話をしています。男子学生はどうして先生になろうと決めたのですか。

M 大学卒業したら、中学校の先生になりたいんだ。

F そうだったの？ あなたとはよく話すけど、そういえば将来どんな職業に就きたいとか、そういう話はしたことがなかったわね。

M うん、僕も教師になりたいって思いはずっとあったんだけど、採用試験もなかなか難しいって聞くからさ。公務員は不景気だと人気が高いもんな。

F そうね、私の友達も3回4回受けてやっと通ったって言ってたわよ。でもどうして中学校の先生？

M 中学校の時の国語の先生が本当にいい先生でさ。授業もすごく面白かったんだけど、それ以上に生徒の相談に乗ってくれて、生徒一人ひとりを見てくれるいい先生だったんだ。

F そっか、じゃあ、その先生に憧れているのね。私、あなたのお父さんが先生だから、教師になりなさい、って強く言われてきたのかなあと思って。

M まあ、親からは望まれてるみたいだけど、でも親に言われたからではないよ。

F 私も中学時代はね、留学経験のある同性から見てもかっこいい英語の女性の先生がいてね…憧れてたわ。

M 僕もそうやって生徒から憧れられる先生になりたいな。

男子学生はどうして先生になろうと決めたのですか。

남학생과 여학생이 이야기하고 있습니다. 남학생은 왜 선생님이 되기로 마음먹었습니까?

M 대학 졸업하면 중학교 선생님이 되고 싶어.

F 그래? 너랑은 얘기도 많이 하는데 그러고 보니 장래에 어떤 직업을 갖고 싶다든지 그런 이야기는 한 적이 없었네?

M 응. 나도 교사가 되고 싶다는 생각은 계속 했었는데 채용 시험도 꽤 어렵다고 들어서. 공무원은 불경기면 인기가 올라가잖아.

F 그렇지. 내 친구도 서너 번 시험 봐서 겨우 붙었다고 했었어. 근데 왜 중학교 선생님이야?

M 중학교 때 국어 선생님이 진짜 좋은 선생님이셨어. 수업도 굉장히 재밌었는데 그 이상으로 학생들 상담도 해 주고, 학생 한 명 한 명을 봐 주는 좋은 선생님이셨어.

F 그렇구나. 그럼 그 선생님을 동경하는 거구나. 나는 너희 아버지가 선생님이니까 교사가 되라고 강요 당하는 거라고 생각했어.

M 뭐, 부모님도 바라시는 것 같지만, 나는 부모님이 하라고 해서 하려는 건 아니야.

F 나도 중학교 때 유학 경험이 있는 동성이 봐도 멋진 여자 영어 선생님이 있어서 동경했었어.

M 나도 그렇게 학생들한테 동경의 대상이 되는 선생님이 되고 싶다.

남학생은 왜 선생님이 되기로 마음먹었습니까?

Tip 남학생이 선생님이 되려는 이유를 찾으면 된다. 대화 중간에 '중학교 때 국어 선생님이 진짜 좋은 선생님이었어. 수업도 굉장히 재밌었는데 그 이상으로 학생들 상담도 해 주고, 학생 한 명 한 명을 봐 주는 좋은 선생님이셨어.' 라고 말하고 있으므로 정답은 1번이다.

정답 1

6番

1 직접 호텔까지 가지러 가기로 했다.
2 부인한테 가지러 가달라고 했다.
3 다음에 일로 근처에 갈 때 가지러 가기로 했다.
4 ~~우편으로 호텔에서 보내주기로 했다.~~

●_T006

6番 男性と女性が電話で話をしています。男性は忘れたネクタイピンをどうすることにしましたか。

F もしもし、こちら東京ホテルの受付加藤と申します。鈴木太郎様のお電話でしょうか。

M ええ、鈴木ですけど何か？

F 突然申し訳ございません。実はですね、先日ご利用いただいた際に、お客様のお部屋のほうからネクタイピンが見つかりまして。お客様の大事なものでしたらお探しになっていらっしゃるのではないかと思いまして、今日はお電話差し上げたんですけれども。

M ああ、そうなんですよ。そうそう、ネクタイピンをどこかで落としたのは気づいていたんですけど、ホテルの部屋にあったんですか。よかった。

F 特に壊れているところもないですし、きちんとこちらで保管しておりますので大丈夫ですよ。

M そのネクタイピン、妻からプレゼントされたもので、必死に探してたんですよ。で、それはいつまでに取りに行けばいいんですかね。

F いえ、取りに来ていただかなくても、住所を教えていただければ、こちらから郵送することも出来ますが。

M そうなんですか？どうしようかな。近々またそっちに行く仕事があるから自分で取りに行ってもいいけど。

F 保管に期限はございませんので、取りに来られる前にお電話いただければ準備して待っており

ますのでいつでもかまいませんよ。

M　そうですか、でも、妻からもらった大事なものだし、郵送ですぐに送ってもらってもいいですかね。

F　ええ、もちろん。では今日準備をして、明日郵送でそちらに送りますね。お客様、住所をよろしいでしょうか。

M　ああ、そうでしたね。

男性は忘れたネクタイピンをどうすることにしましたか。

남자와 여자가 전화로 이야기하고 있습니다. 남자는 두고 온 넥타이 핀을 어떻게 하기로 했습니까?

F　여보세요. 저는 도쿄 호텔 프론트의 가토라고 합니다. 스즈키 다로님 전화 맞나요?

M　네. 제가 스즈키인데 무슨 일이십니까?

F　갑자기 전화 드려서 죄송합니다. 실은 전에 저희 호텔을 이용하셨을 때 손님방에서 넥타이핀이 나와서요. 손님의 소중한 물건이면 찾고 계신 게 아닌가 하고 오늘 전화 드렸습니다.

M　아, 맞아요. 넥타이 핀을 어디선가 잃어버린 건 알고 있었는데 호텔 방에 있었어요? 다행이네요.

F　특별히 망가진 곳도 없고 저희 쪽에서 잘 보관하고 있으니까 안심하셔도 됩니다.

M　그 넥타이 핀, 와이프한테 선물 받은 거라서 필사적으로 찾고 있었어요. 그러면 그건 언제까지 찾으러 가면 될까요?

F　아니요. 찾으러 오시지 않아도 주소를 알려 주시면 이쪽에서 우송해드릴 수도 있습니다만.

M　그래요? 어떻게 하지? 곧 그쪽에 일이 있으니까 제가 가지러 가도 되는데.

F　보관에 기한은 없으니까 가지러 오시기 전에 전화 주시면 준비해놓고 기다리겠습니다. 언제 오셔도 상관없어요.

M　그래요? 그래도 와이프한테 받은 소중한 물건이니까 우편으로 빨리 보내주실 수 있을까요?

F　네, 물론이죠. 그럼 오늘 준비해서 내일 우편으로 그쪽으로 보내겠습니다. 손님 주소를 알려주시겠습니까?

M　아, 그렇게 하죠?

남자는 잊고 온 넥타이핀을 어떻게 하기로 했습니까?

郵送ゆうそう 우송

Tip 넥타이핀을 돌려받는 방법을 묻는 문제로 대화 중간에 제안에 수긍하거나 다른 의견을 제시하여 정답을 찾는데 혼란을 주고 있다. 결국 대화 마지막 부분에 남자가 '우편발송'을 요구하고 호텔 측에서 그것을 수용하였으므로 정답은 4번이다.

정답 4

問題 2 포인트 이해 (7문항)

포인트 이해는 내용의 포인트를 좁혀 듣는 것이 가능한지를 묻는 문제이다. 현실 커뮤니케이션에서 듣는 사람은 말하는 상대의 음성을 통해 듣는 사람 자신이 알고 싶어 하는 것과 흥미 있는 것을 들으려고 한다. 이러한 포인트 이해 유무를 측정하기 위해 신 시험은 수험자가 사전에 무엇을 들어야 하는지를 의식하고 들을 수가 있도록 <u>문제의 본문을 듣기 전에 상황 설명과 질문을 음성으로 제시하고, 문제용지에 인쇄되어 있는 선택지를 읽는 시간을 준다</u>. N1 레벨에서는 말하는 사람의 심정이나 일어난 사건의 이유 등을 이해할 수 있는지의 여부를 주로 묻는다.

문제의 전개는 ①〈상황설명, 질문〉 - ②〈인쇄된 선택지 <u>읽기</u>〉 - ③〈대화, 이야기 <u>듣기</u>〉 - ④〈질문〉의 순이다.

もんだい
問題2

> もんだい
> 問題　問題2では、まず質問を聞いてください。そのあと、問題用紙の選択肢を読んでください。読む時間があります。それから話を聞いて、問題用紙の1から4の中から、最もよいものを一つ選んでください。

ばん
1番
● _T007

1 子どもたちの使いやすい大きさで作る。

2 手洗い場のスペースを広く取る。

3 荷物を置くためのベンチを入り口に置く。

4 車いす使用者専用のトイレを作る。

1 　人気のお笑い芸人の短いギャグであること

2 　じわじわと人々に広がっていった言葉であること

3 　10人中3人がその言葉を使って初めて流行語とみなされる。

4 　イメージしやすいこと、不快でないこと、いいやすいこと

1 　子供にとって家に代わる大切な生活の場である。

2 　学校帰りの子供たちが自由に遊べる場である。

3 　長期休みにのみ子供たちが利用できる場である。

4 　運営方法は厚労省によって統一されている場である。

4番

_T010

1 手を洗わなければいけないと暗い気持ちになる。

2 先生や大人に言われなくても率先して手洗いをする。

3 楽しそうにみんなで踊りを踊りだす。

4 インフルエンザについて学ぼうとする。

5番

_T011

1 火遊びは危険で火災を引き起こす原因になること

2 東京で発生する火災の数が年々増加していること

3 子供の手の届くところにライターを置かないこと

4 子供はライターを使ってはならないという法律があること

6番

1 着物を一人で着れるようになってからたくさん買ったから

2 祖母が昔集めていたものをたくさんくれたから

3 結婚式に呼ばれるたびに新しいものを買ってきたから

4 レトロな柄の着物を集めるのが趣味だから

7番

_T013

1 当初の予定より間をあけて本試験の2週間後にすること

2 新型インフルエンザの大流行に備えて行わないこと

3 追試験会場を東京と関西の2ヶ所だけにすること

4 数千人が追試を希望してきた際にも対応できる準備をすること

1番

1 아이들이 쓰기 좋은 크기로 만든다.
2 손 씻는 곳의 공간을 넓게 잡는다.
3 짐을 놓기 위한 벤치를 입구에 둔다.
4 휠체어 사용자 전용 화장실을 만든다.

1番 テレビではアナウンサーが小学校のトイレについて話をしています。トイレの設計にあたって子どもたちから出された意見として、正しいものはどれですか。

M 埼玉県のとある小学校のトイレは、子どもたちが出し合ったアイデアを元に作られています。自分たちで考えたトイレを使い始めた学校では、トイレを大切に使うようになるなどの効果があらわれているようです。この小学校では、男女10か所のトイレを作るため、設計の業者などを交えながら子どもたちが話し合いを重ねています。9月から月に数回、小学4、5年生の32人が放課後に集まっています。今月9日には、班ごとにまとめたアイデアをみんなの前で発表。「入り口にベンチを置く」という案に、「なぜ必要なのか」と質問がでました。発表者は「荷物を置いたり、待ち合わせしたりできるように」と答えました。物置や手洗い場でトイレの中を見えなくしたり、光をとり入れるために窓側のスペースをあけたりする案が次々に発表されました。車いすを使う友だちのために、段差をなくすという案もありました。

トイレの設計にあたって子どもたちから出された意見として、正しいものはどれですか。

텔레비전 아나운서가 초등학교의 화장실에 대해 이야기하고 있습니다. 화장실 설계에 대해 아이들이 낸 의견으로 맞는 것은 어느 것입니까?

M 사이타마현의 어느 초등학교 화장실은 아이들이 함께 내어 놓은 아이디어를 바탕으로 만들어졌습니다. 자신들이 생각한 화장실을 사용하기 시작한 학교에서는 화장실을 소중하게 사용하게 되는 등의 효과가 나타나고 있는 모양입니다. 이 초등학교에서는 남녀 10곳의 화장실을 만들기 위해 설계업자 등과 함께 아이들이 토론을 거듭하고 있습니다. 9월부터 한 달에 수차례 초등학교 4, 5학년생 32명이 방과 후에 모이고 있습니다. 이번 달 9일에는 반 별로 정리한 아이디어를 모두의 앞에서 발표했습니다. '입구에 벤치를 두자'라는 안건에 대해 '왜 필요한가?'라는 질문이 나왔습니다. 발표자는 '짐을 놓는다든지 기다린다든지 할 수 있도록'이라고 답했습니다. 물건 두는 곳이나 세면대에서 화장실 안이 안 보이게 한다든지 빛이 들어오게 하기 위해서 창가 쪽 공간을 비운다든지 하는 안건이 차례차례 발표되었습니다. 휠체어를 사용하는 친구를 위해 바닥의 턱을 없애자고 하는 안도 있었습니다.

화장실 설계에 대해 아이들이 낸 의견으로 맞는 것은 어느 것입니까?

とある 어떤, 어느 │ 放課後ほうかご 방과 후 │ 段差だんさ 단차 *도로, 지면 등에서 층계가 진 형태에서의 높낮이 차이

Tip 성우의 음성을 들으면서 문제의 문항을 대조하며 제거해 가는 것이 중요하다. 3번 외에는 부분적으로 내용에서 언급되지 않은 틀린 내용들이다. 1번의 화장실 크기, 2번의 세면장의 공간, 4번의 휠체어 사용자 전용 부분이 사실과 다르므로 정답은 3번이다.

정답 3

2番

1 인기 개그맨의 짧은 개그일 것
2 서서히 사람들에게 퍼져간 말일 것
3 10명 중 3명이 그 말을 써야 비로소 유행어로 간주된다.
4 연상하기 쉬울 것, 불쾌하지 않을 것, 말하기 쉬울 것

じわじわ 천천히 조금씩 확실하게 사물이 진행되는 모양

● _T008

2番 男性と女性が話をしています。「流行語」の条件とは何だといっていましたか。

F　流行語ってどんなふうに生まれるか知ってる？

M　いや、流行語って自分でも知らず知らずのうちに使ってることが多いし、どうやって生まれてるかなんて、考えてみたこともなかったなあ。

F　いろいろな世代で、3人に一人、つまり3割くらいの人が知っていて、10人に一人、1割が使えば、十分に流行語なんだって。

M　3割っていう数字は、商品を開発する人たちの世界では「ほとんどが知っている」っていう意味になる、って前に聞いたことがあるよ。人口や世代の1割に使われれば「たいていの人が使うか、持っている」っていうことになるとも言っていたな…。

F　でね、多くの人が使いたくなる流行語の条件は、「イメージしやすいこと、不快でないこと、いいやすいこと」なんだって。

M　最近の流行語にはお笑い芸人の短いギャグが選ばれることが多いし、それを言うだけで場が和んだり、盛り上がったりするものが多いもんね。

F　でもね、パッと広がった言葉はパッと消えて、ジワジワと広がったものは、あきられるのもゆっくり。ほかの言葉でいい表せなかった『ぶりっ子』なんかは、便利だから生き残ったでしょ。『〇〇王子』や『〇〇力』などは、増殖現象って言って、主語を入れかえて使い回されて残っていくタイプの流行語だそうよ。

M　じゃあ、お笑い界は大変だね。旬なお笑いのネタがランキング上位に選ばれたときにピークをむかえて、その後は使われにくくなるっていうことだもんね。お笑い芸人の大ブレークと

262

「流行語」の条件とは何だといっていましたか。

남자와 여자가 이야기하고 있습니다. '유행어'의 조건이란 무엇이라고 말하고 있습니까?

F 유행어라는 건 어떻게 탄생하는지 알아?

M 글쎄~ 유행어는 자기도 모르는 사이에 사용하는 경우가 많은데, 어떻게 탄생하는지 라니 생각해 본적도 없어.

F 여러 세대 사람들이 3명에 한명 즉, 30% 정도의 사람이 알고 있고, 10명에 한명 즉, 10%가 쓰면 충분히 유행어가 된대.

M 30%라는 숫자는 상품을 개발하는 사람들의 세계에서는 '대부분이 알고 있다'라는 의미가 된다고 전에 들은 적이 있어. 인구나 세대의 10%가 사용하면 '대부분의 사람이 사용하거나 가지고 있다'라는 것이 된다고도 했었어.

F 그래서 말이야, 많은 사람들이 쓰고 싶어지는 유행어의 조건은 '연상하기 쉬울 것, 불쾌하지 않을 것, 말하기 쉬울 것'이래.

M 최근 유행어에는 개그맨의 짧은 개그가 뽑히는 일이 많고, 그 말을 하는 것만으로 분위기가 부드러워진다든지 분위기가 살아나는 것도 많잖아.

F 그렇지만 갑자기 확 퍼진 말은 갑자기 없어지고, 천천히 퍼진 것은 싫증도 천천히 낸대. 다른 말로 잘 표현 못했던 'ぶりっこ' 같은 건, 편리하니까 살아남았잖아. 'ㅇㅇ왕자'나 'ㅇㅇ력' 등은 증식 현상이라고 해서 주어를 바꿔서 사용되면서 살아남는 타입의 유행어래.

M 그럼, 개그계는 힘들겠다. 한창 때의 웃음 소재가 랭킹 상위에 뽑혔을 때 인기가 절정에 달하고, 그 후에는 잘 사용되지 않게 되는 거잖아. 개그맨의 대히트랑 반짝 인기는 표리 관계에 있는 건가?

'유행어'의 조건이란 무엇이라고 말하고 있습니까?

流行語りゅうこうご 유행어 | 世帯せたい 세대 | 芸人げいにん 개그맨 | 増殖ぞうしょく 증식 | 旬しゅん 철, 적기 | 一発屋いっぱつや 반짝 인기, 일회성으로 끝나는 일을 비유함 | 背中合せなかあわせ 서로 등을 맞대고 반대 방향을 향함, 표리 관계에 있음, 이웃해 있음

Tip '유행어'의 조건은 대화 중반에 관련어가 나온다. 즉 '유행어의 조건은 연상하기 쉬울 것, 불쾌하지 않을 것, 말하기 쉬울 것을 충족하는 경우'이므로 정답은 4번이다.

정답 4

3番

1 아이에게 있어서 집을 대신할 수 있는 소중한 생활 장소이다.

2 하교하는 아이들이 자유롭게 놀 수 있는 장소이다.

3 장기 휴가의 경우만 아이들이 이용할 수 있는 장소이다.

4 운영 방법은 후생노동성에 의해 통일되어 있는 장소이다.

● _T009

3番　大学の教職の授業で教授が学生に話をしています。学童保育はどういう場であると言っているか。

F　「学童保育」という言葉を聞いたことがあるでしょうか。両親が働いているなどの理由がある子どもが放課後や長期休みに利用しています。呼び方は「学童クラブ」「放課後児童クラブ」など、地域によって様々です。運営方法も自治体によってちがいます。厚生労働省の調査によると、通う子どもは１年生から３年生が９割。学校の敷地内に学童保育があるのが半数をしめ、午後７時までにしめる学童保育が９６％。全国学童保育連絡協議会によると、適正規模とされる「40人程度まで」の学童保育は４８％で、71人以上の施設が11.5％です。遊ぶだけでなく、勉強やおやつの時間、そうじ当番などもある学童保育は、家にかわる大切な「生活の場」です。働く親も、子どもが一人で留守番するより安心できることなどから必要としており、施設と登録児童は年々増加。今年5月時点で、約1万8000か所に約80万人が登録しています。

学童保育はどういう場であると言っているか。

대학 교직 수업에서 교수가 학생에게 이야기하고 있습니다. 학동 보육은 어떤 현장이라고 말하고 있습니까?

F　'학동 보육'이라는 말을 들어본 적 있습니까? 부모가 일하는 등의 이유가 있는 아이들이 방과 후나 방학 때 이용하고 있습니다. 명칭은 '학동 클럽' '방과 후 아동 클럽' 등 지역에 따라 다양합니다. 운영 방법도 지자체에 따라 다릅니다. 후생노동성의 조사에 따르면, 다니는 아이들은 1학년부터 3학년생이 90%라고 합니다. 학교 부지 내에 학동 보육이 있는 경우가 반수를 차지하고 오후 7시까지 닫는 학동 보육이 96%. 전국학동보육연락협의회에 따르면 적정 규모로 일컬어지는 '40명 정도까지'인 학동 보육은 48%이고, 71명 이상인 시설이 11.5%입니다. 놀기만 하는 것이 아니라 공부나 간식 시간, 청소 당번 등도 있는 학동보육은 집을 대신하는 소중한 '생활 장소'입니다. 일하는 부모도 아이가 혼자서 집을 보는 것보다 안심할 수 있다는 것 등의 이유로 필요로 하고 있어서 시설과 등록 아동은 매년 증가. 올해 5월 시점에서 약 1만 8천 곳에 약 80만 명이 등록하고 있습니다.

학동 보육은 어떤 현장이라고 말하고 있습니까?

学童がくどう 학동, 초등학교 아동 ｜ 学童保育がくどうほいく 학동 보육 *부모가 주로 맞벌이하는 아동의 경우, 방과 후의 일정시간을 보호자를 대신하여 돌봐주는 일 ｜ 自治体じちたい 자치체 ｜ 適正てきせい 적정

Tip 후반부에 집을 대신하는 소중한 '생활 장소'라고 했으므로 정답은 1번이다.

정답 1

4番

1 손을 씻어야만 한다면 침울한 기분이 된다.

2 선생님이나 어른이 말하지 않아도 솔선해서 손 씻기를 한다.

3 즐거운 듯이 모두 함께 춤을 추기 시작한다.

4 인플루엔자에 대해 배우려고 한다.

● _T010

4番　男子学生と女子学生が話をしています。手洗いの歌を流すことで、小学生たちはどのような行動に出ますか。

M インフルエンザがまだまだ流行中だけど、手洗い、うがいちゃんとしてる？

F なんとなく続けていると、つい気がゆるみがちになって忘れそうになって、「あ、いけない」って思うことも多いのよね。

M 正確に、しかも楽しく手洗いが出来るように、って歌を作って手洗いに取り組んでいる小学校やボランティアのグループがあるんだって。小学生たちは曲が流れると「洗わなくちゃ」って先生や大人に言われなくても率先して手洗いをするそうだよ。

F 元気に歌いながら手を洗えば、手を洗う時間も単なる習慣じゃなくて楽しい時間になりそうね。

M 休み時間後とか、給食の時間には、オリジナルの「てあらいのうた」なんていう歌を流している小学校もあるそうだよ。手洗いを呼びかけるのは、放送委員会の当番の子どもたちなんだって。

F この曲が流れてくると、みんなんとなく手を洗わなくてはいけないな、っていう感じがしそうだものね。

M 独自に歌やふりつけを考えたボランティア団体は、その様子を収録したものを小学校や幼稚園などにＤＶＤとして配ったり、インターネットでも見られるようにする予定なんだって。

F インフルエンザの流行も頭打ちのところまで来たとは言っていたけど、まだまだ心配だし、手洗いの習慣は子供たちだけじゃなくて、私たち大人もきちんとしていかなくちゃね。

手洗いの歌を流すことで、小学生たちはどのような行動に出ますか。

남학생과 여학생이 이야기하고 있습니다. 손 씻기 노래를 틀면 초등학생들은 어떤 행동을 합니까?

M 신종플루가 아직까지 유행하고 있는데 손 씻기, 양치질 제대로 하고 있어?

F 아무 생각 없이 계속하고 있으면 어느샌가 해이해져서 잊어버릴 때 쯤 '아, 안 되지.'할 때가 많아.

M 정확하게 그리고 즐겁게 손 씻기를 할 수 있도록 노래를 만들어서 손 씻기에 힘쓰고 있는 초등학교나 자원봉사 그룹이 있대. 초등학생들은 노래가 흘러나오면 '씻어야지.'하고 선생님이나 어른이 말하지 않아도 솔선해서 손을 씻는대.

F 활기차게 노래하면서 손을 씻으면 손 씻는 시간도 단순한 습관이 아니라 즐거운 시간이 될 것 같다.

M 쉬는 시간 후라든지 급식시간에는 오리지널 '손 씻기 노래'라는 노래를 트는 초등학교도 있대. 손 씻기를 권

하는 건 방송위원회 당번 아이들이래.

F 이 곡이 나오면 다들 왠지 모르게 손을 씻지 않으면 안 될 것 같은 생각이 들 것 같잖아.

M 독자적으로 노래나 율동을 생각한 봉사 단체는 그 모습을 수록한 것을 초등학교나 유치원 등에 DVD로 나눠준다든지 인터넷에서도 볼 수 있게 할 예정이래.

F 신종플루 유행도 한계점에 도달했다고는 하지만 아직 걱정되고, 손 씻기 습관은 아이들뿐 아니라 우리 어른도 가지지 않으면 안 되지.

손씻기 노래를 틀면 초등학생들은 어떤 행동을 합니까?

率先そっせん 솔선 | 単たんなる 단순한 | 頭打あたまうち 더 진전할 가망이 없는 한계

Tip 초중반부에 남자가 '초등학생들은 손 씻기 노래가 흘러나오면 선생님이나 어른이 말하지 않아도 솔선해서 손을 씻는다.'라고 말하고 있으므로 정답은 2번이다.

정답 2

5番

1 불장난은 위험하며 화재를 일으키는 원인이 된다는 것
2 도쿄에서 발생하는 화재 건수가 매년 증가하고 있는 것
3 아이의 손 닿는 곳에 라이터를 두지 않을 것
4 아이는 라이터를 쓰면 안 된다는 법률이 있는 것

● _T011

5番 アナウンサーがテレビで話をしています。東京都がウェブサイトで訴えていることとは何ですか。

F 5歳以上12歳以下の子どもが火遊びで起こす火災の原因は、ライターが約6割。このような結果が東京都商品等安全対策協議会が18日、都に渡した報告書で分かりました。東京消防庁が担当した2008年までの10年間の火災で、5歳以上12歳以下の子どもがライターによる火遊びで起こした件数は413件。このうち3割以上の子どもたちが亡くなったり、やけどなどのけがを負ったりしていることも報告されました。都は今後、家庭に子どもの手の届くところにライターを置かないことなどをウェブサイトなどで呼びかけるほか、国に子どもが簡単に使えないようにする機能をライターにつけることを法律にするように求めます。

東京都がウェブサイトで訴えていることとは何ですか。

아나운서가 텔레비전에서 이야기하고 있습니다. 도쿄도가 웹 사이트에서 호소하고 있는 것은 무엇입니까?

F 5세 이상 12세 이하의 아이들이 불장난으로 일으키는 화재의 원인은 라이터가 약 60%. 이러한 결과가 도쿄도 상품 등 안전대책 협의회가 18일, 도(都)에 전달한 보고서에서 밝혀졌습니다. 도쿄 소방청이 담당한 2008년까지의 10년간의 화재 중 5세 이상 12세 이하의 아이들이 라이터로 불장난을 하여 일으킨 화재 건수는 413건. 이 중에서 30% 이상의 아이들이 사망하거나 화상 등의 상해를 입은 것도 보고되었습니다. 도(都)는 앞으로 가정에 아이의 손이 닿는 곳에 라이터를 두지 않을 것 등을 웹 사이트 등에서 호소하는 등, 아이들이 간단히 사용할 수 없게 하는 기능을 라이터에 장치할 것을 법률로 하도록 국가에 요구할 것입니다.

도쿄도가 웹 사이트에서 호소하고 있는 것은 무엇입니까?

危険きけん 위험 │ 火災かさい 화재 │ 原因げんいん 원인 │ 増加ぞうか 증가 │ 法律ほうりつ 법률

Tip 호소의 주체가 '도(都)'이므로 해당 어구가 나오면 집중해서 들어야 한다. '도(都)는 앞으로 가정에 아이의 손이 닿는 곳에 라이터를 두지 않을 것 등을 웹 사이트 등에서 호소' 한다고 했으므로 정답은 3번이다.

정답 3

6番

1 기모노를 혼자서 입을 수 있게 된 후부터 많이 샀기 때문에
2 할머니가 옛날에 모으던 것을 많이 주셨기 때문에
3 결혼식에 초대받을 때마다 새것을 샀기 때문에
4 복고적인 무늬의 기모노를 모으는 것이 취미이기 때문에

◉_T012

6番 男性と女性が結婚式に着る服について話をしています。なぜ女性は着物をたくさんもっているのですか。

F 明日の友だちの結婚式なんだけど、何を着ていこうか悩んでるのよね。着物で行こうか、それとも前に買って一度も着てないドレスを出して着ていこうか。

M 君は着物も自分一人で着れるっていう特技を持ってるんだし、せっかくだから着物を着て行ったらどう?

F そうね、じゃあ着物にしようかしら。でもどの着物を着ていこうかしら。私のおばあちゃんすごく着物が好きで、昔は集めてたみたいなんだけど、もう着ないからって私にたくさんくれたの。

M そっか…まあ、結婚式は花嫁さんが主役だから、その主役の花嫁さんより目立っちゃうほど派手なものでなかったら何でもいいんじゃない?

F そうね、じゃあ、この緑とオレンジの着物どうかしら。所々ゴールドも入っててすごくすてきじゃない?

M 僕もそれはすごくいいと思うよ。なんだかとてもすてきだし、今じゃちょっと見ないようなそのレトロな柄がすごく君にも似合うと思うし。

F さすが、お目が高いわね。実はこれね、とても高価な生地で出来ていて、何十年も前に職人さんの手で作られたとっても貴重なもの何ですって。

M 通りですごくすてきなわけだ。早く着て見せてよ。君が着ているところも見てみたいよ。

なぜ女性は着物をたくさんもっているのですか。

남자와 여자가 결혼식에 입고 갈 옷에 대해 이야기하고 있습니다. 여자는 왜 기모노를 많이 가지고 있습니까?

F 내일 친구 결혼식인데, 뭘 입고 갈지 고민이야. 기모노 입고 갈까 아니면 전에 사서 한 번도 안 입은 드레스를 꺼내서 입고 갈까?

M 너는 기모노도 혼자 입을 수 있는 특기를 가지고 있고, 모처럼 가는 거니까 기모노를 입고 가는 게 어때?

F 그렇지? 그럼 기모노로 할까? 그렇지만 어느 기모노를 입고 가지? 우리 할머니 기모노를 엄청 좋아하셔서 옛날에는 모으셨던 것 같은데 이제 안 입으신다고 나한테 많이 주셨어.

M 그렇구나…… 뭐, 결혼식은 신부가 주역이니까 주역인 신부보다 눈에 띌 정도로 화려한 게 아니면 아무거나 괜찮지 않아?

F 그렇지. 그럼 이 녹색과 오렌지색의 기모노는 어떨까? 군데군데 금색도 들어가 있어서 멋지지 않니?

M 나도 그건 굉장히 좋다고 생각해. 멋지고, 요즘엔 흔하지 않은 그 복고풍의 무늬도 너한테 무척 잘 어울리는 것 같고.

F 역시 눈이 높구나. 사실 이거 굉장히 고가의 옷감으로 되어 있고, 몇 십 년도 전에 장인이 만든 굉장히 귀중한 거래.

M : 그래서 그렇게 멋진 거구나. 빨리 입고 보여줘. 네가 입고 있는 모습을 보고 싶어.

여자는 왜 기모노를 많이 가지고 있습니까?

花嫁はなよめ 신부, 새색시 │ レトロ Retro 'retrospective(회고)'의 약어

Tip '우리 할머니 기모노를 엄청 좋아하셔서 옛날에는 모으셨던 것 같은데 이제 안 입으신다고 나한테 많이 주셨어.'라는 여자의 말에서 할머니에게 물려받은 것임을 알 수 있다. 따라서 정답은 2번이다.

정답 2

268

7番

1 당초의 예정보다 간격을 두어 본시험 2주 후에 하는 것
2 신종플루의 대유행에 대비해 실행하지 않는 것
3 추가 시험 회장을 도쿄와 간사이의 2곳만으로 하는 것
4 수 천 명이 추가 시험을 희망할 경우에도 대응할 수 있게 준비하는 것

●_T013

7番 テレビのニュース番組でアナウンサーが話をしています。文部科学省は大学入試センター試験の追試において何を決めましたか。

M　文部科学省は新型インフルエンザの大流行にそなえ、年明けの大学入試センター試験の追試験を、当初の予定より間をあけて本試験の２週間後にするとともに、これまで東京と関西の計２カ所しかなかった追試会場を、全都道府県に広げる方針を決めました。数万人が追試を希望しても対応できるようにするということです。高校入試については、文部科学省が各都道府県の教育委員会や私立高校に、追試などで新型インフル対策を取るよう求めています。同省児童生徒課によると、各都道府県は入試が始まる時期までに方向性を決めるとみられます。

文部科学省は大学入試センター試験の追試において何を決めましたか。

텔레비전 뉴스 방송에서 아나운서가 이야기하고 있습니다. 문부과학성은 대학 입시 센터 시험의 추가 시험에 있어서 무엇을 결정했습니까?

M　문부과학성은 신종플루의 대유행에 대비해, 신년의 대학 입시 센터 시험의 추가 시험을 당초 예정보다 간격을 두어 본시험 2주 후에 할 것과 함께, 지금까지 도쿄와 간사이의 모두 2곳 밖에 없었던 추가 시험장을 전(全)지자체(都道府県)로 확장할 방침을 정했습니다. 수만 명이 추가 시험을 희망해도 대응할 수 있도록 한다는 것입니다. 고교 입시에 대해서는 문부성이 각 지자체의 교육위원회와 사립 고등학교에 추가 시험 등에 있어서 신종플루 대책을 취하도록 요구하고 있습니다. 문부성 아동학생과에 따르면 각 지자체는 입시가 시작되는 시기까지 방향성을 정할 것으로 보입니다.

문부과학성은 대학입시 센터 시험의 추가 시험에 있어서 무엇을 결정했습니까?

追試ついし = 追試験ついしけん 추시 *「追加試験(추가시험)」의 줄임말 ｜ 年明としあけ 새해가 됨, 신년

Tip 추가 시험을 간격을 두고 본시험의 2주 후에 할 것과, 도쿄와 간사이의 2곳 밖에 없었던 시험장을 전(全)지자체(都道府県)로 확장할 방침을 정했다. 즉, 추가 시험에 대한 변경 사항은 '실시 시점과 실시 장소 확대'이고 둘 다 혹은 부분적으로 내용에 일치하는 것, 즉 1번이 정답이다.

정답 1

개요 이해는 이야기를 듣고 말하는 사람의 의도와 주장 등을 이해할 수 있는가를 묻는 문제이다. 단순히 내용을 알아듣는 것뿐만 아니라 <u>내용 전체가 주는 메시지가 무엇인지를 이해해야 하므로</u> 이와 같은 문제는 내용의 일부를 이해했는지 묻는 문제보다 고난이도의 청해 능력이 요구된다.

이야기와 질문 전체를 이해하고 있는지를 묻는 문제이므로, 질문과 선택지는 미리 제시되지 않는다.

문제의 전개는 ①〈상황설명〉 – ②〈약간 긴 문장의 이야기〉 – ③〈질문〉 – ④〈이어 제시되는 선택지4개 중에서 택일〉의 순이다.

もんだい
問題3

T014-019

―メモ―

1番

●_T014

1番 テレビでアナウンサーが話をしています。

M　世界的に流行している新型の豚インフルエンザで入院したり、死亡したりする人の割合が、日本ではほかの国より低いことが、世界保健機関、WHOの報告で分かりました。北半球と南半球のそれぞれ５か国の入院率や死亡率などを調べたところ、人口100万人当たりの死亡者は北半球の日本が最も低い0.2人。最も高いのは南半球のアルゼンチンで14.6人でした。北半球は流行が始まってすぐ夏になったことにくわえ、海外では発熱だけでは病院に行かないケースが多く死亡率が高いとみる専門家もいます。一方、健康な子どもたちへの新型インフルエンザワクチンの接種が大阪に続き、東京では１歳から６歳まで、埼玉では１歳から小学３年生の子供たちへワクチン接種が１６日から始まりました。

世界的に流行している新型の豚インフルエンザにおいて世界保健機関、WHOの報告で分かったこととは何ですか。

1 南半球より北半球のほうが死亡率が高い。
2 海外では少し発熱しただけで病院に行くケースが多い。
3 東京では1歳から小学３年生の子供たちにワクチン接種をしている。
4 入院したり、死亡したりする人の割合が日本が一番低い。

텔레비전에서 아나운서가 이야기하고 있습니다.

세계적으로 유행하고 있는 신종 돼지 인플루엔자로 입원하거나 사망하는 사람의 비율이 일본에서는 다른 나라보다 낮은 것이 세계보건기구인 WHO의 보고에 의해 알려졌습니다. 북반구와 남반구 각각 5개국의 입원율과 사망률 등을 조사한 결과, 인구 100만 명당 사망자는 북반구인 일본이 가장 낮은 0.2명. 가장 높은 것은 남반구의 아르헨티나로 14.6명이었습니다. 북반구는 유행이 시작되고 곧 여름이 된 데다가 해외에서는 발열만으로는 병원에 가지 않는 케이스가 많아 사망률이 높다고 보는 전문가도 있습니다. 한편, 건강한 아이들을 대상으로 하는 신종플루 백신 접종이 오사카에 이어 도쿄에서는 1세부터 6세까지, 사이타마에서는 1세부터 초등학교 3학년까지의 아이들에게 백신 접종이 16일부터 시작되었습니다.

세계적으로 유행하고 있는 신종 돼지 인플루엔자에 대해 세계보건기구인 WHO의 보고로 알게 된 것은 무엇입니까?

1 남반구보다 북반구가 사망자수가 많다.
2 해외에서는 약간의 발열만으로 병원에 가는 경우가 많다.
3 도쿄에서는 1세부터 초등학교 3학년까지 백신 접종을 하고 있다.

4 입원하거나 사망하는 사람의 비율이 일본이 가장 낮다.

北半球 きたはんきゅう 북반구 | 南半球 みなみはんきゅう 남반구 | 発熱 はつねつ 발열 | 接種 せっしゅ 접종 | ワクチン 백신

Tip 개요 이해 유형의 문제의 정답은 포괄적으로 맞는 내용을 서술한 문항이 유력하며, 오답은 문장의 부분적 내용을 다르게 서술함으로 착각이나 혼동을 유도한다. 내용전체를 이해하는지 묻는 문제이므로 들으면서 키워드를 메모해 놓는 것이 좋다.

정답 4

2番

○_T015

2番 大学で教授が話をしています。

F　沖縄県にあるアメリカ軍の基地をどこに移すかが問題になっています。今週、国会でも取り上げられました。沖縄県には、基地などアメリカ軍の施設が33あります。日本にアメリカ軍の基地があるのは「日米安全保障条約」、略して安保条約で決められているからです。この条約では「日本が他の国から攻められているとき、アメリカは助ける。その代わりに、日本にアメリカ軍の基地を置いてもいい」としています。では、なぜ沖縄に集まっているのかというと、1つは沖縄がアメリカに長く占領、つまり支配されていたからです。日本などの国がアメリカなどと戦った太平洋戦争は1945年に終わりました。日本は負けて、7年間にわたってアメリカに占領されました。しかし沖縄だけは、その後も20年間、占領されたままでした。このため、たくさんの基地がつくられたのです。もう一つの理由は、沖縄がアメリカ軍にとって、とても重要なところにあることです。アメリカからは遠くても沖縄からなら、北はロシアから東は中国、そして南は東南アジアの国々まで、とても広い範囲をカバーできるのです。

なぜ沖縄にアメリカ軍基地が集まっていると言っていますか。

1 沖縄県には基地が作れるほどの広い場所があるから
2 沖縄だけが敗戦後、長期に渡り占領されていたから
3 安保条約で日本では沖縄に基地を作るように決まっているから
4 アメリカにとって沖縄はとても便利のいい場所にあるから

대학에서 교수가 이야기하고 있습니다.

오키나와에 있는 미군 기지를 어디로 옮길 것인가가 문제가 되고 있습니다. 이번 주 국회에서도 안건이 올라왔습니다. 오키나와현에는 기지 등 미군 시설이 33개 있습니다. 일본에 미군 기지가 있는 것은 '미일안전보장조약', 줄여서 안보조약으로 정해져 있기 때문입니다. 이 조약은 '일본이 다른 나라에게 공격받고 있을 때 미국이 일본을 돕는다. 그 대신 일본에 미군 기지를 두어도 좋다.'라고 정하고 있습니다. 그러면 왜 오키나와에 집중

되어 있는가 하면 하나는 오키나와가 미국에 오랫동안 점령, 즉 지배받았기 때문입니다. 일본 등의 나라가 미국 등과 싸운 태평양전쟁은 1945년에 끝났습니다. 일본은 패해서 7년간에 걸쳐 미국에 점령당했습니다. 그러나 오키나와만은 그 후에도 20년간 점령당한 채로 있었습니다. 이 때문에 많은 기지가 만들어진 것입니다. 또 하나의 이유는 오키나와가 미군에게 있어서 굉장히 중요한 곳에 있다는 것입니다. 미국에서는 멀어도 오키나와에서부터라면 북으로는 러시아부터 동으로는 중국, 그리고 남으로는 동남아의 나라들까지 아주 넓은 범위를 커버할 수 있는 것입니다.

왜 오키나와에 미군기지가 모여 있다고 말하고 있습니까?
1 오키나와 현에는 기지를 만들 수 있을 정도의 넓은 장소가 있기 때문에
2 오키나와만이 패전 후 장기간에 걸쳐 점령되었으니까
3 안보조약으로 일본 오키나와에서 기지를 만들도록 정했기 때문에
4 미국에게 있어서 오키나와는 매우 편리한 장소에 있기 때문에

基地きち 기지 ┃ 条約じょうやく 조약 ┃ 占領せんりょう 점령

Tip 일본에 미군 기지가 있는 것은 '미일안전보장조약' 때문이다. 문제는 범위를 좁혀 오키나와에 미군기지가 집중되어 있는지를 물었으므로 '왜 오키나와에 집중되어 있는가 하면 히니는 오키나와가 미국에 오랫동안 점령당했기 때문'이란 문장에서 답을 찾을 수 있다.

정답 2

3番

_T016

3番 テレビではアナウンサーが話をしています。

F 日本航空がたくさんの借金を抱えて困っています。このままでは危ないと、今週、国は日本航空を助けるための対策を打ち出しました。日本航空とその仲間の会社で働いている人はおよそ4万8000人。日本の空の便の60%を占める、一番大きな航空会社です。その日本航空が今、8000億円もの借金などを抱えています。こんなにも多くの借金を抱えてしまった原因の1つには、日本航空が持っている飛行機が古いことがあります。燃料が少なくてすむ新型の飛行機に買い換えるのが遅れて、燃料をたくさん使う大きな飛行機が多いので、飛ばすのにお金がかかります。乗客が少ないと、大きく損をしてしまうのです。また、最近は景気が悪くなったり、新型インフルエンザが流行したりしたことで、乗客が減っています。さらに、あまり客のいない地方の空港に、たくさんの飛行機を飛ばしていることも大きな問題とされています。

最近日本航空の乗客が減少しているのはどのような理由からですか。
1 景気の悪化や、新型インフルエンザが流行したから
2 今も使用を続けている古い型の飛行機の人気がないから
3 借金があまりにも多く乗客への信用が失われてきているから
4 地方の空港まで飛行機を飛ばすお金がないから

텔레비전에서 아나운서가 이야기하고 있습니다.

일본항공이 거액의 빚을 안고 곤경에 처해 있습니다. 이대로라면 위험하다고 이번 주에 나라에서는 일본항공을 돕기 위한 대책을 세웠습니다. 일본항공과 그 계열사에서 일하고 있는 사람은 약 4만 8천 명. 일본 국내편의 60%를 차지하는 가장 큰 항공회사입니다. 그런 일본항공이 지금 8천억 엔이나 되는 빚을 안고 있습니다. 이렇게 큰 빚을 안게 된 원인의 하나는, 일본항공이 가지고 있는 비행기가 오래되었다는 것에 있습니다. 연료가 적게 드는 신형 비행기로 바꾸는 것이 늦어서, 연료를 많이 사용하는 큰 비행기가 많기 때문에 비행기를 띄우는 데 비용이 많이 듭니다. 승객수가 적으면 크게 손해를 보게 되는 것입니다. 또한 최근에는 불경기와 신종플루 유행으로 승객이 줄고 있습니다. 게다가 그다지 승객이 없는 지방 공항에 많은 비행기를 띄우고 있는 것도 큰 문제가 되고 있습니다.

최근 일본항공의 승객이 감소하고 있는 것은 어떤 이유에서입니까?

1 경기가 악화되고, 신종플루가 유행했기 때문에
2 지금도 계속 사용하고 있는 오래된 비행기가 인기 없기 때문에
3 빚이 너무 많아서 승객의 신용을 잃어버렸기 때문에
4 지방 공항까지 비행기를 띄울 돈이 없기 때문에

 질문의 핵심은 여러 요인 중에서 '승객이 줄어드는 이유'를 묻고 있는데 불경기와 신종플루의 영향 때문이리고 말하고 있다.

 1

4番

_T017

4番 テレビでは天気予報士が話をしています。

F　小雪とは暦の上で、寒くなり始めたものの、大雪が降るほどではないころのことを言います。1年を24に分けて季節を表す二十四節気の一つ。今の暦では11月22日ごろで、今年は22日です。さらに小雪ととは、この日から大雪と呼ばれる12月7日ごろまでの期間もさします。気象庁は、太平洋の赤道近くの海面温度が高くなるエルニーニョ現象が春まで続きそうだと発表しました。この影響で、日本に寒さや雪をもたらす大陸側の冷たい高気圧の勢力が弱まり、今年は暖冬になると予想しています。

気象庁が春まで続きそうだと発表したこととは何ですか。

1 太平洋の赤道近くの海面温度が高くなるエルニーニョ現象
2 日本に寒さや雪をもたらす冷たい高気圧の勢力
3 大雪が降るほどではないが、寒さがいつまでも残ること
4 寒くはなるものの、雪の降らない暖かい日

텔레비전에서 기상예보관이 이야기하고 있습니다.

소설은 달력상으로 추워지기 시작하긴 했지만 많은 눈이 내릴 정도는 아닌 시기를 말합니다. 1년을 24개로 나눠서 계절을 나타내는 24절기의 하나. 지금의 달력으로는 11월 22일쯤으로 올해는 22일입니다. 그리고 소설이란 그 날부터 대설이라 불리는 12월 7일쯤까지의 기간을 가리키기도 합니다. 기상청은 태평양의 적도 근처의 해수면 온도가 높아지는 엘리뇨현상이 봄까지 계속될 것 같다고 발표했습니다. 그 영향으로 일본에 추위나 눈을 가져오는 대륙성 찬 고기압의 세력이 약해져, 올해는 따뜻한 겨울이 될 것이라고 예상하고 있습니다.

기상청이 봄까지 계속될 것 같다고 발표한 것은 무엇입니까?

1 태평양의 적도 근처의 해수면 온도가 높아지는 엘리뇨현상
2 일본에 추위나 눈을 가져오는 대륙성 찬 고기압의 세력
3 많은 눈이 내릴 정도는 아니지만 추위가 계속 남는 일
4 추워지기는 하지만 눈이 내리지 않는 따뜻한 날

小雪しょうせつ 소설 | 暦こよみ 달력 | 節気せっき 절기 | さらに 게다가, 거기에 = そのうえ, それに, しかも, おまけに | 赤道せきどう 적도

 복수의 내용이 뒤섞여 나올 경우 성우의 음성을 순차적으로 듣지만 해당 내용에 대한 간단한 메모가 집중적으로 이루어져야 한다. 봄까지 지속되는 것은 '태평양의 적도 근처의 해수면 온도가 높아지는 엘리뇨현상'이다.

 1

5番 ばん
_T018

5番 ばん テレビでアナウンサーが話 はなし をしています。

M　中学 ちゅうがく 1年生 ねんせい の 8割 わり が入学前 にゅうがくまえ に勉強 べんきょう が難 むずか しくなることなどへの不安 ふあん を感 かん じていたことが、東京都 とうきょうと の教育委員会 きょういくいいんかい が「中 ちゅう 1ギャップ」について初 はじ めて行 おこな った調査 ちょうさ で分 わ かりました。入学 にゅうがく 3か月後 げつご も約半数 やくはんすう が不安 ふあん を感 かん じています。校長先生 こうちょうせんせい の 6割 わり は、生徒 せいと がクラスにとけこむための取 と り組 く みを充実 じゅうじつ させることが必要 ひつよう と考 かんが えています。小学 しょうがく 1年生 ねんせい が先生 せんせい の話 はなし を聞 き かなかったり、授業 じゅぎょう 中 ちゅう に歩 ある き回 まわ ったりする「小 しょう 1プロブレム」も、都内 とない の公立小 こうりつしょう の 4校 こう に 1校 こう で起 お きていることが分 わ かりました。7割前後 わりぜんご の先生 せんせい が、児童 じどう に「がまん」や「基本的 きほんてき な生活習慣 せいかつしゅうかん 」が身 み についていないと考 かんが えています。

中学 ちゅうがく 1年生 ねんせい について合 あ っているものは次 つぎ のうちどれですか。

1 入学 にゅうがく 3ヵ月後 げつご には約半数 やくはんすう が不安 ふあん を感 かん じなくなる。
2 8割 わり が入学前 にゅうがくまえ に勉強 べんきょう が難 むずか しくなることへの不安 ふあん を感 かん じている。
3 6割 わり の生徒 せいと が日々 ひび クラスになじめるよう努力 どりょく している。
4 授業中 じゅぎょうちゅう に歩 ある き回 まわ る生徒 せいと が多 おお くおり、先生 せんせい を悩 なや ませている。

텔레비전에서 아나운서가 이야기하고 있습니다.

중학교 1학년생의 80%가 입학 전에 공부가 어려워지는 것 등에 불안을 느끼고 있었다는 것이 도쿄도 교육위원회가 '중1 갭'에 대해 처음 실시한 조사에서 밝혀졌습니다. 입학 3개월 후에도 약 반수가 불안을 느끼고 있습니다. 교장 선생님의 60%는 학생이 반에 융화될 수 있도록 대처를 충실히 할 필요가 있다고 생각하고 있습니다. 초등학교 1학년생이 선생님의 말을 듣지 않는다든지 수업 중에 돌아다닌다든지 하는 '초등1 문제'도 도내의 공립 초등학교 4개교 중 1개교에서 일어나고 있는 것이 밝혀졌습니다. 70% 전후의 선생님이 '참을성'이나 기본적인 생활습관이 아동의 몸에 배어 있지 않다고 생각하고 있습니다.

중학교 1학년생에 대해 맞는 것은 다음 중 어느 것입니까?

1 입학 3개월 후에는 약 반수가 불안을 느끼지 않게 된다.

2 80%가 입학 전에 공부가 어려워지는 것에 불안을 느끼고 있다.

3 60%의 학생이 매일 반에 융합되려고 노력하고 있다.

4 수업 중에 돌아다니는 학생이 많아 선생님을 고민하게 만든다.

Tip '중학교 1학년생의 80%가 입학 전에 공부가 어려워지는 것 등에 불안을 느끼고 있다'고 했으므로 정답은 2번이다.

정답 2

6番 _T019

6番 大学の講義で先生が話をしています。

F　最近、日本の車が売れなくなっています。車が売れなくなると、わたしたちの暮らしや経済全体に関係があるんです。自動車づくりは、日本を代表する産業のひとつ。しかしですね、去年の秋から始まった不況のせいで、世界中で車が売れなくなっているんです。これは日本にとっては大問題。なぜかというと、自動車づくりにはたくさんの仕事が関係しているからなんですね。自動車を作るのは「トヨタ」「日産」などの自動車メーカーですが、自分の会社だけで車を作っているわけではありません。エンジンを作る会社、タイヤを作る会社など、部品ごとに専門の会社で作っていたりする。その部品はさらに細かいネジやバネなどの小さな部品から出来ていて、それぞれ専門の会社が作っているのです。

車が売れなくなることが日本にとって大問題なのはなぜですか。

1 日本では自動車作りに従事する人が一番多いから

2 自動車作りが日本の産業の誇れる唯一のものであるから

3 自動車作りには多くの仕事が関係しているから

4 世界から日本の経済全体が良くないのだと思われるから

대학 강의에서 선생님이 이야기하고 있습니다.

최근 일본차가 팔리지 않고 있습니다. 차가 안 팔리면 우리들의 생활이나 경제 전체에 관계가 있습니다. 자동차 제작은 일본을 대표하는 산업의 하나입니다. 그러나 작년 가을부터 시작된 불황 탓으로 세계적으로 자동차가 팔리지 않고 있습니다. 이것은 일본에 있어서 큰 문제입니다. 왜냐하면, 자동차 제작에는 많은 일이 관계되어 있기 때문입니다. 자동차를 만드는 것은 '도요타' '닛산' 등의 자동차 메이커이지만, 자신의 회사가 단독으로 차를 만들고 있는 것이 아닙니다. 엔진을 만드는 회사, 타이어를 만드는 회사 등 부품별로 전문 회사에서 만듭니다. 그 부품은 더 세세한 나사나 용수철 등의 작은 부품으로 되어 있어서 각각의 전문 회사가 만들고 있는 것입니다.

자동차가 팔리지 않게 되는 것이 일본에 있어서 큰 문제인 것은 왜입니까?
1 일본에서는 자동차 제작에 종사하는 사람이 가장 많기 때문에
2 자동차 제작이 일본의 산업에서 자랑할 수 있는 유일한 것이기 때문에
3 자동차 제작에는 많은 일이 관계되어 있기 때문에
4 세계에서 일본 경제 전체가 좋지 않다고 생각하니까

Tip 자동차가 팔리지 않는 현상을 전제하고 그로 인해 문제짐이 그디고 하였는데, 이유는 자동차제작과 관련하여 자동차생산에는 '부품회사 등 많은 회사가 관련되어 있음'을 말하고 있다.

정답 3

즉시 응답은 기존 시험에서는 한 번도 출제된 적이 없는 문제 형식이다. 상대의 말에 어떻게 응답하는 것이 적합한지를 즉시 판단하는 능력을 묻는 문제이다. 우리가 현실 생활에서 하는 대화는 일방적으로 듣기도 하지만, 자신도 대화에 참여하면서 다른 사람의 말을 듣는 경우가 일반적이므로, <u>상대방의 말을 잘 듣고 그에 대한 적절한 대답을 하는 것이 중요하다.</u> 즉시 응답은 이를 측정하기 위한 문제 유형으로 과 그에 대한 대답(선택지)은 모두 음성으로 되어 있다.

문제의 전개는 ①〈상대방의 짧은 말〉 - ②〈반응, 3개 중에서 택일〉의 순이다.

もんだい
問題4

● T020-033

もんだい 問題	問題 4 では、問題用紙に何も印刷されていません。まず、文を聞いてください。それから、それに対する返事を聞いて、1から3の中から、最もよいものを一つ選んでください。

―メモ―

1番

●_T020

1番

M この辺りは交通の便が悪くて、1時間に1本しかバスが来ないんだ。

F 1 いきなり走ったら、息が上がってきついのなんのって。

2 電車に乗ったら思ったより時間がかかって遅刻ギリギリだったわ。

3 じゃあ、しばらくは来なさそうだから諦めてタクシーで行きましょうか。

M 이 주변은 교통편이 나빠서 1시간에 1대밖에 버스가 안 와.

F 1 갑자기 달렸더니 숨이 차서 너무 힘들어.

2 전철을 탔더니 생각보다 시간이 걸려서 지각할 뻔했어.

3 그럼 금방은 안 올 것 같으니까 포기하고 택시타고 갈까요?

Tip 버스가 오는 간격이 너무 넓어서 이용하기 불편하다는 의미이므로 다른 교통편을 생각해 볼 수 있다.

정답 3

2番

●_T021

2番

F さっきまでその木の陰に小さな子猫が隠れていたんだけど。

M 1 猫用の缶詰だったら近くのスーパーでも買えるよ。

2 怖がってどこか逃げちゃったんじゃないの？

3 夏の木陰は風が通ると本当に気持ちいいよね。

F 좀 전까지 그 나무 그늘에 작은 아기 고양이가 숨어 있었는데.

M 1 고양이용 통조림이라면 가까운 슈퍼에서도 살 수 있어.

2 무서워서 어딘가로 도망가 버린 거 아니야?

3 여름의 나무그늘은 바람이 불면 정말 기분 좋지?

木陰こかげ 나무그늘

Tip 조금 전까지 있던 새끼 고양이의 행방을 궁금해 하고 있으므로 이동에 관한 대답이 답이 된다.

정답 2

3番

M　うちのゼミの教授は特に厳しいから、多くの学生から恐れられているみたいだね。

F　1　教授から仕事をまかされたのはよかったんだけど、これが結構大変でね。

　　2　授業の時以外に会うとすごく優しいいい先生なのにね。

　　3　学生たちといつも一緒にいて、相当慕われてるんだろうね。

M　우리 세미나 교수님은 특히 엄격해서 많은 학생들이 무서워하는 것 같아.

F　1　교수님한테 일을 맡은 것은 좋았는데, 이게 꽤 힘들어서 말이야.

　　2　수업 시간 외에 다른 때 만나면 굉장히 상냥한 좋은 선생님인데 말이지.

　　3　학생들하고 항상 같이 있어서 꽤나 존경 받을 거야.

Tip　남자의 대화내용이 교수의 성품에 대해 말하고 있으므로 그에 대한 답변도 동일한 주제인 교수의 성품에 대한 내용으로 골라야 한다.

정답　2

4番

F　何だか腰の具合いが良くなくて…骨でもゆがんでいるのかしら？

M　1　それなら僕、いい整体の先生知ってるから紹介してあげるよ。

　　2　重い荷物を持ち上げた瞬間にぎっくり腰になっちゃって、大変なんだ。

　　3　骨はちゃんと取ってから食べないと喉にひっかかっちゃうよ。

F　왠지 허리 상태가 안 좋아…… 뼈가 휘어 있나?

M　1　그렇다면 나 좋은 지압 선생님 아니까 소개시켜 줄게.

　　2　무거운 물건을 들어 올린 순간에 삐끗해서 너무 힘들어.

　　3　뼈는 잘 빼고 먹지 않으면 목에 걸려.

ゆがむ (모양이) 비뚤어지다 ｜ ぎっくり腰ごし (물건을 들거나 할 때) 갑자기 허리가 삐끗하여 아프고 움직일 수 없게 되는 병

Tip　허리 상태 안 좋은 이유로 뼈의 이상을 말하고 있으므로 이와 연관된 대답을 찾아야 한다.

정답　1

5番

M　だいぶ前に出かけたっきり佐藤さん、戻ってこないけどどうしたのかな。

F　1　ちゃんと佐藤さんの分はとっておいたから大丈夫。

　　2　卒業したらこっちに戻ってくるらしいよ。

　　3　さっき帰る、って電話があったから直に帰ってくるわよ。

M　꽤 오래 전에 나간 사토 씨, 돌아오지 않는데 어떻게 된 걸까?

F　1　사토 씨 먹을 건 따로 잘 두었으니까 괜찮아.

　　2　졸업하면 이쪽으로 돌아오나 봐.

　　3　좀 전에 돌아온다는 전화가 있었으니까 곧 돌아올 거야.

Tip　외출한 후 시간이 지나도 돌아오지 않는 것에 궁금증을 풀어주는 말을 답으로 고르면 된다

정답　3

6番

F　全然勉強しなかったら、案の定試験でひどい点数取っちゃった。

M　1　今回の試験は簡単だから、そんなに心配する必要もないよ。

　　2　そりゃあ、勉強しなかったんだからしょうがないよ。

　　3　図書館で勉強したかったけど、周りがうるさくてさ。

F　전혀 공부 안 했더니 아니나 다를까 시험 점수가 엄청 나빠.

M　1　이번 시험은 쉬우니까 그렇게 걱정할 필요도 없어.

　　2　그거야 공부 안 했으니까 어쩔 수 없지.

　　3　도서관에서 공부하고 싶었는데 주위가 시끄러워서.

案あんの定じょう 생각한 대로, 아니나 다를까

Tip　성적이 좋지 않다는 푸념에 대한 답변으로는 충고나 위로의 말을 고르면 된다.

정답　2

7番 ^{ばん}

M　うちの上司って気難しくて、なかなか大変なんだ。

F　1　私の上司もそう。ご機嫌を伺いながら仕事しなくちゃいけなくて大変よ。

　　2　今日までに提出しなくちゃいけない書類がなかなか片付かないの。

　　3　上司の家に招待されたんだけど、手土産に何を持って行けばいいのかしら。

M　우리 상사는 까다로워서 꽤 힘들어.

F　1　우리 상사도 그래. 눈치를 보면서 일해야 해서 힘들어.

　　2　오늘까지 제출해야 하는 서류가 좀처럼 정리가 안 돼.

　　3　상사 집에 초대받았는데 무슨 선물을 들고 가야 할까?

手土産てみやげ (방문할 때) 들고 가는 간단한 선물

Tip 상사에 대해 매우 거북스럽게 생각하는 사람에 대한 대답으로는 그런 경우에 대한 동의의 표현으로 호응이 ㅏ 위로 등의 내용이 나올 수 있다.

정답 1

8番 ^{ばん}

F　その前髪、長くてうっとうしくないの？

M　1　ほんと、すっきりしない天気が続いてるよね。

　　2　こういう髪型が今流行ってるんだからいいの、気にしないで。

　　3　前髪だけ切ってもらうように頼んだのに、こんなに短くなったんだ。

F　그 앞머리, 길어서 성가시지 않아?

M　1　정말 상쾌하지 않은 날씨가 계속되고 있지?

　　2　이런 머리 스타일이 지금 유행하고 있으니까 괜찮아. 신경 쓰지 마.

　　3　앞머리만 잘라 달라고 부탁했는데 이렇게 짧아졌어.

Tip 앞머리가 길어 답답하지 않느냐는 지적에 대한 대답으로는 머리 모양에 관련된 내용이 와야 한다.

정답 2

9番
_{ばん}

M　この本、返却日を過ぎちゃったんだけどどうしよう。

F　1　今返却しても、確か返却日を過ぎた学生は1週間は借りれないはずよ。

　　2　私もこの本は前から気になってたから読みたいわ。

　　3　図書館の開館日だったら、インターネットで調べられるわよ。

M　이 책, 반납일이 지나버렸는데 어쩌지?

F　1　지금 반납해도 반납 일을 넘긴 학생은 분명 일주일간 못 빌릴 거야.

　　2　나도 이 책은 전부터 궁금했었기 때문에 읽고 싶어.

　　3　도서관 개관일이라면 인터넷으로 알아볼 수 있어.

> **Tip** 반납일을 어긴 것에 대한 걱정을 하는 상대방에 대한 대답으로는 반납 시점에 대한 규정과 관련된 내용인 1번이 자연스럽다.

> **정답** 1

10番
_{ばん}

F　昨日起きた殺人事件の犯人、いまだ逃走中ですって。

M　1　結構近くで起きた事件だし、なんだか不安だね。

　　2　注目を集めた事件だったから傍聴したい人が多いみたい。

　　3　犯人が捕まってひとまず安心だね。

F　어제 일어난 살인사건의 범인, 아직도 도주 중이래.

M　1　꽤 가까운 곳에서 일어난 사건이고 왠지 불안하네.

　　2　주목을 받은 사건이었으니까 방청하고 싶은 사람이 많나 봐.

　　3　범인이 잡혀서 하여튼 안심이네.

逃走中とうそうちゅう 도주 중 ｜ 傍聴ぼうちょう 방청

> **Tip** 계속되는 범인 도주에 대한 우려를 나타내는 것에 대해 상대방의 반응 역시 불안감을 나타내는 내용이 와야 한다.

> **정답** 1

11番

M　歯並びが悪いのが昔から気になってたから近々直そうと思ってるんだ。
F　1　医学部もだけど、歯学部も合格するのは大変でしょ。
　　2　歯の矯正って結構お金かかるって聞いたことがあるわ。大丈夫？
　　3　虫歯なのかしら、おとといからずっと歯が痛むの。

M　치열이 고르지 않은 게 옛날부터 신경 쓰여서 가까운 시일 내에 고치려고 생각 중이야.
F　1　의학부도 그렇지만 치학부도 합격하는 건 힘들지?
　　2　이 교정하는 거 꽤 돈이 든다고 들은 적이 있는데 괜찮아?
　　3　충치가 있는지 그저께부터 계속 이가 아파.

歯並はならび 치열 ｜ **虫歯**むしば 충치

Tip 이가 고르게 나지 않아 가까운 시일 내에 고치려 한다는 것에 대해 치료에 관련된 반응인 2번이 오는 것이 자연스럽다.

정답 2

12番

F　田中君、詳しいことは知らないけど、長期謹慎になったみたいよ。
M　1　病気がそんなに悪かったなんて今初めて知ったよ。
　　2　そんな悪いことをするようなやつには見えなかったけどな。
　　3　明日になればけろっとした顔でやってくるよ。

F　자세한 건 모르겠지만 다나카 군 장기 근신 받았나봐.
M　1　그렇게 아픈 줄은 지금 처음 알았어.
　　2　그렇게 나쁜 짓 할 것 같은 애로는 안 보였었는데.
　　3　내일 되면 태연스러운 얼굴로 나타날 거야.

謹慎きんしん 근신 ｜ **けろっとした** 태연스러운, 태연자약한

Tip '장기 근신 처분'을 받은 사람에 관한 대화이므로 처벌이 엄중한 것에 대한 반응이 정답이다.

정답 2

13番

_T032

13番

M 佐藤、気になる人に猛烈にアタックしてみたいだけど、結局ダメだったらしいよ。
F 1 試験は来年もあるんだし、また挑戦したらいいんじゃない。
　 2 彼のアタックは相手チームも歯が立たないって言ってたわ。
　 3 あら残念ね。せっかく今度こそ、って頑張ってたのに。

M 사토 말이지, 마음에 드는 사람한테 맹렬하게 접근했었나본데 결국 잘 안 됐나봐.
F 1 시험은 내년에도 있으니까 다시 도전하면 되잖아.
　 2 그의 어택은 상대팀도 못 당한다고 했었어.
　 3 안됐다. 모처럼 '이번에야말로' 라면서 열심이었는데.

気きになる 신경이 쓰이다, 걱정하다 ｜ 猛烈もうれつ 맹렬 ｜ アタック 어택, 공격, 도전 ｜ 歯はが立たたない (상대방에게) 못 당하다, 감당 할 수 없다

Tip 제3자가 마음에 드는 사람에게 적극적으로 접근했다가 실패한 경우를 말하고 있으므로 관련된 사실에 대한 느낌인 '안됐다. 모처럼 '이번에야 말로' 라면서 열심이었는데.'라고 말하는 것이 정답이다.

정답 3

14番

_T033

14番

F 今度の海外研修は親の同意がないと参加出来ないんですって。
M 1 じゃあ、親にも早めに言っておかなくちゃいけないね。
　 2 海外に親と行くなんて、今回が初めてだよ。
　 3 研修に参加してから決めることにするよ。

F 이번 해외연수는 부모님의 동의가 없으면 참가 못한대.
M 1 그럼 부모님한테도 빨리 말해 둬야겠네.
　 2 해외에 부모님과 같이 간다니, 이번이 처음이야.
　 3 연수에 참가하고서 정하는 걸로 할래.

Tip '부모님의 동의'가 핵심어이다. 동의가 없으면 갈 수 없는 경우이므로 우선 부모의 허락을 받아야 한다.

정답 1

2교시 청해 유형별 공략법 **285**

종합 이해는 내용이 보다 복잡하고 정보량이 많은 본문에 대한 내용 이해를 묻는 문제이다. 예를 들어 뉴스의 음성을 배경으로, 그 뉴스의 내용을 들은 두 사람이 서로 이야기하고 있는 대화를 듣고 문제를 풀거나 등장인 물 3명이 이야기하는 2종류의 음원이 나온다. 복수의 사람이 말하는 정보를 비교하거나 관련지어 종합할 수 있는 고도의 청해 능력이 필요하며, 실전에서는 자신이 알아볼수 있는 간략한 요점 메모가 반드시 필요하다. 문제 전개는 ①〈상황설명〉 – ②〈긴 문장의 이야기〉 – ③〈질문〉 – ④〈선택지〉혹은 〈인쇄된 선택지〉의 순이다.

もんだい
問題5

| 例題 | 問題 5 では長めの話を聞きます。この問題には練習はありません。問題用紙にメモを取っても かまいません。 |

1番・2番

_T034~035

問題用紙には何も印刷されていません。まず、話を聞いてください。それから、質問と選択肢を聞いて、1から4の中から、最もよいものを一つ選んでください。

— メモ —

3番

まず、話を聞いてください。それから、二つの質問を聞いてそれぞれ問題用紙の1から4の中から、最もよいものを一つ選んでください。

質問1

1　水俣病は公害の原点となったものであると言われていること

2　水俣病は公害の原点はチッソという会社の工場から出された廃水であったこと

3　水俣病の被害を出したチッソは、患者にお金を払うことを拒否したこと

4　有機水銀は、主に脳にたまって、脳の細胞を壊していくものであること

質問2

1　公害問題を教科書に掲載するかどうか検定を行った。

2　水俣病の患者と認めるかどうかの基準を作っていた。

3　毒の強い物質を、そのまま海に流し捨てた工場を停止させた。

4　全国にいる水俣病患者6000人を正式に患者として認めた。

1番, 2番

문제용지에는 아무 것도 인쇄되어 있지 않습니다. 먼저 이야기를 들어 주세요. 그리고 나서 질문과 선택지를 듣고, 1에서 4 중에서 가장 알맞은 것을 하나 고르세요.

●_T034

1番 テレビではアナウンサーが「アカデミー賞」について話をしています。

F1　みなさんアカデミー賞についてご存じですか。アカデミー賞はもともと、アメリカ映画の賞です。世界でもっとも華やかな映画の祭典、つまりお祭りといわれています。選ぶのは「映画芸術科学アカデミー」という団体。映画会社の人や映画監督、それに俳優などおよそ6000人が会員です。この人たちが、前の年に公開された映画の中から、投票して選ぶのです。アカデミー賞は、部門ごとに決まります。たとえば作品賞、監督賞、主演男優賞、主演女優賞など20以上もあります。アカデミー賞は、80年以上前の1927年、アメリカの映画会社の人々が呼びかけて、「映画芸術科学アカデミー」ができました。「アメリカの映画をよりよいものにしよう」というのが目的です。そのために、みんなですぐれた作品を選んで表彰しよう、ということになりました。こうして、1929年に第一回目のアカデミー賞が決まりました。最初は小さなパーティーでしたが、だんだん大きくなり、ハリウッドで開かれる授賞式は、今ではテレビで世界中に中継されています。

．．

M　へえ、アカデミー賞っていう言葉は良く聞くけど、始まりはもちろん、こんなに細かく多くの賞があることも初めて知ったよ。

F2　でもさ、受賞してもお金がもらえるわけじゃない、って聞いたことがあるけど。

M　その通り、実はそうなんだ。もらえるのは、高さ34センチ重さ3キロの像だけで、この像はオスカー像って言う名前なんだ。

F2　どうしてオスカーって言う名前がついてるの？

M　それはね、当時アカデミーに勤めていた女性の事務員が、「私のおじさんのオスカーに似ている」といったのが始まりなんだって。お金はもらえないけど、アカデミー賞はとても名誉ある賞だから、受賞すると一気に有名になって、俳優は仕事が増えるし、出演料も増えるんだ。

F2　ということは、受賞した映画を見る人が増えて、映画会社ももうかるわね。だから、みんながアカデミー賞を取りたいと思うっていうわけね。

288

男性は今回何をはじめて知ったのですか。

1 アカデミー賞が世界中で最も華やかな映画の祭典であること
2 「映画芸術科学アカデミー」という団体が賞を選ぶということ
3 アカデミー賞のはじまりと多くの賞が存在すること
4 アカデミー賞を受賞してもお金はもらえないということ

텔레비전에서 아나운서가 '아카데미상'에 대해 이야기하고 있습니다.

F1 여러분 아카데미상에 대해 알고 계십니까? 아카데미상은 원래 미국 영화상입니다. 세계에서 가장 화려한 영화의 제전, 즉 축제라고 불리고 있습니다. 수상작을 정하는 것은 '영화예술과학아카데미'라고 하는 단체입니다. 영화사 사람이나 영화 감독, 거기에 배우 등 약 6000명이 회원입니다. 이 사람들이 전년 공개된 영화 중에서 투표로 선정하는 것입니다. 아카데미상은 부문별로 선정합니다. 예를 들어 작품상, 감독상, 남우주연상, 여우주연상 등 20개 이상이나 있습니다. 아카데미상은 80여년 전인 1929년, 미국의 영화사 사람들의 호소로 '영화예술과학아카데미'가 생겼습니다. '미국 영화를 보다 좋게 만들자'는 것이 목적입니다. 이를 위해 '모두가 우수한 작품을 골라서 표창하자'는 것입니다. 이렇게 해서 1929년에 제1회 아카데미상이 선정되었습니다. 처음에는 작은 파티였지만, 점점 커져서 헐리웃에서 열리는 수상식은 지금은 텔레비전으로 세계에 중계되고 있습니다.

M 오오, 아카데미상이라는 말은 자주 듣지만, 그 시작은 물론이고 이렇게 세세하게 많은 상이 있다는 것도 처음 알았어.
F2 그렇지만 수상해도 돈을 받을 수 있는 건 아니라고 들은 적이 있어.
M 맞아, 사실은 그래. 높이 34센티미터에 무게 3킬로그램인 트로피만 받을 수 있는데, 이 트로피는 오스카 트로피라고 해.
F2 어째서 오스카라는 이름이 붙어 있어?
M 그건 말이지, 당시 아카데미에서 근무하던 여자 사무원이 '우리 삼촌 오스카랑 닮았다.'고 한 것이 시작이래. 돈은 받을 수 없지만 아카데미상은 굉장히 명예로운 상이니까, 수상하면 단숨에 유명해져서 배우는 일이 늘고 출연료도 늘어.
F2 그럼 수상한 영화를 보는 사람이 늘어서 영화사도 돈을 벌겠네. 그러니까 다들 아카데미상을 받고 싶어하는 거구나.

남자는 이번에 무엇을 처음 알았습니까?

1 아카데미상이 전세계에서 가장 화려한 영화의 제전이라는 것
2 '영화예술과학 아카데미'라는 단체가 상을 고른다는 것
3 아카데미상의 시작과 많은 상이 존재한다는 것
4 아카데미상을 수상해도 돈은 받지 못한다는 것

祭典さいてん 제전 | 投票とうひょう 투표 | 表彰ひょうしょう 표창 | 授賞式じゅしょうしき 수상식 | 名誉めいよ 명예 | 一気いっきに 한 번에 | 出演料しゅつえんりょう 출연료 | 翌年よくとし 다음해

정답 3

2番

●_T035

2番 男性と女性が漢字について話をしています。

M1 : 漢字って、ちょっと難しそうなイメージを持ってない？

M2 : 確かにそうなんだけど、でもさ、今漢字がブームなんだよ。例えば、漢字をクイズにした漢字ゲーム。発売してから、40万本以上売れているんだ。ゲームの内容は漢字の読み書きを答えていくもので、小学校授業でも使われているところがあって、子どもたちが夢中になってやってるんだ。

F : ゲームをしながら漢字を勉強することが出きるのは子供たちにとっては、とても楽しいかもね。

M2 : ほかにもね、とてもユニークな漢字の授業を行っている小学校があるんだ。そもそも漢字がどうやってできたのか、というのを教えていて、例えば、「母」という漢字のもともとの形を見て、どうして今のような形になったのかを勉強していくんだ。「母」という漢字にある、2つの点々は、お母さんのおっぱいを表していると、子供たちは理解することができるんだ。

F : なるほどね。ただ漢字を漠然と教えられるよりも、そういう風に教えてくれると子供たちも漢字を受け入れやすいかも知れないわね。

M2 : さっき言ったみたいに、漢字のゲームが流行ったり、パソコンや携帯電話のおかげで漢字は身近なものになったけど、漢字を書くことをしなくなったり、覚えなくなったりして、今の大人の漢字力は落ちていると言われているんだ。

F : 私も携帯やパソコンに頼りっきりで、最近ペンで文字を書くなんてしてないわ。

M1 : そうだね。漢字の意味が理解できないことで、契約書が読めなかったり、報告書などの大事な書類がひらがなだらけだったりと、漢字の理解力不足がいろんな会社でトラブルを引き起こしているなんてこともあるんだよ。

F : 私も積極的に文字を書くようにしなくちゃね。会社に迷惑かけるわけにはいかないし。

M2 : そこで会社によっては、社員の漢字教育に力を入れ始めているところもあるんだ。社員に漢字検定を受けさせたり、会社の昼休みを使って漢字の勉強をさせたりと様々な取り組みをしているんだよ。

どうして会社によっては、社員の漢字教育に力を入れ始めているところがあるのですか。

1 小学校時代に漢字教育を受けてこなかった人が多いから
2 漢字の成り立ちを教えることで会社の利益が上がると考えたから
3 漢字に対して興味関心のある社会人が増えてきたから
4 漢字の理解力不足が会社内でトラブルを引き起こしているから

남성과 여성이 한자에 대해 이야기를 하고 있습니다.

M1 한자는 조금 어려운 듯한 이미지를 갖고 있지 않나?

M2 확실히 그렇기는 하지만, 그래도 말이야, 지금 한자가 붐인걸. 예를 들어, 한자를 퀴즈로 한 한자게임은 발매되고 나서 40만부 이상 팔리고 있는 걸. 게임 내용은 한자의 읽고 쓰기를 대답해 가는 것으로, 초등학교 수업에서도 쓰여 지고 있는 곳이 있어서, 아이들이 집중해서 하고 있다네.

F 게임을 하면서 한자를 공부할 수 있는 것은 아이들에게는 정말 즐거울지도 모르겠네.

M2 그밖에도 말이야, 정말 유니크한 한자 수업을 하는 초등학교가 있어. 원래 한자가 어떻게 되어져 왔는지 라는 것을 가르치고 있고, 예를 들어, 어미「母」라는 한자의 원래의 모양을 보고, 어떻게 지금과 같은 형태가 되었는지를 공부해 가는 거야. 「母」라는 한자에 있는 두 개의 점들은 엄마의 유두를 나타내고 있다고 아이들은 이해할 수 있는 거지.

F 정말 그러네. 단순한 한자를 막연하게 배우는 것보다도, 그런 식으로 가르쳐 주면 아이들도 한자를 받아들이기 쉬울지도 모르겠다.

M2 조금 전에 말한 것처럼, 한자 게임이 유행하거나, 컴퓨터나 휴대전화 덕분에 한자는 가까운 것이 되었지만, 한자를 쓰지 않게 되었거나, 외우지 않게 되었거나 해서, 지금의 어른들 한자실력은 떨어지고 있다고 하네.

F 나도 휴대전화나 컴퓨터에 의지만 해서 최근 펜으로 문자를 쓰는 일은 안 하고 있어.

M1 그렇구나. 한자의 의미를 이해할 수 없어서, 계약서를 읽지 못하거나, 보고서 등의 중요한 서류가 히라가나 투성이거나 해서, 한자의 이해력 부족이 여러 회사에서 트러블을 일으키고 있는 경우도 있지.

F 나도 적극적으로 문자를 쓰지 않으면 안 되겠어. 회사에 폐를 끼칠 수는 없잖아.

M2 그래서 회사에 따라서는 사원의 한자교육에 힘을 쏟기 시작하고 있는 곳도 있는 걸. 사원에게 한자검정을 치르게 하거나, 회사점심시간을 이용하여 한자 공부를 시키거나 하는 다양한 노력을 하고 있대.

왜, 회사에 따라서는 사원의 한자교육에 힘을 쏟기 시작하고 있는 곳이 있는 것인가요?

1 초등학교시절에 한자교육을 받아오지 않은 사람이 많기 때문에
2 한자의 성립을 가르침으로 해서 회사의 이익이 올라갈 것이라 생각했기 때문에
3 한자에 대해 흥미 관심이 있는 사회인이 늘어났기 때문에
4 한자의 이해력 부족이 회사 내에서 트러블을 일으키고 있기 때문에

漠然ばくぜんと 막연히 | 契約書けいやくしょ 계약서 | 積極的せっきょくてき 적극적 | 引ひき起おこす 일으키다 | 漢字検定かんじけんてい 한자검정테스트 | 取とり組くみ 수고, 진력

Tip 남성의 말에서「漢字の理解力不足がいろんな会社でトラブルを引き起こしている」고 했으므로 정답은 4번이다.

정답 3

3番

먼저 이야기를 들어 주세요. 그리고 나서 2개의 질문을 듣고, 각각 문제용지의 1에서 4 중에서 가장 알맞은 것을 하나 고르세요.

🔵_T036

3番 大学で教授が「水俣病」について話をしています。

M1 50年以上前に見つかり、公害の原点といわれる水俣病。みなさんも小学生の時にこの公害問題については教科書で学んだことがあるかと思います。この病気は、1956年、熊本県の南の方にある水俣市で見つかりました。このため、水俣病と呼ばれています。原因は、チッソという会社の工場から出された廃水でした。この工場では化学物質を作っていましたが、その途中で出来る「有機水銀」という毒の強い物質を、そのまま海に流して捨てていたのです。海に捨てられた有機水銀は、プランクトンという小さな生き物の体に取り込まれます。これを魚が食べます。魚の方が体が大きいので、有機水銀の量がより多くなります。それをさらに大きな魚が食べ、さらにえらなどにということになると、どんどん体の中の毒が濃くなっていきます。この魚を長い間食べた人の体の中に有機水銀がたまっていったわけです。これが水俣病の原因です。

F 確か、小学校で学んだ中では有機水銀は、主に脳にたまって、脳の細胞を壊していくものだったわよね。

M2 そうそう、それが原因で手足がしびれたり、ちゃんと歩けなくなったりするんだ。

F 視野が狭くなったり、口がしびれて言葉をきちんと話せなかったりするっていう症状も出ると書いてあったよ。中には亡くなった人もいるんだよね。

M2 被害を出したチッソは、患者にお金を払うことになって、1977年、国が患者と認めるかどうかの基準を作ってたんだ。

F でも、例えば、手足がしびれている上に、視野が狭くなっているというような、2つ以上の症状がないと、患者だと認めなかったのよね。

M2 基準が厳しかったんだよね。だから認められた人は3000人以下だったはず。

質問1 女性が小学生の時に学んだ「水俣病」の知識はどれですか。

質問2 男性は国が1977年に何をしたと言っていましたか。

대학에서 교수가 '미나마타병'에 대해 이야기하고 있습니다.

M1 50여년 전에 발견되어 공해의 원점이라고 불린 미나마타병. 여러분도 초등학교 때 이 공해문제에 대해 서는 교과서로 배운 적이 있을 거라고 생각합니다. 이 병은 1956년, 쿠마모토현의 남쪽에 있는 미나마 타시에서 발견되었습니다. 이 때문에 미나마타병이라고 불리고 있습니다. 원인은 칫소라는 회사의 공장에서 내보낸 폐수였습니다. 이 공장에서는 화학물질을 만들고 있었는데, 그 도중에 생기는 '유기수은' 이라고 하는 독성이 강한 물질을 그대로 바다에 흘려보내고 있었던 것입니다. 바다에 버려진 유기수은 은 플랑크톤이라는 작은 생물의 몸에 들어갑니다. 이것을 물고기가 먹습니다. 물고기 쪽이 몸이 크기 때 문에 유기수은의 양이 보다 많아집니다. 이것을 더 큰 물고기가 먹고, 아가미 등에 쌓이게 되면 점점 몸 속의 독이 진해집니다. 이런 물고기를 장기간 먹은 사람의 몸속에 유기수은이 쌓여간 것입니다. 이것이 미나마타병의 원인입니다.

F 초등학교 때 배운 것 중에 유기수은은 주로 뇌에 쌓여서 뇌 세포를 파괴해 가는 것이었지.

M2 맞아 맞아. 그 때문에 손발이 저리든지 제대로 걸을 수 없게 된다든지 하지.

F 시야가 좁아진다든지 입이 마비되어 말을 제대로 못한다든지 하는 증상도 나온다고 쓰여 있었어. 그 중에는 사망한 사람두 있지?

M2 피해를 낸 칫소는 환자에게 돈을 배상하게 되어서 1977년 국가가 환자로 인정할지에 말지에 대한 기준을 만들었었지.

F 그렇지만 예를 들어 손발이 저리는 데다가 시야가 좁아졌다는 등 두 개 이상의 증상이 없으면 환자라고 인 정하지 않았었지?

M2 기준이 엄격했었지. 그래서 인정받은 사람은 3000명 이하였을 거야.

질문1 여자가 초등학교 때 배운 '미나마타병'에 대한 지식은 다음 중 무엇입니까?

1 미나마타병은 공해의 원점이 된 것이라고 이야기되고 있는 것
2 미나마타병의 원인은 칫소라고 하는 회사의 공장에서 내보낸 폐수였던 것
3 미나마타병 피해를 입힌 칫소가 환자에게 돈을 지불하는 것을 거부한 것
4 유기수은은 주로 뇌에 쌓여 뇌세포를 파괴해 간다는 것

질문2 남자는 국가가 1977년에 무엇을 했다고 말하고 있습니까?

1 공해문제를 교과서에 게재할 것인가 검정을 했다.
2 미나마타병 환자라고 인정할 것인가 말 것인가 하는 기준을 만들고 있었다.
3 독성 강한 물질은 그대로 바다에 흘려보낸 공장을 정지시켰다.
4 전국에 있는 미나마타병 환자 6000명을 환자로 정식 인정했다.

水俣病みなまたびょう 미나마타병 *1953년경부터 구마모토현 미나마타시의 해변 주변에서 집단 발생한 수은 중독성 신경질환 | 有機水銀ゆうきすいぎん 유기수은 | 痺しびれる 저리다, 마비되다 | 細胞さいぼう 세포 | 掲載け いさい 게재

Tip 질문1) 핵심은 '초등학교 때' 알았던 미나마타병에 관한 지식이다.
질문2) 남자와 여자 어느 쪽의 의견을 물었는지, 혹은 배경음의 내용인지 그것을 바탕으로 한 대화의 내용을 묻는 질문인 지에도 주의한다. 남자가 대화 중반부에 '1977년에 환자인정에 대한 기준을 만들었다'고 했으므로 정답은 2번이 된다.

정답 질문1) 4 질문2) 2

청해를 위한 부사

부사는 부사와 술어의 호응 관계에 특별히 관심을 기울이자. 바늘과 실처럼 대단히 잘 어울리는 관계이므로 부사만 따로 외우지 말고 뒤에 이어지는 말과 함께 외워야 시험에서 관련 질문이 나왔을 때 표현과 의미가 저절로 연상되어 효과를 거둘 수 있다.

1　この問題に関しては＿＿＿＿＿自分の主張を通すつもりです。
이 문제에 관해서는 끝까지 제 주장을 관철시킬 생각입니다.

　　会議でみんなの意見に押されながらも＿＿＿＿＿自分の主張を貫いた。
회의에서 모두의 의견에 밀리면서도 끝까지 자신의 주장을 관철했다.

2　商品が売切れてしまっても＿＿＿＿＿お許しください。
상품이 다 팔려도 나쁘게 생각하지 마시길 바랍니다.

3　日差しがあたたかで＿＿＿＿＿春のようだ。
햇살이 따뜻해서 흡사 봄 같다

　　彼はただのアルバイトなのに＿＿＿＿＿社員のごとく振る舞っている。
그는 단지 아르바이트임에도 불구하고 마치 사원과 같이 행동하고 있다.

　　彼は人から聞いた話を、＿＿＿＿＿自分の目で見てきたように話します。
그는 다른 사람에게 들은 이야기를 마치 자신의 눈으로 본 것처럼 이야기합니다.

4　＿＿＿＿＿した料理が食べたい。
담백한 요리를 먹고 싶다.

　　犯行を＿＿＿＿＿白状した。
범행을 순순히 자백했다.

5　＿＿＿＿＿の出来事で、何が何だか分かりませんでした。
눈 깜짝할 사이에 일어난 일로 뭐가 뭔지 알 수 없었습니다.

6　彼女の話はオーバーに聞こえるが、＿＿＿＿＿うそでもない。
그녀의 이야기는 과장되게 들리지만 꼭 거짓말도 아니다.

7　＿＿＿＿＿車にひかれるところだった。
하마터면 차에 치일 뻔했다.

　　交差点を横断していた時、＿＿＿＿＿トラックに轢かれそうになった。
교차점을 횡단하던 때에 하마터면 트럭에 치일 뻔했다.

8　バリアフリー、高齢者や障害を持つ人が暮らしやすい環境は、当然、＿＿＿＿＿人にも快適なものになる。
장애인 노약자 편의시설. 고령자나 장애가 있는 사람들이 생활하기 편리한 환경은 당연히 모든 사람들에게도 쾌적한 환경이 된다.

9　宿題を忘れたので＿＿＿＿＿先生に叱られてしまった。
숙제를 잊었기때문에 아니나 다를까 선생님께 혼이 났다.

10 みんなに煽てられてすっかり気分がよくなり、＿＿＿＿＿＿ おごってしまった。

모두에게 치켜세워져서 기분이 아주 좋아져 자연히 한턱내고 말았다.

11 ノックもしないで＿＿＿＿＿＿ 人の部屋に入ってはいけません。

노크도 하지 않고 갑자기 남의 방에 들어가서는 안 됩니다.

12 仮眠したら＿＿＿＿＿＿ 疲れが取れた。

잠깐 눈을 붙였더니 다소 피로가 풀렸다.

13 政治家であろうとなかろうと＿＿＿＿＿＿ 自分の非を認め責任を取るべきだ。

정치가이건 아니건 깨끗하게 자신의 비리를 인정하고 책임을 져야 한다.

14 犬の肉を食べることについて＿＿＿＿＿＿ 驚いた。

개고기를 먹는 것에 대해서 적이 놀랐다.

15 なるべくお世話になりたくないが、急病、事故、＿＿＿＿＿＿ に頼るのが119番、救急隊だ。

되도록 남에게 폐를 끼치고 싶지는 않지만, 위급한 일이나 사고, 만일의 경우에 의지하는 것이 119번, 구급대이다.

16 では、＿＿＿＿＿＿ また。

그럼 조만간 또.

この二つのうち＿＿＿＿＿＿ かをお選びください。

이 두 개 중에 어느 것이든 골라 주십시오.

17 彼女は芸能界で＿＿＿＿＿＿ トップを走り続けている。

그녀는 연예계에서 여전히 톱을 달리고 있다.

18 父は早朝＿＿＿＿＿＿ とゴルフに出かけて行った。

아버지는 이른 아침 부리나케 골프를 치러 갔다.

19 全国＿＿＿＿＿＿ に支店がある。

전국 도처에 지점이 있다.

20 全ての政治家が賄賂を受け取っているとは＿＿＿＿＿＿ 言えない。

모든 정치가가 뇌물을 받고 있다고는 일률적으로 말할 수 없다.

21 買い物客はお目当てのバーゲン品に向かって＿＿＿＿＿＿ 駆け出した。

쇼핑객은 목표로 하는 세일 물품을 향해 쏜살같이 뛰어나갔다.

정답

1 **あくまで** 어디까지나, 끝까지, 철저하게 2 **悪あしからず** 달리(나쁘게) 생각하지 마시길 3 **あたかも** 마치 *あたかも~ようだ 흡사~같다 4 **あっさり** ①산뜻하게, 담백하게 ②간단하게, 순순히, 쉽게 5 **あっという間ま** 순식간, 눈 깜작할 사이 6 **あながち** (부정의 말을 수반하여) 반드시, 꼭 = 必かならずしも 7 **危あやうく** 하마터면, 자칫하면 *危あやうく~ところ 하마터면~할 뻔 *그럴 뻔했다는 것이지 실제로는 그런 상황까지 이르지 않았음을 나타내며 의미를 묻는 문제로 출제될 가능성이 높다. 8 **あらゆる** 모든 9 **案あんの定じょう** 생각한 대로, 예측대로, 아니나 다를까 10 **勢いきおい** 당연한 결과로, 자연히 11 **いきなり、急きゅうに** 갑자기 = 突然とつぜん、突如とつじょ、にわかに 12 **幾分いくぶん** 다소, 조금 = いくらか、少すこし 13 **潔いさぎよく** 깨끗하게 14 **聊いささか、些いささか** 적이, 좀, 조금 15 **いざという時とき** 만일의 경우 16 **いずれ** ①근간, 얼마 안 있어 = そのうち、近ちかいうちに ②어느 쪽 = どちら 17 **依然いぜんとして** 여전히 18 **いそいそ** 마음이 들떠, 부랴부랴, 신나게 19 **至いたるところ** 여러 곳, 도처, 곳곳=随所ずいしょ、各所かくしょ 20 **一概いちがいに** 일률적으로 21 **一目散いちもくさん** 곁눈질 한 번 않고 곧장 내달리는 모양, 쏜살같이, 필사적으로

22　のどが渇いていたので生ビールを＿＿＿＿＿＿飲み干した。
목이 말라서 생맥주를 단숨에 마셔 버렸다.

23　事態は＿＿＿＿＿＿進展した。
사태는 단숨에 진전되었다.

24　＿＿＿＿＿＿すばらしい計画のようだが、問題点が多すぎる。
언뜻 보기에는 근사한 계획 같지만, 문제점이 너무 많다.

25　話が＿＿＿＿＿＿進まない。
이야기는 전혀 진척되지 않는다.

　　雨が＿＿＿＿＿＿降らない。
비가 전혀 오지 않는다.

26　＿＿＿＿＿＿の費用はわたしが持ちます。
모든 비용은 제가 부담합니다.

　　駐車場内での、事故あるいは盗難等について、当社は＿＿＿＿＿＿責任を負いません。
주차장 내에서의 사고 혹은 도난 등에 대해서 당사는 일체 책임을 지지 않습니다.

　　コンピューターのデータが消え、＿＿＿＿＿＿の努力が水の泡になってしまった。
컴퓨터 자료가 없어져서 모든 노력이 물거품이 되어 버렸다.

27　＿＿＿＿＿＿お任せします。
모조리 맡기겠습니다.

28　これは＿＿＿＿＿＿のウィルスです。
이것은 일종의 바이러스입니다.

29　大好きな彼の前で恥をかくくらいなら＿＿＿＿＿＿死んだ方がましだ。
너무나 좋아하는 그 앞에서 창피를 당할 정도라면 차라리 죽는 편이 더 낫다.

30　＿＿＿＿＿＿あの人は誰ですか。
도대체 저 사람은 누구예요?

　　彼女は＿＿＿＿＿＿何を考えているのか、わたしには理解できない。
그녀는 도대체 무엇을 생각하고 있는지, 나에게는 이해가 안 된다.

31　さっきここに置いておいた書類が＿＿＿＿＿＿無くなってしまいました。
아까 여기에 놓아두었던 서류가 어느샌가 없어져 버렸습니다.

　　＿＿＿＿＿＿息子の顔を見上げるようになっていました。
어느샌가 아들의 얼굴을 올려다보게 되었습니다.

32　＿＿＿＿＿＿出発したところで、開会には間に合わないでしょう。
이제 와서 출발한다고 해도, 개회 시간에는 맞출 수 없겠지요.

33　会うたびに先輩はおごってくれると言うが＿＿＿＿＿＿におごってくれた例がない。
만날 적마다 선배는 한턱내겠다고 말하지만 아직 낸 예가 없다.

34　＿＿＿＿＿＿雨が降り出しそうな空模様です。
당장에라도 비가 내릴 것 같은 날씨이다.

35　今日に限って＿＿＿＿＿＿妻が優しい。何か裏がありそうで怖い。
오늘따라 이상하게 아내가 상냥하다. 무언가 내막이 있는 것 같아서 두렵다.

36 この公園は＿＿＿＿＿＿都会のオアシスと言える。

이 공원은 말하자면 도회의 오아시스라고 말할 수 있다.

37 好きな音楽がBGMで流れて踊りたくて＿＿＿＿＿＿する。

좋아하는 음악이 BGM에서 흘러나오고 있어서 춤추고 싶어 몸이 근질근질하다.

38 ファンたちは＿＿＿＿＿＿とした表情で彼のしなやかな動きに見蕩れていた。

팬들은 멍한 표정으로 그의 나긋나긋한 움직임에 넋을 잃고 보고 있었다.

39 電車の中で＿＿＿＿＿＿してしまい、うっかり乗り過ごしてしまった。

전차 안에서 꾸벅꾸벅 졸아서 (역을) 깜빡 지나치고 말았다.

40 先生の説教はもう＿＿＿＿＿＿だ。

선생님의 설교는 이제 진절머리가 난다.

41 ＿＿＿＿＿＿がんばっても彼女には敵わない。

몹시 노력해도 그녀에게는 당해 낼 수 없다.

42 ＿＿＿＿＿＿バスがすぐに来た。

운 좋게 버스가 바로 왔다.

43 引越しの準備は＿＿＿＿＿＿終わった。

이사 준비는 대충 끝났다.

彼は用事がなければ＿＿＿＿＿＿来るでしょう。

그는 용무가 없으면 아마 올 것입니다.

44 ＿＿＿＿＿＿蛇に近づいた。

조심조심 뱀에 다가섰다.

45 面接官の前でいつも＿＿＿＿＿＿してしまう。

면접관 앞에서 항상 겁을 먹고 만다.

46 昼食は＿＿＿＿＿＿自分で準備する。

점심은 각자가 스스로 준비한다.

貴重品はフロントに預けないで＿＿＿＿＿＿保管して下さい。

귀중품은 프론트에 맡기지 말고 각자 보관해 주십시오.

---

22 一気いっきに 단숨에, 한꺼번에 **23** 一挙いっきょに 단번에, 단숨에 **24** 一見いっけん 한번 잠깐 봄, 언뜻 보기에, 얼핏 보기에 **25** 一向いっこうに (언제나 부정표현을 수반하여) 조금도, 전혀 **26** 一切いっさい (긍정문이 오는 경우)일체, 모두, 전부 (부정문이 오는 경우) 전혀 **27** 一切合切いっさいがっさい (一切いっさい의 힘준 말로) 남김없이, 전부, 모조리 **28** 一種いっしゅ 일종 **29** いっそ 차라리, 도리어, 오히려 **30** 一体いったい 도대체, 대관절 **31** いつの間にか 어느새 ＝ いつということを知しらぬ間あいだに **32** 今いまさら 이제 와서, 새삼스럽게 **33** 未いまだ 아직, 여전히 **34** 今いまにも 지금이라도, 당장이라도 **35** いやに 이상하게, 불쾌하게 **36** 言いわば 말하자면, 이를테면 **37** うずうず 근질근질, 어떤 일이 하고 싶어서 못 견디는 모양 **38** うっとり 넋을 잃음, 황홀함에 넋이 나가 명한 모양 **39** うとうと 꾸벅꾸벅, 조는 모양 **40** うんざり 진절머리가 남, 몹시 싫증남 **41** うんと 아주, 많이, 몹시 **42** 運良うんよく 운 좋게 **43** 大方おおかた ~ 대개, 대충 / ~아마 **44** 恐おそる恐おそる 겁내면서 조심조심, 주뼛주뼛 **45** おどおど 벌벌, 흠칫흠칫, 겁먹고 침착하지 못한 모습 **46** 各おのおの 각각, 각자(各自) *모임을 구성하고 있는 멤버 각자의 의미로 다수 중의 한 명 한 명에게 역점을 둔 표현이다.

47 強制するのではなく子供が＿＿＿＿＿勉強できる環境を作ってあげることが大切だ。
강요하지 않고 아이들이 자연히 공부할 수 있는 환경을 만들어 주는 것이 중요하다.

48 ＿＿＿＿＿受験することにした。
과감하게 응시하기로 했다.

49 警察官の立て看板は、防犯に＿＿＿＿＿効果があるんですよ。
경찰관 입간판은 방범에 의외로 효과가 있습니다.

50 ＿＿＿＿＿に遊ぶ。
마음껏 놀다.

＿＿＿＿＿食べ寝るだけの人生なんてつまらない。
마음껏 먹고 자는 정도의 인생 따위는 시시하다.

51 ＿＿＿＿＿口をすべらしてしまった。
무의식중에 입 밖에 내고 말았다.

52 母は私の手からどくどくと流れる血を見てただ＿＿＿＿＿とするばかりだった。
어머니는 나의 손에서 똑똑 떨어지는 피를 보고 그저 허둥대고만 있었다.

53 助けるために行ったのですが、＿＿＿＿＿迷惑をかけてしまいました。
돕기 위하여 갔습니다만, 오히려 폐를 끼치고 말았습니다.

54 妻の料理は＿＿＿＿＿うまい。
아내의 요리는 특별히 맛있다.

55 手の平が＿＿＿＿＿してかゆい。
손바닥이 꺼칠꺼칠하고 가렵다.

56 風で雨戸が＿＿＿＿＿する。
바람으로 빈지문이 덜커덩덜커덩 거리다.

恐ろしくて＿＿＿＿＿震える。
무서워서 와들와들 떨다.

57 高校3年生になって成績が＿＿＿＿＿下がった。
고3이 되어 성적이 뚝 떨어졌다.

58 彼は＿＿＿＿＿した体型をしている。
그는 탄탄한 체형이다.

59 ＿＿＿＿＿した体つきをしている割に内面は非常に繊細だ。
빈틈없는 체격을 하고 있는 데 비해서 내면은 무척 섬세하다.

60 おうわさは＿＿＿＿＿からお聞きしておりました。
소문은 일찍부터 듣고 있었습니다.

＿＿＿＿＿から行きたかったイタリアに行って来ました。
이전부터 가고 싶었던 이탈리아에 다녀왔습니다.

61 いくら喉が渇いたからって水を＿＿＿＿＿と飲んでは行けない。
아무리 목이 마르다 해서 물을 벌컥벌컥 마셔서는 안 된다.

62 夏の暑い日によく冷えたスイカを＿＿＿＿＿食べるのが最高だ。
더운 여름날에 시원한 수박을 덥석 먹는 것이 최고다.

63 ブロック塀が＿＿＿＿＿と崩れる。

블록 담장이 우르르 무너지다.

この店いつも＿＿＿＿＿だね。

이 가게, 언제나 텅텅 비어 있군요.

64 揚げ物を＿＿＿＿＿揚げるのはなかなか難しい。

튀김을 바싹 튀기는 것은 무척 어렵다.

65 教室のドアを＿＿＿＿＿開けると生徒が一斉に拍手をした。

교실 문을 드르륵 열자 학생들이 일제히 박수를 쳤다.

66 映画を見に行ったら休日だと言うのにやけに＿＿＿＿＿していた。

영화를 보러 갔더니 휴일임에도 불구하고 휑했다.

67 ＿＿＿＿＿専門学校に合格した。

간신히 전문학교에 합격했다.

68 風邪を引いて頭が＿＿＿＿＿する。

감기에 걸려 머리가 지끈거리다.

二日酔いで頭が＿＿＿＿＿するのでさっき薬を飲んだ。

숙취로 머리가 지끈지끈해서 방금 약을 먹었다.

69 新商品の説明が終わると＿＿＿＿＿質問の手が上がった。

신상품 설명이 끝나자 바로 질문을 하기 위한 손이 올라갔다.

70 容器に＿＿＿＿＿が付いている方がシャンプーです。

용기가 깔쭉깔쭉하게 되어 있는 쪽이 샴푸입니다.

71 エレベーターに人が＿＿＿＿＿乗っている。

엘리베이터에 사람이 가득 타고 있다.

日程は＿＿＿＿＿詰まっている。

일정은 꽉 차 있다.

정답

47 自おのずから 저절로, 자연히 **48** 思おもいきって 대담하게, 과감하게 **49** 思おもいの外ほか 의외로, 뜻밖에, 예상과는 달리 = 意外いがいに **50** 思おもう存分ぞんぶん 마음껏, 실컷, 충분히 = 思おもいきり **51** 思おもわず 저도 모르게, 엉겁결에 **52** おろおろ 허둥거림, 갈팡질팡, 놀라 당황하는 모습 **53** かえって 도리어, 오히려 *뒤에 따르는 문장에 반대되는 의미의 내용이 와서, 결과에 반(反)하는 부작용을 나타낸다. **54** 格別かくべつ 특별히(특히), 어쨌든 간에, 또 몰라도 **55** かさかさ 꺼칠꺼칠(윤기 없음), 바삭바삭 **56** がたがた ①단단한 물건이 부딪혀 나는 소리, 덜커덩덜커덩 ②추위나 두려움으로 몸이 떨리는 모양, 와들와들 **57** がたんと 뚝, 성적, 값 등이 갑자기 떨어짐 / 쾅, 부딪치는 소리 **58** がっしり (체격이나 구조가) 안정되고 옹골찬 모양 **59** がっちり 튼튼하고 빈틈없는 모양, 알뜰한 모습 **60** 予かねて 이전부터, 일찍부터, 미리, 전부터 **61** がぶがぶ 벌컥벌컥, 벌떡벌떡(액체를 기운차게 마시는 모양) **62** がぶりと 꿀꺽, 덥석 **63** がらがら ①우르르, 와르르(딱딱한 물건이 무너지는 소리) ②안이 텅 비어 있는 상태 = 空すく비다 **64** からりと ①활짝(밝은 모양), ②바싹(물기 없는 모양) **65** がらりと 드르르(세게 문 여는 소리), 싹(갑자기 변함) **66** がらんと 휑하게 (텅 빈 모양) **67** かろうじて 간신히 **68** がんがん 지끈지끈 **69** 間髪かんぱつを入いれず 즉각, 지체 없이 **70** ぎざぎざ 깔쭉깔쭉함 **71** ぎっしり (많은 것이 빈틈없이 들어 있는 모양) 꽉, 가득 = びっしり

72 時間に正確な部長が遅れるなんて、＿＿＿＿＿＿何かあったに違いない。

시간에 정확한 부장님이 지각하다니, 틀림없이 무슨 일이 있었음에 틀림없다.

73 嫌なことは嫌だと＿＿＿＿＿＿と言うべきだ。

싫어하는 것은 싫어한다고 딱 잘라 말해야 한다.

腑に落ちない事なので＿＿＿＿＿＿と断わった。

납득이 안 가는 일이어서 딱 잘라 거절했다.

74 ＿＿＿＿＿＿海外転勤することになった。

갑자기 해외로 전근 가게 되었다.

75 久しぶりに体重を量って思わず＿＿＿＿＿＿してしまった。

오랜만에 체중을 재어 보고 엉겁결에 철렁하고 말았다.

76 あんなにいい子だった子がそんな悪いことをするなんて＿＿＿＿＿＿残念です。

저렇게 착했던 아이가 그런 나쁜 짓을 하다니 매우 안타깝습니다.

77 彼は飛行機の中で出会った同じ女性に＿＿＿＿＿＿出くわした。

그는 비행기 안에서 만났던 그 여성을 우연히 만났다.

78 ＿＿＿＿＿＿に彼女の悪口を言い合った。

제각기 한마디씩 그녀를 욕했다.

79 洗濯物が雨で＿＿＿＿＿＿濡れてしまった。

세탁물이 비에 흠빡 젖어 버렸다.

80 高熱で＿＿＿＿＿＿として口も利けなかった。

고열로 축 늘어져서 말도 할 수 없었다.

81 ＿＿＿＿＿＿と言い訳をしないで潔く謝りなさい。

장황하게 변명하지 말고 깨끗이 사과하세요.

82 部屋中＿＿＿＿＿＿探したが、書類は見つからなかった。

방 전체를 샅샅이 뒤졌지만 서류는 나오지 않았다.

体中が痛かったので＿＿＿＿＿＿マッサージしてもらった。

온 몸이 아파서 샅샅이 마사지를 받았다.

83 いつまでも＿＿＿＿＿＿していたってしょうがない。さあ、元気を出して。

언제까지나 끙끙거리고 있어선 도리가 없어. 자, 힘내!

84 私が平凡なサラリーマンだと分かると彼女は＿＿＿＿＿＿態度を変えた。

내가 평범한 직장인임을 알자 그녀는 태도가 홱 변했다.

85 湖を自転車で＿＿＿＿＿＿一周してみた。

호수를 자전거로 빙 한 바퀴 돌아보았다.

86 ＿＿＿＿＿＿お元気で。

아무쪼록 건강하십시오.

87 ＿＿＿＿＿＿今月の社内報でご確認ください。みなさんの斬新なアイデア、率直なご意見をお待ちしています。

자세한 것은 이 달 사내보에서 확인해 주십시오. 여러분의 참신한 아이디어, 솔직한 의견을 기다리겠습니다.

88 ＿＿＿＿＿＿その現場を目撃したと言う人物もいる。

실제로 그 현장을 목격했다고 말하는 인물도 있다.

89 虹が出るのは＿＿＿＿＿まれなことだ。
무지개가 뜨는 일은 극히 드문 일이다.

90 試験の日が＿＿＿＿＿迫っている。
시험 날이 시시각각 다가오고 있다.

91 力を入れて歯を＿＿＿＿＿と磨くのは歯茎によくないそうだ。
힘을 주어 이를 싹싹 닦는 것은 잇몸에 좋지 않다고 한다.

92 上司に＿＿＿＿＿と告げ口をするなんて卑怯だぞ。
상사에게 소곤소곤 고자질을 하다니 비겁하다.

93 柱時計が＿＿＿＿＿とうるさくて眠れない。
괘종시계가 째깍째깍 시끄러워서 잘 수가 없다.

94 ＿＿＿＿＿と貯めたお金で留学した。
꾸준히 모은 돈으로 유학했다.

95 面目を＿＿＿＿＿失ってしまった。
면목을 전부 잃어버렸다.

96 ここの料理はおいしいと評判です。＿＿＿＿＿これは絶品です。
여기 요리는 맛있다는 평판입니다. 특히 이것은 절품최고입니다.

97 どんぐりが＿＿＿＿＿と転がって、池に落ちた。
도토리가 데굴데굴 굴러서 연못에 빠졌다.

98 ＿＿＿＿＿注意したのに言うことを聞かない。
여러 번 주의를 주었음에도 불구하고 말하는 것을 듣지 않는다.

99 ＿＿＿＿＿協力させていただくつもりです。
최대한 협력할 생각입니다.

100 失敗を恐れず＿＿＿＿＿チャレンジしてみようと思います。
실패를 두려워 않고 재차 도전해 보려고 합니다.

101 ＿＿＿＿＿不便なことはありません。
당장 불편한 건 없습니다.

102 コックということだけあって＿＿＿＿＿に料理がうまい。
요리사인 만큼 과연 요리가 맛있다.

甘い物がいくら好きだと言っても＿＿＿＿＿に全部は食べ切れなかった。
단 것을 아무리 좋아한다고 해도 역시 전부는 먹을 수 없었다.

103 顔だけ出して＿＿＿＿＿帰ろう。
얼굴만 내밀고 빨랑빨랑 돌아가자.

104 背の高いモデルが＿＿＿＿＿歩く姿は素敵だ。
키가 큰 모델이 시원스럽게 걷는 모습은 멋있다.

105 これで＿＿＿＿＿拭くだけで、汚れがきれいに落ちます。
이것으로 휙 닦는 것만으로 더러움이 깨끗이 지워집니다.

106 ＿＿＿＿＿計算してみましたが、とても私が払える金額ではありません。
대충 계산해 봤습니다만, 도저히 제가 낼 수 있는 금액은 아니었습니다.

107 お風呂に入って＿＿＿＿＿した。
목욕을 해서 상쾌해졌다.

油気のない＿＿＿＿＿した味がする。
기름기가 없는 담백한 맛이 난다.

仕事が＿＿＿＿＿手につかない。
일이 전혀 손에 안 잡힌다.

108 ＿＿＿＿＿悲しそうに話す。
자못 슬픈 듯이 이야기한다.

彼は一杯のみそ汁を、＿＿＿＿＿おいしそうに飲みほしました。
그는 한 그릇의 된장국을 참으로 맛있다는 듯이 다 먹었습니다.

109 女性であれば＿＿＿＿＿の髪の毛に憧れる。
여성이라면 찰랑찰랑한 머리카락을 동경한다.

彼女と仲直りする気は＿＿＿＿＿ない。
그녀와 사이가 나아질 수 있는 기운은 전혀 없다.

110 学校の図書館は＿＿＿＿＿していて落ち着かない。
학교 도서관은 시끌벅적해서 안정되지 않는다.

111 彼女に振られるし、雨に降られるし、＿＿＿＿＿な一日だった。
그녀에게 차이고 비에 맞고 형편없는 하루였다.

112 いやなら＿＿＿＿＿参加しなくてもよい。
싫다면 굳이 참가하지 않아도 좋다.

気が進まないなら、＿＿＿＿＿することはない。
마음이 내키지 않으면 무리하게 할 것까지는 없어.

113 彼女から＿＿＿＿＿聞いたわけではないのではっきりとしたことは分かりません。
그녀로부터 직접 들은 것은 아니기 때문에 분명한 건 모릅니다.

114 彼は＿＿＿＿＿戻ってくるので心配しなくても大丈夫ですよ。
그는 금방 돌아오니까 걱정하지 않아도 괜찮아요.

115 場所は予約しなければならないので出席できるかどうか＿＿＿＿＿＿ お知らせください。

장소는 예약을 하지 않으면 안 되므로 출석할 수 있는지 여부를 서둘러 알려 주십시오.

116 迷子の女の子が道で＿＿＿＿＿＿ 泣いていた。

길 잃은 여자아이가 길에서 훌쩍훌쩍 울고 있었다.

117 午後から＿＿＿＿＿＿ 晴れるそうです。

오후부터 점차로 맑아진다고 합니다.

118 紐を＿＿＿＿＿＿ 結ぶ。

끈을 단단히 매다.

119 ＿＿＿＿＿＿ と本を読む暇もないほど忙しい。

차분하게 책을 읽을 짬도 없을 정도로 바쁘다.

120 ＿＿＿＿＿＿ と降る雨を見つめながら物思いに耽っていた。

부슬부슬 내리는 비를 바라보면서 수심에 빠져 있었다.

121 久しぶりに帰郷しておふくろの味を＿＿＿＿＿＿ と噛み締める。

오랜만에 귀향해서 어머니의 (요리의) 맛을 깊이 음미하다.

122 ＿＿＿＿＿＿ 太っているが気にする程ではない。

약간 통통하지만 신경 쓸 정도는 아니다.

123 高校の同窓会に行ったのはいいが各々の恋人の惚気話に＿＿＿＿＿＿ した。

고교 동창회에 간 것은 좋지만 처음부터 끝까지 각자 애인 자랑이었다.

124 そんなことは＿＿＿＿＿＿ 承知の上のことです。

그런 일은 충분히 파악하고 나서(알고 나서) 한 일입니다.

125 ＿＿＿＿＿＿ 様々な商品を取り揃えております。

갖가지 다양한 상품을 모두 갖추고 있습니다.

126 客は＿＿＿＿＿＿ 子育てを終えた主婦である。

손님은 주로 육아를 마친 주부이다.

127 ＿＿＿＿＿＿ 言い訳は言い訳にすぎない。

결국 변명은 변명에 지나지 않는다.

정답

102 流石さすが ①역시, 정말이지 ②과연　103 さっさと 빨랑빨랑, 척척　104 颯爽さっそうと 시원스럽고 씩씩한 모양　105 さっと 휙, 홀쩍(동작, 변화 등이 재빠른 모양)　106 ざっと 쫙(대충 훑어보는 모습) *ざっと目めを通とおす 대충 훑어보다　107 さっぱり ①후련하고 산뜻한 모양, 깨끗한 모양 ②맛, 성미, 태도 등이 담백함 ③(뒤에 부정이 와서) 전혀, 조금도　108 さも～そうに 아주(참으로)～ 듯이　109 さらさら ①술술, 바슬바슬, 사각사각 ②(부정을 수반하여) 전혀, 결코　110 ざわざわ 시끌벅적　111 散々さんざん 몹시 심한 모양, 호된 모양　112 強いて 굳이, 구태여, 무리하게, 억지로　113 直じかに 직접　114 直じきに 곧, 금방　115 至急しきゅう 급히, 서둘러 = 急いそいで　116 しくしく 훌쩍훌쩍(우는 모양), 콕콕(찌르듯 아픈 모양)　117 次第しだいに 조금씩. 점차로　118 しっかり 꽉, 꼭, 세게　119 じっくり 곰곰이(깊이 생각하는 모양)　120 しとしと 부슬부슬　121 しみじみ 마음 속 깊이 절실히　122 若干じゃっかん 약간　123 終始しゅうし 시종, 내내　124 じゅうじゅう 거듭거듭, 충분히　125 種々しゅじゅ 갖가지, 여러 가지　126 主しゅとして 주로　127 所詮しょせん 결국, 어차피

128 財布を落として＿＿＿＿＿していたところに拾い主から電話があった。
지갑을 잃어서 힘이 없던 차에 습득자에게서 전화가 왔다.

129 電車の中で大声で笑ったら周りの人に＿＿＿＿＿見られてしまった。
전차 안에서 큰 소리로 웃었더니 주변 사람들이 힐끗 쳐다보았다.

130 不況の波が＿＿＿＿＿と押し寄せる。
불황의 여파가 조금씩 밀려온다.

乾いた土が＿＿＿＿＿と水を吸い込む。
마른 흙이 서서히 물을 빨아들인다.

131 ＿＿＿＿＿ありがたく思っています。
진실로 감사히 생각하고 있습니다.

132 一瞬、聴衆が＿＿＿＿＿静まり返った。
일순간 청중이 대단히 조용해졌다.

133 ＿＿＿＿＿愛する相手と結婚したい。
진실로 사랑하는 상대와 결혼하고 싶다.

134 彼女は＿＿＿＿＿とクロールを泳いで見せた。
그녀는 휙휙 자유형을 수영해 보였다.

135 彼に＿＿＿＿＿ひどいことを言ってしまった。
그는 상당히 심한 말을 해 버렸다.

136 昨日の夜から親知らずが＿＿＿＿＿して痛い。
어제 밤부터 사랑니가 욱신욱신 아프다.

137 先生はこの間のことについて＿＿＿＿＿ご立腹の様子だ。
선생님은 요사이 일에 대해 몹시 화가 나신 모양이다.

138 一杯のコーヒーで頭が＿＿＿＿＿した。
한 잔의 커피로 머리가 개운해졌다.

139 布団を＿＿＿＿＿とかぶる。
이불을 푹 뒤집어쓰다.

人形の手が＿＿＿＿＿と抜ける。
인형의 팔이 쑥 빠지다.

140 占い師は私の悩みを＿＿＿＿＿と言い当てた。
점쟁이는 내 고민을 딱, 정확히 맞추었다.

141 ビデオを返さないで＿＿＿＿＿していたら目が飛び出る程高い延滞料を請求された。
비디오를 돌려주지 않고 질질 끌었더니 눈이 튀어나올 정도로 높은 연체료가 청구 되었다.

142 昔裾が床＿＿＿＿＿のパンタロンが流行った。
옛날 옷자락이 마룻바닥에 닿을락말락한 판타롱이 유행했다.

143 お客様、これが私どもの＿＿＿＿＿の価格です。
손님 여러분! 이 가격이 저희들이 최대한으로 싸게 드리는 가격입니다.

144 ここから駅までは＿＿＿＿＿10分ぐらいだろう。
여기에서 역까지는 고작 10분 정도일 것이다.

_____ 多くても10分ぐらいしかかからないだろう。

길어도 10분 정도 밖에 걸리지 않을 것이다.

145 先生が来たとたん、生徒は_____と掃除をし始めた。

선생님이 들어오자마자 학생들은 황급히 청소를 시작했다.

146 今度は_____夫婦お揃いで家に遊びに来てください。

이번에는 꼭 부부 동반으로 집에 놀러 오십시오.

147 新聞を読めるようにならなくても、_____簡単な本は読めるようになりたい。

신문을 읽을 수 있게는 아니더라도 적어도 간단한 책은 읽을 수 있게 되고 싶다.

148 _____は大変お世話になりました。

요전에 대단히 신세를 졌습니다.

149 泥棒が金庫のお金を_____盗んで行った。

도둑이 금고의 돈을 몽땅 훔쳐 갔다.

150 _____詳しく報告します。

곧 자세히 보고하겠습니다.

_____戻ってくるだろう。

가까운 시일 내에 돌아올 것이다.

151 それは_____彼が言い出したことだ。

그것은 애초 그가 꺼냈던 말이다.

152 君の昇進について社長に_____聞いておくよ。

네 승진에 관해 사장에게 슬며시 물어 볼게.

153 もう_____独り立ちしてもいい頃だ。

이제 슬슬 독립해도 좋을 나이이다.

_____出掛けましょうか。

슬슬 나갈까요?

_____完成するところだ。

이제 곧 완성할 참이다.

정답 •

128 しょんぼり 기가 죽은 모양 **129** じろりと 힐끗(쏘아보는 모양) **130** じわじわ ①조금씩(사물이 서서히 진행되는 모양) ②차근차근, 서서히(액체가 서서히 스며드는 모양) **131** 真実しんじつ 정말로, 참말로 **132** しんと, しーんと 잠잠히(소리 없이 조용함) **133** 真しんに 진실로, 참으로 **134** すいすい 획획(경쾌하게 나가는 모양), 척척(일이 손쉽게 되어 가는 모양) **135** 随分ずいぶん 상당히 **136** ずきずき 욱신욱신(쑤시고 아픈 모양) **137** 少すくなからず 적지 않게, 몹시 **138** すっと *すっとする 상쾌해지다, 개운해지다, 후련해지다 **139** すっぽり ①푹 뒤집어 쓴 모양 ②쉽게 빠지거나 끼워지는 모양 **140** ずばり 싹둑(선뜻 잘라 내는 모양), 거침없이 찌르는 모양 **141** ずるずる 질질 **142** すれすれ 아슬아슬함 **143** 精一杯せいいっぱい 힘껏, 최대한으로 **144** せいぜい 가능한 한, 고작, 기껏해야 **145** せかせか 침착하지 못하고 조급함 **146** 是非ぜひとも 꼭, 무슨 일이 있어도 **147** せめて (만족스러운 정도는 아니나) 그런 대로, 하다못해, 적어도 = 少すくなくとも **148** 先せんだって 앞서, 얼마 전에 **149** そっくり 전부, 몽땅 → 全部ぜんぶ **150** そのうち 가까운 시일 내에, 일간, 언젠가, 곧, 머지않아 = 近ちかいうちに、いつか **151** そもそも 애초 **152** それとなく 넌지시, 슬며시 **153** そろそろ 이제 슬슬, 이제 곧, 이만 슬슬(어떤 일을 하거나, 어떤 상태가 되거나 할 시간이 서서히 다가오는 모습) = ぼつぼつ、ぼちぼち

154 観客が＿＿＿＿＿と集まり出した。
관객이 서서히 모이기 시작했다.

学校から小学生が＿＿＿＿＿と出てきた。
학교에서 초등학생이 우르르 나오기 시작했다.

155 出発が近づいて＿＿＿＿＿している。
출발이 가까워오자 안절부절 못하고 있다.

初めてのデートは誰でも＿＿＿＿＿するものだ。
처음 데이트는 누구라도 안절부절 들뜨는 법이다.

156 どんなにやる気があっても、＿＿＿＿＿選ばれなければしかたがない。
아무리 의욕이 있어도 우선 선택되지 않으면 소용없다.

157 ＿＿＿＿＿時間はかからない。
별로 시간은 걸리지 않는다.

どの道を行って＿＿＿＿＿かわりはない。
어느 길을 가든지 그다지 차이는 없다.

彼はゴルフは上手だが、テニスは＿＿＿＿＿うまくない。
그는 골프는 잘하지만, 테니스는 그다지 잘하지 못한다.

158 お陰様で＿＿＿＿＿元気になりました。
덕분에 상당히 건강해졌습니다.

159 蝉の鳴き声が＿＿＿＿＿聞こえる。
매미의 울음소리가 끊임없이 들린다.

160 ＿＿＿＿＿協力し合ってピンチを乗り切ろう。
서로 협력하여 위기를 극복하자.

161 あれは＿＿＿＿＿、4月ごろのことだったろう。
그것은 아마 4월경의 일이었을 것이다.

＿＿＿＿＿、明日は山田さんの誕生日だと思う。
기억에 의하면 내일은 야마다 씨 생일이라고 생각한다.

ああ、＿＿＿＿＿わかるというような意味だったと思うんですけど。
아, 틀림없이 이해했다라는 것 같은 의미였다고 생각합니다만.

162 何を聞いても少女は＿＿＿＿＿泣くばかりだった。
무슨 말을 들어도 소녀는 단지 울고만 있었다.

163 ＿＿＿＿＿発車致しました。
(전차 또는 버스가) 방금 출발했습니다.

164 彼女はデビューするや否や、＿＿＿＿＿スターになった。
그녀는 데뷔하자마자 금세 스타가 되었다.

165 ＿＿＿＿＿一人しか来なかった。
단 한 사람밖에 오지 않았다.

お金を使いすぎて、財布の中には＿＿＿＿＿千円しか残っていない。
돈을 너무 써서 지갑 안에는 단 천 엔밖에 남아 있지 않다.

166 去年買ったズボンが＿＿＿＿＿になった。
作年 산 바지가 헐렁해졌다.

最近やせてシャツが＿＿＿＿＿ですよ。
요즘 살이 빠져서 셔츠가 헐렁헐렁해요.

167 彼は優しいが、＿＿＿＿＿では厳しいところもある。
그는 상냥하지만 한편으로는 엄격한 데도 있다.

168 最近、彼は仕事の愚痴を＿＿＿＿＿とこぼしてばかりいる。
최근 그는 일에 대해 장황하게 푸념만 늘어놓고 있다.

169 汗を＿＿＿＿＿と流す。
땀을 질질 흘리다.

＿＿＿＿＿した演説にうんざりする。
질질 끄는 연설에 질렸다.

＿＿＿＿＿とした生活は改めた方がよい。
지루하게 질질 늘어지는 생활은 개선하는 편이 좋다.

170 ＿＿＿＿＿そんなことはございません。
결코 그런 일은 없습니다.

171 みんなに反対されようが＿＿＿＿＿やり遂げて見せる。
모두가 반대할지라도 단호하게 끝까지 완수해 보이겠다.

彼の方が＿＿＿＿＿格好いい。
그 사람 쪽이 단연 멋있다.

172 母親は子供を＿＿＿＿＿抱きしめた。
어머니는 아이를 힘껏 부둥켜안았다.

173 留学の準備は＿＿＿＿＿と進んでいる。
유학 준비는 착착 진행되고 있다.

174 彼女(かのじょ)はかわいいのでみんなから＿＿＿＿＿されている。
그녀는 귀엽기 때문에 모두가 치어올리고 있다.

175 オリンピックに出場(しゅつじょう)するために＿＿＿＿＿練習(れんしゅう)を重(かさ)ねている。
올림픽에 출전하기 위해서 밤낮으로 연습을 반복하고 있다.

176 近(ちか)いので＿＿＿＿＿遊(あそ)びに来(き)てください。
가까우므로 간간이 놀러 오십시오.

177 両親(りょうしん)に会(あ)えなくて＿＿＿＿＿寂(さび)しい。
부모님을 만날 수 없어서 약간 쓸쓸하다.

178 桜(さくら)の花(はな)びらが＿＿＿＿＿と舞(ま)う姿(すがた)が美(うつく)しい。
벚꽃 잎이 팔랑팔랑 흩날리는 모습이 아름답다.

179 コンサートで歌手(かしゅ)の名前(なまえ)を呼(よ)んだら＿＿＿＿＿こちらを見(み)てくれた。
콘서트에서 가수의 이름을 불렀더니 언뜻 이쪽을 봐 주었다.

180 スーパーに行(い)く＿＿＿＿＿手紙(てがみ)をポストに出(だ)して来(き)てくれますか。
슈퍼에 가는 김에 편지를 우체통에 부쳐 주겠습니까?

デパートへ行(い)った＿＿＿＿＿シャガール展(てん)をみてきた。
백화점에 간 김에 샤갈 전을 보고 왔다.

181 テレビでこの問題(もんだい)が取(と)り上(あ)げられる度(たび)に＿＿＿＿＿考(かんが)えさせられる。
텔레비전에서 이 문제를 꺼낼 적마다 몹시 생각하게 한다.

182 私(わたし)は＿＿＿＿＿油(あぶら)っこい食(た)べ物(もの)を食(た)べないようにしています。
저는 되도록 기름진 음식을 먹지 않으려고 합니다.

183 4ヵ国(かこく)の失業率順位(しつぎょうりつじゅんい)は＿＿＿＿＿変(か)わっていない。
4개국의 실업률 순위는 항상 변하지 않다.

184 何(なん)の関係(かんけい)もない君(きみ)が＿＿＿＿＿言(い)う資格(しかく)はない。
아무 관계도 없는 자네가 이러쿵저러쿵 말할 자격은 없어.

185 あの老人(ろうじん)は肌(はだ)が＿＿＿＿＿している。
저 노인은 피부가 반들반들하다.

186 携帯電話(けいたいでんわ)は＿＿＿＿＿充電(じゅうでん)が必要(ひつよう)です。
휴대 전화는 적당히 충전이 필요합니다.

187 彼(かれ)は普段(ふだん)はのんびりしているが仕事(しごと)は＿＿＿＿＿している。
그는 평소에는 태평하게 있지만 일은 척척 잘 한다.

188 彼女(かのじょ)は冷蔵庫(れいぞうこ)にある物(もの)で＿＿＿＿＿料理(りょうり)した。
그녀는 냉장고에 있는 것으로 솜씨 좋게 요리했다.

189 ＿＿＿＿＿勘付(かんづ)かれたかと思(おも)いました。
틀림없이 (상대방이) 낌새를 챘다고 생각했습니다.

190 彼(かれ)は大勢(おおぜい)の前(まえ)で＿＿＿＿＿演説(えんぜつ)した。
그는 많은 사람들 앞에서 당당히 연설했다.

191 夏休(なつやす)みの宿題(しゅくだい)を＿＿＿＿＿終(お)わらせることができた。
여름방학 숙제를 겨우 끝낼 수가 있었다.

192 あ、プロですか。＿＿＿＿＿＿ 強いと思ったんです。

あ, 프로입니까. 어쩐지 세다고 생각했습니다.

193 他人のことを＿＿＿＿＿＿ 言う前に自分をよく見なさい。

타인의 일을 이러쿵저러쿵 말하기 전에 자신을 잘 살펴보시오.

194 ＿＿＿＿＿＿ 昔の彼女のことを思い出す。

때때로 옛 그녀가 생각난다.

195 彼が大統領になるなんて＿＿＿＿＿＿ 無理な話だ。

그가 대통령이 된다니 애당초 무리한 이야기다.

196 子供が寝ているので＿＿＿＿＿＿ しないで下さい。

아이가 자고 있기 때문에 시끄럽게 하지 마십시오.

197 柱の陰から彼が＿＿＿＿＿＿ 現れた。

기둥의 그늘에서 그가 갑자기 나타났다.

198 見かけは＿＿＿＿＿＿ としているが案外軽い。

겉보기에는 묵직해 보이지만 의외로 가볍다.

199 そこに＿＿＿＿＿＿、黒ずくめの男が現れた。

그곳에 갑자기 전신 검은색 옷을 입은 남자가 나타났다.

200 今からでも間に合うかどうか分からないが、＿＿＿＿＿＿ 行ってみよう。

지금부터 가더라도 시간에 댈지 어떨지 모르지만, 여하튼 가 보자.

201 ＿＿＿＿＿＿、彼にこんなことできっこありません。

어차피 그가 이런 일을 할 수 있을 리가 없어요.

202 日本で食べた鮨は＿＿＿＿＿＿ おいしかった。

일본에서 먹었던 스시는 월등히 맛있었다.

あの万年筆は＿＿＿＿＿＿ いいものだ。

저 만년필은 월등하게 좋은 것이다.

203 ＿＿＿＿＿ 涙が流れた。
끊임없이 눈물이 흘러내렸다.

204 わたしは＿＿＿＿＿ 日本語が好きです。
저는 특히 일본어를 좋아합니다.

私は＿＿＿＿＿ 得意なものはありません。
저는 특히 잘 하는 건 없습니다.

205 いいと思った商品が売り切れと知ると＿＿＿＿＿ 欲しくなる。
좋다고 생각했던 상품이 매진된 걸 알면 더욱 더 갖고 싶어진다.

206 ＿＿＿＿＿ 撮った写真が案外良かったりする。
아무렇지도 않게 찍은 사진이 의외로 잘 나오기도 한다.

207 ＿＿＿＿＿ よろしくお願いします。
아무쪼록 잘 부탁드립니다.

売り切れの際は＿＿＿＿＿ ご了承ください。
매진될 때에는 아무쪼록 이해해 주십시오.

208 ＿＿＿＿＿ 連絡しなかったのか。
어째서 연락하지 않았던 걸까?

209 君のことなら＿＿＿＿＿ お見通しさ。
너의 일이라면 뭐든지 환히 들여다보인단 말이야.

210 今の状況では＿＿＿＿＿ 言えない。
지금 상황에서는 뭐라고도 말할 수 없다.

211 ＿＿＿＿＿ 合格しますように。
아무쪼록 합격하십시오.

212 警察から事件について＿＿＿＿＿ 尋ねられた。
경관은 사건에 대해서 샅샅이 캐어물었다.

213 バブル経済の崩壊で土地や建物が＿＿＿＿＿ 値下がりした。
거품 경제의 붕괴로 토지나 건물의 값이 일제히 떨어졌다.

214 庭に＿＿＿＿＿ と枝を広げた松が植わっている。
정원에 쭉쭉 가지를 펼친 소나무가 심겨져 있다.

215 老後の生活について＿＿＿＿＿ 考える。
노후 생활에 대해서 막연히 생각하다.

216 この程度の補償金で、＿＿＿＿＿ 被害者は納得するだろうか。
이 정도의 보상금으로 과연 피해자는 납득할 것인가

217 豆が＿＿＿＿＿ と弾く音が聞こえた。
콩이 톡톡 튀기는 소리가 들렸다.

218 電車の中で＿＿＿＿＿ と先生に会った。
전차 안에서 선생님과 딱 만났다.

会社の元同僚に道すがら＿＿＿＿＿ 出会った。
회사의 전(前) 동료를 길을 가는 도중에 우연히 만났다.

219 ＿＿＿＿＿＿ うれしい話だ。

대단히 기쁜 이야기이다.

220 ＿＿＿＿＿＿ 仕事を切り上げて飲みに行った。

조속히 일을 일단락 짓고 마시러 갔다.

221 木の葉が＿＿＿＿＿＿ と落ちる。

나뭇잎이 팔랑팔랑 떨어진다.

222 彼は快活な＿＿＿＿＿＿、涙もろい。

그는 쾌활한 반면 눈물이 많다.

223 説明会の後＿＿＿＿＿＿ 面接を行います。

설명회 뒤에 계속해서 면접을 실시하겠습니다.

224 これしきのことで＿＿＿＿＿＿ していては駄目だ。

이까짓 일로 벌벌대서는 안 된다.

225 母親の子に対する愛が＿＿＿＿＿＿ 伝わってくる。

어머니의 아들에 대한 사랑이 강하게 전해져 온다.

226 周りに聞こえないように＿＿＿＿＿＿ と耳打ちした。

주변에 들리지 않도록 소곤소곤 귀엣말을 했다.

227 高校時代は遊ぶ暇もなく＿＿＿＿＿＿ 勉強する毎日だった。

고등학교 시절에는 놀 여유도 없이 오로지 공부하는 매일이었다.

228 セール期間中はお客さんが＿＿＿＿＿＿ 来ます。

세일 기간 중에는 손님이 끊임없이 옵니다.

229 ノートに英単語が＿＿＿＿＿＿ 書いてある。

노트에 영어 단어가 빽빽이 적혀 있다.

230 都会の喧騒の中で＿＿＿＿＿＿ と咲いている花を見ると心が癒される。
도회의 혼잡함 속에 조용히 피어 있는 꽃을 보면 마음이 안정된다.

231 今日の作業は＿＿＿＿＿＿ これで終わりにしよう。
오늘 작업은 일단 이것으로 끝내는 것으로 하자.

232 傷は ＿＿＿＿＿＿ 治った。
상처는 저절로 나았다.

233 病後は順調で＿＿＿＿＿＿ 回復しています。
병후는 순조롭게 날마다 회복되고 있습니다.

234 ＿＿＿＿＿＿ 寒くなってきましたね。
나날이 추워지고 있군요.

235 長時間正座をしていたので足が＿＿＿＿＿＿ しびれてきた。
장시간 무릎을 꿇고 앉아 있었더니 다리가 찌르르 저려 왔다.

236 夫の帰りが遅いことに妻は＿＿＿＿＿＿ している。
남편의 귀가가 늦는 것에 부인은 신경이 날카로워져 있다.

キムチを食べて舌が＿＿＿＿＿＿ した。
김치를 먹어서 혀가 얼얼했다.

237 ＿＿＿＿＿＿ とした風が吹いてきた。
싸늘한 바람이 불어왔다.

238 この通り＿＿＿＿＿＿ しているのでご心配なく。
이와 같이 쌩쌩하기 때문에 걱정하지 마세요.

239 知人が＿＿＿＿＿＿ 来訪した。
아는 사람이 갑자기 내방했다.

240 ダイエットをしたので以前穿いていたスカートが＿＿＿＿＿＿ になった。
다이어트를 해서 전에 입었던 스커트가 헐렁헐렁해졌다.

減量したので以前穿いていたズボンが＿＿＿＿＿＿ になった。
(체중을) 감량해서 전에 입던 바지가 헐렁헐렁해졌다.

241 ちょっとその辺を＿＿＿＿＿＿ してきます。
잠시 그 주변을 천천히(어슬렁어슬렁) 걷다 오겠습니다.

242 トランポリンから＿＿＿＿＿＿ 飛び降りた。
도약 기구에서 휙 뛰어내렸다.

243 にんにくのにおいを＿＿＿＿＿＿ させている男が入ってきた。
마늘 냄새를 풍풍 풍기는 남자가 들어왔다.

244 ＿＿＿＿＿＿ になるまでコーチにランニングさせられた。
코치가 녹초가 될 때까지 달리기를 하게 했다.

一日中ショッピングをして＿＿＿＿＿＿ になって家に帰った。
하루 종일 쇼핑을 해서 녹초가 되어 집에 돌아왔다.

245 プリントを＿＿＿＿＿＿ と捲る。
프린트를 훌훌 넘기다

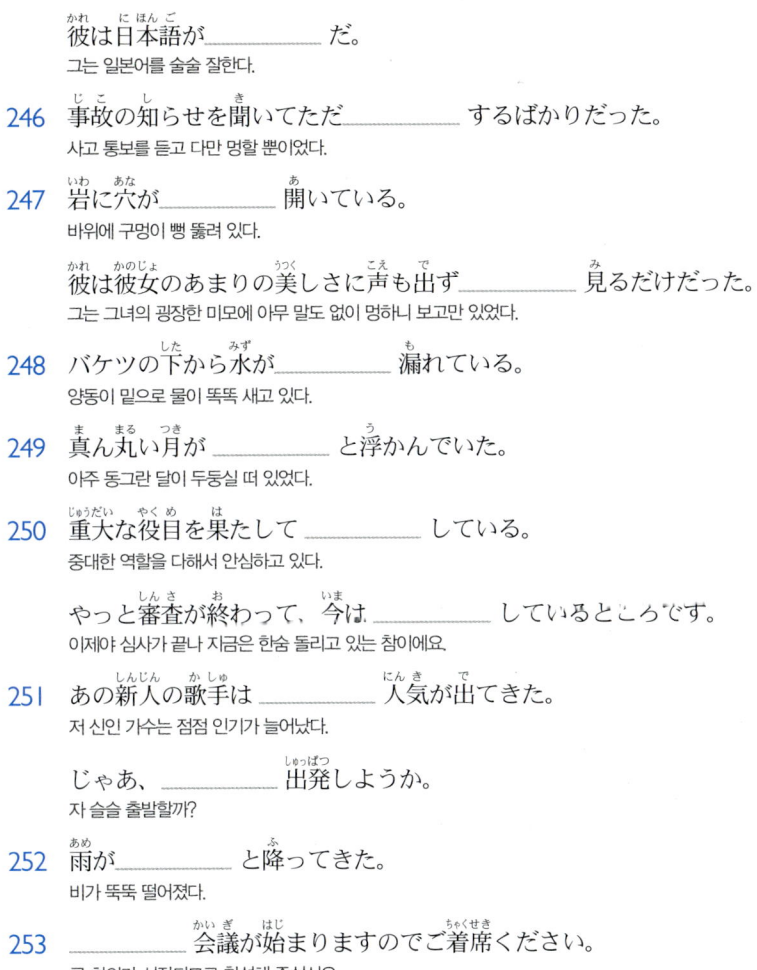

彼は日本語が＿＿＿＿＿＿だ。

그는 일본어를 술술 잘한다.

246 事故の知らせを聞いてただ＿＿＿＿＿＿するばかりだった。

사고 통보를 듣고 다만 멍할 뿐이었다.

247 岩に穴が＿＿＿＿＿＿開いている。

바위에 구멍이 뻥 뚫려 있다.

彼は彼女のあまりの美しさに声も出ず＿＿＿＿＿＿見るだけだった。

그는 그녀의 굉장한 미모에 아무 말도 없이 멍하니 보고만 있었다.

248 バケツの下から水が＿＿＿＿＿＿漏れている。

양동이 밑으로 물이 똑똑 새고 있다.

249 真ん丸い月が＿＿＿＿＿＿と浮かんでいた。

아주 동그란 달이 두둥실 떠 있었다.

250 重大な役目を果たして＿＿＿＿＿＿している。

중대한 역할을 다해서 안심하고 있다.

やっと審査が終わって、今は＿＿＿＿＿＿しているところです。

이제야 심사가 끝나 지금은 한숨 돌리고 있는 참이에요.

251 あの新人の歌手は＿＿＿＿＿＿人気が出てきた。

저 신인 가수는 점점 인기가 늘어났다.

じゃあ、＿＿＿＿＿＿出発しようか。

자 슬슬 출발할까?

252 雨が＿＿＿＿＿＿と降ってきた。

비가 똑똑 떨어졌다.

253 ＿＿＿＿＿＿会議が始まりますのでご着席ください。

곧 회의가 시작되므로 착석해 주십시오.

254 騒ぐのも＿＿＿＿＿＿ にしなさい。

떠드는 것도 적당히 하시오.

働くのも＿＿＿＿＿＿ にしないと体をこわしますよ。

일하는 것도 적당히 하지 않으면 건강을 해쳐요.

255 気に入った物は＿＿＿＿＿＿ になるまでとことん使います。

마음에 드는 물건은 너덜너덜해질 때까지 철저히 사용합니다.

256 ＿＿＿＿＿＿、私がしなければならないことですが…。

원래 제가 해야 되는 일입니다만…….

257 ＿＿＿＿＿＿ 出発時間を知らせてください。

미리 출발 시간을 알려주세요.

映画の始まる時間を＿＿＿＿＿＿ 確認しておきました。

영화가 시작되는 시간을 미리 확인해 두었습니다.

258 改札の前で切符が見つからず＿＿＿＿＿＿ してしまった。

개찰구 앞에서 표를 발견하지 못해서 우물쭈물 댔다.

259 その報告は＿＿＿＿＿＿ うそではないだろう。

그 보고는 설마 거짓은 아닐 것이다.

夕べ会った時は元気だったのに、＿＿＿＿＿＿ 亡くなるなんて信じられない。

어젯밤에 만났을 때는 건강했는데, 설마 돌아가시다니 믿을 수 없다.

＿＿＿＿＿＿ 無口な彼が大勢の人の前で落語をするなんて夢にも思わなかった。

설마 과묵한 그가 여러 사람 앞에서 만담을 하리라고는 꿈에도 생각하지 못했다.

260 貴社＿＿＿＿＿＿ ご清栄のこととお喜び申し上げます。

귀사가 나날이 번창하신다니 경하하여 마지않습니다.

261 講演会がありきたりの話で終わってしまって、＿＿＿＿＿＿ 期待外れだった。

강연회가 흔히 있는 이야기로 끝나 버려, 완전히 기대에 어긋났다.

262 ＿＿＿＿＿＿ 閉店の時間でございます。

곧 폐점 시간입니다.

263 テストの答えが＿＿＿＿＿＿ 分からなくて愕然とした。

테스트 답을 전혀 알 수 없어서 아연 실색했다.

264 彼の話は＿＿＿＿＿＿ 根も葉もないことではないらしい。

그의 이야기는 전혀 근거가 없는 것은 아닌 것 같다.

今日街で軟派された。私も＿＿＿＿＿＿ 捨てたものでもない。

오늘 길에서 데이트 헌팅당했다. 나도 약간은 괜찮은 데가 있나 보다.

265 困っている人を＿＿＿＿＿＿ 放っておくわけにはいかない。

곤란에 처해 있는 사람을 빤히 알면서 내버려둘 순 없다.

＿＿＿＿＿＿ 犯人を取り逃してしまった。

눈앞에서 빤히 보고서도 범인을 놓쳐버렸다.

＿＿＿＿＿＿ 好機を逸する。

애석하게도 좋은 기회를 놓치다.

266 庭に蒔いた種が芽を出して＿＿＿＿＿育ってきた。
정원에 뿌린 씨앗이 싹을 내어 순식간에 자랐다.

267 油っこい物を食べ過ぎて胸が＿＿＿＿＿する。
기름진 음식을 과식해서 속이 메슥거린다.

268 コーヒーより＿＿＿＿＿紅茶の方が好きです。
커피보다 오히려 홍차를 좋아합니다.

若者より＿＿＿＿＿中高年のほうがよく運動するのだそうです。
젊은이보다 오히려 중 노년층 쪽이 자주 운동을 한다고 합니다.

269 夏になると生ビールが＿＿＿＿＿に飲みたくなる。
여름이 되면 생맥주가 몹시 마시고 싶어진다.

270 彼女はいつも＿＿＿＿＿した顔をしている。
그녀는 항상 무뚝뚝한 얼굴을 하고 있다.

271 気に障ることを言われて思わず＿＿＿＿＿した。
신경에 거슬리는 말을 들어서 무의식중에 화가 치밀었다.

272 ＿＿＿＿＿誰にでも個人情報を教えてはいけません。
무턱대고 아무에게나 개인 정보를 알려 주어서는 안 된다.

日本人は＿＿＿＿＿名刺を交換する傾向がある。
일본인은 함부로 명함을 교환하는 경향이 있다.

273 彼の英語の実力は最近＿＿＿＿＿上達した。
그의 영어 실력은 최근 눈에 띄게 향상되었다.

びりから二番目の成績だった彼が＿＿＿＿＿頭角を現してきた。
꼴찌에서 두 번째 성적이었던 그가 눈에 띄게 두각을 나타내었다.

274 ＿＿＿＿＿涼しくなりましたね。
부쩍 선선해졌네요.

最近は＿＿＿＿＿客足が遠のいた。
최근에는 현저히 손님의 발길이 뜸해졌다.

정답 ●

254 ほどほど 정도껏　**255** ぼろぼろ (많이 써서) 낡아 너덜너딜　**256** 本来ほんらい 본래, 원래　**257** 前まえもって 미리. 사전에 ＝ 予あらかじめ　**258** まごまご 허둥대어 갈팡질팡, 우물쭈물　**259** まさか 설마, 설사, 설령, 그렇다 하더라도 ＝ よもや ＊「まさか〜とは思おもわなかった (설마 〜하리라고는 생각하지 않았다)」로 まさか는 전혀 예측을 못했다는 의미를 나타낸다. 주로 「まさか〜とは・まさか〜なんて (설마〜하다니)」의 형태로 쓰인다　**260** ますます 더욱 더, 나날이　**261** 全まったく 완전히, 전적으로 ＝ さっぱり　**262** まもなく 곧 ㈜すぐに 어떤 일이 실현될 때까지 시간에 쫓기거나, 시간적인 여유가 없는 경우에 사용한다.　**263** 丸まるっきり (부정어를 수반하여) 전혀 〜않다　**264** 満更まんざら (부정어를 수반하여) 반드시 〜인 것은 아니다, 반드시(순전히)〜가 아니다　**265** 見みす見みす 눈앞에 보면서도 어쩔 수 없는 모양, 빤히 보고서, 뻔히 알면서(보면서)　**266** 見みる見みる 순식간에　**267** むかむか 속이 메슥거림　**268** むしろ (선택적 의미) 어느 쪽인가 하면, 오히려　**269** 無性むしょうに 몹시, 공연히, 한없이　**270** むっつり 무뚝뚝한 표정. 말수가 적고 뚱한 표정　**271** むっと 울컥, 불끈(화가 치밀지만 꾹 참는 모양)　**272** 無闇むやみに 무턱대고, 함부로　**273** めきめき 눈에 띄게, 두드러지게, 무럭무럭, 부쩍(두드러지게 변화하는 모양) ＝ めっきり　**274** めっきり 현저히, 뚜렷이(두드러지게 변화하는 모양, 갑자기 눈에 띄게 변하는 모양)

275 ぼんやり歩いていて、＿＿＿＿＿＿車にひかれるところだった。
멍하니 걷다가 하마터면 차에 치일 뻔했다.

276 この名刺があれば、＿＿＿＿＿＿、彼に面会できるかもしれない。
이 명함이 있으면 어쩌면 그를 면회할 수 있을지도 모른다.

＿＿＿＿＿＿、山田さんがその本を持っているのではないだろうか。
어쩌면 야마다 씨가 그 책을 가지고 있지 않을까?

277 昔は通夜と言えば＿＿＿＿＿＿夜を徹して行われました。
옛날에는 通夜라고 하면 문자 그대로 밤을 새워서 시행되었습니다.

278 最近は＿＿＿＿＿＿家事に精を出している。
최근에는 오로지 가사에 힘쓰고 있다.

279 彼女は英語は＿＿＿＿＿＿フランス語、ドイツ語に堪能だ。
그녀는 영어는 말할 것도 없고 프랑스어, 독일어에 뛰어나다.

280 あんな弱いチームなど＿＿＿＿＿＿ではない。
그런 약한 팀 같은 건 별 것 아니다.

このぐらいの怪我は＿＿＿＿＿＿にも入らない。
이 정도의 부상은 축에도 못 든다.

281 ＿＿＿＿＿＿到着するでしょう。
머지않아 도착하겠지요,

282 ＿＿＿＿＿＿にしゃべる。
멋대로 지껄이다.

＿＿＿＿＿＿に金をつかう。
마구 돈을 쓰다.

＿＿＿＿＿＿に飛びまわる。
멋대로 쏘다니다.

＿＿＿＿＿＿に物を詰め込む。
마구 물건을 쳐 넣다.

＿＿＿＿＿＿なことはいえない。
함부로 말할 수는 없다.

＿＿＿＿＿＿に眠い。
졸음이 쏟아지다.

283 ＿＿＿＿＿＿太り気味だ。
약간 뚱뚱한 편이다.

＿＿＿＿＿＿涼しくなった。
좀 선선해졌다.

284 家庭に問題のある子は＿＿＿＿＿＿非行に走りやすい。
가정에 문제가 있는 아이는 자칫하면 비행에 빠지기 쉽다.

285 先方に協力を依頼したが＿＿＿＿＿＿断られてしまった。
거래처에 협력을 의뢰했으나 완곡하게 거절당해 버렸다.

286 _____ は大学を出て父の家業を継ぐつもりです。

장래는 대학을 나와 아버지의 가업을 이을 작정입니다.

287 焼肉のメニューは韓国語に_____ するものが多いです。

구운 고기 메뉴는 한국어에서 유래된 것이 많습니다.

288 揺り籠が_____ と揺れている。

요람이 흔들흔들 흔들리고 있다.

289 長い研修期間がやっと終わりました。_____ 明日からみなさんがお客様に直接接客をすることになります。

오랜 연수기간이 겨우 끝났습니다. 드디어 내일부터는 여러분이 손님에게 직접 서비스를 하게 됩니다.

290 _____ そんな大それたうそをつけたものだ。

감히 그런 엄청난 거짓말을 했것다!

291 _____ 見てみれば、大したものではなかった。

꼼꼼히 보니 대단한 것도 아니었다.

292 2歳の坊やがお母さんと手をつないで_____ と歩いている。

2살짜리 아기가 엄마와 손을 잡고 아장아장 걷고 있다.

293 石につまづいて_____ してしまった。

돌에 채어 넘어져서 비틀거렸다.

294 トップと2位の差は_____ している。

탑과 2위의 차이는 분명하다.

295 _____ 新聞を見る暇もなかった。

제대로 신문을 볼 겨를도 없었다.

入試のことが気になって、夜も_____ 眠れません。

입시가 걱정되어 밤에도 제대로 잠을 잘 수 없습니다.

정답 ●

275 もう少すこしで 하마터면 **276** もしかしたら 혹시, 만약, 어쩌면 = ひょっとしたら、もしかすると **277** 文字通もじどおり 문자 그대로, 글자 그대로 **278** 専もっぱら 오로지, 한결같이, 전적으로 **279** もとより 두말할 것도 없이, 물론 **280** 物ものの数かず〜ない (부정어를 수반하여) 헤아려 말할만한 가치가 있는 것, 중요한 것, 별 것 **281** やがて 머지않아, 이윽고, 곧 = そのうち *어떤 일이 일정한 시간 내에 일어난다. 비교적 그 시점까지 시간적인 여유가 있다. **282** やたら 함부로, 멋대로, 무턱대고(마구잡이로 하는 모양) **283** やや〜気味ぎみだ 약간 〜한 편이다 ①다른 물건과 차가 적음을 나타낸다. 약간, 다소 = 少すこし、いくらか ②사물의 정도, 상태를 나타냄. 점점, 점차 = だんだん、ようやく、しだいに **284** 動ややもすれば 자칫하면, 곧잘 = ともすれば **285** やんわり 넌지시, 부드럽게, 완곡하게, 살짝 = やわらかに、穏おだやかに ↔ きっぱりと、にべもなく 단호하게, 쌀쌀맞게, 냉담하게 **286** ゆくゆく〜つもりだ 장래는 〜할 작정이다 *ゆくゆく 장래는, 언젠가는, 끝내는 **287** 由来ゆらい 유래 **288** ゆらゆら 흔들흔들 **289** ようやく 겨우, 가까스로, 간신히 *오랜 시간이 경과한 다음이나, 이것저것 수고를 한 후에, 바라던 일이 실현되는 모습을 나타내는 말로 유사한 표현은 やっと를 들 수 있다. **290** 善よくも 잘도, 용케도, 겁도없이, 감히 *반어적 표현에 쓰인다. **291** 善よく善よく 충분히, 꼼꼼히 **292** よちよち 아장아장 **293** よろよろ 비비틀틀, 비칠비칠 **294** 歴然れきぜんと 분명함, 명확함 **295** ろくに 제대로(충분히) 〜없다 = じゅうぶんに

296 嫌なことがあった時はみんなで＿＿＿＿＿＿騒ぐのがいい。

짜증나는 일이 있는 때에는 모두 왁자지껄 떠드는 것이 좋다.

297 ＿＿＿＿＿＿見送ってくださってどうもありがとうございます。

일부러 배웅해 주셔서 대단히 감사합니다.

298 全然外食をしないという家庭は＿＿＿＿＿＿3パーセントぐらいです。

전혀 외식을 안 한다는 가정은 불과 3%정도입니다.

課内旅行の参加希望者は＿＿＿＿＿＿5人に過ぎない。

부서 안 여행 참가 희망자는 불과 다섯 명에 지나지 않는다.

299 あのレストランは値段の＿＿＿＿＿＿おいしい料理を出す。

저 레스토랑은 가격에 비해 맛있는 요리를 내 놓는다.

저자 강성광(姜星光)

현재 서울통역학원 JPT 전문강사이며, JPT/JLPT 독해 만점자로, 최단시간 100점 이상을 올릴 수 있는 오답정리식 강의를 구사하여 고득점을 노리는 많은 학생들의 열렬한 지지를 얻고 있다.

특히 독해 · 청해의 기본 원리에 입각한 정석적인 분석 강의의 대가로 학원가에 정평이 높다.

서경대학 일어일문학과를 수석으로 졸업하고, 일본문부성 국비유학생으로 교토대학에서 수학하였다. 중앙대학교 교육대학원 일어교육학과를 졸업한 후 중앙대 일본어 교육원과 경북대 어학교육원, YBM, 파고다 등 다수의 강단에서 일본어를 강의했다.

오랜 강의 노하우를 바탕으로 일본어 어휘, 문법, JPT 서적을 다수 집필하였다.
주요 저서로는 『JPT청해 달인이 되는 법』『JPT 독해 달인이 되는 법』 등이 있다.

– Daum 단어장 전문가
– http://cafe.daum.net/KingJPT (강성광 선생님과 JPT 달인되기)
– http://cafe.naver.com/Kingofjpt (강성광 JLPT, JPT 완전정복)

일본어 능력 시험 탄탄 내공 훈련 N1

지은이 강성광
초판 1쇄 인쇄 2013년 2월 18일
초판 1쇄 발행 2013년 2월 25일

발행인 박효상
편집책임 강성실
편집 박운희
디자인책임 손정수
디지털사업부 이지호
마케팅책임 이종선
마케팅 이태호, 이전희

진행 임형경
디자인 손정수
조판 글사랑

출판등록 제10-1835호
발행처 사람in
주소 121-839 서울시 마포구 서교동 378-16 4F
전화 02) 338-3555
팩스 02) 338-3545
e-mail saramin@netsgo.com
Homepage www.saramin.com

:: 책값은 뒤표지에 있습니다.
:: 잘못된 책은 구입한 서점에서 바꿔 드립니다.

Copyright© 2013, 강성광
ISBN 978-89-6049-339-1 18730
      978-89-6049-302-5(set)

사람이 중심이 되는 세상, 세상과 소통하는 책 **사람in**

일본어 능력 시험 N1

탄탄 내공 훈련

강성광 저

모의고사 + 해설서

실전 모의고사(3회분)   상세한 해설

차례

제1회 모의고사   3

제2회 모의고사   47

제3회 모의고사   91

정답 및 해설   136

제1회 모의고사 해설   138

제2회 모의고사 해설   168

제3회 모의고사 해설   199

제1회 모의고사

注　意
Notes

1. 試験開始の合図があるまで、この問題用紙を開けないでください。

2. この問題用紙を持ち帰ることはできません。

3. 受験番号と名前を下の欄に、はっきりと書いてください。

4. この問題用紙は、全部で24ページあります。

受験番号　Examinee Registration Number

名前　Name

問題1 _____の言葉の読み方として最もよいものを、1・2・3・4から一つ選びなさい。

[1] 大学の入学式では多くのサークルが新入生を勧誘している。

    1 けいゆう   2 かんゆう   3 ごうゆう   4 しゅうゆう

[2] 彼は五度目の挑戦にしてようやく司法試験に合格した。

    1 しのう   2 くほう   3 しとう   4 しほう

[3] 自販機でコーヒーを買うことが多いので小銭入れを持ち歩いている。

    1 おぜに   2 しょうぜに   3 こぜに   4 こせん

[4] それは大企業をしょってたつ人間としてはあまりに軽率な行動だった。

    1 きょうりつ   2 けいそつ   3 けいりつ   4 ていりつ

[5] 彼女は勉強熱心で、いつも閲覧室で調べ物をしている。

    1 えつらん   2 かんらん   3 ふらん   4 けいらん

[6] 世界的にも貴重な絵画を目の前にして鳥肌が立った。

    1 きしょう   2 きじゅう   3 きちょう   4 きじょう

問題2 （　　）に入れるのに最もよいものを、1・2・3・4から一つ選びなさい。

[7] 大学病院の紹介状を書きますので、（　　　　）検査を受けてください。

　　1 秘密　　　　　　2 厳密　　　　　　3 機密　　　　　　4 精密

[8] なかなか出口の見えない難題の解決策を（　　　　）している。

　　1 思索　　　　　　2 捜索　　　　　　3 模索　　　　　　4 探索

[9] 彼は自ら研究の（　　　　）験者となり、研究にいそしんだ。

　　1 被　　　　　　　2 有　　　　　　　3 当　　　　　　　4 試

[10] 彼女は複数の金融会社から多額の借金（　　　　）を迫られていた。

　　1 返答　　　　　　2 返済　　　　　　3 返品　　　　　　4 返納

[11] このレストランで使用されている肉はすべて国内（　　　　）だそうだ。

　　1 産　　　　　　　2 派　　　　　　　3 界　　　　　　　4 製

[12] 下を向いて歩いていたら（　　　　）電柱にぶつかってしまった。

　　1 もろに　　　　　2 やけに　　　　　3 さすがに　　　　4 かりに

[13] 奈良の大仏はテレビで見るより実際は（　　　　）に大きかった。

　　1 かろやか　　　　2 ゆるやか　　　　3 かすか　　　　　4 はるか

問題3　_____ の言葉に意味が最も近いものを、1・2・3・4から一つ選びなさい。

[14] 彼女は誰に対しても<u>へりくだった</u>態度で接する。

　　　1　説明する　　　　2　催促する　　　　3　謙遜する　　　　4　感心する

[15] 老人を<u>いたわる</u>優しい心を育てる必要がある。

　　　1　みならう　　　　2　大切にする　　　3　蔑ろにする　　　4　応援する

[16] いつも<u>漠然</u>とした不安を抱えて生きている。

　　　1　ぼんやり　　　　2　さっぱり　　　　3　のっそり　　　　4　ゆっくり

[17] 私は<u>てっきり</u>父はもう帰宅したものとばかり思っていた。

　　　1　そっと　　　　　2　やっと　　　　　3　ずっと　　　　　4　きっと

[18] 母は父の給料がカットされたと<u>ぼやいて</u>いた。

　　　1　はっきり言う　　2　のんびり言う　　3　ぐずぐず言う　　4　あせって言う

[19] 祖母は<u>あくどい</u>手口でだまされた。

　　　1　のりが悪い　　　2　たちが悪い　　　3　相性が悪い　　　4　幸が薄い

問題4 次の言葉の使い方として最もよいものを、1・2・3・4から一つ選びなさい。

[20] 素質

1 彼には画家としての素質が十分にある。
2 父の頑固な素質は持って生まれたものである。
3 彼女はいつも素質のいいアクセサリーを身に着けている。
4 音楽に精通している彼は、スピーカーの音の素質にもこだわっている。

[211] 迅速

1 地球環境を守る迅速を行う団体だそうだ。
2 長引く迅速と株価の暴落が止まらない。
3 救急隊員の迅速な対応によって助かった。
4 初めは調子が良かったが後半迅速していった。

[22] ともかく

1 雨が降っていてもともかく行くのはよそう。
2 子供ならともかく、大人がそんなことをするなんて。
3 友人の頼みはともかく断るわけにはいかない。
4 結婚相手がこの年になってもともかくいない。

[23] 反面

1 彼は陽気な反面、とても傷つきやすくナイーブな男だ。
2 面接をすっぽかすなんて反面極まりない。
3 この映画は楽しい反面、とても面白い。
4 彼女のシャツは裏と表が反面になっている。

[24] がたい

1 掃除をしてもなかなか汚れが<u>落ちがたい</u>。
2 どんなに感動的な場面を見ても涙を<u>流しがたい</u>。
3 <u>疲れがたい</u>体質なので、休憩を挟まないと辛いです。
4 <u>信じがたい</u>が、これが現実というものなのだ。

[25] いかにも

1 どんな状況に<u>いかにも</u>柔軟に対応できます。
2 こんな落書きをするなんて<u>いかにも</u>程がある。
3 部活に励む生徒の姿は<u>いかにも</u>若者らしい爽やかさがある。
4 バイト代は<u>いかにも</u>高いに越したことはない。

問題5 次の文の ( ) に入れるのに最もよいものを、1・2・3・4から一つ 選びなさい。

[26] 会社に勤める( )夜は大学で聴講生として授業を受けている。

1 かたほう 2 かだい 3 ながら 4 かたわら

[27] どこから( )子供の泣き声が聞こえてきた。

1 とつぜん 2 とっても 3 ともなく 4 とおくで

[28] 彼女を( )この仕事を任せられる人物は考えられない。

1 おいて 2 おき 3 おさえ 4 おして

[29] 子供( )一生懸命頑張っているのだから、応援してあげましょう。

1 として 2 なりに 3 であって 4 のように

[30] この試合は一瞬( )見逃せない白熱したものになっている。

1 たりとも 2 だけは 3 ならば 4 のみ

[31] この映画は東京を( )順次全国の映画館で公開される。

1 皮むきに 2 皮巻いて 3 皮切りに 4 皮はがして

[32] 警察官が飲酒運転で捕まるなどある( )ことである。

1 ような 2 まじき 3 みたいな 4 らしい

[33] バスが発進した(　　　)隣の人の肩にぶつかってしまった。

    1　反発に　　　　　2　ひょうしに　　　3　時刻に　　　　　4　ぐらいに

[34] 先生が何も言わないことを(　　　)生徒たちはおしゃべりばかりしている。

    1　よそめに　　　　2　つけこんで　　　3　うかがって　　　4　いいことに

[35] うちの息子(　　　)いまだに寝起きが悪くて困るわ。

    1　ときたら　　　　2　だったら　　　　3　に限って　　　　4　なのに

問題6 次の文の＿＿★＿＿に入る最も良いものを、1・2・3・4から一つ選びなさい。

（問題例）

彼女の ＿＿＿＿＿ ＿＿＿＿＿ ＿＿★＿＿ ＿＿＿＿＿ にはいられなかった。

1　聞いたとき　　　2　悲しい　　　　3　泣かず　　　　4　話を

（解答の仕方）

[1]　正しい文はこうです。

彼女の ＿＿＿＿＿ ＿＿＿＿＿ ＿＿★＿＿ ＿＿＿＿＿ にはいられなかった。
2　悲しい　　4　話を　1　聞いたとき　3　泣かず

[2]　＿＿★＿＿に入る番号を解答用紙にマークします。

（解答用紙）　　（例）●　②　③　④

[36] 言葉や習慣の違う海外での ＿＿＿＿ ＿＿＿＿ ＿★＿ ＿＿＿＿ ない。

  1 生活が　　　　　2 かたく　　　　　3 想像するに　　　4 いかに大変かは

[37] このニュースは ＿＿＿＿ ＿＿＿＿ ＿★＿ ＿＿＿＿ となった。

  1 知るところ　　　2 至るまで　　　　3 大人から子供に　4 誰もが

[38] 親の ＿＿＿＿ ＿＿＿＿ ＿★＿ ＿＿＿＿ いる。

  1 心配をよそに　　2 のびのびと　　　3 成長して　　　　4 子供は

[39] 彼女の弾く ＿＿＿＿ ＿＿＿＿ ＿★＿ ＿＿＿＿ ひどいものだ。

  1 堪えない　　　　2 演奏は　　　　　3 ピアノの　　　　4 聞くに

[40] 彼は個性が ＿＿＿＿ ＿＿＿＿ ＿＿＿＿ ＿★＿ 孤独だった。

  1 なじめず　　　　2 強かったが　　　3 ゆえに　　　　　4 学生時代は

問題7 次の文章を読んで、(41) から (45) の中に入る最も良いものを、1・2・3・4から一つ選びなさい。

　　どんなに素敵な服装を身につけていても、肩を落とし、胸をすぼめ、膝を曲げたり足を引きずって歩いていては全然（　　41　　）。背が高くて本当はスタイルのよい人でもそれを恥じるような猫背気味の人に比べ、背は低くても胸を張り、頭をきっと上げ、（　　42　　）歩いている人のほうがずっと素敵です。人間の姿勢はその人の全ての印象を大きく左右します。

　　よくパリの女性はおしゃれといいますが、女性の個人個人の顔の美醜より、ファッションや髪型より、一番印象的なのは彼女たちの歩く姿です。東京の女性たちのほうはずっと行き届いた顔の手入れをし、新しくて高価な流行の服装を身につけています。でもパリの女性たちが首筋をすっと伸ばし、胸を張って颯爽と歩いている姿のほうがずっとかっこよく素敵に見えます。彼女たちは幼いときから姿勢については家庭で厳しく（　　43　　）そうです。メーキャップをするときに鏡を覗き込むように、普段どんな姿勢をしているかチェックする全身が映る鏡がいろいろなところにありますし、ショーウィンドウに映る自分の姿でもチェックするそうです。

　　（　　44　　）日本でも正座する機会は少なくなりましたが、イス式の生活では腰をかけるときは浅くかけ、膝をつけて両足をそろえなければなりません。どんなに素敵な化粧や服装をし、気のきいた話をしていても膝をひらいていると台なしです。足を組んで綺麗に見えるように振舞うのはとても難しいのです。腰掛けるときは上半身を（　　45　　）腰骨を立てるように心がけるといいかたちになります。ある県に行ったとき町をあげて「りつよう 運動」をしていますとのことでした。聞いて耳慣れない言葉だと思いましたが、立腰運動だそうです。町の方たちによると、腰を立てるように心がけると姿勢がよくなり、また腹式呼吸になって健康にもよいそうです。

[41]

　　　1　かっこわるいです　　　　　　　　2　かっこよくありません
　　　3　かっこいいのだろうか　　　　　　4　かっこいいだろう

[42]

　　　1　さらさらと　　　　　　　　　　　2　のそのそと
　　　3　さっそうと　　　　　　　　　　　4　はっきりと

[43]

　　　1　しつける　　　　　　　　　　　　2　しつけたい
　　　3　しつけ　　　　　　　　　　　　　4　しつけられている

[44]

　　　1　やがて　　　　　　　　　　　　　2　では
　　　3　また　　　　　　　　　　　　　　4　もしや

[45]

　　　1　安定できるように　　　　　　　　2　安定できないので
　　　3　安定できたら　　　　　　　　　　4　安定できなかった

問題8 次の (1) から (4) の文章を読んで、後の問いに対する答えとして最もよいものを、1・2・3・4から一つ選びなさい。

（1）

日本でのインターネット利用が始まったのは80年代後半。当時は、インターネットはもちろん、パソコンを使っている人さえ、かなりの少数派。それがこの十数年の間で利用者は急増。インターネットだけでなく、モバイル通信など新しい情報通信技術が激しい勢いで続々と押し寄せ、その波はIT革命^{（注）}と呼ばれて、日本社会全体をダイナミックに動かしている。

最近のインターネット調査「サイバースタディー2001」によれば、日本におけるインターネット利用者の約3分の2(69％)は「インターネットは自分にとってなくてはならないもの」と答えている。

（注）IT革命：情報技術の発展によって、社会や生活が変革すること

[46] この十数年間で急増したものとは何か。

1 インターネットを利用して様々な調査を行う人々
2 モバイル通信など新しい情報通信技術を開発する企業
3 日本社会をダイナミックに動かせるほどの力を持った人々
4 インターネットやパソコンの利用者数

（2）

> 年間どれくらいの邦画が作られているかご存知だろうか。劇場公開映画で約
> 100 本、オリジナルビデオ（いわゆる V シネマ）で約 250 本、合計約 350 作品。
> もちろん何十億円かけた大作もあれば、300 万円で作る V シネマもある。そのう
> ち 250 本を見ている女性がいる。山田景子さん (31)。「DVD ＆ビデオ VISION」
> という映画雑誌で一押しの新作邦画 (注) と V シネマを紹介するコラムを連載して
> いる。たぶん、日本一邦画を見る女だ。
>
> (注) 邦画：日本映画のこと

[47] 山田景子さんという女性はどういう人だと紹介されているか。

1 何十億円もかけた大作映画を製作した女性
2 一年間で350本もの邦画をすべて見ている女性
3 新作邦画とVシネマを紹介するコラムを書いている女性
4 日本で一番映画関連の連載を持っている女性

（3）

　　現在ファミレスは全国に約２万３千店と言われる。売り上げランキング１位占めている有名するファミレスを中心に、幹線道路_(注1)にはずらりと並ぶ。何でも食べられるけど味はそこそこ、おしゃれじゃないけど長居できる、といったイメージがすっかり定着した。

　　ところが、新規出店で客数を増やし、売り上げを伸ばしてきたファミレスも、最近では郊外への出店が飽和状態_(注2)になっていた。ここ数年、外食市場も縮小傾向にある。2008年に24兆7,000億円だった外食市場は、2010年には23兆9,156億円まで大幅減少した。ファミレスＫも、既存店の売上高は、今年に入って前年同期比割れが続いている。

（注１）幹線道路：主な道筋となる道路のこと
（注２）飽和状態：最大限度まで満たされている状態

---

[48] ファミレスの最近の状態を筆者はどのように言っているか。

　1　おしゃれで長居の出来ないイメージが定着している。
　2　郊外の店舗数が十分な程満たされている。
　3　ファミレスKだけが客数を伸ばしている状態。
　4　既存店の売り上げが今年に入って伸びている。

（4）

個人個人の人間の声には指紋と同じようにその人間特有の 声紋 (注) がある。声紋は個人によって異なり、犯罪などにも利用されている。特に、誘拐事件などで、電話の話し声から、声紋を採っておけば、犯人捜査の特定に結びつくことがある。あるいは、会話の際の声の状態が、その人物の心理状況を物語ることもある。「声紋」という言葉を日本で最初につくったKさんはこれまで警察庁などにも協力してきた。Kさんは、犬にも個体ごとに違う声紋があり、人間の声と同じように分析できると考えている。

（注）声紋：声を周波数分析装置で複雑な模様に図示したもの

[49] ここで筆者が言っていることと合致するものはどれか。

1 人間の声には個々特有の声紋というものがある。
2 誘拐事件の電話の話し声から犯人の特定に結びつくことは少ない。
3 会話の際の声の様子で人物の心理状況を読み取ることは難しい。
4 犬は人間と違い、個体ごとに声が違うということはない。

問題9 次の (1) から (3) の文章を読んで、後の問いに対する答えとして、最も
よいものを１・２・３・４から一つ選びなさい。

（１）

　　子供が自立して、みな家を出た。私は長年、専業主婦だったが、突如、夫に家事を放棄することを宣った。ここでいきさつを述べるわけにはいかないが、私なりに理由はある。夫もまたそれを十分知っているので、反対もせず黙々と家事をし始めた。朝食、弁当づくり、皿洗い、ごみ出し、アイロンがけ、と①かいがいしく(注)働いている。

　　私はといえば、朝、目が覚めてものんびり布団の中でラジオを聞いている。そんな私に夫は「行ってくるね」と声をかけ、出かける。お腹がすいたころに、私は起き出して簡単な朝食をとる。そして気ままに一日を過ごす。かろうじて夕食のしたくだけはする。

　　世間からみれば、私はずいぶん悪妻にみえるに違いない。だが、夫にもやがてそう遠くない日に退職が訪れる。その前に私があの世に行くかもしれない。いずれにしても、今こうして夫を自活させる訓練をしておくことは、あとあと役に立つに違いない。②これは愛のムチなのだ。

　　いつまで、この気楽な生活が続くのか、わからない。次第に家事上手になっていく夫をそっと見ながら、もう少し様子をみようと思っている。

（注）かいがいしい：有能であり、頼りがいがある。てきぱきしている。

[50] ①かいがいしく働いているとあるが誰のことを言っているのか。

    1 長年家事をすすんで手伝ってくれている夫

    2 著者の家事放棄宣言を十分に理解している夫

    3 日頃から専業主婦の日常に興味のある夫

    4 悪妻に虐げられ家事をさせられている夫

[51] ②これとあるが何をさしているか。

    1 夫の自立のための訓練として家事をさせること

    2 毎朝の子供の弁当作りをさせること

    3 夕食の支度だけは夫にさせること

    4 朝、自分を起こしてくれるように夫に頼むこと

[52] 著者がそっと見ていようと思っていることとは何か。

    1 退職の日を迎えようとしている夫

    2 懸命にするものの、家事に苦心している夫

    3 妻の自分がしてあげないと何も出来ない夫

    4 徐々に家事が上手くなっていく夫

（2）

①<u>私</u>は45年前、中国地方の西部にある地区に生まれました。川の河口に近くて、林を抜けると海に出る。でもこの地区の人々には漁業権はありません。砂地の地面で、畑も田んぼもできない。死んだ牛馬の処理や、棺桶（注1）作りが主な仕事です。トタン屋根の家が並ぶ部落に、300人から400人が身を寄せあって暮らしていました。上下水道もない被差別部落です。

この地区の始まりは、中国地方の大名が統治していた江戸時代。年貢の取り付けへの不満をそらすために、藩が「垣の内」と呼ばれる地区の人々を強制的に砂原に隔離（注2）したことに始まるとされる。

三郎の少年時代、地区出身者は小学校の学級45人のうち、1人だけだった。洋服やランドセルすらも、新品を買ってもらったことはなかった。はっきりした記憶にある最初の体験は2年生の時。3月生まれで勉強が遅れていた三郎を、②<u>担任の教師</u>が「川村君はバカなので」と笑った。特殊学級（注3）に行けとも言われた。

習字の授業が始まった3年生の時、みんなが新しいの習字用具を持っているのに、自分だけが祖父のお下がりだった。5年生の時に組まれた鼓笛隊（注4）にも入れてもらえなかった。

（注1）棺桶：死者を入れて葬るための箱、または桶のこと
（注2）隔離：へだて離すこと
（注3）特殊学級：小・中・高等学校において特別支援教育を行うために設けられる学級
（注4）鼓笛隊：笛と太鼓からなる行進用の音楽隊

[53] ①<u>私</u>が住んでいた地域の説明として正しいものはどれですか。

1 畑と田んぼが多く見られる豊かな土地である。
2 主な仕事は死んだ牛馬の処理や、棺桶作りである。
3 小学校には児童生徒が300人から400人いる地域である。
4 大名が統治していた江戸時代にとても栄えていた地域である。

[54] ②<u>担任の教師</u>は三郎に対しどんなことを言ったのか。

1 お前は学校に来るな、と言った。
2 特殊学級に行け、と言った。
3 習字の授業は受けるな、と言った。
4 鼓笛隊に入れ、と言った。

[55] 筆者が５年生のときに経験したこととはどんなことだったか。

1 大人も子供も関係なく畑で強制的に働かされた。
2 特殊学級でしか学校の授業を受けることが出来なかった。
3 小学校で組まれた鼓笛隊に入れなかった。
4 ランドセルを持っていないことを馬鹿にされた。

（3）

化粧品会社の広報を務める① 30 代女性竹田広美さん。華やかに思われがちな仕事だが、出版社への営業活動や商品の貸し出し、取材への対応、撮影の立ち会い、原稿チェック、新製品のニュース・リリース作成と、仕事はかなり激しい。「新製品発表会の前は、帰りは毎晩終電（注1）コース。広報は体力勝負に違いない」

一昨年結婚し、現在、は夫婦二人暮らし。広告会社に勤める夫(33歳)とは3年前、仕事を通じて知り合った。お互い忙しく、仕事柄、外食も多い。夫婦で食卓を囲めるのは週末位だが、ひとりの時でもなるべくは自炊を心がけているという。「美容に関わっている以上、体調管理も仕事のうち。『食』は健康の基本ですから」。

帰宅後すぐに食べられるよう、保存期間の長いおかずや玄米は、②休日時間のある時にまとめて調理し、冷凍庫へ。「野菜等の生鮮食品は、腐敗させてしまうと嫌なので、基本的に買い置きはせず、コンビニで調達（注2）することが多いですね」

最近、よく利用するのが、コンビニの③『便利な商品』。これは、生の野菜や下処理（注3）された肉等の食材と調味液をパックにしたもので、レンジさえあれば、いつでも手軽に出来立ての味が楽しめるという商品だ。

（注1）終電：その日の最終時刻の電車の略称
（注2）調達：ものを取りそろえておくこと
（注3）下処理：おおまかにこしらえておくこと

[56] ①竹田広美さんは自身の広報という仕事についてどのように言っているか。

1 華やかに思われがちだが、かなりハードな仕事である。
2 容姿の美しさが重視される、体重管理が必要な仕事である。
3 健康であれば誰にでも出来る簡単な仕事である。
4 家事もほとんど出来ないほど忙しい仕事である。

[57] ②休日時間のある時は竹田さんは何をしているか。

1 体調管理のために夫と運動に励んでいる。
2 休日も会社で終わらなかった仕事を家でこなしている。
3 夫婦で食卓を囲む時間が少ないため、夫と外食に出かけている。
4 保存のきくおかずや玄米をまとめて調理し、冷凍保存している。

[58] コンビニから発売された③『便利な商品』とはどういうものか。

1 生の野菜がカットされてパック詰めされた商品
2 調味料がそれぞれの料理に合わせてパック詰めされた商品
3 いつでも間単に出来立ての味が楽しめる商品
4 家庭でも手軽に本格派の味が楽しめる商品

問題 10 次の文章を読んで、後の問いに対する答えとして、最もよいものを 1・
2・3・4 から一つ選びなさい。

こんなところに犬がいるとは思わなかった。そもそも、こんなところに人が住んでいるとは思えなかった。背の高い雑草が生い茂る土手。私の胸元まで届く緑に阻まれて（注1）、その先にある川さえも見ることができない。茂みをぬって進んでいくと、けたたましい犬の鳴き声とともに、ようやくつぶれかけたテント小屋が姿を現した。

小屋に繋がれ、盛んに吠え立てている5頭の傍らには、彼らの飼い主であるホームレス（注2）の川上さん（仮名）の姿もある。

「こんにちは、川上さん」

私をそこへ案内してくれた①久保田さんと橋本さんが、にこやかに声をかけた。

「薬を持ってきました。」

ヤブ蚊の多いこの場所に捨てられ、ホームレスに拾われた犬たちのために、2人は毎月、こうしてフィラリア（注3）予防薬を運んでいる。けれど中には気の荒い犬もいるため、犬に薬を飲ませられるのは飼い主だけだ。

「川上さん、お願い」

久保田さんと橋本さんが薬をチーズで包み、川上さんに渡す。川上さんは頼りない手つきでそれを受け取り、犬に食べさせようとする。喜んで飛びつく犬もいれば、警戒をする犬もいる。なかなか食べない一頭に手を焼いているうちに、チーズから薬が地面に転がり落ちた。

「川上さん、薬、落ちた」

久保田さんと橋本さんがあわてて薬を探すも、見つからない。そのあいだも犬たちは盛んに吠え続ける。フィラリア予防薬を1錠失う。それはここにいる5頭のうち、1頭の命が危険にさらされることを示す。必死で草間に目をこらす私に、

やがてあきらめた橋本さんが言った。

「大丈夫。いつも②こうなるから、必ず余分に持ってきているの」

予備の薬をチーズで包み、再び川上さんに渡す。

「次はあの子にお願い。いいえ、その子はもう飲んだわ」

　終始ぼんやりしている川上さんの動きは鈍く、１錠を飲ませるのにも時間がかかる。ようやく全頭に薬を与えて土手を後にしたとき、私の頭のなかにはぐるぐると疑問が渦巻いて（注4）きた。

　川上さんはなぜここに住んでいるのだろう。なぜこんなところに住めるのだろう。自分が生きていくだけで精一杯のはずなのに、なぜ犬を飼うのだろう。それも５頭も。あんなにいたら自分だって大変なはずなのに。

「さあ、なぜでしょうね。捨て犬を見過ごせなかったのか、単にさびしいのか、社会からはみ出した自分と犬たちの境遇（注5）を重ねているのか ……。③本当のところは私にもわかりません」

　土手の犬たちを守るため、わからないながらもホームレスたちとつきあってきた久保田さんは言った。

「でも、これでも６年前に比べたら、ずっとマシになってるんですよ。以前はもっとたくさんの犬が、もっとひどい飼われ方をしていたんです」

　６年前—それは久保田ださんがこの土手に生きる犬たちの存在を知った時期にあたる。

　最初のきっかけは、リュウという子犬との出会いだった。

　すべては④そこから始まった。しかし、まずはさらに以前まで話を遡りたいと思う。

（注1）阻まれる：動きを押さえられ、邪魔をされる。
（注2）ホームレス：住む家のない路上生活者
（注3）フィラリア：蚊や虻などに媒介され、人・犬など動物に寄生する虫
（注4）渦巻く：比喩的に、感情などが激しく入り乱れること
（注5）境遇：生活していく上での、その人の環境や立場、身の上

[59] ①久保田さんと橋本さんはどのような活動をしている人たちなのか。

　1　フィラリアの予防薬をホームレスに拾われた犬たちのために運ぶ活動
　2　ホームレスの人々の健康を毎月見に来て薬を配る活動
　3　土手に住む犬たちの生態を調べ犬と人間の共生を考える活動
　4　捨て犬たちのために土手に犬小屋を建ててあげる活動

[60] ②こうなるとありますが、どうなることをさしているか。

　1　犬たちの数が多くて持ってきた薬の数が足りなくなってしまうこと
　2　命の危険のある犬を助けてあげることが出来ずに死なせてしまうこと
　3　犬がホームレスの人や久保田さんや橋本さんに噛み付いてしまうこと
　4　ホームレスの人が犬に飲ませる薬を誤ってなくしてしまうこと

[61] ③本当のところとありますがそれは何のことか。

　1　どうしてうまく犬たちに薬を飲ませてあげることができないのかと言うこと
　2　どうして土手に住む犬たちの数がここまで増えてしまったのかと言うこと
　3　どうしてホームレスが多くの犬を飼うのかと言うこと
　4　どうしてホームレスの人たちにしか犬たちに薬を飲ませられないのかと言うこと

[62] ④そこからとありますが、何を指しているか。

　1　ホームレスの人々と出会ったとき
　2　リュウという子犬と初めて会ったとき
　3　フィラリアについて研究を始めたとき
　4　ホームレスの実態を知ったとき

次のＡとＢはそれぞれ別のコラムである。ＡとＢの両方を読んで、後の問いに対する答えとして、最もよいものを１・２・３・４から一つ選びなさい。

（A）

　　衝撃的な日本上陸から１年。不況下の日本でファストファッションブームの火付け役となったカジュアル衣料チェーン「Ｈ＆Ｍ」が今秋、次の一歩を踏み出した。９月５日、初のショッピングモール内店舗を出店したのを皮切りに、17 日にオープンした商業施設にも出店。19 日には渋谷に日本初の旗艦店をオープンする。さらに 11 月 14 日、フルラインを揃えるショップで新宿にも進出する計画だ。

　　Ｈ＆Ｍは昨秋、銀座と原宿に大型路面店をオープン。エリア内の一等地への出店で短期間でブランドの認知度を上げる戦略が成功し、マスメディアでの露出が人気に拍車をかけた。また、当初静観していた日本のファッション業界に与えたインパクトも予想以上に大きかった。「ファストファッション」は消費者の節約志向と合致し、時代の一大トレンドに。衣料品不況にあえぐ百貨店や量販店も巻き込んだファストファッションブームは終わるどころか、いまだに続いている。

　　その勢いに乗り、Ｈ＆Ｍの日本での売り上げもオープンから半年間で約 26 億円に達した。そして今秋、新たな戦略で出店を加速。都心だけでなく郊外にも進出し、日本では展開していなかったアンダーウェアとベビー＆キッズラインを新たに投入。バリエーション豊富な商品ラインアップを武器に、立地、客層に合わせた品揃えとプレゼンテーションで既存店とは異なる魅力をアピールする。

(B)

9/19(土)、渋谷通りに「H＆M SHIBUYA」が誕生！国内初のフラッグシップストアとなる同店では、4つある既存店を超える約2800平方メートルの国内最大級の売場面積を誇る。

とにかくすごいのは、その品ぞろえ。日本初のアンダーウェアラインが登場するレディスのほか、激安のアクセサリーがずらりとそろったアクセエリアも誕生する。さらに、今まで肩身のせまい思いをしていた男性にも朗報！渋谷店は、最大規模のメンズフロアに、フォーマルからカジュアルまで幅広いラインアップを展開していることも魅力の1つなのだ。

フロアは全部で4つ。今季のレディスのトレンドがひと目でわかる1Fフロアは、入荷したばかりの新作が並ぶ、今最もあついファッションがわかるフロア。ベーシックアイテムなどもあるので、デイリーに着まわせるものも多くそろう。アクセサリーエリアをはじめとしたレディスのカジュアルラインは2Fフロアで展開。Tシャツやパーカー、ネルシャツなどのシンプルなアイテムが、カラーバリエーション豊かに展開。また、アクセサリーエリアにはシューズやバッグ、アクセサリーのほか、ストールやベルトも驚きのプライスで買える。

お手ごろ価格と他にはないデザイン感で絶大な人気を誇る「H＆M」。フルラインアップがそろうといっても過言ではない新しい渋谷店で、同店の魅力を再認識してみては。

[63] AとBのどちらの記事にも触れられている内容はどれか。

1　9月19日に渋谷に日本初の旗艦店をオープンするということ
2　9月5日に初のショッピングモール内店舗を出店するということ
3　渋谷店には最大規模のメンズフロアがあるということ
4　銀座と原宿に大型路面店をオープンするということ

[64] AとBでは内容にどのような差があると言えるか。

1 AもBも店舗内の商品やフロアの細かい説明が丁寧に書かれている。
2 Aは店舗展開と店舗の内容をまんべんなく記載しているのに比べ、Bは店舗のフロア解説や商品の説明が多い。
3 Aは商品説明の内容が大半であるのに比べ、Bは日本国内での店舗展開のみに固執して書いている。
4 AもBも渋谷通りに新しくオープンする店舗について書かれている。

[65] ブランドの認知度を上げる戦略として何を行ったのか。

1 短期間で日本全国での店舗展開を行った。
2 銀座や原宿となど、エリア内の一等地へ出店を行った。
3 若い女性に人気の出るような商品だけの扱いを行った。
4 アクセサリーのみを先行販売するという戦略を行った。

問題12 次の文章を読んで、後の問いに対する答えとして、最もよいものを１・２・３・４から一つ選びなさい。

①介護の現場が大きく揺らいでいる。働く人の低賃金や高い離職率の高さなどによって人手不足が常態化し、介護職場から悲鳴が上がっているのだ。

介護の危機的な状況を打開するために厚生労働省に設置された有識者(注1)による「介護労働者の確保・定着等に関する研究会」が18日に中間報告をまとめた。現状を示したうえで、いくつかの提言を行っている。

介護事業所の調査によれば、訪問介護で75％、施設介護で56％の事業所で人手不足になっている。若年人口の減少や厳しい労働条件などが背景にある。

若者の介護離れも深刻だ。短大や専門学校で定員割れ(注2)が起きている。卒業しても介護分野に就職する率も低下傾向にある。同研究会の聞き取り調査では「学生が介護分野を志望しても、高校の先生や親が反対する」という声があがった。普通高校の進路指導の先生の３割強が「迷っている生徒にあえて（介護の仕事を）勧めない」という。②こういう現実に正面から向かい合わなければ、今起きている事態には対処できない。

一方、離職率も全産業平均と比べて高い。離職者のうち勤続１年以内で40％、３年以内で75％が退職しているというから驚きだ。「待遇（賃金、労働時間）に不満」「結婚や出産など個人的な事情」「経営理念や運営への不満」が主な離職理由だ。勤続年数が違うので単純な比較は難しいが、一般の常用労働の平均賃金と比べると、男性介護者で12万円、女性で３万円低い。

問題が山積する③介護労働の現場を、どのように改善していけばいいのか。同研究会は③人材の量と質を確保するために適切な介護報酬(注3)の改定⑤賃金制度、人事評価制度、夜間の人員配置など、雇用管理面での改善策ⓒ介護福祉士など資格を持っていながら介護分野で働いていない人の復帰支援ⓓ介護労働者の社

会的評価を上げる取り組み—などを提言している。

　どれも簡単ではないが、すぐに取り組まなければならない。人材不足になる介護保険制度の崩壊があってはならないからだ。

　そこで、人材不足対策として、④団塊世代（注4）の力を借りることを提案したい。定年でリタイアした人に、第二の人生を介護の現場で働いてもらうのだ。社会人としての経験や知識を若い人に伝え、自分の親世代の介護を共に支えてほしい。その際、働いた期間に応じてポイントカードを発行するのも一案だ。例えば、3年間働くと自分や家族が介護を必要としたとき優先的に施設が利用でき、介護サービスが受けられるようにする。介護分野に団塊世代が参入する動機付けとなる方策がほしい。これを若者だけに介護を頼るのではなく、世代を超えて支えあう仕組みを作るきっかけにもしたい。

（注1）有識者：その分野に精通し見識が高い人
（注2）定員割れ：学校や宿舎など定められた定員を入学者が下回った状況のこと
（注3）報酬：労働・骨折りや物の使用の対価として給付される金銭・物品
（注4）団塊世代：第二次世界大戦直後の日本において、1947年から1949年までのベビーブームに生まれた世代。戦後第一次ベビーブーム世代とも呼ばれる。第二次世界大戦後の日本の歩みと人生を共にしており、またその特異な人口構成ゆえに、良くも悪くも日本社会の形成に大きな影響を及ぼしている世代である。

[66] ①介護の現場では今、問題になっているのは何か。

1 介護事業所の数が年々減少の一途をたどっていること
2 働く人の低賃金や離職率の高さなどによる人手不足の常態化
3 介護分野を目指す高校生が多いことにより介護職への就職倍率があがっていること
4 男性介護者と女性介護者の平均賃金がほぼ変わらないこと

[67] ②こういう現実とあるが、どういうことをさしているのか。

1　親や教師が介護職への就職を進めること
2　1年以内に離職する人が75%もいるということ
3　若者の深刻な介護離れが進んでいること
4　団塊の世代の介護従事者が減ってきていること

[68] ③介護労働の現場の改善をなぜ早々に行わないといけないのか。

1　女性介護者からの現状への不満が限界のところにまで来ているから
2　介護保険制度が人材不足によって崩壊するようなことがあってはならないから
3　介護保険制度に対する現場の認識が低い現実を変えなければいけないから
4　団塊の世代の介護労働者の受け皿づくりを一刻も早くしなければいけないから

[69] ④団塊世代の力を借りることによって、どういうことのきっかけにしたいと著者は言っているのか。

1　短大生や専門学校生の介護に対する関心を高めるきっかけにしたい。
2　介護に尽力している介護労働者の低すぎる賃金を上げるきっかけにしたい。
3　結婚しても女性が介護の現場で働けるような環境を作るきっかけにしたい。
4　若い人だけに介護を頼るのではなく、世代を超えて支えあう仕組みを作るきっかけにしたい。

問題13 次は、東海地震に関する情報である。下の問いに対する答えとして、最もよいものを1・2・3・4から一つ選びなさい。

[70] 東海地方では近い将来、どのような可能性が指摘されているか。

1 M8クラスの巨大地震発生の可能性
2 15年ぶりの大地震が起きる可能性
3 大きな地震が短期間のうちに何度も起きる可能性
4 想定不可能なほどの大地震が起きる可能性

[71] 東海地震注意情報とはどう言った場合に出されるものか。

1 東海地域の観測データに異常が表れた場合
2 東海地震の前兆現象とは関連性がないと判断された場合
3 東海地震が発生する恐れがあると認められた場合
4 東海地震の前兆現象が起きている可能性が高いと認められた場合

東海地震

　東海地方では、1854年の安正東海地震以来、150年にわたって大地震が発生していません。隣接地域では関東大地震、東南海地震、南海地震で既に地震エネルギーが放出されています。東海地方だけが地震空白域として取り残されています（未破壊地域）。

　さらに、駿河湾西岸域が観測開始以来沈降を続けていること、地殻が北西方向に大きく変位していることなどのデータから、近い将来に遠州灘を震源域とするM8クラスの巨大地震の発生する可能性が指摘されています。

　このため、昭和53年（1978年）に制定された大規模地震対策特別措置法に基づき、東海地方を中心とする地域が「地震防災対策強化地域」に指定され、「東海地震」の短期的予知を目指す常時観測体制がとられています。

東海地震観測情報 東海地域の観測データに異常が現れたり、特異な地震がおきたりしているが、しばらくの間変化の様子を見守る必要がある場合や、東海地震の前兆現象とは関連性がないと判断できる場合に出される情報です。	危険度アップ⇒	東海地震注意情報 東海地震の前兆現象が起きている可能性が高いと認められた場合に出される情報です。防災に関する準備行動がとられます。テレビ・ラジオの情報に注意してください。	危険度アップ⇒	東海地震予知情報 東海地震が発生するおそれがあると認められた場合に出される情報です。予知情報と同時に"宣言"が発令され、さまざまな社会的対応がとられます。

※東海地震直前予知のための観測技術は年々進歩していますが、現状では直前予知ができる場合、出来ない場合があります。直前予知の可能性に関わらず、いつ地震が発生してもしっかり対応できるよう、日頃から備えておくことが大切です。

問題 1 では、まず質問を聞いてください。それから話を聞いて、問題用紙の 1 から 4 の中から、最もよいものを一つ選んでください。

ばん
1番

1　バドミントンをしている写真

2　部員全員で旅行に行っている写真

3　部員でキャンプをしている 写真

4　サークルの部員の集合写真

2番
ばん

1

2

3

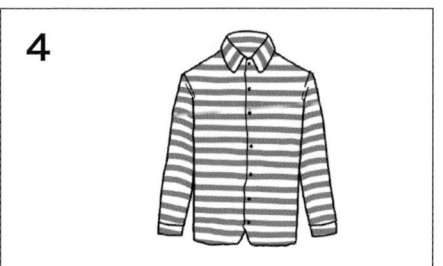

4

3番
ばん

1 会社の経営状況が悪いから

2 同僚とうまくいっていないから

3 仕事に充実感が得られないから

4 友人から今よりいい仕事を紹介されたから

4番

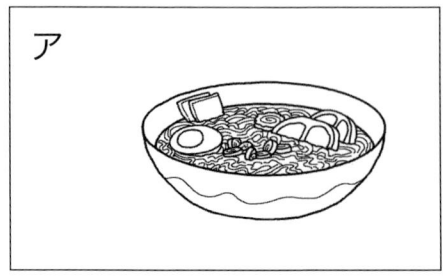

ア

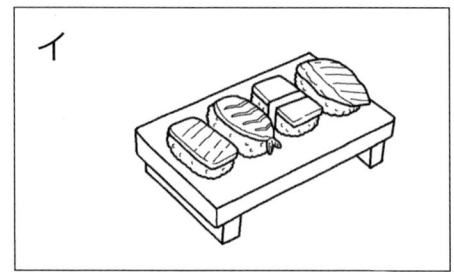

イ

ウ

エ

1 ア, エ

2 ア, イ

3 イ, ウ

4 ウ, エ

5番

1 服屋

2 靴屋

3 帽子屋

4 下着屋

6番

1 朝食は毎日でも作って食べたい。

2 朝食を食べないと一日頭が働かない。

3 食べる時間があるぐらいなら寝ていたい。

4 朝食は年をとってから食べるようにしたい。

●_T043~049

問題 2 では、まず質問を聞いてください。そのあと、問題用紙の選択肢を読んでください。読む時間があります。それから話を聞いて、問題用紙の 1 から 4 の中から、最もよいものを一つ選んでください。

ばん
1番

1 男の人が約束に遅刻してきたから
2 男の人が約束を忘れていたから
3 男の人がアイスを買ってくれなかったから
4 男の人がイタリアンが嫌いだと言ったから

ばん
2番

1 シルバーウィークがいまだ認知されていないこと
2 休みに気をとられ「敬老の日」がかすんでしまうこと
3 旅行に行く人が減少するのではないかということ
4 これまでの老人福祉法が大きく改訂されること

3番

1　現在、都内在住の社会人男性

2　模型製作が好きな社会人男性

3　自分らしさを楽しむ社会人男性

4　自転車に関心のある社会人男性

4番

1　当時の園児は現在16歳前後になっている

2　当時の園児は現在30歳前後になっている

3　当時の園児は現在42歳前後になっている

4　当時の園児は現在80歳前後になっている

5番

1 外国から輸入された「外国産食品」に関するトラブル

2 化粧品を売り付けられそうになるというトラブル

3 携帯電話やパソコンを使った「契約」に関するトラブル

4 高額な学習教材の購入に関するトラブル

6番

1 自分が外出先から帰るまでに仕上げるように言っている。

2 午前中までに仕上げるように言っている。

3 明日の午後までに仕上げるように言っている。

4 今日の6時までに仕上げるように言っている。

7番

1 暖色系の明るい色の家具

2 赤を基調とした家具

3 花柄の入った明るい家具

4 白や黒といった色の家具

問題3

もんだい

　問題3では、問題用紙に何も印刷されていません。この問題は全体としてどんな内容かを聞く問題です。話の前に質問はありません。まず話を聞いてください。それから、質問と選択肢を聞いて、1から4の中から、最もよいものを一つ選んでください。

― メモ ―

⊙ _T056~069

問題4では、問題用紙に何も印刷されていません。まず、文を聞いてください。それから、それに対する返事を聞いて、1から3の中から、最もよいものを一つ選んでください。

— メモ —

もんだい
問題5

_T070~072

問題5では長めの話を聞きます。この問題には練習はありません。問題用紙にメーモをとってもかまいません。

1番、2番

問題用紙には何も印刷されていません。まず話を聞いてください。それから質問と選択肢を聞いて、1から4の中から、最もよいものを一つ選んでください。

― メモ ―

3番

<ruby>番<rt>ばん</rt></ruby>

まず、話を聞いてください。それから、二つの質問を聞いてそれぞれ問題用紙の1から4の中から、最もよいものを一つ選んでください。

質問1

1 一つのスポーツだけをすると骨が弱くなるから

2 一つのスポーツだけをすると動きが限られてしまうから

3 一つのスポーツだけをすると生活習慣病にかかりやすくなるから

4 一つのスポーツだけをするとケガをしやすくなるから

質問2

1 子供をスポーツクラブに入れる親

2 子供にテレビゲームを買い与える親

3 お遣いを子供に頼む親

4 外で友だちと遊ばせない親

제2회 모의고사

問題1 _____ の言葉の読み方として最もよいものを、1・2・3・4から一つ選びなさい。

[1] 庭で子供が犬と戯れている。

　　　1　はなれ　　　　　2　おとずれ　　　　　3　あこがれ　　　　　4　たわむれ

[2] 事件の真相はいまだ明らかになっていない。

　　　1　しんあい　　　　2　しんそう　　　　　3　まそう　　　　　　4　ましょう

[3] この作品は新聞の書評でかなり高く評価されていた。

　　　1　しょへい　　　　2　かへい　　　　　　3　しょひょう　　　　4　そひょう

[4] 彼は専ら勉強ばかりしている。

　　　1　もっぱら　　　　2　ひたすら　　　　　3　かたわら　　　　　4　うらはら

[5] 彼はいざというときとても頼りになる男だ。

　　　1　おごり　　　　　2　ほこり　　　　　　3　はかり　　　　　　4　たより

[6] 彼女は幼い頃から慢性的な持病を抱えている。

　　　1　きせい　　　　　2　まんせい　　　　　3　そうせい　　　　　4　しゅうせい

問題2 （　　　）に入れるのに最もよいものを、1・2・3・4から一つ選びなさい。

[7] 成績上位者と下位者の差は（　　　）としていた。

1 偶然　　　　　　2 必然　　　　　　3 歴然　　　　　　4 騒然

[8] 時折（　　　）に食べたくなるものがある。

1 無差別　　　　　2 無形　　　　　　3 無性　　　　　　4 無謀

[9] 彼は今後の進路についてどうすべきか（　　　）している。

1 検索　　　　　　2 模索　　　　　　3 捜索　　　　　　4 掘削

[10] 誰が見ても彼女のほうが（　　　）きれいだ。

1 断然　　　　　　2 断定　　　　　　3 断固　　　　　　4 断絶

[11] アメリカに向かう飛行機が（　　　）気流に巻き込まれた。

1 高　　　　　　　2 否　　　　　　　3 乱　　　　　　　4 不

[12] 彼女には（　　　）注意をしているが一向に反省の態度を示さない。

1 再開　　　　　　2 再販　　　　　　3 再現　　　　　　4 再三

[13] このレストランの料理は（　　　）においしい。

1 格別　　　　　　2 決別　　　　　　3 離別　　　　　　4 個別

問題3 _____の言葉に意味が最も近いものを、1・2・3・4から一つ選びなさい。

[14] 突如指名された彼の挨拶はぎこちないことこの上なかった。

    1 不自然だ   2 はかない   3 不器用だ   4 みっともない

[15] 彼女が何に悩んでいるのか理解してあげられずとても歯がゆい。

    1 たくましい   2 もどかしい   3 このましい   4 くどい

[16] 引越しをするには色々とややこしい手続きが必要なのでとても疲れる。

    1 すさまじい   2 だるい   3 おかしい   4 わずらわしい

[17] 何度聞いても彼はあやふやにしか答えなかった。

    1 たよりない   2 たやすい   3 あらい   4 あいまいだ

[18] 事業に失敗し、うなだれる彼の姿はひどくあわれだった。

    1 いさましい   2 かがやかしい   3 みじめだ   4 かたくるしい

[19] 先生宛ての手紙をそんな風にぞんざいに書いてはいけません。

    1 かんたんだ   2 いいかげんだ   3 気むずかしい   4 けいそつだ

問題4 次の言葉の使い方として最もよいものを、1・2・3・4から一つ選びなさい。

[20] 漂う

1 犯人を漂った人物からの電話がかかってきた。
2 会議が行われていた部屋には切迫した空気が漂っていた。
3 東京に住む先輩を漂って上京してきた。
4 私は漂って野菜を多く食べるように心がけています。

[21] 未練

1 日頃の未練によって彼の体はまるで鋼のようだ。
2 厳しい未練を乗り越えて、彼らは立派な消防士になっていく。
3 別れた後もなお彼への未練が残っている。
4 この作品は未練した腕前を持った職人によって作られた。

[22] 練る

1 次の試合こそは勝てるように入念に作戦を練った。
2 1位と2位の選手がゴール手前で練っていた。
3 ちょっとした不注意から手を練ってしまった。
4 彼女は美人で練って聡明なので皆の憧れの的だ。

[23] 煙たい

1 最近疲労が溜まっているのか一日中煙たくてしょうがない。
2 彼女の何気ない煙たさにいつも助けられている。
3 隣の部屋では若者たちが毎晩煙たくて困っている。
4 彼は場の空気が読めず皆に煙たがられている。

[24] そっけない

    1　多くの公式を用いた<u>そっけない</u>計算は苦手です。

    2　1人の食卓というのはなんだか<u>そっけない</u>。

    3　彼女はいつも<u>そっけない</u>返事ばかりで冷たい。

    4　後輩の彼は失敗が多いがどうにも<u>そっけない</u>存在だ。

[25] おろおろ

    1　両親が事故にあったとの突然の知らせに<u>おろおろ</u>してしまった。

    2　思うような結果が残せず、これまでの自信が<u>おろおろ</u>と崩れていった。

    3　彼女は甘やかされた環境で<u>おろおろ</u>と育ってきた苦労知らずだ。

    4　彼はいつも<u>おろおろ</u>していて話し方にどうもしまりがない。

問題5 次の文の（　　　）に入れるのに最もよいものを、1・2・3・4から一つ選びなさい。

[26] うちの息子は3歳の子供（　　　）ものわかりがよく手のかからない子だ。

1　であれば　　　　　2　にしては　　　　　3　いかんで　　　　　4　をよそに

[27] 歌がうまい（　　　）大学のコーラスサークルで活動していた程度です。

1　ところで　　　　　2　のであれば　　　　3　といっても　　　　4　につけて

[28] 一人ひとり個人のレベル（　　　）学習方法を提案させていただきます。

1　にしろ　　　　　　2　と思いきや　　　　3　はもとより　　　　4　に即した

[29] 志望する大学に入る（　　　）予備校に通うことを決めた。

1　とは　　　　　　　2　べく　　　　　　　3　なら　　　　　　　4　どころか

[30] 親の心配や注意（　　　）彼女は一人海外を旅している。

1　をものともせず　　2　に限って　　　　　3　にしても　　　　　4　に至って

[31] 彼女は生まれつき重い障害を抱え（　　　）明るく生きている。

1　っぱなしで　　　　2　ながらも　　　　　3　ていたら　　　　　4　ていようと

[32] 彼は貯金額の全てをはたい（　　　）海外にいる彼女に会いに行った。

1　たところ　　　　　2　たとはいえ　　　　3　てまで　　　　　　4　たとかいう

[33] 工事は2、3日で終わる(　　　)今の調子ではそれ以上にかかることは必至だ。

1　ともなしに　　　　2　のみならず　　　　3　というものの　　　4　ごとき

[34] この書類を提出していただくには両親(　　　)保証人の印が必要です。

1　にあって　　　　2　ないし　　　　3　に応じて　　　　4　からすると

[35] うちの父(　　　)結婚した今も私のことを子ども扱いする。

1　ときたら　　　　2　とあいまって　　　3　にしては　　　　4　ぬきには

問題6 次の文の_____★_____ に入る最も良いものを、1・2・3・4から一つ選びなさい。

(問題例)

彼女の _____ _____ ___★___ _____ にはいられなかった。

1 聞いたとき　　　2 悲しい　　　　3 泣かず　　　4 話を

(解答の仕方)

[1]　正しい文はこうです。

彼女の _____ _____ ___★___ _____ にはいられなかった。
2 悲しい　　4 話を　1 聞いたとき　3 泣かず

[2]　___★___ に入る番号を解答用紙にマークします。

(解答用紙)　　(例)　● 　② 　③ 　④

[36] バスに乗り遅れたからといって _____ _____ ★ _____ 間違いない。

1　遅刻することは　　　　　　　　　　2　タクシーに
3　会社に　　　　　　　　　　　　　　4　乗ったとしても

[37] ダイエットしなければ ★ _____ _____ _____ 手が出てしまう。

1　いけないなと　　　2　甘いものに　　　3　思いつつ　　　4　ついつい

[38] 彼は理系の学部に _____ ★ _____ _____ 行きたいと言い出した。

1　文系の学部に　　　2　思いきや　　　3　進学すると　　　4　入試直前に

[39] この自転車は _____ _____ ★ _____ 画期的な商品です。

1　様々な　　　　　　　　　　　　　　2　搭載した
3　最新機能を　　　　　　　　　　　　4　小さいながらも

[40] たまには運動しようと _____ ★ _____ _____ しまった。

1　くじいて　　　　　2　とたんに　　　3　走り出した　　　4　足を

問題7 次の文章を読んで、（41）から（45）の中に入る最も良いものを、1・2・3・4から一つ選びなさい。

　　戦後の日本文学を代表するある作家の死に接し、司馬遼太郎は「思想というものは、本来、大虚構であることをわれわれは知るべきである」と断じた。思想は、純粋に思想としてのみ存在するのが正しいのであって、ああいうことをしてはいけないと（41）。これには、見事なまでに「普通の日本人」の考えがあらわれている。

　　（42）、日本の根本にある思想とは「思想を持たないこと」である。では、思想を持たず、日本人はどう生きてきたのか。それはすなわち、戦後で言えば、自民党は何かということである。

　　自民党とは、支持者が要望することを「思想」としてくみ、ただちに実現する装置である。その背後にはしっかりした官僚組織があって、政治はそれに乗っかってきた。装置の上に誰が立とうと、（43）首相がどれほどバタバタ変わろうと、びくともしなかったのである。

　　私はよく、官僚から意見を求められる。それなりに理屈をこねて答えると、たいていボツになるか、「では、どうしたらいいんですか」と切り返される。思想の欠如はグランドデザインの欠如に等しい。ここまで将来が見えない（44）、思想なき日本を仕切ってきた官僚たちも、どうしたものやら悩んでいるらしい。

　　さて、今回は誰が首相になるのか。政治の世界は一瞬先は闇だから、（45）。だが、誰がなっても変わらないということだけは断言できる。

[41]

   1 言ったのだろう
   2 言えばよかったのだ
   3 言うべきだった
   4 言ったのである

[42]

   1 そもそも
   2 のそのそ
   3 もぞもぞ
   4 ゆらゆら

[43]

   1 しかし
   2 たとえ
   3 つまり
   4 決して

[44]

   1 時代になろうと
   2 時代になると
   3 時代ならば
   4 時代だったので

[45]

   1 私はわかっていた
   2 私は知っているのだろうか
   3 私が知らないはずがない
   4 私にもわからない

問題8 次の文章を読んで、後の問いに対する答えとして、最もよいものを
1・2・3・4から一つ選びなさい。

（1）

　　　今年もインフルエンザの流行が始まった。毎年、どうしてこうも同じ病が流行
り、そのつど慌てふためいて予防接種 (注) をし、手洗いやうがいを始めたり、マ
スクを買い込んだりしなければならないのかと思いながら、気がつけば人並みに
そうした準備をしている私がいる。これもある意味、先進国の豊かさと、暮らし
の質の高さというものなのかもしれない。しかしそれにしても、最近の予防グッ
ズの高品質と多様さはどうだ。まさしくネットのおかげで、十数年前には一般の
目に触れることもなかっただろう医療機関使用の消毒剤やサージカルマスクなど
が、お金さえ払えば誰でも買えるようになったのはいいが、こと命にかかわるこ
とだけに、この程度でいいだろうという常識的な判断と選択がどんどん難しくな
っているように思われる。

（注）予防接種：感染症の予防のため、ワクチンを体内に入れること

[46]　ここで筆者は何に対する常識的な判断と選択が困難になっていると言っているか。

1　インフルエンザがいつ流行するかということ
2　手洗いやうがいの回数はどれくらい行えばいいのかということ
3　豊かになりすぎた先進国の暮らしに求める質の高さ
4　インフルエンザ予防グッズの選択とそこにかける金額

（2）

　出版不況の影響で、ビジネス書の出版点数が 15 年前の 2 倍になっています。その分だけ多くの著者が必要になり、以前は大企業の経営者や学者の独擅場 (注1) だったのが、中小企業の経営者やサラリーマンまでもが新たに参加してきました。それだけ著者の目線が下がり、読者にとって著者が身近になりました。それが若者を中心に受けた。なかでも特に当たったのが野村さん。野村さんはネットを通じて読者と交流するから、より身近な関係に感じられるのでしょう。著者間の競争が激しくなっているなかで、わかりやすさが追求され、野村さんの著書のように手取り足取り (注2) のビジネス書が生まれた。このことも読書慣れしていない 30 歳前後の若者を引きつけました。

（注1）独擅場：その人だけが思うままに活躍できるところ。ひとり舞台
（注2）手取り足取り：懇切丁寧に教え導くさま

---

[47]　ここで出てくる野村さんの著書は、なぜ 30 歳前後の若者を引きつけたのか。

1 学者という一見遠い存在である著者の日常を、わかりやすく描いた作品だったから
2 不況の影響でなかなか自由に使えるお金のないサラリーマンにも購入しやすい価格だったから
3 読書慣れしていない読者のために、わかりやすさが追求された手取り足取りのビジネス書だったから
4 社会の競争原理が激化する中で若い世代のサラリーマンたちが希望を持てるような内容だったから

（3）

> 食習慣の欧米化などによって、日本の乳がん患者が増加しています。特に、50歳前後の女性で増加が目立ちます。乳がんは治りやすいがんの一つですが、10年以上たってから再発する危険性も珍しくないため、油断（注1）が出来ないタイプでもあります。
>
> 一番多い症状は、乳房のしこりですが、左右の形が違う、えくぼ（注2）のようなへこみができる、皮膚にひきつれがある、乳首から液体が出る—といった症状もあり、常日頃のチェックが大重要です。またがん検診が有効ながん早期発見の一つなのですが、日本では検診の受診率が20％程度と低いのが大きな問題です。
>
> （注1）油断：気をゆるして、注意をおこたること
> （注2）えくぼ：笑うとき、ほおにできる小さいくぼみ

[48] ここで筆者が言っていることとして正しいものはどれか。

1 乳がんは治りやすくもあるが、再発する危険性もあるため油断の出来ない病気である。
2 食習慣を欧米化することによって乳がんの発症を防ぐことができる。
3 乳がんの症状として乳房にしこりができることがたまにある。
4 日本におけるがん検診の受診率はとても高くがんに対する関心の高さがわかる。

（4）

都市というものが人間の欲望を拡大させる場だとすれば、トスカーナ地方のサン・ジミニャーノで発揮されたのは「塔造り」への欲望である。

町の繁栄のピークは 13 世紀〜 14 世紀。「他家よりも高く見事な塔を造りたい」という熱は、葡萄畑やオリーブの木に囲まれたさして広くもない丘の上の町に、かつては 72 もの塔を林立させた。残存する塔は 15 となったが、広場や井戸、教会、宮殿、旅館とともに織り成す（注1）空間は、往時（注2）の気配を今日なお伝え、「美しき塔の町」の通称を裏切らない。

（注1）織り成す：織って模様などを作るという本来の意味から転じて、比喩的に様々な物事が絡み合い一つの物を作ること
（注2）往時：過去のことがら

[49] トスカーナ地方のサン・ジミニャーノは現在どのような空間であるか。

1　人間の欲望を拡大させた近代的な建築物が林立する空間
2　葡萄畑とオリーブ畑のみが広がる田舎の原風景のような空間
3　塔は少なくなったものの、往時の気配を今日なお伝える空間
4　現在もいくつもの塔が林立する人々の「塔造り」への欲望が発揮された空間

問題9 次の文章を読んで、後の問いに対する答えとして、最もよいものを1・2・3・4から一つ選びなさい。

（1）

　　会議でタイミングよく意見を述べたり、冗談で空気を変えたりして議論を活発にさせられる人こそ、①コミュニケーション能力を備えていると言える。

　　少し違ったコミュニケーションの方法もある。前置きなしに第一声からいきなり本題に入るやり方だ。「相手をぶっ壊す」などとワンフレーズが得意だった元政治家が典型例だろう。②こういった手法も特殊ではあるが、前田さんはコミュニケーション力アップをはかる「脱抑制」の一種とみている。

　　もう一つのビジネスの重要な資質、創造性とは悩科学的にどういうものだろう。「事務作業や営業は得意だが、クリエーティブ（注）なことは苦手だ」というビジネスマンは少なくない。しかし、前田さんは断言する。

　　「創造性はだれにでも備わっているものです。天才と呼ばれる人の特権ではありません」

　　その証拠に前田さんが挙げるのは、貴族から庶民にいたるまで「うた」を詠んでいた日本の古代社会の文化だ。③どんな立場の人でも想像力を発揮出来ていた好例だと言うのである。

（注）クリエーティブ：創造的、または独創的

[50] ①コミュニケーション能力を備えている人と言うのはどういう人のことを言うのか。

1　知らない人ともすぐに話が出きる人たち
2　ビジネスの場面で的確な返答が出来る人たち
3　議論の活性化をはかれる人たち
4　いわゆる一般的に天才と呼ばれる人たち

[51] ②こういった手法とはコミュニケーションにおいてどういうやり方のことを言っているのか。

1　話の途中でタイミングよく意見を述べるやり方
2　前置きを省いて第一声からいきなり本題に入るやり方
3　人間に備わっている創造性を最大限駆使するやり方
4　冗談で空気を変えたりして議論を活性化するやり方

[52] ③どんな立場の人でも想像力を発揮出来ていた好例として挙げられているのはどういうことか。

1　事務作業や営業の仕事をするサラリーマンたち
2　貴族から庶民にいたるまで「うた」を詠んでいた日本の古代社会の文化
3　ワンフレーズの発言が得意だった元政治家の言動
4　コミュニケーション力アップをはかる「脱抑制」の一種

（2）

　　戦後、日本人の顔は小さくなったという。顔全体の縮小ではない。（ある大学教授によれば）顔の下半分、特にあごが細くなり、いわゆる、鋭い逆三角形の「小顔」が増えた。

　　①原因は食生活の変化だ。日本人は軟らかいものばかり食べるようになった。かまずに飲み込む食事で育つから、歯やあごが発達しない。団塊の世代（注1）以前は四角い顔が多く、以後の世代に、あごの細い逆三角の顔が増えている。少女漫画では、モテる美男子は逆三角顔で、あごがとんがっている。哀れ、四角顔は「おじん（注2）顔」とされている。②このままだと未来の日本人は極端な逆三角顔になってしまうという。

　　左右の耳と目の間には「こめかみ」がある。生米をかむ時に動く筋肉のことだ。祖父母の世代は「こめかみ」を動かして、いまの日本人には処理できない生米や干物などの硬い物を噛み砕いていたのに——と民俗学者の柳田国男はすでに1938年の文章「のしの起源」で書いている。

　　「硬い物をかむと脳が刺激され、考える力がつく。しかも老化で両ほおの筋肉が垂れ下がるのを食い止める美容効果もある」という話を聞いたことがある。スポーツ選手にとっても歯は重要だ。レスリングや重量挙げでは、歯をくいしばる（注3）からこそ瞬発力が生まれる。その時、奥歯には120キログラムもの負荷がかかるという。虫歯は大敵だ。そう言われれば、優秀な選手の多くが、あごの発達した四角顔に見えてくる。私自身ご覧の通り逆三角顔の美男子とはほど遠い。五輪では、歯を食いしばる四角顔の仲間たちを応援したい。

（注1）団塊の世代：第二次世界大戦直後の日本において、1947年から1949年までのベビーブームに生まれた世代。戦後第一次ベビーブーム世代とも呼ばれる。第二次世界大戦後の日本の歩みと人生を共にしており、またその特異な人口構成ゆえに、良くも悪くも日本社会の形成に大きな影響を及ぼしている世代
（注2）おじん：若い世代が自分より年上の男性を年よりくさい者として呼ぶ言葉
（注3）食いしばる：歯を固くかみあわせること

[54] ①原因とあるが何の原因か。

1　少女漫画に出てくるような美男子が多くなったこと
2　「こめかみ」を良く動かして、固いものを食べる人が増えていること
3　顔の下半分、特にあごが細くなり、日本人の顔が小さくなったこと
4　逆三角顔の男子が女の子に人気があること

[54] ここでいう②このままとは何のことをさしているか。

1　「おじん顔」とされている四角顔の日本人が増えていくこと
2　スポーツ選手が競技の際にはを食いしばり歯に負担をかける状況が続くこと
3　生米や干物などの硬い物を噛み砕いて食べる状況が続くこと
4　かまずに飲み込む食事により、歯やあごが発達しない状況が続くこと

[55] 筆者は優秀な選手の多くを、どのように見えてくると表現しているか。

1　逆三角顔の美男子に見えてくる。
2　生米や干物などの硬い物が好きそうに見えてくる。
3　両ほおの筋肉が垂れ下がっておらず若々しく見えてくる。
4　あごの発達した四角顔に見えてくる。

66

（3）

　　日本語を流暢（注1）に話す外国人タレントを「変なガイジン」などと呼んだ時代があった。日本には日本語という文化の壁がある。その中に外国人は入れないから「外人」なのだ。日本語を話す外国人は変な存在だった。

　　グローバル化（注2）が進み、飲食店の従業員や留学生などアジア系外国人がどっと増えた。いまは日本語を話す外国人を①奇異の目で見る人はいない。だが、それにしても成人してから日本語を始めた中国人、②<u>A</u>が芥川賞（注3）をとったのは驚きだ。

　　外国人ならではの型破り（注4）の表現力が評価された。けれど、いくら天才でも母語でない日本語が苦労なく流れ出るはずはない。正しいか、通じるか、書いた文章をインターネットの検索にかけて大量の用例と比較する努力を積み重ねたそうだ。

　　受賞作は、天安門事件で民主化運動に参加した若者の人生を通して、理想と現実の落差を描いた。事件から来年で20年たつが、中国ではまだ口にすることがはばかられる政治問題だ。作品は中国語に翻訳されるだろうか。

　　受賞のニュースは「人民日報」も報じた。だが、③<u>中国メディア</u>は、天安門事件という時代背景を伏せ、日本に渡った中国人男性をテーマにした小説として紹介する。Aさんは民主化運動を賛美するのではなく、その挫折を描いたが、具体的なデモの描写が政治的にひっかかる点らしい。

　　Aさんは「時間とともに、私たちの物の見方はだんだん変化する」「私の小説が中国語に翻訳されると信じている。中国国内の読者に読んでほしい」と語っている。言葉の壁のように、政治の壁も突破できるかもしれない。

（注1）流暢：言葉づかいがすらすらとしてよどみのないこと
（注2）グローバル化：社会的あるいは経済的な連関が、旧来の国家や地域などの境界を越え、地球規模に拡大して様々な変化を惹き起こす現象
（注3）芥川賞：作家・芥川龍之介記念のため、1935年に出版者が設けた文学賞
（注4）型破り：月並みなやり方を破っていること

[56]　なぜ今は流暢に日本語を話す外国人を①奇異の目でみる人がいないのか。

1　グローバル化が進み、飲食店の従業員や留学生などアジア系外国人が一挙に増加した
2　テレビなどで日本語を流暢に話す外国人タレントが急激に増えたから
3　インターネットを使い日本語を勉強する外国人が増えたから
4　日本人の物の見方がだんだん変化してきたから

[57]　芥川賞を受賞した中国人②Aは作品の何を高く評価されたか。

1　日本で暮らす外国人の理想と現実の落差を鮮明に描いた点
2　外国人でなければできない型破りの表現力
3　日本の歴史に対する知識の深さ
4　外国人からみた日本の政治に対する裏表のない意見

[58]　なぜ③中国メディアは天安門事件という時代背景を伏せて報道したのか。

1　具体的なデモの場面を描くことが政治的にひっかかったから
2　中国人の歴史認識とそぐわない場面があったから
3　中国国内の読者には受けないようだと判断されたから
4　表現に過激な部分が多かったから

問題 10 次の文章を読んで、後の問いに対する答えとして、最もよいものを
1・2・3・4 から一つ選びなさい。

「世界で一番やかましい」といわれる大阪のクマゼミ。今年の夏大阪で発生する量は、昨年の約8割で平年並み、と①予想している。周りのN公園の初鳴きは9日で、昨年より10日遅かった。

鳴き声音量のピークは8月1日、90デシベル(騒々しい工場の内部)程度という。街のクマゼミは人を恐れず、低い木でも大声で鳴く。その大合唱は夏の甲子園(注1)が終わるころまで続き、②暑苦しさをかきたてる。

クマゼミは南方系で、30年前まで大阪では少なかった。だが、昨年の大阪府の調査では府内で7割、大阪市内で9割を占めるまで増加した。温暖な和歌山県ではアブラゼミのほうが多く、クマゼミにとって地球温暖化した大阪の街はすこぶる(注2)快適のようだ。

セミは数年に及ぶ幼虫期を樹木の根で生息する。③その分布を左右するのは気温ではなく地温で、大地の温度の微妙な差によるという。クマゼミの分布が北上する傾向が見られるが、それは地球温暖化よりも各地の都市化現象による影響が大きいらしい。

「身近な生物を通じて地球温暖化に気づいてほしい」と環境省の生物多様性センターが今月から開花や虫が鳴く時期を調べる初の全国調査「いきものみつけ」を始めた。今夏のテーマはセミ。ツクツクボウシ、ミンミンゼミ、クマゼミの分布や鳴く時期をホームページで公開中だ。

アブラゼミやミンミンゼミが優勢な東京近郊でも近年はクマゼミの鳴き声が聞かれる。「2030年ごろには東京でもクマゼミが大量発生する」と専門家は予測する。夏休みに入り、時には「夏の声」の移り変わりにもじっと耳をすませたい。

（注1）夏の甲子園：毎年8月に約2週間の日程で兵庫県西宮市の阪神甲子園球場で行われる日本の高校野球大会である。

（注2）すこぶる：おびただしく、はなはだ

[59] ①予想していることは何か。

1 クマゼミの鳴き声音量のピーク
2 大阪のクマゼミの今夏の発生量
3 温暖な和歌山県でのアブラゼミの発生量
4 各地の都市化現象の実態

[60] ②暑苦しさをかきたてるものとして挙げられているのは何か。

1 騒々しい工場の内部に響き渡る作業の音
2 夏の甲子園で聞かれる応援団の大合唱
3 人を恐れず、低い木でもでかい声で鳴くクマゼミの鳴き声
4 東京近郊で見られるアブラゼミやミンミンゼミの声

[61] ③そのとあるが、何を指しているか。

1 樹木の根で生息する幼虫期のセミ
2 世界規模で広がる地球温暖化
3 大地の温度の微妙な差
4 ツクツクボウシ、ミンミンゼミ、クマゼミ

[62] 環境省の生物多様性センターはなぜ開花や虫が鳴く時期を調べる、初の全国調査を行うことにしたのか。

1 ヒートアイランド化した大阪の街に生息する生物の種類の変化を楽しんでもらうため
2 様々なセミの幼虫期の生息の実態を詳細に明らかにするため
3 身近な生物を通じて地球温暖化に気づいてほしいと言う思いから
4 東京近郊に発生するアブラゼミやミンミンゼミの生態を調べるため

問題 11 次のＡとＢはそれぞれ「子どもの体力低下」に関する別の記事である。ＡとＢの両方を読んで、後の問いに対する答えとして、最もよいものを 1·2·3·4 から一つ選びなさい。

(A)

　　子どもの体力低下の原因は、保護者をはじめとする国民の意識の中で、外遊びやスポーツの重要性を学力の状況と比べ軽く考える傾向が進んだことにあると考えられます。また、生活の利便化や生活様式の変化は、日常生活における体を動かす機会の減少を招いています。

　　さらに、子どもが運動不足の直接的な原因として次の３つをあげることができます。

　1. 学校外の学習活動や室内遊び時間の増加による、外遊びやスポーツ活動時間の減少

　2. 空き地や生活道路といった子ども達の手軽な遊び場の減少

　3. 少子化や、学校外の学習活動などによる仲間の減少

　　今日の社会においては、屋外で遊んだり、スポーツに親しむ機会を意識して確保していく必要があり、特に保護者の皆様が子どもを取り巻く環境を十分に理解し、積極的に体を動かす機会を作っていく必要があります。

　　また、「よく食べ、よく動き、よく眠る」（バランスの取れた食事、適切な運動、十分な休養・睡眠）という健康３原則をふまえた基本的な生活習慣を身につけることも重要であり、そのためには家庭における保護者の積極的な関わりが不可欠となります。

(B)

もうすぐ体育の日。学校の運動会を始め、地域コミュニティなどでもスポーツ
イベントが多くなる時期です。しかし今、子どもの体力低下は深刻な状況を迎えて
います。現代の子どもたちは親世代に比べ体力低下が著しいといわれている。一体、
どんな状況になっているのでしょう。

　子どもたちの体力・運動能力の低下は、生活の中でも確実に影響し始めていま
す。1978年の小学生のケガ総件数が約34.5万件だったのに対し、1999年には約
45万件に増えています。この調査によって、すぐに骨折する子どもや顔・頭を怪
我する子どもが多くなっていることがわかっています。これは、危険な場面に遭
遇してもとっさに手をつくことができず、転んだときに顔や頭をぶつけてしまう、
つまり上手な転び方を知らないということを示しています。

　山梨にある某大学教育人間科学部の教授が1999年11月に山梨県内の小学校児
童とその父母・祖父母の方々約6000人を対象に行った調査によると、現代の子ど
もは親世代のおよそ半分以下の時間しか外で遊ばない、また、遊び場所も山や空
き地などの「自然的場所」がほとんどだった親世代と一変し、半数以上の子ども
が室内で遊んでいるということがわかりました。室内でのゲーム遊びなどが主流
のため、このように外遊びの時間・場所・仲間の減少が、子どもたちの運動不足、
やがては体力・運動能力の低下に拍車をかけていると、教授は指摘されます。

[63] AとBのどちらの記事にも触れられている内容はどれか。

 1 屋外よりも室内で遊ぶ子供たちの増加
 2 調和のとれた食事を取れていない子供たちの増加
 3 顔・頭を怪我する子どもたちの増加
 4 上手な転び方を知らない子供たちの増加

[64] 子供たちの屋外での遊び場について、Aの筆者とBの筆者はどのように言っているか。

1 AもBも屋外での遊び場が増え、遊ぶ環境は整っていると言っている。

2 AもBも屋外の子ども達の手軽な遊び場、遊ぶ空間が減少していると言っている。

3 Aは子ども達の手軽な遊び場の減少を訴えているが、Bは親世代と同様の遊ぶ空間は十分にあると言っている。

4 Aは今でも十分に屋外の遊び場は確保できているとし、Bは親世代と一変し遊び場所も山や空き地などの「自然的場所」が減少したと言っている。

[65] 子どもたちの運動不足、やがては体力・運動能力の低下に拍車をかけているものとは何か。

1 外遊びやスポーツの人気がなくなってきたこと

2 親と子供がいっしょになって遊ぶ時間の減少したこと

3 運動会を始めとした、地域コミュニティなどでもスポーツイベントの減少

4 外遊びの時間や場所・仲間の減少

次の文章を読んで、後の問いに対する答えとして、最もよいものを１・
２・３・４から一つ選びなさい。

　　新しい年が始まりました。今年は米国の一極支配（注1）の終わりの始まりの年だ
と見ています。米国は、例外的な国家だというイメージが薄れ、いろいろな意味
で「普通の大国」へと変わっていくのではないでしょうか。と同時に、米国の中
に連綿（注2）として継承されきた伝統への回帰が起こるような気がしています。

　　日本では明治期のように復古と維新が組み合わさって新しい時代が到来しまし
たが、①米国でも同じことが起こるのではないでしょうか。つまり、米国社会に
伝統的に植え付けられた平等や公正の概念が力強く生き返るイメージです。

　　具体的には学校、地域など社会を支えているネットワークの回復ができると思
います。それは人々が身の丈サイズの生き方を模索するようになることを意味し、
経済の中心も、金融経済のような「虚」ではなく、モノやサービスの生産による「実」
の経済にシフトすることになるでしょう。

　　80年代から続いた、金融を中心とするグローバル経済は言わば社会なき市場経
済でした。②それが崩れたいま、もう一度個々人を結びつける絆をどうすれば再
生できるのか。そのために英知（注3）を結集する時代が始まろうとしているのです。

　　ただ世界中では、より混沌とした事件が多発し、「オムニクライシス（危機の偏
在）」という現象が起きようとしています。いたるところでテロが多発しています。
国、文化、伝統のあり様はそれぞれ違いますが、市場の暴走と社会という土台の
欠落が背景にあります。

　　安定した相互扶助（注4）のネットワークや国際社会を再構築しようとする動き
は第１次世界大戦を経った1920年にもありました。しかし、世界恐慌が起こり
30年代に入ると、大国がエゴイズムをむき出しにしてブロック経済化を推し進め、
国際協調の輪は脆くも崩れてしまいました。

　　当時の米国は国内中心の景気浮揚策をとり、自由貿易の前提をかなぐり捨てました（注5）。日本では超国家主義がしょうけつをきわめ、戦争に向かっていきました。30年代の教訓から、新しい年は同じ轍（注6）を踏んでもらいたくはありませんね。

　　新政権の誕生で、世界は国際協調主義に舵をとっていくと思います。でもどの国が主導権を取るかは見えてきません。ましてや米国が新しいニューディール政策に失敗した場合、世界の動きはかなり深刻なものになります。

　　日本にとっては日米関係など60年前からの惰性とどのような形で決別するかが問われる年になりますね。政権交代が起こり55年体制が完全に終わりを告げたとき、日本は近隣アジア諸国からの孤立化を進めるのか、アジア的な規模での地域主義に向かうのか。その分岐点に立たされるでしょう。

　　様々な課題を抱えながらも、今年は静かな形で始まりそうです。新しい絆が構築できるこの一年になればいいですね。

（注1）一極支配：1つの国家が全世界に絶対的な影響力を持つ国際社会を指す語
（注2）連綿：長く引き続いて絶えないさま
（注3）英知：内容が深く容易に計り知れないような道理をさとることの出来るすぐれた才知
（注4）相互扶助：互いに助け合うこと
（注5）かなぐり捨てる：荒々しく脱ぎ捨てる
（注6）轍：車の通って道に残した輪の跡、という意味から転じて、それまでの歴史がたどってきた道筋

[66] ①米国でも同じことが起こるのではとあるが、どのようなことがおきると筆者は想像しているか。

1　米国社会に伝統的に植え付けられた平等や公正の概念の力強い再生
2　例外的な国家として、他国との違いを鮮明にしていくこと
3　学校、地域など社会を支えているネットワークの復権を取りやめること
4　人々が身の丈サイズの生き方より、より大胆に生きるように仕向けること

[67] ②それとあるが、何をさしているか。

 1 ブロック経済化を推し進めたことで、国際協調の輪が崩れてしまったこと
 2 安定した相互扶助のネットワークや国際社会を再構築しようとする動き
 3 社会なき市場経済だった、金融を中心とするグローバル経済
 4 1930年代の米国が国内中心の景気浮揚策をとったこと

[68] いたるところでテロが多発している背景として何が挙げられているか。

 1 米国による一極支配のやり方
 2 市場の暴走と社会という土台の欠落
 3 大国によるブロック経済化の促進
 4 国際協調の輪の崩壊

[69] 筆者は日本で政権交代が起こり、55年体制が完全に終わりを告げたとき、どのような
   状況に立たされると言っているか。

 1 モノやサービスの生産による「実」の経済から、経済の中心も、金融経済のような「虚」
   の経済にシフトしなければならない状況
 2 日本は戦前のように超国家主義がしょうけつをきわめ、戦争に向かっていくような状況
 3 近隣アジア諸国からの孤立化を選択のか、あるいはアジア規模での地域主義に向かうのか
   という状況
 4 世界が国際協調主義に舵をとっていく中で、日本が主導権を取っていかなければならない
   という状況

問題13 次は、地球規模で進む環境問題を食い止めようという活動の一つが紹介されているパンフレットである。下の問いに対する答えとして、最もよいものを1・2・3・4から一つ選びなさい。

[70] S県内ではこの約30年間で熱帯夜の年間発生日数が何倍に増加したか。

1 12.4倍から14.2倍
2 1.6倍から2.4倍
3 2.6倍から6.4倍
4 7.3倍から15.2倍

[71] 「屋上緑化」の効果としてあげられていないものはどれか。

1 ヒートアイランド現象を促進する効果
2 美しい都市景観を創造する効果
3 市民の憩いや楽しみの場としての効果
4 環境改善や経済的な効果

豊かな緑都市ために、地球温暖化を防ぐために
緑の屋根をふやしましょう

■自然環境と都市のヒートアイランド（注1）対策にいま注目されている「屋上緑化」。

コンクリートやアスファルトなどで覆われた都市ではエネルギーの消費やCO_2の排出の増加によって、熱収支の均衡が崩れて、熱帯夜現象が発生しています。また、CO_2などの温室ガスが原因となり地球温暖化の進展が危惧されています。

こうした問題に対する解決策としてまた、人々の自然志向の高まりのなかで建物の屋上や屋根を利用する屋上緑化の有効性が高く評価されています。県では総合庁舎の屋上にモデル園を整備して屋上緑化の促進を提案していきます。

■屋上緑化の様々な効果

屋上緑化効果は大きく4つに分けています。また、それぞれに身近に得られる直接的効果と都市環境への寄与などの社会的効果があります。

効果1　環境改善や経済的な効果

効果2　美しい都市景観をつくる

効果3　市民に憩いや楽しみを提供する

効果4　地域・企業のイメージアップに

■熱帯夜大都市だけでなく県内各地でも増加

地球温暖化現象の影響として熱帯夜の増加が挙げられます。S県内でも30年の間に、熱帯夜の年間平均発生日数が 1.6 ～ 2.4 倍に増加しており、ヒートアイランド現象が急速に進行していることがわかります。

（注1）ヒートアイランド (urban heat island：UHI、heat island)：都市部の気温がその周辺の郊外部に比べて異常な高温を示す現象。

問題 1

🔵 _T073~078

問題 1 では、まず質問を聞いてください。それから話を聞いて、問題用紙の 1 から 4 の中から、最もよいものを一つ選んでください。

1番

1 何か芸をして盛り上げなければいけない。

2 場所取りをしなければならない。

3 みんなの前で歌を歌わなければならない。

4 花見のときの食事の注文をしなければならない。

2番

ア

イ

ウ

エ

1　ウ→ア→エ

2　イ→ウ→エ

3　エ→イ→ウ

4　エ→ウ→イ

3番

1 飛行機で行く。

2 船に乗って行く。

3 レンタカーを借りて行く。

4 新幹線と特急を乗り継いで行く。

4番

ア

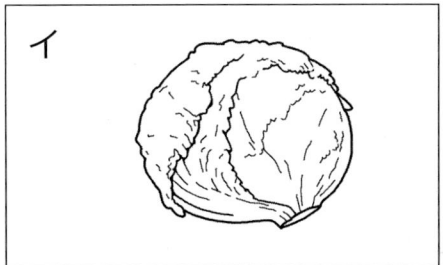
イ

ウ

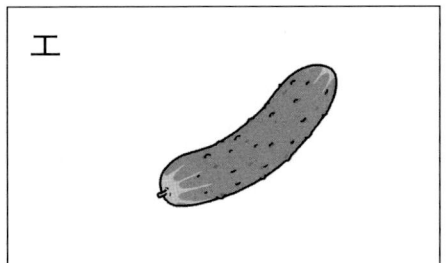
エ

1 ア，ウ

2 ア，イ，エ

3 イ，ウ，エ

4 ウ，エ

5番

1 少年野球に入れた。

2 ピアノ教室に通わせた。

3 地域の合唱団に入れた。

4 バレエ教室に入れた。

6番

1 借りたDVDを見ていた。

2 ガソリンスタンドでバイトをしていた。

3 新しく買ったゲームをしていた。

4 コンビニでバイトをしていた。

問題2

_T079~085

問題2では、まず質問を聞いてください。そのあと、問題用紙の選択肢を読んでください。読む時間があります。それから話を聞いて、問題用紙の1から4の中から、最もよいものを一つ選んでください。

1番

1 親が病院に連れて行くのを嫌がるから
2 大人のように症状をうまく訴えることが出来ないから
3 子供たち自身が鬱を何でもないと思い込んでいるから
4 そのまま放っておいたらそのうち治るから

2番

1 中国から流れ着いたゴミ
2 韓国から出たゴミ
3 日本国内から出たゴミ
4 ハワイから流れ着いたゴミ

3番

1 空の写真を撮るため

2 様々な風景の写真を撮るため

3 動物の写真を撮るため

4 姪っ子の写真を撮るため

4番

1 夫婦別姓を法制化するのはまだ早い。

2 夫婦別姓は伝統に反している。

3 夫婦別姓は国民のほとんどが反対している。

4 夫婦別姓のメリットがはっきりしない。

5番

1 アメリカに語学留学するため

2 ゼミの教授と海外旅行に行くため

3 ゼミの教授が参加する学会についていくため

4 円高傾向の今、お得に海外で買い物をするため

6番

1 領海の規定が長年の間、曖昧だったため

2 領海の範囲について国同士のトラブルが相次いだため

3 領海の規定を守る国が多く出てきたため

4 水産資源をめぐって外国船とのトラブルが相次いだため

7番

1 家から近いかどうか。

2 値段が高くないかどうか。

3 ネイティブの先生がいるかどうか。

4 授業を7時以降にやっているかどうか。

_T086~091

問題3では、問題用紙に何も印刷されていません。この問題は全体としてどんな内容かを聞く問題です。話の前に質問はありません。まず話を聞いてください。それから、質問と選択肢を聞いて、1から4の中から、最もよいものを一つ選んでください。

― メモ ―

もんだい
問題4

🔵_T092~105

問題4では、問題用紙に何も印刷されていません。まず、文を聞いてください。それから、それに対する返事を聞いて、1から3の中から、最もよいものを一つ選んでください。

― メモ ―

問題5では長めの話を聞きます。この問題には練習はありません。問題用紙にメーモ

をとってもかまいません。

1番、2番

問題用紙には何も印刷されていません。まず話を聞いてください。それから、質問と

選択肢を聞いて、1から4の中から、最もよいものを一つ選んでください。

― メモ ―

3番
<ruby>ばん<rt></rt></ruby>

まず、話を聞いてください。それから、二つの質問を聞いてそれぞれ問題用紙の1から4の中から、正しい答えを一つ選んでください。

質問1

1　自転車をコンパクトに折りたためる機能

2　自転車に乗ったままで発電して充電出来る機能

3　専用充電器でのバッテリーの充電がいらない機能

4　下り坂でブレーキが自動的にかかる機能

質問2

1　自転車に乗りゆっくり景色を見ながら出かけたい。

2　自転車に乗るのに良い場所を探したい。

3　自転車で会社に通勤したい。

4　自転車で近くのスーパーに買い物に行きたい。

제3회 모의고사

注　意
Notes

1. 試験開始の合図があるまで、この問題用紙を開けないでください。

2. この問題用紙を持ち帰ることはできません。

3. 受験番号と名前を下の欄に、はっきりと書いてください。

4. この問題用紙は、全部で24ページあります。

受験番号　Examinee Registration Number	
名前　Name	

問題 1 _____ の言葉の読み方として最もよいものを、1・2・3・4 から一つ選びなさい。

[1] 友人が昼食時に遊びに来たので、野菜を炒めて簡単におかずを作って出した。

　　　 1　からめて　　　　 2　かためて　　　　 3　すくめて　　　　 4　いためて

[2] 彼が行ったことが、学生の本分を大きく逸脱した行為であることは否めない。

　　　 1　めんえつ　　　　 2　いつだつ　　　　 3　いちだつ　　　　 4　しゅうえつ

[3] 祖母は毎日縁側に腰掛け遠くの山々を眺めながらお茶をすすっている。

　　　 1　りょくそく　　　 2　えんそく　　　　 3　えんがわ　　　　 4　ふちがわ

[4] 私たち人間は自然の恩恵を受けて生かされていることを忘れていやしないだろうか。

　　　 1　おんけい　　　　 2　たいけい　　　　 3　いんけい　　　　 4　うんけい

[5] 私が生まれ育った地元は本土から5キロほど隔てた小さな島です。

　　　 1　へだてた　　　　 2　おだてた　　　　 3　そだてた　　　　 4　くわだてた

[6] 空気が乾く季節は火事が多発するので火の元には気をつけなければならない。

　　　 1　ささやく　　　　 2　かわく　　　　　 3　はたく　　　　　 4　のぞく

問題2 （　　　　）に入れるのに最もよいものを、1・2・3・4 から一つ選びなさい。

[7]　犬を散歩させる場合、犬には（　　　　）を繋ぎ他人の迷惑にならないようにしなければならない。

　　　1　鎖　　　　　　　2　鍵　　　　　　　3　録　　　　　　　4　銀

[8]　今朝、カーテンを開けてみると（　　　　）が降りて辺り一面真っ白になっていた。

　　　1　初霙　　　　　　2　初霜　　　　　　3　初霰　　　　　　4　初露

[9]　今週はどこのサークルも新入生を（　　　　）する飲み会を開いて新入部員獲得に必死だ。

　　　1　観芸　　　　　　2　感迎　　　　　　3　歓憩　　　　　　4　歓迎

[10]　佐藤先生の（　　　　）はとても人気で毎年講義室がぎゅうぎゅうになるほど学生が集まる。

　　　1　校義　　　　　　2　講儀　　　　　　3　高義　　　　　　4　講義

[11]　彼は難事件を見事に（　　　　）周囲をあっと言わせた。

　　　1　弾いて　　　　　2　説いて　　　　　3　裁いて　　　　　4　築いて

[12]　誰もが赤ん坊の（　　　　）な成長を祈った。

　　　1　賑やか　　　　　2　健やか　　　　　3　穏やか　　　　　4　和やか

[13]　いまどきそのようなことを言うのは時代（　　　　）もはなはだしい。

　　　1　倒錯　　　　　　2　錯覚　　　　　　3　錯誤　　　　　　4　交錯

_____ の言葉に意味が最も近いものを、1・2・3・4から一つ選びなさい。

[14] 夕食時に<u>ずうずうしく</u>も家に上がらせてもらった。

　　　1　やかましい　　　　2　あつかましい　　　3　よそよそしい　　　4　おびただしい

[15] 近所付き合いというのは何かと<u>わずらわしい</u>ものである。

　　　1　余計だ　　　　　　2　苦痛だ　　　　　　3　不便だ　　　　　　4　面倒だ

[16] 彼女の長年の夢は<u>はかなく</u>散ってしまった。

　　　1　そこはかとない　　2　あっけない　　　　3　そっけない　　　　4　みっともない

[17] お客様の前では<u>したない</u>振る舞いはしないように。

　　　1　持ち合わせがない　　　　　　　　　　　2　教養がない
　　　3　つつしみがない　　　　　　　　　　　　4　気がない

[18] 市場で<u>いんちきな</u>商品を買わされてしまった。

　　　1　不正な　　　　　　2　不細工な　　　　　3　不便な　　　　　　4　不幸な

[19] 何気なく発した一言で彼は周囲から<u>痛烈な</u>批判を浴びた。

　　　1　激しい　　　　　　2　苦しい　　　　　　3　悲しい　　　　　　4　寂しい

問題4 次の言葉の使い方として最もよいものを、1・2・3・4から一つ選びなさい。

[20] 手軽に

1 彼は重い荷物を手軽に持ち上げた。
2 一緒に手軽に行ける所が近くにあると助かるのに。
3 今回の試験は内容が手軽で簡単だった。
4 妹はまだ手軽なのですぐに抱っこできる。

[21] 従来

1 今回までは従来どおりのやり方でいきましょう。
2 彼の従来は彼のものなのだから好きにやればいい。
3 日本の従来は彼女の腕にかかっているといっても過言ではない。
4 彼はいつも人の意見に従来ばかりしている。

[22] 中傷

1 この近くで子供2人が中傷される傷害事件が起きた。
2 いくら敵とはいえライバルチームを中傷することは許されない。
3 海を一人眺めていたら中傷的な気持ちになってしまった。
4 彼が事故で負った怪我は思った以上に中傷らしい。

[23] ずばり

1 ずばり努力をしたところであの人にはきっとかなわない。
2 彼女は美人な上にずばり性格もいい。
3 黒ずくめの男にずばりとにらまれてしまった。
4 彼は試験に出る問題をずばり言い当てた。

[24] しょんぼり

1 祖母は話し相手だった祖母を亡くし毎日<u>しょんぼり</u>している。
2 母の手料理はいつ食べても<u>しょんぼり</u>おいしい。
3 父の説教なんてもう<u>しょんぼり</u>だ。
4 彼の体は日々のトレーニングによって<u>しょんぼり</u>している。

[25] 独断

1 そのくらいの子供でも善悪の<u>独断</u>くらいつくだろう。
2 台風の影響で道路が<u>独断</u>されてしまった。
3 資金不足によってその工事は一時<u>独断</u>せざるを得ない状況になった。
4 新居の壁の色は夫の<u>独断</u>によって決められた。

問題5 次の文の（　　　　　）に入れるのに最もよいものを、1・2・3・4から一つ
選びなさい。

[26] 子供が泥（　　　　　）なって遊ぶ姿は何とも愛らしい。

　　　1　まみれに　　　　　2　くずれに　　　　　3　かぶれに　　　　　4　やぶりに

[27] 彼女は散々文句を言った（　　　　）勝手に帰ってしまった。

　　　1　ようでは　　　　　2　あげくに　　　　　3　だけに　　　　　4　のにも関わらず

[28] 彼の奇妙な行動には失笑を（　　　　）。

　　　1　するだろう　　　　2　おこりうる　　　　3　えた　　　　　4　禁じえない

[29] 自国のこと（　　　　）に目を向けてしまうのはどうかと思う。

　　　1　ばかり　　　　　2　さえ　　　　　3　よけい　　　　　4　ほか

[30] 怠けてばかりいる兄とは（　　　　）弟は勉強も運動も良くできる。

　　　1　ならば　　　　　2　だけに　　　　　3　ひきかえ　　　　　4　ずくめで

[31] 男の子じゃ（　　　　）女の子が木に登るなんてやめなさい。

　　　1　どうしても　　　　2　なかったら　　　　3　ないので　　　　4　あるまいし

[32] 今日の彼はいつも（　　　　）気合が入っている。

　　　1　どころか　　　　　2　かぎりで　　　　　3　ばかりに　　　　　4　にもまして

[33] いつも連絡（　　　　）彼は突然我が家にやってくる。

    1　があったら　　　　2　するのに　　　　3　もなしに　　　　4　しようが

[34] 出産祝いに何か贈る（　　　　）何がいいでしょうか。

    1　としたら　　　　2　だけで　　　　3　にしても　　　　4　しだいで

[35] 彼女は僕が言う（　　　　）誰が見ても美しい女性だ。

    1　きらいで　　　　2　までもなく　　　　3　せいで　　　　4　おかげで

問題6 次の文の __★__ に入る最もよいものを、1・2・3・4から一つ選びなさい。

（問題例）

彼女の _____ _____ ___★___ _____ にはいられなかった。

1 聞いたとき　　　2 悲しい　　　　　3 泣かず　　　　4 話を

（解答の仕方）

[1]　正しい文はこうです。

彼女の _____ _____ ___★___ _____ にはいられなかった。

　　　2 悲しい　　4 話を　1 聞いたとき　3 泣かず

[2]　___★___ に入る番号を解答用紙にマークします。

（解答用紙）　　（例）　●　②　③　④

[36] 常日頃からお客様からの ＿＿＿＿ ＿★＿＿ ＿＿＿＿ ＿＿＿＿ 言っています。

1　社員には　　　　　　　　　　　　2　機敏に
3　クレームには　　　　　　　　　　4　対処するように

[37] いつも私は ＿★＿＿ ＿＿＿＿ ＿＿＿＿ ＿＿＿＿ 出させてください。

1　おごってもらって　　　　　　　　2　今日ぐらいは
3　私に　　　　　　　　　　　　　　4　ばかりいるので

[38] 定年退職後、仕事を生きがいに ＿＿＿＿ ＿★＿＿ ＿＿＿＿ ＿＿＿＿ しまった。

1　老けていって　　　2　父は　　　　　3　していた　　　　4　みるみる間に

[39] こういうことは ＿＿＿＿ ＿＿＿＿ ＿＿＿＿ ＿★＿ 申し訳ありません。

1　ならないのに　　　2　本来なら　　　3　私がしなければ　　4　本当に

[40] 友人の ＿★＿＿ ＿＿＿＿ ＿＿＿＿ ＿＿＿＿ なることが出来た。

1　紹介で　　　　　　2　著名な　　　　3　お知り合いに　　　4　作家の先生と

100

問題7 次の文章を読んで、（ 41 ）から（ 45 ）の中に入る最もよいもの
を、1・2・3・4から一つ選びなさい。

　　入試の季節が始まり、週末には面接を受けに来ている人々であふれている。私
の大学でもAO入試から後期入試まで10回ほど入試がある。

　　（　　41　　）、我々は何万人もの志願者を集めないと採算が取れないような巨
大大学とは違って、「ぜひこの大学で学びたい」という熱い志を持った人たち数百
人程度を迎えれば経営が成り立つ「小商い」である。

　　大学というのは「これだけはどうしてもやりたい」という教育理念の旗じるし
を掲げて、逆風に耐えていくものだと私は思っている。その理念に共感してくれ
る人がいれば迎え入れ、いなければ黙って（　　42　　）。

　　先祖代々から続く「うちは寛永（注1）年間から、たれ（注2）は一緒です」的な商
売でも、安定した固定客がいれば店を（　　43　　）。それでいいと思う。

　　そのためには、「所帯が小さい」ということが必須事項だろうと私は思っている。
（　　44　　）、組織の命を延ばすことが考えず、やがて人々は何のために自分たち
がその仕事を始めたのか、その初心を忘れてしまう。

　　「教育のグローバル化」は日本の大学に統廃合による少数化・巨大化を要求して
きた。だが、恐竜時代の終わりに小型哺乳類が（　　45　　）、今世界は「ダウン
サイジング（注3）」に方向転換しつつあるように私には思われるのである。

（注1）寛永：日本の元号の一つ。元和の後、正保の前。1624年から1643年までの期間を指す。

（注2）タレ：主に和食に用いられる濃い液状の合わせ調味料をいう。（たれとも表記）

（注3）ダウンサイジング（Downsizing）：技術進歩に伴う高密度化・小型化によって、同じ容積
　　　・重量で従来と同機能か、より高性能な物（工業製品）を作る事。または運用コスト削減
　　　等を目的として、従来品よりも小型の機器を用いて対応することを呼ぶ。

[41]

    1 ふたたび
    2 どうしても
    3 さいわい
    4 その上

[42]

    1 来るのを待てばいいのだろう
    2 来るのを待つ
    3 来るのを待つのだろうか
    4 来るのを待っていた

[43]

    1 続かないともかぎらない
    2 続けられる
    3 続けないではおかない
    4 続けるにたりない

[44]

    1 所帯が大きくなれば
    2 所帯が大きくなるとはいえ
    3 所帯の大きさによって
    4 所帯は大きくもないが

[45]

    1 登場するとしたら
    2 登場出来ないのであれば
    3 登場しようとして
    4 登場してきたように

問題8 次の文章を読んで、後の問いに対する答えとして最もよいものを、1・2・3・4から一つ選びなさい。

（1）

18世紀ヨーロッパの貴族にして軍騎兵将校をつとめたメルケ男爵といえば、ああ「ホラ吹き(注1)男爵」かと思い出す方もおいでだろう。その冒険譚(注2)には馬に乗ったまま沼を飛び越えるのに失敗し、水の中に落ちた話がある。男爵は落ち着きを失わず手で自分の髪をひっつかみ、ひざでしっかり馬腹をはさんで馬もろとも自分を沼から引き上げた。いくら何でもと思ってはその冒険譚は楽しめない。この話には髪ではなく自分のブーツのストラップ（つまみ革）をつかんで引き上げる変型もあったらしい。コンピューターを立ち上げるのを「ブート」というのも、「ブートストラップ」と呼ばれた起動プログラムが自分で自分を引き上げるさまを思い浮かべきせる手順だったからという。男爵の大げさも現実になるのが現代のコンピューター社会である。

（注1）ホラ吹き：でたらめなことを言う人
（注2）冒険譚：冒険の物語のこと

---

[46] 「ブートストラップ」と呼ばれた起動プログラムが自分で自分を引き上げるさまを連想させる手順だったことから、つけられた「ブート」と名づけられことがあるがどういうことか。

1 ホラを吹くこと
2 馬に乗って冒険に出ること
3 大ボラが現実のものになること
4 コンピューターを立ち上げること

（2）

「泳いで泳いで、魚にならなければだめだ」。水泳連盟幹部のこんな非科学的な指導がまかり通って(注1)いたという。24回目の五輪百メートル背泳ぎ金メダリストのSさんがある講演で体験談として話していた。魚にならないまでも、Sさんは五輪直前の合宿で何万回もコースを往復するうち、目をつぶっていても正確にターンの位置がわかるほどになったという。当時、日本の競泳界ではタブー(注2)とされていた筋力トレーニングを本格的に導入したのもSさんだ。「やれることはすべてやった」結果が日本競泳界16年ぶりのメダルだった。北京五輪の開幕まで3週間余。「メダルが期待できる競技」のトップが競泳という世論調査結果が出た。日本競泳界のエース、K選手に対する期待の大きさも物語る。先輩のSさんのように「やれることはすべてやった」の心持ちで本番に臨んでもらいたいものだ。

（注1）まかり通る：そうあるべきでないものが、堂々と通用すること
（注2）タブー：触れたり口にだしたり、行ってはならないとされていること

[47] 水泳の元五輪選手だったSさんは何万回も練習を続けることでどうなったか。

1 目をつぶっていても正確にターンの位置がわかるようになった。
2 まるで魚のように早く泳げるようになった。
3 筋力トレーニングをしなくても筋肉がつくようになった。
4 日本競泳界のエースとして大きな期待をかけられる選手になった。

（3）

　　街中での大人気のコーヒー店には女性が押し寄せ、コンビニエンスストアでは
チルドタイプ（プラスチックケースに入ったストローを使用するもの）のコーヒ
ー飲料は女性に大人気。しかし、日本発のコーヒー文化である缶コーヒーには、
女性はなかなか手を出さない。実際、缶コーヒーを買うのは8割が男性で、栄養
ドリンク並みに「男だけの飲み物」というイメージが定着してしまっているのだ。
女性が缶コーヒーを嫌う理由を調べると、「缶に直接口をつけるのが好まない」「開
ける際に爪を傷つけそう」といった理由が挙げられるが、これらは他の缶飲料で
も同じで、缶コーヒーだけを嫌う理由にはなっていない。結局はイメージなのだ
ろう。

[48]　筆者がここで言っていることと合っているものはどれか。

1　コーヒーは男性よりも女性に人気があるということ
2　缶コーヒーユーザーの8割が男性であること
3　コーヒーを栄養ドリンクとして飲んでいる女性が多いということ
4　缶を開ける際に爪を傷つける恐れがあるのは缶コーヒーだけであるということ

（4）

「修理上がり品」という言葉を聞いたことがあるだろうか。一度販売された商品が、初期不良などで店に戻り、メーカー修理後、再び売りに出されたものだ。数は多くないが、パソコンやデジカメは割合に出回りやすい。

このなかで、新しい製品と比べてほとんど遜色（注1）なく、安心して買えるという点で薦められるのが在庫処分品と箱破損品だ。いずれもまだ使用していない製品なので状態面に不安はなく、メーカー保証も付く。また、テレビはエコポイント対象品ならポイントも獲得できる。こうした"ほぼ新品"の製品が、在庫処分品なら「現行品ではない」という点を割り切れば新品より20％以上安く、箱破損品なら「箱に傷がある」という点に妥協（注2）するだけで新しい製品より5〜10％安く買えるのだ。

（注1）遜色：ほかと比べて劣るようす
（注2）妥協：対立している双方、または一方が折れ合って一致点を見いだし、事をまとめること

[49] 在庫処分品と箱破損品が薦められている理由とは何か。

1 壊れてもメーカーに問い合わせればいつでも修理対応してくれるから
2 メーカーの保証はないが、エコポイント対象品のテレビであればエコポイントが獲得出来るから
3 いずれも未使用で状態面に不安がなく、新品と比べほぼ遜色なく安心して買えるから
4 新品となんら変わらない商品を50％以上安く買うことが出来るから

問題9 次の文章を読んで、後の問いに対する答えとして、最もよいものを
1・2・3・4から一つ選びなさい。

（1）

　　私は60年代生まれだが、①子供のころは3世代同居の大家族だった。祖母や
母は近所の市場や店で食材を買い、一緒に調理していた。加工食品といえば豆腐
などごく限られたもので、冷凍食品はなかった。

　　今は核家族が普通で、夫婦共働きも珍しくない。家事負担が重い主婦に手数がか
からない冷凍食品や加工食品は明確な味方だ。母子・父子家庭ならなおさらだろう。

　　職場では終身雇用（注1）制が崩れ、リストラ（注2）や倒産のつらい目に遭うセラ
リーマンが増加した。不安定雇用を強いられ、「ワーキングプア」（注3）と呼ばれる
若者も多数だ。そういう生活の苦しい立場の人々の食生活を②安い輸入食品が支
えている。

　　③大家族や商店街の崩壊、中間層の解体と新たな貧困層の出現。それらをもた
らしたのは高度経済成長に伴う社会の変化や、その後の激しくなった国際競争な
のだ。日本農業の衰えも要因は同じだろう。その中で食の輸入依存が深まり、生
産・流通の過程が見えにくくなった。

　　こうした流れに対し、かつての消費者運動は自ら学び、調べて問題を世間に知
らせた。しかし、80年代に入ると目先の「消費者本位」に欺かれ、消費者は学ば
なくなった。

（注1）終身雇用：通常、定年時までの長期の雇用関係を前提とした雇用形態のこと
（注2）リストラ：企業の買収・合併、不採算部門の整理、人員削減などの手段によって、事業内
　　　　容の再編成のためにやめさせられること
（注3）ワーキングプア：正社員並み、あるいは正社員としてフルタイムで働いてもギリギリの生
　　　　活さえ維持が困難、もしくは生活保護の水準にも満たない収入しか得られない就労者の社
　　　　会層のこと

[50] 筆者の①子供のころのこととして正しいものはどれか。

1 核家族が普通で、夫婦共働きも珍しくなかった。
2 不安定な雇用を強いられている人が多かった。
3 加工食品といえばごく限られたもので冷凍食品はなかった。
4 食の輸入依存が深く、日本の農業が衰退していた。

[51] ②安い輸入食品はどのような人々の食生活を支えているか。

1 夫婦共働きで料理をする時間もないほど忙しい人々
2 3世代が同居しているような大家族の人々
3 不安定な雇用を強いられている弱い立場の人々
4 自ら学び、問題を告発する消費者運動に熱心な人々

[52] ③大家族や商店街の崩壊、中間層の解体と新たな貧困層の出現をもたらしたものは何か。

1 祖母や母親と一緒に料理をすることを嫌がる子供が増えたこと
2 高度経済成長に伴う社会の変化や、その後の国際競争の激化したこと
3 母子・父子家庭の数が年々減少していること
4 手軽な冷凍食品や加工食品を使用する人が増えたこと

（２）

　　頭にスカーフを巻いた年配の女性が幼児を抱いて座り込み、手のひらを突き出して通行人に金をせびる。(注1)ウィーンの地下鉄の駅でよく見かける場面だった。たいてい①周囲から死角(注2)になる階段の途中にいた。女性たちはどこからやって来るのだろう。その背景が気にかかっていた。

　　ところが突然、姿が見えなくなった。オーストリアとスイスが共同開催した6月のサッカー欧州選手権で締め出(注3)されたのかと思っていた。実は、ウィーンで物ごい(注4)に子ども連れを禁じる条例が6月に施行された。違反には最高700ユーロ（約12万円）の罰金が科せられる。ささやかな稼ぎを強制的に取り上げる犯罪組織が背後にあり、当局が取り締まりに乗り出した。隣接するハンガリー、スロバキアや、もっと遠くのルーマニア、ブルガリアからも流入していたが、②規制条例の情報が伝わり、行き先を変えたというのが大方の見方だ。

　　昨年末、欧州で国境撤廃を目指す③シェンゲン協定加盟国が広がり、国境を接する大半の国と旅券審査なしで往来できるようになった。しかし保守的なオーストリアでは「犯罪が増加する」と慎重な声が圧倒的だ。欧州連合（EU）加盟27カ国、シェンゲン協定加盟24カ国、単一通貨ユーロ圏15カ国は今後も拡大し、欧州連合は進む。

（注1）せびる：無理にねだる
（注2）死角：ある角度から見ることが出来ない地点
（注3）締め出す：ある範囲内に入れないようにする
（注4）物ごい：物をこい求めること

[53] ウィーンの地下鉄で①周囲から死角になる階段の途中にいたのはどういう人たちか。

1 手のひらを突き出して通行人に硬貨をせびる年配の女性たち

2 犯罪組織の一掃を目指しているオーストリア当局の人々

3 ささやかでも稼ごうと必死な犯罪組織の人々

4 欧州の国境を撤廃する協定に反対する人たち

[54] ②規制条例とあるが、何を禁じたものか。

1 ウィーンの地下鉄の階段への座り込みを禁じたもの

2 犯罪組織の手助けになるような行為を禁じたもの

3 ウィーンでの物ごいに子ども連れを禁じたもの

4 旅券審査なしでオーストリアに入国することを禁じたもの

[55] ③シェンゲン協定とはどういうものか。

1 オーストリアとスイスで欧州サッカー選手権を共同開催する協定。

2 欧州の国境を撤廃し、国境を接する大半の国と旅券審査なしで往来できる協定。

3 物ごいをする人々の背後にあるさわずかな稼ぎを収奪する犯罪組織を欧州全体で取り締まる協定。

4 単一通貨であるユーロ圏を今後も拡大していこうという欧州全体の協定。

（3）

　　A大のある教授がエコノミスト誌に寄せた論文によれば、ナポリの牛乳は１リットル＝約200円で日本並みに高い。もっと安い輸入牛乳がいくらでも買える環境だが、①ナポリの人々は高くても地元の牛乳を購入するそうだ。

　　ナポリのは少しぐらい値段が高くても、幼いころからなじんだ地元（注１）の味を大事にし、地元の食文化を保護しようとする共通認識がある。ナポリに限らず欧州それぞれの地域住民が地元の食材を守ろうとしている。日本の食糧自給率は39％だ。食料不安が生じて、自給率を高めようという声が強まったが、妙案（注２）はないのが実情だ。

　　飲用牛乳も中国が間もなく輸出余力を持ちそうで、そうなれば関税を支払っても１リットル＝30円ぐらいで輸入されることになりそうだという。このとき日本の消費者は「地元の味を守ろう」と国産牛乳を選び取るだろうか。②ちょっと考えにくい。

　　ナポリ市民がすることを、なぜ日本人はしそうもないのか。牛乳に限らずほかの食材でも事情は同じであろう。

　　それは多分、日本の農産物や、あえて言うが日本の農村に、犠牲を払ってでも守るべき特有の値打が見えないからではないか。③この点が明快になれば、私は農家への直接支払いを何倍にしても結構だと思う。

（注１）地元（じもと）：そのことに直接関係のある土地、またはその人の住む、また勢力範囲である地域
（注２）妙案（みょうあん）：すぐれた案、思いつき

[56] ①ナポリの人々は高くても地元の牛乳を購入するとあるがどうしてか。

1 輸入した外国産の牛乳よりも地元の牛乳のほうが安く購入することができるから
2 イタリア政府が地元の食材、食料を消費するよう広く呼びかけているから
3 輸入した外国産の牛乳は口に合わないことが多いから
4 幼いころからなじんだ地元の味を大事にし、地元の食文化を守ろうとする共通認識があるから

[57] ②ちょっと考えにくいこととは一体何か。

1 ナポリで売られている牛乳を日本に輸入し、日本人が飲むようになること
2 食料自給率が上がり、食料不安が発生することもなくなること
3 安い輸入牛乳が入ってきた場合、日本の消費者が国産牛乳を選択すること
4 日本の農産物や、日本の農村の価値が上がり魅力的なものになること

[58] ③この点とあるが、何をさしているか。

1 日本の農産物や農村に、犠牲を払ってでも守るべき固有の価値が見えないこと
2 ナポリの人たちが地元の味や食文化を大事に守っていこうとする姿勢
3 日本の食料自給率をあげるためにはどうすればいいのかということ
4 中国から日本に間もなく安い牛乳が輸出されてくるということ

問題 10 次の文章を読んで、後の問いに対する答えとして、最もよいものを
1・2・3・4から一つ選びなさい。

数年前には日本茶ブームが巻き起こり、日本のアニメや漫画も大人気になっているなど、タイでは日本文化がすっかり身近なものとなっている。

そんななか①日本料理も、もはや外食の一分野として完全に定着した。バンコクの中心地にあるデパート『Sプラザ』には和風のレストランだけで約二十軒が入っている。

昨年の春にオープンした『Qスクエア』にも、ペッパーランチ、大戸屋など複数の日本のチェーンが進出している。

「ラーメンなら北海道風から仙台風、家系までさまざまな店があるし、日本風の居酒屋だけで数十軒。現地在住の日本人サラリーマンに交ざって、タイ人のカップルや若者グループが、刺身や焼き鳥を肴(注1)にアサヒの生ビールを飲んでいる様子をよく見ますよ」とは現地在住記者の弁。

そんな和食ブームの中でも、いま人気になっているのが和風のカレー。昨年の秋大手チェーン「K.K.カレー」が進出すると、②これが大評判となり、食事時には行列ができて整理券を配るほどになった。ほかにも複数のカレー専門店がしのぎを削る。タイ風のカレーだっておいしいのに……。

またビュッフェスタイル(注2)の和食も人気で、二百〜五百バーツ（約五百四十〜千三百六十円）で、回転寿司やシャブシャブなどが食べ放題だという。しかしこちらは、

「タイ人経営のチェーン店が大半で、味はちょっと日本人には合いません。でもタイ人にはもてはやされている」とも。

かつてはバンコクに赴任している日本人駐在員とその家族だけを対象にした小さなマーケットだった日本食だが、いまブームの中心をなすのはタイ人の若者たち。

特に経済的に豊かになった中間層と言われている。「K.K. カレー」の値段は日本とほとんど変わらない。③屋台の五倍以上の料金だが、それを負担なし払える層が増えつつあるのだ。バンコクを中心としたタイ人中産階級の購買力は、日本の"負け組"をはるかに上回っているのが現状だ。

バブル（注3）期の日本人が、こぞってイタメシ（注4）に飛びついた感覚と、④どこか似ているのかもしれない。

（注1）肴（さかな）：酒を飲むときに添えて食べるもの
（注2）ビュッフェスタイル：並んだ料理から好きなものを取って食べる形式
（注3）バブル：1980 年代後半から 90 年代初頭にかけて地価・株価の急激な高騰が起った時期のこと
（注4）イタメシ：イタリア料理をさす俗語

[59] ①日本料理はタイではどのような位置づけにあるか。

1 バンコクのデパートのレストランでしか口に出来ないもの
2 もはや外食の一分野として完全に定着しているもの
3 タイにある数少ない日本のチェーン店でしか食べられないもの
4 富裕層いかんに関係なく誰でも食べられる手軽なもの

[60] ②これとあるが、何を指しているか。

1 世界中で人気を得ている日本のアニメや漫画
2 大手チェーンがタイに進出し、人気に火がついた和風のカレー
3 いまやタイに数十軒近くもある日本風の居酒屋
4 ビュッフェ形式の日本食レストラン

[61] タイの③屋台の五倍以上の料金のする日本食の需要が高まっているのはなぜか。

1 よりおいしいものを食べたいというタイ人の食に対する関心がここ数年で高まってきているから

2 タイ全体が経済的に豊かになったため、高い値段のものでも簡単に口に出来るような世の中になったから

3 タイに赴任している日本人駐在員とその家族たちの数が増え、日本食を必要とする人たちが増えたから

4 日本の"負け組"をはるかに上回る購買力を持つタイ人中産階級の人々が増えてきたから

[62] ④どこか似ているのかもしれないとあるが、何と何が似ていると言っているのか。

1 日本の若者にラーメンが圧倒的な人気を誇っていることと、タイの若者の間ではカレーが圧倒的に人気があること

2 日本人が屋台でラーメンを食べる感覚と、タイ人が屋台で日常的に食事をしている感覚

3 バブル期の日本人がこぞってイタメシに飛びついた感覚とタイ人中産階級の人々が日常的に日本食を食べること

4 日本人がビュッフェ形式の食べ放題を好む感覚と、タイ人も同様にビュッフェ形式の食事を好む感覚

次のＡとＢはそれぞれ別のコラムである。 ＡとＢの両方を読んで、後の問いに対する答えとして、最もよいものを 1・2・3・4 から一つ選びなさい。

(A)

生まれながらにして子宮の無いロキタンスキー症候群の女性、また子宮がんなどの疾病のため子宮を失った女性が実の子供を望む場合、代理出産という方法しか無い。「自分の子供を他人が産むなんて」と、私も代理出産に疑問をいだいていた時期はあった。しかし子宮の無い、また子宮を失った女性に幾度も出会い、その切実な思いを無視できなくなったのである。国内において希望のかなえられない女性たちは、海外にその活路を模索し、既に 100 組以上の夫婦が子供を手にすることができている。

人類は科学の進歩と共に今まで不可能とされてきたことを可能とし、より快適な生活を手に入れてきた。科学の進歩は必ずしも歓迎すべき方向のみに歩んでいるとは限らないが、「体外受精という方法を利用した代理出産が、私たちの生活にマイナスとして働くであろうか」という設問に対し、「マイナスとして作用する」と返事をする人は少ないと思う。

代理母を申し出る方の基本理念は常にボランティア精神にあり、まさに命懸けであることを承知の上である。危険を受け入れてかかわるボランティア行動を、法律で禁止することがあっていいのだろうか。もし日本が代理出産を禁止するのならば、今後更に海外に活路を求めるケースは増加していき、結果的に海外の女性に費用を払ってリスクを招くことになる。自国で可能であるのに差し止め禁止し、責任は全て外国へというような態度を私たちは人間として誇れるのであろうか。

(B)

妊娠・出産を経験した女性であれば、それが代替可能な単純な労務提供ではないことを知っているだろう。医学的に完璧にコントロールされた妊娠・出産でも必ず死の危険は残り、順調に出産できた場合でも、悪阻に始まる9ヶ月間の肉体的・精神的苦労は大きく、出産の後も少なからぬ不快な後遺症が残る。①それは自分の子をもつ喜びによってようやく報われる大きな負担である。女性は子を産む機械ではない。代理懐胎は、医師が患者でもない健康な女性に、本人には何のメリットもないのに、命にかかわる責任を担う施術をすることである。

妊娠・出産という大きな負担を、なぜ代理懐胎者は受け入れるのか。有償の場合は、貧しい人々は生命に危害が生じるおそれがあっても臓器を売ったり妊娠を引き受けたりするであろう。臓器移植はまだ、依頼者の生命を救うことの均衡がありえても、代理懐胎は子が欲しいという要求との均衡であり、より正当化が難しい。有償の代理懐胎は、子宮という人体の取引であり、子の取引だ。

女性が子を産まなくてはならないと思いつめる社会は、女性が産めないことを受容する権利と能力を持てない社会だ。女性の尊厳を守り、真に自由な生き方を女性に保障するためには、代理懐胎を禁止するルールのある社会にする必要がある。

[63] AとBのどちらの記事にも触れられている内容はどれか。

1 様々な議論を呼んでいる代理出産の是非
2 子宮がんを患った女性の精神的ダメージ
3 妊娠・出産における危険性
4 女性の真に自由な生き方とは何か

[64] Aの筆者とBの筆者はそれぞれどのような立場をとっているか。

1　AもBも代理出産については明確な意見を提示していない。
2　AもBもともに代理出産についてはその危険性を訴え批判的である。
3　Aは代理出産について賛成の意見を提示しているが、Bは明らかに批判的で反対している。
4　Aは明確に意見を提示していないが、Bは基本的に反対であるが時として認める場合もあるとしている。

[65]　①それとあるが、何を指しているか。

1　経験者であれば妊娠・出産が代替可能な単なる労務提供でないことをしっているということ
2　悪阻に始まる9ヶ月間の大きな肉体的・精神的苦労や、出産後の少なからぬ不快な後遺症
3　代理出産とは健康な体に命にかかわる負荷をかける施術をされることであるということ
4　日本は代理出産を禁止する社会として、きちんとしたルールを作るべきだということ

問題 12 次の文章を読んで、後の問いに対する答えとして、最もよいものを
1・2・3・4から一つ選びなさい。

　　新政権発足から一カ月。連日のようにH総理や閣僚の発言がトップニュースを
飾る中で、スポットライトが当たらないのが閣内ナンバー2のK副総理兼国家戦
略担当大臣である。民主党きっての論客（注1）として知られ、野党時代は国会論戦
で自民党の歴代総理をやりこめたK氏だが、閣内では聞き役に回ることが多く、
記者会見でも「私の立場で今申し上げることは控える」「それは私単独で考える
ことではなく、必要な議論をしていきたい」などと①慎重な応答に終始している。
あまりの「沈黙」ぶりに、あだ名は「イラK（注2）」から「ダマK（注3）」に変わり、
党内から「体の具合でも悪いのでは」と心配する声が上がるほどだ。

　　「健康不安？そんな様子はありません。官邸の副総理室に毎日、出勤しています。
ただ、ほかの閣僚と重なる所管が多く、出番がない。就任当初、張り切りすぎて
失敗した反省もあり、口にチャック（注4）をしているのでは」と官邸関係者は解説
する。

　　たとえばH内閣初の大仕事となった2009年度補正予算の見直し作業。K氏は
当初、関係閣僚の一人としてリーダーシップを発揮しようと意欲に燃えていた。記
者会見でも「メディア館のような役所の建物の新築がたくさん入っている。三年
にわたる費用を積んで、国債（注5）を買っているところもある。天下り団体で仕事
が行えるのかという問題もある」と勉強の成果をさらけだした。しかし、②この
発言は直接の担当者である行政刷新担当大臣の機嫌をそこない、財務大臣からは、
「余計な口出しをするな」と言わんばかりに、「国家戦略室の仕事は長期計画策定だ」
とくぎを刺された。

　　最近は本人も役どころを心得た様子で、「グラウンドで若手や中堅が打ったり走
ったり、どんどん得点を入れているとき、コーチとしてベンチにいる私が『どけ』

という必要はない」と、まとめ役に徹している。だが側近議員の一人は「沈黙の理由はそればかりではない。ポストHへの深慮遠謀（注6）がある」と指摘する。

　H総理の「故人献金（注7）」問題は、D元総理の借金未返済疑惑と同様、進退問題に進む可能性がある。A幹事長から、次期総理候補と仄めかされている、との説もあり、下手に目立ってA氏とぶつかるより、おとなしくしていた方が無難——K氏はそう考えているというわけだ。果たして、いつまで「ダマK」でいられるか？

（注1）論客（ろんきゃく）：道筋の立った意見を持ち堂々と論ずる人
（注2）イラK：いつも「イライラ」している「K副総理兼国家戦略担当大臣」の略称
（注3）ダマK：発言が少なく「だまって」ばかりいる「K副総理兼国家戦略担当大臣」の略称
（注4）口（くち）にチャック：余計なことを言わないように発言を控えること
（注5）国債（こくさい）：国家が財政上の必要から、国家の信用によって設定する金銭上の債務
（注6）深慮遠謀（しんりょえんぼう）：注意深く考え思い、遠い将来のことまで考えたはかりごと
（注7）故人献金（こじんけんきん）：政治家や政党に資金を提供する政治献金の一種で、献金する行為者が個人の場合をさす。

[66]　副総理兼国家戦略担当大臣が①慎重な受け答えに終始しているとあるがなぜか。

　1　H総理の意見を立てるために発言を故意に控えているから
　2　就任当初、張り切りすぎて失敗した反省があるから
　3　体の具合が悪く、健康に不安を抱えているから
　4　リーダーシップを発揮できるような論客ではないから

[67]　②この発言とあるが、その発言の中で述べた内容と違うものはどれか。

　1　国家戦略室の仕事は長期計画策定である。
　2　補正予算にはメディア館のような役所の建物の新築がたくさん入っている。
　3　三年にわたる費用を積んで、国債を買っているところもある。
　4　天下り団体で業務が行えるのかという問題もある

[68] 最近のK氏の様子はどのようなものだと書いてあるか。

  1 最近は総理の影に隠れずっとイライラしている。
  2 最近は本人が役どころを心得た様子でまとめ役に徹している。
  3 最近は野球のコーチとしてベンチにいることも多い。
  4 最近はA幹事長と意見をぶつける様子が度々見られる。

[69] 「進退問題に発展する可能性がある」問題とは何か。

  1 K氏の記者会見での行き過ぎた発言
  2 藤井裕久財務大臣のK氏に対する発言
  3 H総理の「故人献金」問題
  4 A幹事長とK氏の論争

問題 13 次はある広告会社の広告料金表である。下の問いに対する答えとして、最もよいものを１・２・３・４から一つ選びなさい。

[70] 定期広告の地区版で10万円以下で出来るものはいくつあるか。

　　1　2つ
　　2　3つ
　　3　4つ
　　4　5つ

[71] 企画広告の料金が2倍になるのはどういう場合か。

　　1　広告のデザインもこの会社に頼む場合
　　2　地区版ではなく全県版に掲載する場合
　　3　サイズを4段全幅にした場合
　　4　広告をカラー多色刷りにした場合

広告料金表

▶定期広告◆　　　　　　　　（税込み単位：円）

		サイズ	掲載回数	全　県	地区版
題字横		タテ 3.8cm× ヨコ 8.3cm	週2回		52,500
			週3回		63,000
記事下	大	タテ 10.0cm× ヨコ 8.0cm	週3回	176,400	88,200
			週5回	273,000	136,500
	小	タテ 5.5cm× ヨコ 8.0cm	週3回	105,000	52,500
			週5回	168,000	84,800

▶企画広告　　　　　　　　　　　　　　　　　　　　　　　（税込み単位：円）

サイズ	タテ×ヨコcm	1回	2回	3回	4回	5回
1段全幅	5.5×33.0	42,000	75,600	105,000	130,200	151,200
1/2	5.5×16.4	22,050	38,850	53,550	66,120	76,650
1段全幅	10.0×33.0	81,900	147,000	204,750	254,100	296,100
1/2	10.0×16.4	42,000	75,600	105,000	130,200	151,200
1/4	10.0×8.0	22,050	38,850	53,550	66,150	76,650
1段全幅	21.7×33.0	157,500	299,250	425,250	535,500	630,000
1/2	21.7×16.4	81,900	155,400	220,500	277,200	326,550
1/4	21.7×8.0	42,000	75,600	105,000	130,200	151,200

注）(1) 定期広告の料金は、月額の料金を表します。

(2) 企画(スポット)広告の料金は、地区版の掲載料金を表示していますので、全県掲載の場合は、表示料金の2倍となります。

(3) 広告原稿のデザイン、版下作成費は別途失費をいただきます。

(4) 表示価格は消費税込みの料金です。

(5) カラー、多色刷りは別料金となりますので、担当者にご相談下さい。

🔵 _T109~114

問題 1 では、まず質問を聞いてください。それから話を聞いて、問題用紙の 1 から 4 の中から、最もよいものを一つ選んでください。

ばん
1番

1 パーティーのためのポスターを制作する。

2 パーティーで使用するチケットの作成を行う。

3 広い場所を借りるための申請書を作成し学生課に提出する。

4 パーティーを手伝ってくれるスタッフ

2番

3番

1 雨<ruby>雨<rt>あめ</rt></ruby>

2 晴<ruby>晴<rt>は</rt></ruby>れ

3 曇<ruby>曇<rt>くも</rt></ruby>り

4 雪<ruby>雪<rt>ゆき</rt></ruby>

4番

5番

1 トラックが自転車に乗った人をはねた。
2 法定速度を超過した車が歩行者をはねた。
3 飲酒運転をしていた車が小学生をはねた。
4 バイクが横断歩道を渡っていた小学生をはねた。

6番

1 日本家屋風の旅館
2 南国リゾート風のホテル
3 ペット同伴で泊まれるホテル
4 洋室のあるホテル

🔵 _T115~121

問題2では、まず質問を聞いてください。そのあと、問題用紙の選択肢を読んでください。読む時間があります。それから話を聞いて、問題用紙の1から4の中から、最もよいものを一つ選んでください。

ばん
1番

1 外国にいる魚として物珍しさがあったため

2 メダカによく似たカダヤシは日本でも人気があったため

3 蚊になるボウフラを食べ、蚊をやつけるため

4 増えすぎたメダカの数を減らすため

ばん
2番

1 微生物の専門家

2 ごみ処理に関する専門家

3 パンダの専門家

4 シロアリの専門家

3番

1 仕事は辞めて子育てに専念したい。

2 自分がやりたい仕事のためのスキルを高めたい。

3 結婚相手にふさわしい男性を探したい。

4 大好きな洋服の仕事に携わりたい。

4番

1 介護が必要になる社員が4人に1人にまで増加する。

2 結婚していない男性が男性社員の20％を占める。

3 育児のために休業する男性社員半分を占める。

4 介護が必要となる親を抱える社員が6分の1を占める。

5番

1 毎日をなんとなく過ごしてしまいがちになる。

2 学校の勉強ばかりしてしまいがちになる。

3 アルバイトにばかり行ってしまいがちになる。

4 読書ばかりしてしまいがちになる。

6番

1 衆議院と参議院の議席数の振り分け

2 国のお金をどんな政策にどのくらい使うかということ

3 アメリカ軍の基地問題移転をどうするかということ

4 アフガニスタンへ自衛隊を派遣するか否か

7番
ばん

1 国民からの改正要請が多かったため

2 これまでの速度では渋滞が多く発生していたため

3 実際に車が走っている速度と合わない道が多いため

4 自転車やバイクに乗る人の数が減少したため

●_T122~127

問題3では、問題用紙に何も印刷されていません。この問題は全体としてどんな内容かを聞く問題です。話の前に質問はありません。まず話を聞いてください。それから話を聞いて、問題用紙の1から4の中から、最もよいものを一つ選んでください。

― メモ ―

もんだい
問題4

問題4では、問題用紙に何も印刷されていません。まず、文を聞いてください。それから、それに対する返事を聞いて、1から3の中から、最もよいものを一つ選んでください。

― メモ ―

もんだい
問題5

問題5では長めの話を聞きます。この問題には練習はありません。問題用紙にメモをとってもかまいません。

1番、2番

問題用紙には何も印刷されていません。まず話を聞いてください。それから質問と選択肢を聞いて、1から4の中から、最もよいものを一つ選んでください。

— メモ —

3番
ばん

まず、話を聞いてください。それから、二つの質問を聞いてそれぞれ問題用紙の１から４の中から、最もよいものを一つ選んでください。

質問１
しつもん

1 外国産で消費期限を書きかえる偽装が行われた件数

2 食品偽装によって人体に影響が出た被害の件数

3 国産で人気のある産地のものの売り上げ件数

4 2009年の上半期における食品の偽装事件の件数

質問２
しつもん

1 不景気で経営が苦しかったから

2 外国産のほうが物珍しさに客が買うから

3 国内産のほうが外国産より安いから

4 消費者にはばれないだろうと思っていたから

정답 및 해설

정답

언어지식(문자, 어휘, 문법) 독해

問題1	1 (2) 2 (4) 3 (3) 4 (2) 5 (1) 6 (3)
問題2	7 (4) 8 (3) 9 (1) 10 (2) 11 (1) 12 (1) 13 (4)
問題3	14 (3) 15 (2) 16 (1) 17 (4) 18 (3) 19 (2)
問題4	20 (1) 21 (3) 22 (2) 23 (1) 24 (4) 25 (3)
問題5	26 (4) 27 (3) 28 (1) 29 (2) 30 (1) 31 (3) 32 (2) 33 (2) 34 (4) 35 (1)
問題6	36 (3) 37 (4) 38 (2) 39 (4) 40 (4)
問題7	41 (2) 42 (3) 43 (4) 44 (3) 45 (1)
問題8	46 (4) 47 (3) 48 (2) 49 (1)
問題9	50 (2) 51 (1) 52 (4) 53 (2) 54 (2) 55 (3) 56 (1) 57 (4) 58 (3)
問題10	59 (1) 60 (4) 61 (3) 62 (2)
問題11	63 (1) 64 (2) 65 (2)
問題12	66 (2) 67 (3) 68 (2) 69 (4)
問題13	70 (1) 71 (4)

청해

問題1	1 (4) 2 (2) 3 (3) 4 (1) 5 (2) 6 (3)
問題2	1 (1) 2 (2) 3 (3) 4 (2) 5 (3) 6 (4) 7 (4)
問題3	1 (2) 2 (3) 3 (4) 4 (3) 5 (1) 6 (2)
問題4	1 (3) 2 (2) 3 (2) 4 (1) 5 (3) 6 (1) 7 (1) 8 (2) 9 (3) 10 (1) 11 (2) 12 (3) 13 (1) 14 (2)
問題5	1 (4) 2 (4) 3 1) (2) 2) (1)

해설

언어지식(문자 · 어휘, 문법), 독해

문제1 _____ 의 단어의 읽는 방법으로 가장 알맞은 것을 1 · 2 · 3 · 4에서 하나 고르시오.

1 대학 입학식에서는 많은 서클이 신입생을 권유하고 있다.
단어 新入生しんにゅうせい 신입생 | 勧誘かんゆう 권유
정답 2

2 그는 다섯 번째 도전에서 간신히 사법 시험에 합격했다.
단어 挑戦ちょうせん 도전 | 挑いどむ 도전하다 | 司法しほう 사법
정답 4

3 자판기에서 커피를 사는 일이 많기 때문에 동전 지갑을 가지고 다닌다.
단어 自販機じはんき 자판기 | 小銭こぜに 동전
정답 3

4 그것은 대기업을 짊어진 사람으로서는 경솔한 행동이었다.
단어 大企業だいきぎょう 대기업 | しょってたつ ~을 짊어지다 | 背負しょう 등에 지다, 부담을 지다(=背負せおう) | 立たつ 어떤 상황 아래, 입장에 서다 | 軽率けいそつ 경솔
정답 2

5 그녀는 공부에 열심이어서 언제나 열람실에서 조사를 하고 있다.
단어 勉強熱心べんきょうねっしん 열심히 공부함 | 閲覧えつらん 열람 (*閲覧室えつらんしつ 열람실)
정답 1

6 세계적으로도 귀중한 그림을 눈앞에 두고 소름이 끼쳤다.
단어 絵画かいが 회화, 그림 | 鳥肌とりはだが 立たつ 소름이 끼치다(돈다) | 貴重きちょう 귀중
정답 3

문제2 (   )에 들어갈 가장 알맞은 것을 1 · 2 · 3 · 4에서 하나 고르시오.

7 대학병원에 소개장을 써드릴 테니까 정밀검사를 받아주세요.
단어 紹介状しょうかいじょう 소개장 | 検査けんさ 검사 | 秘密ひみつ 비밀 | 厳密げんみつ 엄밀 | 機密きみつ 기밀 | 精密せいみつ 정밀
정답 4

8 좀처럼 출구가 보이지 않는 어려운 문제의 해결책을 모색하고 있다.
단어 難題なんだい 난제 | 思索しさく 사색 | 捜索そうさく 수색 | 模索もさく 모색 | 探索たんさく 탐색
정답 3

9 그는 스스로가 연구의 피(실)험자가 되어 연구에 힘썼다.
단어 勤いそしむ 힘쓰다, 정진하다, 열중하다(=励はげむ, 맨怠

おこたる）｜被験者ひけんしゃ 실험대상, 피(실)험자

참고 被災地ひさいち 재해지｜被災者ひさいしゃ 이재민｜被疑者ひぎしゃ 피의자｜被害者ひがいしゃ 피해자｜被告ひこく 피고

정답 1

10 그녀는 복수의 금융회사로부터 거액의 빚 **변제**를 압박받고 있었다.

단어 複数ふくすう 복수｜金融きんゆう 금융｜多額たがく 다액, 고액｜借金しゃっきん 빚, 돈을 꿈｜返答へんとう 대답, 응답(=返事へんじ)｜返済へんさい 변제, 채무를 변상함｜返品へんぴん 반품｜返納へんのう 반납, 반환(=返上へんじょう)

정답 2

11 이 레스토랑에서 사용되는 고기는 모두 국내**산**이라고 한다.

단어 使用しよう 사용｜国内産こくないさん 국내산

정답 1

12 아래를 보며 걸었더니 **정면**으로 전신주에 부딪히고 말았다.

단어 電柱でんちゅう 전신주｜もろに 정면으로, 직섭(=まともに, じかに)｜やけに 몹시, 굉장히

정답 1

13 나라의 대불상은 텔레비전에서 보는 것보다 실제로는 **훨씬** 컸다.

단어 大仏だいぶつ 대불, 큰 불상｜遙はるか (몹시 차이가 있는 모양) 훨씬, 매우｜緩ゆるやか 완만함(=急きゅうでない), 느긋함, 관대함｜微かすか 희미함

정답 4

문제3 _____에 있는 단어의 의미와 가장 가까운 것을 1·2·3·4에서 하나 고르시오.

14 그녀는 누구에게나 **겸손한** 태도로 대한다.

단어 態度たいど 태도｜遜へりくだる 겸손하다, 자기를 낮추다｜謙遜けんそんする 겸손하다｜感心かんしんする 감탄하다, 탄복하다

정답 3

15 노인을 **돌보는** 상냥한 마음을 기를 필요가 있다.

단어 労いたわる 돌보다, 보살피다, 모시다, 위로하다｜大切たいせつにする 소중히 여기다｜蔑ないがしろにする 소홀히 하다, 경시하다, 홀대하다｜応援おうえんする 응원하다

정답 2

16 언제나 **막연한** 불안을 안고 살아간다.

단어 抱かかえる (짐 등을) 안다, 껴안다, (부담·책임을) 지다, 떠맡다｜漠然ばくぜんとした 막연한｜ぼんやり 어렴풋이, 희미하게

정답 1

17 나는 **틀림없이** 아버지는 벌써 귀가했을 거라고만 생각했었다.

단어 てっきり 틀림없이, 확실히, 완전히(=きっと, 間違まちがいなく, 絶対ぜったいに)｜帰宅きたく 귀가

해설 'てっきり'는 확신을 가지고 말했으나 생각과는 달리 결과는 그것과 다른 경우에 사용한다. 'きっと'는 어떤 일에 대하여 꽤 확신이 설 때 쓰는 말이다. 따라서 같은 추정 표현이라도 불확실한 단정을 나타내는 'ようだ' 같은 말 하고는 어울리지 않는다. 'かならず'보다는 신뢰도가 떨어지며, 판단 내용이 동작을 수반하지 않는 단순 사실에 근거한 추측이나 추정 표현이 뒤에 올 수 있다.

정답 4

18 어머니는 아버지의 급료가 삭감되었다고 **불평하고** 있었다.

단어 給料きゅうりょう 월급｜カット (급료 등의) 삭감｜ぼやく 투덜대다, 투덜거리다, 불평하다｜ぐずぐず言いう 투덜투덜하다

해설 'ぐずぐず'는 '꾸물꾸물'의 뜻도 있다.
· 何をぐずぐずしているの。急いで支度したくしなさい。
무엇을 꾸물거리고 있는 거야. 빨리 준비해라.

정답 3

19 할머니는 **악랄한** 수법에 속아 넘어갔다.

단어 手口てぐち (범죄 등의) 수법｜あくどい 악랄하다, 악질이다｜質たちが悪わるい 질이 나쁘다

정답 2

문제4 다음 말의 사용법으로 가장 알맞은 것을 1·2·3·4에서 하나 고르시오.

20 소질
1) 그는 화가로서의 소질이 충분히 있다.
2) 아버지의 완고한 소질은 타고난 것이다.
3) 그녀는 언제나 소질이 좋은 액세서리를 착용하고 있다.
4) 음악에 정통한 그는 스피커 소리의 소질에도 까다롭다.

단어 頑固がんこ 완고｜精通せいつう 정통

해설 ▶素質そしつ 태어나면서부터 가지고 있는 성질·소질
· 芸術家げいじゅつかの素質そしつがある。예술가의 소질이 있다.

정답 1

21 신속
1) 지구환경을 지키는 신속을 행하는 단체라고 한다.
2) 장기화되는 신속과 주가 폭락이 멈추지 않는다.
3) 구급대원의 신속한 대응으로 살았다.
4) 처음에는 상태가 좋았는데 후반에 신속해졌다.

단어 暴落ぼうらく 폭락｜救急隊員きゅうきゅうたいいん 구급대원

해설 ▶迅速じんそくだ 신속하다
· 迅速じんそくに行動こうどうする。신속하게 행동하다.

정답 3

22 어쨌든, 여하튼, ~는 둘째 치고, ~라면 모를까, ~라면 몰라도
1) 비가 내려도 여하튼 가는 것으로 그만두자.
2) 아이라면 몰라도 어른이 그런 짓을 하다니.

3) 친구의 부탁은 몰라도 거절할 수 없다.
4) 결혼 상대가 이 나이가 되어도 하여튼 없다.

단어 断ことわる 거절하다

해설 '断わる(거절하다, 거부하다)'는 'きっぱり(딱 잘라, 단호하게)'와 잘 어울린다.
・腑に落ちない事なのできっぱりと断わった。
납득이 안 가는 일이어서 딱 잘라 거절했다.

'〜ならともかく(〜은 어찌됐건, 〜라면 몰라도)', '〜ともかく(하여간, 여하튼)'는 앞의 내용을 가볍게 무시하고 그와 관련된 다른 사항을 화제로 삼을 경우에 쓰는 말이다. '〜ならいざ知らず(〜라면 몰라도)'와 유사한 표현이다.
・子供ならいざ知らず、そんなくだらないことでわずらわせないでください。
어린애라면 어쩔 수 없지만 그런 하찮은 일로 걱정을 끼치지 말았으면 좋겠다.

다른 의미는 '〜はともかく(〜는 우선 제쳐두고)'의 형태로 2개의 내용을 비교하여 'A의 문제도 생각해야 하지만, 지금은 그것보다 B를 우선시 한다'는 어감으로 사용한다.
・試合の結果はともかく、最後までみんなよくがんばった。
시합의 결과는 어찌됐건 끝까지 모두 매우 열심히 했다.

정답 2

23 반면
1) 그는 쾌활한 반면 굉장히 상처받기 쉬운 순수한 남자다.
2) 면접을 내팽개치다니 반면 짝이 없다.
3) 이 영화는 즐거운 반면 매우 재밌다.
4) 그녀의 셔츠는 겉과 속이 반면이 되어 있다.

단어 陽気ようき 성질이 밝고 쾌활한 모양 | すっぽかす (해야 할) 일・약속 따위를 하지 않고 제쳐놓다(어기다)

해설 ▶反面 반면
・怖い反面、やさしいところもある。
무서운 반면 부드러운 면도 있다.
・この布は水に強い反面、熱には弱い。
이 천은 물에 강한 반면 열에는 약하다.

정답 1

24 〜하기 어렵다
1) 청소를 해도 좀처럼 지저분한 것이 지워지기 어렵다.
2) 아무리 감동적인 장면을 봐도 눈물이 흐르기 어렵다.
3) 지치기 어려운 체질이기 때문에 중간 휴식을 취하지 않으면 힘듭니다.
4) 믿기 어렵겠지만 이것이 현실인 것이다.

단어 挟はさむ 끼(우)다, 사이에 두다

해설 4번의 '信じがたい'는 '信じられない(믿을 수 없다)'와 같은 뜻이다. '동사 ます형+〜がたい(좀처럼 〜하기 어렵다)'는 사람이 주어가 되는 경우에만 사용할 수 있는 말로 '사람의 지각이나 판단'을 나타낸다. 따라서 '도무지 〜할 수 없다'라는 불가능으로 풀이해야 한다.

・店長に向かって直接お給料をあげてくれとは言いがたいです。
점장에게 직접 급여를 올려달라고는 말하기 어렵다.
밑줄 친 부분의 의미는 'なかなか言えない(좀처럼 말할 수 없다)'라는 뜻이다.

정답 4

25 정말이지, 매우
1) 어떤 상황에 정말이지 유연하게 대응할 수 있습니다.
2) 이런 낙서를 하다니 정말이지 정도가 있다.
3) 동아리 활동을 열심히 하는 학생의 모습은 정말이지 젊은이다운 산뜻함이 있다.
4) 아르바이트비는 정말이지 많은 것보다 더 좋은 일은 없다.

단어 柔軟じゅうなん 유연 | 落書らくがき 낙서 | 励はげむ 힘쓰다 | 爽さわやか 시원한 모양, 상쾌한 모양

해설 'いかにも'는 사물의 인정이 정확히 일치한다는 느낌을 나타낸다.
▶ いかにも〜らしい 정말 〜답다 = 本当ほんとうに〜らしい
・今日はいかにも秋らしい天気だ。
오늘은 정말 가을 같은 날씨다.
・彼女はいかにも教師らしい服装をしている。
그녀는 아주 교사다운 복장을 하고 있다.

정답 3

문제5 다음 문장의 (　)에 들어갈 가장 알맞은 것을 1・2・3・4에서 하나 고르시오.

26 회사에서 근무하면서 밤에는 대학에서 청강생으로 수업을 받고 있다.

단어 聴講生ちょうこうせい 청강생 | 授業じゅぎょう 수업

해설 ▶〜かたわら 〜(하는) 한편, 〜함과 동시에
주된 일을 하는 한편 부차적인 행위나 동작을 나타내는 말로 동사 기본형 및 명사 'の'에 연결한다. 의미 자체 및 접속 관계를 묻는 문제가 출제된다.
・仕事のかたわら、読書に励む。
일하는 한편 독서에 열중하다.
・彼は大学教授として活躍するかたわら、会社経営にも腕を振っている。그는 대학 교수로서 활약하는 한편, 회사 경영에도 실력을 발휘하고 있다.

정답 4

27 어디서 나는지는 모르겠지만 아이의 울음소리가 들려왔다.

단어 泣なき声ごえ 우는 소리

해설 ▶〜ともなく 〜무심코, 문득
유사한 표현으로 '見る, 話す, 言う, 考える' 등의 의지적 행위를 나타내는 동사를 붙여 표현하는 '〜ともなしに(동작의 의도가 분명치 않고 무의식적으로 〜하다)' 등이 있다.
・どこを眺めるともなく、ぼんやり遠くを見詰めている。별 생각 없이 멍하니 먼 곳을 바라보고 있다.

정답 3

28 그녀 말고 이 일을 맡길 수 있는 인물은 생각할 수 없다.

단어 任まかせる 맡기다, 일임하다 | 人物じんぶつ 인물

해설 ▶ ～をおいて ～을 제외하고
· 候補者の中で国民の意思を代表する人はあの人を
おいてない。후보자 중에서 국민의 의견을 대표하는
사람은 저 사람 말고는 없다.

정답 1

29 아이 나름대로 열심히 하고 있으니까 응원해 줍시다.

단어 一生懸命いっしょうけんめい 열심히 | 頑張がんばる 분
발하다, 노력하다 | 応援おうえん 응원

해설 조사 'なり'는 명사・형용사에 붙어 '～나름'의 뜻을 나타
낸다.
· 彼なりに考えてのことだと思います。
그 사람 나름대로 생각한 것이라고 봅니다.
· それなりに面白い芝居だった。
그 나름대로 재미있는 연극이었다.
· 会議のテーマについて自分なりによく考えてみま
した。회의 테마에 대해서 자기 나름대로 곰곰이 생각
해 보았습니다.

정답 2

30 이 시합은 한 순간도 놓칠 수 없는 격렬한 양상을 띠고 있다.

단어 一瞬いっしゅん 그 순간, 일순(간) | 見逃のがす 못 보
고 놓치다 | 白熱はくねつする 격렬해지다, 격화되다

해설 'たりとも～ない'의 꼴로 '～조차도 ～하지 않는다'의 뜻
으로, 가장 작은 것을 예로 들어 전체부정을 강조하는 표
현이다. 같은 표현으로 '～といえども～しない(～라 하
더라도, ～일망정 ～하지 않는다)'가 있다. 의미는 '비록 ～
이지만 ～이다'이며 '～けれども, ～ても'와 유사한 표현
이다.
· 老いたといえども、まだまだ若い者には負けないつ
もりだ。늙었다고 해도 아직 젊은 사람에게는 지지 않
는다고 생각한다.
· いかに多忙といえども、健康管理を怠ってはなら
ない。아무리 바쁘다고 해도 건강관리를 게을리 해서
는 안 된다.

정답 1

31 이 영화는 도쿄를 시작으로 순차적으로 전국의 영화관에서
개봉된다.

단어 映画えいが 영화 | 順次じゅんじ 순차

해설 ▶ ～を 皮切りに ～을 시작으로
· ソウルを皮切りに全国で公演します。
서울을 시작으로 전국에서 공연합니다.

정답 3

32 경찰관이 음주운전으로 붙잡히다니 있을 수 없는 일이다.

단어 警察官けいさつかん 경찰관 | 飲酒運転いんしゅうんてん
음주운전 | 捕つかまる (붙)잡히다, 체포되다

해설 ▶ あるまじき 있어서는 안 되는
이 표현은 '～に[として]あるまじき'처럼 대상을 받는
말에도 주의해야 한다. 반대말은 'あるべき(바람직한, 당
연한)'이다.
· 学生にあるまじき行爲だ。
학생에게 있어서는 안 될 행위이다.

정답 2

33 버스가 출발하는 바람에 옆 사람의 어깨에 부딪혀버렸다.

단어 発進はっしん 발진 | 隣となり 옆(AとなりB, A와 B는
같은 사물) | 肩かた 어깨

해설 ▶ ～た 拍子に ～하는 바람에, ～하는 순간에, ～하는 결에
· よろけた拍子に壁に頭をぶつけた。
넘어지는 바람에 벽에 머리를 부딪쳤다.

정답 2

34 선생님이 아무것도 말하지 않는 것을 기회 삼아 학생들은 수
다만 떨고 있다.

단어 生徒せいと 학생

해설 ▶ ～をいいことに ～을 기회삼아[이용하여]
유사한 표현으로 '～を契機にして(～을 계기로 해서)'가
있는데 '그것을 좋은 기회라고 생각하여'라고 말할 때 사
용한다.
▶ ～を契機に, ～を契機として ～을 계기(동기)로
· 言論弾圧を契機に暴動が起こった。
언론 탄압을 계기로 폭동이 일어났다.
· 円高を契機として、海外旅行ブームが起こった。
엔고를 계기로 해외여행 붐이 일어났다.

정답 4

35 우리 아들은 말이지 아직까지도 잠투정을 해서 힘들어요.

단어 寝起ねおき 기상과 취침

해설 ▶ ～ときたら ～은[는]
· 最近の若者ときたら何を考えているのか、さっぱ
りわからない。
요즘 젊은 사람들은 무엇을 생각하는지 도무지 모르겠다.

정답 1

문제6 다음 문장의 ★ 에 들어갈 가장 알맞은 것을 1・2・3・4
에서 하나 고르시오.

36 언어나 습관이 다른 해외에서의 생활이 얼마나 힘들지는 상
상하기 어렵지 않다.

해설 ▶ ～にかたくない ～하기에 어렵지 않다
· 審査員が彼の作品を見て、そのすばらしさに驚い
たことは、想像にかたくない。
심사원이 그의 작품을 보고 그 훌륭함에 놀란 것은 상
상하기 어렵지 않다.

정답 3 (生活が / いかに大変かは / 想像するに / かたく)

37 이 뉴스는 어른부터 아이에 이르기까지 누구나가 알게 되었다.

해설 ▶~に至る ~에 이르다, ~に至って ~에 이르러서는, ~와 같은 것은
- 百円ショップでは、日用品から食べ物に至るまで何でも買える。 100엔 숍에서는 일용품에서 음식에 이르기까지 뭐든지 살 수 있다.
- 英語はもちろん、フランス語に至ってはからきし駄目だ。 영어는 물론 프랑스어에 이르러서는 전혀 못한다.

정답 4 (大人から子供に / 至るまで / 誰もが / 知るところ)

38 부모의 걱정과는 상관없이 아이는 <u>무럭무럭</u> 성장하고 있다.

해설 ▶~をよそに ~을 아랑곳하지 않고, ~을 무시하고
- 世間の批判をよそに、彼は自由な生き方をしている。 세상의 비판에도 아랑곳하지 않고 그는 자유로운 삶을 살고 있다.

정답 2 (心配をよそに / 子供は / のびのびと / 成長して)

39 그녀가 치는 피아노 연주는 듣기 힘든 지독한 것이다.

해설 ▶~に堪えない ~을 참을 수 없다, ~하고 있을 수 없다
'見る、聞く'와 같은 한정된 동사에 붙어 '불쾌감이 있어 보거나 듣거나 하는 일을 참을 수 없다'는 의미다.
- 苦痛に堪えない。 고통을 참을 수 없다.

정답 4 (ピアノの / 演奏は / 聞くに / 堪えない)

40 그는 개성이 강했기 때문에 어울리지 못해서 <u>학창시절은</u> 고독했다.

단어 馴染なじむ ①한데 잘 융합하다, 어울리다 ② 친숙해지다, 정들다

해설 ▶~が故に ~때문에, ~까닭에
〈い형용사+故に、な형용사 어간+である+故に、명사+の故に、명사+が故に〉의 형태로 접속한다. 특히 '~が故に'의 'が'는 현대어 'の'와 같은 조사 역할을 하므로 이 표현은 명사 외에 나머지는 '~故に'와 동일하게 접속하면 된다.

정답 4 (強かったが / ゆえに / なじめず / 学生時代は)

문제7 다음 문장을 읽고, (41)에서 (45) 안에 들어갈 가장 알맞은 것을 1·2·3·4에서 하나 고르시오.

아무리 멋진 패션을 해도 어깨를 늘어뜨리고 가슴을 움츠리고, 무릎을 구부린다거나 다리를 찍찍 끌면서 걸어서는 전혀 (41), 키가 크고 사실은 스타일이 좋은 사람이라도 그것을 부끄럽게 생각하는 꾸부정한 사람에 비해 키는 작아도 가슴을 펴고 머리를 똑바로 들고 (42) 걷는 사람이 훨씬 멋있습니다. 사람의 자세는 그 사람의 전체적인 인상을 크게 좌우합니다.

파리의 여성들은 멋쟁이라고 흔히 이야기합니다만, 개개인의 여성의 얼굴의 아름다움이나, 추함보다, 패션이나 헤어스타일보다, 가장 인상적인 것은 그녀들의 길을 걷는 자세입니다. 도쿄의 여성들이 훨씬 얼굴 손질도 신경쓰고, 새롭고

고가인 유행하는 옷을 입고 있습니다. 그러나 파리의 여성들이 등을 쭉 곧추 세우고 가슴을 펴고 씩씩하게 걷고 있는 모습이 훨씬 멋지게 보입니다. 그녀들은 어려서부터 자세에 대해 가정에서 엄격하게 (43) 라고 합니다. 화장을 할 때 거울을 들여다보듯 평소에 어떤 자세를 하고 있는지 체크하는 전신이 보이는 거울이 곳곳에 있고, 쇼윈도에 비치는 자신의 자세로도 체크한다고 합니다.

(44) 일본에서도 정좌할 기회가 적어졌습니다만, 의자식 생활에서는 앉을 때는 얕게 앉고 무릎을 붙이고 두 다리를 붙여야 합니다. 아무리 멋진 메이크업이나 복장을 하고 재치 있는 대화를 해도 무릎을 벌리고 있으면 아무 소용이 없습니다. 다리를 꼬고 예쁘게 보이려고 행동하기란 매우 어렵습니다. 앉을 때에는 상반신을 (45) 허리뼈를 세우도록 의식하면 좋은 자세가 됩니다. 어느 현에 갔을 때 시 전체가 '입요 운동'을 하고 있다고 했습니다. 별로 들어본 적이 없는 말이라고 생각했습니다만, 허리 펴기 운동이라고 합니다. 마을 사람들의 이야기에 따르면 허리를 펴려고 노력하면 자세가 좋아지고, 복식 호흡이 되어서 건강에도 좋다고 합니다.

단어 すぼめる 오므리다, 움츠리다 | 膝ひざ 무릎 | 美醜びしゅう 미추(아름다움과 추함) | 首筋くびすじ 목덜미 | 颯爽さっそう 모습·태도·행동이 시원스럽고 씩씩한 모양 | 正座せいざ 정좌 | 腰骨こしぼね 허리뼈 | 心掛こころがける 항상 주의하다, 유의하다, 명심하다, 노력하다 | 腹式呼吸ふくしきこきゅう 복식호흡

41 1) 보기 싫습니다
2) 멋지지 않습니다
3) 멋질까
4) 멋지겠지

해설 이런 유형의 문제를 단순히 문법적 기능어를 집어넣는 문제라고 생각한다면 큰 착각이다. 오히려 꼼꼼한 독해 일반의 원리를 바탕으로 한 표현법 문제이다. 예를 들어 전후 문맥이 통할 수 있는 적절한 어구를 집어넣는 문제, 다시 말해 의미가 통합 수 있는 사역, 수동, 사역수동, 주고받음을 나타내는 수여동사의 용법, 경어의 구사 문제 등을 다루는 표현법 문제라고 보는 것이 정확하다.
문제는 '아무리 멋진 패션을 해도, 어깨를 늘어뜨리고, 가슴을 움츠리고, 무릎을 구부린다거나 다리를 찍찍 끌면서 걷는 것'처럼 앞서 내용이 모두 부정적인 이미지이고 '全然(전혀)'이라는 부사는 언제나 부정표현을 수반하므로 괄호에 들어갈 적절한 표현은 '멋있지 않다'가 되어야 한다.

정답 2

42 1) 보들보들하게
2) 느릿느릿하게
3) 활기차게
4) 분명하게

해설 '키가 크고 정말로 스타일이 좋은 사람이지만 꾸부정하게 걷는 사람'과 '키는 작아도 가슴을 펴고 머리를 똑바로 들고 걷는 사람'을 대비시키고 있다. 여기서 후자의

142

걷는 모습을 'さっそうと(경쾌하고 활기차게)'라고 한다.

정답 3

43 1) (예의범절을) 가르치다
2) (예의범절을) 가르치고 싶다
3) (예의범절을) 가르침
4) (예의범절을) 배우고 있다

해설 파리의 여성들이 등을 똑바로 세우고 가슴을 펴고 씩씩하게 걷는 모습이 훨씬 멋지게 보입니다. '그녀들은 어려서부터 자세에 대해 가정에서 엄격하게 교육을 받고 있다.' 이 문장에서 주어는 파리의 여성들, 생략된 내용은 가정이므로 불특정다수에 의해 이루어진 [일반수동] 표현이 와야 한다. 'しつける'는 '가정에서 예의범절을 가르치다'는 의미로 '躾'는 '가정교육'을 의미한다.

정답 4

44 1) 머지않아
2) 그러면
3) 또
4) 어쩌면

해설 주요 내용은 여성들의 자세에 관한 것이다. 특히 파리 여성들의 자세를 언급하고 이어 일본 여성들의 경우를 예로 들어 서술하고 있으므로 사항을 열거하는 접속사인 'また(=並びに)'가 타당하다.
'また'는 접속 내용에 따라 'その上、それに加えて、さらに、かつ'처럼 다른 사항을 추가하는 경우에 쓰인다.

정답 3

45 1) 안정되도록
2) 안정되지 않기 때문에
3) 안정된다면
4) 안정되지 못했다

해설 문장은 전체적으로 자동사 문맥이다. 따라서 상반신이 '안정될 수 있도록' 허리뼈를 세우도록 항상 주의하면 좋은 자세가 된다고 했다.

정답 1

문제8 다음 (1)부터 (4)의 문장을 읽고 뒤의 물음에 대하여 답으로서 가장 알맞은 것을 1·2·3·4에서 하나를 고르시오.

(1)

> 일본에서 인터넷 이용이 시작된 것은 80년대 후반. 당시에는 인터넷은 물론, 컴퓨터를 사용하고 있는 사람조차 꽤 소수파. 그것이 최근 십여 년 사이에 이용자가 급증. 인터넷뿐만이 아니라 모바일 통신 등 새로운 정보통신기술이 계속해서 밀려오고 그 물결은 IT혁명이라고 불리우며 일본사회 전체를 다이내믹하게 움직이고 있다.
> 최근의 인터넷 조사 '사이버스터디 2001'에 의하면 일본에서 인터넷 이용자의 약 3분의 2(69%)는 '인터넷은 자신에게 있어서 없어서는 안 되는 것'이라고 답하고 있다

단어 インターネット 인터넷 | 利用りよう 이용 | 当時とうじ 당시 | 少数派しょうすうは 소수파 | 急増きゅうぞう 급증 | モバイル通信つうしん 모바일 통신 | 情報通信技術じょうほうつうしんぎじゅつ 정보통신기술 | 押おし寄よせる 밀려오다 | 日本社会にほんしゃかい 일본 사회

46 최근 십여 년 사이에 급증한 것이란 무엇입니까?
1) 인터넷을 이용해서 다양한 조사를 행하는 사람들
2) 모바일 통신 등 새로운 정보통신기술을 개발하는 기업
3) 일본사회를 다이내믹하게 움직일 수 있을 정도의 힘을 가진 사람들
4) 인터넷이나 컴퓨터를 이용하는 사람들

단어 様々さまざま 다양한, 여러 가지의 | 開発かいはつ 개발 | 企業きぎょう 기업

해설 인터넷 이용자에 관한 내용인데, 그 중에서도 이용자가 최근 몇 년 사이에 급증한 사실을 말하고 있다.

정답 4

(2)

> 연간 어느 정도의 일본영화가 만들어지고 있는지 알고 있는가? 극장개봉영화로는 약 100편, 오리지널 비디오(소위 V시네마)로는 약 250편, 합계 약 350작품. 물론 몇 십억 엔 들인 대작도 있고 300만 엔으로 만드는 V시네마도 있다. 그 중 250편을 보고 있는 여성이 있다. 야마다 게이코 씨(31). 'DVD&비디오 비전'에서 화제의 신작 일본 영화와 V시네마를 소개하는 칼럼을 연재하고 있다. 아마도 일본에서 가장 일본영화를 많이 보는 여자이다.

단어 劇場公開映画げきじょうこうかいえいが 극장개봉 영화 | 作品さくひん 작품 | 一押いちおし 가장 추천·권장하는 것, 한 번 미는 것 | 連載れんさい 연재

47 야마다 게이코 씨라는 여성은 어떠한 사람이라고 소개되어 있습니까?
1) 몇 십억 엔이나 들인 대작영화를 제작한 여성
2) 연간 350편이나 되는 일본영화를 모두 보고 있는 여성
3) 신작 일본영화와 V시네마를 소개하는 칼럼을 쓰고 있는 여성
4) 일본에서 가장 영화 관련의 연재를 갖고 있는 여성

단어 大作映画たいさくえいが 대작영화

해설 야마다 케이코 씨는 신작 일본 영화와 V시네마를 소개하는 칼럼을 연재하고 있는 여성이다.

정답 3

(3)

> 현재 패밀리 레스토랑은 전국에 약 2만 3천 점이라고 한다. 매상 랭킹 1위를 차지하고 있는 유명 패밀리 레스토랑을 중심으로 간선도로에는 쭉 늘어져 있다. 무엇이든 먹을 수 있지만 맛은 그럭저럭, 멋진 가게는 아니지만 오래 있을 수 있다는 이미지가 완전히 정착했다.
> 그런데 신규출점으로 손님의 수를 늘리고 매상을 올려 온 패밀리 레스토랑도 최근에는 교외로의 출점이 포화상태가

되었다. 요 몇 년 사이에 외식시장도 축소 추세이다. 2008년에 24조 7천억엔이었던 외식시장은 2010년에는 23조 9,156억 엔까지 대폭 감소했다. 패밀리 레스토랑 K도 기존 점포의 매출액은 올해 들어서 전년 같은 기간 대비 하락이 계속되고 있다.

단어 ファミレス 패밀리 레스토랑 | 全国ぜんこく 전국 | おしゃれ 멋짐 | 長居ながい 오랫동안 가지 않고 앉아 있음 | 売うり上あげ 매상 | 郊外こうがい 교외 | 外食市場がいしょくしじょう 외식시장 | 縮小傾向しゅくしょうけいこう 축소경향 | 減少げんしょう 감소 | 割われる 하락하다(수량이 기준이하가 됨)

48 패밀리 레스토랑의 최근 상태를 필자는 어떻게 말하고 있나?
1) 화려하고 오래 앉아 있을 수 없는 이미지가 정착되어 있다.
2) 교외의 점포 수가 포화상태가 되었다.
3) 패밀리 레스토랑 K만이 손님 수를 늘리고 있는 상태이다.
4) 기존 점포의 매출이 올해 들어서 늘고 있다.

단어 定着ていちゃく 정착 | 客数きゃくすう 손님 수 | 状態じょうたい 상태 | 既存きそん 기존

해설 '패밀리 레스토랑'의 최근 동향은 '교외 출점이 포화 상태가 되었다.'에서 정답을 찾을 수 있다.

정답 2

(4)

개개인의 사람의 목소리에는 지문과 같이 그 사람 특유의 성문이 있다. 성문은 개인에 따라 다르며 범죄 등에도 이용된다. 유괴사건 등에서 전화 목소리에서 성문을 채취해 두면 범인 수사의 특정으로 연결되는 일이 있다. 혹은 대화를 할 때 목소리의 상태가 그 인물의 심리상황을 이야기해 주는 경우도 있다. 성문이라는 말을 일본에서 최초로 만든 K씨는 지금까지 경찰청 등에도 협력해 왔다. K씨는 개에게도 개체마다 다른 성문이 있고, 인간의 목소리와 같이 분석할 수 있다고 생각하고 있다.

단어 指紋しもん 지문 | 特有とくゆう 특유 | 誘拐事件ゆうかいじけん 유괴사건 | 採とる 채택[채용]하다 | 結むすびつく 연결되다 | ~際さい ~할 때 | 心理状況しんりじょうきょう 심리상황 | 警察庁けいさつちょう 경찰청 | 協力きょうりょく 협력 | 個体こたい 개체 | 分析ぶんせき 분석

49 여기서 필자가 말하고 있는 것과 일치하는 것은 무엇인가?
1) 인간의 목소리에는 한 사람 한 사람 특유의 성문이라는 것이 있다.
2) 유괴 사건의 전화 목소리에서 범인의 특정으로 이어지는 일은 적다.
3) 대화할 때의 목소리의 상태로 인물의 심리 상황을 읽어내는 것은 어렵다.
4) 개는 사람과 달라 개체별로 목소리가 다르지 않다.

단어 読よみ取とる 읽어내다

해설 한 사람 한 사람의 인간의 목소리에는 지문과 같이 그 사람 특유의 성문이 있다.

정답 1

문제9 다음 (1)에서 (3)의 문장을 읽고, 뒤의 질문에 대한 대답으로 가장 알맞은 것을 1·2·3·4에서 하나 고르시오.

(1)

아이들이 자립해서 모두 집을 나갔다. 나는 오랫동안 전업주부였으나 갑자기 남편에게 가사 포기 선언을 했다. 여기서 복잡한 사정을 이야기하지는 못하지만 나 나름의 이유가 있다. 남편도 그것을 충분히 이해하고 있기 때문에 반대도 하지 않고 묵묵히 가사를 하기 시작했다. 아침밥, 도시락 싸기, 설거지, 쓰레기 내놓기, 다림질 등 ①부지런하게 일하고 있다.

나는 뭘 하냐면 아침에 잠이 깨도 한가로이 이불 속에서 라디오를 듣고 있다. 그런 나에게 남편은 '다녀올게,' 하고 외출한다. 배가 고플 즈음 나는 일어나서 간단하게 아침을 먹는다. 그리고 마음 가는 대로 하루를 보낸다. 간신히 저녁 식사 준비만은 한다.

남들이 보면 나는 꽤나 악처로 보일 것이 틀림없다. 그렇지만 남편에게도 머지않아 퇴직이 찾아온다. 그 전에 내가 저 세상으로 갈지도 모른다. 결국 지금 이렇게 남편을 자립시키는 훈련을 해두는 것은 나중에 도움이 될 것이 틀림없다. ②이것은 사랑의 매인 것이다.

언제까지 이런 안일한 생활이 계속될지 모른다. 점점 가사를 잘하게 되어가는 남편을 가만히 보면서 조금 더 상태를 지켜보려고 한다.

단어 専業主婦せんぎょうしゅふ 전업주부 | 放棄ほうき 포기 | 黙々もくもくと 묵묵히 | かいがいしい 바지런하다 | 布団ふとん 이불 | 悪妻あくさい 악처 | 安逸あんいつ 안일

50 ①부지런하게 일하고 있다는 것은 누구를 말하는 것인가?
1) 오랫동안 가사를 자진해서 도와주고 있는 남편
2) 필자의 가사 포기 선언을 충분히 이해하고 있는 남편
3) 평상시에 전업주부의 일상에 흥미가 있는 남편
4) 악처에게 학대 당하며 가사를 하고 있는 남편

단어 虐しいたげる 학대하다, 못살게 굴다

해설 부인의 가사포기 선언을 이해하고 받아들인 남편이 대신 가사 일을 하기 시작했다.

정답 2

51 ②이것은 무엇을 가리키고 있나?
1) 남편을 자립시키는 훈련으로서 가사를 시키는 것
2) 매일아침 아이의 도시락 만들기를 시키는 것
3) 저녁 식사 준비만은 남편에게 시키는 것
4) 아침에 자신을 깨워주도록 남편에게 부탁하는 것

해설 '남편을 자립시키는 훈련을 해두는 것'을 의미한다.

정답 1

52 필자가 가만히 지켜보려는 것은 무엇인가?
1) 퇴직을 맞이하려고 하고 있는 남편
2) 열심히는 하지만 가사에 고심하고 있는 남편
3) 아내인 자신이 해주지 않으면 아무것도 못하는 남편
4) 점점 가사를 잘하게 되어가는 남편

해설 문장 마지막 부분에 '점점 가사를 잘하게 되어가는 남편을 가만히 보면서 조금 더 상태를 지켜보려고 한다.'고 했다.

정답 4

(2)

①저는 45년 전, 중국지방 서부에 있는 어느 지역에서 태어났습니다. 강 하구가 가깝고 숲을 빠져나가면 바다가 나옵니다. 그러나 이 지역의 사람들에게는 어업권은 없습니다. 지면은 모래땅으로 밭도 논도 만들 수 없습니다. 죽은 소와 말의 처리나 관 만들기가 주된 일입니다. 함석 지붕으로 된 집이 늘어선 부락에 300명에서 400명이 몸을 의지하며 살고 있었습니다. 상하수도도 없는 피차별 부락(차별 받는 부락)입니다.

이 지역의 기원은 中중국지빙의 다이묘가 통지하넌 에노시대. 연공 부과에 대한 불만을 딴 데로 돌리기 위해 번이 '가키노우치'라고 불리는 지구의 사람들을 강제로 모래 별판으로 격리한 데서 시작되었다고 한다.

사부로의 소년시절, 그 지구의 출신자는 초등학교의 학급 45명 중, 1명뿐이었다. 옷이나 책가방조차도 새 것을 사 준 적은 없었다. 명확한 기억에 남는 최초의 체험은 2학년 때. 3월 생이라 공부가 뒤쳐져 있던 사부로를 ②담임교사가 "가와무라 군은 바보니까" 하며 웃었다. 특수학급으로 가라는 말도 들었다.

서예 수업이 시작된 3학년 때, 모두가 새 서예도구를 가지고 있는데, 자신만이 할아버지에게 물려받은 것을 갖고 있었다. 5학년 때에 만들어진 고적대에도 넣어주지 않았다.

단어 漁業権ぎょぎょうけん 어업권 | 砂地すなじ 모래땅 | 部落ぶらく 부락 | 年貢ねんぐ 연공, 해마다 바치던 공물 | 取とり付つけ 장치, 설치 | 砂原すなはら 모래별판 | 隔離かくり 격리 | 特殊とくしゅ 특수 | 鼓笛隊こてきたい 고적대

53 ①내가 살았던 지역의 설명으로 바른 것은 어느 것인가?
1) 밭과 논이 많은 풍요로운 땅이다.
2) 주된 일은 죽은 말과 소의 처리나 관을 만드는 것이다.
3) 초등학교에는 아동 학생이 300명에서 400명 있는 지역이다.
4) 다이묘가 통치했던 에도시대에 매우 번영했던 지역이다.

해설 죽은 소와 말의 처리나 관 만들기가 주된 일이다.

정답 2

54 ②담임교사는 사부로에게 무슨 말을 했을까?
1) '너는 학교에 오지 마라.'고 했다.
2) '특수학급으로 가라.'고 했다.
3) '서예 수업을 받지 마라.'고 했다.
4) '고적대에 들어가라.'고 했다.

해설 특수학급으로 가라는 말을 들었다.

정답 2

55 필자가 5학년 때 경험한 것은 어떤 일이었나?
1) 어른이건 아이건 상관없이 밭에서 강제로 일해야 했다.
2) 특수학급에서밖에 학교 수업을 들을 수가 없었다.
3) 초등학교에서 만들어진 고적대에 들어갈 수 없었다.
4) 책가방을 가지고 있지 않은 것을 무시당했다.

해설 '5학년 때에 만들어진 고적대에도 넣어주지 않았다'고 했다.

정답 3

(3)

화장품 회사의 홍보를 담당하는 ①30대의 여성 다케다 히로미 씨. 화려하게 생각되기 쉬운 일이지만 출판사를 상대로 한 영업활동 하는 것과 상품 대출, 취재 응대, 촬영 모임, 원고 체크, 신상품 뉴스·릴리스 작성 등으로 일은 굉장히 고되다. '신제품 발표회 전에는 귀가는 매일 밤 막차 코스. 홍보는 체력 승부가 틀림없어요.'

재작년에 결혼해서 현재는 부부 둘이서 산다. 광고회사에 근무하는 남편(33세)과는 3년 전에 일을 통해 알게 되었다. 서로 바쁘고 일의 특성상 외식도 많다. 부부가 함께 식사하는 것은 주말 정도이지만 혼자일 때도 되도록 밥을 해 먹으려 하고 있다고 한다. "미용에 관계하고 있는 이상 컨디션 관리도 업무 중 하나예요. '식사는 건강의 기본이잖아요."

귀가 후 바로 먹을 수 있도록 보존할 수 있는 반찬이나 현미는 ②쉬는 날 시간이 있을 때 한꺼번에 조리해서 냉동고에 넣어둔다. "야채 등의 신선식품은 썩히면 안 되기 때문에 기본적으로 사 두지는 않고 편의점에서 조달하는 일이 많아요."

최근에 잘 이용하는 것이 편의점의 ③'편리한 상품'. 이것은 생야채나 손질된 고기 등의 식료품과 조미액을 팩으로 한 것으로 전자렌지만 있으면 언제든지 손쉽게 갓 조리한 맛을 즐길 수 있는 상품이다.

단어 広報こうほう 홍보 | 原稿げんこう 원고 | リリース[release] 제품을 발표하고 발매함 | 終電しゅうでん 마지막 전철('終電車'의 준말) | 玄米げんまい 현미

56 ①다케다 히로미 씨는 홍보라는 직업에 대해서 어떻게 말하고 있나?
1) 화려하게 생각되기 쉬운 일이지만 굉장히 힘든 직업이다.
2) 아름다운 외모가 중시되는 체중관리가 필요한 직업이다.
3) 건강하면 누구나 할 수 있는 간단한 직업이다.
4) 가사도 거의 할 수 없을 정도로 바쁜 직업이다.

해설 '화려하게 생각되기 쉬운 일이지만 (중간 생략) 일은 굉장히 고되다.'고 했다.

정답 1

57 ②쉬는 날 시간이 있을 때 다케다 씨는 무엇을 하나?
1) 컨디션 관리를 위해 남편과 운동에 힘쓰고 있다.
2) 쉬는 날에도 회사에서 끝나지 않은 일을 집에서 처리하고 있다.

3) 부부가 함께 식사할 시간이 적기 때문에 남편과 외식하러 간다.

4) 보존할 수 있는 반찬이나 현미를 한꺼번에 조리해서 냉동 보존하고 있다.

해설 귀가한 후에 바로 먹을 수 있도록 '보존할 수 있는 반찬이나 현미는 (중간 생략) 한꺼번에 조리해서 냉동고에 넣어 둔다.'고 했다.

정답 4

58 편의점에서 발매된 ③'편리한 상품'이란 상품은 어떤 것인가?

1) 생야채가 썰어져서 팩에 들어있는 상품

2) 각각의 요리에 맞춰서 조미료가 팩에 들어있는 상품

3) 언제나 손쉽게 갓 조리한 맛을 즐길 수 있는 상품

4) 가정에서도 손쉽게 본격적인 맛을 즐길 수 있는 상품

해설 지시어 다음에 구체적인 언급이 되어 있다. 이것은 (중간 생략) 전자레인지만 있으면 언제든지 손쉽게 갓 조리한 맛을 즐길 수 있는 상품이다.

정답 3

문제10 다음 글을 읽고, 뒤의 문제에 대한 대답으로 가장 알맞은 것을 1·2·3·4에서 하나 고르시오.

이런 곳에 개가 있을 거라고는 생각 못했다. 애초에 이런 곳에 사람이 살고 있으리라고는 생각할 수 없었다. 키 큰 잡초가 무성한 제방. 나는 가슴팍까지 오는 풀들에 막혀서 바로 앞에 있는 강조차도 볼 수 없다. 수풀을 제치고 걸어가니 매우 시끄러운 개짖는 소리와 함께 간신히 쓰러져 가는 텐트 오두막이 모습을 드러냈다.

오두막에 매여져 계속 짖어대는 다섯 마리 옆에는 그들의 주인인 노숙자 가와카미 씨(가명)의 모습도 있다.

"안녕하세요. 가와카미 씨."

나를 거기로 안내해 준 ①구보타 씨와 하시모토 씨가 상냥하게 말을 건넸다.

"약 가져왔어요."

각다귀가 많은 이 장소에 버려져 노숙자가 주워 기르는 개들을 위해 두 사람은 매달 이렇게 필라리아 예방약을 나르고 있다. 그렇지만 그 중에는 사나운 개도 있기 때문에 개에게 약을 먹일 수 있는 것은 주인뿐이다.

"가와카미 씨, 부탁해요."

구보타 씨와 하시모토 씨가 약을 치즈로 싸서 가와카미 씨에게 건네준다. 가와카미 씨는 믿음직스럽지 못한 손놀림으로 그것을 받아 개에게 먹이려 한다. 기뻐하며 달려드는 개가 있는가 하면 경계하는 개도 있다. 좀처럼 먹지 않는 한 마리에게 애를 먹는 사이 치즈에서 약이 바닥에 굴러 떨어졌다.

"가와카미 씨, 약이 떨어졌어요."

구보타 씨와 하시모토 씨가 황급히 약을 찾았지만 보이지 않는다. 그 사이에도 개들은 계속해서 크게 짖는다. 필라리아 예방약을 한 알 잃었다. 그것은 여기에 있는 다섯 마리

중 한 마리의 목숨이 위험에 처한다는 것을 뜻한다. 필사적으로 수풀 사이를 뚫어지게 보는 나에게 결국 포기한 하시모토 씨가 말했다.

"괜찮아요. 항상 ②이렇게 되니까 반드시 여분을 가져와요."

예비 약을 치즈로 말아 다시 가와카미 씨에게 건넸다.

"다음은 쟤한테 부탁해요. 아니요, 그 녀석은 벌써 먹었어요."

시종일관 멍하게 있는 가와카미 씨의 움직임은 둔해서 한 알을 먹는 데도 시간이 걸린다. 간신히 다섯 마리 모두에게 약을 먹이고 제방을 뒤로 했을 때, 내 머릿속에는 의문이 빙글빙글 소용돌이치고 있었다.

가와카미 씨는 왜 여기 살고 있는 걸까? 어떻게 이런 곳에 살 수 있는 걸까? 자기 혼자 사는 것만으로 벅찰 텐데 왜 개를 키우는 걸까? 그것도 다섯 마리나. 저렇게 많이 있으면 자기도 힘들 텐데.

"글쎄요. 왜일까요? 버려진 개를 못 본 척 할 수 없었던 것인지, 단순히 외로운 것인지, 사회에서 밀려나온 자신과 개들의 처지를 동일시하는 것인지……. ③진실은 저도 몰라요."

제방의 개들을 지키기 위해 모르면서도 노숙자들과 접촉해 온 구보타 씨가 말했다.

"그래도 이래 봬도 6년 전에 비하면 훨씬 나아진 거 예요. 이전에는 더 많은 개가 더욱 형편없이 사육되고 있었어요."

6년 전 – 그것은 구보타 씨가 이 제방에 사는 개들의 존재를 알게 된 시기에 해당한다.

맨 처음 계기는 류라는 강아지와의 만남이었다.

모든 것은 ④거기서부터 시작되었다. 그렇지만 그것보다 더 이전으로 이야기를 거슬러 올라가려고 한다.

단어 雑草ざっそう 잡초 | ホームレス[homeless] 홈리스, 집이 없음, 노숙자 | 土手どて 둑, 제방 | 阻はばむ 방해하다, 저지하다 | 茂しげみ 우거짐, 우거진 곳, 수풀 | ぬう 누비다, 요리조리 뚫고 나아가다 | けたたましい 갑자기 큰 소리가 나는 모양 | 傍かたわら 곁, 옆 | 予防薬よぼうやく 예방약 | 警戒けいかい 경계 | 手てをやく 애먹다 | 鈍にぶい 둔하다, 무디다 | 渦巻うずまく 소용돌이치다, 혼란스럽다 | 境遇きょうぐう 경우, 처지 | 遡さかのぼる 거슬러 올라가다

59 ①구보타 씨와 하시모토 씨는 어떤 활동을 하고 있는 사람들인가?

1) 노숙자가 주워 기르는 개들에게 필라리아 예방약을 갖다 주는 활동

2) 노숙자들의 건강을 매월 보러 와서 약을 나눠주는 활동

3) 제방에 사는 개들의 생태를 조사해 개와 인간의 공생을 생각하는 활동

4) 버려진 개들을 위해 제방에 개집을 만들어주는 활동

해설 '버려져 노숙자가 주워 기르는 개들을 위해 두 사람은 매달 이렇게 필라리아 예방약을 나르고 있다.'고 했다.

정답 1

60. ②이렇게 된다는 것은 어떻게 되는 것을 가리키고 있나?
1) 개들의 수가 많아서 가져온 약이 부족해지는 것
2) 목숨이 위험한 개들을 구해줄 수가 없어서 개들이 죽게 되는 것
3) 개가 노숙자나 구보타 씨나 하시모토 씨를 물어 버리는 것
4) 노숙자가 개에게 먹일 약을 잘못해서 잃어버리는 것

해설 좀처럼 약을 먹으려 하지 않는 한 마리 때문에 치즈에서 약이 지면에 굴러 떨어졌고 황급히 약을 찾았지만 보이지 않았다.

정답 4

61 ③진실이라는 것은 무엇을 말하나?
1) 어째서 개들에게 약을 잘 먹이지 못하는가 하는 것
2) 어째서 제방에 사는 개들의 수가 이렇게 늘었는가 하는 것
3) 어째서 노숙자가 개를 많이 키우는가 하는 것
4) 어째서 홈리스들만이 개들에게 약을 먹일 수 있는가 하는 것

해설 '자기 혼자 사는 것만으로 벅찰 텐데 왜 개를 키우는 걸까?'라는 물음에 대한 정확한 이유를 모른다는 의미로 '本当のところ(진실)'라는 표현을 사용했다.

정답 3

62 ④거기서부터란 무엇을 가리키고 있나?
1) 노숙자들과 만났을 때
2) 류라는 강아지와 만났을 때
3) 필라리아에 대해 연구를 시작했을 때
4) 홈리스의 실태를 알았을 때

해설 모든 것이 시작된 '맨 처음 계기는 류라는 강아지와의 만남'이었다.

정답 2

문제11 다음 A와 B는 각기 다른 칼럼이다. A와 B를 읽고, 뒤의 문제에 대한 대답으로 가장 알맞은 것을 1·2·3·4에서 하나 고르시오.

(A)

충격적인 일본 상륙으로부터 1년. 불황인 일본에서 저가 패션 붐에 불을 붙이는 역할을 한 캐주얼 의류 체인 'H&M'이 올 가을 다시 한 발을 내딛었다. 9월 5일 첫 쇼핑몰 내 점포를 출점한 것을 시작으로, 17일에 오픈한 상업시설에도 출점. 19일에는 시부야에 일본 최초의 기반점을 오픈한다. 게다가 11월 14일, 풀라인을 갖춘 숍으로 신주쿠에도 진출할 계획이다.

H&M은 작년 가을 긴자와 하라주쿠에 대형 매장을 오픈. 구역 내의 최고 위치에 출점함으로써 단기간에 브랜드의 인지도를 올리는 전략이 성공하여 매스미디어에 노출된 것이 인기에 박차를 가했다. 또한, 당초 사태를 조용히 지켜보고 있던 일본 패션 업계에 준 임팩트도 예상 이상으로 컸다.

'저가 패션'은 소비자의 절약지향과 맞아떨어져 시대의 일대 트렌드가 되었다. 의류품 불황에 허덕이는 백화점이나 양판점도 끌어들인 패스트 패션 붐은 종식하기는커녕

아직도 계속되고 있다.

그 기세에 편승해 H&M의 일본에서의 판매량도 오픈부터 반년 만에 약 26억 엔에 달했다. 그리고 이번 가을, 새로운 전략으로 출점을 가속한다. 도심뿐만 아니라 교외에도 진출해 일본에서는 전개하지 않았던 언더웨어와 베이비&키즈 라인을 새롭게 투입한다. 변화가 풍부한 상품 구성을 무기로 입지, 고객 층에 맞춘 상품구비와 발표회로 기존의 점포와는 다른 매력을 어필한다.

(B)

9/19(토), 시부야 거리에, 'H&M SHIBUYA'가 탄생! 국내 최초의 플래그숍 스토어가 되는 이 가게는 4개 있는 기존 점포를 넘어서는 약 2800평방미터의 국내 최대급의 매장 면적을 자랑한다.

아무튼 대단한 것은 그 상품 규모. 일본 최초의 언더웨어 라인이 등장하는 레디스 이외에 파격적인 가격인 액세서리가 즐비하게 갖추어진 액세서리 에어리어도 탄생한다 게다가 지금까지 주눅 들었던 남성들에게도 낭보! 시부야 점은 최대 규모의 맨즈 플로어에 정장부터 캐주얼까지 폭 넓은 면면을 전개하고 있는 것도 매력 중 하나이다.

플로어는 전부 4개. 시즌에 맞는 숙녀들의 유행 동향을 한 눈에 알 수 있는 1층 플로어는 막 입고한 신제품이 진열되는 지금 가장 인기 있는 패션을 알 수 있는 플로어다. 기본적인 아이템도 있기 때문에 평상시에 다양하게 코디해서 입을 수 있는 것도 많다. 액세서리 에어리어로 대표되는 레디 캐주얼 라인은 2층 플로어에 전개된다. 티셔츠나 파커, 넬 셔츠 등의 심플한 아이템이 형형색색 다양하게 전개된다. 또한 액세서리 코너에는 슈즈나 백, 액세서리 이외에 스톨이나 벨트도 놀라운 가격에 구입할 수 있다.

적당한 가격과 다른 곳에는 없는 디자인 감각으로 절대적인 인기를 자랑하는 'H&M'. 풀 라인업이 갖추어져 있다고 해도 과언이 아닌 새로운 시부야점에서 이 점포의 매력을 재확인해 보는 것은 어떨까?

단어 衝撃的しょうげきてき 충격적 | 上陸じょうりく 상륙 | 旗艦店きかんてん '旗艦'은 '함대의 사령관 또는 사령관이 탄 군함'을 이르는 말이다. 여기서는 그런 역할을 수행하는 본부점, 본점을 의미한다. | 路面店ろめんてん 대로변에 위치한 매장 | 衣料いりょう 의류, 의류나 그 재료(=衣類いるい) | 火付ひつけ 방화, 불을 지름 | 店舗てんぽ 점포 | 静観せいかん 정관(*조용히 관찰하는 것, 손을 쓰지 않고 가만히 지켜보는 것) | 合致がっち 합치 | 終息しゅうそく 종식 | バリエーション 변화, 변동 | 既存きそん 기존 | 一等地いっとうち 가장 가격이 비싼 땅 | 面積めんせき 면적 | フォーマル 정장 | 新作しんさく 신작 | 過言かごんではない 과언이 아니다

63 A와 B 양쪽 기사에 모두 나오는 내용은 어느 것인가?
1) 9월 19일, 시부야에 일본 최초의 본점을 오픈한다는 것
2) 9월 5일에 최초의 쇼핑몰 내 점포를 출점한다는 것

3) 시부야점에는 최대 규모의 맨즈 플로어가 있다는 것
4) 긴자와 하라주쿠에 대형 매장을 오픈한다는 것

해설 이런 유형의 문제는 화제의 생소함이나 전문지식은 별로 걱정할 것이 없다. 왜냐하면 지식을 묻는 것이 아니라 [A] [B]에서 공통적으로 다뤄지는 주제나 차이점을 묻기 때문이다.
[A] '캐주얼 의류 체인 'H&M'이 (중간 생략) 19일에는 시부야에 일본 최초의 본점을 오픈한다.'
[B] '9/19(토), 시부야 거리에, 'H&M SHIBUYA'가 탄생! 국내 최초의 플래그숍 스토어가 되는 이 가게'는 쉽게 눈에 띄는 공통적인 단어는 '9월 19일, H&M, 일본 (국내) 최초' 등이다.

정답 1

64 A와 B는 내용에 어떤 차이가 있다고 말할 수 있나?
1) A와 B 모두 점포내의 상품이나 플로어의 상세한 설명이 되어 있다.
2) A는 점포 전개와 점포의 내용을 빠짐없이 쓰고 있는 것에 비해, B는 점포의 플로어 해설이나 상품의 설명이 많다.
3) A는 상품을 설명하는 내용이 대부분인 것에 비해, B는 일본 국내에서의 점포 전개만을 고집해서 쓰고 있다.
4) A와 B 모두 시부야 거리에 새롭게 오픈하는 점포에 대해 쓰여 있다.

해설 [A]는 브랜드의 점포의 수를 확장해 가는 과정과 그 세부적 내용을 기술하고 있고 [B]는 주로 'H&M SHIBUYA' 점포에 관한 규모 및 각 층마다의 특색을 자세하게 묘사하고 있다.

정답 2

65 브랜드의 인지도를 높이는 전략으로써 무엇을 했나?
1) 단기간에 일본 전국에서 점포 전개를 했다.
2) 긴자나 하라주쿠 등의 구역 내의 최고 위치에 출점했다.
3) 젊은 여성에게 인기 있을 만한 상품만을 취급했다.
4) 액세서리만을 선행 판매하는 전략을 썼다.

해설 [A] 두 번째 단락에 'H&M은 작년 가을 긴자와 하라주쿠에 대형 매장을 오픈. 구역 내의 최고 위치에 출점함으로써 단기간에 브랜드의 인지도를 올리는 전략이 성공하고' 라고 되어 있다.

정답 2

문제12 다음 문장을 읽고, 뒤의 문제에 대한 대답으로 가장 알맞은 것을 1·2·3·4에서 하나 고르시오.

①개호 현장이 크게 흔들리고 있다. 일하는 사람의 저임금이나 높은 이직률 등에 의해 일손부족이 일상화 되어서 간병직장에서 비명을 지르고 있는 것이다.
개호의 위기적 상황을 타개하기 위해 후생노동성에 설치된 지식인에 의한 '간호 노동자의 확보·정착 등에 관한 연구회'가 18일에 중간보고를 정리했다. 현재 상황을 나타낸 다음 몇 가지의 제언을 하고 있다.

개호 사업소의 조사에 따르면 방문 간호로 75%, 시설 간호로 56%의 사업소가 일손부족에 처해 있다. 청년 인구의 감소와 힘든 노동 조건 등이 그 배경에 있다.
젊은이들의 개호 기피 현상도 심각하다. 단기대학이나 전문학교에서 정원 미달이 일어나고 있다. 졸업해도 개호 분야에 취직하는 비율도 저하하는 추세이다. 동연구회의 의견 청취 조사에서는 '학생이 개호 분야를 희망해도 고등학교 선생님이나 부모가 반대한다.'는 목소리가 있었다. 보통 고등학교의 진로지도 선생님의 30%가 '고민하는 학생에게 굳이(간호 일을) 권하지 않는다.'고 한다. ②이런 현실에 정면으로 맞서지 않으면 지금 일어나고 있는 사태에 대처할 수 없다.
한편 이직율도 전체 산업 평균과 비교해 높다. 이직자 중 근속 1년 이내가 40%, 3년 이내에 75%가 퇴직하고 있는 것은 놀랍다. '대우(임금, 노동시간)에 불만' '결혼이나 출산 등 개인적 사정' '경영이념이나 운영에 대한 불만'이 주요 이직 이유이다. 근속년수가 다르기 때문에 단순 비교는 어렵지만 일반의 상용 노동의 평균 임금과 비교하면 남성 개호사는 12만 엔, 여성 간호사는 3만엔 낮다.
문제가 산적한 ③개호 노동 현장을 어떻게 개선해 가면 좋을까? 동연구회는 ⓐ인재의 양과 질을 확보하기 위해 적절한 간호 보수의 개정 ⓑ임금 제도, 인사 평가 제도, 야간 인원 배치 등 고용 관리면에서의 개선책, ⓒ개호복지사 등 자격을 가지고 있으면서 개호 분야에서 일하지 않는 사람의 복귀 지원, ⓓ개호 노동자의 사회적 평가를 높이는 대처 등을 제언하고 있다.
어느 것도 간단하지 않지만 빨리 대처하지 않으면 안 된다. 간호보험제도가 인재 부족에 의해 붕괴되는 일이 있어서는 안 되기 때문이다.
그래서 인재 부족 대책으로 ④베이비붐 세대의 힘을 빌릴 것을 제안하고 싶다. 정년으로 은퇴한 사람에게 제2의 인생을 개호의 현장에서 일하도록 하는 것이다. 사회인으로서의 경험과 지식을 젊은이에게 전하고 자신의 부모 세대 개호를 함께 했으면 한다. 그때 일 한 기간에 따라 포인트 카드를 발행하는 것도 하나의 안이다. 예를 들어 3년간 일하면 자신이나 가족이 개호를 필요로 하게 되었을 때 우선적으로 시설을 이용할 수 있고, 개호 서비스를 받을 수 있도록 한다. 개호 분야에 단카이(베이비붐) 세대가 참가할 동기부여가 되는 방책이 있었으면 한다. 이것을 젊은 사람들에게만 개호를 의지하지 말고 세대를 넘어서 서로 보살피는 구조를 만드는 계기로도 삼고 싶다.

단어 悲鳴ひめいを上あげる 비명을 지르다 | 人手不足ひとでぶそく 일손부족 | 提言ていげん 제언 | 若年じゃくねん 약년, 나이가 젊음, 또, 그 사람 | 勤続きんぞく 근속 | 離職りしょく 이직 | 報酬ほうしゅう 보수

66 ①개호 현장에서는 지금 무엇이 문제가 되고 있나?
1) 개호사업소의 수가 매년 감소 일로를 걷고 있는 것
2) 일하는 사람의 저임금이나 높은 이직률 등으로 인한 일손부족의 일상화

3) 개호 분야를 목표로 하는 고등학생이 많은 것으로 인해 개호직으로의 취직 배율이 높아진 것

4) 남성 개호자와 여성 개호자의 평균 임금이 거의 비슷한 것

해설 '개호 현장이 크게 흔들리고 있다. (중간 생략) 개호 현장에서 일하는 사람들이 저임금이나 높은 이직률 등에 의해 일손부족이 일상화되어, 간병직장에서 비명을 지르고 있다'고 했다.

정답 2

67 ②이런 현실이란 무엇을 가리키고 있나?

1) 부모나 교사가 개호직 취직을 권하는 것

2) 1년 이내에 이직하는 사람이 75%나 있다는 것

3) 젊은이들의 심각한 개호 기피가 진행되고 있다는 것

4) 단카이 세대의 개호 종사자가 줄어들고 있는 것

해설 바로 앞서 서술한 '젊은이들의 개호 기피 현상도 심각하다. (중간 생략) 졸업해도 개호 분야에 취직하는 비율은 저하하는 추세이다.'를 가리킨다.

정답 3

68 ③개호 노동 현장 개선을 왜 빨리 하지 않으면 안 되나?

1) 여성 간호자의 현 상황에 대한 불만이 한계에 달했기 때문에

2) 간호보험제도가 인재 부족으로 인해 붕괴되는 일이 있어서는 안 되기 때문에

3) 간호보험제도에 대한 현장의 인식이 낮은 현실을 바꾸지 않으면 안 되기 때문에

4) 단카이 세대의 개호 노동자로의 수용 태세를 한시라도 빨리 갖추어야 하기 때문에

해설 다음 단락의 관련어를 파악해야 한다. '개선을 서둘러야 하는 이유'는 '개호보험제도가 인재 부족으로 인해 붕괴되는 일이 있어서는 안 되기 때문이다.'

정답 2

69 ④베이비붐 세대의 힘을 빌리는 것으로 인해 어떤 일의 계기로 삼고 싶다고 필자는 말하고 있나?

1) 단기대학생이나 전문학교생의 개호에 대한 관심을 높이는 계기로 삼고 싶다.

2) 간호에 힘쓰고 있는 개호 노동자의 지나치게 낮은 임금을 올리는 계기로 삼고 싶다.

3) 결혼을 해도 여성이 개호 현장에서 일 할 수 있는 환경을 만드는 계기로 삼고 싶다.

4) 젊은 사람들에게만 개호를 의지하지 말고 세대를 넘어서 서로 보살피는 구조를 만드는 계기로 삼고 싶다.

해설 정년으로 은퇴한 사람에게 제2의 인생을 개호의 현장에서 일하도록 하는 것이다. (그렇게 하는 이유는) 젊은 사람들에게만 개호를 의지하지 말고 세대를 넘어서 서로 보살피는 구조를 만드는 계기로 삼길 바라기 때문이다.

정답 4

문제13 다음은 동해 지진에 관한 정보이다. 아래의 질문에 대한 답으로 가장 알맞은 것을 1 · 2 · 3 · 4에서 하나 고르시오.

70 동해 지방에서는 가까운 장래에 어떤 가능성이 지적되고 있나?

1) M8 급의 거대 지진이 발생할 가능성

2) 15년 만의 대지진이 일어날 가능성

3) 큰 지진이 단기간에 몇 번이나 일어날 가능성

4) 상정 불가능할 정도의 대지진이 일어날 가능성

해설 상단 설명에서 '가까운 장래에 (중간 생략) M8 클래스의 거대 지진이 발생할 가능성이 지적되고 있다.'고 하였다.

정답 1

71 동해 지진 주의 정보란 어떤 경우에 내려지는 것인가?

1) 동해 지역의 관측 데이터에 이상이 나타난 경우

2) 동해 지진의 전조현상과는 관련성이 없다고 판단될 경우

3) 동해 지진이 발생할 우려가 있다고 인정되었을 경우

4) 동해 지진의 전조 현상이 일어나고 있는 가능성이 높다고 인정되었을 경우

단어 想定そうてい 상정 | 観測かんそく 관측 | 前兆ぜんちょう 전조

해설 '동해 지진'이라는 말은 다 사용되었으나, 이후에 덧붙여진 항목별 제목을 빨리 파악하고 그 내용을 문항과 대조하여야 한다. '동해 지진 주의 정보'는 '동해 지진의 전조 현상이 일어나고 있는 가능성이 높다고 인정되었을 경우 발령되는 경보이다.

정답 4

해설

청해

문제1 문제1에서는 먼저 질문을 들어 주세요. 그리고 나서 이야기를 듣고, 문제용지의 1에서 4 중에서 가장 알맞은 것을 하나 고르세요.

1番　_T037

大学生の男女がサークル内で作る新聞に掲載する写真について話をしています。何の写真を撮るために部員に連絡を回そうとしているのですか。

F：来月からね、サークル内で新聞を作っていこうと思ってるの。

M：それはいい考えだね。サークル活動の記録にもなるし、許可をもらって校内に張り出せばうちのサークルのいい宣伝にもなるし。

F：文章だけじゃなくて、もちろん写真も載せようと思ってるんだけど、どんな写真がいいと思う？

M：そうだな、僕たちはバドミントンサークルなんだから、体育館でバドミントンをしている写真を載せたらいいんじゃない？

F：でもバドミントンをしているところだと、限られた人しか写真に写らないし、初めての新聞だから、部員の集合写真もいいかなと思うんだけど、どうかしら。

M：それもいいね。あ、あと、うちのサークルって、よくみんなで旅行に行ったり、夏にはキャンプに行ったりするから、その時の写真も載せてみたら。

F：それもいいかもね。学校でのサークル活動以外でもみんな仲よくしてる様子がわかれば、私たちのサークルにいいイメージを持って新しく入ってくれる人も増えそうだし。

M：とりあえず集合写真は載せることにして、みんなに連絡を取って全員が集まれる日を決めなくちゃいけないな。

F：そうね、みんなバイトや授業もそれぞれあるだろうから、早めに連絡入れて集まってもらわなくちゃ。

M：じゃあ、僕が男子部員に連絡回すから君は女子部員に連絡回して。来週の何曜日が都合がいいか聞いて、都合が良いと言った人数が多い日に決めよう。

F：そうね、全員がいい日は難しいから、あとは合わせてもらう方向で。

M：よし、じゃあ、早速連絡しよう。

何の写真を撮るために部員に連絡を回そうとしているのですか。

대학생 남녀가 동아리 내에서 만드는 신문에 실을 사진에 대해 이야기하고 있습니다. 어떤 사진을 찍기 위해 부원에게 연락을 하려고 하고 있습니까?

F：다음 달부터 동아리 내에서 신문을 만들려고 생각하고 있어.

M：그거 좋은 생각이다. 동아리 활동 기록도 되고, 허가를 받아서 교내에 붙이면 우리 동아리 선전도 되고.

F：글만이 아니라 물론 사진도 실으려고 하는데 어떤 사진이 좋을까?

M：우리는 배드민턴 동아리이니까 체육관에서 배드민턴 치고 있는 사진을 실으면 좋지 않을까?

F：그렇지만 배드민턴을 하고 있는 모습이라면 한정된 사람밖에 사진에 안 찍히고, 첫 신문이니까 부원의 단체사진도 좋지 않을까 하는데, 어때?

M：그것도 좋네. 아, 그리고 우리 동아리 자주 모여서 여행을 간다든지 여름에는 캠프에 간다든지 하니까 그 때의 사진도 실으면 어떨까?

F：그것도 좋을 것 같다. 학교에서의 동아리 활동 이외에도 다들 사이좋게 지내는 걸 알면 우리 동아리에 좋은 이미지를 갖고 새롭게 들어오는 사람도 늘 것 같고.

M：일단 단체사진을 올리는 걸로 하고 모두에게 연락해서 전원이 모일 수 있는 날을 정해야겠다.

F：그래, 다들 아르바이트나 수업도 각자 있을 테니까 빨리 연락해서 모이라고 해야겠다.

M：그럼 내가 남자 부원에게 연락 돌릴 테니까 너는 여자 부원에게 연락 돌려. 다음 주 무슨 요일이 좋은지 물어봐서, 괜찮다고 한 인원수가 많은 날로 정하자.

F：그렇네. 전원이 괜찮은 날은 어려우니까 나머지는 맞추는 방향으로.

M：좋아, 그럼 지금 바로 연락하자.

어떤 사진을 찍기 위해 부원에게 연락을 하려고 하고 있습니까?

보기 1) 배드민턴을 하고 있는 사진
2) 부원 전원이 여행 간 사진
3) 부원들이 캠프를 하고 있는 사진
4) 동아리 부원의 단체 사진

단어 宣伝せんでん 선전 | 載のせる 게재하다, 싣다

해설 여자의 말 '(생략) 첫 신문이니까 부원의 단체사진도 좋지 않을까 하고 있는데, 어때?' 남자가 '그것도 좋네.'라고 동의했으므로 정답은 4번이다.

정답 4

2番　_T038

男の人と女の人が服について話をしています。男の人はどんなシャツを買って帰ることにしましたか。

F：こっちの縦じまのストライプのシャツの方が、あなたには似合っていると思うけど。

M：そうかな、個人的には横じまのボーダーのシャツが いいと思うんだけど。だめかな？

F：だめってこともないけど、縦じまの方がすっきり見 えていいと思うから。

M：こっちのチェックのシャツはどう？秋も近いし、や っぱり秋はチェック柄のシャツがいいんじゃない かな。それに、チェック柄って今持ってないから、 買い足すにはいいような気がするな。

F：でもこっちのチェックは襟まで柄が入ってて、あっ ちのチェックは襟に何も柄の入っていないタイプ よ。いろいろあって迷っちゃうわね。

M：ジャケットの下に着ようと思ってるから、襟には柄 が入っていないものの方がいいかも。胸元からチェ ック柄がのぞく感じがおしゃれでよさそう。

F：そうね、私は縦じまのストライプも捨てがたいけど。 あなたがそっちを気に入っているようだし、今日は それを買って帰りましょうか。

M：そうだね、そうしよう。

男の人はどんなシャツを買って帰ることにしましたか。

남자와 여자가 옷에 대해 이야기하고 있습니다. 남자는 어떤 셔츠를 사가기로 했습니까?

F：이 세로 줄무늬 셔츠 쪽이 너한테는 잘 어울린다고 생각하는데.

M：그런가? 개인적으로는 가로 줄무늬인 보더 셔츠가 좋을 것 같은데. 안 될까?

F：안 될 건 없는데, 세로 줄무늬가 산뜻해 보여서 좋을 것 같아서.

M：이 체크 셔츠는 어때? 곧 가을이고 역시 가을에는 체크무늬 셔츠가 좋지 않을까? 게다가 나 지금 체크무늬 옷이 없으니까 사 놓는 것도 좋을 것 같은데.

F：그렇지만 이쪽 체크는 옷깃까지 무늬가 들어가 있고, 저쪽 체크는 옷깃에 아무 무늬도 없는 타입이야. 다양해서 고민 되네.

M：자켓 아래 입으려고 생각하고 있으니까 옷깃에는 무늬가 안 들어간 게 좋을지도 모르겠다. 가슴부터 체크무늬가 살짝 보이는 느낌이 세련돼서 좋을 것 같아.

F：그렇네. 나는 세로 줄무늬도 포기하기 아깝지만. 너는 그 쪽이 마음에 든 것 같으니까 오늘은 그걸 사가자.

M：응, 그렇게 하자.

남자는 어떤 셔츠를 사가기로 했습니까?

단어 縦たてじま 세로 줄무늬 | 横よこじま 가로 줄무늬 | ボー ダー 경계선(=ボーダーライン의 준말) 패션에서 주로 가로 줄무늬를 말함 | 買かい足たす (이미 있는 것에) 사 서 더 보태다

해설 남자의 '(생략) 나 지금 체크무늬 옷이 없으니까 사 놓는 것도 좋을 것 같은데.'에 대해 여자가 동의하는 의미에서

구체적인 옷깃의 내용을 언급하였다. 이를 받아 남자가 '(생략) 옷깃에는 무늬가 안 들어간 게 좋을지도 모르겠 다.'고 한 말에 여자가 동의했으므로 정답은 2번이다.

정답 2

3番 _T039

男の人と女の人が仕事について話をしています。どうして男の人は今の会社をやめたいと言っているのですか。

M：実はさ、今の仕事辞めようかと思ってるんだ。

F：何か職場に不満でもあるの？それとも人間関係がう まくいってないとか？

M：いや、職場の同僚には恵まれてるんだけど、毎日毎日 同じ仕事の繰り返しで、仕事に充実感が得られない んだよ。

F：なるほどね。確かにあなたが大学で専攻していた分 野とは全然違うことをしている会社だし、充実感が 得られないって言うのも分からなくもないけど。

M：でもさ、今仕事を辞めたところで、次の仕事がすぐ に見つかるかというとその保障はないからね。

F：一度切りの人生なんだし、あなたがやりたいことを 後悔のないように思いきってやってみるって言う のも、私はいいと思うけど。

M：そうなんだよな。まだ結婚してないから家族に迷惑 をかけるって言う心配もないし。

F：そうね、それは独身の特権ね。でも不景気はまだま だ回復しそうにないし、今会社を辞めるって言うの は相当の覚悟と決心が必要ね。

M：一応知人友人のつてを頼って、いくつか会社の説明 を聞きに行ったり、見学に行ったりはしているんだ。

F：もうそこまで行動に移しているなら、あとはあなた の勇気と決断力にかかってるんじゃない。

M：あと２、３社説明を受けさせてもらえる手はずをと ってるから、それが終わるまでに決断はくだすよ。

どうして男の人は今の会社をやめたいと言っているの ですか。

남자와 여자가 일에 대해 이야기하고 있습니다. 남자는 왜 지금 다 니는 회사를 그만두고 싶다고 말하고 있습니까?

M：사실은 말이야, 지금 하는 일 그만둘까 해.

F：직장에 무슨 불만이라도 있어? 아니면 인간관계가 힘들다 든가?

M：아니, 직장 동료들은 다 좋은 사람들인데, 매일매일 똑같 은 일을 반복해서 일에 만족감을 못 느껴.

F：그렇구나. 하긴 네가 대학에서 전공한 분야와는 전혀 다른 일 을 하는 회사이고, 만족감을 못 느낀다는 것도 알 것 같은데.

M : 그렇지만 지금 일을 그만둔다고 해서 다음 일을 금방 찾는 다는 보장도 없으니까.

F : 한번뿐인 인생이니까 네가 하고 싶은 일을 후회 없이 과감 하게 해 보는 것도 좋다고 생각해.

M : 그렇지? 아직 결혼도 안 했으니까 가족에게 폐를 끼친다 는 걱정도 없고.

F : 그렇지, 그건 독신의 특권이지. 하지만 불경기는 아직 회 복될 것 같지 않고 지금 회사를 관둔다는 것은 상당한 각 오와 결심이 필요하겠다.

M : 일단 지인이랑 친구의 연줄을 써서 몇몇 회사의 설명을 들 으러 간다든지 견학을 간다든지 하고 있어.

F : 벌써 거기까지 행동에 옮기고 있다면 남은 건 너의 용기와 결단력에 달려 있는 거 아니야?

M : 앞으로 2, 3개 회사의 설명을 들을 계획을 하고 있으니까 그게 다 끝날 때까지 결정을 내릴게.

남자는 왜 지금 다니는 회사를 그만두고 싶다고 말하고 있습니까?

보기 1) 회사의 경영상황이 나쁘기 때문에
　　 2) 동료와 잘 지내지 못하기 때문에
　　 3) 일에 충실감을 느끼지 못하기 때문에
　　 4) 친구한테 지금보다 좋은 일을 소개받았기 때문에

단어 同僚どうりょう 동료 │ 惠めぐまれる 혜택 받다, 베품을 받다 │ 充実感じゅうじつかん 충실감 │ 保障ほしょう 보 장 │ 独身どくしん 독신 │ つて 연결 │ 手てはず 순서, 준 비, 절차 │ 決断けつだんをくだす 결단을 내리다

해설 '(생략) 매일매일 똑같은 일을 반복해서 일에 충실감을 못 느껴.'라고 했으므로 정답은 3번이다.

정답 3

4番　　　　🔘_T040

男の人と女の人が昨日の夜のことについて話をしています。男の人が昨日の夜、最後に食べたものは何ですか。

F : 昨日はえらく遅くまで課長と飲んでたみたいだけ ど、いったい何時まで飲んでたの？

M : そうだな、家に帰りついたのが朝の4時ごろだった から、たぶん3時頃まで飲んでたんじゃないかな。 昨日は課長が寿司をおごってくれてさ。またそこで 出てきた日本酒がおいしくて、おいしくて。昨日は 課長と2人だったんだけど、ついついそこの店に 長居しちゃって。

F : そうだったの。それにしても、そんな朝方まで飲ん できつくないの？ そのお寿司やさんのあとにはど こか行ったの？

M : そうそう、そのお寿司やさんのそばにこれまたおい しそうなラーメンやがあってさ。しめにラーメンを 食べてしまったんだ。

F : そんな時間に、また太りそうなものを。そこでもま たお酒飲んだんじゃないの？

M : あ、ばれた？ そうなんだよ、ラーメンにはビール が最高に合ってさ、課長と3本も飲んじゃったよ。

F : やっぱり。でもその時間にしめに食べるラーメンも おいしかったりするのよね。

M : まあ、毎日毎日のことじゃないからさ、たまにはこ ういうのもいいんじゃないかな。

男の人が昨日の夜、最後に食べたものは何ですか。

남자와 여자가 어젯밤 일에 대해 이야기하고 있습니다. 남자가 어 젯밤 마지막으로 먹은 것은 무엇입니까?

F : 어제 엄청 늦게까지 과장님이랑 술 마신 것 같던데 도대체 몇 시까지 마셨어?

M : 글쎄, 집에 도착한 게 새벽 4시쯤이었으니까 아마 3시쯤까 지 마신 거 같은데? 어제는 과장님이 초밥을 사주셔서 말 이야. 또 거기에서 나온 정종이 너무 맛있었어. 어제는 과 장님과 둘이 있었는데 생각지도 않게 그 가게에서 오래 있 어버렸어.

F : 그랬구나. 그렇다고 해도 그렇게 아침까지 마시고 힘들지 않아? 그 초밥 집 다음에 또 어딘가 갔어?

M : 맞다, 맞다. 그 초밥 집 옆에 또 엄청 맛있어 보이는 라면 집이 있어서 말이야. 마무리로 라면을 먹어버렸어.

F : 그런 시간에 또 살 찔 것 같은 음식을. 거기서도 또 술 마 신 거 아니야?

M : 아, 들켰네? 맞아. 라면에는 맥주가 최고로 잘 어울려서. 과장님이랑 3병이나 마셔버렸어.

F : 역시. 하지만 그런 시간에 마무리로 먹는 라면도 맛있지.

M : 뭐 매일 이러는 건 아니니까, 가끔은 이러는 것도 괜찮지 않을까?

남자가 어젯밤 마지막으로 먹은 것은 무엇입니까?

보기 1) 라면, 맥주
　　 2) 라면, 초밥
　　 3) 초밥, 정종
　　 4) 정종, 맥주

해설 남자는 '(생략) 마무리로 라면을 먹어버렸어.' '(생략) 라면 에는 맥주가 최고로 잘 어울려서, 과장님이랑 3병이나 마 셔버렸어.'라고 했으므로 정답은 1번이다.

정답 1

5番　　　　🔘_T041

店員と客の女性が話をしています。女性は今どこで買い物をしていますか。

F : これ、履いてみてもいいですか。

M : ええ、もちろん、よろしいですよ。いかがですか。

F : うーん、少し私には小さいような気がするんだけど。 普通こういうものなのかしら。

M : そうですね、ちょっとこれはお客様の足には小さい かもしれないですね。少々お待ちくださいね、もう

ワンサイズ上の同じ商品をお持ちしますんで。こちらになるんですが、履かれてみていかがでしょうか。

F：さっきよりも足の甲がきつくなくて、履きやすいし、靴のなかで指が動くスペースもあっていい感じです。

M：この靴でしたら、爪先から１センチほどスペースがあった方がいいと思うので、今ぐらいが丁度いいと思うのですが。色は今履かれている黒のほかに白、茶色、ベージュがございますが。

F：茶色が気になるわね。サイズがあったら茶色も履いてみたいんですけどいいですか。

M：ええ、もちろんですよ。すぐお持ち致しますね。

女性は今どこで買い物をしていますか。

점원과 여자 손님이 이야기하고 있습니다. 여자는 지금 어디에서 쇼핑을 하고 있습니까?

F : 이거 신어 봐도 될까요?

M : 네, 물론 괜찮아요. 어떠세요?

F : 음, 저한테는 조금 작은 것 같은데. 보통 이런가요?

M : 글쎄요, 이건 손님 발에는 조금 작을지도 모르겠네요. 조금만 기다려 주세요. 한 사이즈 큰 같은 상품을 가져오겠습니다. 이쪽입니다만, 신어보시니까 어떠십니까?

F : 아까 것보다 발등이 죄지 않아서 신기 편하고 신발 안에서 발가락이 움직일 공간도 있어서 좋은 것 같아요.

M : 이 신발은 발끝에 1센티 정도 공간이 있는 게 좋으니까 지금 정도가 딱 좋을 것 같은데요. 색깔은 지금 신고 계신 검정색 이외에 흰색, 갈색, 베이지가 있습니다만.

F : 갈색이 좀 궁금한데요? 사이즈가 있으면 갈색도 신어보고 싶은데 괜찮을까요?

M : 네, 물론이죠. 금방 가지고 오겠습니다.

여자는 지금 어디에서 쇼핑을 하고 있습니까?

보기 1) 옷 가게
2) 신발 가게
3) 모자 가게
4) 속옷 가게

단어 爪先つまさき 발가락 끝, 발끝

해설 대화에 사용된 어휘가 장소를 파악하는 핵심 포인트이다. 'はく(신발이나 양말을 신다)', 'お客さんの足(손님의 발)', '足の甲がきつくなくて(발등이 죄지 않아서)' 등으로 충분히 알 수 있다.

정답 2

6番　　　　　　　🔴 _T042

男の人と女の人が朝食について話をしています。男の人は朝食に対してどう考えていますか。

F：最近朝食を食べないで学校や職場に行く人が増えてるって聞くけど、あなたはどう？

M：僕もそうだよ。なんか朝って食べる気がしないっていうか、食べる時間があるぐらいなら、その時間で寝ていたいって思っちゃうんだよね。

F：そう。私は全く逆。絶対朝御飯食べないと、一日調子が出なくて、頭も働かないの。食べない日は体もだるく感じるわ。

M：そうなんだ。僕は夜遅くまでインターネットをしてたり、ついついテレビを見ちゃうから朝起きれない、っていう自覚はあるんだけどね。

F：人間は一日三食って決まってるんだから、絶対３回きちんと食べた方がいいし、規則正しい生活をしたほうが、今というより、年をとってからの健康にも繋がるってテレビで言ってたわよ。

M：そうだよな。確かにそうだ。でも作るのが面倒くさいっていう理由もあるんだ。毎日毎日朝起きてから準備して、調理して、っていう手間を考えると、じゃあもういいや、ってなっちゃうんだよな。

F：私はいつも前の日の夜、ご飯のおかずを少し残しておいて、それを朝御飯にして食べるとか、ご飯はあらかじめ冷凍ストックを作っておいて、温めるだけにしておくようにしてるわよ。

M：食事に関して、ちゃんとしてるんだな。僕も見習わないと。

男の人は朝食に対してどう考えていますか。

남자와 여자가 아침 식사에 대해 이야기하고 있습니다. 남자는 아침 식사에 대해 어떻게 생각하고 있습니까?

F : 최근에 아침 식사를 하지 않고 학교나 직장에 가는 사람이 늘고 있다고 들었는데, 너는 어때?

M : 나도 그래. 아침은 먹고 싶은 생각이 안 든다고 할까, 먹을 시간이 있으면 그 시간에 자고 싶다는 생각이 들어.

F : 그렇구나. 나는 완전히 반대야. 꼭 아침 식사를 하지 않으면 하루 종일 상태도 안 좋고 머리도 안 돌아가. 아침을 안 먹은 날에는 몸도 나른하게 느껴져.

M : 그렇구나. 나는 밤늦게까지 인터넷을 한다든지 무심결에 텔레비전을 봐버리니까 아침에 못 일어난다는 자각은 있는데 말이지.

F : 인간은 하루 세끼라고 정해져 있으니까 3번 확실히 먹는 편이 훨씬 좋고, 규칙적인 생활을 하는 게 지금보다는 나이 들어서의 건강에 영향을 준다고 텔레비전에서 그랬어.

M : 그건 그렇지. 그렇지만 만드는 게 귀찮다는 이유도 있어. 매일 매일 아침에 일어나서 준비하고, 조리하고 하는 수고를 생각하면 '에이, 됐다' 하고 그만둬버린단 말이지.

F : 나는 항상 전날 저녁의 반찬을 조금 남겨서 그걸 아침으로 먹는다든지, 밥은 미리 냉동시켜놓고 데우기만 하면 되게 해놔.

M : 식사에 관해 철저하게 하고 있구나. 나도 본받아야겠다.

남자는 아침 식사에 대해 어떻게 생각하고 있습니까?

보기 1) 아침 식사는 매일 만들어 먹고 싶다.
2) 아침 식사를 하지 않으면 하루 종일 머리가 안 돌아간다.
3) 먹을 시간이 있으면 차라리 자고 싶다.
4) 아침 식사는 나이 든 후에 먹도록 하고 싶다.

단어 自覚じかく 자각

해설 남자는 '(생략) 먹을 시간이 있으면 그 시간에 자고 싶다는 생각이 들어.'라고 했으므로 정답은 3번이다.

정답 3

문제2 문제2에서는 먼저 질문을 들어 주세요. 그 후 문제용지의 선택지를 읽어 주세요. 읽을 시간이 있습니다. 그리고 나서 이야기를 듣고 문제용지 1에서 4 중에서 가장 알맞은 것을 하나 고르세요.

1番 〇_T043

男の人と女の人が話をしています。なぜ女の人は怒っているのですか。

F : もう、遅いよ。

M : ごめん、ごめん。昨日遅くまで友だちと飲んでたら、うっかり寝坊しちゃって。ちゃんと目覚ましもセットしたんだけど、気づかないうちに自分で止めちゃってたみたいでさ。

F : そんなことだろうと思った。私、いったいどれだけ待ったと思ってるわけ？

M : ああ。本当に悪かったよ。そんなに怒らないでくれよ。

F : だってもう今日の約束は1週間前にして、それから私、今日の約束をすごく楽しみにしてたのよ。

M : わかった、わかった、本当に悪かったよ。今日は君が好きなもの、何でもおごるから、機嫌直してよ。アイスクリーム、それともケーキがいい？

F : まあ、そこまで言うならね。この近くに最近出来たイタリアンレストランのデザートにあるケーキがおいしいって聞いたから、そこに連れていって。

M : はいはい。ちょっと高そうだけど、しょうがないもんな。よし、じゃあ行くか。

なぜ女の人は怒っているのですか。

남자와 여자가 이야기하고 있습니다. 여자는 왜 화내고 있습니까?

F : 너무 늦었잖아.

M : 미안, 미안. 어제 늦게까지 친구랑 술 마셨더니 깜박 늦잠을 자버려서. 알람도 잘 맞춰놨는데 나도 모르게 꺼버렸나 봐.

F : 그럴 줄 알았어. 내가 도대체 얼마나 기다린 줄 알아?

M : 아아, 정말 미안해. 그렇게 화내지 마.

F : 하지만 오늘 약속은 벌써 1주일 전에 했고, 그리고 나 오늘 약속을 굉장히 기대하고 있었단 말이야.

M : 미안, 미안, 정말 미안해. 오늘은 네가 좋아하는 거 뭐든 다 사줄 테니까 기분 풀어. 아이스크림? 아니면 케이크가 좋아?

F : 뭐, 그렇게까지 말한다면. 이 근처에 최근에 생긴 이탈리안 레스토랑의 디저트에 있는 케이크가 맛있다고 들었으니까 거기 데려가줘.

M : 알았어, 알았어. 좀 비쌀 것 같지만 어쩔 수 없지. 좋아, 그럼 갈까?

여자는 왜 화내고 있습니까?

보기 1) 남자가 약속에 시간에 늦었기 때문에
2) 남자가 약속을 잊어버리고 있었기 때문에
3) 남자가 아이스크림을 사주지 않았기 때문에
4) 남자가 이탈리아 사람이 싫다고 말했기 때문에

해설 여자의 '그럴 줄 알았어. 내가 도대체 얼마나 기다린 줄 알아?'에 대한 남자의 반응이 '아아, 정말 미안해. 그렇게 화내지 마.'였으므로 정답은 1번이다.

정답 1

2番 〇_T044

テレビではアナウンサーがシルバーウィークについて話をしています。アナウンサーが心配していることとは何ですか。

M : 誰が名付けたのかはわかりませんが、現在日本は秋の連休シルバーウイークの真っ最中です。その名前の由来は、5月のゴールデンウイークをもじったとも、「敬老の日」をはさんでいるからだとも言われています。ゆっくり休んで夏の疲れが取れれば良いのですが、旅行や家族サービスでぐったりする人が多いのではないかということも懸念されています。さらに私たちは、休みの過ごし方に気を取られ「敬老の日」がかすんでしまわないかという心配もしています。祝日を増やすために敬老の日は15日から第3月曜になり、さらに休みで埋没してしまいます。老人福祉法は、15日を「老人の日」、15日からを「老人週間」と定めていますが、残念なことにこれもあまり多くの人に知られていません。

アナウンサーが心配していることとは何ですか。

텔레비전에서 아나운서가 실버위크에 대해 이야기하고 있습니다. 아나운서가 걱정하고 있는 것은 무엇입니까?

M : 누가 이름 붙였는지는 모르겠지만, 현재 일본은 가을의 연휴인 실버위크의 한가운데에 있습니다. 이 이름의 유래는 5월의 골든위크를 빗댄 것이라고도 하고, '경로의 날'을 끼고 있기 때문이라고도 합니다. 푹 쉬면서 여름의 피로를 풀면 좋은데, 여행이나 가족 서비스로 녹초가 되는 사람도 많지는 않을까 하는 염려도 됩니다.

게다가 우리들은 휴일을 어떻게 지낼까에 정신이 팔려 '경로의 날'이 희미해져 버리지는 않을지 하는 걱정도 하고 있습니다. 국경일을 늘리기 위해 경로의 날은 15일에서 셋째 월요일이 되고, 더욱이 휴일로 매몰되어 버립니다. 노인 복지법은 15일을 '노인의 날', 15일부터를 '노인주간'이라고 정하고 있지만 안타깝게도 그것도 그다지 많은 사람들에게 알려져 있지 않습니다.

아나운서가 걱정하고 있는 것은 무엇입니까?

보기 1) 실버위크가 아직까지 인지되지 않은 것
2) 쉬는 날에 정신이 팔려 '경로의 날'이 희미해져 버리는 것
3) 여행 가는 사람이 감소하는 것은 아닌가 하는 것
4) 지금까지의 노인복지법이 크게 개정되는 것

단어 名付なづける 명명하다, 이름을 짓다 | 連休れんきゅう 연휴 | 懸念けねん 염려, 걱정 | 祝日しゅくじつ (나라에서 정한) 경축일, 국경일 | 실버위크 실버위크, 경로주간(*11월 3일 문화의 날을 중심으로 휴가, 기념행사 많은 1주일간으로 'ゴールデンウイーク'에 빗대서 표현한 말) | 敬老けいろう 정도 | 改訂かいてい 개정

해설 '게다가 우리들은 휴일을 어떻게 지낼까에 정신이 팔려 '경로의 날'이 희미해져버리지는 않을지 하는 점도 염려된다'고 했으므로 정답은 2번이다.

정답 2

3番 　　　🔵_T045

雑誌の記者が商業施設について話しています。「新宿マルイアネックス」はどういう人たちに向けた店舗を展開しようと考えていますか。

F：今年の夏から秋にかけて、都内で男性をターゲットにした商業施設が次々とオープンを迎えています。9/1(金)、メンズ・ライフスタイル型専門館として生まれ変わる「新宿マルイアネックス」や、8/26(水)に渋谷にオープンしたルミネ初のメンズ館「ルミネマン渋谷」もその1つです。「自分らしさを楽しむ社会人男性」に向けた店舗を展開するのは、今週末にオープンする「新宿マルイアネックス」。全9フロア(レストラン含む)の施設内には、自転車ファッションや雑貨を販売する「ローテイトストア」や、プラモデルの販売、模型製作が楽しめる「模型ファクトリー・ライデンシャフト」のほか、アウトドアショップや知育玩具の専門店などの幅広いジャンルの店舗展開が魅力です。

「新宿マルイアネックス」はどういう人たちに向けた店舗を展開しようと考えていますか。

잡지 기자가 상업시설에 대해 이야기하고 있습니다. '신주쿠 마루이 아넥스'는 어떤 사람들을 대상으로 한 점포를 전개하려고 생각하고 있습니까?

F：올해 여름부터 가을에 걸쳐 도내의 남성을 타깃으로 한 상업시설이 차례차례 오픈을 맞이하고 있습니다. 9/1(금), 맨즈 라이프 스타일형 전문관으로서 다시 태어나는 '신주쿠 마루이 아넥스'와 8/26(수) 시부야에 오픈한 루미네 최초의 맨즈관 '루미네 맨 시부야'도 그 중 하나입니다. '자기다움을 즐기는 사회인 남성'을 대상으로 한 점포를 전개하는 것은 이번 주말에 오픈하는 '신주쿠 마루이 아넥스'. 전 9개 플로어(레스토랑 포함)의 시설 내에는 자전거 패션이나 잡지를 판매하는 '로테이트 스토어', 프라모델 판매, 모형 제작을 즐길 수 있는 '모형 팩토리 라이덴셰프트' 외에 아웃도어 숍이나 지능 개발용 완구 전문점 등의 폭넓은 장르의 점포 전개가 매력입니다.

'신주쿠 마루이 아넥스'는 어떤 사람들을 대상으로 한 점포를 전개하려고 생각하고 있습니까?

보기 1) 현재 도내에 사는 사회인 남성
2) 모형제작을 좋아하는 사회인 남성
3) 자기다움을 즐기는 사회인 남성
4) 자선거에 관심이 있는 사회인 남성

단어 타깃 타깃, 표적, 목표 | 知育玩具ちいくがんぐ 지능 개발을 위한 완구 | 在住ざいじゅう 거주 | 模型製作もけいせいさく 모형제작

해설 질문이 요구한 관련어를 성우의 음성 속에서 철저히 찾아야 한다. '자기다움을 즐기는 사회인 남성'을 대상으로 한 점포를 전개하는 것은 이번 주말에 오픈하는 '신주쿠 마루이 아넥스'라고 했으므로 정답은 3번이다.

정답 3

4番 　　　🔵_T046

テレビではアナウンサーが「ポストカプセル郵便」について話しています。沖縄県にあるすみれ保育園から参加した園児たちは今どれぐらいの年齢になっていますか。

M：「ポストカプセル郵便」と題されたこの取り組みは、85年に未来の自分や家族にあてた手紙を全国から集め、2001年に届けるというものです。沖縄県にあるすみれ保育園からは約80人の園児やその家族が参加しました。16年後の01年、手紙は大半の元園児らには届けられましたが、移転などで宛先不明となった24通は同園に配達されました。園長は当時の園児名簿と照合したり、地域新聞で呼び掛けたりと手を尽くしたそうですが、差出人をいまだ探し出せずにいます。当時の園児は現在30歳前後になっているそうです。手紙には「優しい子に育ってほしい」など子に対する親の思いや、未来の両親を思う子のメッセージがつづられています。自身も子供へあてた手紙が届けられ、家族全員で感動した経験を持つ園長は「手紙を読むと当時のことが思い出さ

れ、家族のきずなを深めるきっかけになる。心当たりのある人は連絡をしてほしい」とおしゃっていました。連絡先は同園（電話）0089(332)8550までです。ご協力よろしくお願いします。

沖縄県にあるすみれ保育園から参加した園児たちは今どれぐらいの年齢になっていますか。

텔레비전에서 아나운서가 '포스트 캡슐 우편'에 대해 이야기하고 있습니다. 오키나와현에 있는 스미레 보육원에서 참가한 원아들은 지금 어느 정도의 연령이 되어 있습니까?

M : '포스트 캡슐 우편'이라고 이름 지어진 이 프로그램은 85년에 미래의 자신이나 가족 앞으로 쓴 편지를 전국적으로 모아 2001년에 보내주는 것입니다. 오키나와현에 있는 스미레 보육원에서는 약 80명의 원아와 그 가족이 참가했습니다. 16년 후인 2001년, 편지는 대부분이 그 당시의 원아에게 보내졌지만, 이전 등으로 수취인 불명이 된 24통은 보육원에 배달되었습니다. 원장은 당시의 원아 명부와 대조해 본다든지 지역신문에 올린다든지 해서 온갖 수단을 다 했다고 하나, 수취인을 아직도 찾아내지 못하고 있습니다. 당시의 원아는 현재 30세 전후가 되어 있다고 합니다. 편지에는 '상냥한 아이로 자랐으면 좋겠다.' 등 아이에 대한 부모의 마음이나 미래의 부모님을 생각하는 아이의 메시지가 쓰여 있습니다.

자신도 아이에게 보낸 편지가 도착해 가족 전원이 감동한 경험이 있는 원장은 "편지를 읽으면 당시의 일이 기억나고 가족의 유대를 깊게 하는 계기가 된다. 짐작 가는 곳이 있는 분은 연락해 줬으면 한다."고 말했습니다. 연락처는 보육원(전화)0089-332-8550입니다. 협력을 부탁드립니다.

오키나와현에 있는 스미레 보육원에서 참가한 원아들은 지금 어느 정도의 연령이 되어 있습니까?

보기 1) 당시의 원아는 현재 16세 전후가 되어 있다.
2) 당시의 원아는 현재 30세 전후가 되어 있다.
3) 당시의 원아는 현재 42세 전후가 되어 있다.
4) 당시의 원아는 현재 80세 전후가 되어 있다.

단어 名簿めいぼ 명부, 명단

해설 '당시의 원아는 현재 30세 전후가 되어 있다'고 했으므로 정답은 2번이다.

정답 2

5番 🔘 _T047

先生が生徒たちに向けて「消費者トラブル」について話しています。消費者トラブルの中で一番多いトラブルとはなんですか。

F : 今月「消費者庁」という国の新しい役所ができました。目的は"消費者トラブル"を減らすことです。消費者トラブルとは、お金を出して買った商品やサービスが原因で、被害を受けたり嫌な思いをすること

で、例えば、国産の食べ物だと思ったのに実は外国産だった、という食品表示に関するトラブルとか、冷凍ギョーザを食べて中毒を起こした、という安全に関わるトラブルなどがあります。でも、一番多いのが、携帯電話やパソコンを使った「契約」に関するトラブルなんです。「アンケートに答えて」と声を掛けられ他の場所に連れて行かれると化粧品を売りつけられたり、「モデルにならない？」とスカウトされ、レッスン料を支払ったが、仕事を紹介してもらえなかったり、「絶対合格する」「必ず成績アップします」と言われて、高額な教材を買う契約を結ばされたりと、今は子供たちが巻き込まれる消費者トラブルが増えていることも問題になってきているんですよ。

消費者トラブルの中で一番多いトラブルとはなんですか。

선생님이 학생들에게 '소비자 트러블'에 대해 이야기하고 있습니다. 소비자 트러블 중 가장 많은 트러블은 무엇입니까?

F : 이번 달에 '소비자청'이라는 국가의 새로운 관청이 생겼습니다. 목적은 '소비자 트러블'을 줄이는 것입니다. 소비자 트러블이란 돈을 내고 산 상품이나 서비스가 원인으로 피해를 받는다든지 불쾌한 경험을 하는 것으로, 예를 들면 국산 음식이라고 생각했는데 사실은 외국산이었다고 하는 식품 표지에 관한 트러블이라든지 냉동 만두를 먹고 중독을 일으켰다든지 하는 안전에 관련된 트러블 등이 있습니다. 그렇지만 가장 많은 것은 휴대전화나 컴퓨터를 사용한 '계약'에 관한 트러블입니다. "앙케트에 답해 주세요"라고 말을 걸어서 다른 장소에 데려가서는 화장품을 강매한다든지, "모델이 되지 않겠어요?"라고 스카우트해서 수강료를 지급했지만 일을 소개해주지 않는다든지, "꼭 합격한다." "반드시 성적이 올라갑니다."라면서 고가의 교재를 사는 계약을 하게 하는 등 지금은 아이들을 끌어들이는 소비자 트러블이 늘고 있는 것도 문제가 되고 있습니다.

소비자 트러블 중 가장 많은 트러블은 무엇입니까?

보기 1) 외국에서 수입된 '외국산 식품'에 관한 트러블
2) 화장품을 강매당할 위기에 처하는 트러블
3) 휴대전화나 컴퓨터를 사용한 '계약'에 관한 트러블
4) 고가의 학습 교재 구입에 관한 트러블

단어 中毒ちゅうどく 중독 | 高額こうがく 고액

해설 설문조사는 특히 항목별 간단 메모가 필수적이다. 최고치, 최저치 및 순서에 주목하라. '가장 많은 것은 휴대전화나 컴퓨터를 사용한 '계약'에 관한 트러블' 이라고 했으므로 정답은 3번이다.

정답 3

6番 🔘 _T048

会社の上司と部下が話をしています。上司は部下に対

して、頼んだ書類をいつまでに仕上げるように言っていますか。

M：昨日頼んだ書類はもうできあがったのか？

F：いえ、それがまだなんです。午後には終わると思うのですが、それでは遅すぎますか？

M：いや、そんなことはないよ。ミスがあっても困るから、慎重にやってくれ。今日の6時までにあげてくれたらいいから。

F：私、てっきり、午前中のうちにあげなければいけないのかと思って、びっくりしました。

M：いやいや、そんなことはないよ。君はいつも仕事が早いから、今どれぐらい進んでいるのか気になって声をかけてみただけだよ。

F：そうだったんですか。気にかけていただいてありがとうございます。もうすでに4分の3は仕上がっているので、残りを片付けて、最終チェックまで済ませたら、すぐに部長のところに持っていきますね。

M：実は今からちょっと外に出なくちゃいけない仕事があってね。会社に戻るのは4時頃になるから、私が帰ってきたのを見計らって、持ってきてくれ。

F：了解しました。

上司は部下に対して、頼んだ書類をいつまでに仕上げるように言っていますか。

회사의 상사와 부하가 이야기하고 있습니다. 상사는 부하에게 부탁한 서류를 언제까지 끝내라고 하고 있습니까?

M：어제 부탁한 서류는 이미 끝났어?

F：아니요, 아직 안 됐습니다. 오후에는 끝날 것 같은데 그러면 너무 늦습니까?

M：아니, 그렇지는 않아. 실수가 있으면 곤란하니까 신중하게 해줘. 오늘 6시까지 해주면 되니까.

F：저는 오전 중에 끝내지 않으면 안 되는 줄 알고 깜짝 놀랐어요.

M：아니, 아니 그렇지는 않아. 자네는 항상 일을 빨리 하니까 지금 어느 정도 진행되었는지 궁금해서 물어본 것뿐이야.

F：그래요? 신경 써 주셔서 감사합니다. 이미 4분의 3은 되었으니까 나머지를 정리해서 최종 체크까지 하면, 바로 부장님한테 가지고 갈게요.

M：실은 이제부터 밖에 나가야 하는 일이 있어서. 회사에 돌아오는 것은 4시 정도가 될 테니 내가 돌아오는 것을 가늠해서 가져와 줘.

F：알겠습니다.

상사는 부하에게 부탁한 서류를 언제까지 끝내라고 하고 있습니까?

보기 1) 자신이 외출했다가 돌아올 때까지 끝내라고 하고 있다.

2) 오전 중으로 끝내라고 하고 있다.

3) 내일 오후까지 끝내라고 하고 있다.

4) 오늘 6시까지 끝내라고 하고 있다.

단어 慎重しんちょう 신중 ┃ 片付かたづける 치우다, 정돈하다, 결말을 내다

해설 상사는 '(생략) 회사에 돌아오는 것은 4시 정도가 될 테니까 내가 돌아오는 것을 가늠해서 가져와 줘.'라고 했으므로 문항 4개 중에서 '오늘 6시까지 끝내도록 말했다.'가 정답이다.

정답 4

7番　　　　　　　🔊_T049

男の人と女の人が話をしています。男の人の家の家具はどのようなものが多いと言っていますか。

M：ここに何か花を飾ろうと思っているんだけど、どんな花がいいと思う？

F：花を飾るの？男の人が部屋に花を飾ろうなんて。珍しいわね。それにあなた、花なんかに興味あったっけ？

M：いや、僕の部屋ってあまりにも殺風景だから、花でも飾れば少しは明るくなるんじゃないかと思ってさ。

F：そうね、やっぱり部屋を明るく見せるなら暖色系の黄色とかオレンジ色の花を飾った方がいいんじゃない？

M：そうだな、暖色系の花を置いたら部屋の雰囲気も温かいイメージになりそうだよね。

F：そうそう。でもあなたの部屋、黒と白の家具が多くて、モノトーンなイメージだから、赤い色の花を飾ったら、アクセントになっていいかも知れないわ。

M：なるほど。そうすると部屋がちょっと大人の印象になるね。

F：あなたもそろそろ30が近いんだし、シックで落ち着いた雰囲気の部屋にしてみてもいいんじゃないかしら。

男の人の家の家具はどのようなものが多いと言っていますか。

남자와 여자가 이야기하고 있습니다. 남자 집의 가구는 어떤 것이 많다고 말하고 있습니까?

M：여기에 꽃을 장식하려고 하는데 어떤 꽃이 좋을 것 같아?

F：꽃을 장식한다구? 남자가 방에 꽃을 장식한다니 특이하네. 게다가 너 꽃 같은 거에 관심 있었나?

M：내 방이 너무 삭막하니까 꽃이라도 장식하면 조금은 밝아지지 않을까 해서 말이야.

F：글쎄. 역시 방을 밝게 보이게 하려면 난색계통의 노랑이라든지 오렌지색 꽃을 장식하는 게 좋지 않을까?

M：그렇네. 난색계통의 꽃을 놓으면 방 분위기도 따뜻한 이미

F : 맞아 맞아. 근데 네 방, 검정이랑 흰색 가구가 많아서 단조로운 이미지니까 빨간색 꽃을 장식하면 악센트가 되어서 좋을지도 모르겠다.

M : 그렇군. 그렇게 하면 방이 어른스러운 인상이 되겠네.

F : 너도 슬슬 서른이 가까우니까 세련되고 차분한 분위기의 방으로 해봐도 좋지 않을까?

남자 집의 가구는 어떤 것이 많다고 말하고 있습니까?

보기 1) 따뜻한 색 계통의 밝은 색 가구
　　 2) 빨강을 바탕으로 한 가구
　　 3) 꽃무늬가 들어간 밝은 색 가구
　　 4) 흰색이나 검정 같은 색의 가구

단어　殺風景さっぷうけい 살풍경 ｜ モノトーン 단조로움, 천편일률적임(=単調たんちょう) ｜ シック[な 형] 세련되고 멋진 모습 ｜ 暖色系だんしょくけい 난색계. 따뜻한 느낌을 주는 색깔 종류(=温色おんしょく)

해설　여자의 말을 통해 확인할 수 있다. 여자는 '맞아 맞아. 근데 네 방, 검정이랑 흰색 가구가 많아서 단조로운 이미지니까 빨간색 꽃을 장식하면 (생략)'이라고 했으므로 정답은 4번이다.

정답　4

문제3　문제3에서는 문제용지에 아무것도 인쇄되어 있지 않습니다. 이 문제는 전체적으로 어떤 내용인지를 묻는 문제입니다. 이야기 전에 질문은 없습니다. 먼저 이야기를 들어주세요. 그리고 나서 질문과 선택지를 듣고 1에서 4 중에서 가장 알맞은 것을 하나 고르세요.

1番　　　🔘 _T050

先生が生徒たちに自衛隊について話をしています。

M : 自衛隊の主な仕事は、攻め入ろうとする外国やテロ組織から日本を守ることです。ただ、災害の際に人々の救助にあたったり、給食や給水、お風呂の支援などをしたりすることも大事な仕事なのです。普段の自衛隊は、機関銃などの武器を持って敵と戦う訓練をしています。この訓練には、戦闘に当たる部隊だけではなく、後ろの方にいて、燃料や食糧、水などを運ぶ部隊や、怪我をした隊員の手当てをする部隊も一緒に参加します。この「後方支援部隊」と呼ばれるチームが災害のときに役に立つのです。

「後方支援部隊」はどのようなときに役に立つのですか。

1. 外国に攻め入れられたとき
2. 災害が発生したとき
3. テロ組織の脅威にさらされたとき
4. 武器を持って戦わなければならないとき

선생님이 학생들에게 자위대에 대해 이야기하고 있습니다.

M : 자위대의 주된 일은 쳐들어오려고 하는 외국이나 테러 조직으로부터 일본을 지키는 것입니다. 단, 재해가 났을 때 사람들을 구조한다든지 급식이나 급수, 목욕탕 지원 등을 한다든지 하는 것도 중요한 일입니다. 평상시의 자위대는 기관총 등의 무기를 가지고 적과 싸우는 훈련을 합니다. 이 훈련에는 전투를 맡은 부대뿐 아니라 후방에서 연료나 식량, 물 등을 나르는 부대나 부상을 입은 대원을 치료하는 부대도 함께 참가합니다. 이 '후방지원부대'라고 불리는 팀이 재해 시에 도움이 되는 것입니다.

'후방지원부대'는 어떤 때 도움이 됩니까?

보기 1) 외국이 쳐들어 왔을 때
　　 2) 재해가 발생했을 때
　　 3) 테러 조직의 위협을 받았을 때
　　 4) 무기를 가지고 싸워야 할 때

단어　自衛隊じえいたい 자위대 ｜ 主おも 주됨, 주요함 ｜ 攻せめ入いる 공격해 들어가다, 쳐들어가다 ｜ テロ組織そしき 테러 조직 ｜ 災害さいがい 재해 ｜ 救助きゅうじょ 구조 ｜ 給食きゅうしょく 급식 ｜ 給水きゅうすい 급수 ｜ 機関銃きかんじゅう 기관총 ｜ 戦闘せんとう 전투 ｜ 武器ぶき 무기 ｜ 敵てき 적 ｜ 戦たたかう 싸우다 ｜ 訓練くんれん 훈련 ｜ 燃料ねんりょう 연료 ｜ 食糧しょくりょう 식량 ｜ 支援しえん 지원

해설　무엇을 말하는지 개별항목보다는 포괄적 의미파악에 주력하라. '자위대의 주된 일은 (중간생략) 재해가 났을 때 사람들을 구조한다든지 급식이나 급수, 목욕탕 지원 등을 한다든지 하는 것도 중요한 일입니다. (중간생략) 이 '후방지원부대'라고 불리는 팀이 재해 시에 도움이 되는 것'이라고 했으므로 정답은 2번이다.

정답　2

2番　　　🔘 _T051

テレビではアナウンサーが昨今の旅行ビジネスについて話をしています。

F : 旅行会社各社は卒業を控えた大学生向けの海外旅行販売に力を入れているようです。「超売り手市場」で就職活動から早々と開放された大学生の間で、格安パックツアーの人気が年々上昇傾向にあります。業界最大手のJTBは今年1月から3月の取り扱いが昨年の12月時点で前年同期比の45%増しの約2万人に急増したそうです。他社も1万円台の格安商品を投入し、しのぎを削っているようです。

格安パックツアーはどのような人々の間で人気がありますか。

1. 就職活動真っ只中の大学生
2. 旅行会社に就職を希望する大学生

3. 就職活動から早々と開放された大学生

4. 海外旅行に興味のある大学生

텔레비전에서 아나운서가 작금의 여행 비즈니스에 대해 이야기하고 있습니다.

F : 여행회사 각사는 졸업을 앞둔 대학생을 대상으로 한 해외여행판매에 힘을 쏟고 있는 듯합니다. '초 절정 판매시장'으로 취직활동으로부터 일찌감치 해방된 대학생들 사이에서 파격가 패키지 투어의 인기가 매년 상승 추세입니다. 업계 최고 대기업인 JTB는 금년 1월부터 3월까지 처리한 것이 작년 12월 시점에서 작년 같은 기간대비 45% 늘어난 약 2만 명이 급증했다고 합니다. 다른 회사도 1만 엔대의 파격가 상품을 투입해 격전을 벌이고 있는 듯합니다.

파격적인 가격의 패키지 여행은 어떤 사람들 사이에서 인기입니까?

보기 1) 한창 취직활동을 하고 있는 대학생
　　　 2) 여행회사에 취직을 희망하는 대학생
　　　 3) 취직활동으로부터 일찌감치 해방된 대학생
　　　 4) 해외여행에 흥미가 있는 대학생

단어 昨今さっこん 작금, 근래 | 売うりまて市場しじょう 수요량이 공급량을 초과하여, 가격이 상승하고 파는 쪽이 유리한 시장 | 格安かくやす 값이 쌈 | パックツアー 패키지 여행 | 上昇じょうしょう 상승 | 急増きゅうぞう 급증 | 大手おおて 큰 규모의 회사 | 取とり扱あつかう 취급하다 | しのぎを削けずる 맹렬히 싸우다

해설 '취직활동으로부터 빨리 해방된 대학생들 사이에서 파격가 패키지 투어의 인기가 매년 상승경향에 있다.'고 했으므로 정답은 3번이다.

정답 3

3番 ●_T052

大学の先生が学生たちに「食物アレルギー」について話をしています。

M : 食物アレルギーになると、牛乳や卵などを食べると、じんましんが出たり、皮膚がはれたりという症状が出ます。どういうことかというと、例えば、牛乳の場合、普通なら牛乳を飲んでも平気ですが、食物アレルギーの人は、牛乳のことを、敵だと思ってしまうんですね。そして、「抗体」というガードマンのようなものを、体の中に作ってしまうんです。抗体は、牛乳が体に入ってくると、それが悪いものだと認識してやっつけようとします。そのとき体が余分に反応して、じんましんや、かゆみなどが起きてしまうという仕組みです。ひどい場合には、呼吸が苦しくなり、意識がなくなることもあるんですよ。でも、この抗体は、牛乳以外のものには、反応しないというのも特徴なんです。どんな食物を敵と思うかは、人によって違います。だから、アレルギーの

原因となる食べ物を、病院で調べてもらって、その原因となる食べ物を意識的に食べないようにしなくちゃいけないんです。

先生は食物アレルギーについてどのように言っていますか。

1. 食物アレルギーは牛乳と卵を食べることによって発症する。
2. 抗体が反応してもじんましんやかゆみ程度で症状はおさまる。
3. 食物アレルギーで意識がなくなるほどの呼吸困難になることはない。
4. どんな食べ物が抗体に反応するかは人によって違う。

교수가 학생들에게 '식품 알레르기'에 대해 이야기하고 있습니다.

M : 식품 알레르기에 걸리면, 우유나 달걀 등을 먹으면 두드러기가 난다든지 피부가 벗겨진다든지 하는 증세가 나타납니다. 어떤 것인가 하면, 예를 들어 우유의 경우 보통 사람은 우유를 마셔도 아무렇지 않지만, 식품 알레르기인 사람은 우유를 적이라고 생각해 버리는 것입니다. 그리고 '항체'라고 하는 가드맨 같은 것을 몸 안에 만들어 버립니다. 항체는 우유가 몸에 들어오면 그것이 나쁜 것이라고 인식해서 해치우려고 합니다. 그때 몸이 필요이상으로 반응해서 두드러기나 가려움 등이 일어나는 구조입니다. 심한 경우에는 호흡이 힘들어져 의식이 없어지는 일도 있습니다. 그렇지만 이 항체는 우유 외의 것에는 반응하지 않는다는 것도 특징입니다. 어떤 음식을 적으로 생각하는가는 사람에 따라 다릅니다. 그렇기 때문에 알레르기의 원인이 되는 음식을 병원에서 조사해서 그 원인이 되는 음식을 의식적으로 먹지 않도록 해야 합니다.

교수는 식품 알레르기에 대해 어떻게 말하고 있습니까?

보기 1) 식품 알레르기는 우유나 달걀을 먹는 것에 의해 발병한다.
　　　 2) 항체가 반응해도 두드러기나 가려움 정도로 병세는 진정된다.
　　　 3) 식품 알레르기로 의식이 없어질 정도의 호흡곤란이 되는 일은 없다.
　　　 4) 어떤 음식이 항체에 반응할지는 사람에 따라 다르다.

단어 ガードマン 가드맨, 경비원 | じんましん 두드러기 | 余分よぶん 여분, 필요이상 | 仕組しくみ 짜임새, 구조 | 抗体こうたい 항체

해설 '어떤 음식을 적으로 생각하는가는 사람에 따라 다르다'고 했으므로 정답은 4번이다.

정답 4

4番 ●_T053

病院の先生が子供たちにスポーツをするときに注意すべきことについて話しています。

F：思いっきり体を動かすと、気持ちイイですよね。でも気をつけないと、「スポーツ障害」というケガや病気になってしまうことがあるんですよ。野球やサッカーをしている時、胸にボールがぶつかって急に心臓が止まってしまう「心臓震とう」というスポーツ障害があることを知っていますか。「心臓震とう」は、ボールなどが当たった衝撃で心臓がブルブルふるえて、脳や体に血液が送られなくなるという症状です。その状態が続くと、命の危険もある非常に重大な障害なんです。そこで、そうした危険な心臓震とうを防ぐために、野球をするときに胸を守る「胸部保護パッド」というものが出来ました。少年野球チームの中には保護パッドを取り入れたところもあるんですよ。実際に着けている選手たちは、「思ったほど邪魔にならない」とか「安心してプレーできるから楽しい」と言っていて、意外と人気は上々です。スポーツは健康な体を作るために大切なことですからね。注意しながら、いろんなスポーツを楽しんでほしいものです。

「心臓震とう」とはどのような障害のことですか。

1. 野球をしているときにのみ起きるとされているスポーツ障害
2. スポーツをしている際、ボールが頭に当たって意識を失ってしまう障害
3. ボールが心臓に当たった衝撃で心臓が震え、脳や体に血液が送られなくなる障害
4. ボールが強く体に当たった際、子供だけに発症するスポーツ障害

의사가 아이들이 스포츠를 할 때 주의해야 하는 것에 대해 이야기하고 있습니다.

F：있는 힘껏 몸을 움직이면 기분이 좋습니다. 하지만 조심하지 않으면 '스포츠 장애'라는 부상이나 병에 걸리는 경우가 있습니다. 야구나 축구를 할 때 가슴에 공을 맞아 갑자기 심장이 멈춰버리는 '심장진탕'이라는 스포츠 장애가 있다는 것을 알고 있습니까? '심장진탕'이란 공 등을 맞은 충격으로 심장이 부들부들 떨려서 뇌나 몸에 혈액을 보낼 수 없게 되는 증상입니다. 이 상태가 계속되면 생명에도 위험이 있는 굉장히 중대한 장애입니다. 그래서 그런 위험한 심장진탕을 막기 위해 야구를 할 때 가슴을 보호하는 '흉부보호패드'라는 것이 생겨났습니다. 소년야구팀 안에는 보호패드를 도입한 곳도 있습니다. 실제로 착용하고 있는 선수들은 '생각보다 방해가 되지 않는다'라든지 '안심하고 플레이할 수 있으니까 즐겁다'며 의외로 인기는 매우 좋습니다. 스포츠는 건강한 몸을 만들기 위해 중요한 것이기 때문입니다. 주의하면서 여러 가지 스포츠를 즐겼으면 합니다.

'심장진탕'이란 어떤 장애입니까?

보기 1) 야구를 할 때에만 일어난다고 하는 스포츠 장애
2) 스포츠를 하고 있을 때 공이 머리에 맞아 의식을 잃어버리는 장애
3) 공이 심장에 맞은 충격으로 심장이 떨려 뇌나 몸에 혈액을 보낼 수 없게 되는 장애
4) 공이 강하게 몸에 맞았을 때 아이들에게만 증상이 나타나는 스포츠 장애

단어 心臓しんぞう 심장 | 震盪しんとう 진탕(*脳震盪のうしんとう 뇌진탕) | 上々じょうじょう 최상임

해설 생소한 용어는 다음에 설명이 있다. '심장진탕'이란 공 등을 맞은 충격으로 심장이 부들부들 떨려서 뇌나 몸에 혈액을 보낼 수 없게 되는 증상이라고 했으므로 정답은 3번이다.

정답 3

5番　　　　　　　　　　●_T054

研究者が話をしています。

M：寒い冬が終わって暖かい春になると飛んでくるのがスギ花粉。この春は、花粉の量がだいぶ多いようです。今、日本で花粉症に悩まされている人は、約2千万人もいます。花粉症は、なる人とならない人がいるのですが、「どうして花粉症になるのか？」を今日はお話します。花粉自体は、本来、人の体に害を及ぼすものではありません。だから、体に入っても何ともないはずなんです。ところが、人によっては花粉が、体に悪さをするものだと思いこむ場合があるんです。すると、体は「抗体」という物を作り出します。花粉が入ってくるたびに、抗体は増えていき、花粉を追い出そうとしますね。例えば「くしゃみ」をしたり「鼻水」や「涙」をだしたりします。つまり、「花粉症」とは、体に入った花粉を追い出そうとして、人間の体が過剰に反応してしまうことだといえます。花粉症に対しては、さまざまな研究が進められていますが、自分でできる花粉症の対策としては、マスクの着用、メガネの着用、帽子をかぶる、花粉のつきにくいナイロン製の衣服を身につけるなどをして、完全防備することで、花粉を浴びないことが大事なんです。

この研究者は花粉をどのようなものだと言っていますか。

1. 本来、人体に害を及ぼすものではない。
2. 寒い冬の間から、暖かい春のはじめに飛んでくるもの。
3. 人体に入ってくるたび、体内の抗体を減らすもの。
4. 花粉は完全防備をしたところで回避することは出来ない。

연구자가 이야기하고 있습니다.

M : 추운 겨울이 지나고 따뜻한 봄이 되면 날아오는 것이 삼나무 꽃가루입니다. 이번 봄은 꽃가루 양이 꽤 많은 듯합니다. 지금 일본에서 꽃가루 알레르기로 고민하고 있는 사람은 약 2천만 명이나 있습니다. 꽃가루 알레르기는 걸리는 사람과 걸리지 않는 사람이 있는데 '어째서 꽃가루 알레르기에 걸리는가?'를 오늘은 이야기하겠습니다. 꽃가루 자체는 본래 사람의 몸에 해를 끼치는 것이 아닙니다. 그러니까 몸에 들어가도 아무렇지도 않아야 합니다. 그러나 사람에 따라서는 꽃가루가 몸에 해를 끼친다고 생각하는 경우도 있습니다. 그러면 몸은 '항체'라는 것을 만들어냅니다. 꽃가루가 들어올 때마다 항체는 늘어나서 꽃가루를 쫓아내려고 합니다. 예를 들어 '재채기'를 한다든지 '콧물'이나 '눈물'을 흘리기도 합니다. 즉 '꽃가루 알레르기'라는 것은 몸에 들어온 꽃가루를 쫓아내려고 인간의 몸이 과잉 반응을 해버리는 것이라고 말할 수 있습니다. 꽃가루 알레르기에 대해서는 여러 가지 연구가 진행되고 있지만 자기가 직접 할 수 있는 알레르기 대책요료는 마스크 차용, 안경 차용, 모자 쓰기, 꽃가루가 붙기 어려운 나일론 소재의 옷을 입는 등 완전 방비함으로써 꽃가루를 쐬지 않도록 하는 것이 중요합니다.

이 연구자는 꽃가루를 어떤 것이라고 말하고 있습니까?

보기 1) 본래 인체에 해를 가져오는 것은 아니다.
2) 추운 겨울부터 따뜻한 봄의 초소에 날아오는 것
3) 인체에 들어올 때마다 체내의 항체를 줄이는 것
4) 꽃가루는 완전 방비를 한다고 해도 회피할 수는 없다.

단어 杉すぎ 삼나무 | 過剰かじょう 과잉 | 着用ちゃくよう 착용 | 完全防備かんぜんぼうび 완전방비

해설 '꽃가루 자체는 본래 사람의 몸에 해를 끼치는 것이 아니다.'라고 했으므로 정답은 1번이다.

정답 1

6番 _T055

環境問題の専門家が日本のCO2問題について話をしています。

F : 日本から出るCO2はどんどん増えています。それを調べているのも国立環境研究所です。日本がどれくらいのCO2を出しているかは、日本が輸入している石油や石炭の量から計算することができるんだそうです。ある量の燃料を燃やしたときに出るCO2の量は決まっているので、石油や石炭を、どれくらい使ったかがわかればCO2の量もわかるというわけです。CO2を減らすのは、会社や工場などを含めた社会全体の課題ですが、家庭からのCO2もかなりたくさんあります。くわしく言うと、今日本が出しているCO2のうち14%は家庭からのものです。家庭でもっとも多くCO2を出している

のが、「照明・テレビ・パソコン」。先月から神戸で始まったプロジェクトについても紹介します。その名も「CO2・1千万グラム削減プロジェクト」。神戸市の小学生1800人が参加しています。子供会が中心になって、ゲーム感覚でCO2を減らしていこうということで始まりました。子どもたちがやっているのは「使わない部屋の照明を30分切る」「テレビゲームを10分我慢する」「テレビを15分我慢する」「シャワーや水道を2分以上出しっぱなしにしない」「暖房を4分切る」という5項目。CO2を減らすのは簡単なことではないけれど、それぞれができることを見つけて少しずつやっていくことが必要になっているんですね。

この専門家はCO2に対してどのような見解を示していますか。

1. 日本が排出しているCO2は多すぎて計算することは出来ない。
2. CO2を減らすことは社会全体の問題である以前に、家庭からのCO2排出も多い。
3. 今日本が排出しているCO2のうち30パーセントが家庭から排出されているもの
4. 神戸市では大人が中心となってCO2問題に子供たちの関心を向かせることが大事

환경문제 전문가가 일본의 CO2 문제에 대해 이야기하고 있습니다.

F : 일본에서 나오는 CO2는 점점 늘어나고 있습니다. 그것을 조사하고 있는 것도 국립환경연구소입니다. 일본이 어느 정도의 CO2를 내보내고 있는가는 일본이 수입하고 있는 석유나 석탄의 양으로부터 계산할 수 있다고 합니다. 어느 정도 양의 연료를 태웠을 때 나오는 CO2의 양은 정해져 있기 때문에, 석유나 석탄을 얼마나 사용했는지를 알면 CO2의 양도 알 수 있다는 것입니다. CO2를 줄이는 것은 회사나 공장 등을 포함한 사회 전체의 문제이지만, 가정에서 나오는 CO2도 꽤나 많습니다. 자세히 말하자면, 지금 일본이 내보내고 있는 CO2 중 14%가 가정에서 나온 것입니다. 가정에서 가장 많은 CO2를 내보내고 있는 것은 '조명·텔레비전·컴퓨터'입니다. 지난달부터 고베에서 시작된 프로젝트에 대해서 소개하겠습니다. 그 이름도 'CO2 1천만 그램 삭감 프로젝트'. 고베시의 초등학생 1800명이 참가하고 있습니다. 어린이회가 중심이 되어 게임 감각으로 CO2를 줄여가자는 것으로 시작되었습니다. 어린이들이 하고 있는 것은 '사용하지 않는 방의 조명을 30분 끄기', '텔레비전 게임을 10분 참기', '텔레비전을 15분 참기', '샤워나 수도를 2분 이상 틀어놓지 않기', '난방을 4분 끄기'라고 하는 다섯 항목. CO2를 줄이는 것은 간단한 일이 아니지만 각자가 할 수 있는 것을 찾아서 조금씩 해나가는 것이

필요합니다.

이 전문가는 CO2에 대해 어떤 견해를 보이고 있습니까?

보기 1) 일본이 배출하고 있는 CO2는 너무 많아서 계산할 수가 없다.
　　　2) CO2를 줄이는 것은 사회 전체의 문제이기 이전에 가정에서 나오는 CO2 배출도 많다.
　　　3) 지금 일본이 배출하고 있는 CO2 중 30%가 가정에서 배출되고 있는 것이다.
　　　4) 고베시에서는 어른이 중심이 되어 CO2 문제에 아이들이 관심을 갖게 하는 것이 중요하다.

단어 石油せきゆ 석유 ｜ 石炭せきたん 석탄 ｜ 照明しょうめい 조명

해설 'CO2를 줄이는 것은 회사나 공장 등을 포함한 사회 전체의 문제이지만, 가정에서 나오는 CO2도 꽤나 많다.'고 했으므로 정답은 2번이다.

정답 2

문제4 문제4에서는 문제용지에 아무것도 인쇄되어 있지 않습니다. 먼저 문장을 들어 주세요. 그리고 나서 그것에 대한 대답을 듣고 1에서 3 중에서 가장 알맞은 것을 하나 고르세요.

1番　　　　　　🔵_T056

M : この不況で給料がカットされて、家計は火の車だよ。
F : 1. 今年は夏のボーナスが楽しみね。
　　2. 連休はどこに行こうか話し合っているの。
　　3. うちの旦那の会社もよ、本当に大変よね。

M : 이 불황으로 급료가 삭감되어서 가계 살림이 몹시 궁핍해.
F : 1. 올해 여름의 보너스가 기대되네.
　　2. 연휴는 어디로 갈까 이야기 중이야.
　　3. 우리 남편 회사도 그래 정말로 힘드네.

단어 不況ふきょう 불황 ｜ 給料きゅうりょう 급료 ｜ 家計かけい 가계 ｜ 火ひの車くるま 돈에 몹시 쪼들림, 살림이 몹시 궁핍함 ｜ 連休れんきゅう 연휴 ｜ 旦那だんな 남편

해설 월급이 줄어 생활이 어렵다는 말이다.

정답 3

2番　　　　　　🔵_T057

F : この前言ってた契約、やっと取れたの。
M : 1. 契約書に書いてあることと少し違う気がするんですが。
　　2. 本当？ 難しいかもって言ってたのに、よくやったな。
　　3. うん、後は僕がはんこを押すだけなんだ。

F : 요전에 말한 계약 겨우 땄어.
M : 1. 계약서에 쓰여 있는 것과 조금 다른 느낌이 듭니다만.
　　2. 정말? 어려울지도 모른다더니 잘 했구나.
　　3. 응. 남은 건 내가 도장을 찍는 것뿐이야.

단어 契約書けいやくしょ 계약서 ｜ はんこ 도장

해설 계약을 겨우 성사시켰다는 말에 대한 반응을 고르면 된다.

정답 2

3番　　　　　　🔵_T058

F : 大学の願書の締め切りはもうすぐじゃなかった？
M : 1. 入試の過去問も取り寄せる必要があるよね。
　　2. それならもう昨日ちゃんと出してきたよ。
　　3. この時期郵便局は人が多くて大変なんだよ。

F : 대학원서 이제 곧 마감 아니야?
M : 1. 입시 기출문제도 가져 올 필요가 있지?
　　2. 그거라면 벌써 어제 잘 보내고 왔어.
　　3. 이 시기 우체국은 사람이 많아서 힘들어.

단어 願書がんしょ 원서 ｜ 締しめ切きり 마감 ｜ 過去問かこもん 기출문제 ｜ 取とり寄よせる 주문하여 가져오게 하다 ｜ 郵便局ゆうびんきょく 우체국

해설 원서 마감일이 다가왔는데 차질 없이 제출했는지를 묻고 있다.

정답 2

4番　　　　　　🔵_T059

M : あいつが自発的に何かをするなんて珍しいな。
F : 1. どうも最近読んだ本に影響受けたらしいよ。
　　2. いや、そんなに褒められると照れるな。
　　3. ええ、時々ここに来ては愚痴をこぼして帰るのよ。

M : 쟤가 자발적으로 뭔가를 하다니 신기하네.
F : 1. 아무래도 최근에 읽은 책에 영향을 받은 것 같아.
　　2. 아니, 그렇게 칭찬을 받으니 부끄러운걸.
　　3. 예, 가끔 여기에 와서는 푸념을 하고 돌아가는 거야.

단어 影響えいきょう 영향 ｜ 褒ほめられる (남에게) 칭찬을 받다 ｜ 愚痴ぐちをこぼす 푸념을 하다

해설 평소와 다른 모습을 보이는 것에 대한 놀라움을 말하고 있다.

정답 1

5番　　　　　　🔵_T060

M : そんなに髪が伸びるとうっとうしくない？
F : 1. 美容室は明日オープンだって聞いたわよ。
　　2. 近々直接話してみるつもりなんだ。
　　3. いや、べつにそんなことはないよ。

M : 그렇게 머리가 길면 거치적거리지 않냐?
F : 1. 미용실은 내일 오픈한다고 들었어.
　　2. 조만간 직접 이야기해 볼 생각이야.
　　3. 아니 별로 그렇지 않아.

단어 伸のびる 자라다, 길어지다 ｜ うっとうしい 답답하고 불쾌하다, 음울하다

해설 머리가 긴 것에 대한 부정적 느낌을 말하고 있다.

정답 3

6番　💿_T061

F：あなたの言ってる店は一体どこにあるの？
M：1. この辺りにあるって聞いたんだけど。
　　2. 明日のニュースで流れるかもしれないね。
　　3. 先週オープンしたばかりなんだって。

F：네가 말한 가게는 대체 어디에 있어？
M：1. 이 주변에 있다고 들었는데.
　　2. 내일 뉴스에서 나올지 모르겠네.
　　3. 지난주에 막 오픈했는데.

단어 辺あたり 주변
해설 동행에게 정확한 가게 위치에 대해 약간 불만스러운 듯이 묻고 있다.
정답 1

7番　💿_T062

F：急に立ち止まってどうかしたの？
M：1. 前にここで事故にあった時の記憶が蘇ってきて。
　　2. 雨が降るんじゃないかと思ってたよ。
　　3. この前電話で話した時は元気そうだったのに。

F：갑자기 멈춰서고 왜 그래？
M：1. 전에 여기서 사고가 났을 때 기억이 되살아나서.
　　2. 비가 내리지 않을까 생각했어.
　　3. 요전에 전화로 이야기했을 때는 건강했었는데.

단어 立たち止とまる 멈춰서다 | 記憶きおく 기억 | 蘇よみがえる 되살아나다
해설 갑자기 차를 세운 이유에 대해 의아해 하면서 묻고 있다.
정답 1

8番　💿_T063

F：佐藤君のお父さんは肺がんを患っているらしいよ。
M：1. お見舞いに行ったのは僕じゃなくて弟だよ。
　　2. それは大変だ、完治する見込みはあるの？
　　3. きっと仕事の疲れがたまっていたんだね。

F：사토 군의 아버지는 폐암을 앓고 있다고 하더라.
M：1. 문병 간 것은 내가 아니고 동생이야.
　　2. 그것 참 큰일이네, 완치될 것 같아？
　　3. 틀림없이 일의 피로가 쌓였던 것이겠지.

단어 肺はいがん 폐암 | 患わずらう 앓다, 병이 나다 | お見舞みまい 병문안 | 完治かんち 완치 | 見込みこみ 전망
해설 병을 앓고 있는 친구 아버지에 대한 소식을 전하고 있다.
정답 2

9番　💿_T064

M：都会に出てきて、地元が恋しいんじゃない？
F：1. 人が多いことにとにかく驚いたよ。
　　2. まあ、明日にでも行ってみるつもり。
　　3. いや、まだそんなことはないかな。

M：도시로 나와 지내니 살던 곳이 그립지 않아？
F：1. 사람이 많은 것에 어쨌든 놀랐어.
　　2. 뭐, 내일이라도 가볼 생각이야.
　　3. 아니, 아직 그런 적은 없는 것 같아.

단어 都会とかい 도시 | 地元じもと 그 고장, 자기가 살고 있는 지역 | 恋こいしい 그립다
해설 자신이 살던 곳을 떠나 도시로 나온 사람에게 그곳에서의 생활이 그립지 않은가를 묻고 있다.
정답 3

10番　💿_T065

F：最近彼氏の態度がそっけないのよ。
M：1. そうか、それは一度きちんと話し合った方がいいと思うよ。
　　2. デートの場所としては最高だと思うんだけどな。
　　3. でも、プレゼントをもらってるならお返しをした方がいいよ。

F：최근 그의 태도가 차가워.
M：1. 그렇구나, 그것은 한번 제대로 이야기하는 편이 좋다고 생각해.
　　2. 데이트의 장소로서는 최고라고 생각하는데 말이야.
　　3. 하지만 선물을 받았다면 답례를 하는 편이 좋아.

단어 そっけない 냉담하다, 인정머리 없다 | お返かえし 답례
해설 화자가 아는 사람의 태도가 최근 쌀쌀맞게 변한 것에 대한 생각을 말하고 있다.
정답 1

11番　💿_T066

M：机でうとうとしてたら、カゼひいちゃうよ。
F：1. うん、薬は飲んだけど、まだ効かないみたい。
　　2. そうね、今日はこの辺で寝ようかしら。
　　3. いや、入院するほどのことでもないみたい。

M：책상에서 졸고 있으면 감기 걸린다.
F：1. 응, 약은 먹었는데 아직 효과가 없는 것 같아
　　2. 그래, 오늘은 이만 잘까.
　　3. 아니, 입원할 정도까지는 아닌 것 같아.

단어 うとうとする 꾸벅꾸벅 졸다 | 辺へん 주변, 쯤, 정도 | 入院にゅういん 입원
해설 책상에 앉은 채로 졸고 있는 사람에게 그러면 감기 걸릴 염려가 있다고 주의를 주고 있다. 화자의 말한 의도를 생각하는 유추문제이다.
정답 2

12番　💿_T067

F：今日は日曜日だって言うのにこの店はガラガラね。

M : 1. 自信があっただけに、きっと落ち込んでいるだろ
うね。
2. そうか、君もこの店に来たことがあったんだね。
3. 友人からは行列の絶えない店だって聞いたんだけ
ど。

F : 오늘은 일요일인데 이 가게는 텅 비었네.
M : 1. 자신이 있었던 만큼, 틀림없이 낙담하고 있겠지.
2. 그렇구나, 너도 이 가게에 온 적이 있었구나.
3. 친구한테 행렬이 끊이지 않는 가게라고 들었는데.

단어 ガラガラ 속이 텅 빈 모양 | 自信じしん 자신 | 行列ぎょ
うれつ 행렬 | 絶たえない 끊이지 않다

해설 예상과는 달리 일요일에도 손님이 없는 한산한 가게의 모
습을 말하고 있다.

정답 3

13番　　　🔵_T068

M : 気分転換にその辺をちょっとぶらぶらしてくるよ。
F : 1. 夕飯までには帰ってきてね。
2. 運動なんて最近は全くしてないわ。
3. 早くいい仕事が見つかるといいね。

M : 기분전환으로 그 주변을 조금 돌아다니다 올게.
F : 1. 저녁밥 먹을 때까지는 돌아오렴.
2. 운동은 최근에 전혀 하지 않아.
3. 빨리 좋은 직장이 찾아지면 좋겠네.

단어 ぶらぶら 어슬렁어슬렁, 빈둥빈둥 | 夕飯ゆうはん 저녁
밥 | 全まったく 전혀

해설 잠시 주변을 돌아보고 오겠다는 말에 대한 반응을 고르면
된다.

정답 1

14番　　　🔵_T069

M : 教科書にびっしり書き込んで、本当にまじめだな、
君は。
F : 1. 明日が締め切りのレポートだから急がなくちゃ。
2. そんなことないわ、こうしておかないと落ち着か
ないのよ。
3. 借りていた教科書は家にあるから、明日持ってく
るわ。

M : 교과서에 빈틈없이 필기해 놓다니, 정말로 너는 성실하구나.
F : 1. 내일이 리포트마감이니까 서두르지 않으면.
2. 그렇지 않아요, 이렇게 두지 않으면 안정되지 않아.
3. 빌린 교과서는 집에 있으니까 내일 가져올게.

단어 借かりる 빌리다 | 教科書きょうかしょ 교과서 | 落おち
着つかない 안정되지 않다

해설 꼼꼼하게 기록한 것에 대한 칭찬을 하고 있다. 이때 '그렇지 않다'는 적극적 부정이 아니라 상대의 칭찬과 인

정에 대한 겸양 표현적 어감으로 '잘 봐주셔서 그렇지요,
당치 않습니다. 과분한 말씀입니다' 정도의 의미로 완곡
한 표현이다. 'とんでもない(천만에요, 원 별말씀을)'와
같은 반응도 있다.

정답 2

문제5 문제5에서는 긴 이야기를 듣습니다. 이 문제에는 연습
은 없습니다. 문제용지에 메모를 해도 됩니다.

1번, 2번
문제용지에는 아무것도 인쇄되어 있지 않습니다. 먼저 이야기를 들
어주세요. 그리고 질문과 선택지를 듣고 1에서 4 중에서 알맞은 답
을 하나 고르세요.

1番　　　🔵_T070

医師が高齢出産について話をしています。

F1 : 経験から言うと、子育ては、子どもが中学校に入学
する13才ごろから高校を卒業する18才ごろまで
が最大の山場です。私の場合、上の子3人は体力
にまかせて「母親がボス」と、言うことを聞かせ、
それなりにうまく育て上げました。でも末っ子の
次女は16才ごろ荒れ始め、落ち着くのに3年も
かかったんです。私は子どもの精神外来も担当し
ていますが、不登校の悩みを抱えた母親を見てい
ると、問題を乗り越えるためには体力はもちろん、
精神面での健康が必要です。高齢出産した人は、
子どもが思春期を迎える時期に40代後半から50
代を迎えるので、それまでエネルギーを温存でき
るよう、豊かな気持ちで楽しく生きることが大事
でしょうね。

···

F2 : 私は早く子どもを産んだから、正直高齢出産の大変
さとか、子育ての実情ってよく知らなかったけど、
この先生の話を聞く限り、本当に大変そうね。

F3 : 本当、そうよね。男の子の子育てが女親にとっては
大変、っていうのは自分も経験済みだからわかっ
てたけど、女の子は女の子で大変そうね。

F2 : 同性だから余計にぶつかってしまうこともあるん
でしょうね。でも私、先生の言ってた子どもの
問題を乗り越えるのに精神面での健康も必要だ、
っていうのはすごくわかる気がしたわ。

F3 : 私も実はそうなの。年をとると体力が落ちてくる
のもそうなんだけど、精神的にもガタがきちゃっ
て、若い時みたいに毎日元気いっぱい、って言う
わけにも行かなくなってきたのよね。

F2 : 確かに。若いときは毎日心も体も元気だったのに、年を取るとそうも行かないのよね、正直。

F3 : やっぱりそう考えると、高齢出産って産む時もそうだけど、産んだあともなかなか大変そうね。

医師の話を聞いた女性たちはどう言った発言に共感していましたか。

1. 子どもの問題を抱える母親には体力さえあれば大丈夫だということ

2. 子どもの問題を抱える母親はまず精神外来に行くべきだということ

3. 子どもの問題を抱える母親はとにかく子どもを豊かな気持ちで見守る。

4. 子どもの問題を抱える母親には精神面での健康も必要であること

의사가 고령출산에 대해서 이야기를 하고 있습니다.

F1 : 경험으로부터 말하면, 양육은 아이가 중학교에 입학하는 13세 무렵부터 고등학교 졸업하는 18세 무렵까지가 최대의 고비입니다. 제 경우는 위의 아이 3명은 체력에 맡기고 '엄마는 보스다'라고 해서 말을 듣게 하고, 그 나름대로 잘 키웠습니다. 하지만 막내인 둘째 딸은 16세 무렵 반항하기 시작해서 안정되는데 3년이나 걸렸습니다. 저는 아이의 정신외래도 담당하고 있습니다만, 아이가 등교하지 않는 고민을 갖고 있는 모친을 보고 있으면 문제를 극복하기 위해서는 체력은 물론, 정신면에서의 건강이 필요합니다. 고령출산한 사람은 아이가 사춘기를 맞이하는 시기에 40대 후반부터 50대를 맞이하기 때문에, 그때까지 에너지를 보존할 수 있도록 여유있는 마음으로 즐겁게 사는 것이 중요하겠죠.

....

F2 : 저는 일찍 아이를 낳았기 때문에 솔직히 고령출산의 고충이나 양육의 실정에 대해서 잘 몰랐지만, 이 선생님의 이야기를 들으니 정말로 힘들 것 같네요.

F3 : 정말로 그러네요. 남자아이의 양육이 모친에게는 힘들다는 것은 자신도 경험했으니 알고 있지만, 여자아이는 여자아이대로 힘들겠어요.

F2 : 동성이니까 더욱 부딪히는 일도 많겠죠. 하지만 저는 선생님이 말했던 양육의 문제를 극복하는데 정신면에서의 건강도 필요하다는 것은 너무 공감이 되네요.

F3 : 저도 사실은 그래요. 나이를 먹으면 체력이 떨어지는 것도 그렇지만 정신적으로도 한계가 와서 젊을 때처럼 매일 활기에 넘친다고는 말할 수 없게 되었죠.

F2 : 확실히 그러네요. 젊을 때는 매일 몸도 마음도 건강했는데, 나이를 먹으면 그렇게 안 되네요, 솔직히.

F3 : 역시 그렇게 생각하면 고령출산이란 낳을 때도 그렇지만 낳은 다음에도 꽤 힘들겠네요.

의사의 이야기를 들은 여성들은 어떠한 발언에 공감하고 있습니까?

1) 아이의 문제를 안고 있는 엄마에게는 체력만 있으면 문제없다는 것

2) 아이의 문제를 안고 있는 엄마는 먼저 정신과 외래에 가야 한다는 것

3) 아이의 문제를 안고 있는 엄마는 여하튼 아이를 너그러운 마음으로 지켜본다.

4) 아이의 문제를 안고 있는 엄마에게는 정신면에서의 건강도 필요하다는 것

단어 高齢出産こうれいしゅっさん 고령출산 | 子育こそだて 양육 | 山場やまば 사물의 절정, 고비 | 育そだて上げる 훌륭하게 성장시키다 | 荒あれる 거칠어지다 | 温存おんぞん 소중히 보존함 | 不登校ふとうこう 등교거부 | 乗のり越こえる 극복하다 | 体力たいりょく 체력 | 思春期ししゅんき 사춘기 | 女親おんなおや 모친 | 経験済けいけんずみ 이미 경험함 | ガタがくる 시간이 지나 여기저기 상태가 안 좋아짐 | 最大さいだい 최대 | 発言はつげん 발언 | 共感きょうかん 공감

해설 여성들은 '(생략) 하지만 저는 선생님이 말했던 양육의 문제를 극복하는데 정신면에서의 건강도 필요하다.'라는 말은 너무 공감이 된다고 하고 있으므로 정답은 4번이다.

정답 4

2番 　　　　　　　　　🔵 _T071

男性と女性が子供の事故について話をしています。

F : シュレッダーに子どもの手が巻き込まれたり、指を切断する事故、プールの吸水口に吸い込まれて、女の子が亡くなってしまったりする事故、本当に「子どもの事故」が後をたたないわよね。

M1 : 子どもの事故は毎年たくさん起きていて、「不慮の事故は、1歳〜14歳の子どもの死亡原因の第一位。交通事故と同じくらい、家庭内・学校など身近な場所でおきる事故も多いんだってね。

F : へえ、そうなの。でも確かに、床に置かれているマットは割りと滑りやすいし、滑って転んだときに、角のあるものにぶつかると大けがにつながることもあるわよね。

M2 : ドアのちょうつがいがついている部分は、ドアを開けた時すき間ができるだろ。このすき間に手を入れたまま、ドアを閉めてケガをする事故が多いんだって。実際に、すき間に割りばしを入れてドアを閉めると、簡単に折れてしまうんだ。強い力がかかっているから、子どもの指はつぶれてしまうこともあるんだよ。

F : 想像しただけでも怖いわね。

M1 : お湯をわかす時に出る熱い蒸気、あるだろ？あれも危ないんだ。温度を測ってみるとおよそ80度。

この温度だとあっという間にやけどしてしまうんだ。

F ：大人にとってはあまり危険を感じられないものでも、子どもたちにとっては事故につながる危険があるのね。

M2：そうだよ。だから小さな子どものいる家庭は、常に子どもの目線で子どもの安全に努めないといけないんだ。

女の人は大人にとってはあまり危険を感じないものが子どもたちにとってはどのようなものになってしまうと言っていますか。

1. とても楽しいおもちゃ
2. 子どもたちにとっても安全なもの
3. 強い力があれば子どもでも十分使用できるもの
4. 事故につながる危険なもの

남성과 여성이 어린이의 사고에 대해 이야기를 하고 있습니다.

F ：문서분쇄기에 아이의 손이 말려들거나 해서 손가락을 절단하는 사고. 풀장의 흡수구에 휩쓸려 들어가 여자 아이가 사망해 버리거나 하는 사고, 정말로 어린이 사고가 끊이지 않는군요.

M1：어린이 사고는 매년 많이 일어나고 있고, 불의의 사고는 1세에서 14세 어린이의 사망원인 중 제1위. 교통사고와 마찬가지로, 가정 내, 학교 등 생활주변 장소에서 발생하는 사고도 많다고 하네.

F ：그래! 하지만, 확실히, 마루에 놓여 있는 매트는 비교적 미끄러지기 쉽고, 미끄러져 넘어졌을 때, 물건 모서리에 부딪치면 큰 부상으로 이어지는 일도 있지.

M2：문의 경첩이 붙어 있는 부분은 문을 열었을 때 틈새가 생기잖아? 이 틈새에 손을 넣은 채, 문을 닫아서 부상을 입는 사고가 많다고 하네. 실제로 틈새에 나무젓가락을 넣고 문을 닫으면, 간단히 부러져 버리는 걸. 센 힘이 실려 있기 때문에, 아이의 손가락은 부서져 버리는 경우도 있는 거야.

F ：상상만 해도 무섭네.

M1：뜨거운 물을 끓일 때에 나오는 뜨거운 증기, 있지? 그것도 위험해. 온도를 측정해 보면 약 80도. 이 온도라면 순식간에 화상을 입어 버리거든.

F ：어른에게는 그다지 위험을 느끼지못하는 것이라도, 어린이들에게 있어서는 사고로 이어질 위험이 있는 거야.

M2：그래. 그러니까 어린 아이가 있는 가정은 항상 아이의 눈높이에서 어린이 안전에 힘쓰지 않으면 안 되는 거지.

여자는 어른에게는 그다지 위험을 느끼지 않는 물건이 아이들에게 있어서는 어떠한 것이 되어 버린다고 말하고 있습니까?
1) 매우 즐거운 장난감
2) 어린이들에게도 안전한 것
3) 강한 힘이 있으면 어린이라도 충분히 사용할 수 있는 물건
4) 사고로 이어질 위험한 것

단어 シュレッダー 문서 분쇄기 | 不慮ふりょ 뜻밖의, 불의의 | 吸水口きゅうすいぐち 흡수구 | 巻まき込こむ 말려들다 | 切断せつだん 절단 | ちゅつがい 경첩 | 折おれる 부러지다 | 想像そうぞう 상상 | 蒸気じょうき 증기 | 測はかる 재다, 측정하다 | 目線めせん 시선, 눈높이 | 努つとめる 노력하다

해설 후반부 대화에서 여자가 '어른에게는 위험을 느끼지 않는 물건이 어린이에게는 사고로 이어질 위험이 있는 것'이라고 했으므로 정답은 4번이다.

정답 4

3番 _T072

먼저 이야기를 들어주세요. 그리고 2개의 질문을 듣고, 각각 문제용지의 1에서 4 중에서 알맞은 것을 하나 고르세요.

テレビでアナウンサーが子供たちの体力の低下について話をしています。

M ：毎年行われている体力調査によりますと、20年前から、子供たちの運動能力が低下し続けているとの結果が発表されました。このまま体力が低下し続けた場合、すぐに疲れてしまったり、骨などが弱くなりケガをしやすくなったり、肥満などの生活習慣病にかかりやすい体になってしまうとの見解も示されています。スポーツクラブに入っている子供も多くみられますが、サッカーだけ、野球だけなど、1つのスポーツだけをしていると、動きが限られてしまうので、それだけやっていれば体力がアップ、ということにはならないそうです。様々な動きが含まれている「昔ながらの外遊び」を多くすることが大切であるということも言われています。例えば、昔子供たちがよく遊んでいた「ゴムとび」には、はしる、とぶ、まわる、しゃがむなどの動きが入っています。「缶けり」には、ける、はしる、はうなどの隠れる動作、ふむ、などの動きが入っています。昔の子供は、こうした遊びをすることで、体力をつけていたのですね。

F ：私たちが子供の頃ってスポーツクラブに入ってる子供の方が少なかったような気がするんだけど。

M ：そうだよな。俺たちの子供の頃って、暗くなるまでずっと外で遊んでて、夕御飯の時間が近づくとお母さんが「いい加減早く帰ってきなさい」って公園に呼びに来る、って感じだったもんな。

F ：本当、そうよね。テレビゲームだって今みたいに普及してなかったし、子供に運動をスポーツクラブに入れてまでさせようなんて考える大人も少なかった

わよね。

M：たまに親に頼まれたお使いに行かされて、友だちと遊ぶ時間が少なくなって親に文句をぶーぶー言ってたりもしたな。

F：たった数十分のことなのに、友だちと外で遊ぶ時間って私たちにとってはすごく大切なものだったものね。

M：今の子供たちももっと外で体動かして、スポーツクラブに入らなくてもいいぐらい遊べばいいのにな。

質問1 なぜ一つのスポーツをするだけでは体力がアップ、ということにはならないと言っていましたか。

質問2 女性は昔はどういう大人が少なかったと言っていましたか。

TV에서 아나운서가 아이들의 체력저하에 대해서 이야기를 하고 있습니다.

M：매년 실시되고 있는 체력조사에 의하면 20년 전부터 아이들의 운동능력이 계속 저하되고 있다는 결과가 발표되었습니다. 이대로 체력이 계속 저하될 경우 금방 지쳐버리거나 뼈 등이 약해져서 다치기 쉽게 되고, 비만 등의 생활습관병에 걸리기 쉬운 몸이 되어 버린다는 견해도 제시되고 있습니다. 스포츠클럽에 가입한 아이도 많이 보입니다만, 축구만, 야구만 등, 한 가지 스포츠만 하고 있으면 움직임이 제한되어 버리므로, 그것만 하고 있으면 체력이 향상되는 정도까지는 되지 않는다고 합니다. 다양한 움직임이 포함되어 있는 '옛날부터 해오던 바깥 놀이'를 많이 하는 것이 중요하다는 말을 하는 의견도 있습니다. 예를 들면, 옛날 아이들이 잘 하던 '고무줄 넘기'에는 달리기, 뛰기, 돌기, 수그리기 등의 움직임이 들어가 있습니다. '깡통 차기'에는 차기, 달리기, 기기 등의 숨겨진 동작, 밟기 등의 움직임이 들어 있습니다. 옛날 아이들은 이러한 놀이를 하는 것으로 체력을 키워왔던 것입니다.

．．．．．．．．．．．．．．．．．．．．．．．．．．．．．．

F：우리들이 어릴 때 스포츠클럽에 들어간 아이들이 적었던 것 같은데.

M：그렇지. 우리들의 유년기란 깜깜해질 때까지 줄곧 밖에서 놀고 저녁밥 시간이 가까워지면 어머니가 '적당히 하고 빨리 돌아와'라고 공원으로 부르러 오는 식이었지.

F：정말, 맞아. TV게임 역시 지금처럼 보급되지 않았었고, 아이들에게 운동을 스포츠클럽에 넣어서까지 시키려는 어른도 적었지.

M：가끔 부모에게 부탁받은 심부름도 가기 싫은데 가서, 친구들과 놀 시간이 줄어드니까 부모에게 투덜거리곤 했었지.

F：단지 수십 분인데 친구와 밖에서 노는 시간이란 우리들에게 있어서는 굉장히 중요한 것이었지.

M：지금의 아이들도 좀 더 밖에서 몸을 움직이고 스포츠클럽에 들어가지 않아도 좋을 정도로 놀면 좋을 텐데 말이야.

단어 毎年まいとし 매년｜行おこなう 행해지다｜体力調査たいりょくちょうさ 체력조사｜運動能力うんどうのうりょく 운동능력｜低下ていか 続つづける 계속 저하하다｜結果けっか 결과｜発表はっぴょう 발표｜肥満ひまん 비만｜生活習慣病せいかつしゅうかんびょう 생활습관병｜外遊そとあそび 바깥 놀이｜しゃがむ 수그리다｜はうぎ다｜体力たいりょくをつける 체력을 키우다

질문1 왜 한 가지의 스포츠를 하는 것만으로는 체력이 향상되지 않는가?
1) 한 가지 운동만 하면 뼈가 약해지기 때문
2) 한 가지 운동만 하면 움직임이 한정되어 버리기 때문
3) 한 가지 운동만 하면 생활습관병에 걸리기 쉬워지기 때문
4) 한 가지 운동만 하면 부상을 당하기 쉬워지기 때문

해설 '한 가지 스포츠만 하고 있으면 움직임이 제한되어 버리므로, 그것만 하고 있으면 체력이 향상되는 정도까지는 되지 않는다.'고 했으므로 정답은 2번이다.

정답 2

질문2 여성은 옛날에는 어떠한 어른이 적었다고 말하고 있습니까?
1) 아이를 스포츠클럽에 넣는 부모
2) 아이에게 텔레비전 게임을 사주는 부모
3) 심부름을 아이에게 부탁하는 부모
4) 밖에서 친구와 놀게 하지 않는 부모

해설 여자는 어릴 때를 떠올리며 '아이들에게 운동을 스포츠클럽에 넣어서까지 시키려는 어른도 적었다.'고 말하고 있으므로 정답은 1번이다.

정답 1

정답

언어지식(문자 · 어휘, 문법), 독해

問題1	1 (4)	2 (2)	3 (3)	4 (1)	5 (4)	6 (2)	
問題2	7 (3)	8 (3)	9 (2)	10 (1)	11 (3)	12 (4)	13 (1)
問題3	14 (1)	15 (2)	16 (4)	17 (4)	18 (3)	19 (2)	
問題4	20 (2)	21 (3)	22 (1)	23 (4)	24 (3)	25 (1)	
問題5	26 (2)	27 (3)	28 (4)	29 (2)	30 (1)	31 (2)	
	32 (3)	33 (3)	34 (2)	35 (1)			
問題6	36 (3)	37 (1)	38 (2)	39 (3)	40 (2)		
問題7	41 (4)	42 (1)	43 (3)	44 (2)	45 (4)		
問題8	46 (4)	47 (3)	48 (1)	49 (3)			
問題9	50 (3)	51 (2)	52 (2)	53 (3)	54 (4)	55 (4)	
	56 (1)	57 (2)	58 (1)				
問題10	59 (2)	60 (3)	61 (1)	62 (3)			
問題11	63 (1)	64 (2)	65 (4)				
問題12	66 (1)	67 (3)	68 (2)	69 (3)			
問題13	70 (2)	71 (1)					

청해

問題1	1 (1)	2 (3)	3 (4)	4 (2)	5 (3)	6 (1)	
問題2	1 (2)	2 (3)	3 (4)	4 (2)	5 (3)	6 (4)	7 (4)
問題3	1 (2)	2 (1)	3 (3)	4 (2)	5 (4)	6 (2)	
問題4	1 (3)	2 (2)	3 (1)	4 (2)	5 (3)	6 (2)	7 (1)	8 (1)
	9 (3)	10 (1)	11 (2)	12 (3)	13 (2)	14 (2)	
問題5	1 (3)	2 (2)	3 1) (2)	2) (1)			

문제1 _____ 의 단어를 읽는 방법으로서 가장 알맞은 것을 1 · 2 · 3 · 4에서 하나 고르시오.

1 정원에서 아이가 개와 놀고 있다.
단어 庭にわ 정원 | 戯たわむれる 놀다, 장난치다
정답 4

2 사건의 진상은 아직도 확실히 밝혀지지 않았다.
단어 明あきらかになる 명백해지다, 밝혀지다, 확실해지다 | 真相しんそう 진상
정답 2

3 이 작품은 신문 서평에서 상당히 높게 평가되고 있었다.
단어 評価ひょうか 평가 | 書評しょひょう 서평
정답 3

4 그는 오로지 공부만 하고 있다.
단어 専もっぱら 오로지, 전적으로 | ひたすら 오직, 오로지, 한결같이(=ただただ, 偏ひとえに, 一途いちずに) | ～傍かたわ ら ～하는 한편 | 裏腹うらはら 반대, 불일치, 뒤죽박죽(=あべこべ)
정답 1

5 그는 필요할 때 굉장히 의지할 수 있는 남자다.
단어 いざというとき 유사시, 만일의 경우 | 頼たより 의지, 신뢰, 도움
정답 4

6 그녀는 어렸을 때부터 만성적인 지병을 가지고 있다.
단어 幼おさない 어리다 | 持病じびょう 지병 | 慢性まんせい 만성
정답 2

문제2 _____ 에 들어갈 가장 알맞은 것을 1 · 2 · 3 · 4에서 하나 고르시오.

7 성적 상위자와 하위자의 차이는 확실하게 있었다.
단어 成績せいせき 성적 | 上位者じょういしゃ 상위자 | 歴然れきぜん 분명, 명확 | 偶然ぐうぜん 우연 | 必然ひつぜん 필연 | 騒然そうぜん 소란
정답 3

8 때때로 몹시 먹고 싶어지는 것이 있다.
단어 時折ときおり 때때로, 가끔(=時々ときどき, 時ときたま, 折々おりおり) | 無性むしょうに 아주, 너무, 무척, 굉장히(=むやみに, やたらに)
정답 3

9 그는 앞으로의 진로에 대해 어떻게 해야 할지 모색하고 있다.
단어 今後こんご 금후, 앞으로 | 進路しんろ 진로 | 模索もさく 모색 | 検索けんさく 검색 | 捜索そうさく 수색 | 掘削

くっさく 굴착

정답 2

10 누가 봐도 그녀 쪽이 <u>단연</u> 예쁘다.
단어 断然だんぜん 단연, 확실, 월등 | 断定だんてい 단정 | 断固だんこ 단호히, 단연코 | 断絶だんぜつ 단절

정답 1

11 미국을 향해가는 비행기가 난기류에 휘말렸다.
단어 気流きりゅう 기류 | 巻き込むまきこむ 말려들게 하다, 휩쓸리게 하다 | 乱気流らんきりゅう 난기류

정답 3

12 그녀에게는 <u>여러 번</u> 주의를 주고 있지만 전혀 반성하는 태도를 보이지 않는다.
단어 注意ちゅうい 주의 | 反省はんせい 반성 | 態度たいど 태도 | 再三さいさん 재삼, 거듭(=たびたび, しばしば)

정답 4

13 이 레스토랑의 요리는 <u>각별</u>히 맛있다.
단어 格別かくべつ 각별, 특별(=格段かくだん, 特別とくべつ, 特とくに, とりわけ, 殊ことに)

정답 1

문제3 _____ 에 있는 단어의 의미와 가장 가까운 것을 1·2·3·4에서 하나 고르시오.

14 갑자기 지명된 그의 인사는 <u>어색하기</u>가 이루 말할 수 없었다.
단어 突如とつじょ 갑자기 | 指名しめい 지명 | ぎこちない 동작·언행 등이 부자연스럽다, 어색하다(=不自然ふしぜんだ) | はかない 덧없다, 허무하다 | 不器用ぶきようだ 손재주가 없다, 어설프다, 서투르다 | みっともない 꼴사납다

정답 1

15 그녀가 무엇을 고민하고 있는지 이해해주지 못해 무척 <u>안타깝다</u>.
단어 悩なやむ 고민하다 | 歯はがゆい 답답하다, 짜증나다, 안타깝다(=もどかしい) | たくましい 늠름하다, 건장하다, 우람하다 | 好このましい 좋다, 끌리다, 마음에 들다, 바람직하다, 탐탁하다(=望のぞましい) | くどい 끈덕지다

정답 2

16 이사를 하려면 여러 가지로 <u>까다로운</u> 수속이 필요해서 몹시 지친다.
단어 引ひっ越こし 이사 | 手続てつづき 수속 | ややこしい 복잡하다, 성가시다 | 煩わずらわしい 귀찮다, 성가시다, 복잡하다, 번잡하다 | 凄すさまじい 무시무시하다 | だるい 나른하다, 노근하다(=物憂ものうい) | おかしい 우습다, 이상하다

정답 4

17 몇 번을 물어도 그는 <u>모호하게</u> 밖에 대답하지 않았다.
단어 あやふや 애매모호함(=曖昧あいまいだ 애매하다) | 頼たよりない 의지할 데가 없다, 미덥지 못하다, 모호하다 | 容易たやすい 쉽다, 용이하다 | 粗あらい 거칠다, 엉성하다 | 荒あらい 거칠다, 난폭하다

정답 4

18 사업에 실패해서 고개를 숙인 그의 모습은 무척이나 <u>가련했</u>다.
단어 うなだれる 고개[머리]를 숙이다 | 哀あわれだ 불쌍하다, 가련하다, 비참하다(=惨みじめだ) | 勇いさましい 용감하다 | 輝かがやかしい 빛나다, 훌륭하다 | 堅苦かたくるしい (말·분위기·기분 등이) 딱딱하다, 형식적이다

정답 3

19 선생님 앞으로 보낼 편지를 그런 식으로 <u>아무렇게나</u> 쓰면 안 됩니다.
단어 ~宛あて ~앞 | ぞんざい 아무렇게나 함, 얼렁뚱땅함, 거침, 난폭함(=いい加減かげんだ 어설프다, 얼렁뚱땅하다) | 気きむずかしい 성미가 까다롭다 | 軽率けいそつだ 경솔하다

정답 2

문제4 다음 말의 사용법으로 가장 알맞은 것을 1·2·3·4에서 하나 고르시오.

20 떠돌다. 감돌다
1) 범인을 <u>떠돈</u> 인물로부터 전화가 걸려왔다.
2) 회의가 열리고 있던 방에는 긴박한 분위기가 <u>감돌고</u> 있었다.
3) 도쿄에 사는 선배를 <u>떠돌아</u> 상경했다.
4) 나는 <u>떠돌아서</u> 야채를 많이 먹도록 마음먹고 있다.
단어 切迫せっぱく 절박 | 上京じょうきょう 상경 | 漂ただよう (향기·분위기가) 넘치다, 감돌다

정답 2

21 미련
1) 평소의 <u>미련</u>에 의해 그의 몸은 마치 강철 같다.
2) 혹독한 <u>미련</u>을 극복하고 그들은 훌륭한 소방관이 되어간다.
3) 헤어진 후에도 여전히 그에 대한 <u>미련</u>이 남아 있다.
4) 이 작품은 <u>미련</u>한 실력을 가진 장인에 의해 만들어졌다.
단어 鋼はがね 강철 | 腕前うでまえ 솜씨, 역량 | 未練みれん 미련(=心残こころのこり 미련, 유감)

정답 3

22 다듬다, 연마하다, 쌓다, 반죽하다
1) 다음 시합이야말로 이길 수 있도록 꼼꼼히 작전을 <u>다듬었</u>다.
2) 1위와 2위의 선수가 골인 지점 바로 앞에서 <u>다듬고</u> 있었다.
3) 대수롭지 않은 부주의로 손을 <u>다듬어</u> 버렸다.
4) 그녀는 미인이고 <u>다듬고</u> 총명해서 사람들의 동경의 대상이다.
단어 入念にゅうねん 유념 | 憧あこがれの的まと 동경의 대상

| 練ねる (정신, 기술, 계획, 문장을) 가다듬다, 기르다, 연마하다, 수련하다

정답 1

23 (가까이 하기가) 거북하다
1) 최근 피로가 쌓였는지 하루 종일 무척이나 거북하다.
2) 그녀의 아무렇지 않은 듯 하는 거북함에 언제나 도움을 받고 있다.
3) 옆방에서는 젊은이들이 매일 밤 거북해서 곤란해 하고 있다.
4) 그는 자리의 분위기 파악을 못해서 사람들이 거북해 한다.

단어 溜たまる (한 곳에) 모이다, 쌓이다 | 場ば 장소, 곳, 자리 | 空気くうき 그 자리의 분위기 | 詰つめる 충분히 검토하여 모호함을 남기지 않도록 분명히 하다 | 煙けむたい 서먹하다, 거북하다, 어렵다(=窮屈きゅうくつだ)

정답 4

24 쌀쌀맞다
1) 많은 공식을 이용한 쌀쌀맞은 계산은 서툽니다.
2) 혼자 식탁 앞에 앉는 것은 왠지 쌀쌀맞다.
3) 그녀는 항상 쌀쌀맞은 대답만 하고 차갑다.
4) 후배의 남자친구는 실수는 많지만 정말 쌀쌀맞은 존재다.

단어 公式こうしき 공식 | 食卓しょくたく 식탁 | 後輩こうはい 후배 | そっけない 쌀쌀맞다, 매정하다, 인정머리 없다(=すげない, にべもない)

정답 3

25 어찌할 바를 몰라 당황하는 모양, 허둥지둥
1) 부모님이 사고를 당했다는 갑작스런 소식에 어찌할 바를 몰라 갈팡질팡했다.
2) 생각했던 결과를 내지 못하고 지금까지의 자신감이 갈팡질팡 무너져갔다.
3) 그녀는 응석을 받아주는 환경에서 갈팡질팡 자라서 고생을 모르는 사람이다.
4) 그는 항상 갈팡질팡하고 있어서 어딘지 말투가 야무진 데가 없다.

단어 おろおろ 허둥지둥, 허둥거림(*불안하거나 놀라서 어찌할 바를 몰라 당황하는 모양) | 甘あまやかす 응석 부리게 하다 | しまり 느슨하지 않고 꼭 죄어 있음, 야무짐

정답 1

문제5 다음 문장의 ( )에 들어갈 가장 알맞은 것을 1·2·3·4에서 하나 고르시오.

26 우리 아들은 3살 아이치고는 이해력이 좋고 손이 안 가는 아이다.

단어 息子むすこ 아들 | ものわかりがよい 이해력이 좋다, 잘 이해하다

해설 ▶ ~にしては ~치고는, ~에 비해서는
보통 뒤에는 예상·기대와는 전혀 다르다는 실망감을 표현하는 말이 온다.
· 新島にいじまさんはラグビーの選手せんしゅにしてはホッソリして

いる。니이지마 씨는 럭비 선수치고는 날씬하다.
▶ ~をよそに ~을 팽개치고[무시하고] =~と関かかわりなく
· 勉強べんきょうをよそに遊あそび回まわる。
공부는 안중에 없이 놀러 다니다.
· 人々ひとびとの心配しんぱいをよそに強行きょうこうする。
사람들의 걱정은 아랑곳하지 않고 강행하다.
· 学校がっこうの宿題しゅくだいをよそに外そとに遊あそびに行いってはいけません。학교 숙제를 무시하고 놀러 가서는 안 됩니다.

정답 2

27 노래를 잘한다고는 해도 대학의 코러스 동아리에서 활동한 정도입니다.

단어 活動かつどう 활동 | 程度ていど 정도

해설 ▶ ~といっても ~라 해도, ~라고는 해도
'~로부터 예상되는 것과 달리, 실제로는'의 뜻으로 실태에 대한 설명을 할 때의 표현 방법이다.
· 彼かれは、父ちちである前社長ぜんしゃちょうのあとを継ついで社長しゃちょうになった。しかし、社長しゃちょうといっても名なばかりで、会社かいしゃのことは何なにも知しらない。
그는, 아버지인 전 사장의 뒤를 이어 사장이 되었다. 그러나, 사장이라 해도 이름뿐, 회사의 일은 아무것도 모른다.

정답 3

28 한 명 한 명 개인의 레벨에 준한 학습방법을 제안합니다.

단어 個人こじん 개인 | 提案ていあん 제안

해설 ▶ ~(さ)せていただきます ~하겠습니다
· では、日本文化にほんぶんかについて発表はっぴょうさせていただきます。
그럼, 일본문화에 대해서 발표하겠습니다.
▶ ~に即そくした ~에 입각한, ~에 근거한(*即そくする 딱 들어맞다, 근거하다)
· 現在げんざいの政策せいさくは実情じつじょうに即そくしていない。
현재의 정책은 실정에 근거하고 있지 않다.

정답 4

29 지망하는 대학에 들어가기 위해 대입학원을 다니기로 정했다.

단어 志望しぼう 지망 | 予備校よびこう 예비학교(대입시험을 지도하는 학원)

해설 ▶ ~べく ~하기에, ~하기 위해
용언에는 '~べく'의 꼴로 '~ために(~위해)'와 유사한 의미로, 가능하거나 혹은 실현을 예상할 수 있는 경우에 사용한다.
· 真相しんそうを確たしかめるべく現地げんちに赴おもむいた。
진상을 확인하기 위하여 현지로 향했다.
· 日本語にほんごを習ならうべく、日本にほんへ留学りゅうがくに行いきました。
일본어를 배우기 위하여 일본에 유학 갔습니다.

정답 2

30 부모님의 걱정과 주의에도 아랑곳하지 않고 그녀는 혼자서

해외여행을 하고 있다.

단어 注意ちゅうい 주의 | 海外かいがい 해외 | 旅たびする 여행하다 | ~をものともせず ~을 아랑곳하지 않고, ~에 굴하지 않고 | ~に限かぎって ~에 한해서, ~만큼은

정답 1

31 그녀는 선천적으로 심한 장애를 안고 있으면서도 밝게 살아가고 있다.

단어 生うまれつき 선천적으로, 천성으로 | 重おもい 심하다, 무겁다 | 障害しょうがい 장애

해설 ▶ ~ながらも ~비록 지만
彼かれは、貧まずしいながらも温あたたかい家庭かていで育そだった。
그는 비록 가난하지만 따뜻한 가정에서 자랐다.

정답 2

32 그는 저축금을 전부 털어서까지 해외에 있는 그녀를 만나러 갔다.

단어 貯金額ちょきんがく 저축액 | 全すべて 모두 | 叩はたく 몽땅 털다

해설 ▶ ~てまで, ~までして ~(하면서)까지, ~까지 하면서
・この絵えは昔むかし父ちちが借金しゃっきんまでして手ていに入いれたものです。
이 그림은, 옛날에 아버지가 빚까지 지면서 손에 넣은 물건입니다.
・環境かんきょうに配慮はいりょしたエンジンを開発かいはつするため、各企業かくきぎょうは必死ひっしに研究けんきゅうを続つづけている、担当者たんとうしゃは休日出勤きゅうじつしゅっきんまでして開発かいはつに力ちからを注そそいでいるらしい。
환경을 배려한 엔진을 개발하기 위해, 각 기업은 필사적으로 연구를 계속하고 있다. 담당자는 휴일 출근까지 하면서 개발에 힘을 쏟고 있는 것 같다.

정답 3

33 공사가 2, 3일로 끝난다고는 하고 있지만 지금의 상태로는 그 이상으로 걸릴 것이 뻔하다.

단어 必至ひっし 필연, 불가피

해설 ▶ ~ものの ~이기는 하지만, ~하나, ~해도
'~'의 내용은 일단 사실이지만, 그러나 실제는 그 일에서 예상되는 대로는 되지 않는다.는 의미이다. 활용어의 연체형에 연결된다. 주로 '~たものの(~이지만, ~하기는 했으나)'의 꼴로 많이 사용된다.
・一度いちどは彼女かのじょのことをあきらめたものの、やっぱり忘わすれられない。
한번은 그녀를 포기하기는 했으나, 역시 잊을 수 없다.
・若わかい人ひとに人気にんきのあるゲームだというのでやってはみたものの、わたしには無理むりだった。
젊은 사람에게 인기 있는 게임이라고 해서 해 보았지만 나에게는 무리였다.

정답 3

34 이 서류를 제출하시려면 부모님 내지는 보증인의 도장이 필요합니다.

단어 書類しょるい 서류 | 提出ていしゅつ 제출 | 保証人ほしょうにん 보증인

해설 ▶ ないし 내지, 또는 =もしくは, または, あるいは
대등・선택의 의미를 나타내는 접속사이다.
・荷物にもつを受うけ取とる際さいには身分証明書みぶんしょうめいしょないし健康保険証けんこうほけんしょうをご持参じさんください。
짐을 받을 때에는 신분증명서 혹은 건강증명서를 지참해 주세요.

정답 2

35 우리 아버지로 말할 것 같으면, 결혼한 지금도 나를 아이 취급한다.

해설 ▶ ~ときたら ~은, ~는
비난・불만의 기분을 가지고 생활 주변의 것을 화제로 할 때 사용한다.

정답 1

문제6 다음 문장의 **★** 에 들어갈 가장 알맞은 것을 1・2・3・4에서 하나 고르시오.

36 버스를 놓쳤다고 택시를 탄다 해도 회사에 지각할 것은 틀림없다.

해설 ▶ ~からといって ~라고 해서
'~라고 하는 것으로 미루어 당연히 그럴 것이라고 생각한 것과는 달리'라고 하는 의미를 나타낸다.
・乳製品にゅうせいひんが体からだにいいからといってそれだけしか食たべないのはよくない。
유제품이 몸이 좋다고 해서 그것만 먹는 것은 좋지 않다.
・日本人にほんじんだからといって、日本文化にほんぶんかについてよく知しっているとは限かぎりません。
일본인이라고 해서 일본 문화에 대해서 잘 알고 있다고는 할 수 없습니다.

정답 3 (タクシーに / 乗ったとしても / 会社に / 遅刻することは)

37 다이어트 하지 않으면 안 된다고 생각하면서도 무의식 중에 단 것에 손을 대버린다.

해설 ▶ ~つつ ~하면서
'~ながら'의 문어체 표현으로 〈ます형〉에 접속하며 의미 역시 '동작의 동시 진행・역접'을 나타낸다. '思おもいつつ'는 '역접'에 해당한다. 'ついつい'는 つい(절제해야 한다고 생각은 하지만 자신도 모르게 그만)'의 강조 표현이다.
・太ふとると分わかっていながら、あまりおいしそうなケーキだったので、つい食たべてしまった。
살이 찐다는 걸 알면서도, 너무 맛있어 보이는 케이크여서 그만 먹어 버렸다.

정답 1 (いけないなと / 思いつつ / ついつい / 甘いものに)

38 그는 이과계 학부에 진학할 줄 알았는데 입시 직전에 문과계 학부로 가고 싶다고 말을 꺼냈다.

해설 ▶ ~と思おもいきや ~라고 생각했는데

일반적으로 생각하면 그런데 의외의 결과가 나왔다는 의미이다.

· どうせ来ないと思いきや、30分も前にやってきた.
어차피 안 올 거라고 생각했는데, 30분이나 전에 왔다.

정답 2 (進学すると / 思いきや / 入試直前に / 文系の学部に)

39 이 자전거는 <u>작으면서도</u> 다양한 최신 기능을 탑재한 획기적인 상품입니다.

단어 搭載とうさい 탑재 | 画期的かっきてき 획기적

해설 ▶ ～ながらも ～하지만, ～이면서도 = ～にもかかわらず

· 金持かねもちながら、けちだ. 부자이지만, 구두쇠다.

정답 3 (小さいながらも様々な最新機能を搭載した)

40 가끔은 운동해야지 하고 달리기 시작하자마자 다리를 접질러 버렸다.

단어 くじく 관절을 다치다, 삐다, 접질리다 = 捻挫ねんざする

해설 ▶ ～たとたんに ～하자마자

· 窓まどを開あけたとたんに小鳥ことりが外そとへ逃にげてしまった.
창문을 열자마자 작은 새가 밖으로 달아나고 말았다.

정답 2 (走り出した / とたんに / 足を / くじいて)

문제7 다음 문장을 읽고, (41)에서 (45) 안에 들어갈 가장 알맞은 것을 1·2·3·4에서 하나 고르시오.

전후 일본문학을 대표하는 어느 작가의 죽음을 접하고, 시바료타로는 '사상이라는 것은 본래 엄청난 허구라는 것을 우리들은 알아야만 한다.'라고 단정했다. 사상은, 순수하게 사상으로서만 존재하는 것이 옳은 것이지, 그런 것을 해서는 안 된다고 (41). 이것에는 훌륭하리만치 '평범한 일본인'의 생각이 나타나 있다.

(42) 일본의 근본에 있는 사상이란 '사상을 갖지 않는 것'이다. 그러면 사상을 갖지 않고 일본인은 어떻게 살아온 것일까? 그것은 즉, 전후 상황으로 말하자면 자민당은 무엇인가 하는 것이다.

자민당은 지지자가 요망하는 것을 '사상'으로 엮어 즉시 실현하는 장치이다. 그 배후에는 확고한 관료조직이 있어, 정치는 그것에 편승해왔다. 장치 위에 누가 서든지 (43) 수상이 얼마나 계속해서 바뀌든지 꿈쩍도 안 한 것이다.

나는 자주 관료들로부터 의견을 요구받는다. 나 나름의 이유를 생각해서 대답하면 대개의 경우 채택되지 않거나 '그러면 어떻게 하면 좋습니까?'라고 되물어 온다. 사상의 결여는 큰 디자인의 결여와 같다. 이렇게까지 장래가 보이지 (44), 사상 없는 일본을 운영해온 관료들도 어떤 식으로든 고민하고 있는 듯하다.

그런데, 이번에는 누가 수상이 될 것인가. 정치 세계는 한치 앞을 볼 수 없기에 (45), 하지만 누가 된다 하더라도 변하지 않는다는 것만은 단언할 수 있다.

단어 虚構きょこう 허구 | 思想しそう 사상 | 純粋じゅんすい 순수 | 見事みごと 훌륭함, 멋짐 | 根本こんぽん 근본 | 支持者しじしゃ 지지자 | 装置そうち 장치 | 背後はいご 배후 | 確固かっこ 확고 | 官僚かんりょう 관료 | びくともしない 꿈쩍도 않다 | 理屈りくつ 도리, 이치, 구실 | 切きり返かえす 되받아 치다 | 欠如けつじょ 결여 | 等ひとしい 같다, 동등하다 | 闇やみ 어둠

41 1) 말한 것일까
2) 말하면 좋았을 것이다
3) 말해야만 했다
4) 말한 것이다

정답 4

42 1) 애초에
2) 느릿느릿
3) 굼실굼실
4) 하늘하늘

단어 そもそも 처음, 애당초(=はじめ, 最初さいしょ) | のそのそ 느릿느릿, 어슬렁어슬렁, 꾸물꾸물(=ぐずぐず) | もぞもぞ 우물우물, 머뭇머뭇 | ゆらゆら 흔들흔들

정답 1

43 1) 그러나
2) 설령
3) 즉
4) 결코

해설 ▶ つまり 결국, 요컨대, 즉

앞에서 말한 사항을 바꾸어 말하기도 하고 요약하기도 하며, 이유를 논하면서 설명하는 부연 설명 접속사가 들어가야 한다. (=即すなわち 즉, 바로, 말하자면)

· 彼かれがすなわち今いまお話はなしした池田いけだ君くんです.
그가 즉 지금 말씀드린 이케다 군입니다.

▶ しかし 그러나

· あの人ひとに何度なんども手紙てがみを出だした. しかし一度いちども返事へんじはなかった.
그 사람에게 몇 번인가 편지를 보냈다. 그렇지만 한 번도 답장은 없었다.

▶ たとえ 가령, 설사, 설령 = 仮かりに, もしも

▶ 決けっして ～ない (뒤의 부정, 금지의 말을 수반하여) 결코, 절대로 ～(하지) 않다

· 借金しゃっきんの保証人ほしょうにんには決けっしてならないように注意ちゅういしてください. 빚 보증인은 결코 되지 않도록 주의하세요.

정답 3

44 1) 시대가 된들
2) 시대가 되니
3) 시대라면
4) 시대였기에

해설 문제는 '현재 장래가 보이지 않는 상황이 되고 보니, 사상 없는 일본을 운영해 온' 것에 대한 고민을 하는 것 같다는 취지이다. 조건 가정을 나타내는 'AとB' 구도에서 B문에 과거형이 올 경우 '～하자, ～하였더니'라는 뜻이 된다. 조

건문에 'と'가 오면 뒤에 '명령문'이나 '지시문'이 올 수 없다. 이와 유사한 용법이 'たら'에도 있는데 'と'는 'たら'에 비해 '동시성, 발견성'이 강조되는 객관적인 묘사이다.

· 窓を開けると涼しし風が入ってきた。
　창문을 열자 시원한 바람이 들어왔다.

· テレビをつけると、ニュースをやっていました。
　텔레비전을 켜니까 뉴스를 하고 있었습니다.

정답 2

45 1) 나는 알고 있었다
　　2) 나는 알고 있는 것일까
　　3) 내가 모를 리가 없다
　　4) 나도 알 수 없다

해설 '一寸先は闇'란 '한 치 앞은 암흑'이란 뜻으로 장래 일은 예지할 수 없다는 의미이므로 필자 역시 '알 수 없다'라고 하는 것이 문맥에 어울린다.

정답 4

문제8 다음 문장을 읽고, 뒤의 문제에 대한 대답으로 가장 알맞은 것을 1·2·3·4에서 하나 고르시오.

(1)

> 올해도 인플루엔자의 유행이 시작됐다. 매년 어째서 이렇게 같은 병이 유행하고, 그때마다 허둥지둥 예방접종을 하고, 손 씻기와 양치질을 시작하고 마스크를 사들이지 않으면 안 되나 하면서도 정신을 차려보면 다른 사람들처럼 그런 준비를 하고 있는 내가 있다. 이것도 어떤 의미 선진국의 부유함과 삶의 질 높음이라고 할 수 있을 지도 모른다. 그러나 그렇다고 해도 요즘의 예방 물품의 품질 좋음과 다양함은 어떤가? 확실히 인터넷 덕분에 수십 년 전에는 일반인은 볼 수도 없었던 의료기관에서 사용하는 소독제나 외과용 마스크 등을 돈만 내면 누구라도 살 수 있게 된 것은 좋지만, 생명에 관계된 것이니만큼 이 정도면 괜찮겠지 하는 상식적인 판단과 선택이 점점 어려워지고 있는 듯하다.

단어 予防接種よぼうせっしゅ 예방접종 | 買かい込こむ 사들이다 | 人並ひとなみ (남들과 같은) 보통 정도나 상태 | 消毒剤しょうどくざい 소독제

46 여기서 필자는 무엇에 대한 상식적인 판단과 선택이 곤란해지고 있다고 말하고 있는가?
　1) 인플루엔자가 언제 유행할까 하는 것
　2) 손 씻기와 양치질의 횟수는 어느 정도 행하면 좋은가 하는 것
　3) 지나치게 부유해진 선진국 생활에 요구되는 높은 질
　4) 인플루엔자 예방 물품의 선택과 거기에 쓰는 금액

해설 문장 마지막 부분에 '생명에 관계된 것이니만큼 이 정도로 괜찮겠지 하는 상식적인 판단과 선택이 점점 어려워지고 있는 듯하다.'고 했다. 'こと命いのちにかかわる'에서 'こ

と'는 '이 세상에서 발생하는 현상이나 사건, 인간의 행위, 또는 그들의 성과나 추이를 나타내는 말이다. 문제에서는 '목숨이 달린 문제'라는 점을 강조하는 의미로 'こと~だけに'와 호응관계에 있다.

'~だけに'는 '~인 만큼'의 뜻이다. '~だけあって'(~한만큼, ~했으니 만큼)와 유사한 의미로, 고급 레벨에서는 미묘한 의미 차이를 묻는 문제가 나올 수 있으므로 아래 풀이를 잘 음미해서 꼭 맞춰주기 바란다.

· あの人は中国人だけに漢字をよく知っている。
　저 사람은 중국인인 만큼 한자를 잘 알고 있다.

· あまり期待きたいしていなかっただけに、入賞にゅうしょうは本当ほんとうに嬉うれしいです。
　너무 기대하지 않았던 만큼 입상은 정말로 기쁩니다.

· 充分じゅうぶんに試験しけんを準備じゅんびしただけあってできがよかった。
　충분히 시험을 준비했던 만큼 성적이 좋았다.

· 何回なんかいも見直みなおしただけあって、このレポートには間違ちがいが全然ぜんぜんない。
　몇 번이나 다시 본 만큼 이 리포트에는 실수가 선혀 없나.

정답 4

(2)

> 출판 불황의 영향으로 비즈니스서의 출판권수가 15년 전의 두 배가 되었습니다. 그만큼 많은 저자가 필요해져서 이전에는 대기업의 경영자나 학자의 독무대였는데, 이제는 중소기업 경영자나 샐러리맨까지도 가세하기 시작했습니다. 그만큼 저자의 눈높이가 내려가 독자에게 있어서 저자가 가까워졌습니다. 그것이 젊은이들을 중심으로 인기를 모았습니다. 그 중에서도 특히 성공한 것이 노무라 씨. 노무라 씨는 인터넷을 통해 독자와 교류하기 때문에 더 가깝게 느낄 수 있는 것일 겁니다. 저자간의 경쟁이 격화되는 가운데 이해하기 쉬운 것이 추구되어, 노무라 씨의 저서와 같이 친절하게 알려주고 이끌어주는 비즈니스서가 나왔습니다. 이것도 독서에 익숙하지 않은 30세 전후의 젊은이들의 마음을 끌었습니다.

단어 不況ふきょう 불황 | 著者ちょしゃ 저자 | 独擅場どくせんじょう 독무대 | 激化げきか 격화 | 追求ついきゅう 추구 | 手取てとり足取あしとり 친절히 가르치고 이끌어주는 모양

47 여기에 나오는 노무라 씨의 저서는 어떻게 30세 전후의 젊은이들의 마음을 끌었나?
　1) 학자라는 일견 먼 존재인 저자의 일상을 알기 쉽게 그린 작품이었기 때문에
　2) 불황의 영향으로 좀처럼 자유롭게 쓸 수 있는 돈이 없는 샐러리맨에게도 구입하기 쉬운 가격이었기 때문에
　3) 독서에 익숙하지 않은 독자들을 위해 알기 쉽고 친절하게 이끌어주는 비즈니스서였기 때문에
　4) 회사의 경쟁원리가 격화되는 가운데 젊은 세대의 샐러리맨들이 희망을 가질 수 있는 내용이었기 때문에

30세 전후의 젊은 독자층을 끌어들인 직접적인 계기는 '알기 쉽고 이해하기 쉬운 것을 추구하는 세대에 어필하는 친절하게 가르쳐주고 안내하는 책'을 내놓았기 때문이다.

정답 3

(3)

> 식습관의 서구화 등으로 인해 일본의 유방암 환자가 늘고 있습니다. 특히 50세 전후의 여성의 증가가 눈에 띕니다. 유방암은 고치기 쉬운 암 중 하나이지만, 10년 이상 지난 후에 재발하는 위험성도 드물지 않기 때문에 방심할 수 없는 타입의 병이기도 합니다.
>
> 가장 많은 증상은 유방의 응어리인데 좌우의 모양이 다름, 보조개와 같은 파임이 생김, 피부에 경련이 있음, 유두에서 액체가 나옴—등의 증상도 있어서 평상시의 체크가 중요합니다. 또 암 검진이 유효한 암 조기발견의 하나인데, 일본에서는 검진의 수진율이 20% 정도로 낮은 것이 큰 문제입니다.

단어 食習慣しょくしゅうかん 식습관 | 乳にゅうがん 유방암 | 増加ぞうか 증가 | 油断ゆだん 방심, 부주의 | 症状しょうじょう 증세, 증상 | 乳房にゅうぼう 유방 | 乳首ちくび 젖꼭지 | えくぼ 보조개 | へこみ 움푹 들어감 | 受診じゅしん 진찰을 받음

48 여기서 필자가 말하고 있는 것으로 올바른 것은 어느 것인가?
  1) 유방암은 10년 이상 지난 후에 재발하는 일이 많은 방심할 수 없는 병이다.
  2) 식습관을 서구화하는 것으로 유방암의 발병을 막을 수 있다.
  3) 유방암의 증상으로 유방에 응어리가 생기는 일이 가끔씩 있다.
  4) 일본에서의 암검진 수진률은 매우 높아 암에 대한 높은 관심을 알 수 있다.

해설 서두에 유방암은 '10년 이상 지난 후에 재발하는 경우도 드문 일이 아니기 때문에 방심할 수 없는 타입의 병'이라고 했다.

정답 1

(4)

> 도시라는 것이 인간의 욕망을 확대시키는 장소라고 한다면, 토스카나 지방의 산 지미냐노에서 발휘된 것은 '탑 만들기'에 대한 욕망이다.
>
> 마을 번영의 절정은 13~14세기였다. '다른 집보다 높고 멋진 탑을 만들고 싶다'라는 열정은, 포도밭과 올리브 나무에 둘러싸인 그다지 넓지도 않은 언덕 위 마을에 한때는 72개나 되는 탑을 죽 늘어세웠다. 잔존하는 탑은 15개로 줄었지만, 광장이나 우물, 교회, 궁전, 여관과 함께 어우러져있는 공간은 지난날의 분위기를 오늘날 여전히 전해줘서 '아름다운 탑의 마을'의 통칭에 어긋나지 않는다.

단어 欲望よくぼう 욕망 | 拡大かくだい 확대 | 発揮はっき 발휘 | 繁栄はんえい 번영 | 林立りんりつ 임립, 숲의 나무

처럼 죽 늘어섬 | 残存ざんぞん 잔존 | 宮殿きゅうでん 궁전 | 織おりなす 여러 요소로 구성하다 | 往時おうじ 옛날, 지난날 | 通称つうしょう 통칭

49 토스카나 지방의 산 지미냐노는 현재의 어떤 공간인가?
  1) 인간의 욕망을 확대시킨 근대적인 건축물이 늘어서 있는 공간
  2) 포도밭과 올리브 밭만이 펼쳐진 시골 풍경 같은 공간
  3) 탑은 적어졌지만 당시의 분위기를 오늘날에도 전하는 공간
  4) 현재도 많은 탑이 늘어서 있는 사람들의 '탑 만들기'에의 욕망이 발휘된 공간

해설 한때는 72개나 되는 탑이 있었으나 현재 남아있는 탑은 15개로 줄었다. 하지만, 광장이나 우물, 교회, 궁전, 여관과 함께 어우러져 있는 공간은 지난날의 분위기를 오늘날에도 전해주고 있다.

정답 3

문제9 다음 문장을 읽고, 뒤의 문제에 대한 대답으로 가장 알맞은 것을 1·2·3·4에서 하나 고르시오.

(1)

> 회의에서 시기적절하게 의견을 말한다든지 농담으로 분위기를 바꾼다든지 해서 회의를 활성화시킬 수 있는 사람이야말로 ①커뮤니케이션 능력을 갖추고 있다고 말할 수 있다.
>
> 조금 다른 커뮤니케이션 방법도 있다. 서론을 생략하고 처음부터 바로 본론으로 들어가는 방법이다. '상대를 타도한다' 등의 원 프레이즈가 특기였던 前정치가가 전형적인 예일 것이다. ②이런 수법도 특수하기는 하지만, 마에다 씨는 커뮤니케이션 능력 향상을 도모하는 '탈 억제'의 일종으로 보고 있다.
>
> 또 하나 비즈니스의 중요한 자질, 창조성이라는 것은 뇌과학적으로 어떤 것일까? '사무작업이나 영업은 잘하지만, 창조적인 일은 서툴다'고 하는 비즈니스맨은 적지 않다. 그러나 마에다 씨는 단언한다.
>
> '창조성은 누구에게나 있는 것입니다. 천재라고 불리는 사람들만의 특권이 아닙니다.'
>
> 그 증거로 마에다 씨가 들고 있는 것은, 귀족부터 서민에 이르기까지 '노래'를 읊었던 일본의 고대사회의 문화이다. ③어떤 입장의 사람이라도 상상력을 발휘할 수 있었던 좋은 예라고 말하고 있는 것이다.

단어 冗談じょうだん 농담 | 前置まえおき 서론, 머리말 | 省はぶく 덜다, 생략하다 | 典型てんけい 전형 | 手法しゅほう 수법 | 特殊とくしゅ 특수 | 脱抑制だつよくせい 탈억제, 억제로부터 벗어나 자유롭게 됨 | 貴族きぞく 귀족 | 庶民しょみん 서민 | 好例こうれい 호례, 좋은 예 | ワンフレーズ 분명한 한마디로 상대를 제압하는 말투(*노골적인 표현, 가식없는 표현, 위세 좋고 재치있는 말 표현을 뜻한다.)

50 ①커뮤니케이션 능력을 갖추고 있는 사람이라는 것은 어떤

사람을 말하는 것인가?

1) 모르는 사람과도 금방 얘기할 수 있는 사람들
2) 비즈니스 상황에서 적절하게 대답할 수 있는 사람들
3) 회의를 활성화시킬 수 있는 사람들
4) 소위 일반적으로 천재라고 불리는 사람들

해설 적절한 때에 맞춰 의견을 말하거나 농담으로 분위기를 바꾼다든지 해서 회의를 활성화시킬 수 있는 사람을 말한다.

정답 3

51 ②이런 수법이라는 것은 커뮤니케이션에 있어서 어떤 방법을 말하는 것인가?

1) 이야기 도중에 시기적절하게 의견을 말하는 방법
2) 서론을 생략하고 처음부터 갑자기 본론으로 들어가는 방법
3) 인간이 가지고 있는 창조성을 최대한 구사하는 방법
4) 농담으로 분위기를 바꾼다든지 의론을 활성화하는 방법

해설 서론을 생략하고 처음부터 바로 본론으로 들어가는 방법을 말한다.

정답 2

52 ③어떤 입장의 사람이라도 <u>창조력을 발휘할 수 있었던 좋은</u> 예로서 들고 있는 것은 무엇인가?

1) 사무작업이나 영업일을 하는 샐러리맨들
2) 귀족부터 서민에 이르기까지 '노래'를 읊었던 일본의 고대 사회 문화
3) 한 마디 성구가 특기였던 前정치가의 언동
4) 커뮤니케이션 능력 향상을 도모하는 '탈억제'의 일종

해설 구체적인 사례를 물었으므로 '귀족으로부터 서민에 이르기까지 '노래'를 읊었던 일본의 고대사회의 문화'를 지칭한다.

정답 2

（2）

전후, 일본인의 얼굴은 작아졌다고 한다. 얼굴 전체가 작아진 것은 아니다. (어느 대학 교수에 따르면) 얼굴의 아래 부분, 특히 턱이 좁아지고, 소위 날렵한 역삼각형의 '작은 얼굴'이 늘었다고 한다.

①원인은 식생활의 변화다. 일본인은 부드러운 것만 먹게 되었다. 씹지 않고 넘기는 식사로 자랐기 때문에 이나 턱이 발달하지 않는다. 단카이 세대(베이비붐 세대) 이전에는 네모난 얼굴이 많았고, 이후의 세대에는 턱이 좁은 역삼각형 얼굴이 늘고 있다. 순정만화에서는 인기 있는 꽃미남은 역삼각형 얼굴에 턱이 뾰족하다. 불쌍하게도 사각 얼굴은 '아저씨 얼굴'로 취급당한다. ②이대로라면 미래의 일본인은 극단적인 역삼각형 얼굴이 되어버린다고 한다.

좌우의 귀와 눈 사이에는 '관자놀이'가 있다. 생쌀을 씹을 때 움직이는 근육을 말하는 것이다. 조부모 세대는 '관자놀이'를 움직여서 지금의 일본인은 처리할 수 없는 생쌀이나 말린 음식 등 딱딱한 것을 잘게 씹었었는데—라고 민족학자인 야나기타 구니오는 이미 1938년의 문장 '노시의 기원'에 쓰고 있다.

'딱딱한 것을 씹으면 뇌가 자극을 받아 생각하는 힘이 생긴다. 게다가 노화로 양 볼의 근육이 쳐지는 것을 방지하

는 미용효과도 있다'라는 이야기를 들은 적이 있다. 스포츠 선수에게 있어서도 이는 중요하다. 레슬링이나 역도에서는 이를 악물기 때문에 순발력이 나온다. 이때, 어금니에는 120킬로그램이나 되는 부하가 걸린다고 한다. 충치는 큰 적이다. 그러고 보니 우수한 선수의 대다수가 턱이발달한 사각형 얼굴로 보였다. 나 자신도 보다시피 역삼각형 얼굴의 꽃미남과는 거리가 멀다. 올림픽에서는 이를 악무는 사각 얼굴 동지들을 응원하고 싶다.

단어 縮小しゅくしょう 축소 | 軟やわらかい 연하다 | 団塊世代だんかいせだい 1948년을 전후한 베이비붐 시대에 태어난 사람들 | こめかみ 관자놀이 | 極端きょくたん 극단 | 処理しょり 처리 | 干物ほしもの 말린 것 | 垂れ下さがる 처지다 | 食く いしばる 이를 악물다 | 瞬発力しゅんぱつりょく 순발력 | ほど遠とお い 걸맞지 않다, 상당히 다르다

53 ①원인은 무엇의 원인을 말하는 것인가?

1) 순정만화에 나옴 듯함 꽃미남이 많아진 것
2) '관자놀이'를 잘 움직여서 딱딱한 것을 먹는 사람이 늘고 있는 것
3) 얼굴의 아래 부분, 특히 턱이 좁아지고 일본인의 얼굴이 작아진 것
4) 역삼각형 얼굴의 남자가 여자들에게 인기 있는 것

해설 얼굴의 아래 부분, 특히 턱이 좁아지고, 역삼각형의 '작은 얼굴'이 늘어난 원인을 말한다.

정답 3

54 여기서 말하는 ②이대로란 어떤 일을 가리키고 있나?

1) '아저씨 얼굴' 취급을 받는 사각 얼굴의 일본인이 늘고 있는 것
2) 스포츠 선수가 경기를 할 때 이를 악물어서 치아에 부담을 주는 상태가 계속되는 것
3) 생쌀이나 말린 음식 등의 딱딱한 것을 잘게 씹어 먹는 상황이 계속되는 것
4) 씹지 않고 넘기는 식사 속에서 자라 이나 턱이 발달하지 않는 상황이 계속되는 것

해설 식생활의 변화로 씹지 않고 넘기는 식사 습관으로 인해 치아나 턱이 발달하지 않는 경우를 말한다.

정답 4

55 필자는 우수한 선수의 상당수를 어떻게 보이기 시작한다고 표현하고 있나?

1) 역삼각형 얼굴의 꽃미남으로 보이기 시작한다.
2) 생쌀이나 말린 음식 등 딱딱한 것을 좋아할 것 같이 보이기 시작한다.
3) 양 볼의 근육이 처지지 않아 젊게 보이기 시작한다.
4) 턱이 발달한 사각 얼굴로 보이기 시작한다.

정답 4

(3)

　일본어를 유창하게 하는 외국인 탤런트를 '이상한 외국인' 등으로 부르던 시대가 있었다. 일본에는 일본어라는 문화의 벽이 있다. 그 속으로 외국인은 들어올 수 없기 때문에 '외부사람(外人)'인 것이다. 일본어를 하는 외국인은 이상한 존재였다.

　글로벌화가 진행되고 음식점의 종업원이나 유학생 등 아시아계 외국인이 많이 늘어났다. 요즘은 일본어를 하는 외국인을 ①기이한 눈으로 보는 사람은 없다. 그러나 그렇다고는 해도 성인이 된 후에 일본어를 시작한 중국인, ②A씨가 아쿠타가와상을 받은 것에는 놀랐다.

　외국인이 아니고는 할 수 없는 파격적인 표현력이 평가받았다. 그렇지만 아무리 천재라도 모국어가 아닌 일본어가 어려움 없이 흘러나올 리가 없다. 이 말이 맞는 걸까, 통할까하고 쓴 문장을 인터넷으로 검색해서 대량의 용례와 비교하는 노력을 계속했다고 한다.

　수상작은 천안문사건으로 민주화운동에 참가한 젊은이의 인생을 통해 이상과 현실의 거리감을 그렸다. 사건이 있은 지 내년으로 20년이 되지만, 중국에서는 아직도 입에 담기를 꺼려하는 정치문제이다. 이 작품은 중국어로 번역될 것인가?

　수상 소식은 '인민일보'에도 실렸다. 그러나 ③중국 언론은 천안문사건이라는 시대배경을 빼고 일본에 건너간 중국인 남성을 테마로 한 소설로만 소개한다. A 씨는 민주화운동을 찬미하는 것이 아니라 그 좌절을 그렸지만, 구체적인 데모의 묘사가 정치적으로 걸리는 점인 듯하다.

　A 씨는 '시간이 지남에 따라 우리들의 사고방식도 점점 변해간다', '내 소설이 중국어로 번역될 것이라고 믿고 있다. 중국 국내의 독자들이 읽기를 바란다.'라고 말하고 있다. 말의 장벽과 같이 정치의 장벽도 돌파할 수 있을지도 모른다.

단어　奇異きいだ 기이하다 | 型破かたやぶり 관행을 깸, 파격적임 | 検索けんさく 검색 | 用例ようれい 용례 | 比較ひかく 비교 | 積つみ重かさねる 겹겹이 쌓다 | 落差らくさ 낙차, 격차 | 伏ふせる 숨기다, 감추어 두다, 덮어 놓다 | 賛美さんび 찬미 | 挫折ざせつ 좌절 | 描写びょうしゃ 묘사 | 突破とっぱ 돌파

56　왜 지금은 일본어를 유창하게 하는 외국인을 ①기이한 눈으로 보는 사람이 없습니까?
　　1) 글로벌화가 진행되어 음식점 종업원이나 유학생 등 아시아계 외국인이 많이 늘었기 때문에
　　2) 텔레비전 등에서 일본어를 유창하게 하는 외국인 탤런트가 급격하게 늘었기 때문에
　　3) 인터넷을 사용해 일본어를 공부하는 외국인이 늘었기 때문에
　　4) 일본인의 사고방식이 점점 변화하고 있기 때문에

정답　1

57　아쿠타가와상을 수상한 ②A 씨는 작품의 무엇을 높게 평가받았습니까?

　　1) 일본에서 생활하는 외국인의 이상과 현실의 격차를 선명하게 그린 점
　　2) 외국인이 아니고는 할 수 없는 파격적인 표현력
　　3) 일본의 역사에 대한 지식의 깊음
　　4) 외국인이 본 일본 정치에 대한 솔직한 의견

정답　2

58　왜 ③중국 언론은 천안문사건이라는 시대 배경을 빼고 보도했습니까?
　　1) 구체적인 데모의 묘사가 정치적으로 걸렸기 때문에
　　2) 중국인의 역사 인식과 걸맞지 않은 장면이 있었기 때문에
　　3) 중국 국내의 독자에게는 인기가 없을 것이라고 판단되었기 때문에
　　4) 표현에 있어서 과격한 부분이 많았기 때문에

해설　중국에서는 아직도 입에 담기를 꺼려하는 정치적인 문제라고 했다. 그러므로 이에 해당하는 구체적인 내용을 고르면 된다.

정답　1

문제10 다음 문장을 읽고, 뒤의 문제에 대한 대답으로 가장 알맞은 것을 1·2·3·4에서 하나 고르시오.

　'세상에서 가장 시끄럽다'는 오사카의 말매미. 올 여름의 발생량은 작년의 약 80%로 평년수준일 것이라고 ①예상하고 있다. 주변에 있는 N공원에서 처음 운 것은 9일로 작년보다 10일 늦었다.

　울음소리 음량의 최고점은 8월 1일의 90데시벨(시끄러운 공장의 내부) 정도라고 한다. 거리의 말매미는 사람을 무서워하지 않고, 낮은 나무에서도 큰 소리로 운다. 그 대합창이 여름의 고시엔이 끝날 무렵까지 계속되어 ②숨막힘을 불러일으킨다.

　말매미는 남방계로 30년 전까지는 오사카에서는 수가 적었다. 그러나 작년도 오사카부의 조사에서는 부내의 70%, 오사카시내에서 90%를 차지할 정도로 불어났다. 온난한 와카야마현에서는 유지매미가 많고, 말매미에게 있어서 지구온난화된 오사카의 지역은 어지간히 쾌적한 모양이다.

　매미는 수년에 이르는 유충기를 수목의 뿌리에서 생식한다. ③그 분포를 좌우하는 것은 기온이 아니라 지온으로, 대지의 온도의 미묘한 차에 의한다고 한다. 말매미의 분포가 북상하는 경향이 보이는데 이것은 지구온난화보다도 각지의 도시화 현상에 의한 영향이 큰 듯하다.

　'가까이에 있는 생물을 통해 지구온난화를 깨달았으면 좋겠다.'라고 환경성의 생물다양성센터가 이달부터 개화나 곤충이 우는 시기를 조사하는 첫 전국조사 '생명체 발견'을 시작했다. 올여름의 테마는 매미, 쓰르라미, 참매미, 말매미의 분포와 우는 시기를 홈페이지에서 공개 중이다.

　유지매미나 참매미가 우세한 도쿄 근교에서도 근래에는 말매미 우는 소리를 들을 수 있다. '2030년쯤에는 도쿄에서도 말매미가 대량 발생 한다'고 전문가는 예측한다. 여름 휴가를 내서 때로는 '여름의 목소리'의 변화에도 가만히 귀를 기울이고 싶다.

단어 やかましい 시끄럽다, 성가시다 | クマゼミ 말매미 | 合唱がっしょう 합창 | 暑苦あつくるしい 숨박힐 정도로 무덥다 | かき立たてる 북돋우다, 부추기다, 조장하다 | アブラゼミ 유지매미 | ヒートアイランド 열섬 | 幼虫ようちゅう 유충 | 分布ぶんぷ 분포 | 微妙びみょうだ 미묘한 | ツクツクボウシ 쓰르라미 | ミンミンゼミ 참매미 | 優勢ゆうせいだ 우세하다

59 ①예상하고 있는 것은 무엇입니까?
1) 말매미 울음소리 음량의 최고점
2) 오사카의 말매미의 올여름 발생량
3) 온난한 와카야마현에서의 유지매미의 발생량
4) 각지의 도시화 현상의 실태

해설 오사카의 말매미에 관한 이야기로 그 발생량을 예상한 것이다.

정답 2

60 ②숨막힘을 불러일으키는 것으로서 예를 들고 있는 것은 무엇입니까?
1) 시끄러운 공장 내부에 울려 퍼지는 작업 소리
2) 여름 고시엔에서 들리는 응원단의 대합창
3) 사람을 두려워하지 않고 낮은 나무에서도 큰 소리로 우는 말매미 소리
4) 도쿄 근교에서 볼 수 있는 유지매미나 참매미소리

해설 말매미의 울음소리는 여름 끝날 무렵까지 계속되는데, 마을의 말매미는 사람을 무서워하지 않고, 낮은 나무에서도 큰 소리로 운다고 했다.

정답 3

61 여기서 ③그라는 것은 무엇을 가리키는 것입니까?
1) 수목의 뿌리에서 생식하는 유충기의 매미
2) 세계적 규모로 퍼지는 지구온난화
3) 대지의 온도의 미묘한 차이
4) 쓰르라미, 참매미, 말매미

해설 매미는 수년에 이르는 유충기를 수목의 뿌리에서 생식한다고 했다.

정답 1

62 환경성의 생물다양성센터에서 왜 개화나 곤충이 우는 시기를 조사하는 첫 전국조사를 하기로 했습니까?
1) 열섬화한 오사카의 지역에 생식하는 생물의 종류 변화를 즐기게 하기 위해서
2) 다양한 매미의 유충기의 생식실태를 상세하고 분명히 하기 위해서
3) 가까이 있는 생물을 통해 지구온난화를 깨닫게 하고 싶다는 생각에서
4) 도쿄 근교에 발생하는 유지매미나 참매미의 생태를 조사하기 위해

해설 조사의 목적은 '가까이에 있는 생물을 통해 지구온난화를 깨달았으면 좋겠다.'라는 것이었다.

정답 3

문제11 다음 A와 B는 '아이들의 학력저하'에 관한 각기 다른 기사이다. A와 B를 읽고, 뒤의 문제에 대한 대답으로 가장 알맞은 것을 1·2·3·4에서 하나 고르시오.

(A)

아이들의 체력저하의 원인은 보호자를 비롯한 국민 의식 속에 실외놀이나 스포츠의 중요성을 학력 상황과 비교해 경시하는 경향이 늘어나고 있는 것에 있다고 생각됩니다. 또한, 생활의 편리화나 생활양식의 변화는 일상생활에 있어 몸을 움직일 기회의 감소를 불러오고 있습니다.
게다가 아이들이 운동부족이 된 직접적인 원인으로 다음 세 가지를 들 수 있습니다.
1. 학교 외의 학습활동이나 실내놀이 시간의 증가로 인한 실외놀이나 스포츠 활동 시간의 감소
2. 공터나 생활 도로 같은 아이들이 손쉽게 놀 수 있는 장소의 감소
3. 저출산이나 학교 외의 학습활동 등에 따른 친구의 감소
오늘날의 사회에 있어서는, 옥외에서 논다든지 스포츠를 즐길 기회를 의식해서 확보해갈 필요가 있으며 특히 보호자 여러분이 아이들을 둘러싼 환경을 충분히 이해하고 적극적으로 몸을 움직일 기회를 만들어 갈 필요가 있습니다. 또한 '잘 먹고, 잘 움직이고, 잘 잔다'(균형 있는 식사, 적절한 운동, 충분한 휴양·수면)라는 건강 3원칙에 입각한 기본적인 생활습관을 몸에 익히는 것도 필요하며, 그러기 위해서는 가정에 있어서의 보호자의 적극적인 관여가 불가결합니다.

단어 軽視けいし 경시 | 利便化りべんか 편리화 | 減少げんしょう 감소 | 仲間なかま 동료 | 不可欠ふかけつ 불가결

(B)

이제 곧 체육의 날입니다. 학교의 운동회를 시작으로 지역 커뮤니티 등에서도 스포츠 이벤트가 많아지는 시기입니다. 그러나 지금 아이들의 체력저하는 심각한 상황을 맞고 있습니다. 현대의 아이들은 부모 세대와 비교해 체력저하가 현저하다고 한다. 도대체 어떤 상황이 되어 있는 것일까요?
아이들의 체력·운동능력의 저하는 생활 속에서도 확실히 영향을 주기 시작하고 있습니다. 1978년의 초등학생의 부상 총건수가 약 34.5만 건이었던 것에 비해 1999년에는 약 45만 건으로 늘었습니다. 이 조사에 따르면 쉽게 골절되는 아이나 얼굴·머리를 다치는 아이가 많아진 것을 알 수 있습니다. 이것은 위험한 상황을 만나도 바로 손으로 짚지 못하고 넘어졌을 때 얼굴이나 머리를 부딪혀버리는 즉, 안전하게 넘어지는 방법을 모른다는 것을 나타내고 있습니다.
야마나시에 있는 모대학 교육인간과학부의 교수가 1999년 11월에 야마나시현 내의 초등학교 아동과 그 부모·조부모들 약 6000명을 대상으로 한 조사결과에 따르면, 현대의 아이들은 부모세대의 대략 반 이하의 시간밖에 밖에서 놀지 않고, 노는 장소도 산이나 공터 등 '자연적인 장소'가

대부분이었던 부모 세대와는 다르게 반수 이상의 아이들이 실내에서 놀고 있다는 것이 밝혀졌다. 실내에서의 게임 등이 주류이기 때문에, 이러한 실외놀이 시간·장소·친구의 감소가 아이들의 운동부족, 나아가서는 체력·운동능력의 저하에 박차를 가하고 있다고 교수는 지적하십니다.

단어 著いちじるしい 현저하다 | 骨折こっせつ 골절 | 遭遇そうぐう 조우, 우연히 만남 | 空あき地ち 빈터

63 A와 B 양쪽 기사에 다 들어가 있는 내용은 무엇입니까?
1) 실외보다 실내에서 노는 아이들의 증가
2) 균형 잡힌 식사를 하지 않는 아이들의 증가
3) 얼굴·머리를 다치는 아이들의 증가
4) 안전하게 넘어지는 방법을 모르는 아이들의 증가

해설 [A]에서는 아이들이 운동부족이 된 직접적인 원인의 하나로 '실내놀이 시간의 증가로 인한 실외놀이나 스포츠 활동 시간의 감소'를 들었고 [B]는 현대의 아이들은 부모세대의 대략 반 이하의 시간밖에 밖에서 놀지 않고, 노는 장소도 반수 이상의 아이들이 실내에서 놀고 있다는 것이며, 이는 아이들의 운동부족, 나아가서는 체력·운동능력의 저하를 초래했다고 했으므로 두 문장의 공통점은 '실내에서 노는 아이들이 늘어남에 따른 아동의 체력저하'라고 할 수 있다.

정답 1

64 아이들의 옥외에서의 놀이 장소에 대해서 A의 필자와 B의 필자는 어떻게 말하고 있습니까?
1) A, B 양쪽 다 옥외에서의 놀이 장소가 늘어나 노는 환경이 갖춰져 있다고 말하고 있다.
2) A, B 양쪽 다 옥외에서 아이들이 손쉽게 놀 수 있는 장소, 놀 공간이 감소하고 있다고 말하고 있다.
3) A는 아이들이 손쉽게 놀 수 있는 장소의 감소를 호소하고 있지만, B는 부모 세대 때와 마찬가지로 놀 공간은 충분히 있다고 말하고 있다.
4) A는 지금도 충분한 옥외의 놀이 장소를 확보하고 있다고 하고, B는 부모 세대 때와는 달리 놀 장소도 산이나 공터 등의 '자연적인 장소'가 감소했다고 말하고 있다.

해설 [A]공터나 생활 도로 같은 아이들이 손쉽게 놀 수 있는 장소의 감소 [B]실내에서의 게임 등이 주류이기 때문에, 이러한 실외놀이 시간·공간·친구의 감소, [A][B]의 공통적인 내용은 놀이 공간의 감소이다.

정답 2

65 아이들의 운동부족, 나아가서는 체력·운동능력의 저하에 박차를 가하고 있는 것이란 무엇입니까?
1) 실내놀이나 스포츠의 인기가 없어지기 시작한 것
2) 부모와 아이들이 함께 놀 시간이 감소한 것
3) 운동회를 비롯한 지역 커뮤니티 등에서도 스포츠 이벤트가 감소한 것
4) 실외놀이 시간·공간·친구가 감소한 것

해설 [B]문장에 나와 있는 내용으로 '실내에서의 게임 등이 주류이기 때문에, 이러한 실외놀이 시간·공간·친구의 감

소가' 아이들의 운동부족, 나아가서는 체력·운동능력의 저하에 박차를 가하는 요인이다.

정답 4

문제12 다음 문장을 읽고, 뒤의 질문에 대한 대답으로 가장 알맞은 것을 1·2·3·4에서 하나 고르시오.

새로운 해가 시작되었습니다. 금년은 미국 일극지배의 끝이 시작되는 해라고 보고 있습니다. 미국은 예외적인 국가라고 하는 이미지가 약해지고, 여러 의미로 '보통의 대국'으로 바뀌어가는 것은 아닐까요? 그것과 동시에 미국에서 끊이지 않고 계속 이어저온 전통으로의 회귀가 일어날 것 같은 느낌이 듭니다.

일본에서는 메이지 시기와 같이 복고와 유신이 합쳐진 새로운 시대가 도래했었는데, ①미국에서도 같은 일이 일어나는 것은 아닐까요? 즉, 미국 사회에 전통적으로 심겨진 평등과 공정의 개념이 강력하게 재생되는 인상을 받습니다.

구체적으로는 학교, 지역 등 사회를 지탱하는 네트워크의 회복이 일어날 거라고 생각합니다. 그것은 사람들이 자신에게 맞는 크기의 삶의 방식을 모색하게 되는 것을 의미하고, 경제의 중심도 금융경제와 같은 '허(虚)'가 아닌, 물건이나 서비스의 생산에 따른 '실(実)'의 경제로 전환하는 일이 되겠지요.

80년대부터 계속된 금융을 중심으로 하는 글로벌 경제는 말하자면 사회 없는 시장경제였습니다.

②그것이 무너진 지금, 한 번 더 개개인을 묶는 유대를 어떻게 하면 재생할 수 있을까? 그것을 위해 예지를 결집하는 시대가 시작되려고 하고 있는 것입니다.

다만 세계 전체에서는 더욱 혼돈스러운 사건이 발생해 '옴니크라이시스(위기의 편재)'라는 현상이 일어나려고 하고 있습니다. 도처에서 테러가 발생하고 있습니다. 나라, 문화, 전통은 각각 다르지만, 시장의 폭주와 사회라는 토대의 결핍이 배경에 있습니다.

안정된 상호부조의 네트워크나 국제사회를 재구축하려는 움직임은 제1차세계대전을 지난 1920년대에도 있었습니다. 그러나 세계공황이 일어나 30년대에 들어서자 대국이 이기주의를 드러내고 블록 경제화를 강행해 국제협조의 고리는 맥없이 무너지고 말았습니다.

당시의 미국은 국내중심의 경기부양책을 택해 자유무역의 전제를 팽개쳐버렸습니다. 일본에서는 초국가주의가 창궐하고 전쟁을 향해 갔습니다. 30년대를 교훈삼아 새로운 해에는 같은 전철을 밟지 않았으면 좋겠네요.

새로운 정권의 탄생으로 세계는 국제협조주의로 방향을 잡아갈 것입니다. 그러나 어느 나라가 주도권을 잡을지는 보이지 않습니다. 하물며 미국이 새로운 뉴딜 정책에 실패할 경우 세계의 동향은 꽤나 심각해집니다.

일본에 있어서는 일미관계 등 60년 전부터의 타성과 어떤 식으로 결별할까를 묻게 되는 해가 되겠군요. 정권

교체가 일어나 55년 체제가 완전히 종식을 고했을 때 일본은 주변 아시아 각국으로부터 고립화를 진행할 것인가, 아시아적인 규모에서의 지역주의로 향할 것인가. 그 분기점에 서게 될 것입니다.

다양한 과제를 안고 있지만, 금년은 조용하게 시작될 듯합니다. 새로운 유대를 구축할 수 있는 이 1년이 되었으면 좋겠습니다.

단어 薄うすれる 엷어지다, 약해지다 | 連綿れんめん 연면, 길게 연속되어 끊이지 않음 | 受うけ継つぐ 계승하다 | 回帰かいき 회귀 | 復古ふっこ 복고 | 維新いしん 유신 | 到来とうらい 도래 | 平等びょうどう 평등 | 概念がいねん 개념 | 崩くずれる 무너지다 | 英知えいち 예지, 뛰어난 지혜 | 混沌こんとん 혼돈 | 欠落けつらく 결락, 결핍 | 扶助ふじょ 부조 | 恐慌きょうこう 공황 | 脆もろくも 맥없이, 간단히 | 景気浮揚けいきふよう 경기부양 | 轍わだちを踏ふむ 전철을 밟다 | 舵かじを取とる 키를 잡다, 일을 질 조종하다 | 惰性だせい 타성 | 規模きぼ 규모 | 分岐点ぶんきてん 분기점

66 ①미국에서도 같은 일이 일어나는 것이란 어떤 일이 일어난다고 필자는 상상하고 있습니까?
　1) 미국사회에 전통적으로 심겨진 평등과 공정의 개념의 강력한 재생
　2) 예외적인 국가로서 타국과의 차이를 분명하게 해 가는 것
　3) 학교, 지역 등 사회를 지지하고 있는 네트워크의 복권을 그만두는 것
　4) 사람들이 자신에게 맞는 크기의 삶의 방식보다 더 대담하게 살도록 하는 것
해설 바로 뒤에 구체적인 언급을 하고 있다. '즉, 미국사회에 전통적으로 심겨진 평등과 공정의 개념이 강력하게 재생되는 인상을 받는다고 했다.
정답 1

67 ②그것은 무엇을 가리키고 있습니까?
　1) 블록 경제화를 강행함으로써 국제협조의 고리가 끊어져 버린 것
　2) 안정된 상호 부조 네트워크나 국제사회를 재구축하려는 움직임
　3) 사회 없는 시장 경제였던 금융을 중심으로 한 글로벌 경제
　4) 1930년대의 미국이 국내 중심의 경기부양책을 택한 것
해설 금융을 중심으로 하는 글로벌 경제란, 사회 없는 시장경제를 가리킨다.
정답 3

68 도처에서 테러가 발생하고 있는 배경으로 무엇을 들고 있습니까?
　1) 미국에 의한 일극지배 방식
　2) 시장의 폭주와 사회라는 토대의 결핍
　3) 대국에 의한 블록 경제화의 촉진
　4) 국제협조의 고리의 붕괴
해설 문장 중간 부분에 질문과 관련된 내용이 나와 있다. 곳곳에서 테러가 발생하고 있습니다. 나라·문화·전통은 각각 다르지만, 시장의 폭주와 사회라는 토대의 결핍이 배경에 있습니다.'라고 했다.
정답 2

69 필자는 일본에서 정권 교체가 일어나 55년 체제가 완전히 종식을 고했을 때 어떤 상황에 서게 될 것이라고 말하고 있습니까?
　1) 물건이나 서비스 생산에 의한 '실(實)'의 경제로부터 경제의 중심도 금융경제와 같은 '허(虛)'의 경제로 전환하지 않으면 안 되는 상황
　2) 일본이 전쟁 전과 같이 초국가주의가 창궐하고 전쟁을 향해 가는 것 같은 상황
　3) 주변 아시아 각국으로부터 고립화를 진행할 것인가, 또는 아시아적인 규모에서의 지역주의로 향할 것인가 하는 상황
　4) 세계가 국제협조주의로 방향을 잡아가는 가운데 일본이 주도권을 잡아가지 않으면 안 되는 상황
해설 정권교체가 일어나 55년 체제가 완전히 끝을 고했을 때 일본은 주변 아시아 각국으로부터 고립화를 진행할 것인가, 아시아적인 규모에서의 지역주의로 향할 것인가. 그 분기점에 서게 될 것이라고 했다.
정답 3

문제13 다음은 지구 규모로 진행되고 있는 환경 문제를 막기 위한 활동의 하나가 소개되어 있는 팸플릿이다. 아래의 질문에 대한 답으로 가장 알맞은 것을 1·2·3·4에서 하나 고르시오.

70 S현 내에서는 최근 약 30년간에 열대야의 연간 발생일수가 몇 배로 증가했습니까?
　1) 12.4배 ～ 14.2배
　2) 1.6배 ～ 2.4배
　3) 2.6배 ～ 6.4배
　4) 7.3배 ～ 15.2배
해설 질문이 의도하는 항목을 빠르게 읽는 것인 이 문제의 해결 포인트이다. 3번 내용에 나와 있다.
정답 2

71 '옥상정원'의 효과로 들고 있지 않은 것은 무엇입니까?
　1) 열섬현상을 촉진하는 효과
　2) 아름다운 도시경관을 창조하는 효과
　3) 시민의 쉼이나 즐거움의 장소로써의 효과
　4) 환경개선이나 경제적 효과
단어 促進そくしん 촉진 | 創造そうぞう 창조 | 憩いこい 휴식 | 改善かいぜん 개선
해설 큰 글자를 읽어 세부항목을 차례대로 대조 소거하는 방법이 필요하다. '옥상정원'의 효과에 해당되지 않는 것은 '열섬현상을 촉진하는 효과'이다.
정답 1

청해

문제1 문제1에서는 먼저 문제를 들어 주세요. 그리고 나서 이야기를 듣고, 문제용지의 1에서 4 중에서 가장 알맞은 것을 하나 고르세요.

1番　_T073

会社で男の人と女の人が話をしています。男の人は花見で何をしなければいけませんか。

F：来週の会社の花見、あなたは何か担当になった？

M：うん…去年は会社に入社したばっかりの新入社員だったから、朝から場所取りに並んだけど、さすがに今年はないかな…と思ったら、今年は花見で何か芸をして盛り上げてくれって、課長に頼まれちゃったんだ。

F：ええ、何か芸をするの？もう何か考えてるの？歌を歌うとか？

M：いや、歌は僕音痴だから無理。学生の頃からマジックをちょっとやってたから、練習しなおして、ちょっとしたマジックでもしようかな、と思ってるんだけど。

F：マジックね、いいわね。でも私だって新入社員でもないのに、部長から頼まれたのよ。

M：え？君も？君は何を頼まれたの？

F：私は花見でみんなが食べる食事の注文よ。人数もかなり多いし、みんな何が食べたいのかわからないし、今から頭が痛いわ。

男の人は花見で何をしなければいけませんか。

회사에서 남자와 여자가 이야기하고 있습니다. 남자는 꽃구경 가서 무엇을 해야 합니까?

F：다음 주 회사 꽃구경 말이야, 너는 뭔가 담당하게 됐어?

M：음……. 작년에는 회사에 막 입사한 신입사원이어서 아침부터 자리 잡으려고 줄을 섰는데, 이제 올해는 안 시키려나 했더니 올해도 꽃구경에서 뭔가 장기자랑을 해서 분위기를 띄워달라고 과장님이 부탁하셨어.

F：뭔가 장기자랑을 하는 거야? 뭔가 생각하고 있는 게 있어? 노래를 부른다든지?

M：아니, 나 음치라서 노래는 무리야. 학교 다닐 때부터 마술을 좀 했으니까 다시 연습해서 간단한 마술을 할까 하고 있는데.

F：마술? 괜찮다. 근데 나도 신입사원도 아닌데 부장님한테 부탁받았어.

M：응? 너도? 너는 뭘 부탁받는데?

F：나는 꽃구경 가서 사람들이 먹을 식사 주문. 인원수도 꽤 많고 다들 뭘 먹고 싶어 하는지도 모르고, 벌써부터 머리가 아프다.

남자는 꽃구경 가서 무엇을 해야 합니까?

보기 1) 장기자랑을 해서 분위기를 띄워야 한다.
2) 자리를 잡아야 한다.
3) 사람들 앞에서 노래를 해야 한다.
4) 꽃구경 할 때의 식사를 주문해야 한다.

단어 音痴おんち 음치 | 芸げい 연예, 재주 | 盛もり上あげる (분위기 등을) 돋우다, 고조시키다

해설 이런 유형의 문제는 포인트를 2가지 정도로 잡고 집중해야 한다. 첫째는 남자에 관한 것이고 두 번째는 꽃구경 가서 해야 할 일에 관한 것이다. '올해도 꽃구경에서 뭔가 장기자랑을 해서 분위기를 띄워달라고 과장님이 부탁하셨어.'라고 했으므로 정답은 1번이다.

정답 1

2番　_T074

男の人が女の人の家を訪ねようと、電話をかけています。男の人は女の人の家に行くまでに、どのような順序をたどっていけばいいですか。

M：もしもし、もう君の家の近くまで来てると思うんだけど。なかなかたどり着けなくて。

F：ああ、ちょっとうちのアパート、入り組んだところにあるからね。そうね、今立っているところから何が見える？

M：そうだな、今たぶん君の家から一番近いところにある横断歩道の前にいるんだけど。その横断歩道を渡ったところに郵便局があるよ。

F：あら、本当に近くにいるのね。じゃあ、その横断歩道を渡って左に行くとコンビニがあると思うんだけど、たぶんそこからも見えてるはず。

M：ああ、あるある。で、そこからは？

F：で、そのコンビニを過ぎたら交番があるからその交番の前の道を右に入って10メートルぐらい行ったら、黄色の外壁のアパートがあるんだけど、そこが私の住んでるアパートよ。

M：わかった。取りあえず君に言われた通りに行ってみるよ。ありがとう、また後でね。

男の人は女の人の家に行くまでに、どのような順序をたどっていけばいいですか。

남자가 여자의 집을 방문하려 전화를 하고 있습니다. 남자가 여자의 집에 갈 때까지 어떤 순서로 찾아가면 됩니까?

M：여보세요? 이제 너희 집에 거의 가까이 온 것 같은데, 좀

처럼 못 찾겠어서.

F : 아아, 우리 아파트가 좀 복잡한 곳에 있어서. 지금 서 있는 데서 뭐가 보여?

M : 지금 아마 너희 집에서 가장 가까이에 있는 횡단보도 앞에 있는 것 같은데, 그 횡단보도 건너편에 우체국이 있어.

F : 어머, 정말 가까이에 있네. 그럼 그 횡단보도를 건너서 왼쪽으로 가면 편의점이 있을 텐데, 아마 거기에서도 보일거야.

M : 아아, 있다 있어. 그래서, 거기서부터는?

F : 그 편의점을 지나서 파출소가 있으니까 그 파출소 앞 도로에서 오른쪽으로 들어와서 10미터 정도 가면 노란 외벽의 아파트가 있는데, 거기가 내가 살고 있는 아파트야.

M : 알았어. 일단 네가 말한 대로 가볼게. 고마워. 좀 있다 봐.

남자는 여자의 집에 갈 때까지 어떤 순서로 찾아가면 됩니까?

보기 1) 파출소 → 호텔 → 우체국
　　 2) 편의점 → 파출소 → 우체국
　　 3) 우체국 → 편의점 → 파출소
　　 4) 우체국 → 파출소 → 편의점

단어 入いり組くむ 얽혀 복잡하다 | 黄断歩道おうだんほどう 횡단보도 | 外壁がいへき 외벽

정답 3

3番　　　　　　🔵 _T075

男おとこの人ひとと女おんなの人ひとが話はなしをしています。女おんなの人ひとは男おとこの人ひとに鹿児島かごしまから福岡ふくおかまでどのようにして行いくことをすすめていますか。

M : 鹿児島かごしまから福岡ふくおかまで行いきたいんだけど、ここからだったらどうやっていくのが一番いちばんいいのかな。

F : そうね、速はやさで言いったら飛行機ひこうきだけど、ちょっと値段ねだんが高たかすぎるものね。それに、鹿児島空港かごしまくうこうは市内しないからは外はずれたところにあるから、ちょっと不便ふべんなのよね。

M : そうか、じゃあ電車でんしゃはどう？そうだ、鹿児島かごしまからだったら新幹線しんかんせんも出でてるよね。新幹線しんかんせんと特急とっきゅうを乗のり継つげばあっという間まじゃないかな？

F : うん、鹿児島かごしま、福岡間ふくおかかんは新幹線しんかんせんに乗のったら２時間半じかんはんで行いけるわ。しかも、金土日きんどにちの３日間みっかかんの間あいだに行いくんだったら、学生がくせいはナイスゴーイングカードって言いうカードを作つくれば、かなり安やすくいけるはずよ。私わたしはこれで行いくことをすすめるわ。

M : そうなんだ。ちなみに車くるまで行いったとしたらどれぐらいかかるの？

F : そうね、前まえに友達ともだちとレンタカーを借かりて行いったことがあるけど、そのときは５時間じかんぐらいかかったかしら。

M : へえ、僕ぼくが思おもってたよりも意外いがいとかかるんだね。

女おんなの人ひとは男おとこの人ひとに鹿児島かごしまから福岡ふくおかまでどのようにして行いくことをすすめていますか。

남자와 여자가 이야기하고 있습니다. 여자는 남자에게 가고시마에서 후쿠오카까지 어떻게 가는 것을 추천하고 있습니까?

M : 가고시마에서 후쿠오카까지 가고 싶은데, 여기서부터 가면 어떻게 가는 게 가장 좋을까?

F : 글쎄, 빠른 걸로 치면 비행기인데 돈이 너무 많이 들지. 게다가 가고시마 공항은 시내에서 떨어져 있으니까 좀 불편해.

M : 그렇구나. 그럼 전철은 어때? 맞다, 가고시마부터라면 신칸센도 다니지? 신칸센하고 특급열차를 타고 가면 금방 가지 않을까?

F : 응. 가고시마랑 후쿠오카 사이는 신칸센을 타면 2시간 반 정도면 갈 수 있어. 게다가 금토일 3일 사이에 가면 학생은 나이스고잉카드라는 카드를 만들면 꽤 싸게 갈 수 있을 거야. 나는 이걸로 가는 걸 추천해.

M : 그렇구나. 참고로 자동차로 가면 얼마나 걸려?

F : 글쎄, 전에 친구와 렌터카를 빌려서 간 적이 있는데 그때는 5시간 정도 걸렸던가?

M : 내가 생각했던 것보다 의외로 많이 걸리네.

여자는 남자에게 가고시마에서 후쿠오카까지 어떻게 가는 것을 추천하고 있습니까?

보기 1) 비행기로 간다.
　　 2) 배를 타고 간다.
　　 3) 렌터카를 빌려서 간다.
　　 4) 신칸센과 특급열차를 타고 간다.

단어 乗のり継つぐ 갈아타고 가다

해설 남자가 '신칸센하고 특급열차를 타고 가면 금방가지 않을까?'라는 제안에 여자가 '응. 가고시마랑 후쿠오카 사이는 신칸센을 타면 2시간 반 정도면 갈 수 있어. 게다가 금, 토, 일 3일 사이로 가면 학생은 나이스고잉카드라고 하는 카드를 만들면 꽤 싸게 갈 수 있을 거야. 나는 이걸로 가는 걸 추천해.'라고 했으므로 정답은 4번이다.

정답 4

4番　　　　　　🔵 _T076

夫婦ふうふが話はなしをしています。夫おっとはこれから何なにを買かいに行いきますか。

F : ねえ、ちょっとおつかい頼たのみたいんだけどいいかしら。

M : ああ、いいよ。ちょうどタバコでも買かいに行いこうかと思おもってたところなんだ。今晩こんばんのおかずの材料ざいりょうで足たりないものでもあったの？

F : ええ、きゅうりとレタスを使つかいたかったんだけど、うっかり切きらしてるのを忘わすれちゃって。午前中ごぜんちゅうの買か

い物に行ったときに買えば良かったんだけど。

M：まあいいじゃないか。他には何か必要なものはないの？

F：そうね、デザートが食べたいなと思うんだけど、あなたはどう？

M：いいね、僕も甘い物が食べたい気分なんだ。そういえば最近この近くに新しいケーキ屋が出来たって聞いたよ。結構味も評判が良くて、休日には行列も出来ているらしいね。

F：へえ、そんなにあそこの店は人気があったのね。じゃあ、そこでケーキを買ってきて。私もそこのケーキの味が気になるわ。

M：了解。じゃあ、買い物に行ってくるよ。君はそのまま晩御飯の準備しててね。すぐに帰ってくるから。

F：ありがとう、助かるわ。

夫はこれから何を買いに行きますか。

부부가 이야기하고 있습니다. 남편은 지금부터 무엇을 사러 갑니까?

F：저기, 심부름 좀 부탁하고 싶은데 괜찮아?

M：아아, 그래. 마침 담배나 사러 갈까 하고 있었어. 오늘 저녁 반찬 재료로 부족한 거라도 있어?

F：응. 오이랑 양상추를 쓰려고 했는데, 다 떨어진 걸 깜빡 잊어서. 오전 중에 장보러 갔을 때 샀으면 좋았을 텐데.

M：뭐 그럴 수도 있지. 다른 건 뭐 필요한 거 없어?

F：난 디저트 먹고 싶은데 당신은 어때?

M：좋지. 나도 단거 먹고 싶어. 그러고 보니 최근에 이 근처에 새 케이크 가게가 생겼다고 들었어. 맛도 꽤 평판이 좋아서 휴일에는 줄도 선대.

F：와! 그 가게 그렇게나 인기가 있었구나. 그럼 거기에서 케이크 사와. 나도 거기 케이크 맛이 궁금하다.

M：알았어. 그럼 사러 갔다 올게. 당신은 그대로 저녁 준비 하고 있어. 금방 갔다 올 테니까.

F：고마워. 덕분에 편하네.

질문 남편은 지금부터 무엇을 사러 갑니까?
1) 케이크, 맥주
2) 케이크, 양상추, 오이
3) 양상추, 맥주, 오이
4) 맥주, 오이

단어 お使つか い 심부름 | おかず 반찬 | 評判ひょうばん 평판

정답 2

5番 ●_T077

男の人と女の人が話をしています。女の人の両親は幼い頃、引っ込み思案だった女の人の性格を直そうとどんなことをさせましたか。

F：私、今はこんなにおしゃべりだけど、小さい頃は本当に恥ずかしがり屋というか、引っ込み思案な性格で、おとなしかったのよ。

M：嘘だろ、君はゼミでも一番良くしゃべるし、発言するし、今の君しか知らない人にそんなこと言っても誰も信じないよ。

F：本当なんだってば。あまりにも引っ込み思案な性格を両親が心配して、私、地域の合唱団に入れられたんだから。人前で大きな声を出すこと、人前に出ても恥ずかしがらないことを体で教えたかったみたいね。

M：へえ、僕は小学生の頃から野球をしてたんだけど、野球の練習は大きな声を出さないと監督に怒鳴られるから、恥ずかしいも何も、大きな声を出さないといけなかったんだよね。

F：そっか。他には何かしてたの？私はバレェーをしてたの。これは私がテレビでバレェダンサーが華麗に踊っているのを見て、単純に憧れてやってたんだけどね。

M：僕は意外や意外、ピアノはしてたんだ。姉がピアノをやってるのがどうにもかっこよく見えてね。結構一生懸命やってて、コンクールにも出たことがあるんだよ。すごいって言うか、意外だろ。

F：うん、意外。あなたがピアノをやってたなんて初めて知ったわ。

女の人の両親は幼い頃、引っ込み思案だった女の人の性格を直そうとどんなことをさせましたか。

남자와 여자가 이야기하고 있습니다. 여자의 부모님은 어렸을 때 소극적이었던 여자의 성격을 고치려고 무엇을 시켰습니까?

F：나 지금은 이렇게 말이 많지만, 어렸을 때는 진짜 부끄러움이 많았다고 할까 소극적이고 얌전했어.

M：거짓말. 너는 세미나에서도 제일 말도 잘하고 발언도 많이 하잖아. 지금의 너밖에 모르는 사람한테 그런 말해도 아무도 안 믿겠다.

F：진짜라니까. 너무 소극적인 성격을 부모님이 걱정하셔서 지역 합창단에 들어가게 했다니까. 사람들 앞에서 큰 소리를 내는 것, 사람들 앞에서도 부끄러워하지 않는 것을 몸으로 배우게 하고 싶으셨나봐.

M：흐음. 나는 초등학생 때부터 야구를 했었는데, 야구 연습할 때 큰 소리를 내지 않으면 감독님한테 야단맞으니까 부끄럽고 뭐고 큰 소리를 내지 않으면 안 됐어.

F：그렇구나. 다른 것도 뭔가 했었어? 나는 발레를 했었어. 이건 내가 텔레비전에서 발레 댄서가 화려하게 춤추고 있는 걸 보고 단순하게 동경해서 배웠었지만.

M：나는 진짜 의외일지 몰라도 피아노 배웠어. 누나가 피아

노 치는 게 너무 멋있게 보여서. 꽤 열심히 해서 콩쿠르에도 나간 적이 있어. 대단하달까, 의외지?

F : 응. 의외다. 네가 피아노를 쳤다니 처음 알았어.

질문 여자의 부모님은 어렸을 때 소극적이었던 여자의 성격을 고치려고 무엇을 시켰습니까?

  1) 소년 야구팀에 넣었다.
  2) 피아노 교실에 다니게 했다.
  3) 지역 합창단에 넣었다.
  4) 발레 교실에 넣었다.

단어 引ひっ込こみ思案じあん 적극성이 없음 | 怒鳴どなる 호통치다 | 華麗かれいだ 화려하다(=華々はなばなしい) | 合唱団がっしょうだん 합창단

정답 3

6番 _T078

だいがく おとこ ひと おんな ひと はなし
大学で男の人と女の人が話をしています。男の人は
きのう なに
昨日何をしていましたか。

M : 来週らいしゅうから期末きまつ試験しけんが始はじまるけど、勉強べんきょうしてる？なんか集中しゅうちゅうできなくて、全然ぜんぜんはかどってないんだ。

F : それはまずいんじゃないの？今度こんどの試験しけんは期末きまつだから、範囲はんいも広ひろくて結構けっこう出でる量りょうも多おいって聞きいたわよ。あなたもそれは知しってるでしょ。

M : わかってるんだけどさ、範囲はんいが広ひろいとどっから手てをつけていいのかわからなくて、結局けっきょく昨日きのうも借かりてたDVDを見みちゃってね。

F : あらあら、余裕よゆうね。私わたしなんてここ1週間しゅうかん、テレビも全まったく見みてないって言いうのに。いいわね勉強べんきょう出来できる人ひとは。

M : そんなんじゃないよ。今日きょうはバイトもあるしな。どうしよう。バイト入はいると結構けっこう疲つかれちゃうんだよね。

F : 確たしかガソリンスタンドでバイトしてるんだっけ？あれはきついでしょ。体からだ使つかって、声こえ張はって、想像そうぞうしただけでも大変たいへんそう。私わたしもコンビニでレジ打うちのバイトしてるけど、あれも単純作業たんじゅんさぎょうの繰くり返かえしなのに結構けっこう疲つかれるものね。

M : 最近さいきん新あたらしいゲームも買かっちゃってさ。それもしたくてしようがないんだよね。

F : まあ、DVD見みてもいいし、ゲームもしていいけど、とりあえず単位たんいは落おとさないように気きをつけてよ。卒業そつぎょうできなくなるわよ。

おとこ ひと きのう なに
男の人は昨日何をしていましたか。

대학에서 남자와 여자가 이야기하고 있습니다. 남자는 어제 무엇을 했습니까?

M : 다음 주부터 기말시험인데 공부하고 있어? 왠지 집중이

안 돼서 전혀 진행이 안 돼.

F : 그건 큰일 아냐? 이번 시험은 기말시험이니까 범위도 넓고 꽤 나오는 양도 많다고 들었는데. 너도 그건 알잖아?

M : 알지만 범위가 넓으면 어디서부터 손을 대야할지 몰라서 결국 어제도 빌렸던 DVD를 봐버렸어.

F : 어이구. 여유부리네. 나는 지난 일주일 간 텔레비전도 전혀 안 봤는데. 공부 잘하는 사람은 좋겠어.

M : 그런 게 아니야. 오늘은 아르바이트도 있는데, 어떻게 하지? 아르바이트하면 엄청 피곤한데.

F : 주유소 아르바이트 하던가? 그건 힘들겠다. 몸도 쓰고 소리도 질러야 되고 상상만 해도 힘들 것 같아. 나도 편의점에서 카운터 보는 아르바이트 하는데, 단순작업의 반복인데도 꽤 지치는데 말이지.

M : 최근에 새로운 게임도 샀는데 그것도 하고 싶어 죽겠어.

F : 뭐, DVD 보는 것도 좋고 게임 하는 것도 좋은데 일단 F는 안 맞게 조심해. 졸업 못하니까.

질문 남자는 어제 무엇을 했습니까?

  1) 빌린 DVD를 보고 있었다.
  2) 주유소에서 아르바이트를 하고 있었다.
  3) 새로 산 게임을 하고 있었다.
  4) 편의점에서 아르바이트를 하고 있었다.

단어 はかどる 일이 잘 되어가다, 진척되다 | 余裕よゆう 여유 | 単位たんい 학점 | ガソリンスタンド 주유소

정답 1

문제2 문제2에서는 먼저 질문을 들어 주세요. 그 후 문제용지의 선택지를 읽어 주세요. 읽을 시간이 있습니다. 그리고 나서 이야기를 듣고 문제용지 1에서 4 중에서 가장 알맞은 것을 하나 고르세요.

1番 _T079

だんせい じょせい こども はなし
男性と女性が子供の「うつ」について話をしています。
こども おお
子供たちの「うつ」はどうして見えにくいものが多いのですか。

F : 今いま、幼おさない子供こどもたちの間あいだでも「うつ」になる子こが多おいんですって。

M : へえ、なんか「うつ」って言いうと、僕ぼくの印象いんしょうとしては、大人おとながストレスを溜ためこみすぎちゃってかかる病気びょうきっていう感かんじなんだけどな。

F : そうね、確たしかに子供こどもと「うつ」って結むすび付つけにくいんだけど、実じつは今いま子供こどものうつがすごく問題もんだいになっていて、精神科せいしんかに子供こどもが親おやに連つれられて来くるケースも多おいそうよ。

M : 前まえにテレビで見みたけど、うつ病びょう自体じたい、輪郭りんかくがはっきりしていなくて、医者いしゃにも診断しんだんには迷まよいがあるって言いっていたよ。

F：それに、特に子供の場合、大人のように症状をうまく訴えることが出来ないが故に、本当に見えにくいものが多いそうよ。

M：ということは、子供たちの近くにいる親や学校の先生なんかも変調に気付きにくいってことにもなるね。

F：そうなの、だからうまく症状を訴えられない代わりに、幼児返りを起こしてみたり、怒りっぽくなって何かと人とトラブルを起こすようになったり、体でどうにか自分の変調を訴えようとするの。

M：でもそうすると親や先生なんかには「乱暴な子」っていう風に受け止められるよね。それがまさか精神的な病気だと考えて、医者に診せることなんていうのも思いつかない人も多いんじゃない？

F：まさにその通り。でもそれをそのまま放っておくと、その子の自己評価がますます下がって、うつが慢性化する恐れもあるのよね。

M：人生経験の少ない子供にとっては、うつ病にかかるっていうことは大変な挫折っていうことなのか。

F：そうね、うつ病って特に普段「いい子」「出来る子」って言われたり、思われていたりする子供が、なんでもないようなことを契機にあっという間にかかってしまうものだからやっかいなのよね。

子供たちの「うつ」はどうして見えにくいものが多いのですか。

남자와 여자가 아이의 우울증에 대해 이야기하고 있습니다. 아이들의 '우울증'은 어째서 드러나지 않을 때가 많습니까?

F：요즘 어린 아이들 중에도 '우울증'에 걸리는 아이가 많대.

M：그래? 우울증이라고 하면 내 인상으로는 어른이 스트레스가 너무 많이 쌓여서 걸리는 병이라는 느낌인데.

F：그렇지. 아이와 우울증을 연결하기 어려운데 사실은 요즘에는 아이들의 우울증이 큰 문제가 되고 있어서 정신과에 부모님이 아이를 데리고 가는 경우가 많대.

M：전에 텔레비전에서 봤는데, 우울증 자체가 윤곽이 확실한 게 아니라서 의사도 진찰하는데 어려움이 있다고 그랬어.

F：게다가 특히 아이의 경우 어른처럼 증상을 잘 호소할 수 없어서 정말 알기 힘들 때가 많다고 해.

M：그 말은 아이 가까이에 있는 부모나 학교 선생님도 아이의 상태 변화에 눈치 채기 힘들다는 얘기가 되네?

F：응 맞아. 그러니까 증상을 잘 설명하지 못하는 대신에 애기처럼 군다든지 작은 일에 금세 화를 내서 사람들과 문제를 일으킨다든지 해서 몸으로 어떻게든 자신의 상태 변화를 호소하려고 하는 거야.

M：하지만 그렇게 하면 부모님이나 선생님한테는 '난폭한 아이'라고 받아들여지잖아. 그걸 설마 정신적인 병이라고 생각해서 의사한테 데려가는 것까지는 생각 못하는 사람도 많지 않을까?

F：바로 그거야. 하지만 그걸 그대로 두면 그 아이의 자기평가가 점점 내려가서 우울증이 만성화 될 위험도 있어.

M：인생경험이 적은 아이에게 있어서는 우울증에 걸리는 게 굉장한 좌절이라는 건가?

F：그렇지. 우울증이란 게 특히 평소에 '착한 아이', '똑똑한 아이'라는 말을 듣는다든지, 그렇게 생각되어온 아이가 아무것도 아닌 일을 계기로 눈 깜짝 할 사이에 걸려 버리는 거라서 까다로운 거지.

질문 아이들의 '우울증'은 어째서 드러나지 않을 때가 많습니까?
1) 부모님이 병원에 데리고 가는 것을 싫어하니까
2) 어른처럼 증상을 잘 설명하지 못하니까
3) 아이들 자신이 우울증을 아무것도 아니라고 믿고 있기 때문에
4) 그대로 방치해 두면 곧 나으니까

단어 溜ため込こむ 부지런히 모으다 | 結むすび付つける 연결시키다, 결부하다 | 精神科せいしんか 정신과 | 輪郭りんかく 윤곽 | 変調へんちょう 상태가 바뀜 | 慢性化まんせいか 만성화 | 挫折ざせつ 좌절 | 契機けいき 계기 | 訴うったえる 호소하다

해설 이 유형은 주어진 문제지의 문항을 읽고 질문 포인트를 기다리는 형태이므로 일단 문제를 읽으면서 전개되는 대화 속에서 지문과 일치하고 질문 요지와도 일치하는 정답 포인트를 들어야 한다.

정답 2

2番 🔴 _T080

大学の先生が環境問題について講義を行っています。近年、東シナ海沿岸で見られる漂着ごみの多くはどこから出たゴミですか。

M：近年は東シナ海沿岸で、中国や韓国、ロシアなどから流れ着いたごみが増えて、問題になっています。しかし、こうした外国からのごみは5%程度と見られていて、多くは日本国内から出たごみです。一方、日本から出たごみがハワイなどの太平洋の島々の海岸に漂着しています。漂着ごみは海岸の環境や景色を悪くするだけではなく、海にすむ生物がごみをえさと間違って飲み込み死んでしまったり、人間がガラスや金属にさわってけがをすることもあります。JEAN／クリーンアップ全国事務局はこうした海岸のごみの種類を調べながら、ごみを拾うクリーンアップ活動に取り組んでいます。きれいで安全な海岸を守るためには、一人一人がごみを捨てないことが大切です。

近年、東シナ海沿岸で見られる漂着ごみの多くはどこ

から出たゴミですか。

대학 교수가 환경문제에 대해서 강의하고 있습니다. 근래에 동중국해 연안에서 보이는 표착 쓰레기의 상당수는 어디에서 나온 쓰레기입니까?

M : 근래에 동중국해 연안에서 중국과 한국, 러시아 등에서 흘러 들어온 쓰레기가 늘어 문제가 되고 있습니다. 그러나 이러한 외국으로부터의 쓰레기는 5% 정도로 보이고 있으며, 상당수는 일본 국내에서 나온 쓰레기입니다. 한편, 일본에서 나온 쓰레기가 하와이 등 태평양의 섬들의 해안에 표착하고 있습니다. 표착 쓰레기는 해안 환경과 경관을 해칠 뿐만 아니라 바다에 사는 생명체들이 쓰레기를 먹이로 착각하고 먹고 죽어버린다든지, 인간이 유리나 금속에 찔려 상처를 입는 일도 있습니다. 클린업 전국 사무국 'JEAN'은 이러한 해안 쓰레기의 종류를 조사하면서 쓰레기를 줍는 클린업 활동을 하고 있습니다. 깨끗하고 안전한 해안을 지키기 위해서는 한 사람 한 사람이 쓰레기를 버리지 않는 것이 중요합니다.

질문 근래에 동중국해 연안에서 보이는 표착 쓰레기의 상당수는 어디에서 나온 쓰레기입니까?
　　1) 중국에서 흘러들어온 쓰레기
　　2) 한국에서 나온 쓰레기
　　3) 일본 국내에서 나온 쓰레기
　　4) 하와이에서 흘러들어온 쓰레기

단어 海岸かいがん 해안｜漂着ひょうちゃく 표착｜金属きんぞく 금속

해설 '상당수'라는 부사를 놓치지 말아야 한다. 중국과 한국, 러시아 등에서 흘러 들어오는 쓰레기가 늘어 문제가 되고 있지만, 상당수는 일본 국내에서 나온 쓰레기라고 했으므로 정답은 3번이다.

정답 3

3番　　　　　　　　🔵 _T081

男の人と女の人が話をしています。男の人は何のためにカメラを買おうとしているのですか。

M : 僕さ、近々カメラを買おうと思うんだよね。バイト代もだいぶ貯まったし。

F : そうなの？いいわね。でもまた何で急にカメラなんて買おうと思ったの？そんなにカメラに興味があったようには思わなかったけど。

M : いや、実はさ、最近お姉ちゃんに子供が産まれて、ついに僕にもかわいいかわいい姪っ子が出来てさ。

F : ああ、じゃあ、そのかわいい姪っ子を撮ろうってわけね。

M : そうなんだよ。これを期にカメラにはまろうかなと思ってさ。

F : いい趣味になるんじゃない？実は私も少し前にちょっといいカメラを買ったんだけど、今は時間を見つけてはいろいろなところに行って風景を撮ってるの。

M : へえ、そうだったんだ。この前、空の写真を毎日撮り続けている人のサイトをネットで見つけたんだけど、良かったよ。

F : そうね、私もたまに空の写真も撮るんだけど、いつ撮っても違う表情を見せてくれる空は見ていてあきないものね。

M : 君は人とか動物を撮ったりはしないの？

F : 撮りたいな、とは思うんだけど、なかなか自分が納得のいくような写真が撮れないから、今はひたすら風景を撮ってるわ。

M : そっか。でもきっと、カメラの扱いとか、撮り方には慣れているだろうから、僕がカメラを買ったら、是非指南してくれよ。

F : ええ、いいわよ♪。もちろん。

男の人は何のためにカメラを買おうとしているのですか。

남자와 여자가 이야기하고 있습니다. 남자는 무엇을 위해 카메라를 사려고 하고 있습니까?

M : 나 말이야, 조만간 카메라 사려고. 아르바이트비도 많이 모았고.

F : 그래? 좋겠다. 근데 왜 갑자기 카메라를 사려고 해? 그렇게 카메라에 관심이 있는 줄은 몰랐는데?

M : 사실은 말이야, 최근에 누나가 아이를 낳아서 드디어 나한테도 엄청 귀여운 조카가 생겼어.

F : 아아, 그럼 그 귀여운 조카 사진을 찍으려는 거구나?

M : 맞아. 이번 기회에 카메라에 빠져볼까 하고.

F : 좋은 취미가 될 것 같은데? 사실은 나도 얼마 전에 좀 좋은 카메라를 샀는데 지금은 시간 날 때마다 여기저기 가서 풍경을 찍고 있어.

M : 오, 그렇구나. 요전에 하늘 사진을 매일 찍고 있는 사람의 사이트를 인터넷에서 발견했는데 좋았어.

F : 그래. 나도 가끔씩 하늘 사진도 찍는데 언제 찍어도 다른 표정을 보여주는 하늘은 아무리 봐도 질리지가 않아.

M : 너는 사람이나 동물은 안 찍어?

F : 찍고 싶기는 한데 좀처럼 스스로 납득할 수 있는 사진이 안 찍히니까 지금은 계속해서 풍경만 찍고 있어.

M : 그렇구나. 하지만 분명히 카메라 다루는 법이라든가 찍는 법에는 익숙해져 있을 테니까 내가 카메라 사면 꼭 지도해 줘.

F : 그래 좋아. 물론이지.

질문 남자는 무엇을 위해 카메라를 사려고 하고 있습니까?
　　1) 하늘 사진을 찍기 위해
　　2) 다양한 풍경 사진을 찍기 위해

3) 동물 사진을 찍기 위해
4) 조카의 사진을 찍기 위해

단어 貯たまる (돈・재산 등이) 늘다 | 姪めいっ子こ 조카 |
指南しなん 지도, 무예 등을 가르침

해설 남자의 '최근에 누나가 아이를 낳아서 드디어 나한테도 엄청 귀여운 조카가 생겼어.'라는 말에 여자가 '그럼 그 귀여운 조카 사진을 찍으려는 거구나?'에 동의했으므로 정답은 4번이다.

정답 4

4番 ◉_T082

テレビでアナウンサーが「夫婦別姓」について話をしています。自民党からはどう言った理由で反対されていましたか。

M：千葉法務大臣は29日のインタビューで、結婚した時に夫婦が同姓・別姓を選べる「選択的夫婦別姓」について「できるだけ早く成案を作り、一番早ければ来年の通常国会に提案したい」と述べ、民法改正案の早期提出に意欲を示しました。選択的夫婦別姓は、法務大臣の諮問機関である法制審議会が1996年に導入を答申しましたが、自民党から「伝統に反する」などの反対意見が相次ぎ、法務省が法案提出を断念しました。

自民党からはどう言った理由で反対されていましたか。

텔레비전에서 아나운서가 '부부별성'에 대해 이야기하고 있습니다. 자민당은 어떤 이유로 반대했었습니까?

M：치바 법무대신은 29일 인터뷰에서 결혼할 때 부부가 동성・별성을 선택할 수 있는 '선택적 부부별성'에 관해 '가능한 한 빨리 성안을 만들어, 빠르면 내년 통상국회에 제안하고 싶다'고 밝혀 민법개정안의 조기제출에 의욕을 보였습니다. 선택적 부부별성은 법무대신의 자문기관인 법제심의회가 1996년에 도입을 답신했지만, 자민당으로부터 '전통에 반한다.' 등의 반대의견이 잇따라 법무성이 법안제출을 단념했습니다.

질문 자민당은 어떤 이유로 반대했었습니까?
1) 부부별 성을 법제화하는 것은 아직 이르다.
2) 부부별 성은 전통에 반한다.
3) 부부별 성은 국민 대부분이 반대하고 있다.
4) 부부별 성의 장점이 분명하지 않다.

단어 法務大臣ほうむだいじん 법무대신 | 成案せいあん 성안
| 通常国会つうじょうこっかい 통상국회 | 諮問しもん
자문 | 審議会しんぎかい 심의회 | 答申とうしん 답신 |
法制化ほうせいか 법제화

정답 2

5番 ◉_T083

男性が海外に行くという話を女性にしています。男性は何のために海外に行くと言っていますか。

F：そういえば、近々外国に行くんですって？ どこに行くの？

M：アメリカだよ。ゼミの教授がアメリカである学会に出るから、今回はその教授にお供させてもらうんだ。

F：へえ、そうなんだ。理由はなんであれ、外国に行けるなんて羨ましいわ。

M：そういう君だって、高校生の時、海外に留学したことがあるんだろ。

F：ええ、そうよ。2年近くね。でもそれからは一切海外に出かけてないから、海外旅行にでも行きたいのよね。

M：そうだったんだ。今はまだ円高傾向だし、女の子なんかは特に海外でお買い物なんてお得でいいんじゃない？

F：そうね、ものによっては日本で買うよりもだいぶ安い値段で買えるものもあるから、海外でお買い物っていうのはいいわよね。

M：僕は今回は学会の合間を見て、博物館に行こうと思ってるんだ。

F：それもまたいいわね。

M：学会がある会場のすぐ近くに、有名な博物館があってね。博物館はさ、行くとその国の歴史とか文化なんかを学べるから、すごくおもしろいんだよね。

F：確かに。私も過去に行った海外では必ず行ってたわ。

M：まあ、メインは学会だけど、僕も久しぶりの海外だから楽しみなんだ。

男性は何のために海外に行くと言っていますか。

남자가 해외에 간다는 이야기를 여자에게 하고 있습니다. 남자는 무엇을 위해 해외에 간다고 하고 있습니까?

F：그러고 보니 곧 외국에 간다며? 어디로 가?

M：미국. 세미나를 담당하시는 교수님이 미국 학회에 나가시는데 이번에 그 교수님 따라가는 거야.

F：오, 그렇구나. 이유는 어쨌건 외국에 갈 수 있다니 부럽다.

M：그러는 너도 고등학생 때 해외에서 유학했었잖아.

F：응 맞아. 2년 가까이. 하지만 그 후로 전혀 해외에 안 갔으니까 해외여행이라도 가고 싶다.

M：그랬구나. 지금은 아직 엔고 경향이 있으니까 여자들은 특히나 해외에서 쇼핑하면 싸고 좋지 않아?

F：그렇지. 물건에 따라서는 일본에서 사는 것보다 훨씬 싼 가격에 살 수 있는 것도 있으니까 해외에서 쇼핑하는 것도 좋지.

M : 나는 이번에 학회에서 틈을 봐서 박물관에 가려고 생각중이야.

F : 그것도 좋네.

M : 학회가 있는 회장 바로 근처에 유명한 박물관이 있어서. 박물관은 말이지, 가면 그 나라의 역사나 문화 같은 걸 배울 수 있어서 참 재밌는 것 같아.

F : 그렇지. 나도 예전에 간 해외에서는 꼭 갔었어.

M : 뭐, 메인은 학회지만 나도 오랜만에 가는 해외라서 기대돼.

질문 남자는 무엇을 위해 해외에 간다고 하고 있습니까?

1) 미국에 어학연수를 가기 위해
2) 세미나의 교수님과 해외여행을 가기 위해
3) 세미나의 교수님이 참가하는 학회에 따라가기 위해
4) 엔고 경향이 있는 지금 싸게 해외에서 쇼핑을 하기 위해

단어 ゼミ (ゼミナール의 약자) 세미나 | お供とも 모시고 따라감, 또 그 사람

해설 남자는 '세미나를 지도하시는 교수님이 미국 학회에 나가시는데 이번에 그 교수님 따라가는 거야.'라고 했으므로 정답은 3번이다.

정답 3

6番 _{ばん} 　　　　🔵 _T084

大学_{だいがく}の先生_{せんせい}が海_{うみ}の境界_{きょうかい}について話_{はなし}をしています。第二_{だいに}次世界大戦後_{じせかいたいせんご}、なぜ領海_{りょうかい}の見直_{みなお}しがされるようになったのですか。

F : 海_{うみ}は境目_{さかいめ}もなくずっとつながっていますが、目_めに見え_みない線_{せん}でいくつかの種類_{しゅるい}に分_わけられています。「領海_{りょうかい}」「排他的経済水域_{はいたてきけいざいすいいき}」「公海_{こうかい}」などです。どうやって決_きめているか知_しっていますか。「領海_{りょうかい}」は、海_{うみ}に面_{めん}した国_{くに}、つまり沿岸国_{えんがんこく}が「ここまでは自分_{じぶん}の国_{くに}の領域_{りょういき}」と主張_{しゅちょう}できる海_{うみ}のことです。つまり法律_{ほうりつ}などの国家権力_{こっかけんりょく}が及_{およ}ぶ範囲_{はんい}のことですね。十八世紀_{じゅうはっせいき}に、陸地_{りくち}から三海里_{さんかいり}、およそ五_ご・六_{ろく}キロメートルまでと決_きめられたのが始_{はじ}まりです。それまでは、海_{うみ}はみんなのもの－「公海_{こうかい}」－という考_{かんが}え方_{かた}から、どの国_{くに}の船_{ふね}も自由_{じゆう}に行_いき来_きすることができました。しかし、第二次世界大戦_{だいにじせかいたいせん}が終_おわると、領海_{りょうかい}の幅_{はば}が見直_{みなお}されるようになります。それは、石油_{せきゆ}や石炭_{せきたん}などの天然資源_{てんねんしげん}、魚_{さかな}などの水産資源_{すいさんしげん}をめぐって、沿岸国_{えんがんこく}と、沿岸国_{えんがんこく}の近_{ちか}くの海_{うみ}で漁_{りょう}をする外国船_{がいこくせん}とのトラブルが相次_{あいつ}いだためです。

第二次世界大戦後_{だいにじせかいたいせんご}、なぜ領海_{りょうかい}の見直_{みなお}しがされるようになったのですか。

대학 교수가 바다의 경계에 대해서 이야기하고 있습니다. 제2차세계대전 후 왜 영해가 재검토되게 되었습니까?

F : 바다는 경계도 없이 계속 이어져 있습니다만, 눈에는 보이지 않는 선으로 몇 개의 종류로 나뉘어 있습니다. '영해' '배타적 경제수역' '공해' 등입니다. 어떻게 정하는지 아십니까? '영해'는 바다에 접한 나라 즉 연안국이 '여기까지는 우리나라 영역'이라고 주장할 수 있는 바다입니다. 즉 법률 등의 국가권력이 미치는 범위를 말하지요. 18세기에 육지에서 3해리, 약 5~6킬로미터까지라고 정해진 것이 시작입니다. 그때까지는 바다는 모두의 것－'공해'－라는 생각에서 어느 나라의 배도 자유롭게 다닐 수 있었습니다. 그러나 제2차세계대전이 끝나자 영해의 폭이 재검토되게 되었습니다. 그것은 석유나 석탄 등의 천연자원, 물고기 등의 수산자원을 둘러싸고 연안국과 연안국 주변 바다에서 어업을 하는 외국 선박 간의 트러블이 계속 되었기 때문입니다.

질문 제2차 세계대전 후 왜 영해가 재검토되게 되었습니까?

1) 영해의 규정이 오랫동안 애매했기 때문에
2) 영해의 범위에 대해 나라 간의 트러블이 계속되었기 때문에
3) 영해의 규정을 지키는 나라가 많이 나왔기 때문에
4) 수산자원을 둘러싸고 외국 선박과의 트러블이 계속되었기 때문에

단어 領海_{りょうかい} 영해 | 排他的_{はいたてき} 배타적 | 公海_{こうかい} 공해 | 陸地_{りくち} 육지 | 水産資源_{すいさんしげん} 수산자원 | 曖昧_{あいまい} 애매 | 沿岸_{えんがん} 연안

해설 물고기 등의 수산자원을 둘러싸고 연안국과 연안국 주변의 바다에서 어업을 하는 외국 선박 간의 트러블이 계속되었기 때문이라고 했다.

정답 4

7番 _{ばん} 　　　　🔵 _T085

男性_{だんせい}が英会話教室_{えいかいわきょうしつ}のことで女性_{じょせい}に相談_{そうだん}しています。男性_{だんせい}は英会話教室_{えいかいわきょうしつ}を探_{さが}すときに何_{なに}が一番重要_{いちばんじゅうよう}だと言_いっていますか。

M : 英会話_{えいかいわ}の塾_{じゅく}に通_{かよ}おうと思_{おも}ってるんだけど、どこかいいところ知_しらない?

F : そうね、この近_{ちか}くにも何ヶ所_{なんかしょ}か英会話教室_{えいかいわきょうしつ}をやっているのは知_しってるけど、結構高_{けっこうたか}いって聞_きいたわ。

M : そうなんだ。あんまり高_{たか}い値段_{ねだん}は出_だしたくないんだよな。でもそんなに遠_{とお}いところにも行_いきたくないし。

F : そうね、じゃあまず、あなたは英会話_{えいかいわ}の塾_{じゅく}を選_{えら}ぶときに何_{なに}を一番優先_{いちばんゆうせん}したいの?

M : そうだな、僕_{ぼく}は距離_{きょり}もあまり遠_{とお}すぎるのは困_{こま}るんだけど、一番_{いちばん}は時間_{じかん}かな。仕事帰_{しごとがえ}りに行_いきたいから7時以降_{じいこう}に授業_{じゅぎょう}をやってる塾_{じゅく}っていうのがいいんだよね。

F : 先生_{せんせい}はネイティブの先生_{せんせい}がいいとか、そういう要望_{ようぼう}

M：出来ればネイティブの先生がいいけど、もし時間的にだめだったら日本人の先生でもかまわないよ。

F：そっか。私ね、英会話教室で先生をしてる友だちがいるから、その子にちょっと電話して聞いてみるわ。

M：ありがとう、そうしてくれると助かるよ。よろしく頼むね。

男性は英会話教室を探すときに何が一番重要だと言っていますか。

남자가 영어회화 학원 건으로 여자에게 상담하고 있습니다. 남자는 영어회화 학원을 고를 때 무엇이 가장 중요하다고 말하고 있습니까?

M：영어회화 학원에 다니려고 하는데, 어디 좋은데 알아?

F：글쎄, 이 근처에도 몇 군데 영어회화 학원을 하고 있는 건 아는데 꽤 비싸다고 들었어.

M：그렇구나. 너무 비싼 돈은 내고 싶지 않은데. 그렇다고 너무 먼 데로도 다니고 싶지 않고.

F：그렇네. 그럼 먼저 너는 영어회화 학원을 고를 때 뭘 가장 먼저 생각하고 싶어?

M：나는 거리가 너무 멀어도 곤란하지만 제일 중요한 건 시간이야. 일 끝나고 가고 싶으니까 7시 이후에 수업을 하는 학원이 좋아.

F：선생님은 네이티브가 좋다든지 그런 요망은?

M：가능하면 네이티브 선생님이 좋은데, 만약 시간적으로 안 맞으면 일본인 선생님이라도 상관없어.

F：그렇구나. 내 친구 중에 영어회화 학원 선생님을 하고 있는 아이가 있으니까 걔한테 전화해서 물어볼게.

M：그렇게 해주면 정말 고맙지. 그럼 잘 부탁해.

질문 남자는 영어회화 학원을 고를 때 무엇이 가장 중요하다고 말하고 있습니까?

1) 집에서 가까운지 아닌지
2) 가격이 비싸지 않은지 어떤지
3) 원어민 선생님이 있는지 없는지
4) 수업을 7시 이후에 하는지 안 하는지

단어 要望ようぼう 요망

해설 남자가 '나는 거리가 너무 멀어도 곤란한데, 제일 신경 쓰이는 건 시간이야. 일 끝나고 가고 싶으니까 7시 이후에 수업을 하는 학원이 좋다'고 했으므로 정답은 4번이다.

정답 4

문제3 문제3에서는 문제용지에 아무것도 인쇄되어 있지 않습니다. 이 문제는 전체적으로 어떤 내용인지를 묻는 문제입니다. 이야기 전에 질문은 없습니다. 먼저 이야기를 들어주세요. 그리고 나서 질문과 선택지를 듣고 1에서 4 중에서 알맞은 것을 하나 고르세요.

1番　　　　　　　◉_T086

ニュース番組でアナウンサーが話をしています。

M：米航空宇宙局（NASA）は、土星で太陽系最大のリングを発見したと発表しました。土星表面からリング内側までに地球が約500個並び、幅は約600万キロ。大きさは地球が約10億個入るということです。今年2月、NASAの宇宙望遠鏡「スピッツァー」を使い、赤外線で土星を観測したところ、リングは土星の表面から約500万～1200万キロの場所に広がり、ちりや氷でできていることがわかりました。厚さは約240万キロで、土星の自転と逆向きで回っています。土星の最も外側を回る衛星「フェーベ」の軌道と重なるため、この衛星に隕石などが衝突し、ちりなどを放出して生じたとみられます。リングを構成するちりや氷の量が少ないために、反射される光が非常に弱く、従来の可視光線観測では発見出来ませんでした。これまで最も大きい輪とされていた「Ｅリング」は、幅が約30万キロ、距離は約18万キロでした。

この話は米航空宇宙局(NASA)がどのようなことをしたという内容ですか。

1. 土星の正確な大きさを解明できたということ
2. 土星で太陽系最大のリングを発見したということ
3. 土星のリングが従来の可視光線観測で発見出来たということ
4. 土星のリングの仕組みが解明されたということ

뉴스 방송에서 아나운서가 이야기하고 있습니다.

M：미항공우주국(NASA)은 토성에서 태양계 최대의 링을 발견했다고 발표했습니다. 토성 표면부터 링 안쪽까지는 지구가 약 500개 늘어설 수 있고, 폭은 약 600만 킬로미터. 크기는 지구가 약 10억 개 들어간다는 것입니다. 올해 2월 NASA의 우주망원경 '스피처'를 사용해 적외선으로 토성을 관측한 결과 링은 토성의 표면으로부터 약 500만~1200만 킬로미터로 퍼져 있고, 먼지와 얼음 등으로 이루어져 있다는 것이 밝혀졌습니다. 두께는 약 240만 킬로미터로 토성의 자전과 역방향으로 돌고 있습니다. 토성의 가장 바깥쪽을 도는 위성 '포에베'의 궤도와 겹치기 때문에 이 위성에 운석 등이 충돌해 먼지 등을 방출해서 만들어진

것으로 보입니다. 링을 구성하는 먼지와 얼음의 양이 적기 때문에 반사되는 빛이 상당히 약해 종래의 가시광선 관측으로는 발견할 수 없었습니다. 지금까지 가장 큰 고리로 알려졌던 'E 링'은 폭이 약 30만 킬로미터, 거리는 약 18만 킬로미터였습니다.

이 이야기는 미항공우주국(NASA)이 어떤 일을 했다는 내용입니까?
1) 토성의 정확한 크기를 해명했다는 것
2) 토성에서 태양계 최대의 링을 발견했다는 것
3) 토성의 링을 종래의 가시광선으로 발견했다는 것
4) 토성의 링의 구조가 해명되었다는 것

단어 宇宙うちゅう 우주 ｜ 土星どせい 토성 ｜ リング 링, 고리 ｜ 望遠鏡ぼうえんきょう 망원경 ｜ 赤外線せきがいせん 적외선 ｜ 観測かんそく 관측 ｜ 衛星えいせい 위성 ｜ 軌道きどう 궤도 ｜ 隕石いんせき 운석 ｜ 衝突しょうとつ 충돌 ｜ 可視光線かしこうせん 가시광선 ｜ 天文台てんもんだい 천문대 ｜ 惑星わくせい 혹성

해설 개별 문제에 대한 요약된 메모가 반드시 필요하다. 간단히 요약하여 대의를 잡아내는 청취력과 기록하는 손놀림이 훈련되어 있어야 한다.
문제는 서두에 '미항공우주국(NASA)이 토성에서 태양계 최대의 링을 발견했다'고 했으므로 정답은 2번이다.

정답 2

2番 🔘 _T087

大学の教授がロシアについて学生に話をしています。

M：ロシアのメドベージェフ大統領が先月、国民の酒の飲み過ぎを「国家的惨事に近い」と嘆き、飲酒規制に乗り出しました。ロシア人がどれだけ飲んでいるかというと、純粋なアルコールに換算して、国民１人当たり年間18リットル。アルコール度数５％の普通サイズの缶ビールなら、毎日３缶近く飲む分量です。「それくらいならウチの父も……」と思うかもしれませんが、これは、子どもから高齢者まで男女全国民を計算に入れた平均値。同じ計算で最近の日本人の飲酒量と比べると、約２倍半にもなるそうです。ロシアは寒いから、ウオッカのような強い酒で体を温めるのは理解できる、という見方もあります。でも、一番多く飲まれているのはビールだし、1990年のアルコール消費量は現在の３分の１以下でした。その翌年、ロシアを中心とするソビエト連邦が崩壊してから酒びたりになる人が増えたのです。政治的自由はないけれど安定していた社会が激変し、ストレスが強まったからだと考えられています。

この話の中で言われている「ロシアの国家的惨事」に近いことは何ですか。

1. ロシア国民が酒を飲みすぎること
2. 子どもの飲酒が多く見られること
3. ロシアには政治的な自由がないこと
4. ソビエト連邦が崩壊したこと

대학 교수가 러시아에 대해서 학생에게 이야기하고 있습니다.

M：러시아의 메드베데프 대통령이 지난달 국민의 지나친 음주를 '국가적 참사에 가깝다'고 탄식하고, 음주규제에 착수했습니다. 러시아인이 얼마나 마시고 있는가 하면 순수한 알코올로 환산해 국민 한 사람당 연간 18리터. 알코올 도수 5%의 보통 사이즈 캔 맥주로 매일 3캔 가까이 마시는 분량입니다. '그 정도면 우리 아버지도…'라고 생각할지도 모릅니다만, 이것은 아이부터 고령자까지 남녀 전국민을 계산에 넣은 평균치입니다. 같은 계산으로 최근 일본인의 음주량과 비교하면 약 2.5배나 된다고 합니다. 러시아는 추우니까 보드카와 같은 강한 술로 몸을 따뜻하게 하는 것은 이해할 수 있다고 하는 견해도 있습니다. 그러나 가장 많이 소비되는 것은 맥주이고, 1990년의 알코올 소비량은 현재의 1/3 이하였습니다. 그 다음해 러시아를 중심으로 하는 소비에트연방이 붕괴하고부터 항시 술에 취해 있는 사람이 늘어난 것입니다. 정치적 자유는 없지만 안정적이었던 사회가 격변해 스트레스가 커졌기 때문이라고 여겨지고 있습니다.

여기서 이야기되고 있는 '러시아의 국가적 참사'에 가까운 것은 무엇입니까?
1) 러시아 국민이 술을 지나치게 많이 마시는 것
2) 아이들의 음주가 많은 것
3) 러시아에는 정치적 자유가 없는 것
4) 소비에트연방이 붕괴된 것

단어 惨事さんじ 참사 ｜ 嘆なげく 한탄하다 ｜ 換算かんさん 환산 ｜ 平均値へいきんち 평균치 ｜ 連邦れんぽう 연방, 연합 국가 ｜ 崩壊ほうかい 붕괴 ｜ 酒さけびたり 항시 술에 취해 있음 ｜ 激変げきへん 격변

해설 러시아 대통령이 지난달 국민의 지나친 음주를 '국가적 참사에 가깝다'고 탄식하고, 음주규제에 착수했다고 했으므로 정답은 1번이다.

정답 1

3番 🔘 _T088

テレビでアナウンサーが話をしています。

M：サッカーの2018年、22年のワールドカップ日本招致委員会の設立記者発表会が８日に東京都内で行われ、犬飼基調委員長、現日本サッカー協会会長らが、活動への意欲を示しました。両大会の開催地は来年12月、国際サッカー連盟、FIFAの理事会

で決められます。東京が 2016 年夏季五輪の招致に失敗した直後の今回。同委員長は冒頭で東京について触れ、「財政面など懸念材料は多々あるが、勇気を持って成功を目指す」と述べました。韓国と共催した 2002 年ワールドカップから間もない立候補については「国際交流の鮮明な記憶のある日本だからこそ、ワールドカップを進化させられる」と説明しています。また FIFA が開催条件として、メーンスタジアムの観客席を 8 万以上と定める点については、新競技場建設でクリアする方針を示しています。

日本サッカー協会会長らが活動の意欲を示していることとは何ですか。

1. サッカーをより日本で広めていくこと
2. 2016 年に東京で夏季五輪を行うこと
3. 2022 年にワールドカップを日本に招致すること
4. 日本と韓国共催でワールドカップを行うこと

텔레비전에서 아나운서가 이야기하고 있습니다.

M : 2018년, 22년 월드컵 일본 유치 위원회의 설립 기자회견이 8일 도쿄도내에서 열려, 이누카이 모토아키 위원장, 현 일본축구협회 회장 등이 활동에 의욕을 보였습니다. 양 대회의 개최지는 내년 12월 국제축구연맹 FIFA 이사회에서 결정됩니다. 도쿄는 2016년 하계 올림픽 유치에 실패한 직후의 도전입니다. 동위원장은 서두에 도쿄에 대해 언급하며 '재정면 등 염려 요소는 많이 있지만 용기를 가지고 성공을 노리겠다.'고 말했습니다. 한국과 공동개최했던 2002년 월드컵으로부터 얼마 지나지 않은 입후보에 대해서는 '국제교류의 생생한 기억이 있는 일본이야말로 월드컵을 진화시킬 수 있다'고 설명하고 있습니다. 또한 FIFA가 개최 조건으로 메인 스타디움의 관객석을 8만 석 이상으로 정한 점에 대해서는 신경기장 건축으로 통과할 방침을 보이고 있습니다.

일본 축구협회 회장 등이 활동에 의욕을 보이고 있는 것은 무엇입니까?
1) 축구를 일본에서 보다 널리 알리는 것
2) 2016년에 도쿄에서 하계 올림픽을 개최하는 것
3) 2022년에 월드컵을 일본에 유치하는 것
4) 일본과 한국 공동으로 월드컵을 개최하는 것

단어 招致しょうち 초청하여 오게 함 | 開催地かいさいち 개최지 | 理事会りじかい 이사회 | 冒頭ぼうとう 서두 | 共催きょうさい 공동주최, 공동개최 | 方針ほうしん 방침

해설 활동에 의욕을 보인 것에 대해 말 첫머리에 2018, 22년 월드컵 유치 위원회의 설립 기자 회견이 열렸다고 했으므로 정답은 3번이다.

정답 3

4番 _T089

先生が話をしています。

F : 地球温暖化対策が強化されないと、21 世紀末の日本の平均気温は 4 度上昇し、真夏日、つまり最高気温が 30 度以上になる日は、年約 40 日から約 80 日へ倍増するとの予測を盛り込んだ報告書を、環境省、気象庁、文部科学省が公表したそうです。この報告書は国連の「気候変動に関する政府間パネル」がまとめたデータに基づき分析されたものだそうで、この報告書によると、日本の平均気温は 1898 年からの 100 年で約 1.1 度上昇しています。平均気温が 21 世紀末に 4 度上昇すると、最低気温が 25 度以上になる熱帯夜は、約 20 日から 3 倍の約 60 日に増加、年降水量は平均 5 ％増えるんだそうです。一方で、最低気温が 0 度未満になる「冬日」は半分以下の約 20 日に減るのだそうです。しかし、経済と環境の両立を図る政策が実施されると 2.1 度に抑えられるそうです。環境省は現時点では「温暖化により洪水や土砂災害、熱中症などの被害が生じることは避けられない。温室効果ガス削減と合わせて、温暖化に備えた防災対策などを考えることが必要」だとしています。

環境省は現時点ではどうすることが必要だと言っていますか。

1. 今後の日本の気温上昇に関する予測を盛り込んだ報告書を作ること
2. 温室効果ガス削減と合わせて、温暖化に備えた防災対策などを考えること
3. 日本の経済を好転させる方法を考えること
4. 温暖化が進んでも、天災や、熱中症などの被害は生じないことを知らせること

선생님이 이야기하고 있습니다.

F : 지구온난화 대책이 강화되지 않으면 21세기말 일본의 평균기온은 4도 상승해 한여름 최고기온이 30도 이상이 되는 날이 연간 약 40일이었던 것이 약 80일로 2배 증가한다는 예측을 담은 보고서를 환경성, 기상청, 문부과학성이 공표했다고 합니다. 이 보고서는 국제연맹의 '기상변동에 관한 정부 간 패널'이 정리한 데이터를 바탕으로 분석한 것으로 이 보고서에 따르면 일본의 평균기온은 1898년부터 100년 만에 약 1.1도 상승했습니다. 평균기온이 21세기 말에 4도 상승하면, 최저기온이 25도 이상이 되는 열대야는 약 20일에서 3배인 약 60일로 증가하고, 연강수량은 평균 5% 늘어난다고 합니다. 한편, 최저기온이 0도미만이 되는 '겨울날'은 절반 이하인 약 20일로 줄어든다고 합니다. 그러나 경제와 환경의 양립을 꾀하는 정책이 실천되면 2.1도로 억제할 수 있다고 합니다. 환경성은 현시점에서는 '온난화로 인해 홍수나 토사재해, 열중증 등의 피해가 생기는

것은 피할 수 없다. 온실효과가스 삭감과 맞춰 온난화에 대비한 방재대책 등을 생각할 필요가 있다'고 말하고 있습니다.

환경성은 현 시점에서 어떻게 하는 것이 필요하다고 말하고 있습니까?

1) 앞으로의 일본의 기온상승에 관한 예측을 담은 보고서를 만드는 것
2) 온실효과가스 삭감과 맞춰 온난화에 대비한 방재대책 등을 생각하는 것
3) 일본의 경제를 호전시킬 방법을 생각하는 것
4) 온난화가 진행되어도 천재나 열중증 등의 피해는 일어나지 않는다는 것을 알리는 것

단어 上昇じょうしょう 상승 | 盛もり込こむ 어떤 생각을 내용에 포함시키다 | 公表こうひょう 공표 | 国連こくれん 국제연합 | 気候きこう 기후 | 増加ぞうか 증가 | 熱帯夜ねったいや 열대야 | 降水量こうすいりょう 강수량 | 洪水こうずい 홍수 | 土砂どしゃ 토사 | 熱中症ねっちゅうしょう 열중증(*고온의 환경이나 스포츠 활동 등으로 몸의 외부, 혹은 내부의 열에 의해 발생하는 병의 총칭) | 避さける 피하다 | 温室効果おんしつこうか 온실효과 | 削減さくげん 삭감 | 防災ぼうさい 방재, 재해를 방지함

해설 현 시점의 필요에 대해 말 끝머리에서 '온실효과가스 삭감과 맞춰 온난화에 대비한 방재대책'을 들고 있다.

정답 2

5番 🔵_T090

先生が生徒に話をしています。

M：ノーベル賞の中に、ノーベル平和賞というものがあります。毎年10月に発表されるノーベル賞の中でも最も政治色の強い賞が、この賞です。今回はアメリカの大統領オバマ氏が選ばれましたが、オバマ氏のように、過去の業績よりも今後への期待を強調することもあり、議論も分かれます。ノーベル賞6部門のうち唯一、スウェーデンではなくノルウェーで選考されます。発足当時、ノルウェーが国際紛争の平和的解決に積極的だったことなどから決まったようです。平和問題だけでなく、地球環境問題や少数民族問題、貧困問題に取り組む活動団体なども受賞しています。

ノーベル平和賞はなぜ受賞に際して議論が分れるのですか。

1. ノーベル平和賞がノーベル賞の中でも政治色が強いから
2. ノーベル平和賞は選定基準が曖昧であるから
3. ノーベル賞6部門のうち唯一、別の場所で選考されるから

4. 過去の業績よりも今後への期待を強調することもあるから

선생님이 학생에게 이야기하고 있습니다.

M：노벨상 중에 노벨 평화상이라는 것이 있습니다. 매년 10월에 발표되는 노벨상 중에서도 가장 정치색이 강한 상이 이 상입니다. 이번에는 미국 대통령 오바마 씨가 선정되었는데, 오바마 씨와 같이 과거의 업적보다도 앞으로의 기대를 강조하는 일도 있어서 의견이 나누어집니다. 노벨상 6부문 중 유일하게 스웨덴이 아닌 노르웨이에서 선고됩니다. 발족 당시 노르웨이가 국제분쟁의 평화적 해결에 적극적이다는 점에서 결정된 듯합니다. 평화문제뿐만 아니라 지구환경문제나 소수민족문제, 빈곤문제를 위해 일하는 활동단체 등도 수상하고 있습니다.

노벨 평화상은 왜 수상할 때 의견이 나뉘는 것입니까?

1) 노벨평화상이 노벨상 중에서도 정치색이 강하기 때문에
2) 노벨평화상은 선정기준이 애매하기 때문에
3) 노벨상 6부문 중 유일하게 다른 장소에서 선고하기 때문에
4) 과거의 업적보다도 앞으로의 기대를 강조하는 일도 있기 때문에

단어 大統領だいとうりょう 대통령 | 業績ぎょうせき 업적 | 選考せんこう 선고 | 発足ほっそく 발족 | 紛争ふんそう 분쟁 | 少数民族しょうすうみんぞく 소수민족 | 貧困ひんこん 빈곤 | 取とり組くむ 맞붙다, 몰두하다 | 受賞じゅしょう 수상

해설 의견이 나뉘어 지는 것은 오바마 씨와 같이 과거의 업적보다 앞으로의 기대를 강조하는 데 있다고 했으므로 정답은 4번이다.

정답 4

6番 🔵_T091

テレビで男の人が話しています。

M：ある大手企業が、来年度の採用に非喫煙者という条件をつけたことについて、みなさんはどう思われますか。昨今のタバコの値上がり、駅構内での全面禁煙の実施など、喫煙者の肩身がどんどん狭くなっていく話がよく聞かれますね。その企業は、非喫煙者を採用条件の一つとした理由に、喫煙のたびに席を離れるのは仕事の効率を低下させる、タバコを吸う人の健康被害は吸わない人の3倍以上あり、会社が負担する医療費がかさむこと、を挙げています。健康に及ぼすリスクという点は理解できるにしても、仕事の効率を低下させる原因になるからというのは、どうなんでしょうね。喫煙者からは、タバコでリフレッシュしたら仕事の効率が上がる、といった反論も出ているようです。喫煙者を擁護するわけではありませんが、私も喫煙

によって仕事の効率が下がるという考え方には疑問を持ちますね…。タバコを吸わなくたって効率の悪い人は大勢いますからね。

この話の最も重要なテーマは何ですか。

1. タバコの値上がりと喫煙の関係
2. タバコと仕事の効率の関係
3. タバコと健康被害の関係
4. タバコと医療費負担の関係

테레비전에서 남자가 이야기하고 있습니다.

M : 어느 대기업이 내년도 채용에 비흡연자라는 조건을 단 것에 대해, 여러분은 어떻게 생각하십니까? 요즘의 담배 가격인상, 역 구내에서의 전면금연 실시 등, 흡연자가 점점 기를 펴지 못하게 되는 이야기가 자주 들리네요. 그 기업은 비흡연자를 채용조건의 하나로 한 이유로, 흡연 때마다 자리를 옮기는 것은 일의 효율을 저하시킨다. 담배를 피우는 사람의 건강피해는 피우지 않는 사람의 3배 이상이며, 회사가 부담하는 의료비가 많아지는 것을 예로 들고 있습니다. 건강에 미치는 위험이라는 점은 이해할 수 있다고 해도 일의 효율을 저하시키는 원인이 되기 때문이라는 것은 어떻게 된 것일까요. 흡연자로부터는 담배로 기운을 되찾으면 일의 효율이 오른다는 반론도 나오고 있는 것 같습니다.
흡연자를 옹호하는 것은 아니지만, 나도 흡연으로 인해 일의 효율이 떨어진다는 생각에는 의문을 갖네요. 담배를 피우지 않더라도 효율이 나쁜 사람은 많이 있으니까요.

이 이야기의 가장 중요한 테마는 무엇입니까?
1) 담배의 가격인상과 금연의 관계
2) 담배와 일의 효율 관계
3) 담배와 건강 피해의 관계
4) 담배와 의료비 부담의 관계

단어 大手おおて企業きぎょう 대기업 | 採用さいよう 채용 | 非ひ喫煙者きつえんしゃ 비흡연자 | 条件じょうけん 조건 | 昨今さっこん 작금, 최근, 요사이 | 肩身かたみがどんどん狭せまい 면목이 없다, 기를 못 펴다 | 効率こうりつ 효율 | 負担ふたんする 부담하다 | かさむ 부피가 커지다, 분량이 많아지다 | 擁護ようごする 옹호하다 | 疑問ぎもん 의문

해설 기업의 채용조건으로「비흡연자」가 거론되는 것에 대해 '흡연이 일의 능률을 떨어뜨린다는 견해'에 대해 의문을 제기하고 있으므로 정답은 2번이다.

정답 2

문제4 문제4에서는 문제용지에 아무것도 인쇄되어 있지 않습니다. 먼저 문장을 들어 주세요. 그리고 그것에 대한 대답은 듣고 1에서 3 중에서 알맞은 답은 하나 고르세요.

1番 ●_T092

M : 最近欲しい物が多くてお金が出て行く一方だよ。
F : 1. そろそろ銀行でお金を下ろさないと足りなくなってきたわ。
   2. まだ実家を出るつもりはないんだけど、親がうるさくて。
   3. でも、ちゃんと計画的に使わないとあとで痛い目にあうわ。
M : 요즘 갖고 싶은 게 많아서 돈이 계속 나가기만 하네.
F : 1. 슬슬 은행에서 돈 뽑지 않으면 부족할 것 같아.
   2. 아직 집에서 독립할 생각은 없는데 부모님이 뭐라고 해서.
   3. 그래도 빈틈없이 계획적으로 잘 쓰지 않으면 나중에 큰 일 난다.

단어 お金かねを下おろす 돈을 뽑다, 인출하다 | 痛いたい目めにあう 따끔한 맛을 보다, 혼나다

해설 이런 유형의 공략 핵심 포인트는 상대가 '무엇을 물었는가?'를 끝까지 가지고 가는 것이다. 문제는 '낭비, 돈 씀씀이가 헤픈 것'을 말하고 있다.

정답 3

2番 ●_T093

F : 大学に行こうが行くまいがあなたの自由だけど、よく考えた方がいいわよ。
M : 1. 大学はとても楽しいところなんだよね。
   2. でもこれといってやりたい勉強があるわけでもないしな。
   3. 大学は自由が丘の近くにあるって聞いたよ。
F : 대학에 가든지 안가든지 네 자유지만 잘 생각하는 게 좋아.
M : 1. 대학은 정말 즐거운 곳이지.
   2. 그렇지만 딱히 하고 싶은 공부가 있는 것도 아니고 말이지.
   3. 대학은 지유가오카 가까이에 있다고 들었어.

해설 화자는 '대학에 가는 것이 좋을 거야'라고 말하고 있다.

정답 2

3番 ●_T094

M : 昨日角でぶつけた足の小指が痛くてたまらないんだ。
F : 1. もしかしたら骨折してるんじゃないの？
   2. あの事件は痛ましい事件だったからよく覚えているわ。

3. 足の大きさにきちんと合ったものを履いたほうが
いいわよ。

M : 어제 길모퉁이에서 부딪힌 새끼발가락이 아파 죽겠어.

F : 1. 혹시 골절된 거 아니야?
2. 그 사건은 참혹한 사건이었기 때문에 잘 기억하고 있어.
3. 발 크기에 잘 맞는 걸 신는 게 좋아.

단어 小指こゆび 새끼손가락, 새끼발가락 | 骨折こっせつ 골절
履はく 신다

해설 '길모퉁이에서 부딪혔다.'고 했는데 그에 따른 결과를 추측하면 답을 알 수 있다.

정답 1

4番　　　🔵_T095

F : これからはどのくらいのペースで通院すればいいんでしょうか。

M : 1. 点滴を打って様子を見てみましょうね。
2. 一週間おきに来ていただければ結構ですよ。
3. 病院内での携帯電話の使用は禁止しているんです。

F : 앞으로는 어느 정도 간격으로 통원하면 될까요?

M : 1. 링거주사를 맞고 상태를 한번 봅시다.
2. 일주일 간격으로 오시면 돼요.
3. 병원 내에서는 휴대폰 사용을 금지하고 있습니다.

단어 通院つういん 통원 | 点滴てんてき 점적, 링거주사

해설 병원에 오는 주기를 물었다.

정답 2

5番　　　🔵_T096

M : また階段の電気が付けっぱなしになってたよ。

F : 1. 電気が付いているならきっと家にいるんじゃないかしら。
2. まあ、階段は足下に気をつけないと危ないですよ。
3. あら、ごめんなさい。あとで消そうと思っていたんだけど。

M : 또 계단 불이 켜져 있었어.

F : 1. 불이 켜져 있다면 틀림없이 집에 있는 게 아닐까?
2. 계단은 발밑을 주의하지 않으면 위험해요.
3. 어머, 죄송해요. 나중에 끄려고 했었는데.

해설 전기 낭비를 지적하고 있다.

정답 3

6番　　　🔵_T097

F : 課長って、肝心な時に限っていつも席を外してるのよね。

M : 1. 海外出張から帰ってきたばかりだそうだね。
2. 課長は課長でそれなりに忙しいんだよ。まあ、そ

う言うなって。
3. えっと、課長の机は確かここだったよね。

F : 과장님은 항상 중요할 때 자리에 안 계시더라.

M : 1. 해외출장에서 돌아온 지 얼마 안 됐대.
2. 과장님은 과장님 나름대로 바쁜 거야. 그렇게 말하지마.
3. 흐음, 과장님 책상이 여기 맞지?

단어 肝心かんじん (가장) 긴요함, 중요함

해설 상사가 자주 자리를 비우는 것에 대해 불평하고 있다.

정답 2

7番　　　🔵_T098

M : この間の大会、うちの学校負けると思いきや、逆転して勝ったらしいよ。

F : 1. えっ、そうなの。それは良かったわね。
2. 予想をはるかに超える人が参加したそうね。
3. 試合の組み合わせ抽選会は明日の午後にあるそうよ。

M : 요전에 있었던 대회, 우리 학교가 질 줄 알았더니 역전해서 이겼대.

F : 1. 앗, 그래? 잘됐네.
2. 예상을 훨씬 뛰어넘는 사람이 참가했다면서.
3. 시합 대진표 추첨회는 내일 오후에 있다고 해.

단어 逆転ぎゃくてん 역전 | 抽選ちゅうせん 추첨

해설 역전 승리한 소식을 전하고 있다.

정답 1

8番　　　🔵_T099

F : 彼の歌声は聞くにたえないわね。

M : 1. 本当、そうだよ。自分の歌声がどんなものかきっとわかってないんだよ。
2. そうだ、カラオケに行って、みんなで楽しみましょうよ。
3. 可哀想に、彼は不遇な少年時代を送っていたらしいよ。

F : 그의 노랫소리는 들어줄 수가 없어.

M : 1. 진짜 그래. 자신의 노랫소리가 어떤지 모르는 게 분명해.
2. 맞다, 노래방 가서 다들 즐겁게 놀자.
3. 불쌍하게도 그는 불우한 소년시절을 보냈었대.

단어 不遇ふぐう 불우

해설 그는 노래를 너무 못 한다는 의미이다.

정답 1

9番　　　🔵_T100

M : 今や人気モデルが表紙を飾ると、雑誌が発売されるや否や完売になってしまうそうだよ。

F : 1. 週刊雑誌だからって、毎週毎週買うとなると、ちょっときついわよね。
　　2. 表紙がきちんと表になるように確認してから店頭に並べてね。
　　3. へえ、今はアイドルじゃなくて、人気モデルが表紙になっても売れるんだね。

M : 지금은 인기 모델이 표지를 장식하면 잡지가 발매되자마자 다 팔려버린대.

F : 1. 주간지라고해서 매주 사면 좀 힘들지.
　　2. 표지가 앞으로 오도록 꼭 확인하고서 가게 앞에 진열해놔.
　　3. 지금은 아이돌이 아니라 인기 모델이 표지에 나와도 잘 팔리는구나.

단어　飾かざる 장식하다 | 表紙ひょうし 표지

해설　잡지에서의 인기모델의 광고 효과가 좋음을 말하고 있다.

정답　3

10番　🔵_T101

F : 子供でもあるまいし、いい加減何でも親に頼るのはやめたらどうなの。

M : 1. だって、僕優柔不断だし、親に決めてもらった方が確実だと思うんだ。
　　2. 子供が出来たら、自然の多い場所で育てたいと思っているんだ。
　　3. 親と久しぶりに会うから、なんだか妙に緊張しちゃうな。

M : 애도 아니고 이제 뭐든지 부모님께 의지하는 것 좀 그만두는 게 어때?

F : 1. 난 우유부단하니까 부모님이 정해주는 대로 하는 게 확실하다고 생각해.
　　2. 아이가 생기면 자연이 많은 곳에서 키우고 싶다고 생각하고 있어.
　　3. 부모님과 오랜만에 만나니까 뭔가 이상하게 긴장되네.

단어　優柔不断ゆうじゅうふだん 우유부단

해설　너무 부모에게만 의지하는 것은 좋지 않다고 충고하고 있다.

정답　1

11番　🔵_T102

M : あの映画の感動的なストーリーに、感極まって思わず泣いちゃったよ。

F : 1. 感動を共有出来るって、なんてすばらしいことなのかしら。
　　2. 私も、あの映画は思わず号泣しちゃったわ。
　　3. 彼が泣いているところは確かに、見たことがないわね。

M : 그 영화의 감동적인 스토리에 너무 감동해서 나도 모르게 울어버렸어.

F : 1. 감동을 공유할 수 있다는 건 얼마나 멋진 일인지.
　　2. 나도 그 영화 보고 나도 모르게 엉엉 울어버렸어.
　　3. 그가 울고 있는 건 본 적이 없네.

단어　感極かんきわまる 몹시 감격하다 | 号泣ごうきゅう 소리를 높여서 욺

해설　영화를 보고 매우 감동한 느낌을 말하고 있다. 감정에 동의하든 안 하든 연관된 반응이 와야 한다.

정답　2

12番　🔵_T103

F : 最近なんだか仕事でいいことずくめなのよね。

M : 1. 今の仕事が片付いたら、海外旅行に行くつもりなんだ。
　　2. 仕事って言うのはいいことばかりじゃないから大変だよね。
　　3. きっと、君が今まで努力してきた成果が実を結んできたんだよ。

F : 요즘 왠지 직장에서 좋은 일만 있네.

M : 1. 지금 일이 정리되면 해외여행 갈 생각이야.
　　2. 일이라는 것 좋은 일만 있는 게 아니니까 힘들지.
　　3. 분명히 네가 지금까지 노력해온 성과가 결실을 맺은 거야.

단어　実みを結むすぶ 열매를 맺다, 결실을 맺다

해설　매사 일이 잘 풀리고 있는 것에 대한 기쁨을 표현하고 있다.

정답　3

13番　🔵_T104

M : のどが痛くてちょっと風邪気味っぽいんだ。

F : 1. 風邪薬を飲んだらあっという間に治ったの。
　　2. それなら、早いうちに病院で診てもらったほうがいいと思うよ。
　　3. のどの調子が悪いといい声が出ないのよね。

M : 목이 아프고 감기기운이 좀 있는 것 같아.

F : 1. 감기약을 먹었더니 금세 나았어.
　　2. 그러면 빨리 병원 가서 진찰 받는 편이 좋을 거야.
　　3. 목 상태가 안 좋으면 좋은 목소리가 안 나오지.

해설　감기로 여겨지는 몸의 이상을 호소하고 있다.

정답　2

14番　🔵_T105

F : 今岡選手は今日の試合を限りに引退するそうよ。

M : 1. 今日の試合は手に汗握る展開だったね。
　　2. 彼ならまだまだ現役で活躍できそうな気がするけ

ど。
　　　3. 今日の試合は雨で順延になったそうよ。

F：이마오카 선수는 이번 시합을 끝으로 은퇴한다고 해.
M：1. 오늘 시합은 손에 땀을 쥐게 하는 전개였지?
　　　2. 그러면 아직 현역으로 활약할 수 있을 것 같은데.
　　　3. 오늘 시합은 비로 순연되었다.

단어 引退いんたい 은퇴 | 手てに汗あせを握にぎる 손에 땀을 쥐다 | 活躍かつやく 활약 | 順延じゅんえん 순연, (기일을) 차례로 늦춤

해설 선수의 은퇴 의사에 관한 사실을 전하고 있다.

정답 2

문제5 문제5에서는 긴 이야기를 듣습니다. 이 문제에는 연습은 없습니다. 문제용지에 메모를 해도 됩니다.

1번, 2번

문제용지에는 아무것도 인쇄되어 있지 않습니다. 먼저 이야기를 들으세요. 그리고 나서 질문과 선택지를 듣고 1에서 4 중에서 가장 알맞은 것을 하나 고르세요.

1番　　　　　　　　🔵_T106

化粧品売りば の販売員がある新商品について説明しています。

F1：お客様に是非今回ご紹介させていただきたいものが、「約6倍もの化粧水がたっぷり」というキャッチフレーズで売り出しているこちらの商品。この商品、実はパックもできるコットン化粧水なんです。つまりどういうことかと言いますと、こちらの商品、既にコットンに化粧水を染み込ませておりまして、肌になじませた後、コットンを4つに分けて、パックとしてもご利用いただけます。コットン1枚につき、手でつけるときの約6倍もの化粧水が含まれておりまして、そこがキャッチフレーズの由来となっております。たっぷりの保湿成分が肌の奥深く、角質層にまで浸透し、お客様の肌をうるおいが満ちたぷるぷる肌へと導きます。試供品ございますので、ちょっと使ってみませんか。

……………………………………………

F2：思ったよりもコットンが良いわね。毛羽立たないし、使いやすいわ。

F3：でも、私にとってはパックにするにはちょっと化粧水が足りない感じがするわ。

F2：じゃあ、足りない水分は別の化粧水を吹きかけて、使うようにすればいいんじゃない？

F3：そうね、そうすれば問題ないわね。忙しい朝にも手軽にコットンパックが出来るからすごく便利。朝ってどうしてもバタバタしちゃうのよね。そんな私にはとてもいい商品だわ。

F2：そうそう。冬は特に肌が乾燥しがちだから毎朝パックして出かけたいんだけど、いちいちパックを取り出してするのも面倒なのよね。そういうときに、これは化粧水をなじませた後に、そのまま使えてすごく便利よね。

F3：忙しい朝にはとってもいい商品だわ。ちょっと試しに買ってみましょうよ。

二人の女性客はこの商品がどういう時に便利だと言っていますか。

1. 疲れて何もしたくない時
2. 丁寧にパックがしたい時
3. 忙しくバタバタしている朝
4. ぐっすり眠りたい夜

화장품 판매장의 판매원이 어떤 신상품에 대해 설명하고 있습니다.

F1：고객님께 이번에 꼭 소개해드리고 싶은 것이 '약 6배의 화장수가 듬뿍'이라는 캐치프레이즈로 팔고 있는 이 상품입니다. 이 상품 사실은 팩도 할 수 있는 코튼 화장수입니다. 무슨 말이냐 하면, 이 상품은 이미 코튼에 화장수를 흡수시켜 놓고 피부에 바른 후에 코튼을 4개로 나눠 팩으로도 이용하실 수 있어요. 코튼 1장 당 손으로 바를 때의 6배가 되는 화장수가 들어 있어서 그게 캐치프레이즈의 유래가 되었어요. 충분한 보습성분이 피부 깊숙이 각질층까지 침투해서 고객님의 피부를 윤기가 넘치는 탄력 있는 피부로 만들어 줍니다. 시제품이 있는데 써보지 않으시겠어요?

……………………………………………

F2：생각보다 코튼이 좋네. 보풀도 안 일어나고 쓰기 좋다.

F3：그렇지만 나한테는 팩으로 하기엔 화장수가 좀 부족한 느낌이야.

F2：그럼 부족한 수분은 다른 화장수를 뿌려서 사용하면 되잖아.

F3：그러네. 그러면 문제 없겠네. 바쁜 아침에도 손쉽게 코튼 팩을 할 수 있으니까 굉장히 편리하겠어. 아침에는 항상 바쁘잖아. 그런 나한테는 아주 좋은 제품이야.

F2：맞아, 맞아. 겨울에는 특히 피부가 건조해지기 쉬우니까 매일 아침 팩을 하고 나가고 싶은데 일일이 팩을 꺼내는 것도 귀찮잖아. 그럴 때 이건 화장수를 흡수시킨 후에 그대로 쓸 수 있으니까 아주 편하겠어.

F3：바쁜 아침에 쓰기에 아주 좋은 제품이야. 시험 삼아 한번 사보자.

단어 是非ぜひ 아무쪼록, 제발, 꼭 | 化粧水けしょうすい 화장수, 스킨 | 既すでに 이미, 벌써 | 染しみ込こむ 깊이 스며들다, 배어들다 | 角質層かくしつそう 각질층 | 浸透し

んとう 침투 | 試供品しきょうひん 시공품, 견본 | 毛羽
立けばたたない 보풀이 일지 않다 | 吹ふきかける 세차
게 내뿜다 | 乾燥かんそう 건조

두 여자 손님은 이 제품이 어떤 때에 편리하다고 말하고 있습니까?

1) 피곤해서 아무것도 하고 싶지 않을 때
2) 정성스럽게 팩을 하고 싶을 때
3) 바빠서 허둥대는 아침
4) 푹 자고 싶은 밤

해설 이 제품의 편리함에 대한 두 사람의 공통된 의견은 아래
F3, F2 대화에서 공통점을 뽑아내어 간단히 메모하면 된
다.

정답 3

2番　　　🔊 _T107

**男性だんせいと女性じょせいがメタボリックシンドロームについて話はなしを
しています。**

M：今いま、大人おとなの男性だんせいの2人ふたりに一人ひとり、女性じょせいの5人ごにん に一人ひとり
が「メタボリックシンドローム」といわれているん
だ。メタボリックシンドロームになると、いろいろ
な病気びょうきになってしまう恐おそれがあるんだよ。

F3：ところで、メタボリックシンドロームって詳くわしく
はどういうことなの？

M：メタボリックシンドロームは、日本語にほんごで「内臓脂肪ないぞうしぼう
症候群しょうこうぐん」。「内臓脂肪ないぞうしぼう」は、お腹なかの中なかにある小腸しょうちょうの膜まく
につく脂肪しぼうのことで、内臓脂肪ないぞうしぼうが多おおいうえに、血圧けつあつ
が高たかいとか、血液けつえきの中なかの糖とうや脂肪しぼうが多おおいといった状
態たいがあわさって、メタボリックシンドロームって呼よ
ばれるんだ。最近さいきんの研究けんきゅうで、たくさんついた内臓脂ないぞうし
肪ぼうからは、血液けつえきを固かためてしまうものや、血管けっかんを傷きずつ
けるものなど、体からだに悪わるいいろんなものが出でてくるこ
とが分わかってきたんだよ。

F2：ということは、つまり、放ほうっておくと、将来しょうらい、血けっ
管かんがつまって、「脳卒中のうそっちゅう」や、「心筋梗塞しんきんこうそく」といった
重おもい病気びょうきになりやすくなるってことよね。

M：そうだね、まさにその通とおり。最近さいきんでは、小児生活習慣しょうにせいかつしゅうかん
病外来びょうがいらいにもメタボリックシンドロームで子こどもが
何人なんにんも来くるそうだよ。

F1：そうなの。またどうして子こどもが？

M ：お医者いしゃさんによると、子こどもたちのメタボリック
シンドロームの原因げんいんは、生活習慣せいかつしゅうかん。今いまの子こどもたち
は、朝食ちょうしょくを抜ぬいちゃうとか、ジュースやお菓子かしをい
っぱい食たべちゃうとか、そもそも好きらい嫌おおいが多いだ
ろ？それに、外そとで遊あそばずに家いえでゲームばかりしたり、
どこに行いくにも車くるまを使つかったり。こういった悪わるい食習しょくしゅう

慣かんや生活習慣せいかつしゅうかんの蓄積ちくせきで、子こどもたちも大人おとなと同おなじよ
うにメタボリックシンドロームにかかってしまう
んだ。

F2：小ちいさい頃ころから太ふとっていると、長ながい間あいだ体からだに負担ふたんがか
かるし、重おもい病気びょうきになる確率かくりつが高たかくなるんじゃな
い？

M：そうだよ。子こどものメタボリックシンドロームがな
ぜ問題もんだいかというと、子こどもの頃ころに肥満ひまんだった人ひとの7
割わり以上いじょうが、大人おとなになっても肥満ひまんのままで、様々さまざまな病
気きにかかりやすいからなんだ。

**男性だんせいは子こどもたちがメタボリックシンドロームにかか
ってしまう原因げんいんとして何なにをあげていますか。**

1. 小腸しょうちょうの膜まくに蓄積ちくせきする内臓脂肪ないぞうしぼう
2. 悪わるい食習慣しょくしゅうかんや生活習慣せいかつしゅうかんの蓄積ちくせき
3. 血管けっかんが詰つまることで引ひき起おこされる脳卒中のうそっちゅう
4. お菓子かしやジュースを全まったく取とらないこと

남성과 여성이 메타보릭신드롬에 대해 이야기하고 있습니다.

M：지금, 성인 남성 두 명 중 한 명, 여성 다섯 명 중 한 명이
'메타보릭 신드롬'이라고 하네. 메타보릭 신드롬이 되면,
다양한 병이 되어 버릴 우려가 있거든.

F1：그런데, 메타보릭 신드롬이란 자세히는 어떤 것이지？

M：메타보릭 신드롬은 일본어로 '내장지방증후군'. '내장지방'
은 배 속에 있는 소장의 막에 붙는 지방을 말하고, 내장
지방이 많은데다가 혈압이 높다든가, 혈액 속의 당이나
지방이 많은 상태가 겹쳐서, 메타보릭 신드롬이라고
불리우는 거야. 최근 연구에서 많이 붙어 있는 내장지방
에서는 혈액을 굳어지게 하는 물질, 혈관을 상처 입히
는 물질 등, 몸에 해로운 여러 물질이 나오는 것이 밝혀
졌어.

F2：그것은, 요컨대, 방치해두면, 장래 혈관이 막혀서 '뇌졸중'
이나 '심근경색'이라는 중병이 되기 쉬워진다는 말이네.

M：그래. 말 그대로야. 최근에는 소아생활습관병 외래에도
메타보릭 신드롬으로 여러 명의 아이들이 온다고 하네.

F1：그래. 왜 아이들이？

M：의사에 의하면, 아이들의 메타보릭신드롬의 원인은 생활
습관. 지금의 아이들은 아침을 거른다든가, 주스나 과자
를 잔뜩 먹어버린다 든가, 원래 편식이 많잖아？ 게다가
밖에서 놀지 않고 집에서 게임만 한다거나, 어디에 갈 때
에도 차를 사용하거나. 이런 나쁜 식습관이나 생활습관
의 축적으로 아이들도 어른과 마찬가지로 메타보릭신드
롬에 걸려버리는 거래.

F2：어렸을 때부터 살쪄 있으면, 오랫동안 몸에 부담이 가서,
중병이 될 확률이 높아지는 거 아닐까？

M：그래. 아이들의 메타보릭 신드롬이 왜 문제인가 하면, 어
린 시절에 비만이었던 사람의 70퍼센트 이상이 어른
이 되어도 비만인 채로, 다양한 병에 걸리기 쉽기 때
문이야.

단어 内蔵ないぞう 내장 | 脂肪しぼう 지방 | 症候群しょうこ

うぐん 증후군 | 小腸しょうちょう 소장 | 膜まく 막 | 合あわさる 합쳐지다 | 固かためる 단단히 하다 | 傷きずつける 상처를 내다 | 抜ぬく 빼다, 거르다 | 蓄積ちくせき 축적 | 負担ふたん 부담

남성은 아이들이 메타보릭신드롬에 걸리게 되는 원인으로 무엇을 들고 있습니까?

1. 소장의 막에 축적되는 내장 지방
2. 나쁜 식습관이나 생활습관의 축적
3. 혈관이 막힘으로서 발생되는 뇌졸중
4. 과자나 주스를 전혀 섭취하지 않는 것

해설 남성은 아이들의 메타보릭신드롬의 원인은 생활습관으로 아침거르기, 주스, 과자 등의 간식과 편식, 움직임 없는 집안에서의 게임 등 나쁜 식습관과 생활습관을 들고 있으므로 정답은 2번이다.

정답 2

3番 _T108

민저 이야기를 들어 주세요. 그리고 2개의 질문을 듣고, 각각 문제 용지의 1에서 4 중에서 가장 알맞은 것을 하나 고르세요.

お店の人が新発売された自転車について話をしています。

M1: お客様、こちらをご覧ください。スタイリッシュで、コンパクトな折りたたみ自転車なんですが、こちらの商品、女性の方でも簡単に力を使わず、さっと折りたためる上、場所をとらずコンパクトに収納できるんです。さらに折りたたむとコンパクトサイズになるので、車に載せることも十分可能となっております。そして、こちらの商品、最大の特長は、自転車におまかせで効率的・快適に、乗ったままで発電して充電する「ループチャージ」を搭載しているということなんです。「ループチャージ機能」とは、下り坂などで減速する際の左ブレーキレバー操作により、モーターが発電機に切り替わり、バッテリーが補充電される「ブレーキ充電」と、「オートモード」で下り坂を惰性走行中に自動的にモーターブレーキが働いてバッテリーに補充電する機能の総称です。しかし、「ループチャージ」を使用した場合でも、日常の専用充電器によるバッテリーの充電はもちろん必要となります。こちらの商品、コンパクトでスタイリッシュなデザインと、エコの観点から自転車に乗る方が増えておりまして、非常に人気の商品なんです。発売後すぐに店頭から商品が消えるほど人気を博しているものなんですが、いかがでしょうか。

F ： へえ、折りたたみ自転車なのに、電動で、しかも自転車をこぎながら充電できるっていう機能もいいし、デザインも凝っててていいわね。

M2: 車もいいけど、たまには自転車に乗ってゆっくり景色を見ながら出かけたいな。

F ： そうね、車に積めるって言ってるから、車に乗せて、サイクリングスポットに出かけてみるのも、新しい休日の過ごし方としてはいいと思うけど。

M2: そうだね、最近会社でもデスクワークばかりだし、全然体を動かしてないから、自転車に乗ればだいぶいい運動になりそうだね。

F ： 私は近くのスーパーまでついつい車で行ってしまうけど、この自転車を買って、自転車で買い物に行けば私もいい運動になりそうだわ。

M2: じゃあ、この際お互いに1台ずつ買ってしまおうか。

質問1 店員が自転車に搭載されている機能として紹介した「ループチャージ」とはどのような機能ですか。

質問2 男性客は自転車に乗ってどういうことがしたいと言っていましたか。

가게 점원이 새로 판매하는 자전거에 관해 말하고 있습니다.

M1: 고객님 이쪽을 봐주세요. 멋스럽고 콤팩트한 접이식 자전거인데 이 상품은 여성분도 힘들이지 않고 쉽게 접을 수 있는데다가 장소도 차지하지 않고 콤팩트하게 수납할 수 있어요. 게다가 접으면 콤팩트 사이즈가 되기 때문에 자동차에 충분히 실을 수 있게 되어 있습니다. 그리고 이 상품 최대의 특징은 자전거에 자동으로 효율적이고 쾌적하게 탄 채로 발전해서 충전하는 '루프차지'를 탑재하고 있다는 것입니다. '루프차지 기능'이라는 것은 내리막길 등에서 감속할 때 왼쪽 브레이크 레버 조작에 의해 모터가 발전기로 바뀌어서 배터리가 보충전되는 '브레이크 충전'과 '오토 모드'로 내리막길을 타성 주행 중에 자동적으로 모터 브레이크가 작용해서 배터리에 보충전하는 기능의 총칭입니다. 하지만 '루프차지'를 사용할 때에도 일상적인 전용 충전기에 의한 배터리 충전은 물론 필요합니다. 이 상품은 콤팩트하고 멋진 디자인과 친환경을 생각하는 관점으로 자전거를 타는 분이 증가하고 있어서 굉장히 인기 있는 상품이에요. 발매 후 금방 가게에서 상품이 사라질 정도의 인기를 보이고 있는 물건인데 어떠십니까?

F ： 접이식 자전거인데도 전동이고 게다가 자전거를 굴리면서 충전할 수 있는 기능도 좋고, 디자인도 공들여서 좋네요.

M2: 자동차도 좋지만 가끔은 자전거를 타고 천천히 풍경을 보

면서 외출하고 싶다.

F : 그래. 차에 실을 수 있다고 하니까 차에 실어서 사이클링 스폿으로 외출해 보는 것도 휴일을 보내는 새로운 방법으로 좋다고 생각해.

M2: 맞아. 최근 회사에서도 데스크 업무뿐이어서 몸을 전혀 움직이지 않았으니까 자전거를 타면 꽤 좋은 운동이 될 것 같아.

F : 나는 가까운 슈퍼도 생각 없이 차로 가버리는데 이 자전거를 사서 자전거로 장보러 가면 나한테도 좋은 운동이 될 것 같네.

M2: 그럼 이 기회에 한 대씩 사버릴까?

단어 発売はつばい 발매=(売うり出だし) ｜ 折おりたたむ 접어 작게 하다, 개다 ｜ 収納しゅうのう 수납 ｜ 補充電ほじゅうでん 보충전 ｜ 搭載とうさい 탑재 ｜ 減速げんそく 감속 ｜操作そうさ 조작 ｜ 総称そうしょう 총칭 ｜ 凝こる 엉기다, 열중하다, 공들이다 ｜ 積つむ 쌓다, 싣다 ｜ コンパクト 콤팩트, 소형이고 내용이 충실한 것 ｜ 充電じゅうでん 충전 ｜ 任まかせ (그것에) 맡김

질문1 점원이 자전거에 탑재된 기능으로서 소개한 '루프차지'라는 것은 어떤 기능입니까?

　1) 자전거를 작게 접을 수 있는 기능
　2) 자전거를 탄 채로 발전시켜서 충전할 수 있는 기능
　3) 전용 충전기로 배터리를 충전할 필요가 없는 기능
　4) 내리막길에서 브레이크가 자동적으로 걸리는 기능

해설 이 상품 최대의 특징은 '자전거에 자동으로 효율적이고 쾌적하게 탄 채로 발전해서 충전하는 '루프차지'를 탑재하고 있다'고 했으므로 정답은 2번이다.

정답 2

질문2 남자 손님은 자전거를 타고 무엇을 하고 싶다고 말하고 있습니까?

　1) 자전거를 타고 여유 있게 풍경을 보면서 외출하고 싶다.
　2) 자전거를 타기에 좋은 장소를 찾고 싶다.
　3) 자전거로 회사에 출퇴근하고 싶다.
　4) 자전거로 가까운 슈퍼에 장보러 가고 싶다.

해설 남자는 '가끔은 자전거를 타고 천천히 풍경을 보면서 외출하고 싶다.'고 했으므로 정답은 1번이다.

정답 1

정답

언어지식(문자 · 어휘, 문법) 독해

問題1	1 (4) 2 (2) 3 (3) 4 (1) 5 (1) 6 (2)
問題2	7 (1) 8 (2) 9 (4) 10 (4) 11 (3) 12 (2) 13 (3)
問題3	14 (2) 15 (4) 16 (2) 17 (3) 18 (1) 19 (1)
問題4	20 (3) 21 (1) 22 (2) 23 (4) 24 (1) 25 (4)
問題5	26 (1) 27 (2) 28 (4) 29 (1) 30 (3) 31 (4) 32 (4) 33 (3) 34 (1) 35 (2)
問題6	36 (2) 37 (1) 38 (2) 39 (4) 40 (1)
問題7	41 (3) 42 (2) 43 (2) 44 (1) 45 (4)
問題8	46 (4) 47 (1) 48 (2) 49 (3)
問題0	50 (3) 51 (3) 52 (2) 53 (1) 54 (3) 55 (2) 56 (4) 57 (3) 58 (1)
問題10	59 (2) 60 (2) 61 (4) 62 (3)
問題11	63 (1) 64 (3) 65 (2)
問題12	66 (2) 67 (1) 68 (2) 69 (3)
問題13	70 (4) 71 (2)

청해

問題1	1 (3) 2 (2) 3 (1) 4 (2) 5 (4) 6 (4)
問題2	1 (3) 2 (1) 3 (4) 4 (4) 5 (1) 6 (2) 7 (3)
問題3	1 (2) 2 (1) 3 (3) 4 (4) 5 (2) 6 (3)
問題4	1 (2) 2 (1) 3 (1) 4 (3) 5 (1) 6 (2) 7 (2) 8 (3) 9 (1) 10 (3) 11 (2) 12 (1) 13 (2) 14 (3)
問題5	1 (4) 2 (4) 3 1) (4) 2) (1)

해설

언어지식(문자 · 어휘, 문법) 독해

문제1 ＿＿＿의 단어를 읽는 방법으로 가장 알맞은 것을 1 · 2 · 3 · 4에서 하나 고르시오.

1 친구가 점심 식사 때 놀러 와서 야채를 <u>볶아서</u> 간단하게 반찬을 만들어서 냈다.
단어 炒いためる 기름에 볶다, 지지다
정답 4

2 그가 한 것이 학생의 본분을 크게 <u>일탈한</u> 행위라는 것은 부정할 수 없다.
단어 否いなめない 거절할 수가 없다, 부정할 수 없다 | 逸脱いつだつする 일탈하다, 벗어나다 (*촉음, 탁음에 주의하자.)
정답 2

3 할머니와 매일 <u>툇마루</u>에 걸터앉아 멀리 있는 산들을 바라보면서 차를 홀짝거리고 있다.
단어 腰掛こしかける 걸터앉다 | 縁側えんがわ 툇마루
정답 3

4 우리들 인간은 자연의 <u>은혜</u>를 받아 살고 있다는 것을 잊어버리고 있는 것은 아닐까.
단어 恩恵おんけい 은혜
정답 1

5 내가 태어나 자란 <u>고장</u>은 본토로부터 5킬로미터 정도 떨어진 작은 섬입니다.
단어 地元じもと 그 고장, 자기의 생활 근거지 | 本土ほんど 본토 | 隔へだてる 사이를 떼다, 사이에 두다, 거리를 두다
정답 1

6 공기가 <u>건조한</u> 계절에는 화재가 다발하기 때문에 화인에는 주의하지 않으면 안 된다.
단어 多発たはつ 다발 | 乾かわく 물기가 마르다, 건조하다
정답 2

문제2 ( )에 넣기에 가장 알맞은 것을 1 · 2 · 3 · 4에서 하나 고르시오.

7 개를 산책시킬 경우, 개에게 목줄을 <u>매서</u> 다른 사람에게 폐가 되지 않도록 하지 않으면 안 된다.
단어 繫つなぐ (끈이나 밧줄 따위로) 매다, 묶어 놓다 | 鎖くさり 쇠사슬, 체인
정답 1

8 오늘 아침 커튼을 열어보니 <u>첫서리</u>가 내려서 주위가 온통 새하얗게 되어 있었다.
단어 初霜はつしも 첫서리 | 降おりる 서리, 이슬 등이 내리다
정답 2

9 이번 주는 어떤 서클이든 신입생을 <u>환영하는</u> 술 모임을 열어

신입부원 획득에 필사적이다.

단어 獲得かくとく 획득 | 歓迎かんげい 환영

정답 4

10 사토선생님의 <u>강의</u>는 굉장히 인기여서 매년 강의실이 꽉 찰 정도로 학생이 모인다.

단어 講義こうぎ 강의

정답 4

11 그는 어려운 사건을 훌륭하게 <u>처리해서</u> 주위를 놀라게 했다.

단어 周囲しゅうい 주위 | 裁さばく 어수선하고 혼잡한 일을 처리하다, 솜씨 있게 다루다

정답 3

12 모두가 아기의 <u>건강한</u> 성장을 빌었다.

단어 祈いのる 빌다 | 健すこやか 건강함, 튼튼함, 탈 없음

정답 2

13 요즘 시대에 그런 말을 하는 것은 시대착오도 유분수다.

단어 甚はなはだしい (정도가) 심하다, 대단하다 | 錯誤さくご 착오(*時代錯誤じだいさくご 시대착오)

정답 3

문제3 단어에 의미가 가장 가까운 것을 1·2·3·4에서 하나 고르시오.

14 저녁식사 때 넉살 좋게 집에 들어갔다.

단어 ずうずうしい 뻔뻔스럽다, 낮 두껍다, 넉살 좋다 = 厚あつかましい

정답 2

15 이웃 사람들과의 교제는 어쩐지 <u>번거로운</u> 면이 있다.

단어 煩わずらわしい 번거롭다, 성가시다, 귀찮다 (=面倒めんどうだ)

정답 4

16 그녀의 오랜 꿈은 <u>덧없이</u> 지고 말았다.

단어 散ちる 떨어지다, 없어지다 | はかない 덧없다, 허무하다 = あっけない

정답 2

17 손님 앞에서 <u>조심성 없는</u> 행동은 하지 않도록.

단어 振ふる舞まい 행동, 행동거지 | はしたない 조심성이 없다, 버릇없다, 상스럽다, 천하다 (= 慎つつしみがない)

정답 3

18 시장에서 <u>부정</u> 상품을 사버렸다.

해설 いんちき 명부정, 사기 = 不正ふせい

정답 1

19 아무 생각없이 말한 한 마디로 그는 주위로부터 <u>통렬한</u> 비판을 받았다.

단어 痛烈つうれつ 통렬(*비판·공박 따위가 몹시 매섭고 가차 없음) | 批判ひはんを浴あびる 비판을 받다

정답 1

문제4 다음 말의 사용법으로 가장 알맞은 것을 1·2·3·4에서 하나 고르시오.

20 손쉽게

1) 그는 무거운 짐을 손쉽게 들어올렸다.
2) 함께 손쉽게 갈 수 있는 곳이 근처에 있으면 좋을 텐데.
3) 이번 시험은 내용이 손쉽고 간단했다.
4) 여동생은 아직 손쉽기 때문에 바로 안을 수 있다.

단어 抱だっこ 안음, 안김 | 手軽てがる 손쉬운 모양, 간단함, 간편함

정답 3

21 종래

1) 이번까지는 종래와 같은 방식으로 갑시다.
2) 그의 종래는 그의 것이니까 마음대로 하면 된다.
3) 일본의 종래는 그녀의 팔에 달려 있다고 말해도 과언이 아니다.
4) 그는 항상 다른 사람의 의견에 종래만 한다.

단어 過言かごんではない 과언이 아니다 | 従来じゅうらい 종래, 이제까지

정답 1

22 중상

1) 이 근처에서 아이 두 명이 중상되는 상해사건이 일어났다.
2) 아무리 적이라고는 해도 라이벌 팀을 중상하는 것은 용서할 수 없다.
3) 바다를 혼자서 바라보고 있었더니 중상적인 기분이 되어 버렸다.
4) 그가 사고로 입은 상처를 생각했던 것 이상으로 중상인 듯하다.

단어 傷害しょうがい 상해 | 眺ながめる 바라보다, 응시하다 | 中傷ちゅうしょう 중상, 허무맹랑한 말을 하여 남의 명예를 손상시킴

정답 2

23 정통으로, 거침없이

1) 단번에 노력을 한들 그 사람에게는 틀림없이 당해낼 수 없다.
2) 그녀는 미인인 데다가 단번에 성격도 좋다.
3) 검은색 일색으로 차려 입은 남성이 단번에 노려보았다.
4) 그는 시험에 나오는 문제를 단번에 알아 맞추었다.

단어 ずばり(と) 싹, 싹둑(힘 있게 자르는 모양), 바로 (틀림없이 정통으로 알아맞히는 모양), 어김없이(급소나 핵심을 찌르는 말투)

정답 4

24 기운 없이 있는 모양

1) 할아버지는 말 상대였던 할머니를 잃고 매일 기운 없이 있다.
2) 어머니가 손수 만든 요리는 언제 먹어도 기운 없이 맛있다.
3) 아버지의 설교는 더 이상 기운 없다.
4) 그의 몸은 나날의 트레이닝에 의해 기운 없다.

단어 しょんぼり 어깨를 축 늘어뜨리고 맥이 없는 모양, 쓸쓸히

정답 1

25 독단
1) 그 정도 어린 아이라도 선악의 독단 정도는 설 것이다.
2) 태풍의 영향으로 도로가 독단되어 버렸다.
3) 자금 부족에 의해 그 공장은 일시 독단 할 수밖에 없는 상황이 되었다.
4) 새 집의 벽 색은 남편의 독단에 의해 정해졌다.
단어 善悪ぜんあく 선악 | 独断どくだん 독단, 자기의 혼자의 생각만으로 결정함
정답 4

문제5 다음 문장의 ( )에 넣기에 가장 알맞은 것을 1 · 2 · 3 · 4 에서 하나 고르시오.

26 아이가 진흙투성이가 되어서 노는 모습은 너무나 사랑스럽다.
단어 愛あいらしい 귀엽다, 사랑스럽다 | ～まみれに ～투성이가 됨, 온통 범벅이 되어서 더러워짐
정답 1

27 그녀는 심하게 불만을 말한 끝에 멋대로 돌아가 버렸다.
단어 文句もんく 불평 | ～(た)あげくに ～한 끝에, ～한 끝내
정답 2

28 그의 기묘한 행동에는 실소를 금할 수 없다.
단어 失笑しっしょう 실소 | ～を禁きんじ得えない ～을 금할 수 없다
정답 4

29 자국의 일에만 관심을 기울이는 것은 어떨까 싶다.
단어 ～ばかり (한정을 나타냄) ～만, ～뿐
정답 1

30 게으름만 피우는 형과는 달리 남동생은 공부도 운동도 잘한다.
단어 怠なまける 게으름 피우다 | ～にひきかえ ～와는 반대로
정답 3

31 남자 아이도 아니고, 여자 아이가 나무에 올라가는 건 그만둬라.
단어 ～じゃあるまいし ～도 아닌데(*'～まいし'의 꼴로 뒤에 오는 말에 대한 조건을 나타낸다.)
정답 4

32 오늘의 그는 평소보다 한층 더 기합이 들어가 있다.
단어 ～にもまして ～보다 더욱 더
정답 4

33 항상 연락도 없이 그는 갑작스럽게 우리 집에 온다.
단어 やってくる (이리로) 다가오다, 찾아오다 | ～もなしに ～도 없이
정답 3

34 출산 축하 선물로 뭔가를 보낸다고 하면 뭐가 좋을까요?
단어 ～としたら ～한다고 하면
정답 1

35 그녀는 내가 말할 것까지도 없이 누가 봐도 아름다운 여성이다.
단어 ～までもなく ～할 것도 없이
정답 2

문제6 다음 문장의 ★ 에 들어갈 가장 알맞은 것을 1 · 2 · 3 · 4 에서 하나 고르시오.

36 평소부터 손님으로부터의 클레임에는 기민하게 대처하도록 사원들에게는 말하고 있습니다.
단어 常日頃つねひごろ 일상, 평소 | 機敏きびん 기민 | 対処たいしょ 대처
정답 2 (クレームには / 機敏に / 対処するように / 社員には)

37 항상 저는 얻어만 먹으니까 오늘은 제가 내도록 해주세요.
정답 1 (おごってもらって / ばかりいるので / 今日ぐらいは / 私に)

38 정년퇴직 후, 일을 보람으로 삼고 있던 아버지는 금세 늙어버렸다.
단어 定年退職ていねんたいしょく 정년퇴직 | 老ふける 나이를 먹다, 늙다
정답 2 (していた / 父は / みるみる間に / 老けていって)

39 이런 일은 본래대로라면 제가 하지 않으면 안 되는데 정말 죄송합니다.
정답 4 (本来なら / 私がしなければ / ならないのに / 本当に)

40 친구의 소개로 저명한 작가 선생님과 아는 사이가 될 수 있었다.
단어 著名ちょめい 저명
정답 1 (紹介で / 著名な / 作家の先生と / お知り合いに)

문제7 다음 문장을 읽고, (41)에서 (45) 안에 들어갈 가장 알맞은 것을 1 · 2 · 3 · 4에서 하나 고르시오.

입시의 계절이 시작되어 주말에는 면접 받으로 오는 사람들로 넘쳐나고 있다. 우리 대학에서도 AO 입시부터 후기입시까지 10회 정도 입시가 있다.
(41), 우리는 몇 만 명이나 되는 지원자를 모으지 않으면 채산이 맞지 않는 거대 대학과는 달리 꼭 이 대학에서 배우고 싶다'고 하는 열정을 가진 사람들 수백 명 정도를 맞이하면 경영이 되는 '소규모 장사'이다.
대학이라는 것은 '이것만은 꼭 하고 싶다'라는 교육이념의 기치를 내걸고, 역풍을 견뎌나가는 것이라고 나는 생각한다. 그 이념에 공감해 주는 사람이 있으면 맞아들이고 없

으면 가만히 (42).

　조상 대대로 이어지는 '우리집은 아주 오랜 전부터 양념장을 동일한 것을 씁니다.'라는 장사도, 안정된 고객만 있으면 가게는 (43). 그걸로 된 거라고 생각한다.

　그러기 위해서는 '살림이 작아야 한다는 것'이 필수사항이라고 나는 생각한다. (44), 조직의 연명을 생각하지 않고 머지않아 사람들은 무엇을 위해 자신들이 그 일을 시작했는지 그 초심을 잊어 버리고 만다.

　'교육의 글로벌화'는 일본의 대학에 통폐합에 의한 소수화·거대화를 요구해왔다. 그러나 공룡시대의 끝에 소형포유류가 (45), 지금 세계는 '고밀도, 소형화'의 방향전환을 계속하고 있는 듯이 생각된다.

단어 駆かり出だす (사냥에서 짐승을) 몰아내다, 몰이하다. 억지로 끌어내다 | 採算さいさん 채산 | 成なり立たつ 성립하다, 이루어지다 | 小商こあきない 소규모의 상업 | 理念りねん 이념 | 旗はたじるし (명백히 내건) 목표, 기치 | 逆風ぎゃくふう 역풍 | 所帯しょたい 세대, 가구 | 延命えんめい 연명 | 統廃合とうはいごう 통폐합 | 恐竜きょうりゅう 공룡 | 哺乳類ほにゅうるい 포유류

41 1) 다시
　　2) 꼭
　　3) 다행히
　　4) 게다가

해설 앞 문장이 '입시철이 시작되어 분주한' 상황임을 말하고 이어 다른 규모가 큰 대학과는 달리 소규모의 학생만 모집하면 경영에 문제가 없는 대학임을 들어 상대적으로 크게 힘들지 않다는 점을 말하고 있으므로 '다행히'라는 표현이 적당하다.

정답 3

42 1) 오는 것을 기다리면 되겠지
　　2) 오는 것을 기다린다
　　3) 오는 것을 기다리는 것일까
　　4) 오는 것을 기다리고 있었다

해설 대학 교육이념의 무게감을 나타낸 표현이므로 그 이념에 동의하는 사람이 오면 당연히 반갑게 맞이할 것이지만 그렇지 않다면 교육이념은 가볍게 변할 수 있는 것이 아니기 때문에 그 이념을 알아줄 때까지 '기다려야 한다'는 필자의 의지가 표현된 말이 적당하다.

정답 2

43 1) 계속되지 말란 법도 없다
　　2) 계속할 수 있다
　　3) 계속하기 않을 수 없다
　　4) 계속할 가치가 없다

해설 조상 대대로 이어지는 소신을 갖고 운영되는 가게일지라도 안정된 고정 고객이 있으면 '계속할 수 있다'라는 의미로 쓰였다.

정답 2

44 1) 살림이 커지면
　　2) 살림이 커진다고는 해도
　　3) 살림의 크기에 따라
　　4) 살림은 크지도 않지만

해설 대학이건 장사를 하는 것이건 그 곳에서 추구하는 것을 알아주는 '고객'이 있는 한 존재할 만한 이유가 있을 을 말하고, 그를 지탱하기 위해 필요한 것은 '살림 (규모)가 작아야 한다고 말하면서 필자는 이후 문장에서 그렇지 않은 경우에는 '그 일을 시작한 목적을 상실하는' 부작용을 서술하고 있으므로 살림규모가 작은 경우와 대비되는 표현이 와야 한다.'

정답 1

45 1) 등장한다고 하면
　　2) 등장할 수 없다면
　　3) 등장하려고
　　4) 등장한 것처럼

해설 대학교육의 규모가 세계화를 추구하는 점에 비판적인 필자는 이를 공룡에 비유하고 공룡시대의 말기가 소형 포유류가 '등장한 것'처럼 지금 현재 대학의 세계화 '고밀도, 소형화'로 방향 전환하는 것으로 여겨진다고 생각한다.

정답 4

문제8 다음 문장을 읽고, 아래 문제에 대한 대답으로서 가장 알맞은 것을 1·2·3·4에서 하나 고르시오.

(1)

　18세기 유럽 귀족으로 군기병 장교를 한 메르케 남작하면, 아아 '허풍쟁이 남작'하면서 떠올리는 분도 있을 것이다. 그 모험담 중에는 말에 탄 채로 늪 뛰어넘기에 실패해 물에 빠진 이야기가 있다. 남작은 당황하지 않고 손으로 자신의 머리카락을 움켜쥐고 무릎으로 단단히 말의 배를 끼워서 말과 함께 자신을 늪에서 끌어 올렸다. 아무리 그래도 그렇지 라고 생각한다면 그 모험담은 즐길 수 없다. 이 이야기에는 머리카락이 아닌 자신의 부츠의 스트랩(손잡이 가죽)을 잡고 끌어올리는 다른 형태도 있었던 듯하다. 컴퓨터를 가동시키는 것을 '부팅'이라고 하는 것도 '부팅 스트랩'이라고 불리던 기동 프로그램이 자신을 스스로 끌어 올리는 모습을 연상시키는 절차였기 때문이라고 한다. 남작의 허풍도 현실이 되는 것이 현대의 컴퓨터 사회이다.

단어 騎兵きへい 장교 | 男爵だんしゃく 남작 | 沼ぬま 늪 | 冒険ぼうけん 모험 | バリエーション 바리에이션, 변종, 변화 | 大おおボラ 대단한 허풍 (* 法螺ほら는 '허풍을 떪, 과장해서 말함, 또는 그런 이야기'를 의미한다. '法螺ほら를吹ふく'는 '허풍을 떨다'라는 의미한다.) | もろとも 함께

46 '부팅 스트랩'이라고 불리던 기동 프로그램이 자신을 스스로 끌어 올리는 모습을 연상시키는 절차였던 것으로부터, '부팅'이라고 이름 지어진 일이 있는데 어떤 것인가?
　　1) 허풍을 떠는 것

2) 말을 타고 모험을 떠나는 것
3) 대단한 허풍이 현실의 것이 되는 것
4) 컴퓨터를 가동시키는 것

해설 '부팅'이라는 말의 유래를 설명하고 이는 남작의 대단한 허풍이 현실화 된 것이라고 설명하고 있다.

정답 4

(2)

> '헤엄치고 헤엄쳐서 물고기가 되지 않으면 안 된다'. 수영 연맹간부의 이런 비과학적인 지도가 버젓이 통용되었다고 한다. 24회째 올림픽 100미터 배영 금메달리스트인 S씨가 어느 강연에서 체험담으로서 이야기하고 있었다. 물고기가 되지 않아도 S씨는 올림픽 직전의 합숙에서 몇 만 번이나 코스를 왕복하는 동안에 눈을 감고 있어도 정확하게 턴할 위치를 알 정도가 되었다고 한다. 당시 일본의 수영계에서는 금기시되어 있었던 근력 트레이닝을 본격적으로 도입한 것도 S씨이다. '할 수 있는 것은 전부 한' 결과가 일본 수영계 16년만의 메달이었다. 북경 올림픽 개막까지 3주 정도 '메달이 기대되는 경기'의 탑이 수영이라고 하는 여론 조사 실과가 나왔다. 일본 수영계의 에이스 K선수에 대한 큰 기대를 말해준다. 선배인 S씨 같이 '할 수 있는 것은 전부 했다'라는 심경으로 본 경기에 임해줬으면 한다.

단어 連盟れんめい 연맹 | 幹部かんぶ 간부 | まかり通とおる (주위 사정에 아랑곳하지 않고) 태연하게 지나가다, 버젓이 통과하다 | 背泳せおよぎ 배영 | 競泳きょうえい 경영, 수영 경기 | 臨のぞむ 향하다, 임하다

47 수영 전 올림픽 선수였던 S씨는 몇 만 번이나 연습을 계속하여서 어떻게 되었나?
1) 눈을 감고 있어도 정확히 턴할 위치를 알게 되었다.
2) 마치 물고기처럼 빨리 헤엄치게 되었다.
3) 근력 트레이닝을 하지 않아도 근육이 붙게 되었다.
4) 일본 경영계의 에이스로서 큰 기대를 받는 선수가 되었다.

해설 질문은 거듭된 연습의 결과를 물었으므로 '눈을 감고 있어도 정확히 턴할 위치를 알 정도가 되었다고 한다.'고 말하고 있다.

정답 1

(3)

> 거리의 큰 인기 커피 점에는 여성들이 몰려들고, 편의점에는 칠드 타입(플라스틱 케이스에 든 빨대를 사용하는 것)의 커피 음료가 여성들에게 대인기. 그러나 일본발 커피 문화인 캔 커피에는 여성들은 좀처럼 손을 대지 않는다. 실제로 캔 커피 소비자의 80%는 남성으로 영양 드링크 못지 않게 '남자의 음료수'라는 이미지가 정착해버린 것이다. 여성이 캔 커피를 싫어하는 이유를 찾으면 '캔에 직접 입을 대는 것이 싫다' '열 때 손톱이 상할 것 같다'라는 이유를 들지만 이런 것은 다른 캔 음료도 마찬가지로, 캔 커피만을 싫어하는 이유는 되지 못한다. 결국은 이미지일 것이다.

단어 押おし寄よせる 몰려들다, 밀어 닥치다 | ユーザー 유저, 소비자, 사용자, 수요자 | 飲料いんりょう 음료 | 定着ていちゃく 정착

48 필자가 여기에서 말하고 있는 것과 일치하는 것은 어느 것입니까?
1) 커피는 남성보다도 여성에게 인기가 있다고 하는 것
2) 캔 커피 사용자의 80%가 남성이라고 하는 것
3) 커피를 영양 드링크로서 마시고 있는 여성이 많다고 하는 것
4) 캔을 열 때 손톱이 상할 염려가 있는 것은 캔 커피뿐이라고 하는 것

해설 캔 커피에 관한 내용이므로 '실제로 캔 커피 소비자의 80%는 남성으로'가 문항과 일치한다.

정답 2

(4)

> '수리 완성품'이라는 말을 들어본 적이 있을까? 한차례 판매된 상품이 초기불량 등으로 가게에 돌아와, 메이커 수리 후 다시 팔려나가는 것이다. 수는 직지만 컴퓨터나 디지털 카메라는 비교적 나돌기 쉽다.
> 이 중에서 신품과 비교해서 거의 손색이 없고 안심하고 살 수 있다는 점에서 추천할 수 있는 것이 재고 처분품과 상자 파손품이다. 모두 미사용품이기 때문에 상태 면에서 불안은 없고 메이커 보증도 된다. 또 텔레비전은 환경포인트 대상품인 경우라면 환경점수도 획득할 수 있다. 이런 '거의 신품'인 제품이 재고 처분품이면 '현행품이 아니다'라는 점을 받아들이면 신품보다 20% 이상 싸게, 상자 파손품이면 '겉 상자에 흠이 있다'라는 점에 타협하는 것만으로 신품보다 5~10% 싸게 살 수 있는 것이다.

단어 初期不良しょきふりょう 초기불량 | 比較的ひかくてき 비교적 | 出回でまわる 나돌다 | 遜色そんしょく 손색 | 処分しょぶん 처분 | 破損はそん 손색 | 妥協だきょう 타협

49 재고 처분과 상자 파손품을 추천할 수 있는 이유는 무엇인가?
1) 부서져도 메이커에 문의하면 언제든지 수리대응해주기 때문에
2) 메이커의 보증은 없지만 환경포인트 대상품인 텔레비전이면 환경점수를 획득할 수 있기 때문에
3) 모두 미사용으로 상태 면에 불안이 없고, 신품과 비교해도 거의 손색없이 안심하고 살 수 있기 때문에
4) 신품과 아무런 차이가 없는 상품을 50%이상 싸게 살 수 있기 때문에

해설 필자는 '신품과 비교해서 거의 손색이 없고 안심하고 살 수 있다는 점에서 추천할 수 있는 것이 재고 처분품과 상자 파손품이다.'이라고 했다.

정답 3

문제9 다음 문장을 읽고, 뒤의 문제에 대한 대답으로 가장 알맞은 것을 1·2·3·4에서 하나 고르시오.

(1)

나는 1960년대생이지만, ①어린 시절에는 3세대가 동거하는 대가족이었다. 할머니랑 엄마는 근처의 시장이나 가게에서 식재료를 사고 함께 조리를 했다. 가공식품이라고 하면 두부 등 극히 한정된 것이고 냉동식품은 없었다.

지금은 핵가족이 보통이고 맞벌이도 드물지 않다. 가사부담이 무거운 주부에게 손쉬운 냉동식품이나 가공식품은 든든한 아군이다. 모자·부자가정이라면 더욱 그럴 것이다.

직장에서는 종신고용제가 무너지고 구조 조정이나 도산의 근심스러운 일을 당하는 샐러리맨이 늘었다. 불안정고용을 강요 받아 '워킹푸어'라 불리는 젊은이들도 많다. 그런 생활이 힘든 사람들의 식생활을 ②값싼 수입식품이 지탱하고 있다.

③대가족이나 상점가의 붕괴, 중간층의 해체와 새로운 빈곤층의 출현. 이런 일들을 초래한 것은 고도경제성장에 따른 사회의 변화나 그 후의 국제경쟁의 격화이다. 일본 농업의 쇠퇴도 원인은 같을 것이다. 그런 가운데 먹거리의 수입의존이 심해지고 생산·유통의 과정을 보기 힘들어졌다.

이러한 흐름에 대해 예전의 소비자운동은 스스로 배우고 조사해서 문제를 세상에 고발했다. 그러나 80년대에 들어와서는 눈앞의 '소비자본위'에 속아 소비자는 배우지 않게 되었다.

단어 同居どうきょ 동거 | 豆腐とうふ 두부 | 終身雇用しゅうしんこよう 종신고용 | 倒産とうさん 도산 | 激化げきか 격화 | 依存いそん 의존 | 崩壊ほうかい 붕괴 | 貧困ひんこん 빈곤

50 필자의 ①어린 시절에 대한 설명으로 맞는 것은 어느 것인가?

1) 핵가족이 보통으로 맞벌이도 드물지 않았다.
2) 불안정한 고용을 강요 받는 사람이 많았다.
3) 가공식품이라고 하면 극히 한정된 것이고 냉동식품은 없었다.
4) 식사의 수입의존이 심하고, 일본 농업이 쇠퇴했다.

해설 문항에서 부분적으로 틀리는 부분은 소거하고 '가공식품이라고 하면 두부 등 극히 한정된 것이고 냉동식품은 없었다.'가 본문과 일치한다.

정답 3

51 ②값싼 수입식품은 어떤 사람들의 식생활을 지탱하고 있나?

1) 맞벌이로 요리를 할 시간도 없을 정도로 바쁜 사람들
2) 3세대가 동거하는 것 같은 대가족인 사람들
3) 불안정한 고용을 강요 받고 있는 약한 입장의 사람들
4) 스스로 배우고 문제를 고발하는 소비자운동에 열심인 사람들

해설 고용 불안에 처해있는 젊은 층이 값싼 수입식품에 의존하고 있다고 했다.

정답 3

52 ③대가족이나 상점가의 붕괴, 중간층의 해체와 새로운 빈곤층의 출현을 초래한 것은 무엇인가?

1) 할머니나 어머니와 함께 요리를 하는 것을 싫어하는 아이들이 늘어난 것
2) 고도경제성장에 따른 사회의 변화나 그 후의 국제경쟁이 격화된 것
3) 모자·부자가정의 수가 해마다 감소하고 있는 것
4) 간편한 냉동식품이나 가공식품을 사용하는 사람들이 늘어난 것

해설 밑줄 친 부분에 대한 설명은 바로 뒤에 이어지는 내용으로 '고도경제성장을 따른 사회의 변화나 그 후의 국제경쟁의 격화'가 원인이라고 했다.

정답 2

(2)

머리에 스카프를 두른 중년의 여자가 유아를 안고 주저앉아, 손바닥을 내밀어 통행인에게 돈을 조른다. 빈의 지하철역에서 자주 보는 풍경이었다. 대부분 ①주위로부터 사각지대에 있는 계단 중간에 있었다. 여자들은 어디에서 오는걸까? 그 배경이 마음에 걸렸다.

그런데 갑자기 모습이 사라졌다. 오스트리아와 스위스가 공동개최한 6월의 유럽 축구선수권으로 내쫓긴 것인가 하고 생각하고 있었다. 사실은 빈에서 구걸할 때 아이를 데리고 하는 것을 금지하는 조례가 6월에 실행되었다. 위반하면 최고 700유로(약 12만 엔)의 벌금이 과해진다. 변변치 못한 벌이를 수탈하는 범죄조직이 배후에 있어 당국이 단속을 시작했다. 인접한 헝가리, 슬로바키아와 더 멀리 있는 루마니아, 불가리아로부터도 유입되고 있었지만, ②규제조례 정보가 전해져 행선지를 바꿨다고 하는 것이 대부분의 견해이다.

작년 말에 유럽에서 국경철폐를 지향하는 ③쉔겐 협정 가맹국이 확대, 국경을 접하고 있는 대부분의 나라와 여권심사 없이 왕래할 수 있게 되었다. 그러나 보수적인 오스트리아에서는 '범죄가 늘어 난다'는 신중한 목소리가 압도적이다. 유럽연합(EU)가맹 27개국, 쉔겐 협정가맹 24개국, 단일 통화 유로권 15개국은 앞으로도 확대되어 유럽연합은 진행된다.

단어 座すわり込こむ 들어가 앉다, 주저앉아 움직이지 않다 | 突つき出だす 밀어내다, 쑥 (앞으로) 내밀다 | 硬貨こうか 화폐, 돈 | せびる 조르다, 강요하다 | 共同きょうどう 공동 | 開催かいさい 개최 | 条例じょうれい 조례 | 収奪しゅうだつ 수탈 | 背後はいご 배후 | 撤廃てっぱい 철폐 | 連盟れんめい 연맹 | 加盟かめい 가맹

53 빈의 지하철에서①주위로부터 사각지대인 계단 중간에 있었던 것은 어떤 사람들인가?

1) 손바닥을 내밀어 통행인에게 돈을 조르는 중년의 여자들
2) 범죄조직 소탕을 지향하고 있는 오스트리아 당국의 사람들
3) 변변치 못하더라도 벌기위해 필사적인 범죄조직 사람들
4) 유럽의 국경을 철폐하는 협정에 반대하는 사람들

해설 밑줄 친 부분에 해당하는 인물에 대한 묘사는 앞 문장에 나와 있다. '머리에 스카프를 두른 중년의 여자가 유아를 안고 주저앉아, 손바닥을 내밀어 통행인에게 돈을 조른다.'

정답 1

54 ②규제조례는 무엇을 금지한 것인가?

1) 빈의 지하철 계단에 주저앉는 것을 금지한 것
2) 범죄조직을 돕는 행위를 금지한 것
3) 빈에서 구걸할 때 아이를 데리고 하는 것을 금지한 것
4) 여권심사 없이 오스트리아에 입국하는 것을 금지한 것

해설 조례에 대한 해당어구를 찾아서 문맥이 통하는지 살펴야 한다. '조례'에 대한 언급은 '빈에서 구걸할 때 아이를 데리고 하는 것을 금지하는 조례가 6월에 실행되었다.'

정답 3

55 ③쉔겐 협정이란 무엇인가?

1) 오스트리아와 스위스에서 유럽 축구 선수권을 공동개최하는 협정
2) 유럽의 국경을 철폐하여, 국경을 접하고 있는 대부분의 나라와 여권심사 없이 왕래할 수 있는 협정
3) 구걸하는 사람들의 배후에 있는 얼마 안 되는 벌이를 수탈하는 범죄조직을 유럽 전체에서 단속하는 협정
4) 단일 통화인 유로권을 앞으로도 확대해 가자는 유럽전체의 협정

해설 밑줄 친 부분 '쉔겐 협정'을 수식하는 앞부분은 "국경철폐를 지향하는"이라고 되어 있다. 핵심 어구를 설명하는 문항이 정답이다.

정답 2

(3)

어느 대학의 교수가 이코노미스트지에 보낸 논문에 의하면 나폴리의 우유는 1리터=약 200엔으로 일본만큼 비싸다. 더 싼 수입우유를 얼마든지 살 수 있는 환경이지만 ①나폴리 사람들은 비싸도 자기 고장의 우유를 산다고 한다.

나폴리 것은 조금 가격이 비싸도 어려서부터 친숙한 그 고장의 맛을 소중하게 생각하고, 그 고장의 식문화를 지키려고 하는 공통인식이 있다. 나폴리뿐 아니라 유럽 각각의 지역주민이 지역의 식재료를 지키려고 하고 있다. 일본의 식량자급률은 39%이다. 식료 불안이 발생해서 자급률을 높이자는 목소리가 강해졌지만 묘안은 없는 것이 실정이다.

음용 우유도 중국이 얼마 안 있어 수출여력을 가질 것 같은데, 그렇게 되면 관세를 지불해도 1리터=30엔 정도로 수입될 것으로 보인다고 한다. 이 때 일본의 소비자는 '고장의 맛을 지키자'고 국산 우유를 선택할 것인가? ②조금 생각하기 어렵다.

나폴리 시민이 하는 일을 왜 일본인은 할 것 같지도 않은 것일까? 우유뿐만 아니라 다른 식료품도 사정은 마찬가지일 것이다.

그것은 아마도 일본의 농산물과, 굳이 말하면 일본의 농촌에, 희생을 하더라도 지켜야만 하는 고유의 가치가 보이지 않기 때문은 아닐까? ③이 점이 명쾌해지면 나는 농가에의 직접 지불을 몇 배로 해도 괜찮다고 생각한다.

단어 共通きょうつう 공통 | 認識にんしき 인식 | 自給じきゅう 자급 | 妙案みょうあん 묘안 | 余力よりょく 여력 | 犠牲ぎせい 희생

56 ①나폴리 사람들은 비싸도 자기 고장의 우유를 산다고 하는데, 왜 인가?

1) 수입한 외국산 우유보다 자기 고장의 우유를 싸게 구입할 수 있기 때문에
2) 이탈리아 정부가 고장의 식재료를 소비하도록 널리 권했기 때문에
3) 수입한 외국산 우유는 입에 맞지 않는 일이 많기 때문에
4) 어려서부터 친숙한 그 고장의 맛을 소중하게 생각하고, 그 고장의 식문화를 지키려고 하는 공통인식이 있기 때문에

해설 밑줄 친 내용에 대한 설명은 바로 뒤에 나온다. "나폴리 것은 조금 가격이 비싸도 어려서부터 친숙한 그 고장의 맛을 소중하게 생각하고, 그 고장의 식문화를 지키려고 하는 공통인식이 있다."

정답 4

57 ②조금 생각하기 어려운 것은 무엇인가?

1) 나폴리에서 팔고 있는 우유를 일본에 수입해서 일본인이 마시게 되는 것
2) 식료 자급률이 올라가 식료불안이 발생하는 일도 없게 되는 것
3) 싼 수입 우유가 들어왔을 경우 일본의 소비자가 국산우유를 선택하는 것
4) 일본의 농산물이나 일본 농촌의 가치가 올라가서 매력적인 것이 되는 것

해설 값이 싼 중국 우유가 들어오는 경우 일본 소비자들의 자국 우유에 대한 선호도에 변화가 없을 것인가에 대해 "이 때 일본의 소비자는 '고장의 맛을 지키자'고 국산 우유를 선택할 것인가?"에 대해 필자는 의문시하고 있다.

정답 3

58 ③이 점이란 무엇을 가리키고 있습니까?

1) 일본의 농산물이나 농촌에 희생을 하더라도 지켜야만 하는 고유의 가치가 보이지 않는 것
2) 나폴리의 사람들이 자기 고장의 맛이나 식문화를 소중하게 지켜가려고 하는 자세
3) 일본의 식료 자급률을 높이기 위해서는 어떻게 하면 좋을까 하는 것
4) 중국에서 일본에 얼마 안 있으면 싼 우유가 수출되어 온다는 것

해설 필자는 '일본 고유의 가치를 지킬 만한 점'이 발견되면 몇 배의 가격이라도 일본 농촌에 지불할 용의가 있다고 했다.

정답 1

다음 문장을 읽고, 뒤의 문제에 대한 대답으로 가장 알맞은 것을 1·2·3·4에서 하나 고르시오.

수년 전에는 일본차 붐이 일어나서 일본의 애니메이션이나 영화도 대인기가 되어 있는 등, 태국에서는 일본 문화가 아주 가까운 것이 되어 있다.

그런 가운데 ①일본 요리도 어느새 외식의 한 분야로서 완전히 정착했다. 방콕의 중심지에 있는 백화점 'S플라자'에는 일본식 레스토랑만 약 20채가 들어와 있다.

작년 7월에 오픈한 'Q스퀘어'에도 페퍼런치, 오오에도 가게 등 복수의 일본 체인이 진출해 있다.

'라면이라면 홋카이도풍부터 센다이풍, 가게까지 다양한 가게가 있고, 일본풍의 선술집만 해도 수십 채. 현지 거주하는 일본인 샐러리맨에 섞여서 타이인 커플이나 젊은이 그룹이 회와 야키토리를 안주 삼아 아사히 생맥주를 마시고 있는 광경은 자주 봐요'라는 것은 현지에 주재하고 있는 기자의 말이다.

그런 일식 붐 가운데서도 지금 인기인 것은 일식 카레. 작년 가을 대형 체인 'K.K.카레'가 진출하자, ②이것이 평판이 좋아서 식사 때에는 행렬이 생겨서 정리권을 나눠줄 정도가 되었다. 그 외에도 다수의 카레 전문점이 격전을 벌이고 있다. 타이풍의 카레도 맛있는데….

또, 뷔페 형식의 일식도 인기로 200~500바트(약 540~1360엔)로 회전스시나 샤브샤브 등을 마음껏 먹을 수 있다고 한다. 그러나 이것은 '타이인이 경영하는 체인점이 대부분으로 맛은 일본인에게는 조금 맞지 않습니다. 하지만 타이인에게는 인기가 있습니다'라고도.

이전에는 방콕에 부임하고 있는 일본인 주재원과 그 가족만을 대상으로 한 작은 마켓이었던 일식이지만 지금 붐의 중심이 되고 있는 것은 타이인 젊은이들.

특히 경제적으로 풍요로워진 중간층이라고 알려지고 있다. 'K.K.카레'의 가격은 일본과 거의 다르지 않다. ③포장마차의 5배 이상의 요금이지만 이것을 일상적으로 지불할 수 있는 층이 계속 늘어나고 있는 것이다. 방콕을 중심으로 한 타이인 중산계층의 구매력은 일본의 '중산층'을 훨씬 웃돌고 있는 것이 실태이다.

버블기의 일본인이 모두가 이탈리아요리에 덤벼들었던 감각과 ④어딘가 닮아 있는 것인지도 모른다.

단어 巻まき起おこす 일으키다, 야기하다 | 希まれ 드묾, 희소함 | 行列ぎょうれつ 행렬 | 駐ちゅうざい 주재 | 負まけ組ぐみ 경제적 측면에서의 중산층(*勝かち組ぐみ(경제적으로 성공하여 사회적으로 신뢰를 얻은 기업이나 개인)'의 반대 의미로 경제적 측면에서의 일본의 중산층을 가리키는 말)

59 ①일본 요리는 타이에서는 어떤 위치를 차지하고 있나?

　1) 방콕의 백화점 레스토랑에서밖에 먹을 수 없는 것

　2) 어느새 외식의 한 분야로서 완전히 정착한 것

　3) 타이에 있는 적은 수의 일본 체인점에서밖에 먹을 수 없는 것

　4) 부유층인가 여부에 관계없이 누구라도 먹을 수 있는 간편한 것

해설 일본 요리에 관해서는 "어느새 외식의 한 분야로서 완전히 정착했다."

정답 2

60 ②이것은 무엇을 가리키고 있나?

　1) 세계적으로 인기를 얻고 있는 일본 애니메이션과 영화

　2) 대형 체인이 태국에 진출해 인기에 불이 붙은 일식 카레

　3) 지금은 타이에 수십 채 가까이 있는 일본풍 선술집

　4) 뷔페형식의 일식 레스토랑

해설 지시어가 가리키는 것은 바로 앞의 내용이다.

정답 2

61 타이의 ③포장마차의 5배 이상의 요금이나 하는 일식의 수요가 높아지고 있는 것은 왜인가?

　1) 보다 맛있는 것을 먹고 싶다고 하는 타이인의 식사에 대한 관심이 요 수 년 들어 높아지고 있기 때문에

　2) 타이 전체가 경제적으로 부유해져서 높은 가격의 것이라도 간단하게 먹을 수 있는 세상이 되었기 때문에

　3) 타이에 부임하고 있는 일본인 주재원과 그 가족의 수가 늘어 일식을 필요로 하는 사람들이 늘었기 때문에

　4) 일본의 '중산층'을 훨씬 웃도는 구매력을 가진 타이인 중산계층 사람들이 늘었기 때문에

해설 음식 값을 지불할 수 있을 정도로 경제적 여유 계층이 생겼다는 의미로 "이것을 일상적으로 지불할 수 있는 층이 계속 늘어나고 있는 것이다."

정답 4

62 ④어딘가 닮아 있는 것인지도 모른다 라는 것은 무엇과 무엇이 닮았다고 하고 있나?

　1) 일본 젊은이들에게 라면이 압도적인 인기를 자랑하고 있는 것과 타이의 젊은이들 사이에서는 카레가 압도적인 인기가 있는 것

　2) 일본인이 포장마차에서 라면을 먹는 감각과 타이인이 포장마차에서 일상적으로 식사를 하는 감각

　3) 버블기의 일본인이 모두가 이탈리아요리에 덤벼들었던 감각과 타이인 중산계층 사람들이 일상적으로 일식을 먹는 것

　4) 일본인이 뷔페형식의 마음껏 먹기를 좋아하는 감각과 타이인도 똑같이 뷔페 형식의 식사를 좋아하는 감각

해설 거품 경제 시기에 일본인들이 너도나도 이탈리아 요리를 즐겼던 것과, 비싼 값을 치르고 일식요리를 사 먹는 타이 사람과는 소비 행태의 본질에서는 유사한 면이 있다는 지적이다.

정답 3

문제11 다음 A와 B는 각기 다른 칼럼이다. A와 B를 읽고, 아래 문제에 대한 대답으로 가장 알맞은 것을 1·2·3·4에서 하나 고르시오.

(A)

선천적으로 자궁이 없는 로키탄스키 증후군인 여성. 또 자궁암 등의 병 때문에 자궁을 잃은 여성이 친자식을 원할 경우 대리출산이라는 방법밖에 없다. '자신의 아기를 다른 사람이 낳는다니'라고, 나도 대리출산에 의문을 가지던 시기가 있었다. 하지만 자궁이 없는 또, 자궁을 잃은 여성과 몇 번이나 만나서 그 절실한 마음을 무시할 수 없게 되었다. 국내에서 희망을 이루지 못하는 여성들은 해외로 그 활로를 구해서 이미 100쌍 이상의 부부가 아이를 가질 수 있게 되었다.

인류는 과학의 진보와 함께 지금까지 불가능시되어 왔던 것을 가능하게 하고 보다 쾌적한 생활을 손에 넣어왔다. 과학의 진보는 반드시 환영할 만한 방향으로만 걸어가고 있다고는 할 수 없지만 '체외수정이라는 방법을 이용한 대리출산이 우리의 생활에 마이너스로 작용할 것인가'라는 설문에 대해 '마이너스로 작용한다'라고 대답할 사람은 적을 것이라고 생각한다.

대리모를 자청하는 분들의 기본이념은 항상 봉사 정신이며, 그야말로 목숨을 걸어야 한다는 것을 알고 있다. 위험을 감수하고 하는 봉사적인 행동을 법률로 금지하는 일이 있어도 되는 것인가? 만약 일본이 대리출산을 금지한다면 앞으로 더욱 해외로 활로를 찾는 케이스는 늘어나서 결과적으로 해외 여성에게 돈을 지불하고 위험을 초래하는 일이 된다. 자국에서 가능한데 금지해서 책임을 모두 외국에 떠넘기는 태도를 우리들은 인간으로서 자랑스러워할 수 있을 것인가?

(B)

임신·출산을 경험한 여성이라면 그것이 대체 가능한 단순한 노무제공이 아니라는 것을 알고 있을 것이다. 의학적으로 완벽하게 컨트롤 된 임신·출산에서도 반드시 죽음의 위험은 남고, 순조롭게 출산한 경우에도 입덧으로 시작되는 9개월간의 육체적·정신적 노고는 커서, 출산 후에도 적지 않은 불쾌한 후유증이 남는다. ①그것은 자신의 아이를 가지는 기쁨으로 간신히 보답 받는 큰 부담이다. 여성은 아이 낳는 기계가 아니다. 대리 임신은 의사가 환자도 아닌 건강한 여성에게 본인에게는 어떤 메리트도 없는데 목숨에 관련된 부담을 떠안는 시술을 하는 일이다.

임신·출산이라고 하는 큰 부담을 왜 대리 임신자는 수용하는 걸까? 유상의 경우는 가난한 사람들은 생명에 위험이 있어도 장기를 판다든지 임신을 받아들인다든지 할 것이다. 장기이식은 그래도 의뢰자의 생명을 구하는 것의 균형이 있을 수 있지만, 대리임신은 아이를 갖고 싶다고 하는 요구와의 균형으로 보다 정당화가 어렵다. 유상 대리임신은 자궁이라는 인체의 거래이며, 아이의 거래이다.

여성이 아이를 낳지 않으면 안 된다고 생각하게 하는 사회는, 여성이 아이를 낳지 못하는 것을 받아들일 권리와 능력을 가질 수 없는 사회이다. 여성의 존엄을 지키고 진정으로 자유로운 삶의 방식을 여성에게 보장하기 위해서는 대리회태를 금지하는 룰이 있는 사회로 만들 필요가 있다.

단어 子宮しきゅう 자궁 | 症候群しょうこうぐん 증후군 | 活路かつろ 활로 | 受精じゅせい 수정 | 妊娠にんしん 임신 | 代替だいたい 대체 | 悪阻つわり 입덧 | 後遺症こういしょう 후유증 | 懐胎かいたい 회태, 임신 | 臓器移植ぞうきいしょく 장기이식 | 均衡きんこう 균형 | 尊厳そんげん 존엄

63 A와 B 두 기사에 모두 나와 있는 내용은 무엇인가?
1) 다양한 의론을 불러오고 있는 대리출산의 시비
2) 자궁암을 앓은 여성의 정신적 데미지
3) 임신·출산에 있어서의 위험성
4) 여성의 진정으로 자유로운 삶의 방식은 무엇인가

해설 두 문장에서 공통적으로 다뤄지는 논의의 제목은 A의 경우 '대리출산' B의 경우 '대리 임신자' 문제이다.

정답 1

64 A의 필자와 B의 필자는 각각 어떤 입장을 취하고 있나?
1) A, B 모두 대리출산에 대해서는 명확한 의견을 제시하고 있지 않다.
2) A, B 모두 대리출산에 대해서는 그 위험성을 호소하며 비판적이다.
3) A는 대리출산에 대해 찬성 의견을 제시하고 있지만, B는 확실하게 비판적으로 반대하고 있다.
4) A는 명확하게 의견을 제시하고 있지 않지만, B는 기본적으로 반대이지만 때로 인정하는 경우도 있다고 하고 있다.

해설 A는 "선천적으로 자궁이 없는 여성의 경우 등 체외수정이라는 방법을 이용한 대리출산에 대해 '마이너스로 작용한다'라고 대답할 사람은 적을 것이라고 생각한다. 등의 설문조사 근거를 제시하고 만약 일본이 대리출산을 금지한다면 앞으로 더욱 해외로 활로를 찾는 케이스는 늘어나서 결과적으로 해외 여성에게 돈을 지불하고 위험을 요구하는 것이 된다."라고 주장을 전개함으로써 전체적으로 대리모 제도의 옹호적 입장을 취하고 있는 데 비해, B는 임신출산 자체의 위험성이 엄연히 존재함을 강조하고 그에 더하여 "유상 대리임신은 자궁이라는 인체의 거래이며, 아이의 거래이다." 대리 임신이 가지는 윤리성 결여에 대한 구체적 비판을 하고 있다.

정답 3

65 ①그것은 무엇을 가리키고 있나?
1) 경험자라면 임신·출산이 대체 가능한 단순한 노무 제공이 아닌 것을 알고 있다고 하는 것
2) 입덧이 시작되는 9개월간의 육체적·정신적 노고와 출산 후에도 남는 적지 않은 불쾌한 후유증
3) 대리출산이란 건강한 몸에 생명에 관련된 부담을 지우는 시술을 하는 것이라는 것
4) 일본은 대리출산을 금지하는 사회로서 제대로 된 룰을 만들어야 한다고 하는 것

문제12 다음 문장을 읽고, 뒤의 문제에 대한 대답으로 가장 알맞은 것을 1·2·3·4에서 하나 고르시오.

새 정권 발족된지 한 달. 연일처럼 H총리나 각료의 발언이 톱뉴스를 장식하는 가운데, 스포트라이트를 받지 않는 것이 각내 넘버 투인 K부총리 겸 국가 전략 담당 대신이다. 민주당에서 제일가는 논객으로 알려졌으며, 야당시절에는 국회 논쟁에서 자민당의 역대 총리를 꼼짝 못 하게 했던 K씨이지만, 각내에서는 듣는 역할로 가는 경우가 많아 기자회견에서도 '내 입장에서 지금 말씀 드리는 일은 삼간다' '그것은 내가 단독으로 생각하는 일이 아니라 필요한 논의를 해가고 싶다' 등 ①신중한 응수로 일관하고 있다. 과도한 '침묵'에 별명은 '조급 K'에서 '침묵 K'으로 바뀌고, 당내에서 '몸 상태가 좋은 것은 아닌지'하는 염려하는 목소리가 나올 정도이다.

'건강 불안?' 그런 낌새는 없습니다. 관저의 부 총리실에 매일 출근하고 있습니다. 다만 다른 각료와 겹치는 소관이 많아 나올 기회가 없습니다. 취임 초기에 의욕이 넘쳐서 실수한 것에 대한 반성도 있고 입에 지퍼를 채우고 있는 것은 아닌지?'라고 관저 관계자는 해설한다.

예를 들어 H내각의 첫 번째 큰 사업이 된 2009년도 보정예산안의 재검토 작업. K씨는 당초 내각관료의 한 사람으로서 리더십을 발휘하려고 의욕이 넘쳤다. 기자회견에서도 '미디어관 같은 관청 건물의 신축이 많이 들어 있다. 3년에 걸친 비용을 모아 국채를 사고 있는 곳도 있다. 상부 단체에서 업무가 이루어질 수 있는가 하는 문제도 있다'라고 연구의 성과를 피력했다. 그러나 ②이 발언은 직접적인 담당자인 행정쇄신 담당 대신의 노여움을 사고, 재무대신으로부터 '쓸데없는 참견을 하지 마라'는 듯한, '국가 전략실의 일은 장기계획 책정이다'라고 쐐기를 박는 일을 겪었다.

최근에는 본인도 주어진 역할에 대해 납득한 듯 '그라운드에서 젊은 선수나 중견 선수가 공을 친다든지 달린다든지 순조롭게 득점하고 있을 때 코치로서 벤치에 있는 내가 "비켜"라고 할 필요는 없다'라고 조정자 역할에 충실하고 있다. 그러나 측근 의원의 한 사람은 '침묵의 이유는 그것만이 아니다. H의 이후를 생각하는 깊은 뜻이 있다'고 지적한다.

H총리의 '고인헌금' 문제는 전 총리의 빚 미 청산 의혹과 마찬가지로 진퇴 문제로 발전할 가능성이 있다. A간사장으로부터 차기 총리 후보로 넌지시 암시를 받았다는 설도 있어서, 어설프게 두드러져서 A씨하고 부딪치기 보다는 얌전하게 있는 편이 무난 –K 씨는 그렇게 생각하고 있는 것이다. 과연 언제까지 '침묵 K'으로 있을 수 있을까?

---

66 부총리 겸 국가 전략 담당 대신이 ①신중한 응수로 일관하고 있는 것은 왜인가?
1) H총리의 의견을 세워주기 위해 발언을 고의적으로 피하고 있기 때문에
2) 취임 초기에 의욕이 넘쳐서 실수한 것에 대해 반성하고 있기 때문에
3) 몸 상태가 안 좋아 건강에 불안을 안고 있기 때문에
4) 리더십을 발휘할 수 있는 논객이 아니기 때문에

67 ②이 발언이라고 나와 있는데, 그 발언에서 진술한 내용과 다른 것은 어느 것인가?
1) 국가전략실의 일은 장기계획책정이다.
2) 보정예산에는 미디어관과 같은 관청 건물의 건축이 많이 들어 있다.
3) 3년에 걸친 비용의 축적으로 국채를 사고 있는 곳이 있다.
4) 상부 단체에서 업무가 이루어질 수 있는가 하는 문제도 있다.

68 최근의 K씨의 상태는 어떠하다고 기술하고 있나?
1) 최근에는 총리의 그늘에 가려서 계속 안달복달하고 있다.
2) 최근에는 본인의 주어진 역할에 대해 납득한 듯 조정자 역할에 충실하고 있다.
3) 최근에는 야구 코치로서 벤치에 있는 일도 많다.
4) 최근에는 A간사장과 의견 충돌하는 모습을 때때로 볼 수 있다.

69 「진퇴 문제로 발전할 가능성」이 있는 문제란 무엇인가?
1) K씨의 기자회견에서의 도가 지나친 발언
2) 재무장관의 K씨에 대한 발언

3) H총리의 '고인헌금' 문제
4) A간사장과 K씨의 논쟁

해설 진퇴문제에 관한 이야기는 '고인헌금 문제는 전 총리의 빚 미 청산 의혹과 마찬가지로 진퇴 문제로 발전할 가능성이 있다'고 했다.

정답 3

문제13 다음은 어느 광고회사의 광고 요금표이다. 아래의 질문에 대한 답으로 가장 알맞은 것을 1·2·3·4에서 하나 고르시오.

70 정기 광고의 지역 판에서 10만 엔 이하로 할 수 있는 것은 몇 개 있나?
   1) 2개
   2) 3개
   3) 4개
   4) 5개

해설 '정기광고'에 대한 것이므로 항목을 고정한 다음 기준이 되는 금액과 대조하여 10만 엔 이하에서 가능한 경우를 세면 5개의 광고 방법이 있음을 알 수 있다.

정답 4

71 기획광고 요금이 2배가 되는 것은 어떤 경우인가?
   1) 광고의 디자인도 이 회사에 부탁할 경우
   2) 지역 판이 아닌 전국 판에 게재할 경우
   3) 사이즈를 4단 전폭으로 했을 경우
   4) 광고를 칼라 다색 인쇄로 했을 경우

단어 掲載けいさい 게재

해설 '기획광고' 항목에 관한 내용으로 '2배가 되는 경우'를 찾는 것이 빠른 정답 도출의 핵심이다. 표 아래 주 부분을 보면 '표는 지역의 광고비용을 게재한 것으로 모든 현에 광고를 게재할 경우에는 표시요금의 2배가 된다'고 하였다.

정답 2

청해

문제1 문제1에서는 먼저 질문을 들어 주세요. 그리고 나서 이야기를 듣고, 문제용지 1에서 4중에서 가장 알맞은 것을 하나 고르세요.

1番　　　　　　　　　　　　　◉_T109

大学で男子学生と女子学生がハロウィンパーティーについて話をしています。女子学生はこのパーティーのスタッフとして何をすることになりましたか。

M：今度、うちの大学って結構留学生いるのに、交流する機会ってなかなかないから、ハロウィンも来るし、交流会もかねて、ハロウィンパーティーをしようと思ってるんだけど、どう思う？

F：それはいい考えね。でも場所の確保だったり、このパーティーを手伝ってくれるスタッフを集めたり、しなきゃいけないことは結構たくさんあるんじゃない？

M：そうなんだよね。ポスターも作らないといけないし、このパーティーのチケットも作らないといけないし。君の言うとおり、結構しなきゃいけないことって多いんだ。

F：そうだ。そういうパーティーするときって、学生課の許可をもらわないとダメだって聞いたことあるけど。違ったかしら？

M：そうなんだよ。学校内で、しかもちょっと大きめの場所を借りてやりたいな、と思ってるから許可ももらいに行かないといけないし、そのための申請書も作らないといけないんだ。

F：私、前にサークルで学校の割と広い場所を借りたことがあって、その時申請書作ったり、学生課に申請出したりしたの私だったから、手順は分かるわよ。

M：それは助かるな。今、スタッフとして手伝ってくれるって言ってくれてるメンバーの中に、そういうのやったことある人がいなくて、みんなでどうしようかって言ってたんだよ。

F：なんだ、じゃあそれは私がやるから、心配しないで。

女子学生はこのパーティーのスタッフとして何をすることになりましたか。

대학에서 남학생과 여학생이 할로윈 파티에 대해서 이야기하고 있습니다. 여학생은 이 파티의 스텝으로서 무엇을 하게 되었습니까?

M : 이번에 우리 대학에 유학생이 꽤 많이 있는데 교류할 기회가 좀처럼 없으니까, 할로윈도 다가오고 교류회도 겸해서 할로윈 파티를 하려고 하는데 어떻게 생각해?

F : 그거 좋은 생각이네. 하지만 장소 확보라든지 그 파티를 도와줄 스텝을 모은다든지 하지 않으면 안 되는 일이 꽤 많지 않아?

M : 맞아. 포스터도 만들지 않으면 안 되고, 이 파티의 티켓도 만들지 않으면 안 되고, 니 말대로 하지 않으면 안 되는 일이 꽤 많아.

F : 맞다! 그런 파티를 할 때는 학생과의 허가를 받지 않으면 안 된다고 들은 적이 있는데, 아닌가?

M : 맞아. 학교 내에서 그것도 좀 큰 장소를 빌려서 하고 싶으니까 허가도 받으러 가지 않으면 안 되고, 그걸 위한 신청서도 만들지 않으면 안 돼.

F : 나 전 서클에서 학교의 비교적 넓은 장소를 빌린 적이 있는데, 그 때 신청서를 만든다든지 학생과에 신청 한다든지 한 것이 나왔으니까 절차는 알고 있어.

M : 그것 참 도움이 되겠다. 지금 스텝으로 도와주겠다고 하는 멤버 중에 그런 걸 해본 적 있는 사람이 없어서 다들 어떻게 하지 하고 있었어.

F : 뭐야, 그럼 그건 내가 할 테니까 걱정하지 마.

여학생은 이 파티의 스텝으로서 무엇을 하게 되었습니까?
1) 파티를 위한 포스터를 제작한다.
2) 파티에서 사용할 티켓을 작성한다.
3) 넓은 장소를 빌리기 위한 신청서를 작성해 학생과에 제출한다.
4) 파티를 도와줄 스텝을 모은다.

단어 確保かくほ 확보 | 手順てじゅん 순서, 절차 | 制作せいさく 제작 | 申請所しんせいしょ 신청서

여학생은 이 파티의 스텝으로서 무엇을 하게 되었습니까?

해설 여학생은 자신이 "나 전 서클에서 학교의 비교적 넓은 장소를 빌린 적이 있는데, 그 때 신청서를 만든다든지 학생과에 신청한다든지 한 것이 나왔으니까 절차는 알고 있어."라고 하고 남학생이 동의했으므로 3번이 정답이다.

정답 3

2番 _{ばん} ●_T110

男性_{だんせい}の美容師_{びようし}と客_{きゃく}の女性_{じょせい}が話_{はなし}をしています。女性客_{じょせいきゃく}は美容師_{びようし}にどのような髪型_{かみがた}にセットしてもらうことになりましたか。

F : 突然_{とつぜん}すみません。今_{いま}から結婚式_{けっこんしき}に行_いくんですけど、髪_{かみ}をセットしてほしいんです。予約_{よやく}も何_{なに}もしてないんですけど、今_{いま}からいいですか?

M : ええ、まだ朝早_{あさはや}くてご予約_{よやく}いただいているお客様_{きゃくさま}もいらっしゃってないので、大丈夫_{だいじょうぶ}ですよ。セットはどんな感_{かん}じでしましょうか?

F : 今日_{きょう}のためにだいぶ伸_のばしてきたので、アップにし

てもらいたいんですが。

M : そうですね……だいぶ長_{なが}いですからアップにしたらお客様_{きゃくさま}に大変_{たいへん}お似合_{にあ}いだと思_{おも}います。さあさあ、こちらの席_{せき}にどうぞ。

F : いつもは後_{うし}ろに一_{ひと}つで束_{たば}ねたりだとか、下_おろしたままだとか、髪型_{かみがた}にそんなに気_きを使_{つか}ってないんで、きれいにセットするなんて本当_{ほんとう}に久_{ひさ}しぶり。

M : そうですか。じゃあ、張_はり切_きってセットさせてもらいますね。

F : 小_{ちい}さいときは人形_{にんぎょう}の髪_{かみ}をあれやこれやセットするのが大好_{だいす}きで、二_{ふた}つにくくったり、三_{みっ}つ編_あみにしたり。でもいざ自分_{じぶん}の髪_{かみ}となるとね……大人_{おとな}になって仕事_{しごと}しだしちゃうと、なかなか朝_{あさ}の時間_{じかん}ゆっくり髪型_{かみがた}にまで気_きを使_{つか}ってる時間_{じかん}がなくて。

M : そうですよね。毎日忙_{まいにちいそが}しく働_{はたら}かれてる会社員_{かいしゃいん}の方_{かた}なんか、朝_{あさ}は出来_{でき}るだけ長_{なが}く寝_ねたい、って思_{おも}われるみたいですもんね。

女性客_{じょせいきゃく}は美容師_{びようし}にどのような髪型_{かみがた}にセットしてもらうことになりましたか。

남자 미용사와 여자 손님이 이야기하고 있습니다. 미용사는 여자 손님에게 어떤 머리형을 해 주게 되었습니까?

F : 갑자기 죄송합니다. 지금 결혼식에 가는데 머리를 세트하고 싶어요. 예약도 아무것도 안 했는데 지금부터 괜찮나요?

M : 네, 아직 아침 이른 시간이라 예약하신 손님도 안 오셨으니까 괜찮아요. 세트는 어떤 느낌으로 할까요?

F : 오늘을 위해서 꽤 길러왔으니까 올리고 싶은데요.

M : 음… 그러네요. 꽤 기니까 올리시면 손님께 정말 잘 어울릴 것 같네요. 자 그럼 이쪽에 앉으세요.

F : 평소에는 뒤에서 하나로 묶는다든지, 그냥 내린다든지, 머리형에 그다지 신경을 안 써서 예쁘게 세트하는 건 정말 오랜만이에요.

M : 그러세요? 그럼 신경 써서 세트 하겠습니다.

F : 어렸을 때는 인형 머리카락을 이렇게 저렇게 세트하는 걸 좋아해서 양 갈래로 묶는다든지 땋는다든지 했어요. 하지만 정작 자기 머리는… 어른이 되어서 일을 시작하니까 좀처럼 아침 시간에 여유 있게 머리형까지 신경 쓸 시간이 없어서.

M : 맞아요. 매일 바쁘게 일하시는 회사원분들은 아침엔 가능한 한 오래 자고 싶다고 생각하시는 것 같더군요.

미용사는 여자 손님에게 어떤 머리형을 해 주게 되었습니까?

단어 세트 파마를 한 다음에 머리의 모양을 다듬음 | 髪型かみがた 머리 형(모양) | 束たばねる 묶다 | 人形にんぎょう 인형

미용사는 여자 손님에게 어떤 머리형을 해주게 되었습니까?

해설 머리형에 대한 미용사의 질문에 "오늘을 위해서 꽤 길러

왔으니까 올리고 싶은데요."라고 했다.

정답 2

3番　🔵_T111

男性と女性が天気のことで話をしています。会社を出るときの天気はどうだと言っていますか。

M : 全く、何で会社を出るときになって天気、急に変わっちゃうんだよ。困ったな、傘も持ってきてないし。ちゃんと天気予報を見て出てきたんだけどな。

F : ほんとそうよね。私も今日天気予報を見て、一日晴れだって言うし、明日も快晴だって言うから傘も何も持たずに出てきたって言うのに。

M : ほんとだよな。夕方になって雨が降るなんて一言も言ってなかったのにな。天気予報もあてにならないな。

F : 曇りぐらいならまだしも、これだけ急に雨が降り出すなんて全くひどいわよね。

M : でも傘を持ってないのは僕たちだけじゃないみたいだね。みんな会社の前で雨宿りしてるもんな。しばらくはここから動けそうにないな。しかし冬の雨は寒いな。

F : そうね。今日は結構冷え込んでるし、このまま雪になったりなんてこともあるんじゃない?

M : 確かに、これだけ寒かったら日をまたぐ頃には雨から雪に変わってそうだな。

F : 風邪ひかないように気をつけなくちゃね。

会社を出るときの天気はどうだと言っていますか。

남자와 여자가 날씨에 대해 이야기하고 있습니다. 회사를 나올 때의 날씨는 어떻다고 말하고 있습니까?

M : 어휴 정말, 왜 회사를 나올 때가 되니까 날씨가 갑자기 안 좋아지는 거야. 난처하네, 우산도 안 가져왔는데. 제대로 일기예보를 보고 나왔는데 말이지.

F : 진짜 그렇지~나도 오늘 일기예보 보고 하루 종일 맑다고 하고, 내일도 쾌청하다고 하니까 우산도 안 가지고 나왔는데.

M : 그러게 말이야. 저녁에 비 온다고도 한 마디도 안했었는데. 일기예보도 믿을 수가 없네.

F : 흐림 정도면 몰라도 이렇게 갑자기 비가 쏟아지기 시작하다니 진짜 너무하네.

M : 하지만 우산을 안 가지고 있는 건 우리뿐이 아닌 것 같아. 다들 회사 앞에서 비를 피하고 있어. 당분간은 여기서 움직일 수 없을 것 같다. 그나저나 겨울에 비 오니까 춥다.

F : 그렇네. 오늘은 꽤 기온이 내려갔고 이대로 눈이 된다든지 하는 일도 있지 않을까?

M : 그렇네. 이렇게 추우면 해질 무렵에는 비에서 눈으로 바뀔

것 같다.

F : 감기 걸리지 않게 조심해야지!

회사를 나올 때의 날씨는 어떻다고 말하고 있습니까?

1) 비
2) 맑음
3) 흐림
4) 눈

단어 快晴かいせい 쾌청 | 冷ひえ込こむ 날이 몹시 차가워지다, 갑자기 기온이 내리다 | 日ひをまたぐ 해가 지다, 날이 저물다

회사를 나올 때의 날씨는 어떻다고 말하고 있습니까?

해설 회사를 나올 때의 날씨에 주목할 것. 남자는 "어휴 정말, 왜 회사를 나올 때가 되니까 날씨가 갑자기 안 좋아지는 거야. 난처하네, 우산도 안 가져왔는데. 제대로 일기예보를 보고 나왔는데 말이지."라고 했으므로 정답은 1번이다.

정답 1

4番　🔵_T112

先輩の男子学生と後輩の女子学生が話をしています。女子学生が男子学生からもらえないものはどれですか。

F : 来年から実家を出て、一人暮らしを始めるんですけど、確か先輩、来年から就職で会社の寮に入るって言ってませんでしたっけ?

M : そうそう、来年から会社の寮に入るから、いまいるアパートは出るよ。でも、入ることになってる会社の寮はベッドもあるし、家具、家電全部ついてるから、今のアパートで使ってるものはもう必要ないんだよね。

F : やっぱり!そこで先輩、お願いなんですけど、その必要なくなった今のアパートで使ってる家具とか、家電を私に譲っていただけませんかね?

M : ああ、もちろんいいよ。まだまだ使えるのに捨てるのはもったいないな、と思っていたところだったんだよ。電子レンジは別の後輩から既にほしい、って言われてるから無理だけど。

F : じゃあ、それは自分で買うとして洗濯機とか、冷蔵庫はどうですか?

M : ああ、まだまだ使えるし、使いたいならもっていきなよ。俺、読書も好きだから小さいけど本棚もあるけどいる?

F : ええ、もちろん。私も読書が好きで、実家から本はたくさん持って行くつもりなのでいただけるならすごく助かります。

M : じゃあそれもあげるよ。こっちももらってくれる人

がいてくれて助かるな。

女子学生が男子学生からもらえないものはどれですか。

선배 남학생과 후배 여학생이 이야기하고 있습니다. 여학생이 남학생에게 받을 수 없는 것은 무엇입니까?

F : 내년부터 집에서 나와서 자취생활을 시작하는데 선배 내년부터 취직해서 회사 기숙사에 들어간다고 하지 않았었나요?

M : 맞아 맞아. 내년부터 회사 기숙사에 들어가니까 지금 있는 아파트에서 나올 거야. 하지만 들어가기로 되어있는 회사 기숙사는 침대도 있고, 가구, 가전제품이 전부 들어가 있으니까 지금 아파트에서 사용하고 있는 것들은 더 이상 필요가 없네.

F : 역시! 그래서 선배 부탁인데요, 그 필요 없게 된 지금 아파트에서 사용하는 가구라든지 가전제품을 저한테 주실 수 없으세요?

M : 아아, 물론 좋아. 아직 쓸 수 있는데 버리는 건 아깝다고 생각하던 참이었어. 전자레인지는 다른 선배가 이미 갖고 싶다고 했으니까 무리지만.

F : 그럼 그건 스스로 산다고 치고… 세탁기라든지 냉장고는 어때요?

M : 아, 아직 쓸 수 있으니까 쓰고 싶으면 가지고 가. 나 독서도 좋아하니까 작지만 책장도 있는데 필요해?

F : 네, 물론이죠. 저도 독서를 좋아해서 집에서 책을 잔뜩 가지고 갈 생각이라서 주시면 정말 도움이 되요.

M : 그럼 그것도 줄게. 나도 받아주는 사람이 있어서 잘 됐다.

여학생이 남학생에게 받을 수 없는 것은 무엇입니까?
1) 냉장고
2) 전자레인지
3) 세탁기
4) 작은 책장

단어 一人暮ひとりぐらし 혼자 삶 | 寮りょう 기숙사 | 本棚ほんだな 책장

해설 항목별로 문제지에 집중하여 소거해 나가야 한다. 2번 전자레인지는 '전자레인지는 다른 선배가 이미 갖고 싶다고 했으니까 무리지만.'이라고 했으므로 받을 수 없다.

정답 2

5番 ●_T113

男性と女性が交通事故について話をしています。昨日起きた事故はどのようなものでしたか。

F : 最近この辺りで事故が多く発生しているみたいだけど。昨日も事故があったんじゃない？

M : 一週間前に自転車に乗った人がトラックにはねられる事故があって、その自転車に乗った人が重症を負う大きな事故があったばかりなのにね。
確かにこの辺はみ通しの悪い道が多いけど、年末になって忙しくなってくるとみんな注意散漫になっ

ちゃうのかな？

F : でも、いくら忙しいからって、運転中注意散漫になってもいいってことは絶対ないし。で、昨日あった事故はどんな事故だったの？

M : 昨日はバイクに乗った人が法定速度をかなりオーバーした状態で走ってて、横断歩道を渡ってた小学生をはねたんだって。

F : まあ、また痛ましい事故だったのね。きっと小学生は交通ルールを守ってただ横断歩道渡ってただけだっただろうに。

M : そうなんだよな。車に乗る人もバイクに乗る人もしっかり交通法規を守って自覚を持って運転しなくちゃ、こういう事故は減らないよ。

F : 年末になると忘年会とか飲み会が増えてお酒を飲む機会が増えると必ず飲酒運転による事故が増えてくるのよね。

M : 毎年飲酒運転が元で起こる痛ましい事故も多いから、ドライバーには気をつけてほしいよね。

昨日起きた事故はどのようなものでしたか。

남자와 여자가 교통사고에 대해 이야기하고 있습니다. 어제 일어난 사고는 어떤 것이었습니까?

F : 최근에 이 주변에서 사고가 다발하고 있는 것 같던데. 어제도 사고가 있지 않았어?

M : 일주일 전에 자전거를 타던 사람이 트럭에 치이는 사고가 있어서 그 자전거에 타고 있던 사람이 중상을 입는 큰 사고가 난지 얼마 안됐는데 말이지. 확실히 이 주변은 앞이 잘 안 보이는 길이 많지만, 연말이 되어서 바빠지니까 다들 주의가 산만해진 걸까?

F : 하지만 아무리 바쁘다고 해도 운전 중에 주의산만이 되어도 괜찮을 리는 절대로 없는데. 그래서 어제 있었던 사고는 어떤 사고였어?

M : 어제는 오토바이에 타고 있던 사람이 법정 속도를 상당히 오버한 상태로 달리다가 횡단보도를 건너던 초등학생을 치었대.

F : 어머, 또 가엾은 사고였네. 분명히 초등학생은 교통질서를 지키고 그저 횡단보도를 건너고 있었을 뿐이었을 텐데.

M : 그렇지. 차를 타는 사람도 오토바이를 타는 사람도 제대로 교통법규를 지키고 자각을 가지고 운전하지 않으면 이런 사고는 줄지 않아.

F : 연말이 되면 망년회라든지 술 모임이 늘어서 술을 마실 기회가 늘어나면 반드시 음주운전에 의한 사고가 증가하지.

M : 매년 음주운전이 원인으로 일어나는 참혹한 사고도 많으니까 드라이버들이 조심해줬으면 좋겠어.

어제 일어난 사고는 어떤 것이었습니까?
1) 트럭이 자전거 탄 사람을 치었다.
2) 법정속도를 초과한 차가 보행자를 치었다.

212

3) 음주운전을 하고 있던 차가 초등학생을 치었다.

4) 오토바이가 횡단보도를 건너던 초등학생을 치었다.

단어 散漫さんまん 산만 | 重症じゅうしょう 중상, 정도가 심한 상태 | 忘年会ぼうねんかい 망년회 | 飲酒運転いんしゅうんてん 음주운전 | はねる 받아서 나가 떨어지게 하다 | 法定速度ほうていそくど 법정속도 | 超過ちょうか 초과 | 横断歩道おうだんほどう 횡단보도

해설 대화를 듣고 화제를 요약하는 문제이다. 사고에 관한 내용 중에는 부분적으로 본문 내용과 다른 부분에 주의하여야 한다. 어제 일어난 사고이므로 '어제는 오토바이에 타고 있던 사람이 법정 속도를 상당히 오버한 상태로 달리다가 횡단보도를 건너던 초등학생을 치었대.'라고 했으므로 정답은 4번이다.

정답 4

6番 ⦿_T114

男性と女性が旅行先で泊まる部屋について話をしています。2人はどのような部屋に宿泊することに決めましたか。

M : 今度の旅行だけど、古風な日本家屋風の旅館を予約しようかなと思ってるんだけど、どうかな？

F : そうね、それもいいけど、いつもうちは畳で寝てるから、旅行に行くときぐらい洋室でベッドのあるホテルもいいな、何て思うんだけど。

M : そうだな、確かに毎日畳で寝てるし、たまにはベッドって言うのもいいかもしれないな。じゃあ、今回は洋室のあるホテルにしよう。

F : 最近は和風、洋風だけじゃなくて、南国リゾート風とか色々特色のあるホテルもあるってこの間テレビで見たわ。ハワイとか、グアムにまでは行けなくても、雰囲気と気分だけでも味わえるなら、そういうところもいいんじゃない？

M : へえ、なんだか最近は色んな宿泊施設があるもんだな。そういえば、この間雑誌で見たけど、愛犬家のためのペットも同伴で泊まれるホテルなんていうのも見たよ。今やペットも家族、息子、娘同然で育ててる人も多いからな。結構需要も多いらしいよ。

F : 私も昔犬をずっと飼ってたからわかるけど、飼ってない人から見たらたかが犬だと思うのかもしれないけど、自分たちにとってはホント、家族同然だから、一緒に泊まれるホテルがあるなんてそれはすばらしいわ。

M : ああ、やっぱり犬好きから見るとそう思うんだね。

F : ええ、もちろんそうよ。だって家族同然なんだから、いつでも一緒にいたいと思うもの。

2人はどのような部屋に宿泊することに決めましたか。

남자와 여자가 여행가서 머무를 방에 대해 이야기하고 있습니다. 두 사람은 어떤 방에서 숙박하기로 정했습니까?

M : 이번 여행 말이야, 고풍스러운 일봉 가옥풍의 여관을 예약할까 하는데 어떨까?

F : 글쎄, 그것도 좋지만 언제나 우리 집은 다다미에서 자니까 여행 갈 때 정도는 서양식 방에 침대가 있는 호텔도 좋을 것 같은데.

M : 그렇네. 확실히 매일 다다미에서 자고 있으니까 가끔은 침대도 좋을지도 모르겠다. 그럼 이번에는 서양식 방이 있는 호텔로 하자.

F : 요즘에는 일본풍, 서양풍뿐만 아니라 남쪽 나라 리조트풍이라든지 여러 가지 특색이 있는 호텔도 있다고 전에 텔레비전에서 봤어. 하와이라든지 괌까지는 못 가도 분위기랑 기분만은 맛볼 수 있다면 그런 곳도 괜찮지 않아?

M : 요즘에는 왠지 여러 가지 숙박시설이 있구나. 그러고 보니 지난번에 잡지에서 봤는데, 애견가를 위해서 애완동물과 동반으로 미물 수 있는 호텔 같은 것두 봤어. 지금은 애완동물도 가족, 아들, 딸처럼 키우는 사람도 많으니까. 수요도 꽤 많나봐.

F : 나도 옛날에 개를 쭉 키웠으니까 아는데, 안 키우는 사람이 보면 기껏해야 개라고 생각할지 몰라도, 자신들한테는 정말 가족이랑 마찬가지니까 함께 지낼 수 있는 호텔이 있다니 그건 정말 훌륭하네.

M : 아, 역시 개를 좋아하니까 보면 그렇게 생각하는구나.

F : 응, 물론 그렇지. 가족이랑 마찬가지니까 항상 함께 있고 싶다고 생각하는걸.

두 사람은 어떤 방에서 숙박하기로 정했습니까?

1) 일본 가옥풍의 여관

2) 남쪽나라 리조트풍의 호텔

3) 애완동물과 동반으로 머물 수 있는 호텔

4) 서양식 방이 있는 호텔

단어 古風こふう 고풍 | 畳たたみ 다다미 | 宿泊しゅくはく 숙박 需要じゅよう 수요 | 同伴どうはん 동반

해설 여자가 '언제나 우리 집은 다다미에서 자니까 여행 갈 때 정도는 서양식 방에 침대가 있는 호텔도 좋을 것 같은데.'라고 한 제안에 대해 남자가 '그러네. 확실히 매일 다다미에서 자고 있으니까 가끔은 침대도 좋을지도 모르겠다. 그럼 이번에는 서양식 방이 있는 호텔로 하자.'라고 동의했으므로 정답은 4번이다.

정답 4

1番　🔵_T115

母親と息子が話をしています。カダヤシはなぜ外国から日本に持ち込まれたのですか。

F：もう、いなくなったと思ったら、またこんなところでメダカ探してるの？そろそろ夕飯の時間よ。ここにあるバケツにもうたくさんいるじゃない？まだ取る気？

M：お母さん、それはメダカじゃないんだよ。もともとは外国にいた魚で、メダカとすごくよく似ているんだ。お母さんが間違えるのも無理はないね。

F：あら、そうなの？てっきりメダカかと思っちゃったわ。

M：これカダヤシっていうんだけど、蚊になるボウフラを食べるからって、蚊をやつけるために外国から持ち込まれたんだって。

F：蚊はブンブン音もうるさいし、刺されるとかゆいから、蚊をやっつけてくれるカダヤシがたくさんいてくれるといいわね。

M：うーん……たしかにそうなんだけど、蚊は病気をみんなにうつすからって、昔は嫌がられてたでしょ？でも今は昔より蚊は減ったし、予防接種もあるから、その病気の心配も減ったんだけど、ところが今度はカダヤシのせいで、メダカの数が少なくなってるらしいんだ。

F：じゃあ、カダヤシはメダカの数を減らしてしまう悪いものって言うことになるのかしら？

M：いやいや、そうじゃなくて、カダヤシだって日本に連れてこられて増えたから、ただカダヤシも必死に生きようとしているだけだよ。

カダヤシはなぜ外国から日本に持ち込まれたのですか。

어머니와 아들이 이야기하고 있습니다. 모기 고기는 왜 외국으로부터 일본에 들어오게 되었습니까?

F：정말, 없어졌다 했더니 또 이런 곳에서 송사리 찾고 있어? 슬슬 저녁식사 시간이야. 여기에 있는 양동이에 이미 많이 있잖니? 계속 잡으려고 그래?

M：엄마, 그건 송사리가 아니야. 원래는 외국에 있던 물고기로 송사리랑 굉장히 많이 닮았어. 엄마가 착각하는 것도 무리는 아니지.

F：어머, 그래? 틀림없이 송사리라고 생각했어.

M：이건 모기 고기라고 하는데, 모기가 되는 장구벌레를 먹으니까 모기를 처치하기 위해서 외국에서 들여왔대.

F：모기는 윙윙 소리도 시끄럽고 물리면 가려우니까 모기를 처치해주는 모기 고기가 많이 있으면 좋겠네.

M：음… 확실히 그렇긴 한데, 모기는 병을 사람들한테 옮기니까 옛날부터 싫어하잖아? 하지만 지금은 옛날보다 모기는 줄었고 예방접종도 있으니까 병 걱정도 줄었는데, 이번에는 모기 고기 때문에 송사리 수가 적어진 모양이야.

F：그럼 모기 고기는 송사리의 수를 줄여버리는 나쁜 것이 되는 거야?

M：아냐 아니, 그런 게 아니라 모기 고기도 일본에 들여오고서 수가 늘었으니까, 모기 고기도 단지 필사적으로 살려고 하고 있는 거야.

모기 고기는 왜 외국으로부터 일본에 들여오게 되었습니까?

1) 외국에 있는 물고기로서 진기함이 있었기 때문에
2) 송사리와 많이 닮은 모기 고기는 일본에서도 인기가 있었기 때문에
3) 모기가 되는 장구벌레를 먹어 모기를 처치하기 때문에
4) 지나치게 늘어난 송사리의 수를 줄이기 때문에

단어 メダカ 송사리｜カダヤシ 모기 고기｜ボウフラ 장구벌레(*모기의 유충)｜蚊か 모기

해설 모기 고기가 일본에 들어온 이유는 '이건 모기 고기라고 하는데, 모기가 되는 장구벌레를 먹으니까 모기를 처치하기 위해서 외국에서 들여왔대.'라고 했으므로 정답은 3번이다.

정답 3

2番　🔵_T116

大学の先生が講義で「イグ・ノーベル賞」について学生に話をしています。田口さんは何の専門家でありますか。

M：ユーモアにあふれた研究におくられる「イグ・ノーベル賞」の生物学賞に今月、現在大学名誉教授である田口さん、72歳が選ばれたのを、みなさんは知っていますか？実は、田口教授のパンダのふんからとった菌でごみの量を減らす、という研究が評価されたんですよ。イグ・ノーベル賞は、ノーベル賞のパロディーで「愚かなノーベル賞」という意味もあるんです。今年で18回目で、毎年10月、10部門で受賞者を発表。見事、田口さんは生物学賞に選ばれたんです。田口さんが行ったのは、パンダのふんからとった菌を使って台所などの生ごみを分解し、九割減量する研究なんですが、田口さんは微生物の専門家なんですね。受賞した研究を始めるきっかけも、田口さんが水素を出す「菌」に注目したことでした。シロアリが木を食べて水素を出すことから、

おなかにいる菌、シロアリ菌を使って水素をつくる方法を考えました。水素をつくるのにシロアリ、ごみを処理するのにパンダ、こういった動物の菌に注目したことを、最初は思いつきだったと田口さんはいいます。みなさんにも、思いつきをすごく大切にしてほしいと思います。何かを思いついたら、だれかに話したり、よく考えてみたりして、生かす方法を考えてみてはどうでしょうか。

田口さんは何の専門家でありますか。

대학 교수가 강의에서 '이그 노벨상'에 대해 학생에게 이야기하고 있습니다. 다구치 씨는 무슨 전문가입니까?

M : 유머 넘치는 연구에 수여되는 '이그 노벨상'의 생물학상이 이번 달, 현재 대학 명예교수인 다구치 씨, 72세가 선발된 것을 여러분은 알고 있습니까? 사실은 다구치 교수는 판다의 배설물에서 채취한 균으로 쓰레기 양 줄이기라는 연구가 평가되었습니다. 이그 노벨상은 노벨상의 패러디로 '어리석은 노벨상'이라는 의미도 있습니다. 올해로 18회째로 매년 10월에 10부문에서 수상자를 발표합니다. 훌륭하게도 다구치 씨는 생물학 상에 뽑힌 것입니다. 다구치 씨가 행한 것은 판다의 배설물에서 채취한 균을 사용해 부엌 등의 음식물 쓰레기를 분해해 90% 감량하는 연구인데, 다구치 씨는 미생물 전문가입니다. 수상한 연구를 시작한 계기도 다구치 씨가 수소를 내놓는 '균'에 주목한 일이었습니다. 흰개미가 나무를 먹고 수소를 내놓는 것을 통해 배에 있는 균, 흰개미 균을 사용해 수소를 만드는 방법을 생각했습니다. 수소를 만드는데 흰개미, 쓰레기를 처리하는데 판다, 이러한 동물의 균에 주목한 것을 처음에는 즉흥적인 착상이었다고 다구치 씨는 말합니다. 여러분도 문득 생각난 것을 소중히 했으면 합니다. 무언가 문득 생각나면 누군가에게 말한다든지 잘 생각해 본다든지 해서 그것을 잘 살리는 방법을 생각해 보는 것은 어떨까요?

다구치 씨는 무슨 전문가입니까?
1) 미생물 전문가
2) 쓰레기 처리에 관한 전문가
3) 판다 전문가
4) 흰개미 전문가

단어 名誉めいよ 명예 | 菌きん 균 | 微生物びせいぶつ 무생물 | 水素すいそ 수소

해설 소개 중간 부분에 '다구치 씨는 미생물 전문가입니다.'라고 했으므로 정답은 1번이다.

정답 1

3番 　　　　　　　　　　🔘_T117
男性と女性が結婚と仕事について話をしています。女性は35歳から何がしたいと言っていますか。

M : 僕たちも来年の春から社会人か。まだまだ学生でい

たいんだけどな。現実は待ってはくれないもんね。
F : 私はね、30歳まではバリバリ働いて、30歳で出産、35歳までは子育てに専念して、その後は大好きな洋服の仕事に携わるっていうのが夢なの。
M : 君、意外と将来のことについて、今から具体的に考えているんだね。でもさ、その計画って正直、非現実的じゃない？まず、「30歳で出産」って言っても、それまでに夫候補が見つかるか、結婚できるか、妊娠するかわからないだろ。
F : 言われてみればそうよね。
M : 漠然と夢見ているだけだったら、高い確率で予定の年齢を超えてしまうと思うよ。
F : 確かに「35歳まで子育てに専念」といっても、子供が5歳になったからといって、パタッと手がかからなくなるわけじゃないし、また5年間のブランクのある女性が独立して仕事を始めようとしても、お金を貸してくれる人を見つけるのも大変そうよね。
M : 何をするにもお金は必要だからね。
F : そうね。なるべく早い段階で、結婚に関しては相手に望む条件を定めて、仕事に関してはスキルと資金を準備しておくことが重要そうね。

女性は35歳から何がしたいと言っていますか。

남자와 여자가 결혼과 일에 대해 이야기하고 있습니다. 여자는 35세부터 무엇을 하고 싶다고 말하고 있습니까?

M : 우리도 내년 봄부터 사회인이네. 아직 학생으로 있고 싶은데, 현실은 기다려주지 않네.
F : 나는 말이야, 30세까지는 열심히 일하고, 30세에 출산, 35세까지는 육아에 전념하고 그 후에는 좋아하는 옷에 관한 일에 종사하는 게 꿈이야.
M : 너 의외로 장래의 일에 대해 지금부터 구체적으로 생각하고 있네? 하지만 말야, 그 계획은 솔직히 비현실적이지 않아? 먼저 '30세에 출산'이라고 해도 그때까지 남편 후보를 찾을 수 있을지, 결혼할 수 있을지, 임신할지 모르잖아.
F : 듣고 보니 그렇네.
M : 막연하게 꿈만 꾸는 거라면 예정 연령을 넘어버릴 확률이 높다고 생각해.
F : 확실히 '35세까지 육아에 전념'이라고 해도 아이가 다섯 살이 되었다고 해서 싹하고 손이 안 가는 것도 아니고, 또 5년간의 공백이 있는 여성이 독립해서 일을 시작하려고 해도 돈을 빌려주는 사람을 찾는 것도 힘들 것 같네.
M : 뭘 해도 돈은 필요하니까.
F : 그렇네. 되도록 빠른 단계에서 결혼에 관해서는 상대에게 바라는 조건을 정하고, 일에 관해서는 스킬과 자금을 준비해두는 것이 중요할 것 같다.

여자는 35세부터 무엇을 하고 싶다고 말하고 있습니까?

1) 일을 그만두고 육아에 전념하고 싶다.
2) 자신이 하고 싶은 일을 위해 스킬을 높이고 싶다.
3) 결혼 상대로 어울리는 남성을 찾고 싶다.
4) 좋아하는 옷에 관한 일에 종사하고 싶다.

단어 専念せんねん 전념 ｜ 携たずさわる (어떤 일에) 관계하다, 종사하다 ｜ 候補こうほ 후보 ｜ 妊娠にんしん 임신

해설 나이 기준에 따라 희망하는 내용이 달라지므로 관련된 어휘에 주목해야 한다. 35세부터 하고 싶은 일은 '35세까지는 육아에 전념하고 그 후에는 그 후에는 좋아하는 옷에 관한 일에 종사하는 게 꿈이야.'라고 했으므로 정답은 4번이다.

정답 4

4番 🔘 _T118

あるテレビ番組で、アナウンサーが少子高齢化と男性の未婚化について話をしています。ある大手メーカーは15年後、どのようなことを試算していると言っていますか。

F : 少子高齢化と未婚化で、独身男性にとって親の介護は他人事ではなくなってきています。2005年の国勢調査で男性の未婚率は30代後半で30％、40歳前半で22％。いまや同居している介護者の4人に一人が男性ということになります。男性たちが見てみぬふりをしてきたこの現実ですが、企業は直視して対策をとり始めています。とある大手メーカーは、15年後には介護が必要となる親を抱える社員が6分の1を占めると試算していました。この先育児で休業する女性よりも親の介護で休業する男性のほうが多くなるという予測も出ています。働き盛りの労働力が介護に奪われる。これは企業にとっても社会にとっても大きな問題であると言えるでしょう。近年、介護疲れや生活苦に追い詰められ、同居の息子が親を手にかけるという事件が絶えません。親思いの真面目な息子ほど、周囲に助けを求めようとしないのだそうです。

ある大手メーカーは15年後、どのようなことを試算していると言っていますか。

어떤 텔레비전 방송에서 아나운서가 저출산 고령화와 남성의 미혼화에 대해 이야기하고 있습니다. 어느 대기업 제조회사는 15년 후 어떤 일을 예상하고 있다고 말하고 있습니까?

F : 저출산 고령화와 미혼화로 독신 남성에게 있어서 부모의 간호는 남 얘기가 아니게 되어가고 있습니다. 2005년의 국세조사에서 남성의 미혼율은 30대 후반에서 30%, 40대 전반에서 22%였습니다. 이제는 동거하고 있는 보호자 4명에 1명이 남성이 되었습니다. 남성들이 보고서도 못 본 척해왔던 현실이지만, 기업은 직시하고 대책을 내기 시작하고 있습니다. 어느 대기업 제조회사는 15년 후에는 간호가 필요해지는 부모를 가진 사원이 6분의 1을 차지할 것이라고 계산하고 있었습니다. 앞으로 육아로 인해 휴업할 여성보다도 부모의 간호를 위해 휴업하는 남성이 많아질 것이라는 예측도 나오고 있습니다. 한창 일할 노동력이 간호로 빼앗긴다. 이것은 기업에게 있어서도 사회에 있어서도 큰 문제라고 할 수 있을 것입니다. 최근에 간호피로나 생활고에 쫓겨 동거하던 아들이 부모를 찌르는 사건이 끊이지 않고 있습니다. 부모를 생각하는 성실한 아들일수록 주위에 도움을 청하려 하지 않는다고 합니다. 이 문제에 대해서는.

어느 대기업 제조회사는 15년 후 어떤 일을 예상하고 있다고 말하고 있습니까?

1) 간호가 필요해지는 사원이 4명에 1명까지 증가한다.
2) 결혼 안 한 남성이 남자사원의 20%를 차지한다.
3) 육아를 위해 휴업하는 남자사원이 반을 차지한다.
4) 간호가 필요해지는 부모를 둔 사원이 6분의 1을 차지한다.

단어 追おい詰つめる 막다른 곳에 몰아넣다 ｜ 占しめる 차지하다, 점유하다

해설 "15년 후에는 간호가 필요해지는 부모를 가진 사원이 6분의 1을 차지할 것이라고 계산하고 있었습니다."라고 했으므로 정답은 4번이다.

정답 4

5番 🔘 _T119

男子学生と女子学生が話をしています。男子学生は明確な課題や目標がないとどうなってしまいがちだと言っていますか。

M : 自分も含めてなんだけどさ、なんか僕たちの世代ってぼんやりしてる気がしない？

F : そうね、特に大学にいるとよっぽど意志を強く持ってないと流されちゃって。

M : 確かに。明確な課題とか目標がないと毎日をなんとなく過ごしてしまいがちになっちゃうよね。ゴールが見えないから頑張れない、そんな感じかな。

F : でもさ、そのゴールに向かうプロセスそのものを楽しもう！って考えたらどうかしら？そうすれば暗中模索の日々も人生の宝探しだって思えるでしょ。

M : それはいい考え方だね。あとは学校の勉強以上に、興味のある分野において本当の意味での『勉強』をたくさんするのもいいかもしれないね。読書やアルバイトからだって色々なことを学べるしね。

F : そうそう、アルバイト先には色々な年代の人がいるし、学校にいるだけじゃ絶対に関わることのない

ような世代の人や色々な考え方、価値観を持った人に出会えるから、そこで学ぶことも多いわよね。

M：うん、そうだね。読書をすることで自分の知識の幅を広げておけば、いつどんな分野の人にあっても、その人との会話を楽しむこともできるよね。

F：なるほどね、そこまでは考えなかったわ。私も早速今夜から読書でも始めようかしら。

男子学生は明確な課題や目標がないとどうなってしまいがちだと言っていますか。

남학생과 여학생이 이야기하고 있습니다. 남학생은 명확한 과제와 목표가 없으면 어떻게 되어 버리기 십상이라고 말하고 있습니까?

M：나도 포함해서 말인데, 왠지 우리들 세대는 멍하게 있는 것 같지 않니?

F：그렇네. 특히 대학에 있으면 어지간히 의지를 강하게 갖고 있지 않으면 분위기에 휩쓸려 버려서.

M：명확한 과제라든지 목표가 없으면 매일 아무 생각 없이 지내버리기 쉬워지지. 골이 보이지 않으니까 노력할 수 없다는 느낌?

F：하지만 말이야, 그 골을 향하는 과정 그 자체도 즐기자! 하고 생각하면 어떨까? 그렇게 하면 암중모색의 나날도 인생의 보물찾기라고 생각할 수 있잖아.

M：그건 좋은 사고방식이다. 나머지는 학교 공부 이상으로 흥미가 있는 분야에 있어서 진정한 의미에서의『공부』를 많이 하는 것도 좋을지도 모르겠다. 독서나 아르바이트로부터도 여러 가지를 배울 수 있고 말이지.

F：맞아 맞아. 아르바이트 하는 곳에는 여러 연령대의 사람이 있고, 학교에 있는 것만으로는 절대로 관계할 일이 없을 것 같은 세대의 사람이나 여러 가지 사고방식, 가치관을 가진 사람들과 만날 수 있으니까 거기에서 배우는 것도 많지.

M：응. 그렇네. 독서를 하는 것으로 자신의 지식의 폭을 넓혀두면 언제 어떤 분야의 사람과 만나도 그 사람과의 대화를 즐길 수도 있겠다.

F：그렇구나. 거기까지는 생각 못했네. 나도 바로 오늘밤부터 독서라도 시작해 볼까?

남학생은 명확한 과제와 목표가 없으면 어떻게 되어 버리기 십상이라고 말하고 있습니까?
1) 매일 대충 보내기 십상이 된다.
2) 학교 공부만 해버리기 십상이 된다.
3) 아르바이트만 가기 십상이 된다.
4) 독서만 해버리기 십상이 된다.

단어 含ふくむ 포함하다, 함유하다 | 暗中模索あんちゅうもさく 암중모색 | 幅はば 폭

해설 남자의 의견을 물었다. "명확한 과제라든지 목표가 없으면 매일 아무 생각 없이 지내버리기 쉬워지지."라고 했으므로 정답은 1번이다.

정답 1

6番 🔴_T120

学校で先生が予算委員会について生徒たちに解説をしています。予算委員会とは何について議論する場であると言っていますか。

M：今日は予算委員会について簡単に説明したいと思います。まず、予算委員会というのは衆議院と参議院に17ある常設の委員会のひとつで、衆議院は50人、参議院は45人の国会議員が委員になっています。国のお金をどんな政策にどのくらい使うかを議論する重要な委員会で、政策をめぐって政府・与党と野党が激しく議論を戦わせるものなんですね。9月に鳩山内閣が出来て初めての予算委員会が2日、衆議院で始まりました。沖縄にあるアメリカ軍の飛行場をどこに移すかという問題や、混乱が続くアフガニスタンへの支援策について、政府と野党の自民党などが議論しました。衆議院予算委員会は4、5日も開かれることになっています。

予算委員会とは何について議論する場であると言っていますか。

학교에서 선생님이 예산위원회에 대해 학생들에게 해설하고 있습니다. 예산위원회란 무엇에 대해 논의하는 자리라고 말하고 있습니까?

M：오늘은 예산위원회에 대해 간단하게 설명하겠습니다. 먼저, 예산위원회라는 것은 중의원과 참의원에 17개 있는 상설 위원회의 하나로 중의원은 50명, 참의원은 45명의 국회의원이 위원이 되어 있습니다. 국가의 돈을 어떤 정책에 어느 정도 사용할까를 논의하는 중요한 위원회로 정책을 둘러싸고 정부・여당과 야당이 격렬하게 논의를 주고받는 것이지요. 9월에 하토야마 내각이 생기고 처음으로 열리는 예산위원회가 2일, 중의원서 시작되었습니다. 오키나와에 있는 미군 비행장을 어디로 옮길까 하는 문제와 혼란이 계속되는 아프가니스탄에의 지원책에 대해 정부와 야당의 자민당 등이 논의했습니다. 중의원 예산위원회는 4,5일에도 열리기로 되어 있습니다.

예산위원회란 무엇에 대해 논의하는 자리라고 말하고 있습니까?
1) 중의원과 참의원의 의석수의 배분
2) 나라의 돈을 어떤 정책에 어느 정도 쓸까 하는 것
3) 미군기지 이전 문제를 어떻게 할 것인가 하는 것
4) 아프가니스탄에 자위대를 파견할 것인가 말 것인가

단어 予算よさん 예산 | 衆議院しゅうぎいん 중의원 | 参議院さんぎいん 참의원 | 自衛隊じえいたい 자위대 | 派遣はけん 파견 | 混乱こんらん 혼란

해설 본문은 예산위원회의 구성과 역할을 설명하고 있다. 그 역할은 "국가의 돈을 어떤 정책에 어느 정도 사용할까를 논의하는 중요한 위원회로 정책을 둘러싸고 정부・여당

과 야당이 격렬하게 논의를 주고받는 것"이라고 했으므로 정답은 2번이다.

정답 **2**

7番 🔵_T121

自動車教習所で指導教官が交通法規について話をしています。なぜ速度規制の基準が改正されることになったのですか。

F：一般道路の最高速度が、原則 60 キロから条件つきで 80 キロまで引き上げられます。警察庁が 29 日、速度規制の基準を 17 年ぶりに改正しました。これまでの最高速度は車線の数などによって機械的に決められ、実際に車が走っている速度と合わない道が多いためです。地域の住民が日常生活に使う生活道路については原則 30 キロに制限し、そのほかは最高 40 〜 60 キロに。ただし、歩行者や自転車、バイクが通らないなど、危険性が少ない道路は最高 80 キロまで認めることにしました。それぞれの道路の最高速度は全国の警察本部が 2011 年度末までに見直し、都道府県公安委員会が決めます。

なぜ速度規制の基準が改正されることになったのですか。

자동차 교습소에서 지도교관이 교통법규에 대해 이야기하고 있습니다. 왜 속도규제의 기준이 개정되게 되었습니까?

F : 일반도로의 최고속도가 원칙 60킬로부터 조건제로 80킬로까지로 올라갑니다. 경찰청이 29일, 속도제한의 기준을 17년 만에 개정했습니다. 지금까지의 최고속도는 차선 수 등에 따라 기계적으로 정해져 실제로 차가 달리고 있는 속도와 맞지 않는 길이 많기 때문입니다. 지역 주민이 일상생활에 이용하는 생활도로에 대해서는 원칙적으로 30킬로로 제한하고, 그것 외에는 최고 40~60킬로로 합니다. 단, 보행자나 자전거, 오토바이가 다니지 않는 등 위험성이 적은 도로는 최고 80킬로까지 인정하기로 했습니다. 각각의 도로의 최고속도는 전국의 경찰본부가 2011년도 말까지 재검토해 지자체(都道府県) 공안위원회가 결정합니다.

왜 속도규제의 기준이 개정되게 되었습니까?
1) 국민으로부터의 개정요청이 많았기 때문에
2) 지금까지의 속도로는 정체가 많이 발생했기 때문에
3) 실제로 차가 달리고 있는 속도와 맞지 않는 길이 많기 때문에
4) 자전거나 오토바이를 타는 사람 수가 감소했기 때문에

단어 車線しゃせん 차선 | 歩行者ほこうしゃ 보행자 | 都道府県とどうふけん 지방자치단체 | 改正要請かいせいようせい 개정요청

해설 속도규제의 기준이 개정되는 이유는 "지금까지의 최고속도는 차선 수 등에 따라 기계적으로 정해져 실제로 차가

달리고 있는 속도와 맞지 않는 길이 많기 때문"이다.

정답 **3**

문제3 문제3에서는 문제용지에 아무것도 인쇄되어 있지 않습니다. 이 문제는 전체적으로 어떤 내용인지를 묻는 문제입니다. 이야기 전에 질문은 없습니다. 먼저 이야기를 들어 주세요. 그리고 나서 질문과 선택지를 듣고 1에서 4 중에서 가장 알맞은 것을 하나 고르세요.

1番 🔵_T122

アナウンサーが流行するインフルエンザについて話をしています。

M：新型インフルエンザの感染者が増える中、運動会や修学旅行など集団で行動する機会の多い行事が続いています。運動会の中止に備えて、保護者に練習を公開したり、修学旅行中はマスクをつけるように指導したりと、いつもの年とはちがったようすの学校もあります。大阪や兵庫方面の修学旅行を計画していた滋賀県のある小学校。6 年生 41 人が 10 月 1 日に学校を出発し、大阪のテーマパークに滞在していました。しかし、途中で熱などの症状の生徒が 4 人出ました。校医の先生らと相談したところ、急に広がるおそれがあると言うことで、途中で旅行を中断し、1 日目の夕方に学校に引き返しました。旅行前には健康管理を念入りにしたほか、旅行中は全員がマスクをつけるなどの対策をとりましたが、新型インフルエンザを防ぎきれなかったようです。帰る途中で調子の悪くなる生徒が増え、2 日から 7 日までは学年閉鎖が続きました。

旅行中はインフルエンザ対策としてどのような対策を行いましたか。
1. 保護者を同行させ生徒の健康管理をする。
2. 全員がマスクをつける。
3. 全員が毎日体温管理を行う。
4. 手洗い、うがいをこまめに行う。

아나운서가 유행하는 인플엔자에 대해 이야기하고 있습니다.

M : 신종 인플루엔자의 감염자가 늘어나는 가운데 운동회나 수학여행 등 집단으로 행동하는 기회가 많은 행사가 이어지고 있습니다. 운동회의 중지에 대비해 보호자에게 연습을 공개한다든지 수학여행 중에는 마스크를 착용하도록 지도한다든지 하면서 지금까지와는 다른 양상의 학교도 있습니다. 오사카나 효고 방면의 수학여행을 계획하고 있던 시가현의 어느 초등학교. 6학년생 41명이 10월 1일에 학교를 출발해 오사카의 테마파크에 체재하고 있었습니

다. 그러나 도중에 열 등의 증세를 보인 학생이 4명 발생했습니다. 양호선생님 등과 상담한 결과 급격히 퍼질 염려가 있다는 이유로 도중에 여행을 중단하고 첫째 날 저녁 무렵에 학교로 되돌아왔습니다. 여행 전에는 건강관리에 공을 들이고, 여행 중에는 전원이 마스크를 착용하는 등의 대책을 취했지만 신종플루를 막지 못한 듯합니다. 돌아오는 도중에 상태가 안 좋아지는 학생이 늘어 2일부터 7일까지는 학교 폐쇄가 계속되었습니다.

여행 중에는 인플루엔자 대책으로서 어떤 대책을 행했습니까?
1) 보호자를 동행시켜 학생의 건강관리를 한다.
2) 전원이 마스크를 착용한다.
3) 전원이 매일 체온관리를 한다.
4) 손 씻기, 양치질을 자주 한다.

단어 修学旅行しゅうがくりょこう 수학여행 | 滞在たいざい 체재, 체류 | 念入ねんいり 매우 조심함, 정성들임 | 防ふせ)ぐ 막다

해설 부분적으로 일치하는 내용을 정답으로 보아야 한다. 대책의 항목은 '여행 중'에 관한 것이므로 "여행 전에는 건강관리에 공을 들이고, 여행 중에는 전원이 마스크를 착용하는 등의 대책을 취했지만"의 질문의 정답으로 일치하는 일부 내용이 정답이다.

정답 2

2番 🔵 _T123
あるテレビ番組でアナウンサーが話をしています。

F：子どもが薬をきちんと飲んでいるか確認している保護者は92.7％と意識が高い一方、保護者自身は医師や薬剤師に相談なく飲むのをやめたりしてしまう人が71.8％、家族の余った薬を飲んだりしてしまう人が40.3％という結果が出ています。くすりの適正使用協議会が全国の小中学生の保護者600人に調査したところ、一般に薬は水やぬるま湯で飲むこととされていますが、保護者の66.8％が日本茶などで飲んでいます。また、半数近くが「食前」つまり食事の約30分前、「食間」は食事の約2時間後、「食後」が食事の約30分後であるということを正しく理解していませんでした。「保護者がまず正しい知識を学んで」と同協議会は強く訴えています。

「食間」とはどういう意味ですか。
1. 食事の約2時間後
2. 食事の約30分前
3. 食事の約2時間前
4. 食事の約30分後

어떤 텔레비전 방송에서 아나운서가 이야기하고 있습니다.

F : 아이가 약을 제대로 먹고 있는지 확인하고 있는 보호자는 92.7%로 의식이 높은 한편, 보호자 자신은 의사나 약제사에게 상담 없이 약 먹는 것을 그만둬버리는 사람이 71.8%, 가족의 남은 약을 먹어버리는 사람이 40.3%라는 결과가 나와 있습니다. 약 적정사용협의회가 전국의 초·중학생의 보호자 600명을 조사한 결과, 일반적으로 약은 찬물이나 미온수로 먹는 것으로 여겨지고 있지만, 보호자의 66.8%가 녹차 등으로 먹고 있습니다. 또한, 절반 정도가 '식전' 즉 식사의 약 30분 전, '식간'은 식사의 약 2시간 후, '식후'가 식사의 약 30분 후라는 것을 바르게 이해하지 못하고 있었습니다. '보호자가 먼저 올바른 지식을 배우라'고 약 적정사용협의회는 강력히 호소하고 있습니다.

'식간'이란 어떤 의미입니까?
1) 식사 약 2시간 후
2) 식사 약 30분 전
3) 식사 약 2시간 전
4) 식사 약 30분 후

단어 余あまる 남다 | 適正てきせい 적정 | ぬるま湯ゆ 미지근한 물, 미온수

해설 본문에 나온 용어의 정의에 관한 것이다. '식전'은 식사의 약 30분 전, '식간'은 식사의 약 2시간 후, '식후'가 식사의 약 30분 후이다.

정답 1

3番 🔵 _T124
講義で大学の先生が話をしています。

M：えー、みなさんは貧困率というものをご存じでしょうか。国民の中に、収入が少なく貧しい人がどのくらいいるかを示す数字のことを言います。1家族が1年に得るお金、つまり所得を家族の人数で割ります。国民1人当たりの所得を高い順に並べ、真ん中の所得が基準になります。ちなみに2006年は228万円でした。基準の半分、2006年で言うと114万円に満たない人が占める割合を、貧困率で表します。厚生労働大臣は、06年の貧困率が15.7％だったと発表しました。国として貧困率を公表するのは初めてのことです。経済協力開発機構、OECDの2000年代半ばの比較では、日本の貧困率、03年、14.9％は加盟30か国中、メキシコ、トルコ、アメリカに次いで4番目に高くなりました。この時の平均は10.6％です。

貧困率とは何を示す数字のことですか。
1. 1家族が1年に得る所得がどれぐらいなのかを示す数字

2. 国民の中に、収入が高く裕福な人がどのくらいいる
　　かを示す数字
3. 国民の中に、収入が少なく貧しい人がどのくらいい
　　るかを示す数字
4. 日本が世界の中でどのくらい貧しい国なのかを示す数
　　字

강의에서 대학 교수가 이야기하고 있습니다.

M : 여러분은 빈곤율이라는 것을 알고 계십니까? 국민 중에
　　수입이 적고 가난한 사람이 어느 정도 있는지를 나타내는
　　숫자를 말합니다. 한 가족이 1년에 손에 넣는 돈 즉, 소득
　　을 가족의 인원수로 나눕니다. 국민 1인당 소득을 높은 순
　　으로 세워서 한 가운데의 소득이 기준이 됩니다. 참고로
　　2006년에는 228만 엔이었습니다. 기준의 반, 2006년으
　　로 말하면 114만 엔이 안 되는 사람이 차지하는 비율을 빈
　　곤율로 나타냅니다. 후생노동성대신은 2006년의 빈곤율
　　이 15.8%였다고 발표했습니다. 나라로서 빈곤율을 공표
　　하는 것은 처음 있는 일입니다. 경제협력개발기구 OECD
　　의 2000년대 중반의 비교에서는 일본의 빈곤율, 2003년
　　14.9%는 가맹 30개국 중 멕시코, 터키, 미국에 이어 4번째
　　로 높아졌습니다. 이때의 평균은 10.6%입니다.

빈곤율이란 무엇을 나타내는 숫자입니까?
1) 한 가족이 1년에 얻는 소득이 어느 정도인가를 나타내는 숫자
2) 국민 중에 수입이 높고 유복한 사람이 어느 정도 있는가를 나타
　　내는 숫자
3) 국민 중에 수입이 적고 가난한 사람이 어느 정도 있는가를 나타
　　내는 숫자
4) 일본이 세계에서 어느 정도 가난한 나라인가를 나타내는 숫자

단어 所得しょとく 소득

해설 용어에 대한 풀이는 반드시 바로 뒤에 이어 나온다. 빈곤
　　율이란 "국민 중에 수입이 적고 가난한 사람이 어느 정도
　　있는지를 나타내는 숫자를 말합니다."고 말하고 있다.

정답 3

4番　　　　　　　🔘 _T125

テレビでアナウンサーが話をしています。

F : 家庭の収入が減り私立高校の学費がはらえなくな
　　っている生徒が1校あたり約14人いることが、
　　全国私立学校教職員組合連合の調べで分かりまし
　　た。回答のあった32都道府県328校を対象にした
　　9月末時点での調査です。3か月以上はらえないで
　　いる生徒は4587人で全体の1.70%、去年の同じ時
　　期の1.47%より悪くなり、「きわめて深刻な状況」
　　といいます。都道府県別では青森県が5.91%で最
　　も悪く、次いで岩手県5.07%、大阪府4.10%の順。
　　お父さんが仕事を失った、家を助けるために子ども
　　がアルバイトをしなくてはならない、などの声が寄

せられているそうです。

全国私立学校教職員組合連合の調べで分かったこととは何ですか。

1. 父親が仕事を失う家庭の数はきわめて深刻な状況と言
　　えること
2. 大阪府が全国で最も私立高校の学費が払えない生徒が
　　多いこと
3. 家計を助けるために子どもがアルバイトをしている
　　こと
4. 家庭の収入が減少し私立高校の学費が払えなくなって
　　いる生徒が多くいること

텔레비전에서 아나운서가 이야기하고 있습니다.

F : 가정의 수입이 줄어 사립고등학교의 학비를 지불할 수 없
　　게 된 학생이 한 학교당 약 14명 있는 것이 전국 사립고등
　　학교 교직원 조합 연맹의 조사로 밝혀졌습니다. 회답이 있
　　었던 32 지자체(都道府県) 328개교를 대상으로 한 9월
　　말 시점에서의 조사입니다. 3개월 이상 지불하지 않고 있
　　는 학생은 4587명으로 전체의 1.70%, 작년 같은 시기의
　　1.47%보다 악화되어「극히 심각한 상황」이라고 합니다. 도
　　도후현별로는 아오모리현이 5.91로 가장 심각하고, 다음
　　으로 이와테현 5.07%, 오사카부 4.10%의 순입니다. 아버
　　지가 직장을 잃었다, 가계를 돕기 위해 아이가 아르바이트
　　를 하지 않으면 안 된다, 등의 목소리가 쏟아지고 있는 듯
　　합니다.

전국 사립학교 교직원 조합의 조사로 밝혀진 것은 무엇입니까?
1) 아버지가 실직한 가정 수는 극히 심각한 상태라고 말할 수 있는
　　점
2) 오사카부가 전국에서 가장 사립고교의 학비를 낼 수 없는 학생
　　이 많은 점
3) 가계를 돕기 위해 아이가 아르바이트를 하는 점
4) 가정 수입이 감소하여 사립학교의 학비를 지불할 수 없게 된 학
　　생이 많이 있는 점

단어 組合くみあい 조합

해설 설명문 형태에서는 본문 서두에 집중해야 한다. 조사로
　　알려진 사실은 "가정의 수입이 줄어 사립고등학교의 학비
　　를 지불할 수 없게 된 학생이 한 학교당 약 14명 있는 것
　　이 전국 사립고등학교 교직원 조합 연맹의 조사로 밝혀졌
　　습니다."고 말하고 있다.

정답 4

5番　　　　　　　🔘 _T126

大学で先生が話をしています。

M : 皆さん、いま、成長すると傘の直径が1メートルを
　　こすエチゼンクラゲが、日本海などにおしよせてい
　　るのを知ってますか? 福井県では、定置網に入り

込んだり、網の外に捨てられたりした大量のエチゼンクラゲが海面を赤みがかった茶色に染めているそうですよ。漁業情報サービスセンターによると、一部は日本海から津軽海峡をぬけて太平洋側に回りこみ、静岡県の駿河湾まで来ているんだそうです。今年は、網の中の魚を傷つけるなど全国でのべ１０万件をこす被害が報告された2005年と同じか、それ以上の規模になる見こみだとか。漁業関係者は大変ですね。

福井県で大量発生しているエチゼンクラゲの一部について、漁業情報サービスセンターはどのように述べていますか。

1. 一部だけが日本海の定置網に入り込んで問題になっている。
2. 一部のエチゼンクラゲは日本海から静岡県の駿河湾まで来ている。
3. 一部のエチゼンクラゲによって海面が赤みがかった茶色に染められている。
4. 一部のエチゼンクラゲが定置網の中の魚を傷つける被害を出している。

대학에서 교수가 이야기하고 있습니다.

M : 여러분, 지금 성장하면 우산의 직경이 1미터를 넘는 대형 해파리가 일본해 등으로 몰려들고 있는 것을 알고 있습니까? 후쿠이현에서는 정치망에 들어온다든지 그물 바깥에 버려진 대량의 대형 해파리가 해면을 붉은 갈색으로 물들이고 있다고 합니다. 어업정보서비스센터에 따르면, 일부는 동해에서부터 스가루해협을 빠져나가 태평양쪽으로 돌아 들어가서 시즈오카현의 스루가만까지 오고 있다고 합니다. 올해는 그물 안의 물고기를 상처 입히는 등 전국에서 총 10만 건을 넘는 피해가 보고된 2005년과 같거나 그 이상의 규모가 될 전망이라고 합니다. 어업관계자는 큰일이네요.

후쿠이현에서 대량 발생하고 있는 대형 해파리의 일부에 대하여, 어업정보센터는 어떻게 말하고 있습니까?

1) 일부만이 동해의 정치망에 들어가 문제가 되고 있다.
2) 일부 대형 해파리는 동해에서 시즈오카현의 스루가만까지 왔다.
3) 일부 대형 해파리에 의해 해면이 붉은 갈색으로 물들고 있다.
4) 일부 대형 해파리가 정치망 안의 물고기를 상처 입히는 피해를 내고 있다.

단어 直径ちょっけい 직경 | 網あみ 그물 | 漁業ぎょぎょう 어업

해설 질문의 내용을 좁혀서 집중해야 하는 문제. 대형 해파리의 〈일부〉에 대한 어업정보센터의 의견은 "일부는 동해에서부터 스가루해협을 빠져나가 태평양 쪽으로 돌아 들어가서 시즈오카현의 스루가만까지 오고 있다고 합니

다."고 말하고 있다.

정답 2

6番 ⊙_T127

アナウンサーがテレビでインフルエンザについて話をしています。

F : 新型の豚インフルエンザが全国で本格的に流行していると、厚生労働省が発表しました。7月以降の患者の7割以上が、14歳以下だといいます。10月25日までの1週間に全国の病院から国立感染症研究所に集まった報告では、1か所あたりの患者数は24.62人。ほとんどが新型とみられ、30人の「警報レベル」を超えそうな勢いです。子どもへのワクチン接種を早めるところも出始めました。東京都は病気のある1～9歳への接種を11月9日から開始。16日から健康な1～6歳への接種も始めます。青森、福岡など9県は病気のある人の中で1歳～小3を最優先として2日に始めます。

厚生労働省が発表した、7月以降の新型インフルエンザ患者について正しいものはどれですか。

1. 全国で新型インフルエンザに感染した患者数は30人である。
2. ワクチン接種を受けたのに感染した患者が多数いること
3. 患者の7割以上が14歳以下であること
4. 青森、福岡が特に新型インフルエンザ患者が集中していること

아나운서가 텔레비전에서 인플루엔자에 대해 이야기하고 있습니다.

F : 신형 돼지 인플루엔자가 전국에서 본격적으로 유행하고 있다고 후생노동성이 발표했습니다. 7월 이후의 환자의 70% 이상이 14세 이하라고 합니다. 10월 25일까지의 한 주에 전국의 병원으로부터 국립감염병연구소에 모인 보고에서는 1개소 당 환자 수는 24.62명. 대부분이 신형으로 보이고 30명의 '정보레벨'을 넘을 듯한 기세입니다. 어린이에의 백신 접종을 앞당기는 곳도 나왔습니다. 도쿄도는 병이 있는 1~9세의 접종을 11월 9일부터 개시합니다. 16일부터 건강한 1~6세의 접종도 시작합니다. 아오모리, 후쿠오카 등 9개현은 병이 있는 사람 중에서 1세~초등학교 3학년을 최우선으로 해서 2일부터 시작합니다.

후생노동성이 발표한, 7월 이후의 신형 인플루엔자 환자에 대해서 바른 것은 다음 중 어느 것입니까?

1) 전국에서 신형 인플루엔자에 감염된 환자 수는 30명이다.

2) 백신 접종을 받았는데 감염된 환자가 많이 있는 점.

3) 환자의 70% 이상이 14세 이하인 것.

4) 아오모리, 후쿠오카가 특히 신형 인플루엔자 환자가 집중되어 있는 점.

단어 新型しんがた 신형 | 勢いきおい 기세 | 接種せっしゅ 접종

해설 7월 이후의 신형 인플루엔자 환자에 관한 것은 '7월 이후의 환자의 70% 이상이 14세 이하'라고 한다.

정답 3

문제4 문제4에서는 문제용지에 아무것도 인쇄되어 있지 않습니다. 먼저 문장을 들어주세요. 그리고 나서 그것에 대한 대답을 듣고 1에서 3 중에서 가장 알맞은 것을 하나 고르세요.

1番　　🔵_T128

M : 最近、何だか調子が悪いんだよね。

F : 1. 前に聞いたときは医者になりたいって言ってたわよ。

2. あら、何だか心配ね。とりあえず病院に行ってみたら？

3. 調律は自分では出来ないから専門の業者に頼まなくちゃね。

M : 요즘에 왠지 몸 상태가 안 좋아.

F : 1. 전에 물어봤을 땐 의사가 되고 싶다고 했었어.

2. 어머, 왠지 걱정되네. 일단 병원에 가보는 게 어때?

3. 조율은 스스로는 못하니까 전문 업자한테 맡겨지.

단어 調律ちょうりつ 조율

해설 몸 상태가 좋지 않다는 말에 대한 반응이므로 '일단 병원에 가보는 게 어때'가 답이다.

정답 2

2番　　🔵_T129

F : 明日の飲み会には何人集まるか、確認取れたの？

M : 1. いやそれが実はまだ。メールは回しているんですけど、返事が来なくて。

2. 課長が張り切ってて、特技を披露してくれるんだってさ。

3. 今回の会費は一人頭２千円にしようと思ってるんだ。

F : 내일 술 모임에는 몇 명이 모이는지 확인됐어?

M : 1. 아니 그게 사실은 아직

2. 과장이 기운이 넘쳐서 특기를 피로해 준대.

3. 이번 회비는 한 사람당 2천 엔으로 하려고 생각하고 있어.

단어 披露ひろう 피로(널리 알림)

해설 확인 문제이다. 질문에 대해 부정적인 답변 중에는「まだ」와 같은 동작이나 행위가 아직 완료되지 않은 상태부정 표현을 주목한다.

정답 1

3番　　🔵_T130

M : 部長、何だか今日は機嫌が良さそうだね。何かあったのかな？

F : 1. 今日は久しぶりに奥さんとデートをするらしくて、浮かれてるみたいよ。

2. 部長は機嫌を取るのが難しいんだから、絶対に怒らせちゃダメよ。

3. お母さんがお亡くなりになったそうよ。突然のことで動揺してるみたい。

M : 부장님 왠지 오늘은 기분이 좋아 보이시네. 무슨 일 있었나?

F : 1. 오늘은 오랜만에 부인과 데이트를 한다고 들떠 있는 모양이야.

2. 부장님은 기분 맞추기가 어려우니까, 절대로 화나게 하면 안 돼.

3. 어머님이 돌아가셨대. 갑작스러운 일이라서 동요하고 있는 것 같아.

단어 浮うかれる 들뜨다 | 動揺どうよう 동요

해설 부장님의 기분이 '왠지 오늘은 좋아 보이시네.'이므로 이에 부합하는 반응이 정답이다.

정답 1

4番　　🔵_T131

F : 申し訳ないんだけど土日以外は時間が合わせられそうにないのよね。

M : 1. 週末はいつも職場の仲間とテニスに行ってるんだ。

2. 週末は人が多そうだから朝早くでかけたほうがよさそうだね。

3. 僕は土日休みだから、僕が君の予定に合わせるよ。

F : 미안하지만 토·일 이외에는 시간을 맞출 수 있을 것 같지가 않아.

M : 1. 주말에는 항상 직장 동료랑 테니스 치러 가고 있어.

2. 주말에는 사람이 많을 것 같으니까 아침 일찍 나가는 편이 좋을 것 같네.

3. 나는 토·일 쉬는 날이니까 내가 너의 예정에 맞출게.

해설 토·일 이외에는 상대와의 일정을 잡는 데 어렵다고 했으므로 상대방은 '토·일 쉬는 날이니까 내가 너의 예정에 맞출게.'라고 했으므로 정답은 3번이다.

정답 3

5番　　　　　　　　🔵_T132

F : 何か飲み物頼もうと思うんだけど、あなたも何か飲む？

M : 1. そうだな、僕は水でいいや。
　　2. お酒は昔から好きなんだよね。
　　3. 炭酸が入った飲み物は苦手なんだ。

F : 마실 것 주문하려고 하는데 너도 뭔가 마실래?

M : 1. 글쎄, 나는 물이면 됐어.
　　2. 술은 옛날부터 좋아해.
　　3. 탄산이 들어간 음료는 안 좋아해.

단어 炭酸たんさん 탄산

해설 마실 것을 권하는 표현이므로 대답은, '글쎄, 나는 물이면 됐어.'이다.

정답 1

6番　　　　　　　　🔵_T133

F : はい、こちら顧客サービスセンター、松本でございます。本日はどう言ったご用件でしょうか？

M : 1. 今日急に休みになったから、どこか一緒に出かけない？
　　2. 実は、近くの量販店で2日前に買った掃除機がもう動かなくなったんです。
　　3. そう言われても、パソコンについてはあんまり詳しくないんだよな。

F : 네, 여기는 고객서비스센터의 마쓰모토입니다. 오늘은 어떤 용건이십니까?

M : 1. 오늘 갑자기 쉬는 날이 되었으니까 어딘가 함께 나가지 않을래?
　　2. 사실은 가까운 양판점에서 이틀 전에 산 청소기가 벌써 고장 났어요.
　　3. 그렇게 말해도 컴퓨터에 대해서는 그다지 잘 모르는데.

단어 顧客こきゃく 고객 | 量販店りょうはんてん 양판점

해설 고객서비스를 찾은 용건을 물었으므로 정답은 '청소기가 벌써 고장 났어요.'이다.

정답 2

7番　　　　　　　　🔵_T134

M : そこにある書類ってもう処分していいの？

F : 1. そうそう、明日の会議には社長も来るらしいわ。
　　2. 次の仕事で使うためにそこに置いてるんだから、捨てないで。
　　3. 新人は大量の書類のコピーも仕事のうちって感じね。

M : 거기 있는 서류는 이제 처분해도 돼?

F : 1. 맞아 맞아, 내일 회의에는 사장도 오는 것 같아.
　　2. 다음 일에 쓰기 위해서 거기 둔거니까 버리지 마.
　　3. 신입사원은 대량의 서류 복사도 일 중의 하나란 느낌이네.

단어 処分しょぶん 처분

해설 서류를 없애도 되는지에 대한 물어봤으므로 정답은 '다음 일에 쓰기 위해서 거기 둔거니까 버리지 마.'이다.

정답 2

8番　　　　　　　　🔵_T135

F : 最近ね、上司の小言が多くて、もううんざりしちゃう。

M : 1. 今は社員旅行が楽しみでしょうがないよ。
　　2. ストレス解消にジムに通い始めたんだ。
　　3. きっと君にもっと頑張ってほしいから言ってるんだよ。

F : 요즘에 말이야, 상사의 잔소리가 많아서 진절머리가 나.

M : 1. 지금은 사원여행이 너무 기대돼.
　　2. 스트레스 해소하려고 헬스를 다니기 시작했어.
　　3. 분명 네가 좀 더 힘내주길 바라니까 잔소리를 하는 거야.

단어 小言こごと 잔소리, 꾸중, 불평 | 解消かいしょう 해소

해설 상사의 잔소리에 대한 불만을 이야기하고 있으므로 그에 대한 대답으로 위로하는 표현이 올 수 있다.

정답 3

9番　　　　　　　　🔵_T136

M : 何だかこの店、前に来たときより店の中がらんとしてない？

F : 1. 友だちの話によると、シェフが変わって味が落ちたらしいよ。
　　2. 人も多そうだし、また別の機会に来ましょう。
　　3. 注文してからだいぶ経ってるのになかなか来ないわね。

M : 왠지 이 가게 전에 왔을 때보다 가게 안이 텅 비지 않았어?

F : 1. 친구 얘기에 의하면 주방장이 바뀌어서 맛이 떨어진 것 같아.
　　2. 사람도 많아 보이니 다음에 옵시다.
　　3. 주문하고 꽤 지났는데 좀처럼 안 나오네.

해설 유추 문제이다. 가게가 텅텅 비었다는 말은 장사가 잘 안 된다는 것을 의미한다. '주방장이 바뀌어서 맛이 떨어진 것 같아.'라고 장사가 안 되는 이유를 추측하여 말한 것이 답이 된다.

정답 1

10番　🔘_T137

F：昨日の夜、揚げ物を食べ過ぎたせいか、なんだか胃がムカムカするわ。

M：1. 僕も昨日の夜、初めて揚げ物を自分のうちで作ってみたんだ。
　　2. カロリーばかり気にしてたらおいしいものなんて食べれやしないよ。
　　3. 君もそんなに若くないんだから、もっと自分の体をいたわってあげなくちゃダメだよ。

F：어젯밤에 튀긴 음식을 너무 많이 먹은 탓인지 위가 메슥거려.

M：1. 나도 어젯밤에 처음으로 튀긴 음식을 우리 집에서 만들어봤어.
　　2. 칼로리만 신경 쓰다가는 맛있는 것은 절대 못 먹어.
　　3. 너도 그렇게 젊지 않으니까 좀 더 자신의 몸을 돌보지 않으면 안 돼.

단어　揚あげ物もの 기름에 튀긴 식품

해설　과식에 따른 속이 불편함을 호소하는 것에 대해 '좀 더 자신의 몸을 돌보지 않으면 안 돼.'라고 답한 것이 정답이다.

정답　3

11番　🔘_T138

M：彼に限って、そんな犯罪に手を染めるようなことはしないだろ？

F：1. 警察の取締りがいっそう厳しくなってるみたいね。
　　2. 彼を信じたい気持ちはわかるけど、事実なんだから受け止めなくちゃ。
　　3. 彼も警察官になりたい夢がかなえられて良かったわよね。

M：그만은 그런 범죄에 손을 물들이는 일은 하지 않을 거야.

F：1. 경찰의 단속이 한층 엄격해진 것 같네.
　　2. 그를 믿고 싶은 마음은 알겠지만, 사실이니까 받아들여야지.
　　3. 그도 경찰관이 되고 싶은 꿈이 이루어져서 잘 됐다.

단어　手てを染そめる 손을 대다 | 取締とりしまり 단속함, 또 그 사람

해설　제 3자의 범죄와의 관련성을 부인하는 말에 대해 '동조'나 '다른 견해'가 나올 수 있다. 여기서는 후자의 경우로 '그를 믿고 싶은 마음은 알겠지만, 사실이니까 받아들여야지.'가 정답이다.

정답　2

12番　🔘_T139

F：今日は 12月にしてはなんだか暖かいわね。

M：1. 今日なら日中は上着がなくても大丈夫そうだね。
　　2. ハワイは旅行でしか行ったことがないな。
　　3. 今にも雪が降り出しそうな空模様だね。

F：오늘은 12월치고는 왠지 따뜻하네.

M：1. 오늘은 낮에는 겉옷이 없어도 괜찮을 것 같네.
　　2. 하와이는 여행으로밖에 가 본 적이 없네.
　　3. 지금이라도 눈이 오기 시작할 것 같은 날씨네.

단어　模様もよう 무늬, ~할 것 같은 기색

해설　추워야 하는 시기임에도 따뜻한 날씨이므로 '오늘은 낮에는 겉옷이 없어도 괜찮을 것 같네.'가 정답이다.

정답　1

13番　🔘_T140

F：この商品はね、発売するやいなや、あっと言う間に完売した人気の商品らしいわ。

M：1. 商品開発を担当する部署に配属が決まったんだ。
　　2. へえ、そうなんだ。僕もテレビでこの商品が紹介されてるのを見たよ。
　　3. まだ発売前の商品をいち早く食べられるなんて、僕たちラッキーね。

M：이 상품은 발매하자마자 눈 깜짝할 사이에 다 팔린 인기 상품인 것 같아.

F：1. 상품개발을 담당하는 부처에 배속이 결정되었어.
　　2. 그렇구나. 나도 텔레비전에서 이 상품이 소개되는 것을 봤어.
　　3. 아직 판매전의 상품을 빨리 먹을 수 있다니 우리들은 행운이네.

단어　完売かんばい 완매, 물건이 다 팔림 | 部署ぶしょ 부서 配属はいぞく 배속

해설　발매와 동시에 다 팔려버린 정도의 인기상품이다. 그럴 만한 이유도 정답이 되는 반응이다.

정답　2

14番　🔘_T141

F：今回の件に関しましては、次の週の木曜日までにご連絡頂けないでしょうか？

M：1. 一度お会いしたことがあるように思うのですが。
　　2. 申し訳ございません。またの機会によろしくお願いします。
　　3. わかりました。ではまた後程おかけします、失礼します。

F：이번 건에 관해서는 다음 주 목요일까지 연락해주시지 않으시겠습니까？

M : 1. 한번 뵌 적이 있는 것 같습니다만.
　　2. 죄송합니다. 다음 기회에 부탁드립니다.
　　3. 알겠습니다. 그럼 나중에 다시 걸겠습니다. 실례하겠습니다.

해설　전화상 대화이다. 시점을 정하고 상대에게 요구하는 상황이므로 이에 대한 긍정, 부정의 반응이 나올 수 있는데 문제의 경우는 긍정한 경우의 "알겠습니다. 그럼 나중에 다시 걸겠습니다."에 해당된다.

정답　3

문제5　문제5에서는 긴 이야기를 듣습니다. 이 문제에는 연습은 없습니다. 문제용지에 메모를 해도 됩니다.

1번, 2번
문제용지에는 아무것도 인쇄되어 있지 않습니다. 먼저 이야기를 들어주세요. 그리고 질문과 선택지를 듣고 1에서 4 중에서 알맞은 답을 하나 고르세요.

1番　　　　　　　　　🔊_T142

先生と生徒が体型について話をしています。

F1: あなたたちは自分の体型についてどう考えてるのかしら？

F2: 私はもう少し痩せたいな……って思ってるんだけど、なかなか間食のおやつがやめられなくって。

M : 私は小学生の頃からずっとサッカーをしているから、運動は人一倍やっているし、体型のこと何て気にもしたこともないけど。

F1: 自分の体形について、どう思っているのか、って言うことをね、2004年に静岡市内の中学校で1年生から3年生の100人に「自分が太っていると思いますか」っていう調査をすることがあったのね。その結果、「はい」と答えたのは男子で22％、女子では84％もいたそうよ。女子は大半が太っていると思っていたっていうことになるわね。ふとっているかやせているかを客観的に判断する計算式はいくつかあるんだけど、文部科学省の学校保健統計調査では、男女別の年齢ごとの身長別標準体重をもとに、肥満の傾向などを調べています。08年度調査では肥満度が20％以上の「肥満傾向児」は、男子で10から12％、女子は9から10％。つまり9割は太っていないっていう結果が出てるの。

M : へえ、そうなんだ。なんだか意外だね。

F2: うん、今、私たち女子の間でもダイエットがはやってるし、やせなくちゃ、やせなくちゃって、ちょっと必死になってたけど、私も部活で毎日走っている

し、そんなに気にすることもないのかしら？

F1: ええ、そうよ。あなたはとても健康的で、今ぐらいが丁度いいと先生は思うけど。治療的なダイエットをしなければならない生徒はごく一部。まず自分が本当に太っているか、ダイエットする必要があるのか考えてみなければいけないわね。成長期なんだから中学生のあなたたちの体重は増えて当たり前。体が大人へ変化する二次性徴の時期、女子は一般に肉付きがよくなるのは知っているわよね。その後、20歳になる前の頃からは自然にバランスが整ってくる傾向があるから、今、ポッチャリしていても気にする必要はないのよ。

男性はなぜ自分の体型を気にしたことがないと言っていますか。

1. 間食を一切しないことに決めているから
2. 自分は昔から痩せ型で体型を気にするような体ではないから
3. 痩せている、太っているなど体型に関して全く興味がないから
4. 小学生の頃からサッカーをしており、人一倍運動してきたから

선생님과 학생이 체형에 대해 이야기하고 있습니다.
F1 : 너희들은 자신의 체형에 대해 어떻게 생각하고 있니?
F2 : 저는 조금 더 날씬해지고 싶다고 생각은 하는데 좀처럼 간식을 끊을 수가 없어서.
M : 저는 초등학교 때부터 계속 축구를 하고 있으니까 운동은 남들보다 많이 하고 있고, 체형 같은 건 신경 써본 적도 없어요.
F1 : 자신의 체형에 대해 어떻게 생각하고 있습니까? 라는 것을 2004년에 시즈오카 시내의 중학교에서 1학년부터 3학년생 100명에게 '자기가 뚱뚱하다고 생각합니까?'라는 조사를 한 적이 있었어. 그 결과 '네'라고 대답한 것은 남학생이 22%, 여학생이 84%나 있었어. 여학생은 대부분이 뚱뚱하다고 생각하고 있었다는 게 되는 거지. 뚱뚱한지 말랐는지를 객관적으로 판단하는 계산식은 몇 개인가 있는데, 문부과학성의 학교 보건 통계조사에서는 남녀별 연령마다 신장별 표준체중을 기준으로 비만의 경향 등을 조사하고 있어. 2008년도 조사에서는 비만도가 20% 이상의 '비만경향아'는 남자가 10~12%, 여자는 9~10%. 즉 90%는 뚱뚱하지 않다는 결과가 나왔어.
M : 그렇구나. 왠지 의외네.
F2 : 응. 지금 우리 여학생들 사이에서도 다이어트가 유행하고 있고, 살 빼지 않으면 안 된다고 필사적인데. 나도 동아리 활동으로 매일 달리고 있고. 그렇게 신경 쓸 필요 없는 걸까?
F1 : 응, 맞아. 너는 굉장히 건강하고 지금 정도가 딱 좋다고

선생님은 생각하는데? 치료적인 다이어트를 하지 않으면 안 되는 학생은 극히 일부야. 먼저 자신이 정말 뚱뚱한지, 다이어트를 할 필요가 있는지를 생각해보지 않으면 안 되지. 성장기니까 중학생인 너희들의 체중은 느는 것이 당연해. 몸이 성인으로 변화하는 이차성징의 시기에 여자아이들은 일반적으로 살집이 좋아지는 것은 알고 있지? 그 후에 20세가 되기 전쯤부터는 자연스럽게 밸런스가 맞춰지는 경향이 있으니까 지금 통통해도 신경 쓸 필요 없어.

남자는 왜 자신의 체형을 신경 쓴 적이 없다고 말하고 있습니까?

1) 간식을 일체 하지 않기로 정했기 때문에
2) 자신은 옛날부터 마른 체형으로 체형을 쓸 몸이 아니기 때문에
3) 말랐다, 살쪘다 등 체형에 관해서 전혀 흥미가 없기 때문에
4) 초등학생 때부터 축구를 해서 남보다 배는 운동을 해왔기 때문에

단어 保健ほけん 보험 | 統計とうけい 통계 | 標準ひょうじゅん 표준 | 肥満ひまん 비만 | 部活ぶかつ 학생의 동아리 활동(「部活動(ぶかつどう)」의 준말) | 二次性徴にじせいちょう 이차성징 | ポッチャリ 통통하고 귀여운 모양 | 痩や)せる 여위다, 살이 빠지다

해설 남자의 경우이므로 "저는 초등학교 때부터 계속 축구를 하고 있으니까 운동은 남들보다 많이 하고 있고, 체형 같은 건 신경 써 본 적도 없어요."

정답 4

2番　🔊_T143

男性と女性が日本の医師不足の問題点について話をしています。

F1：今、全国では入院を断ったり、産科や小児科などを閉鎖したりする病院が相次いでいるみたい。

F2：へえ、どうしてなの。

F1：その理由は患者を診る医師が足りないからなんだって。

M：そういうこと考えたこともなかったな。足りないって言っても、今の状況としてはどういう感じなの？

F1：日本には人口10万人あたり209人の医師がいるのね。でもアメリカやヨーロッパなどの先進国では10万人あたり307人の医師がいるの。

F2：つまり、日本には、そもそも医師の数が足りないって言うことになるわね。

F1：しかも、医師の数は地域によって偏っていることも問題なの。例えば東京都には10万人あたり282人の医師がいるけど、岩手県には186.8人しかいないって知ってた？岩手県のような地方の病院で働く医師は、食事をとる間もなく働いているのが実情。もう限界！というくらいなんだそうよ。

M：じゃあ、単純に考えて、日本に医師を増やしていかないといけないってことだよね。今後医師をどうやって増やしていこうと国は考えているのかな？

F1：国は医学部の定員を1.5倍にすると言っているの。

F2：だったら、それで確かに医師の数は増えるかもしれないわ。

M：でも、地域によって医師の偏りがあるっていうさっきの話を聞くと、ただ数を増やすだけじゃなくて、全国にまんべんなく医師をいきわたらせるような仕組みが必要なんじゃないかなと思うな。

地方の病院で働いている医師たちの実情はどのようなものですか。

1. 産科や小児科など複数の科の患者を診ている。
2. 東京のような都市部で最新医療を学んでいる。
3. 医学部で授業をしながら病院でも働いている。
4. 食事をとる間もなく働いている。

남자와 여자가 일본의 의사 부족의 문제점에 대해 이야기하고 있습니다.

F1：지금 전국에서는 입원을 거절한다든지 산부인과나 소아과 등을 폐쇄한다든지하는 병원이 줄을 잇고 있는 것 같아.

F2：어머, 왜 그런데?

F1：그 이유는 환자를 진찰하는 의사가 부족하기 때문이래.

M：그런 것은 생각해 본 적도 없었는데. 부족하다고 해도 지금의 상황은 어떻대?

F1：일본에는 인구 10만 명당 209명의 의사가 있어. 하지만 미국이나 유럽 등의 선진국에서는 10만 명당 307명의 의사가 있지.

F2：요컨대, 일본에는 애초에 의사 수가 부족하다는 것이 되네.

F1：게다가 의사 수가 지역에 따라 치우쳐 있는 것도 문제야. 예를 들어 도쿄도에는 10만 명당 282명의 의사가 있지만, 이와테현에는 186.8명밖에 없다는 것 알고 있었어? 이와테현 같은 지방 병원에서 일하는 의사는 식사를 할 시간도 없이 일하고 있는 게 실정이야. 이게 한계야! 라고 할 정도래.

M：그럼 단순하게 생각하면 일본에 의사를 늘려가지 않으면 안 된다는 거네. 앞으로 의사를 어떻게 늘려 갈지 나라에서는 생각하고 있는 걸까?

F1：국가에서는 의학부 정원을 1.5배로 한다고 했어.

F2：그렇다면, 그것으로 확실히 의사 수는 늘지도 모르지.

M：하지만 지역에 따라 의사의 편중이 있다는 아까 이야기를 들으면, 그냥 수를 늘리는 것뿐만 아니라 전국 구석구석까지 의사를 널리 퍼트릴 제도가 필요하지 않을까 하는 생각이 드네.

지방 병원에서 일하고 있는 의사들의 실정은 어떤 것입니까?

1) 산부인과나 소아과 등 복수의 과의 환자를 진찰하고 있다.
2) 도쿄 같은 도시부에서 최신 의료를 배우고 있다.
3) 의학부에서 수업을 하면서 병원에서도 일하고 있다.
4) 식사를 할 틈도 없이 일하고 있다.

단어 産科さんか 산부인과(*産婦人科의 약자) | 小児科しょうにか 소아과 | いきわたる (넓은 범위에) 골고루 미치다, 널리 퍼지다

해설 지방 병원에서 일하고 있는 의사들의 실정은 도쿄와 대비되는 지역으로 예를 든 "이와테현 같은 지방 병원에서 일하는 의사는 식사를 할 시간도 없이 일하고 있는 게 실정이야. 이제 한계야! 라고 할 정도래."

정답 4

3番 　　　　◉_T144

먼저 이야기를 들어주세요. 그리고 2개의 질문을 듣고, 각각 문제용지의 1에서 4 중에서 알맞은 것을 하나 고르세요.

男性と女性が食品偽装について話しています。

M1 : ウナギ、牛肉、コメ、冷凍野菜、タケノコ、ハマグリ……。おなかすいたな……食欲の秋だよね。

F : どうしたの急に？

M1 : なんだか最近食品偽装事件が、ますます増えてるだろ？最近問題になった食べ物を思い出していたんだ。

F : 外国産なのに「国産」と表示したり、国産は国産でも、高級品として人気のある産地のものに見せかけて高く売ったり。これは産地偽装ね。

M2 : ほかにも、消費期限などを書きかえたり、健康に害のある物質がふくまれているのに、売ってしまったりするケースもあるよね。

M1 : そうだよ。警察庁が、2009年の上半期、つまり1月から6月の、食品の偽装事件の件数を発表したんだけど、産地などの偽装は23件。統計のある2002年以降で一番多かった2008年の1年間で16件っていうのを、半年で上回ったんだ。健康に害があるかもしれない食べ物を売るなどした事件も22件あって、去年1年間の21件を超えているんだよ。

F : なぜ、偽装なんかするのかしら？

M1 : 原因の一つに「値段の差」があるよね。たとえばの話だけど、東京のお店での牛肉の値段は、輸入品なら百グラムあたり360円だけれど、国産だと875円する。ウナギのかば焼きは、都内のスーパーで中国産が一串250円なのに、国産では約七百

円というふうに、差があるんだ。

M2 : そういう値段の差を利用して、ズルくもうけようと考えるんだね。

M1 : どうしてそんなことまで。警察の調べに、不景気で経営が苦しくてやった、と話す業者もいるみたいだし。

F : なら、この一連の偽装問題も不景気が引き起こす犯罪って言う風にも言えるわね。

質問1

警察庁が発表したものは何ですか。

質問2

偽装を行った食品業者は理由の一つとしてどういうことを挙げていますか。

남자와 여자가 식품위장에 대해 이야기하고 있습니다.

M1 : 뱀장어, 소고기, 쌀, 냉동야채, 죽순, 대합…. 배고파~ 식욕이 도는 가을이네.

F : 갑자기 왜 그래?

M1 : 왠지 요즘의 식품위장사건이 점점 늘고 있잖아? 최근 문제가 된 먹을 것을 떠올리고 있었어.

F : 외국산인데 '국산'이라고 표시한다든지 국산은 국산이라도 고급품으로 인기가 있는 산지의 것으로 꾸며서 비싸게 판다든지. 이것은 산지위장이지.

M2 : 그 외에도 유통기한을 바꿔 쓴다든지 건강에 해가 있는 물질을 함유하고 있는데 팔아버린다든지 하는 케이스도 있지.

M1 : 그럼, 경찰청이 2009년 상반기 즉 1월부터 6월의 식품위장사건의 건수를 발표했는데, 산지 등의 위장이 23건. 통계가 있는 2002년 이후로 가장 많았던 2008년 1년간 16건이었던 것을 반년에 뛰어 넘은 거야. 건강에 해가 있을지도 모르는 먹을 것을 판다든지 한 사건도 22건 있어서 작년 1년간의 21건을 넘었어.

F : 왜 위장 같은 걸 하는 걸까?

M1 : 원인의 하나로 '가격의 차이'가 있지. 예를 들어서 말하자면 도쿄의 상점에서의 소고기 가격은 수입품이면 백 그램 당 360엔인데, 국산은 875엔 해. 뱀장어구이는 도내의 슈퍼에서 중국산이 꼬치 하나에 250엔인데, 국산으로는 약 700엔이라는 차이가 있어.

M2 : 그런 가격의 차이를 이용해서 교활하게 돈을 벌려고 생각하는 거지.

M1 : 왜 그런 짓까지. 경찰의 조사에 불경기로 경영이 어려워서 했다고 답하는 업자도 있는 듯하고.

F : 그러면 이 일련의 위장문제도 불경기가 야기하는 범죄라는 식으로도 말할 수 있겠네.

질문1 경찰청이 발표한 것은 무엇입니까?
　　1) 외국산으로 유통기한을 바꾸는 위장이 행해진 건수

2) 식품위장에 의해 인체에 영향이 있었던 피해건수

3) 국산으로 인기 있는 산지 물건의 판매건수

4) 2009년 상반기의 식품 위장사건의 건수

단어 ウナギ 뱀장어 | タケノコ 죽순 | ハマグリ 대합 | 産地
さんち 산지 | 偽装ぎそう 위장 | 消費期限しょうひげ
ん 유통기한 | 偽装ぎそう 위장

해설 경찰청이 발표한 내용에 관한 부분은 "경찰청이 2009년
상반기 즉 1월부터 6월의 식품 위장사건의 건수를 발표했
는데, 산지 등의 위장이~" 라고 했다.

정답 4

질문2 위장을 한 식품업자는 이유의 하나로 무엇을 들고 있습니
까?

1) 불경기로 경영이 어려웠기 때문에

2) 외국산이 진귀해서 손님이 사기 때문에

3) 국내산이 외국산보다 싸기 때문에

4) 소비자에게는 들키지 않을 거라고 생각했기 때문에

단어 物珍ものめずらしい 어딘지 신기하다, 진기하다 | ばれ
る 들통나다

해설 위장이 발생한 원인 중에서 업자의 입장을 물었으므로
"경찰의 조사에 불경기로 경영이 어려워서 했다고 답하는
업자도 있는 듯하고."가 정답이다.

정답 1

Memo

Memo

저자 강성광(姜星光)

현재 서울통역학원 JPT 전문강사이며, JPT/JLPT 독해 만점자로, 최단시간 100점 이상을 올릴 수 있는 오답정리식 강의를 구사하여 고득점을 노리는 많은 학생들의 열렬한 지지를 얻고 있다.

특히 독해 · 청해의 기본 원리에 입각한 정석적인 분석 강의의 대가로 학원가에 정평이 높다.

서경대학 일어일문학과를 수석으로 졸업하고, 일본문부성 국비유학생으로 교토대학에서 수학하였다. 중앙대학교 교육대학원 일어교육학과를 졸업한 후 중앙대 일본어 교육원과 경북대 어학교육원, YBM, 파고다 등 다수의 강단에서 일본어를 강의했다.

오랜 강의 노하우를 바탕으로 일본어 어휘, 문법, JPT 서적을 다수 집필하였다.
주요 저서로는 『JPT청해 달인이 되는 법』『JPT 독해 달인이 되는 법』 등이 있다.

- Daum 단어장 전문가
- http://cafe.daum.net/KingJPT (강성광 선생님과 JPT 달인되기)
- http://cafe.naver.com/Kingofjpt (강성광 JLPT, JPT 완전정복)

일본어 능력 시험 탄탄 내공 훈련 N1

지은이 강성광
초판 1쇄 인쇄 2013년 2월 18일
초판 1쇄 발행 2013년 2월 25일

발행인 박효상
편집책임 강성실
편집 박운희
디자인책임 손정수
디지털사업부 이지호
마케팅책임 이종선
마케팅 이태호, 이전희

진행 임형경
디자인 손정수
조판 글사랑

출판등록 제10-1835호
발행처 사람in
주소 121-839 서울시 마포구 서교동 378-16 4F
전화 02) 338-3555
팩스 02) 338-3545
e-mail saramin@netsgo.com
Homepage www.saramin.com

:: 책값은 뒤표지에 있습니다.
:: 잘못된 책은 구입한 서점에서 바꿔 드립니다.

사람이 중심이 되는 세상, 세상과 소통하는 책 **사람in**